最·新·東·洋·造·景·文·化·史

최신동양조경문화사

■ 본 서 각 저자 집필부분입니다.

제1부 총설(김용기)

제2부 한국의 조경문화
제1장 선사 및 고대시대(김성균, 안계복, 홍광표)
제2장 고려시대(이원호, 진상철, 홍광표)
제3장 조선시대(최종희, 박찬용, 이창환, 홍광표, 신상섭, 이재근, 안계복, 김학범, 김영모)

제3부 중국의 조경문화(신상섭, 김묘정, 이유직, 김농오)
제1장 시대개관
제2장 은·주시대
제3장 진·한시대
제4장 남북조와 수·당시대
제5장 송시대
제6장 금·원시대
제7장 명시대
제8장 청시대

제4부 일본의 조경문화(신상섭, 안계복, 백지성, 김진성)
제1장 시대개관
제2장 상고시대
제3장 평안시대
제4장 겸창시대
제5장 실정·전국시대
제6장 도산시대
제7장 강호시대
제8장 명치·대정시대

■ 본문이미지출처 : 문화재청 국립문화재연구소, 강충세, 김해경, 이경은, 각 장별 저자.
■ 본문이미지 중 표기되지 않은 것은 추후 확인하여 표기하도록 하겠습니다.

| 총괄편집 책임

안계복 · 이경은

最·新·東·洋·造·景·文·化·史

최신동양조경문화사

(사)한국전통조경학회

옛부터 삼천리 금수강산(錦繡江山)을 자랑해 온 우리 한반도는 조상들의 지혜로운 국토에 대한 사랑으로 동방의 아름다운 강산으로 알려져 왔다. 이는 한국인의 자연관과 자연철학에 근거한 결실이라 할 수 있다. 삶속에서, 그리고 그림 및 시문학에서 우리 조상들은 우리 국토의 아름다움을 멋지게 표현하고 즐겨 왔다. 이것이 지금 우리의 자연관이며 경관관이다.

한국에서 문화경관 및 정원문화의 출발은 수천, 수백 년 전이라 할 수 있으나 학문적 체계를 갖추기 시작한 것은 1970년대 초반이라 할 수 있다. 학문적 체계를 갖추어 40여 년의 역사를 넘어 이제는 학문적 성장기에 들어섰다고 할 수 있다. 일제 강점기와 외세의 침입 그리고 한국전쟁 등 국가적 혼란기를 거치면서 헐벗었던 금수강산은 우리 선배님들의 피나는 노력과 헌신적 희생으로 주변의 부러움을 사는 녹색국토가 되었다. 이는 우리 조경인들의 응집된 열정과 정성의 성과라 생각된다.

발간사

그러나 급속한 녹화사업과 공간창조 주도세력의 혼재로 다소 왜곡된 녹색경관을 창출한 것도 부인 못하는 현실이다. 따라서 본 한국전통조경학회는 회원들의 열정과 뜻을 모아 본 책자를 출간하게 되었다. 물론 그동안 선배 동료님들의 많은 노고의 결실로 조경사, 동양조경사, 서양조경사 등 많은 역저술서를 남겼으며 이로 인해 우리의 원(源)경관 및 정원문화의 정체성을 찾았으며 지속가능한 경관관리 및 정원문화를 정립해 왔다. 하지만 중국의 정원문화와 일본의 정원문화의 특징과 가치는 확인하면서 정작 우리 한국의 정원문화 및 경관문화의 확실한 크라이테리아(Criteria)를 찾는 데는 미비했던 것이 사실이다. 이는 우리 조상들의 경관관과 자연관이 심오하고 철학적 가치가 깊었던 것에도 원인이 있을 것이다.

이에 본 학회에서는 한국의 전통경관 및 정원관을 찾기 위해 2009년 초판 '동양조경문화사'를 발간했으며, 금년에 '最新 동양조경문화사'를 출판하게 되었다. 이 책자가 우리의 전통경관과 정원문화의 틀이 되어 우리국토의 아름다운 경관과 정원문화 가꾸기의 기본서가 되기를 바라는 마음이다.

이 책은 일반인들의 한국의 자연관 및 경관관의 이해는 물론 전문가들의 경관조성 및 정원문화 창달에 많은 도움이 될 것으로 확신하면서 본 서적 출판에 좋은 원고를 집필해 주신 전통조경인들의 노고에 감사드리며 대표집필을 기꺼이 수락해 주시고 원고정리 및 교열에 열정을 다하신 안계복 고문님께 감사드린다. 그리고 출판을 맡아 주신 도서출판 대가의 임직원 여러분께도 감사드린다.

앞으로도 한국전통조경학회는 전통조경문화의 조사연구를 통해 사상과 기법을 보존, 전승함은 물론 계승발전 시킬 것을 다짐하면서 '한국전통조경 계획 및 설계', '전통조경 시공 및 관리' 등 전통조경 분야의 서적 출판을 지속적으로 진행하여 본 학회가 삼천리 금수강산의 주역이 되는 데 중추적 역할을 할 것으로 기대하면서 본 책자를 출간한다. 독자 여러분의 많은 격려와 성원 바란다.

2016

(사) 한국전통조경학회장 이창환

한국전통조경학회는 1980년 12월 학회 설립 이후 2015년까지 980편의 한글 논문과 121편의 영문 논문 및 모두 약 1,100여 편의 전통조경(정원) 관련 논문을 발표하는 등 한국의 정원과 명승 분야에서 유일한 학술지를 발간하는 학회이다.

한국전통조경학회가 2009년도에 발간한 「동양조경문화사」가 비록 장대한 내용을 담고 있는 전문 서적이지만, 2009년 이후 많은 개편 사유가 발생했다. 즉 그 동안 학회가 발표했던 많은 연구논문들의 결과들을 「동양조경문화사」에 반영시킬 필요성이 있었고, 명승지가 대폭적으로 추가 지정됨으로써 변경 사유의 발생, 문화재청의 사적지 명칭 변경에 따른 후속 조치, 외래어 표기, 저작권 등등의 문제점들이 보완될 필요성이 있었다. 그래서

머리말

2015년에 개최된 전통조경학회 1차 이사회 의결에 따라서 개편을 위한 소편집위원회를 구성하였고, 수차례 편집위원회를 거친 끝에 개편을 마무리 할 수 있었다. 물론 서적의 전면 개편을 추진하였으면 좋았겠지만 그렇게 추진될 경우 많은 시간적 손실이 있을 수 있기 때문에 부분 개편된 점에 대해 양해 구하고자 한다.

이번에 새롭게 발간되는 「最新 동양조경문화사」는 한정된 지면 가운데서도 종래 도면이 작아서 불편했던 점을 개선하고자 노력하였으며, 중국 조경사와 일본 조경사 부분은 가능한 도면을 많이 그려 넣어 이해를 돕고자 노력하였다. 「最新 동양조경문화사」는 수준이 매우 높게 기술되어 있지만 학부 및 대학원 과정에서도 배울 수 있게끔 다루어졌으며, 조경에 종사하는 사람에게도 도움이 될 수 있는 심도 깊은 전문 학술서적이라고 생각한다.

2015년부터 국가정원, 지방정원, 공동체 정원, 한국정원의 세계화 등에 관심이 높아지고 있다. 이러한 시대적 추세에 맞추어 한국의 전통정원은 국내용에만 머무르지 말고 세계화에 발맞추어 나가도록 노력해야할 것이며, 이 서적은 아이디어의 산실로서의 그 역할을 충분히 수행 할 수 있을 것이다.

끝으로 많은 자료를 제공해 주신 국립문화재연구소의 자연문화재연구실 연구진 여러분들과, 바쁜 시간 가운데에도 출간을 위해 노력해 주신 집필진 여러분들께 깊은 감사를 드리며, 이 서적의 출간을 위해 노력해 주신 도서출판 대가 임직원 여러분들께도 감사드린다.

2016
집필 대표 안계복

목차

제1부 총설

제2부 한국의 조경문화

목차

제3부 중국의 조경문화

제4부 일본의 조경문화

제1부

총설

1. 동양조경문화사의 범위

동양(東洋), 즉 아시아(Asia)의 어원은 고대 앗시리아에서 해 뜨는 동쪽의 땅을 가리켜 아스(Acu)주라고 부른 것에서 유래되었으며, 유럽(Europe)이라는 명칭은 해가 지는 쪽 즉, 서쪽의 땅을 에레브(Ereb)라고 부른 것에서 유래되었다고 한다.

동양이란 터키의 동쪽에 있는 아시아 여러 나라를 통틀어 일컫는 말로, 원래는 남해(南海)에 대한 지식이 깊었던 중국의 송말(宋末)시대에 왕래가 빈번하였던 대략 북위 16° 이남의 남인도 연안 지방에 있는 몇 개의 소국(小國)을 가리켜 말한 데서 비롯되었다고 한다. 그 후 중국인의 지리적 지식 확대와 서양인의 아시아 진출로 동양의 개념은 역사적으로 변하였으며, 현재는 서양(유럽)에 대응되는 말로 사용하고 있다. 그러나 조경문화의 관점에서 이들 모든 지역을 동양조경사의 범위에 포함하는 것은 민족과 종교, 문명의 발생과 이동, 교류적인 측면에서 볼 때 무리한 점이 많다.

왜냐하면 지금으로부터 약 5,000년 전 나일 강과 메소포타미아, 인더스 강 및 황허 유역에서 세계 최초의 문명이 싹트기 시작한 이래 유럽에서는 BC 3,000년경에 메소포타미아에서 발달된 문명이 이집트와 페키니아를 거쳐 지중해의 크레타와 그리스에까지 파급되었기 때문이다. 또, 중동의 페르시아에서 발생한 이슬람 조경문화도 스페인과 인도에까지 영향을 미쳐 동아시아, 즉 중국 대륙과 그 주변 지역을 제외한 아시아의 대부분이 서양의 조경문화권에 포함된다고 보는 것이 타당하다. 그러므로 아시아라는 뚜렷한 대명사가 극동, 즉 중화(中華)의 중국, 조용한 아침의 나라 한국, 일동(日東)의 나라 일본을 뜻한다고 볼 때, 동양조경사의 범위를 동아시아 즉, 중국, 한국과 일본으로 한정 지어도 무리가 없다.

2. 자연환경

동양(동아시아)의 지형을 보면 중국 동북부와 황허강(黃河), 양쯔강(長江) 유역에 광대한 평야가 전개되나, 아시아 중앙부와 같은 높은 산맥은 없다. 동부에는 한반도와 이어져 바다 건너 일본 열도를 따라서 뻗어 있는 환태평양 화산대(環太平洋火山帶)가 있다. 기후는 일반적으로 온대성이며, 특히 서남 일본이나 중국 화남(華南)은 몬순의 영향을 받아 다습하나, 북부는 다소 냉량기후대에 들어간다. 또 4계절의 변화가 뚜렷한 것도 이 지역의 기후적 특징이다.

1) 한국

한국은 아시아 대륙의 동쪽 끝에 위치하며 위도상으로 북위 33°6″~43°1″, 동경 124°11″~131°52″에 있고, 면적은 약 22만㎢이며 남북으로 길게 뻗은 반도국가이다. 지형은 대체적으로 동쪽이 높고 서쪽으로 낮아지는 경동지형(傾動地形)[1]을 이룬다. 즉, 백두대간이 국토의 등줄기를 이루고 동쪽으로는 급경사, 서쪽으로는 완만한 경사이다. 한국은 국토의 7할 가까이가 산지로 되어 있으며 쌀농사는 평야 지대를 포함해 산지 골짜기까지 계단식 형태로 재배되고 있어 특이한 전원 풍경을 연출한다. 기후는 4계절이 뚜렷하고, 위도에 비해 연교차가 크며, 여름엔 고온다습하고 겨울엔 춥고 건조하다. 연평균 강수량은 약 1,200㎜로 비교적 많은 편이나 여름에 집중되어 있어 장마와 홍수를 유발하기도 한다. 한국의 식생은 남북으로 긴 반도의 지형적인 조건 때문에 위도에 따라 식물의 분포가 식별되며, 식물 분포구는 남부 해안 지대가 난대아구계, 나머지 지역은 온대아구계에 속한다. 식물의 종류는 전 세계 식물의 약 2%에 해당하는 4,200여 종이나 된다.

2) 중국

중국은 북위 20°~ 40° 사이에 위치하며, 면적은 약 960만㎢이다. 서쪽은 히말라야 산맥에 접해 있고 남쪽과 동쪽은 태평양에 면해 있으며, 오직 북쪽만이 자연적인 경계를 이루고 있지 않아 역사적으로 침략의 길목이 되었다. 2개의 큰 강 즉, 황허, 양쯔강이 대륙을 가로질러 서에서 동으로 흐르고 있는데 고대 중국의 문명은 주로 황허강 중류에서 발달했다.

중국 북부는 매우 건조한 평야이며, 중부는 호수, 강과 유역 평야가 있고, 중국 남부는 산맥과 험준한 계곡이 아열대 지역으로 뻗어 있다. 기후는 냉온대 기후에서 아열대 기후까지 다양하다. 비가 많이 내리는 몬순 기후는 6월부터 8월 사이에 바다로부터 불어와 대륙의 기후를 평준화시킨다. 겨울은 건조하고 짧고 매섭다. 식생은 원시림이 풍부하며 세계의 어느 곳보다 수많은 종류로 들어차 있다. 야생화가 풍부하며 식량을 위해 재배하는 토양은 1년에 2번 경작할 수 있다. 중국인의 사상과 철학의 기본이 되고 있는 인간과 경관 사이의 교감에는 온화한 환경의 영향도 있다.

[1] 경동지형은 지반 운동에 의해 급경사와 완경사의 비대칭적인 사면을 갖게 된 지형을 일컫는다.

3) 일본

일본은 북위 30°~40°에 위치하며 3개의 주요 섬으로 구성된다. 국토는 북에서 남까지 약 1,600㎞나 뻗어 있고, 너비는 240㎞가 되며, 면적은 약 37만㎢이다. 서쪽은 한국과의 사이에 있는 동해에 면해 있고, 동쪽으로는 태풍의 길목인 태평양에 면해 있다. 지진은 아시아판과 만나는 태평양판의 충돌로 일어나는 것으로 생각된다. 자연경관의 규모는 작지만 변화가 다양하다. 가장 높은 휴화산인 후지산(3,776m) 주변의 연봉과 골짜기가 열도의 등뼈 역할을 한다. 국토의 8분의 1만 경작되고 있으며, 생선을 주요 식품으로 한다. 기후는 습하나 북쪽과 남쪽은 차이가 있어 교토의 연평균 기온은 13.3℃이고 연평균 강수량은 약 1,500㎜이며 일조일은 215일이 된다. 눈은 시베리아 바람에 운반되어 오는데 서쪽에는 많고 동쪽은 약간만 온다. 토양은 일반적으로 비옥하고 산림이 무성하며 삼나무와 편백나무가 경제수종을 이루고 있다.

3. 문화적 배경

동양(동아시아)은 하나의 문화권이며 또 하나의 정치권역이다. 동양문화권은 4대 문명 발상지의 하나인 중국 북부를 중심으로 형성되어 근대 이전까지 독특한 문화를 발전시켜 왔다.

동양에 독특한 문화가 발달한 것은 이 지역이 타 문화권으로부터 지역적으로 격리되어 있고, 근대 이전의 교통수단으로는 이 거리와 자연의 장벽을 넘는 일이 용이하지 않아 상대적으로 고립되어 있었기 때문이다. 또 한편으로는 지역 내부에서의 교통이 비교적 용이하고 문화의 교류가 활발히 이루어졌기 때문이다. 동양에 공통적으로 나타나는 최대의 문화적 특징은 한자의 사용과 세로쓰기 습관이라 할 수 있다. 또 예외는 있으나 대체로 불교, 유교, 농업, 태음력 등과 고대 중국에서 정비된 관료제 등의 공통점이 있다. 물론 중국, 한국과 일본은 각기 독자의 개별 문화가 존재하기 때문에 중국을 중심으로 하는 문화교류에는 여러 가지 마찰이 따랐다. 또 개별 문화마다 문화 변용이 반복되었기 때문에 이들 전체에 한 가지의 문화만 존재했다고는 볼 수 없다.

1) 사상

동양의 정원양식은 시대의 변천과 나라에 따라 각기 개성이 뚜렷하게 발달하여 왔는데, 이것은 유럽과 동양에서의 인간 철학의 차이에 기인하는 것으로 볼 수 있다. 동양적인 사상과 문화는 지금으로부터 약 5,000년 전에 황허 유역의 문명으로부터 싹텄다. 광막한 평야 지대에 정착한 한민족은 농경생활을 영위했고, 이것을 좌우하는 천계(天界)의 현상에 대해 외경심을 가지게 되었으며, 그것이 토지를 정복하고 인간세계를 다스린다고 생각했다. 그 결과 천인합일사상(天人合一思想)이 발달해 역(易)이 생겨났고, 또 요순(堯舜)사상이 이어져 내려와 공자와 맹자에 의해 유교가 성립되었다.

류인희(柳仁熙)는 동양사상의 일반적 특징을 다음과 같이 정의했다.

지금까지는 서양의 개인주의적이며 논리적, 분석적, 고전적(정신, 물질)이고 진취적인 특징과 대비해 동양사상이 전체주의적이며 직관적, 중립적, 정신주의적이고 과거 지향적, 정태적(情態的)이라는 점이 곧잘 언급되었다. 동양사상의 일반적 특징으로 다음과 같은 점들을 열거하고 있다.

① 예술적이고 정적(靜的)인 경지를 항상 지향했다. 즉, 동양의 문화나 사상이 사고 차원(思考次元) 이상의 미적인 경지를 지향했으며, 정(情)에 충만한 아름다운 마음을 인생의 최고 목표로 삼았다는 것을 의미한다.

② 자연과 인간을 대립, 대결의 투쟁 관계로 보지 않고 유기적 일원체로 이해했다. 즉, 동양사상은 자연과 인간의 융합적 성격을 가졌다고 할 수 있다.

③ 관용과 조화의 정신이 전반에 넘쳐흐른다. 이는 인간 이해에 있어 맹자의 성선설(性善說)에 서 있기 때문에 내적 능력의 함양과 조화의 방법을 사랑한 것과 밀접한 관계가 있다.

④ 동양사상은 일체의 존재에 대해 근원적으로 신뢰하는 입장을 밝혔다고 볼 수 있다.

이러한 사실로 미루어 보아 동양사상은 한마디로 천(天) · 지(地) · 인(人)의 조화를 꾀하고자 한 데 그 특성이 있다.

2) 조경문화

서구에서 기하학의 법칙이 적용되고 있는 동안 동양에서는 전혀 다른 양상이 일어났다. 사람들은 그들 자신을 자연의 지배자라기보다 자연의 일부분으로 여기기 시작했다. 따라서 동양의 정원 주인은 그들의 정원조영뿐 아니라 정원건축물과 장식에서도 인간의 욕구를 반영하기보다는 자연의 힘에 의존하기를 바라고 있었다. BC 6세기에 그리스에서 꽃피웠던 서구 문명과 비슷한 현상이 중국에서 일어나고 있었다. 오늘날에도 관습과 규범의 형태로 내려오고 있는 공자의 철학은 가족 관계를 중요시하면서 사회적 관계까지 두루 영향력을 미쳤으며, 또 거기에는 전통에 따르는 형식화된 정치적 틀이 게재되어 있었다. 이러한 규범과 틀은 공간의 질서를 엄격히 구분하는 역할을 했다. 동시에 도교적인 색채는 –보다 신비한 세계로의 접근– 우주의 질서와 자연과의 조화를 돈독히 함으로써 자연과의 공존을 필요로 하는 데 영향을 주었다. 또 불교(인도에서 발생하여 중국과 한반도를 거쳐 일본에까지 전파되었다)를 포함한 이들 사상은 건축과 조경 디자인에 절대적인 영향을 미쳤다. 예술가들과 정원사들은 영감을 얻기 위해 산과 물과 식물들을 관찰하고 자연의 요소를 추출하려 했다. 이러한 전통적 유형이 회화와 정원의 형태로 이어져 정신과 기법 양면에서 서구의 그것과 거리가 먼 형태로 표출되었다.

서양 정원에서 공간에 대한 개념은 현재와 마찬가지로 동양의 그것과 매우 다르다. 즉, 기하학은 건축에 없어서는 안 되는 기본일 뿐 아니라, 건물과 대비되는 개념으로 인식되는 외부공간도 자연의 지배를 통해 그 자신의 세계를 창조해야만 했다. 다시 말하면 정원은 인간에 관련된 추상적인 개념이 도출된 것이라기보다 모든 종류의 다양하고 아름다운 정수만을 모아 놓은 것이다. 따라서 유럽의 정원을 분수를 좋아하는 도시적인 조경문화에 비유한다면, 동양의 정원은 계류(溪流)를 좋아하는 산촌적(山村的)인 조경문화라고 할 수 있다.

요컨대 동양의 조경은 사람의 마음을 끌어내 어느 경지에 이르게 하고 특별한 느낌을 고조하며, 자연미를 인간이 만들어 낸 균형미보다 훌륭한 것으로 여기는 '자연은 인간의 영원한 스승이다'라는 기본적인 자연관에 의해 이루어진 것으로 볼 수 있다. 이러한 공통적인 자연관에 의해 조성된 동양 3국의 조경은 문화의 전래에 따라 한국은 중국의 영향을, 일본은 한국과 중국의 영향을 받았으나 지리와 기후, 사상과 종교의 수용, 국민성 등의 차이로 각각 독자적인 조경문화를 형성했다.

중국에서는 불교, 도교, 유교가 서로 성쇠를 거듭함에 따라 당(唐)이 무너지고 송조(宋朝)가 강남(江南)으로 중심을 이전함으로써 강남의 풍경을 조경의 소재로 보는 변화가 일어났고, 이러한 움직임은 명조(明朝)의 정원서인 『원야』에서도 파악할 수 있다. 그중에서 태호석(太湖石)과 같은 기암이 주목 받게 된 것은 자연과의 교감을 중시하는 도교의 영향으로, 신선이 살고 있다는 장소에 어울리는 정원석을 구해야만 했던 때문인지, 역사적인 명원(名園)에 그치지 않고 현대 중국의 공원에도 자주 사용되고 있다. 소주(蘇州)의 사자림(獅子林), 북경(北京)의 자금성후원(紫金城後苑), 항주(抗州)의 서호(西湖) 주변의 원림에서도 기암을 볼 수 있으며, 산자수명(山紫水明)한 자연과 일체감을 이루는 승덕 열하(熱河)의 피서산장에도 이러한 기암들이 건물 근처와 연못가의 점경물로 사용되고 있다. 이러한 유행은 신선사상에 의해 괴석분을 화계나 담장가에 배치하는 형태로 나타난 조선시대의 정원 구성에 영향을 미쳤다고 보인다. 반면, 일부를 제외하고 일본에서 볼 수 없는 것은 신선사상이 유행하지 않았던 사회풍토와도 관계가 있다.

고대는 물론 근대에 들어서까지 자주 외국의 침략을 받아왔음에도 거의 완전한 단일국가라고 할 수 있는 한국은 오랜 역사에 걸맞게 독특한 조경문화를 구축했다. 조선시대의 지배층이 의도적으로 유교문화의 수용을 과시하긴 하였지만, 한국의 문화는 중국 문화의 모방이 아니며, 또 한반도는 단지 중국 문화를 일본에 그대로 전파하는 통로도 아니었다. 그것은 조경문화의 변천을 살펴보아도 명백하다. 즉, 삼국시대 이후 조선에 이르기까지 자주 조경의 중심이 되는 지당과 섬의 존재, 노단원(露壇園=花階)의 기법, 거기에 정자문화에서 보는 자연과의 관계 설정 등은 구미(歐美)는 물론 중국이나 일본의 정원과도 기본적으로 다르다. 또 백제의 부여 궁남지 유구와 신라 동궁 월지에서도 일본 고대 지정(池庭)인 헤이안기(平安期) 초에 조영된 신센엔(神泉苑)의 원류를 삼국시대의 정원 안에서 찾을 수 있다.

헤이안 시대 이후부터 일본의 조경은 고유의 사상과 종교 그리고 자연적인 여건과의 융화 또는 결합에 의하여 독특한 양식을 탄생시켰다. 즉, 일본의 조경은 시대에 따른 사상의 변화 속에서 상징적인 표현의 변화만이 다양하게 나타나 자연 자체를 사실적으로 표현하기보다는 선택된 자연풍경을 이상화시켜 독특한 축경법(縮景法)에 따른 상징화된 모습으로 표현한다. 또 눈으로 보기보다는 그에 포함되어 있는 사상과 정신적인 면을 중시하며 이러한 점은 동양이 다른 나라와 비교되는 특색이다.

참고 및 인용문헌

- 류인희, 1984, 동양사상의 일반적 특징, 동아세계백과사전
- 민경현, 1991, 한국정원문화사, 예경산업사
- 윤국병, 1978, 조경사, 일조각
- 정동오, 1990, 동양조경문화사, 전남대출판부
- 岡崎文彬, 1982, 造園の歷史Ⅱ, 同明舍

제2부

한국의 조경문화

제1장

선사 및 고대시대

1. 선사시대
2. 고조선시대
3. 고구려시대
4. 백제시대
5. 발해시대
6. 신라시대
7. 통일신라시대

우리나라의 선사시대는 구석기시대에서 신석기, 청동기, 초기 철기시대의 단계를 거치면서 발전하였다. 선사시대에 이어 역사의 기록이 시작되는 고조선시대가 등장하는데, 이 시기부터 고대라고 불린다. 우리나라의 고대는 흔히 통일신라까지로 분류한다.

선사시대의 조경은 뚜렷한 유적이나 기록이 남아 있지 않아 그 구체적인 형태를 찾아보기 어려우나 동굴 벽화, 주거 또는 무덤의 흔적을 통해 간접적으로나마 그 당시 선사시대 사람들의 외부 환경 조성에 대해 추정할 수 있다.

한편 역사의 기록이 있는 고대에도 조경에 대해서는 충분한 흔적을 찾을 수 없고, 기록조차 거의 발견되지 않는다. 따라서 유적이나 기록이 그나마도 조금 남아 있는 도성이나 산성, 궁궐과 궁원, 사찰, 무덤 등을 통해 조경의 일면을 간접적으로나마 찾아볼 수밖에 없는 아쉬움이 있다. 고대에 대한 내용을 기록한 문헌은 대개 『삼국사기(三國史記)』, 『삼국유사(三國遺事)』, 『동사강목(東史綱目)』, 『대동사강(大東史綱)』, 『동국통감(東國通鑑)』 등이 있지만 이들은 대개 왕의 행적이나 정치적 내용이 주를 이루고 있어 고대 조경의 내용을 알아보는 데에는 미흡하다. 이러한 점들이 고대의 조경을 연구하는 데 어려움이고 한계라고 하겠다. 특히 고대의 민가 조경에 대해서는 기록이나 유지가 남아 있지 않아 다룰 수 없는 아쉬움이 있으며, 앞으로 이 부분에 대한 자료의 발굴에 더 많은 노력을 기울여야 할 것이다.

1. 선사시대

1) 구 · 신석기시대

(1) 시대 개관

구석기시대는 인류가 지구상에 태어난 이래 지금부터 약 1만 년 전까지인데, 우리 민족의 생활 터전인 한반도와 만주 일대에 인류가 살기 시작한 것은 약 70만 년 전이라고 추정된다. 덕천, 단양, 청원, 평양 등지에서 구석기인의 화석이 발굴된 것으로 보아 그 시대에 한반도에는 많은 사람들이 퍼져 살았음을 알 수 있다.

구석기시대에는 빙하기가 있었다고 하는데 한반도와 만주 일부에서 빙하의 흔적이 발견되는 것으로 보아 한반도에서도 그 영향을 받았다고 볼 수 있다. 빙하기에는 해면이 낮아져 중국 대륙, 한반도, 일본 열도가 연결되어 있었다. 그 후 BC 5,000년~BC 3,000년에 이르는 기간에 기온이 상승하여 전 세계적으로 해수면이 크게 높아졌으며, 그 후 기원전 · 후부터는 다시 해면이 낮아져 대체로 현재와 같은 해안선이 형성되었다고 추정된다.

빙하기가 지나고 다시 기후가 따뜻해지면서, 구석기인들은 새로운 자연환경에 적응하기 시작했다. 이때부터 그들은 식량을 찾아 이동하는 생활을 하였는데, 나무 열매와 뿌리를 채집하여 식생활을 하였다. 돌을 떼어서 만든 뗀석기를 이용하여 동물을 사냥하고, 이미 사라진 순록 대신 토끼, 여우, 새 등 작고 빠른 짐승을 잡기 위해 활을 고안했다.

빙하기가 끝날 무렵 즉, BC 약 6,000년경, 사람들이 해안이나 강변 지역에 정착하면서 농경을 바탕으로 생활했다. 돌을 갈아서 만든 간석기와 진흙을 구어서 만든 토기를 사용하는 문화를 이룩하였는데, 이때부터를 신석기시대라고 한다. 우리나라의 신석기시대는 대체로 BC 6,000년~ BC 1,000년까지로 본다.

정착생활과 농경생활을 하게 되면서, 인간은 자연의 섭리를 생각하게 되었다. 농사에 영향을 미치는 해, 구름, 비, 천둥, 우박과 같은 자연현상 그리고 산이나 하천, 자연, 물에도 정령이 있다고 믿는 애니미즘이 생겨나게 되었으며, 부족의 기원을 특정 동식물과 연결시켜 그것을 숭배하는 토테미즘이 생겨나게 되었다. 또 사람이 죽어도 영혼은 없어지지 않는다고 생각하여 영혼숭배와 조상숭배가 나타났고, 인간과 영혼 또는 인간과 하늘을 연결시켜 주는 존재인 무당과 그 주술을 믿는 샤머니즘이 생겨나게 되었다(국사편찬위원회, 1990년). 마을의 당산목, 귀신을 쫒는다는 도동지(桃東枝) 등은 애니미즘과 관련이 있으며, 오리를 형상화 시켜 믿는 솟대는 토테미즘이다.

(2) 주거경관

구석기와 신석기시대에는 발굴된 집터 이외에 인간이 자연에 남긴 흔적을 거의 찾아볼 수 없다. 구석기인들은 가족 단위로 떠돌아다니는 무리생활을 하였는데, 동굴이나 바위 그늘에서 살거나 강가에 막집을 짓고 살았다. 이들의 집터에는 기둥터, 불을 땐 터가 남아 있는데 규모는 대략 3~10여 명이 살았을 정도의 크기다.

신석기시대에는 도구의 발달과 농경의 시작으로 주거생활도 개선되어 움집이 일반화 되었다. 대표적인 유적지로는 서울의 암사동, 경기도 하남시 미사리 등이 있는데 이곳에서 발굴된 집터의 구조를 보면, 햇빛이 드는 남쪽에 출입문을 내고, 화덕이나 출입문 옆에는 식량이나 도구를 저장하는 저장 구덩이가 있다. 집 내부의 바닥은 원형이나 모가 둥근 방형이며, 중앙에 취사와 난방을 위한 화덕이 위치하고 있고, 집 내부의 규모는 대개 성인 4명 정도가 살기에 적당한 크기다.

2) 청동기시대

(1) 시대 개관

신석기시대에 이어 BC 약 10세기경에 한반도에 청동기시대가 시작되었다. 청동기시대에는 생산의 증가에 따른 잉여 농산물이 축적되고, 전문적 분업이 이루어지면서 사유재산과 계급이 나타났다. 평등했던 부족사회는 무너지고, 부와 권력을 가진 지배자가 나타나 국가를 이룩했다.

사회, 경제의 발전과 함께 예술활동도 활발해졌는데, 이 시대의 예술은 종교와 밀착되어 있었다. 울주군 반구대 암각화에는 고래, 거북, 사슴, 호랑이, 새 등의 동물과 작살이 꽂힌 고래, 덫에 걸린 동물, 울타리 안의 동물 등 여러 가지의 그림이 새겨져 있으며, 고령의 바위그림에는 동심원, 십자형, 삼각형 등의 기하학 무늬가 새겨져 있다. 동물의 그림은 사냥과 고기잡이의 성공과 풍성한 수확을 기원하는 표현이며, 동심원은 태양을 상징하는 것으로, 다른 농업사회에서의 태양숭배와 같이 풍요를 빈 것으로 추정된다(국사편찬위원회, 1990년).

이 시대에는 기하학적 형태의 출현으로 인간이 좀 더 적극적으로 예술적인 형태를 창조하게 되었으며, 더불어 외부환경의 구성에도 이러한 기하학적 형태가 도입되었다.

(2) 주거경관

농경을 기반으로 본격적인 생산경제 단계로 발전한 청동기시대에는 사냥이나 물고기잡이에 의존한 수렵채집경제 단계의 신석기시대와는 달리 독립된 하나의 마을에서 공동체 생활을 영위하게 된다. 마을은 북서풍을 막아 주는 나지막한 야산을 뒤에 두고, 앞에는 강이나 넓은 들이 있는 배산임수의 지역에 식수원인 우물을 중심으로 분포하며, 농경생활을 바탕으로 마을을 이루었다. 마을 내부에는 주거 지역에서 멀지 않은 곳에 무덤이 조성되며, 마을 주변 경사면 아래의 평지에는 벼농사에 필요한 논이 개발되었다. 이러한 형태는 우리나라의 전통적인 배산임수의 취락 여건을 갖춘 것으로, 오늘날 농촌취락과 비슷한 모습을 보인다.

집터의 형태는 주로 장방형 움집인데, 점차 지상가옥으로 바뀌었다. 집 내부의 형태를 보면 움집 중앙에 있던 화덕은 한쪽 벽으로 옮겨지고, 저장 구덩이도 따로 설치하거나, 한쪽 벽면을 돌출시켜 만들어 놓았으며, 움집을 세우는 데 초석을 이용하기도 했다. 보통의 주거용 집터는 4~8명 정도의 가족이 살 수 있는 크기로, 결혼의 형태가 부부를 중심으로 한 일부일처제로 바뀌면서 이루어진 것으로 추정된다.

(3) 고인돌 경관

우리나라에서 뚜렷한 분묘가 나타나기 시작한 것은 청동기시대에 접어들면서부터이다. 그중에서도 가장 뚜렷한 것은 학술적으로 돌멘(dolmen)이라고 불리는 고인돌이다. 고인돌은 지석묘(支石墓)라고도 하는데 우리나라 동북부의 일부를 제외한 전역에 걸쳐 분포해 있으며 세계에서 가장 많은 분포를 보인다.

고인돌은 그 형식에 따라 북방식과 남방식으로 나뉜다. 북방식은 형체가 크며, 보통 4개의 두꺼운 판돌을 세워 돌방을 만들고, 그 위에 넓고 두꺼운 돌을 덮어 완성한 무덤으로 그 구조는 땅 위에 완전히 드러나 있다.그림 1 무덤의 크기는 보통 높이 60~70㎝ 정도로, 큰 것은 높이 1~2m 이상, 뚜껑돌의 넓이 30~50㎡, 두께 40~50㎝, 무게 30~40t이나 되는 것도 발견되었다(리화선, 1993년, p.39).

한편 남쪽 지방으로 내려가면서, 또 시대가 지나면서 남방식이 나타난다. 이는 무덤의 구조가 지하로 들어가고 여러 개의 받침돌이나 돌무지로 덮개돌을 받친 형태로, 고인돌이 땅 위로 드러나지 않으며 위에 뚜껑돌만이 노출되어 있다.그림 2

고인돌은 그 시대 사람들의 영혼에 대한 관념 내지는 신앙에 의해 생겨난 것으로 보인다. 원시시대 사람들은 죽어도 넋은 살아 있다는 관념과 이들 넋에는 악령이 있어서 사람들에게 위협을 주는 것으로 믿었기 때문에, 그것이 가까이하지 못하도록 많은 애를 쓰게 되었다. 따라서 시신을 매장할 때 이것이 조화를 부리지 못하도록 특별한 주의를 하였으며, 시신을 동이고 그 위에 무거운 것을 눌러 움직이지 못하게 해 시신과 혼령이 빠져나오지 않도록 하였다. 이와 같은 원시시대 사람들의 영혼불멸사상과 악령에 대한 공포에서 돌무지무덤이 생기고, 이것이 발달하여 고인돌이 만들어졌을 것으로 추측된다(윤장섭, 1973년, p.84).

그림 1 북방식 고인돌

한편 청동기시대의 사람들은 여러 가지 무덤과 함께 학술적으로 멘히르(menhir)라 칭하는 선돌을 만들었는데, 이는 선사시대 사람들이 거대한 자연력의 체현물로 여겨온 암석, 바위 등을 숭배해서 세운 일종의 종교적 의미를 가진 원시 기념 구조물이다. 선돌은 마치 땅 위에 세운 굵은 돌기둥과 같이 생겼는데, 높이는 수십 센티미터에서 수십 미터에 이르기까지 다양하며 하나씩 또는 수십 개를 줄지어 세웠다. 이러한 선돌은 고인돌과 함께 우리나라에 널리 분포되어 있는데, 근래에도 전라도 지방에서는 마을 어귀에 선돌이 한둘씩 서 있는 것을 볼 수 있다(윤장섭, 1973년, p.86).

그림 2 남방식 고인돌

2. 고조선시대

1) 시대 개관

청동기문화의 발전과 함께 군장이 지배하는 사회가 출현했다. 이들 중에서도 세력이 강한 군장은 주변의 여러 사회를 통합하고, 점차 권력을 강화했다. 이러한 군장 지배 사회 중에서도 가장 먼저 국가로 발전한 것은 고조선(古朝鮮)이었다. 고조선은 BC 2,333년 단군왕검(檀君王儉)에 의해 건국되었다고 하며, 만주의 요령 지방을 중심으로 성장하여 점차 인접한 군장사회들을 통합하면서 한반도까지 진출했다.

기록에 의하면, 이 시기에는 사람들이 산림 지대에 거주하면서 농경을 하고 있었으며, 이들 중 곰을 섬기는 환웅 부족은 태백산에 신시(神市)를 중심으로 세력을 이루면서 단군신화를 통해 하늘의 자손임을 내세우고, 호랑이를 섬기는 다른 부족에 비해 자기 부족의 우월성을 과시했다. 또 농경의 발달과 함께 풍백, 우사, 운사를 두어 바람, 비, 구름 등 농경에 관계되는 일을 주관했다.

고조선은 청동기문화를 바탕으로 발전하였으나, 후기에는 철기문화가 도입되었으며 중국의 한무제에 의해 BC 108년에 망하게 되었다.

2) 궁궐과 궁원

고조선의 왕궁유적은 아직 발견되지 않았으나 『삼국유사』에 단군이 태백산 산상 신단수(神檀樹) 아래로 내려와 신시를 열었다는 개국 설화와 천신에 제사를 지내는 행사에 대한 기록이 있다.

의양왕의 3대손인 천로왕(天老王)은 평안남도 양덕군에 있는 흘골산(紇骨山)에 문석(紋石)으로 높이 500장(丈)의 구선대(求仙臺)를 쌓았다는 기록이 있다. 그의 다음 왕인 수도왕(修道王)은 패강(浿江, 현재의 대동강) 속에 신산(神山)을 쌓아 올리고 그 위에 누대를 만들었다는 기록이 있다. 이처럼 천신에 제사를 지내거나 자연숭배의 일환으로 나타난 신산이나 대는 그 당시의 조경공간으로 추정할 수 있다.

기타 조경에 관련된 기록으로는 『대동사강』 제1권의 단씨조선기에 노을왕(魯乙王)이 즉위하면서 처음으로 나라 동산인 유(囿)를 만들어 짐승을 키웠다는 내용이 있는데, 약 3,900년 전의 일로서 정원에 관한 최초의 기록이라고 볼 수 있다. 같은 책에서 BC 590년경(의양왕 원년)에 청류각(淸流閣)을 후원에 세워 군신과 더불어 큰 잔치를 열었다는 내용으로 미루어 고조선시대에 이미 누각이 있는 후원양식이 존재했음을 추측할 수 있다. 또

BC 180년(제세왕 10년)경에는 동지(冬至)로부터 수일이 지난 뒤 궁원의 복숭아와 자두꽃(桃李華)이 만발했다는 기록으로 볼 때 정원수로서 복숭아와 자두나무 따위를 심었다는 것을 알 수 있다.[1]

3. 고구려시대

1) 시대 개관

고조선이 망한 후 철기문화에 기반을 둔 나라들이 성립되었는데, 북쪽에는 부여, 동예, 옥저가 일어났고, 남쪽에는 마한, 진한, 변한의 삼한이 일어났다. 이들 여러 나라들은 철기를 사용해 농업을 발전시키고, 주변 지역을 정복하여 점차 삼국 형성의 기반을 갖추었다.

『삼국사기』에 의하면 삼국시대는 BC 57년 신라의 박혁거세가 왕으로 즉위했을 때부터 비롯되어, 그 뒤 20년이 지난 BC 37년에 주몽 즉, 동명왕이 고구려를 세웠고, 다시 그로부터 19년 뒤인 BC 18년에 주몽의 아들인 온조가 백제를 세움으로써 시작되었다.

고구려는 668년 멸망할 때까지 705년간 존속하면서 동북아의 최대 강국으로 찬란한 문화를 꽃피웠다. 고구려는 처음에 압록강의 지류인 동가강 유역 졸본(卒本, 현재의 환인(桓仁))의 흘승골성(현재의 오녀산성(五女山城))에 나라를 세워 도읍을 졸본성이라 하였다. 해발 820m나 되는 이 지역은 큰 산과 깊은 계곡으로 된 산악 지대로, 적으로부터의 방어에는 매우 유리한 지역이었다. AD 3년(유리왕 22년) 고구려는 더 넓은 평야를 찾아 압록강 중류의 국내성(國內城)으로 수도를 옮겼다. 국내성은 북으로 방어선의 역할을 하는 노령산맥이 있고, 남으로 수운을 이용할 수 있는 압록강을 끼고 있으며, 그 사이에 비옥한 충적평야가 발달해 도시가 자리 잡을 수 있는 지리적 조건을 갖추고 있었다. 고구려는 기름진 토양을 경제적인 바탕으로 삼아 새 나라의 터전을 닦았으며, 활발한 정복 전쟁으로 한의 군현을 공략하여 요동 지방으로 진출했고, 또 동쪽으로는 부전고원을 넘어 함경도 지방의 옥저를 정복했다.

그러나 그 후 국내성이 공격을 받아, 209년(산상왕 13년) 그곳에서 약 2.5㎞에 위치한 환도성(丸都城)으로 도읍을 옮겼으며, 342년(고국원왕 12년) 연나라의 공격을 받아 다시 국내성으로 수도를 옮겼다.

광개토왕과 뒤를 이은 장수왕 때는 고구려의 전성기를 이루었으며, 427년(장수왕 15년)에 안학궁(安鶴宮, 현재 평양시 대성산 기슭)으로 천도하여, 475년(장수왕 63년)에 백제의 서울 한산을 함락시켜 백제로 하여금 수도를 웅진(현재의 공주)으로 옮기게 했다. 이어서 586년

[1] 윤국병(1978)에는 '李'를 배나무로 해석하였으나 자두나무로 해석하는 것이 타당성이 있다.

에 안학궁에서 장안성(長安城, 오늘의 평양시)으로 옮겼다.

고구려의 영토는 남으로 죽령 일대에서 남양만을 연결하는 선까지 뻗었으며, 북으로 부여를 병합하여 그 영토가 송화강 유역인 북만주까지 포함하게 되어, 마침내 동방의 대제국을 형성했다. 고구려는 대동강 유역의 평야를 차지하면서 풍부한 경제적 자원과 높은 문화적 유산을 획득했으며, 중국과 대결하는 동안 중국 문화에 대한 비판 능력을 가지게 되어 외래 문화를 받아들여 개성 있게 발전시켰다. 강력한 국력, 발전된 생산력에 기초한 고구려 예술은 진취적이며 패기와 정열이 넘치고, 규모가 크고 장엄하며, 정연하고 정형화된 유형을 그 특징으로 한다.

2) 도성과 산성

삼국시대의 도읍은 주변에 성곽을 두르지 않은 성과, 성곽을 두른 성으로 크게 나눌 수 있다. 성곽이 없는 도시들은 대개 북쪽 또는 주변의 험한 산에 성을 쌓고 그 남쪽에 왕궁 및 도시를 건설했다. 이러한 도시는 초기 삼국시대에 나타나는데 고구려 초기의 국내성, 백제 초기의 위례성 등을 예로 들 수 있다.

왕궁과 도시 주변에 성곽을 쌓은 도시를 도성이라고 하며, 도성은 대체로 두 가지 형식으로 나눌 수 있다. 그중 하나는 도시 주변에 사각형으로 성을 쌓은 도성으로 주로 평지에 만들어졌다. 다른 하나는 산 능선과 강기슭을 따라 성을 쌓아 두른 도시로 산기슭에 발달한 경우이다. 전자의 예는 고구려의 요동성이고, 후자는 백제의 사비성, 고구려의 평양성 등이다. 특히 후자는 천연의 해자(垓字)인 넓은 강을 끼고, 또 적들이 기어오르기 힘든 산 능선을 따라 성을 쌓았기 때문에 그 모양이 자유로울 뿐 아니라 방위력을 높이는 데 유리했다. 이것은 산이 많은 우리나라 지형 조건에 맞게 적응된 형식으로 우리나라 도성의 기본 형식이 되었다.

도시 둘레에 성이 있는 도성은 일반적으로 외성과 내성으로 나뉘었다. 일반적으로 내성은 지배 계급이, 외성은 피지배 계급이 살았으며, 이러한 외성, 내성 제도는 고려 때까지 그대로 이어졌다.

삼국시대에는 도시 주변에 성곽이 있든 없든 주변의 산 위에 산성을 쌓았는데, 도시 주변에 성곽이 있는 경우에는 도성과 연결하여 산성을 만들었다. 이처럼 도시의 한쪽 또는 주변의 산에 위치한 산성을 위성이라고도 한다.

평상시에는 산성에 사람들이 살지 않지만 적의 내침이 있으면 군사와 백성들이 산성으로 피하여 성을 굳게 지키면서 장기적인 항전에 들어갔다. 그러므로 산성 안에는 가뭄에도 잘 마르지 않는 샘이나 큰 석축의 저수지가 반드시 있었다. 일반적으로 주거지는 없었고, 병영 군수 창고, 장군의 지휘소인 장대, 왕실의 피난처로서의 행궁 등이 건설되어 있었다(김원용 외, 1993년).

산성의 형식으로는 테뫼식과 포곡식(包谷式)이 있는데, 테뫼식은 산 정상부를 중심으로 머리띠형으로 성벽을 두른 형식으로 백제의 부소산성에서 볼 수 있다. 포곡식 산성은 계곡을 안은 산봉우리를 산꼭대기로부터 골짜기에 걸쳐 고리 모양으로 성벽을 쌓은 후, 가장 낮은 쪽 근처에 성문과 수구를 설치하고 가장 높은 곳에 망루를 세운 형식으로 고구려 국내성의 위나암산성, 초기 평양의 대성산성 등에서 볼 수 있다. 우리나라에는 대체로 포곡식 산성이 많은데, 이는 산 능선, 절벽을 따라 성을 쌓기 때문에 방어하기 좋고, 한쪽 경사지에 성벽을 쌓기 때문에 쌓기도 쉽고 견고한 성벽이 된다. 또 골짜기를 끼고 있어 은폐하기 쉽고, 많은 사람과 병마를 수용할 수 있어 물자를 저장하기 좋으며, 아울러 수원이 풍부한 장점이 있다.

고구려는 국내성, 안학궁, 장안성(평양성) 등의 평지도성을 갖추었고 주변 산에 산성을 쌓아 도읍을 지켰다. 국내성에서는 환도산성을 쌓고, 평양에서는 서쪽에 황룡산성, 동쪽에 흘골산성, 남쪽에 휴류산성, 북쪽에 대성산성과 같이 사방으로 수백 리 주위에 외곽 방위를 위한 위성체계를 갖추었다. 그러다 6세기 중엽에 평양성을 쌓으면서 내성, 중성, 외성을 갖춘 완전한 도성으로 발전하게 되었다.

3) 궁궐과 궁원

(1) 흘승골성

고구려를 개국한 주몽은 국가의 힘이 미약하기 때문에 처음 근거지를 졸본에 있는 흘승골성으로 잡았다. 이 성은 동명왕(BC 34년) 때 돌로 쌓은 석성(石城)으로, 공격과 방어가

그림 3 흘승골성(오녀산성)

그림 4 흘승골성 동문터

유리한 높고 험준한 산세를 잘 이용했다.그림 3 남북 길이 1㎞, 동서 길이 300m, 외벽의 높이가 3~6m에 이르는 반달형 산성으로 대부분이 수십 미터 높이의 험준한 절벽으로 구성되어 있어 절벽 사이의 일부 구간에만 성벽을 쌓았다. 산성에는 3개의 성문이 있는데 동문과 서문에는 옹성(甕城)이 있으나, 남문에는 옹성이 없고 성벽에는 치(雉, 성벽에 돌출시켜 만든 시설)가 없지만 성내에는 장대, 못, 우물, 건물터가 있다. 성내의 연못은 천지(天池)라고 불리는데, 둘레에는 성벽을 쌓듯 석축을 쌓았다. 이 못은 식수원이 되기도 하고 조원적 기능도 했다.그림 4*

(2) 국내성과 환도산성

고구려는 AD 3년(유리왕 22년)에 졸본에서 압록강 중류 지역인 집안의 국내성(國內城)으로 수도를 옮기고 그 서북쪽에 있는 산성자산에는 환도산성(丸都山城), 즉 위나암성(慰那巖城)을 쌓았는데 국내성은 왕궁이고, 환도산성은 부속된 산성이다.그림 5

그림 5 국내성과 환도산성

국내성은 석성으로 정방형에 가까운 동서 방향이 약간 긴 장방형이다. 둘레는 2,686m(동서 약 830m, 남북 약 610m), 높이 5~6m, 밑 부분의 너비는 10m 정도이다. 성벽 안팎 면은 돌로 축조하고 내부에는 흙과 자갈을 채워 다졌으며, 성벽 아래 부분은 계단 모양으로 조금씩 안쪽을 꺾으면서 쌓았는데 많은 곳은 11단이나 되었다고 한다. 성곽에는 동서남북의 문 등 6개 성문과 옹성(甕城), 네 모서리에 각루(角樓), 치 등의 자리가 남아 있으며, 성벽 바깥에는 너비 10여 미터의 해자가 조성되어 있었다.그림 6 옹성은 고구려 성곽의 특징으로 알려져 있다.

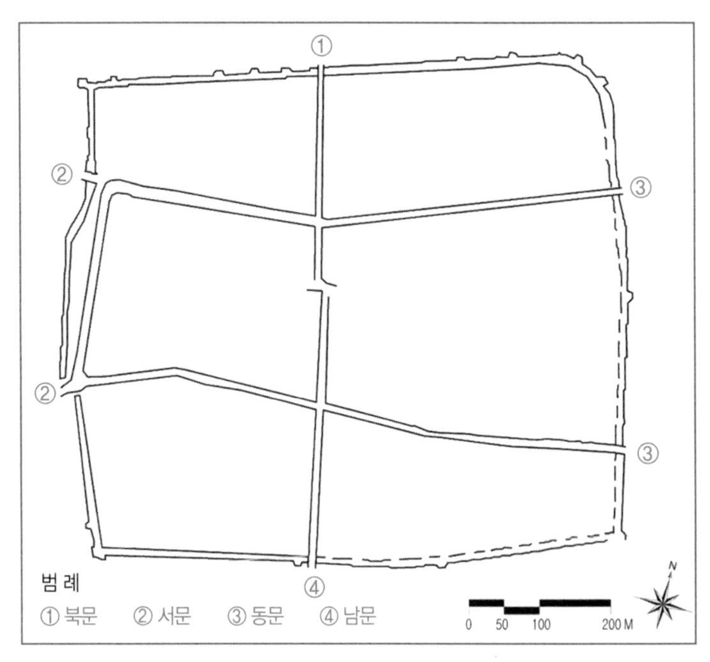

그림 6 국내성 평면도

AD 3년 10월 유리왕이 국내성으로 천도한 다음 달인 11월에 사냥을 가서 닷새 동안이나 환궁을 하지 않으므로 왕의 보좌역인 협부가 간언하자, 왕이 이를 듣기 싫다 하여 그 직위를 해제하고 궁원을 맡아보는 천직으로 좌천시켰다는 기록이 있다. 이를 보면 국내성에는 이미 고구려 초기에 궁원을 맡아보는 관직이 있었음을 알 수 있다.

『삼국사기』에 의하면 3세기 말 고구려 봉상왕(292~300) 때에는 "임금이란 백성들이 우러러 보는 사람인데 궁실이 웅장하지 않고 화려하지 않으면 위엄과 무게가 없어 보일 것이다"라고 하면서 남녀 15세 이상을 징집하여 매우 사치스럽고 화려하게 국내성의 궁전을 조영하였음을 알 수 있다.

한편 국내성 서북쪽 2.5㎞ 정도 떨어진 험준한 산성자산에 위치한 환도산성은 국내성과 밀접한 관계가 있었다. 환도산성은 Y자형 골짜기를 둘러싼 포곡형 산성인데 성벽은 산 능선과 절벽을 따라 쌓았다. 산성의 전체 길이는 약 8㎞로 초기 평양의 대성산성과 함께 고구려에서 가장 규모가 큰 산성 중 하나이다. 성벽은 아직도 그 높이가 7~8m나 되는 곳이 있으며, 성벽에는 5개의 성문터가 있는데, 이 중 동서의 성문에는 옹성이 있다. 성안에는 장대, 망대, 행궁터, 큰 못들이 발견되었다.

(3) 안학궁과 대성산성

안학궁(安鶴宮)은 427년(장수왕 15년)에 도읍을 평양으로 옮겼을 때 궁궐인 안학궁을 둘러싼 내성으로 약 160년간 궁전으로 이용되었다. 안학궁성은 평양 근교 대성산 남쪽 기슭의 완만한 경사지에 위치하며 뒤에는 대성산성(大聖山城)을 두고 있다. 궁성은 한 변이

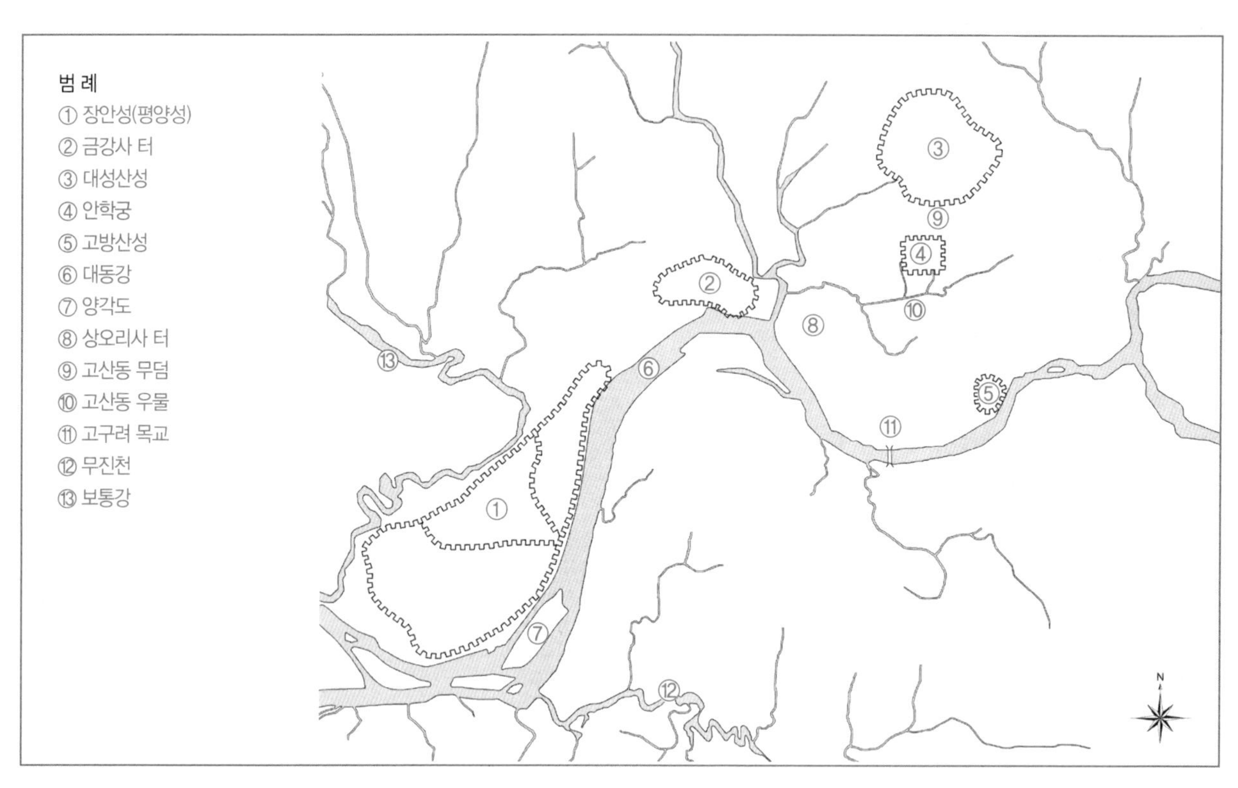

그림 7 안학궁과 대성산성

620m가 되는 토성으로 성의 형태는 마름모꼴에 가깝다. 안학궁으로부터 대동강에 이르는 넓은 지대에는 상오리사지를 비롯한 사찰들과 주거지가 분포하고 있었다.그림 7

안학궁의 위성인 대성산성은 대동강 북안에 있는 높이 274m 고지를 중심으로 6개의 산봉우리를 성벽으로 둘러싼 총 길이 7㎞에 이르는 포곡식 산성이다. 이 성에서는 장대터, 창고터, 행궁터 등 유사시에 적과 싸우는 데 필요한 일련의 건축물, 구조물, 시설물들이 발굴되었다. 그리고 성안에는 170여 개의 연못터가 있는데, 연못의 평면 형태는 정방형, 장방형, 삼각형, 원형 등으로 되어 있다. 연못 바닥은 진흙과 막돌을 섞어서 굳게 다진 다음, 그 위에 다시 큼직큼직한 막돌을 깔아 물이 바닥으로 스며들지 않게 했다(리화선, 1993년, p.71).

안학궁은 둘레가 2,488m이며 한 변이 622m에 이르는 방형이고, 둘레에는 성벽이 있다. 국내성보다는 좀 작으나 국내성은 왕궁 이외에도 주요 관청들이 있었던 것에 비해 안학궁은 순전히 왕궁으로 건설되었다. 궁성 안의 총 부지 면적이 약 38만㎡에 이르며, 총면적 31,458㎡에 수많은 건축물이 배치되어 있었다는 것은 고구려 궁전의 방대함을 말해준다. 안학궁의 성벽에는 6개의 성문(남쪽 3개소, 동쪽과 서쪽 각각 1개소, 북쪽 1개소)이 있고, 네 모퉁이에는 각루가 있었으나 국내성과는 달리 옹성과 치성은 설치하지 않았다. 북쪽과 남쪽에는 물을 끌어들이거나 빼기 위한 수구문이 있으며, 주위의 성곽에는 동서에 개울을 이용하여 해자를 설치했다. 그림 8

안학궁의 외형은 거의 남아 있지 않지만 발굴된 유적과 강서 약수리 무덤의 벽화로 미루어 그 외형을 짐작할 수 있다. 남쪽 3개의 문 중 중앙의 문이 가장 크며 이 문을 기준으로 남북 중심축 상에 남쪽으로부터 입구구역, 정사와 관련된 정전(외전, 내전)구역, 왕실의 사생활과 관련된 침전구역이 차례로 놓이고, 제일 뒤에는 조산(인공적인 산)이 있는 정원이 있었다. 외전, 내전, 침전의 양옆에는 그와 나란히 대칭되게 동서 외전과 동서 내전, 창고와 기타 보조 건물들이 있었고 궁성의 북동 모서리에는 동궁(東宮)이 배치되어 있었다(리화선, 1993년). 궁전 중심부는 엄격한 대칭으로 배치되었으며, 주변의 건물들은 완전한 대칭은 아니지만 중심부의 건물과 어울리게 기하학적으로 놓여 있다. 대부분의 궁전 건물들은 대체로 남향으로 건물의 남쪽에 뜰을 두었으며 그 주변은 회랑이다. 앞의 정전구역은 공간 형태가 웅장하고 회랑의 너비와 길이도 크며, 침전구역은 아담하며 회랑의 너비와 길이는 작았다.

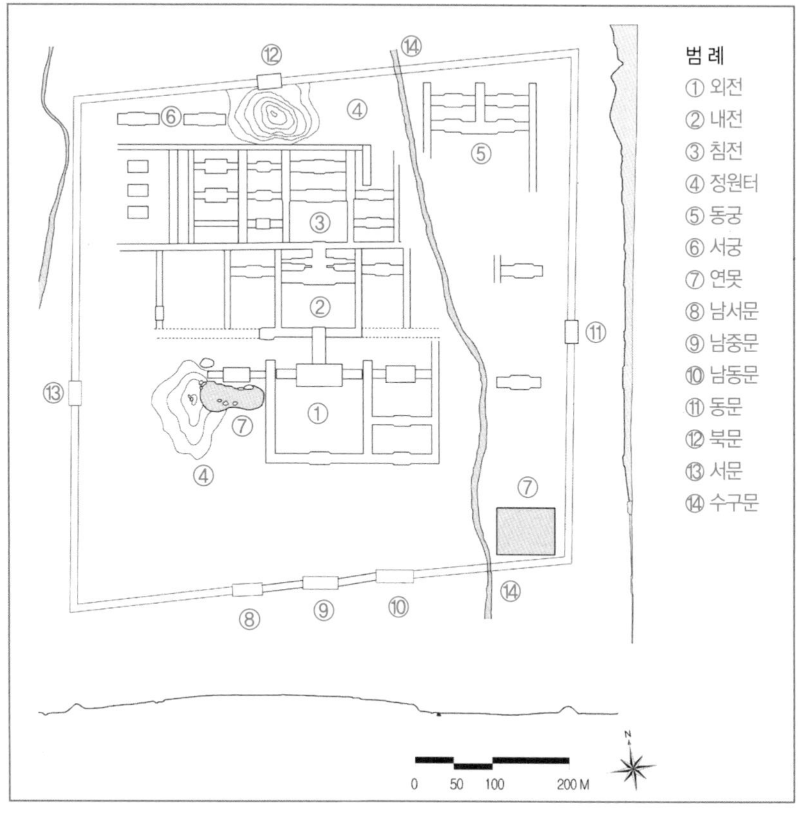

그림 8 안학궁 평면도

공간과 공간 사이는 서로 열려 있지 않고 하나의 문을 밀고 들어가야 다음 공간으로 갈 수 있게 되어 있다. 이는 외부의 침입으로부터 왕실을 보호하고 왕실의 권위를 내세우기 위한 공간구성이라고 볼 수 있다.

한편 안학궁에서는 여러 곳에서 정원이 발굴되었다. 그중 가장 규모가 큰 정원은 남쪽 궁전과 서문 사이의 정원으로 서문과 서외전 사이에 동산이 있고, 이 동산과 건물로 둘러싸인 곳에 자연 곡선형의 연못이 있다. 이곳에는 괴석을 배치한 것으로 나타났으며, 정자터와 긴 집터가 발굴되었다.

궁성의 북동쪽에 위치한 동궁의 남쪽에도 궁원이 길게 펼쳐져 있고, 이곳에는 긴 개울과 지하수가 솟아나는 샘이 있었다. 또 왕궁 동남쪽의 수구문 안쪽 공간에도 넓은 면적의 정원이 있었다고 추측되는데, 이곳에서 한 변이 70m에 이르는 정방형의 못터가 발굴되었다. 그리고 북문과 북쪽의 내전 사이에도 인공적으로 조성한 조산이 있으나 연못은 없으며, 그 위에는 정자터로 보이는 건물터가 발굴되었다. 평양의 진파리 4호 고구려 고분의 벽화에는 석가산과 소나무로 둘러싸인 연못과 연꽃이 그려져 있는데, 이를 통해 고구려의 정원 형태와 불교의 정토세계를 상징하는 정원에 대한 사고를 짐작할 수 있다.

고구려시대의 궁원은 이미 초기에 궁원을 맡아보는 관직이 있었다는 기록을 볼 때 상당한 수준에 이르렀음을 추측할 수 있으나, 고구려 궁원에 대한 구체적인 연구는 좀 더 많은 유적의 발굴이 이루어져야 가능할 것이다.

(4) 장안성

고구려는 평양으로 도읍을 옮긴 후 점차 나라가 강대해지자 552년(양원왕 8년)부터 586년(평원왕 28년)까지 35년에 걸쳐 다시 모란봉 남쪽 대동강과 보통강 사이에 장안성(長安城), 또는 평양성(平壤城)을 건설하고 586년 그곳으로 천도했다. 이곳이 668년 멸망할 때까지 고구려의 수도였다.

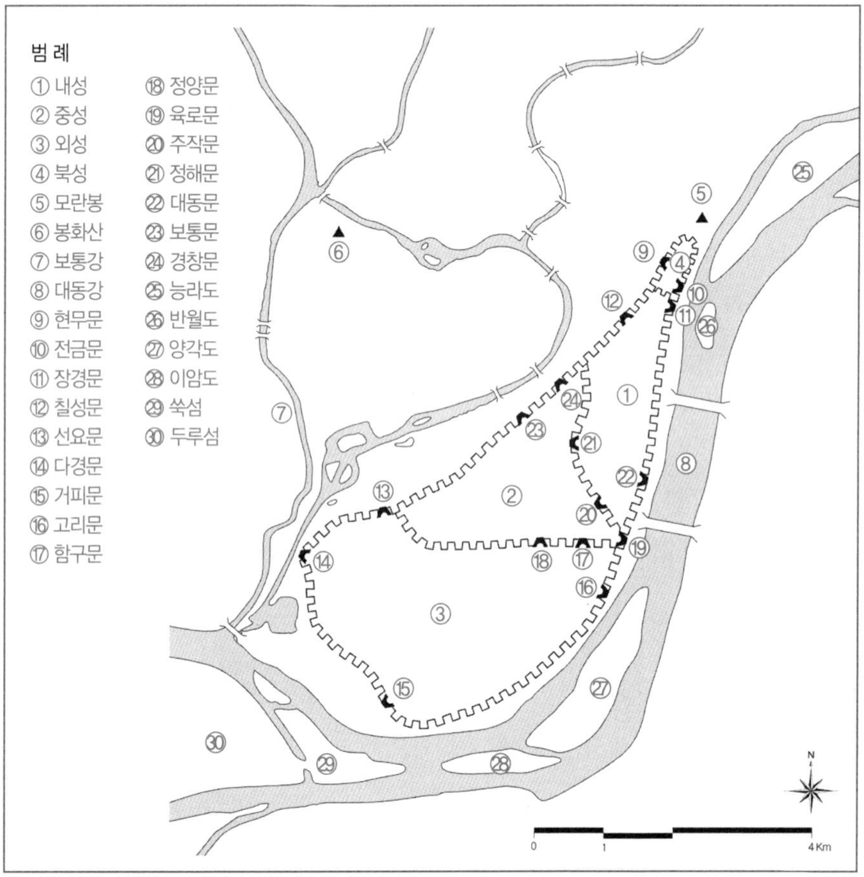

장안성의 전체 길이는 약 23㎞이며, 성 내부의 면적은 11.85㎢ 정도의 규모다. 남쪽으로 대동강 산기슭을 따르다가 다시 서쪽으로 보통강 기슭을 거슬러 올라 금수산의 주봉인 모란봉을 감아 쌓았다. 대동강과 보통강 기슭에서는 평지를 따라 성을 쌓고, 만수대와 금수산에서는 산기슭과 산능선을 따라 쌓았다. 대동강과 보통강은 천연 해자 역할을 했으며, 북쪽의 금수산 또한 천연 장벽과도 같아 천연의 요새지가 되었다.

장안성은 산성과 평지성을 합친 형태라고 할 수 있는데, 성곽이 없는 도시와 주변의 산

그림 9 장안성 평면도

성으로 된 방위체계의 단점을 극복한 도성이다. 또 초기 삼국시대의 산성식과 중국의 도시 둘레를 두르는 방식을 절충한 것으로 볼 수 있다.

장안성은 크게 4개의 성으로 나뉘는데, 만수대를 에워싼 내성을 중심으로, 북쪽으로는 모란봉을 에워싸서 두른 북성이 있으며, 내성의 남쪽에는 창광산, 해방산, 안산 밖으로 멀리 중성이 있고, 중성 남쪽 벌판에는 넓게 외성이 둘러져 있다.

내성에는 왕궁이 있었으며, 북성은 궁성인 내성을 방어하기 위한 산성이었다. 북성 안에는 사찰(영명사)이 있었고, 이 사찰에 동명왕의 전설이 있는 것으로 보아 왕궁과 밀접한 관계가 있었던 곳임을 알 수 있다.그림 9

내성의 남쪽에 위치한 중성은 주거 지역으로 산기슭에는 성황당, 신당 등이 위치하고 평지에는 민가들이 산재해 있으며, 고구려 지배층의 거주 지역이었다. 중성 안의 동쪽에는 조선시대에 건축된 함구문과 주작문을 연결하는 중심가로가 대동강과 평행하게 남북으로 뻗어 있으며, 주변에는 이를 중심으로 정전법에 의한 격자형의 가로가 형성되어 있다.

중성의 남쪽 교외 지역인 외성은 농경지로서 주로 노비, 수공업자, 상인들이 살던 곳이다. 이곳은 농토가 일정한 규모로 구획되어 있고, 평지에는 중성과 마찬가지로 격자형의 시가지가 배치되었다. 격자형의 가로에는 큰 냇돌을 깔았는데 지금도 그 흔적이 남아 있다.

성벽은 돌로 쌓거나 돌과 흙을 섞어 쌓기도 하였는데, 능선 부분은 외면축조방법으로 쌓고 평지에서는 양면축조방법을 썼다. 장안성에는 을밀대, 최승대 등 일곱 개의 장대가 있고 외부와 통하는 중요한 성문에는 옹성을 쌓았다.

성곽 내외부에는 해자를 파 놓았는데 강으로 둘러싸인 동, 서, 남의 삼면에는 해자가 없으나 강과 멀리 떨어져 있는 북성의 을밀대와 모란봉, 내성의 일부 지역은 성 내외에 이중으로 해자를 조성했다. 성내의 해자는 성벽으로부터 약 3m 떨어진 곳에 너비 10m 정도로 파 놓았으며, 성 밖에는 성벽으로부터 28~30m 떨어진 경사면 밑에 너비 5m 정도의 해자를 설치했다.

4) 묘지경관

고구려시대에는 권위적 상징과 현세의 부귀영화와 권세가 내세에서도 이어지기를 소망하는 계세(繼世)사상 때문에 무덤을 크고 화려하게 축조했다. 또 그 안에는 평소에 쓰던 물건을 넣어 두었고, 내부 벽면에는 사신도[1], 천문도, 풍속도, 나무, 연못 등의 벽화를 그리는 풍습이 있었다. 이는 당시 생활양식을 이해하는 데 중요한 자료가 된다. 특히 무덤의 형태 및 위치, 주변과의 관계 등은 고대시대의 외부공간 및 형태를 연구하는 데 중요한 자료가 되고 있다.

❶ 사신도(四神圖)는 동서남북 네 방위를 지킨다는 의미로 사방신이라고도 한다. 좌 청룡, 우 백호, 전 주작, 후 현무를 말한다. 무덤의 사방을 수호하는 신으로서 4신도를 분묘에 그리게 된 것은 도교(道敎)의 영향으로 보인다. 강서대묘의 사신도가 대표적인 사례이다.

고구려에는 적석무덤과 봉토석실무덤이 있으며, 형태는 정방형이 많고 백제나 신라에 비하여 그 규모가 웅장한 것이 특징이다.

(1) 적석무덤

고구려 고유의 묘제는 적석무덤으로서 BC 3세기, 초기 철기시대의 적석무덤까지 보고되고 있다. 초기 적석무덤은 지상에 돌더미를 쌓아 올리고 그 중간에 시체를 넣어 두는 간단한 형식으로 넓은 의미에서 시베리아 일대에 퍼져 있는 돌무덤의 전통에 속한다.

적석무덤은 처음에는 강 가까운 곳에서 채취한 냇돌을 쌓아 만들었다. 돌을 높이 쌓기 위해서 평면을 방형으로 하여 피라미드형으로 단을 만들었으며, 무너지지 않도록 버팀돌을 벽에 기대기도 했다.

이어서 강에서 좀 떨어진 산기슭에 산돌을 써서 만들었으며, 피라미드형 기단의 가장자리에 판석을 놓았고, 돌더미 안에는 석실을 만들었다. 이 형식이 발전하여 다듬어진 큰 돌을 쓴 큰 피라미드형이 되었으며 이러한 적석무덤의 대표로는 집안의 장군총그림 10, 11과 태왕릉이 있다.

(2) 봉토석실무덤

봉토석실무덤은 주위의 지면에 냇돌을 깔아 묘역을 표시하고, 괴석 또는 다듬은 장대석(長大石)으로 석실을 구축하여, 그 위에 봉토(封土)를 덮은 것을 말하는데, 평면이 원형인 것이 많으며 입면은 반구형으로 되어 있다. 봉토석실무덤은 4세기에 출현하여 차츰 고구려 고분의 주류 형식으로 바뀌었는데 벽화고분은 모두 이 봉토석실무덤에서 나타난다.

봉토의 구조는 밑바닥을 석벽으로 둘러쌓고 무덤의 맨 꼭대기에 각대석(角大石)을 얹어 봉토를 형성한 것과 흙으로만 봉토를 만든 것이 있다. 전자는 평양 부근 호남리의 사신총

그림 10 장군총

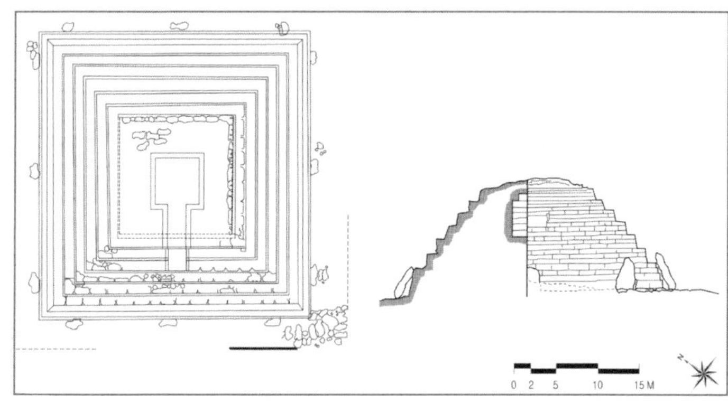

그림 11 장군총 평면도와 입단면도

(四神塚)이 대표적이며, 후자는 평양시 역포 구역 술신리의 동명왕릉을 들 수 있다.

동명왕릉은 427년 고구려가 평양으로 도읍을 옮길 때 이장한 것으로 주위의 산수가 매우 아름답다. 무진천(戊辰川)이 서쪽으로 흘러 대동강에서 합류하며, 묘역 주변에는 노송이 가득하다. 묘 앞에는 능비(陵碑)와 석등, 석상이 있고, 좌우에는 석비와 홍살문이 있다. 동명왕릉의 중요한 능원시설로는 왕릉의 남쪽 약 150m 떨어진 곳의 정릉사(定陵寺)와 왕릉 서쪽 약 400m 지점의 저습지에 위치한 진주지(眞珠池)를 들 수 있다.그림 12 진주지는 중앙에 크기와 높이가 모두 다른 4개의 둥근 섬이 있는 연못이다. 못의 바닥에는 대성산성 안의 못처럼 자갈을 깔았으며 못 바닥에서 탄화된 연꽃 씨가 나온 점으로 보아 연이 무성했던 것으로 보인다. 못의 수원은 북쪽 산 밑에서 솟아나는 샘으로 수량이 풍부하여 지금도 관개용수로 이용되고 있다(동명왕릉과 진주못 발굴보고서, 1975년).

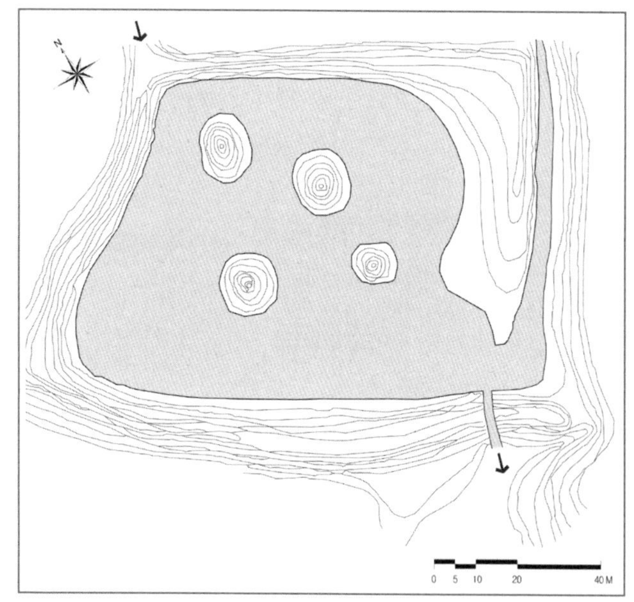

그림 12 진주지 평면도

5) 사찰

(1) 불교의 전래와 사찰의 조영

삼국 가운데에서 불교를 제일 먼저 받아들인 나라는 고구려이다. 『삼국사기』 등 관련 문헌의 기록에 따르면, 고구려에 불교가 공식적으로 전래된 것은 소수림왕(小獸林王) 2년(372년)에 전진(前秦)의 왕이었던 부견(符堅)이 승(僧) 순도(順道)를 시켜 불상과 경문(經文)을 보내면서부터였다고 한다. 그 후 소수림왕 4년(374년)에 승 아도(阿道)가 들어왔는데, 이들을 위하여 소수림왕 5년(375년) 국내성에 초문사(肖門寺)와 이불란사(伊弗蘭寺)를 지었으며, 이것이 고구려사찰에 대한 최초의 기록❶이다.

고구려는 고국양왕(故國壤王) 9년에 영(令)을 내려 불법(佛法)을 숭신(崇信)케 함으로써 불교를 더욱 장려했다. 이후 고구려에서는 사찰의 조영이 본격화되었는데, 광개토왕(廣開土王) 2년(392년)에는 평양의 아홉 사찰(九寺)이 창건되었으며, 문자왕(文咨王) 7년에 금강사(金剛寺)를 세웠다는 기록❷이 『삼국사기』에 전해진다.

그러나 지금은 고구려시대에 창건된 사찰의 지상 건축물은 단 한 군데도 남아 있지 않으며, 위치조차도 확실하지 않은 것들이 대부분이다. 단지 일제 강점기에 평양을 중심으로 몇 군데에서 고구려시대의 사찰터가 발견되었고, 일본 학자들에 의해 평양 청암리(淸岩

❶ 『三國史記』 高句麗本紀第六 小獸林王條
❷ 『三國史記』 高句麗本紀第六

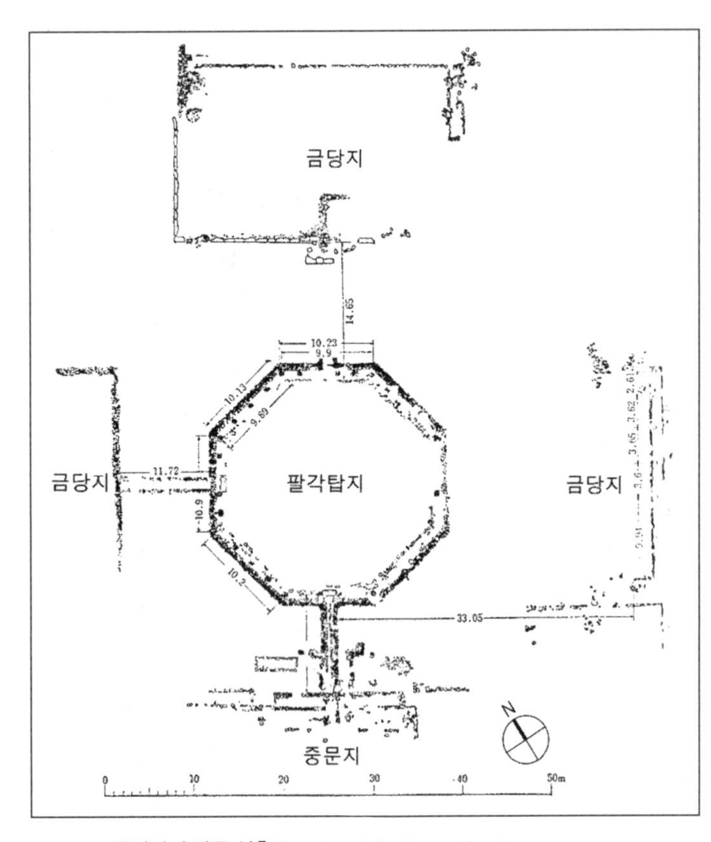

그림 13 금강사지 발굴 실측도 ▷출처: 이광로 역, 1986년, p.83

里) 금강사지(金剛寺址)와 대동군 상오리사지(上五里寺址) 그리고 평원군 원오리사지(元五里寺址)가 발굴됨으로써 고구려사찰에 대한 본격적인 연구가 시작될 수 있었다. 한편, 광복 후에는 평양의 정릉사지(定陵寺址)가 조사, 보고된 바 있다.

(2) 대표적 사찰

① 금강사지

청암리사지로 잘 알려져 있는 금강사지(金剛寺址)는 현재 평양시 대성 구역의 대동강 가까이에 있는 청암동 토성의 중심부 평탄 지대에 위치하고 있다.[1] 청암동 토성 중심부의 제일 좋은 곳에 금강사가 세워졌다는 것은 이 절이 왕이나 국가와 밀접한 관련이 있었음을 보여주는 것이다.

1938년에 실시된 1차 조사에서 조사단은 탑지로 추정되는 팔각전지와 이 팔각전지의 기단에서 남방 10.56m 지점에 있는 중문지(中門址)로 생각되는 기단, 팔각전지를 중심으로 중문지와 거의 같은 간격으로 대칭해서 배치된 금당지(金堂址)로 추정되는 동서 건물지, 팔각전지와 동서 건물지를 연결하는 회랑지(廻廊址)의 옥석렬(玉石列) 그리고 팔각전지 북측 기단에서 14.5m 떨어진 북쪽에 동서 30m의 대전지(大殿址)를 확인했다. 이렇게 볼 때 금강사는 1탑 3금당식 배치형식을 보이는 사찰인데, 이러한 사찰형식은 (상오리사지, 정릉사지, 봉산군 토성리사지에서도 나타나는 것으로) 고구려사찰의 전형적인 형식이다.[2] 그림 13

이와 같은 사찰의 공간구성형식은 당시 왕궁의 공간구성형식에서 유래된 것으로 초기 불교사찰의 공간구성원리를 이해하기 위한 중요한 자료다. 1탑 3금당식 배치형식은 백제에 계승되고 발전되어서 백제 사찰의 전형인 1탑식 가람배치형식을 만들어 낸다.

② 정릉사

정릉사(定陵寺)는 평양에서 동남쪽으로 약 2㎞ 떨어진 평양시 역포 구역 용산리 왕릉동에 있다. 이 사찰은 동쪽에 제령산(해발 341m), 남쪽에 마장산(해발 340m)이 막아선 평지에 자리 잡고 있으며, 서쪽에는 무진천(戊進川)이 흐르고 있다.

정릉사는 고구려의 건국 시조 동명왕의 능을 옮겨 올 때 그의 명복을 빌기 위해 창건한

[1] 247년 고구려가 평양으로 종묘사직을 옮겼던 곳도 바로 청암동 토성이었다(리인동, 2005년, p.79).
[2] 리인동은 금강사지가 1탑 3금당 형식의 완성 단계를 대표하는 절이라고 주장한다(리인동, 2005년, p.80).

원찰로 추정되고 있다. 발굴조사 결과 사지의 규모는 동서 223m, 남북 132.8m로 확인되었으며, 건물지는 18개, 회랑지는 10개였고, 건물지 외에 정체불명의 구조물 3개가 드러났다(김정기, 1991년, p.4).

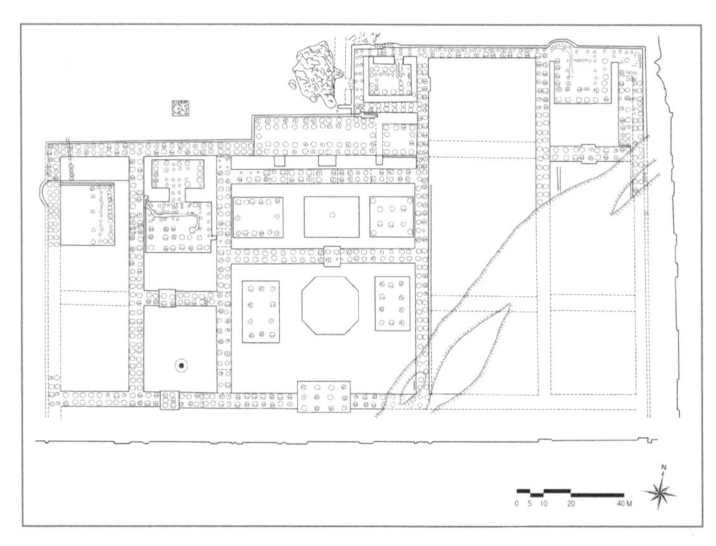

그림 14 정릉사지 발굴조사 평면도

정릉사의 공간은 남북 중심축에 따라 좌우대칭으로 배치된 5개 구역으로 구분되며, 각 구역은 남북, 동서로 통한 회랑에 의하여 구획되어 있다. 정릉사의 중심구역인 제1구역에는 남북 중심축에 중문, 팔각탑, 북금당, 강당을 배치했으며, 회랑으로 다시 3분 하고 있다. 한편, 팔각탑을 중심으로 동서로 각각 금당을 배치하고 있어 이 사찰 역시 금강사와 마찬가지로 1탑 3금당 배치형식을 보인다.그림 14 팔각탑의 각변의 길이는 약간씩 차이가 있으나 대체적으로 기본이 7.3m이고 윤곽 부분이 8.4m이다.

정릉사의 중심구역그림 15은 1993년에 복원되었다. 복원된 정릉사는 고구려의 고유한 사찰형식대로 8각 7층탑을 중심으로 동금당과 중금당, 서금당이 있고 중문과 회랑이 그것을 둘러싼 1탑 3금당 형식의 사찰이다(조선문화보존사, 2003년, p.9).

그림 15 복원된 정릉사 중심구역

4. 백제시대

1) 시대 개관

고구려계의 유민에 의해 건국된 백제는 지금의 경기도 광주 부근인 하남(河南) 위례성(慰禮城)에 첫 도읍을 정하고 국호를 십제(十濟)라 했다(BC 18년). 백제는 오늘의 경기, 충청, 전라도와 낙동강 중류 지역, 강원, 황해도의 일부를 포함하는 넓은 영토를 확보했으나, 5세기 후반 고구려의 남진정책으로 그 중심 지역인 한강 유역을 빼앗기고 금강 유역의 웅진으로 도읍을 옮겼다(475년). 웅진으로 도읍을 옮긴 백제는 신라와 더불어 고구려의 남진정책에 대응했다. 나라가 안정됨에 따라 성왕(聖王)은 백제의 중흥을 도모하기 위해 국호를 남부여라 고치고, 도읍을 웅진에서 금강 하류 쪽으로 약 30㎞에 위치한 현재의 부여인 사비성으로 옮겼다(538년). 사비성은 백제가 멸망할 때까지 185년간 백제의 도읍이었다.

백제는 중국 문화의 수입과 전달에 큰 활약을 했다. 동으로는 신라에 백제문화를 전수하고, 남으로는 일본에 전하여 일본 문화의 형성에 큰 역할을 했다.

백제는 고구려와 민족적인 배경이 같고 위치가 서로 인접해 있어 고구려와 유사한 점이 엿보이기는 하나, 시간이 지남에 따라 웅건하고 세찬 기상이 넘치는 고구려와는 달리 온화하고 유려한 문화를 이룩했다. 백제예술은 귀족적 성격이 강하여 우아하고 미의식이 세련되었으나 지방의 토착문화를 충분히 육성하지는 못했다.

2) 도성과 산성

백제의 도읍은 북쪽에 강폭이 넓고 깊은 강을 끼고 있는 언덕과 산을 배경으로, 그 앞에 넓은 벌판이 펼쳐 있는 곳에 위치했다. 강변의 산을 배경으로 한 것은 방위상 유리했기 때문이다.

(1) 풍납토성

서울 천호대교 아래쪽 강동구 풍납동에 있는 풍납토성(風納土城)은 한강 가에 축조된 반달형의 토성으로, 서북쪽으로는 한강을 사이에 두고 아차산성을 바라보고 있다.

풍납토성은 초기 백제의 중요한 방어시설로 그 규모가 비교적 웅대하여 둘레가 4㎞나 되며, 남북 약 3㎞, 동서 약 1㎞의 타원형에 가까운 평지 토성이다. 성벽의 내부는 돌이 거의 없고 고운 모래를 한 층씩 다져서 쌓아 올렸으며 높이는 약 8m, 밑 부분의 너비는

30m 정도이고 주위를 모두 해자로 둘렀다. 현재 남아 있는 성벽은 2.2㎞ 정도이고, 동쪽 성벽에는 몇 군데 성문터가 남아 있으나, 한강에 면한 성벽은 거의 유실되고 현재는 동북쪽 귀퉁이와 동쪽 부분만이 남아 있다. 풍납토성은 그 규모가 크고, 유물도 많이 발견되었는데, 위치로 보아 백제 초기의 도읍인 하남 위례성으로 주거지가 분포했다고 추정하는 견해가 있다.그림 16

(2) 몽촌토성

몽촌토성(夢村土城) 역시 백제가 고대국가로서의 터전을 마련한 한성시대의 중요한 도성으로 추정하고 있는데, 풍납토성과 더불어 백제 초기의 도읍지로 추측하기도 한다. 몽촌토성은 풍납토성 가까이 위치하며 반달처럼 생긴 낮은 구릉에 있다. 지금은 올림픽 공원으로 조성되어 있다. 몽촌토성은 둘레 2,285m로 타원형의 내성과 그 바깥의 외성으로 이루어져 있으며, 내성의 외곽에 하천을 파고 한강 물을 끌어낸 해자가 발굴되었다. 이 밖에 토성에 설치되었던 목책 유구, 움집터, 무덤 등이 발굴되었다.

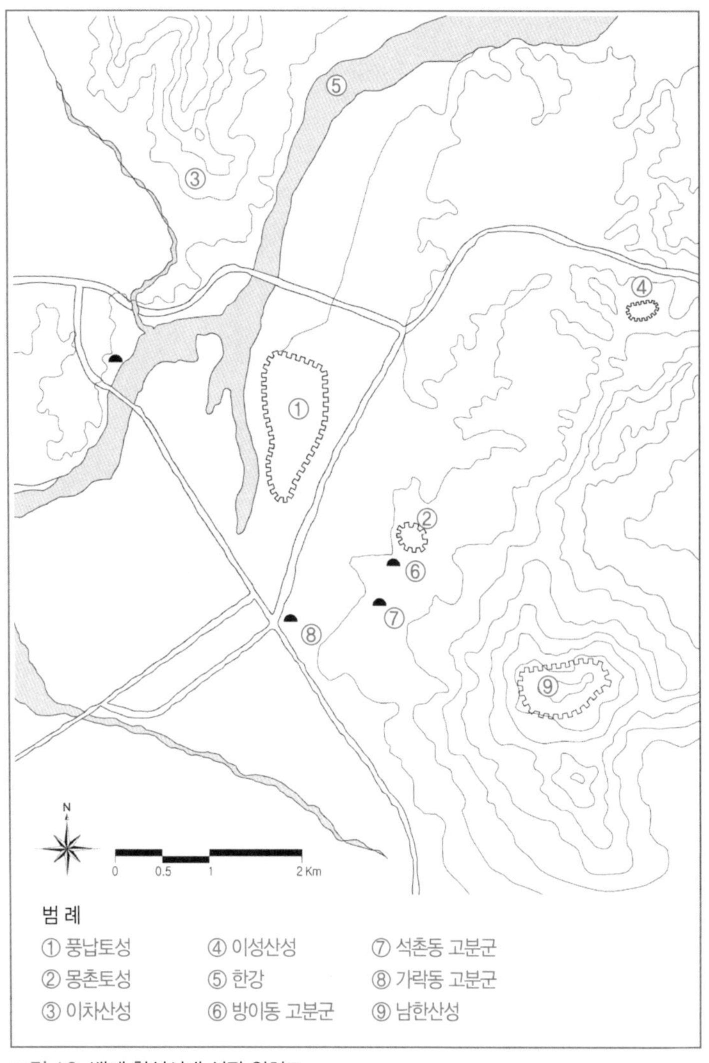

그림 16 백제 한성시대 성곽 위치도

(3) 이성산성

경기도 광주군 서부면에 위치한 이성산성(二聖山城)은 백제 초기 도읍지인 하남 위례성과 풍납토성, 몽촌토성의 위성으로 추정되는 곳이다. 배후에 높은 산들을 등지고 있으면서 북쪽으로는 시야가 막힌 곳이 없어 풍납토성과 몽촌토성은 물론 아차산성과 한강 유역을 한눈에 바라볼 수 있는 곳에 위치한 천혜의 요새다. 백제 위례성의 위성은 이외에도 남한산성, 아차산성 등이 있다.

이성산성은 해발 고도 209.8m인 이성산(二聖山)에 위치하고 있는데 성곽은 자연지형을 따라 돌로 축조한 포곡식 산성으로 부정형의 사각형이며, 성벽의 높이는 4~5m, 둘레가 1,925m 정도이고 내부 면적이 약 155,025㎡이다. 성안의 남쪽 산록 완경사지에서 2개소

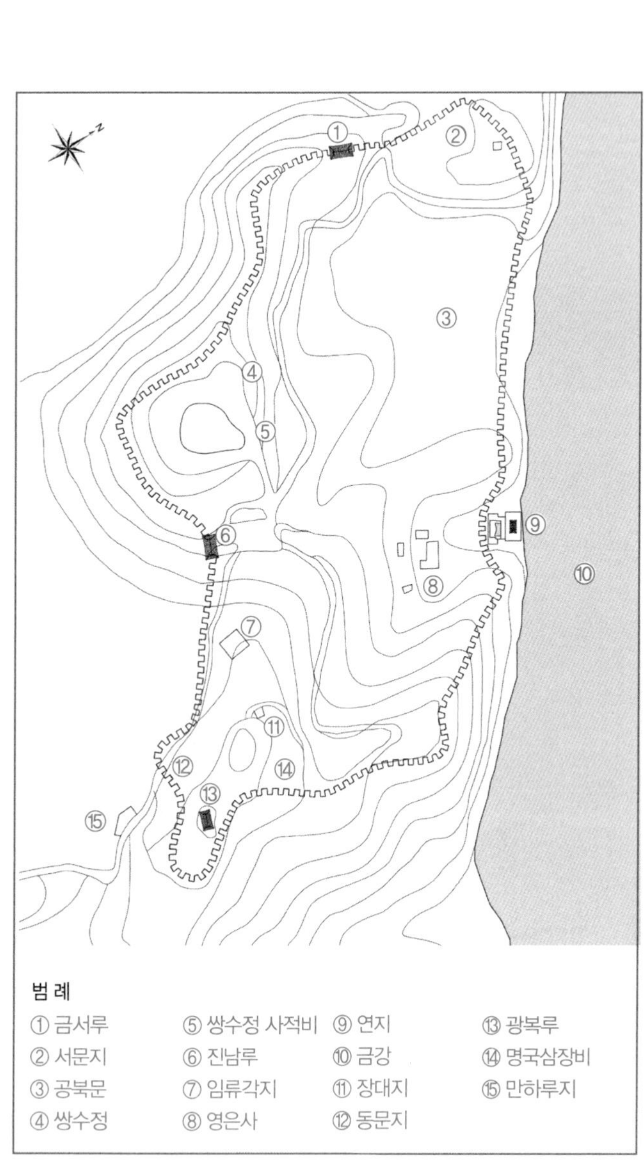

그림 17 **공산성 평면도**

의 못터가 발견되었는데, 이들은 식수와 군사 용수로 사용되었을 뿐 아니라 남문을 보호하는 해자 역할도 했던 것으로 추정된다. 한편 산 정상부에는 신앙유적과 석곽묘, 저장 구덩이, 건물터 등이 발굴되었으며, 그 바로 아래에는 장대(將臺)터와 건물터가 발굴되었다.

(4) 공산성

공산성(公山城)은 475년(개로왕 21년)에 한산성으로부터 천도하여 64년 동안 웅진(지금의 공주)시대 백제의 임시 도읍이었다. 한성에서 고구려에 밀려 천도하는 절박한 상황이라 초기에는 산 위에 산성과 더불어 궁궐을 짓고 도읍으로 정했다. 그 후 산성의 남쪽 기슭에 왕궁이 건설되었으며, 그 남쪽에는 주거지가 형성되었다.

공산성은 북쪽에, 강폭이 넓고 수심이 깊은 금강이 면해 있고 동남쪽의 좁은 평지가 험한 산으로 둘러져 있어 비교적 규모는 협소하지만 천연의 요새다. 성 전체의 길이는 약 2,662m로 조선시대에 돌로 쌓았다.그림 17

1980년대 초반에 성안에서 물을 담아 두는 깊이 42m, 지름 7.8m나 되는 큰 사각형의 웅덩이가 발굴되었는데, 네 벽은 계단식으로 돌로 쌓여 있으며, 바닥에도 돌을 깔아 물이 새지 않도록 했다. 그리고 성내에서는 암문, 수구, 건물터, 창고터, 목곽 등의 유구도 발견되었다.그림 18

(5) 사비성과 부소산성

사비(泗沘, 오늘날 부여)는 성왕이 공주에서 부여로 천도(538년)한 뒤 백제가 멸망할 때까지 123년 동안 도읍이었다. 사비성(泗沘城)은 부여의 동쪽에서 서쪽과 남쪽으로 감싸 흐르는 금강을 자연적 해자로 하고 동쪽에 위치한 산들의 능선에 토성을 쌓아 건설했다. 강과 산세에 따라 만들어진 사비성은 전체적 형국이 반달과 같아 반월성이라고도 했다. 사비성의 내부에는 다시 북쪽에 위치한 부소산 정상부를 중심으로 머리띠형(테뫼식)의 부소

그림 18 공산성 연못과 만하루 ©강충세

산성(扶蘇山城)을 쌓았는데, 계곡을 감싸며 골짜기를 따라 1.5㎞의 포곡형 토성으로 왕궁을 중심으로 내성, 중성, 외성으로 되어 있다. 이처럼 산과 하천의 자연지형을 이용하여 만들어진 성곽으로 도시를 둘러싸고, 그 속에 다시 내성, 중성, 외성을 3중으로 만든 것은 고구려의 장안성과 유사하나 장안성보다 약 50년 전에 건설된 것이다. 또, 한국의 산성식과 중국의 시가지 포위식 축성법을 절충함으로써 재래의 축성법에 큰 혁신을 가져왔다.

내성인 왕궁터는 부소산의 남쪽 넓은 부지에 있었는데, 구(舊) 국립부여박물관이 있던 곳이라고 추정된다. 그 밖의 외성에는 정림사, 가탑리 절터, 동남리 절터, 군수리 절터, 구위리 절터 등 큰 절터가 많이 발굴되었으며, 이 일대는 주거지로 추정된다.그림 19, 그림 20

그림 19 사비성과 부소산성 평면도

그림 20 부소산성과 백마강

3) 궁궐과 궁원

백제에서도 국가 성립 이후 많은 궁전과 궁원이 만들어졌으나 현재 원형이 남아 있는 것이 없으며, 다만 단편적으로 옛 문헌에 전해져 올 뿐이어서 전체적인 궁성의 형태를 알 길이 없다.

『삼국사기』의 백제본기에는 백제의 궁궐 건설에 대한 기록이 여러 곳에서 발견되고 있다. 최초의 궁궐은 하남 위례성으로 되어 있으나 이 내용에 대한 기록은 없다. 이어서 나타나는 궁궐과 궁원에 대한 기록을 살펴보자.

(1) 한성

백제는 BC 6년(온조왕 13년)에 한강 서북에 성을 쌓고 대궐을 지어 BC 5년(온조왕 14년)에 도읍을 옮겼다는 기록이 있다. 이 성이 한산성(漢山城)으로 지금의 서울 지역에 위치했다. 이 궁성에 궁원을 조성했다는 기록이 여러 차례 나타나고 있는데, AD 25년(온조왕 43년) 9월에 크고 작은 기러기가 백제 왕궁에 모여들었다는 기사로 미루어 보아 왕궁 속에 큰 연못이 있었다는 것을 추측할 수 있다. 391년(진사왕 7년)에는 궁실을 중수하는 한편 연못을 파서 산을 만들고(造山) 진기한 물새를 키우고 기화요초를 가꾸어 즐겼다는 기록이 있다.

(2) 웅진궁과 임류각

백제는 475년(개로왕 21년) 도읍을 고구려에 빼앗기고 웅진(熊津)으로 천도하여, 60여 년간 있었다. 『삼국사기』에 따르면 475년(개로왕 21년)에 "나라 사람들을 모조리 징발하여 흙을 쌓고 그 안에는 궁실, 누각, 정자를 지으니 모두가 웅장하고 화려하였다"라고 하지만 고구려에 의해 밀려온 상태이므로 웅장한 궁전과 궁원을 조성하기는 어려웠을 것이다.

웅진시대 공주 공산성 남문 아래 넓은 구릉지에서 너비가 약 1m나 되는 큰 주춧돌이 발견되었는데 이곳에 궁전이 있었다고 보여진다. 이 궁전은 공산성 밖에 있는 것으로 공산성과 밀접한 관계가 있었을 것이다.

한편 500년(동성왕 22년) 봄에는 대궐 동쪽에 높이가 5장(丈=10尺)이나 되는 임류각(臨流閣)을 세우고 연못을 파, 진기한 새를 길렀다는 기록이 있다. 임류각의 높이는 비록 과장된 표현일지라도 상당한 크기의 누각이었다는 것을 말해 준다. 최근 왕궁 동쪽에서는 임류각터라고 추정되는 유지가 발견되었다.

(3) 사비궁성과 궁남지

백제가 도읍을 웅진에서 사비(泗沘)로 옮김과 동시에 화려하고 웅장한 궁전을 건설했다. 부여의 왕궁터는 부소산을 배경을 하는 남쪽의 넓은 지대에 자리 잡았고 이곳에는 궁원도 함께 건설되었다.

사비시대 백제의 대표적인 궁원으로는 궁남지(宮南池)가 있다. 『삼국사기』와 『동사강목』에 따르면 634년(무왕 35년) 3월에 대궐(사비궁) 남쪽에 못(궁남지)을 파고, 20여 리(약 7.8 ㎞) 밖에서 물을 끌어들여, 못 가운데는 방장선산을 상징하는 섬을 만들고, 물가에는 능수버들을 심었다고 한다. 연못 속에 방장선산을 상징하는 섬을 만든 것은 한나라 때 금원 내의 태액지속에 신선사상에서 연유한 삼신산 즉, 영주, 봉래, 방장의 세 섬을 만들어 불로장생을 기원했던 것에서 영향을 받은 것으로 생각된다.

655년(의자왕 15년)에 왕궁 남쪽에 망해정을 지었다는 기록이 있으나 유적은 남아 있지 않다. 궁원 유물로는 부여 왕궁터에 있는 지름 약 80㎝, 높이 1m 가까이 되는 석련지가 남아 있는데 석련지는 화강암질의 암석으로 된 둥근 어항에 물을 담아 연꽃을 심어 즐기던 점경물의 하나이다.그림 21 그리고 궁전 또는 불사 등 주요 건축물에 사용되었던 백제의 정방형 문양전(文樣塼)을 보면 뛰어난 포장술을 엿볼 수 있다. 특히 산경문전(山景文塼)은 전경에 장대석 비슷한 축대, 바위산을 두고

그림 21 백제의 석련지

그림 22 백제 산경문전

후면에 둥근 세 개의 산봉우리가 연속되게 배치했으며 그 위에 수목들을 심었다. 또 전경에 정자와 그 옆에 도사가 서 있는데, 이것은 삼신산과 신선을 표현한 것으로 도교의 신앙이 수반된 백제시대 조경양식의 일면을 보여 준다.그림 22

백제의 조경 및 건축기술은 인접한 신라는 물론, 바다를 건너 일본에 전해졌다. 신라의 주요 사찰 건립 시 백제의 기술자들을 불렀다는 기록이 있으며, 『일본서기』에 백제에서 온 노자공이 산악의 생김새를 본떠 산을 만들었으며(造山), 이러한 기술로 궁실 남쪽 정원에 수미산을 만들고 오교(吳橋)를 만들었다는 기록이 있다. 즉, 백제의 궁궐 및 정원의 조영수법이 매우 발달했음을 알 수 있다.

그림 23 익산 왕궁리 유적 전경 사진 ▷출처: 왕궁리발굴중간보고서

(4) 익산 왕궁리 유적

익산 왕궁리 유적(사적 제408호)그림 23은 행정구역상 전북 익산시 왕궁면 왕궁리 산 80-1번지 일대에 위치한다. 이 유적은 백제문화권 유적정비사업의 일환으로 1989년부터 연차적으로 발굴조사가 진행되었으며 2013년에도 후원영역에 대한 발굴조사가 진행되고 있다.

그 결과 백제 30대 무왕(武王 600~641)때 조성된 것으로 추정되며, 장방형의 성벽을 축조했는데 동성벽 492.80m, 서성벽 490.30m, 남성벽 234.06m, 북성벽 241.39m인 성벽 내부에 경사면을 따라 단을 이루어 석축을 쌓고 성토를 하여 평탄한 대지를 조성한 것으로 나타났다.

후원영역에서는 물과 관련된 다양한 도수시설(導水施設)이 집중적으로 확인되었고, 궁성의 전반부인 전각구역과 비교하면 건물지는 1~2개소 정도로 미미한 편이다. 후원영역에서 조사된 시설은 말각장방형 석축시설, 환수구(環水構), 방형초석 건물지(건물지 36), 곡수로(曲水路)로 크게 나눌 수 있으며, 그 외 와열배수로, 환수구와 연결되어 성 외곽으로 물을 빼내기 위한 출수시설, 출수구 등이 있다.

후원영역에 대한 조사를 실시한 결과 후원영역은 백제시대부터 고려시대에 이르기까지 지속적으로 사용되었음이 나타났다. 즉 통일신라시대에서 나말 초기, 고려시대로 이어지며 왕궁리유적은 대대적인 변화를 거쳐 시설물들이 조영되거나 점유가 계속적으로 이루어졌던 것으로 나타났다.[1]

4) 묘지경관

백제 무덤은 백제의 도읍이었던 광주, 공주, 부여 지방에 많이 남아 있다. 백제의 무덤은 적석무덤, 적석목곽무덤, 봉토석실무덤, 벽돌무덤 등 비교적 다양한 형식으로 만들어졌다.

백제의 적석무덤은 서울 석촌동에서 발굴된 무덤형식으로서, 깬 돌을 세 단으로 쌓아 올리고 상단 중앙에 묘를 안치한 고분이다. 네모난 평면에 단형으로 외부 형태를 이루고 있는데 그 규모가 클 뿐 아니라 무덤 칸이 네모난 것은 고구려 장군총이나 태왕릉과 비슷하다. 이 무덤은 5세기 전반에 만들어진 것으로 한강 중류 지방으로 이주한 고구려 사람과 관계가 있는 것으로 보인다.

벽돌무덤은 전축분(塼築墳)이라고도 하며, 무덤의 벽과 천장을 모두 벽돌을 쌓아 만들었는데, 장방형 평면에 벽은 거의 수직이고 천장은 터널과 같이 궁륭 구조이다. 이 형식은 공주 지방에서만 볼 수 있는데, 백제의 요업 기술이 급속도로 발전하던 6세기 전반에 석실무덤 구조를 벽돌쌓기 구조로 변형시킨 것이다. 대표적인 벽돌무덤은 무령왕릉(501~523년)이 있다.

이처럼 백제에는 여러 가지 무덤이 있었으나 기본 유형은 봉토석실무덤이었다. 한때 벽돌무덤을 만들었지만, 그것은 봉토석실무덤 구조의 원형을 살린 것이었다. 봉토석실무덤과 벽돌무덤에는 사신도를 비롯한 벽화를 그렸는데, 이것은 백제도 고구려와 같이 봉토석실무덤을 기본으로 하며, 같은 방법으로 내부에 벽화를 그렸음을 보여 준다. 당시 백제에는 음양과 오행사상이 유행했다는 기록이 있으며, 무덤의 위치 선정과 내외부의 구성은 음양과 오행사상의 영향을 받은 것으로 생각된다.

[1] 국립부여문화재연구소, 2013, 왕궁리발굴중간보고서 9.

5) 사찰

(1) 불교의 전래와 사찰의 조영

불교가 처음으로 백제에 들어온 것은 침류왕 원년(384년) 인도승 마라난타(摩羅難陀)에 의해서이며, 이듬해에 한산(漢山)에 사찰을 창건했다.

그 후 백제는 공주, 부여로 천도하는 과정에서 성왕에 의해 불교가 진흥했다. 성왕 19년(541년) 양나라에 경전과 함께 공장(工匠)과 화사(畵師)를 청하고 있는 것으로 보아 백제 사찰은 중국의 영향 하에 불교의 발전과 함께 불교건축도 장엄하게 조영되었음을 짐작할 수 있다.

현재 백제시대에 창건된 사찰들은 거의 대부분 유지를 찾아보기 힘든 상태로 폐허가 됐으나 그나마 익산 미륵사지와 부여 정림사지, 군수리사지, 동남리사지, 금강사지, 공주 대통사지, 서혈사지가 남아 있어 백제사찰을 살필 수 있다(윤장섭, 1986년, p.81).

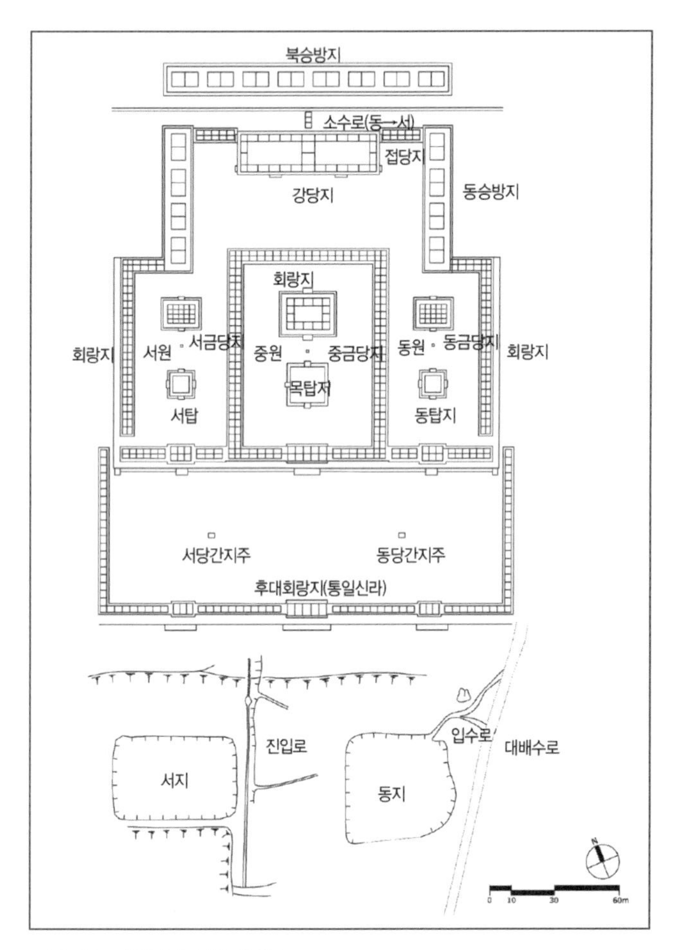

그림 24 미륵사지 배치 평면도

(2) 주요 사찰

① 미륵사지

미륵사지(彌勒寺址)는 익산시 금마면 기양리에 위치하고 있으며, 용화산(龍華山, 430m)을 배산으로 좌우 능선이 둘러싸고 있는 대사찰이다. 미륵사의 창건 연대는 정확하지 않으나 백제 무왕 재위 기간 중(600년~632년)인 것으로 추정한다(장경호, 1991년, p.58).

발굴조사 결과, 미륵사지는 남북자오선 상에서 서쪽으로 약 23° 기운 중심축선을 기준으로 중문, 탑, 금당을 일직선 축선 상에 배치하고, 복랑(複廊)으로 된 회랑을 통해 중문에서부터 금당 후면을 둘러싼 사찰 세 구역을 동서로 병치하고 있음이 밝혀졌다. 중앙 북쪽에는 거대한 강당이 있는데, 강당 좌우에서 시작한 3칸 규모의 승방인 듯한 건물이 남북으로 뻗어 동, 서원의 북회랑에 접하고 있다. 또 중원에는 동, 서원보다 비교적 규모가 큰 목탑을, 동, 서원에는 석탑을 건립했다. 금당지에는 건물의 기단부에 지하 공간 시설이 있어 신라가 삼국을 통일한 후에 건립한 감은사지 금당기단과 상통하고 있는 점이 흥미롭다. 미륵사지

그림 25 미륵사 영지(쌍지)

그림 26 정림사 쌍지

전면부에 있는 지당은 중앙통로를 사이에 두고 동서로 나뉘어 조성되었는데, 동지는 동서 49m, 남북 48m, 서지는 동서 51m, 남북 41m 크기의 장방형 못이었다. 못의 입수구는 동지 동북쪽 모퉁이에 있으며, 서지 동편으로 흘러내리는 계류를 물도랑으로 연결하고 있다. 이 입수구는 'S'자형으로 굴곡을 주었고 부채살 모양으로 물이 못 속으로 흘러들게 만들었다(정재훈, 1990년). 그림 24, 25

한편, 강당지 후면의 습지에는 수로 가에 버드나무를 2m 간격으로 2주씩 쌍으로 심은 방형구획 유구가 11개소 확인되었다. 그리고 북쪽 승방지 서북쪽에는 배수로와 '凹'형 나무 홈통을 교묘하게 설치하여 집 기단 앞까지 물이 꺾여 흐르거나 고이도록 했으며, 지하 배수로나 돌다리를 설치한 시설도 보인다. 2009년 1월 14일 미륵사지 서탑 1층 내부에 있는 심주석 해체 과정에서 사리장엄 일체가 발견되어 세간의 주목을 받은 바 있다.

② 정림사지

정림사지(定林寺址)는 중문, 탑, 금당, 강당을 남북 일직선 축선 상에 배치하는 1탑 1금당의 형식을 갖춘 사찰로, 이러한 형식은 부여의 군수리사지와 동남리사지 그리고 미륵사지 중심영역에서도 발견된다.

발굴조사 결과 남문지 전면에서 두 개의 방지(方池) 그림 26를 확인했는데, 이 방지는 남문지에서 남쪽으로 24m 거리에 있었으며, 폭 2.1m의 중앙통로를 사이에 두고 동서로 나뉘어 있었다. 연못의 크기는 동지(東池)

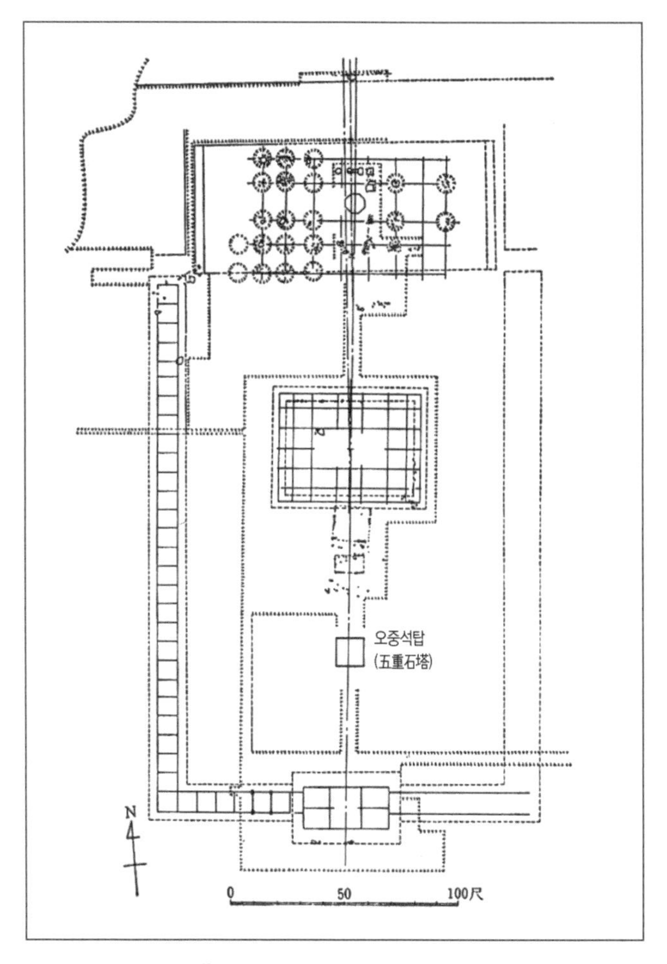

그림 27 정림사지 실측도 ▷출처: 박승미, 1980년, p.31

가 동서 15.3m, 남북 11m이고, 서지(西池)는 동서 11.2m, 남북 11m 정도였다. 연못의 지안은 동서지 모두 서쪽과 북쪽 지안만 석축으로 상하 2단 50㎝ 정도 높이로 쌓았으며, 동쪽과 남쪽 지안은 석축 없이 자연스럽게 윤곽만 만든 토안으로 되어 있다. 연지의 수원은 연지 동쪽의 작은 개울이며, 동지의 동쪽 지안 남단에 얕게 판 도랑을 따라 자연스럽게 물이 흘러들도록 되어 있다. 연못 속에서 탄화된 연꽃의 줄기와 잎이 출토된 것으로 보아 연화를 심었던 연지였던 것으로 확인된다. 현재 정림사지에 있는 방형의 두 연못은 원래 연지를 땅속에 묻어 보존하고 연지 유적 4m 상부에 재현한 것이다(충남대박물관, 1987년).
그림 27

5. 발해시대

1) 시대 개관

신라가 삼국을 통일할 무렵, 고구려의 옛 땅에서는 고구려를 부흥시키려는 노력이 계속되었다. 고구려 장군 대조영은 요동 지방의 고구려 유민들을 멀리 동쪽으로 옮겨, 현재 중국의 길림성 돈화현 동모산을 중심으로 나라를 세웠다(698년). 처음에는 국호를 진(震)이라 하였는데, 이것이 곧 발해이다. 그리하여 남쪽의 신라, 북쪽의 발해가 함께 존재한 남북국의 형세가 이루어진다.

만주 지역에서 그 세력을 크게 떨치고 있던 발해는 8세기 초에 사방으로 영토를 확장해 고구려 영토의 대부분을 차지했고, 9세기 초에는 발해 역사상 최대의 영토를 가지게 되었다. 그러나 10세기 초에 국력의 약화로 거란족에게 멸망했고(926년) 이때 고구려 계통의 유민들은 대부분 고려로 흡수되었다.

북쪽의 발해도 독특한 문화 기반을 지니고 있었다. 귀족문화가 발달하여 그 서울인 상경은 만주 지역의 문화적 중심지가 되었다. 특히 문왕 때 당과 외교 관계를 맺은 후, 당 문화를 받아들여 문화를 더욱 발전시켰다. 그러나 발해의 문화는 전통적인 고구려문화의 토대 위에 당의 문화를 흡수하여 재구성한 것이기 때문에 고구려적인 요소가 강하게 나타나 있다. 특히 온돌, 미술양식, 봉토석실무덤 등의 구조는 고구려적 색채를 뚜렷이 나타내고 있다. 종교는 고구려의 불교를 계승하여 왕실이나 귀족들이 신봉했으며, 정효공주 묘지(墓誌)에 불로장생사상이 나타나 있는 것으로 보아 도교도 성행하였음을 추측할 수 있다.

2) 도성과 산성

발해는 698년 건국 후 수도를 동모산(돈화 오동성)에 잡았다가 755년에 다시 그 북동쪽 300리(약 117㎞) 지점에 있는 중국 흑룡강성 영안현 상경용천부(上京龍泉府)로 옮겼다. 그 후 785년 수도를 길림성 훈춘현에 있는 동경용원부로 옮겼으며 이곳이 멸망할 때까지 발해의 수도였다.

발해의 도성들은 비옥한 농경지로 된 넓은 분지의 한복판에 자리 잡고 있었는데, 한쪽에는 강이 흐르고 주변은 산들이 둘러싸고 있었다. 도성의 평면 형태는 고구려 요동성과 같이 정방형 또는 장방형이나 성벽은 고구려와 달리 돌이 많지 않은 평지에 위치하였으므로 주로 흙으로 만들어졌다.

발해의 도성들은 크게 내성과 외성으로 이루어져 있는데, 내성에는 지배 계층이, 외성에는 피지배 계층이 살고 있었다. 요동성은 가운데 정방형(한 변의 길이 약 80m)의 내성이 있고, 그곳을 중심으로 밖에는 약 400×200m로 된 장방형의 외성이 둘러 있었다. 상경용천부에는 외성의 중심부 북쪽에 내성이 있었다.

도시들은 내성의 중심 남쪽 대로(주작대로라고도 한다)를 기본 축으로 동서, 남북으로 곧은 길이 나 있었으며, 정전법에 의해 도로가 격자형으로 정연하게 형성되어 있었다. 상경용천부는 주위 수백 리가 평탄한 분지의 한복판에 위치하고 있었다. 주변의 땅은 비옥하였으며 도성 남쪽에 위치한 경박호로부터 관개가 유리하여 농사짓기에 좋았다. 멀리 산들이 있어 강과 더불어 방위에도 유리한 천연 요새지였다.

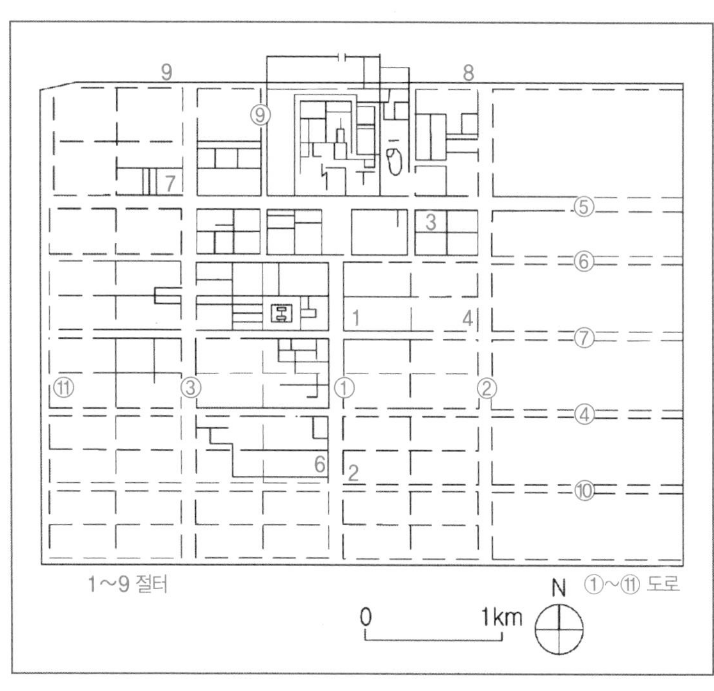

그림 28 발해 상경용천부 평면도

상경용천부의 도성은 크게 내성과 외성으로 구분된다. 내성은 도시의 북쪽에 있는데 남북 길이는 약 1.4㎞, 동서 너비는 1.1㎞가 되며, 전체 도시 면적의 1/11에 이른다. 내성은 다시 궁성(북쪽)과 황성(남쪽)으로 나뉘는데, 궁성은 왕이 거처하는 궁전영역이며 황성은 발해 중앙정부기관인 3성 6부가 있던 곳이다. 내성에는 동서 성벽에 각각 2개씩의 성문이 있고 남북 성벽에는 각각 3개씩의 성문이 있다.

외성은 내성의 동서 방향으로 남쪽으로 전개되어 있는데 둘레가 약 16,296m이고 남북이 약간 긴 장방형으로 돌로 기초를 쌓고 흙을 덮은 형태이다. 외성에는 내부 도로와 직접 연결된 10개의 성문(동서 성벽에 각각 2개, 남북 성벽에 각각 3개)이 있고 외성의 밖에는 해자가 조성되어 있다.

궁성의 남쪽 중앙 성문에서 외성 남문까지는 남북으로 뻗은 직선 길이 2,195m, 폭 110m의 주작대로라는 큰 길을 내었다. 이 도로는 도시의 중심도로로 궁성 안의 주요 건물들이 이 도로축을 따라 전개되었으며, 궁전의 중심축과도 일치했다. 이 도로를 중심으로 주변에는 동서와 남북으로 도로가 뻗어 바둑판처럼 도시계획이 정연하게 되어 있었다. 중심 대로변에는 사찰터와 시장으로 추정되는 터가 발굴되었다.

상경용천부에는 정전법에 의해 이방(里坊)이 정연하게 조직되었다. 도시 안에서 동서, 남북으로 뻗은 도로에 의하여 1개의 리가 되고, 그 안에는 큰 방이 2~4개씩 배치되어 있었다. 방과 방 사이에는 문이 있는 이방담(돌흙담)이 있으며 크고 작은 각 방에는 여러 개의 살림집들이 배치되어 있었다. 큰 이방일수록 내성의 양옆에 즉, 도시의 북쪽에 있고, 도시의 남쪽에는 작은 방들이 있었다. 이것은 궁성 양옆의 북쪽 지구와 궁성과 먼 남쪽 지구에 신분이 다른 사람들이 살았으며, 신분에 따라 건축물의 대지와 건축 밀도가 달랐다는 것을 말해 준다.그림 28

범 례 ① 황성문 ③ 궁성남문 ⑤ 제2궁전 ⑦ 연못
② 황성 ④ 제1궁전 ⑥ 제3궁전

그림 29 상경용천부 궁전 평면도

3) 궁궐과 궁원

발해 성립 후, 수도를 여러 번 옮기면서 동모산, 상경용천부, 동경용원부에는 왕궁이 건설되었다. 그때의 궁터들이 지금도 남아 있다. 발해는 특히 상경용천부에 도읍을 정한 후 나라가 점차 융성함에 따라 도시계획에 입각하여 거대한 궁전을 건설했다. 상경용천부의 궁전은 가장 오랜 기간 동안 수도의 궁전으로 이용하던 곳이다.

상경용천부의 궁궐은 내성의 북쪽에 위치하는데 남북 중심축의 끝에 해당되어 도시 전체 구성에서 그 위상이 강조되고 있다. 왕궁의 중심부는 동서북쪽을 이중성으로 하고 도시에서 가장 중심이 깊고 안전한 곳에 대칭으로 건물을 배치해 왕권을 신비화하고 외적뿐 아니라 계급 및 종족의 반항에 대비했다.

궁성 안은 성벽으로 크게 4개의 구역, 즉 중심구역, 동쪽 구역, 서쪽 구역, 북쪽 구역으로 나뉘는데 중심구역에는 궁전건물이 있고, 동, 서, 북쪽 구역은 궁전의 부속구역이었다.

중심구역에는 5개의 궁전이 있는데 남북 구성축을 중심으로 평면상에서 엄격히 좌우대칭이며 건물의 앞뒤에는 남문과 북문이 있었다. 앞의 건물은 정전이고 뒤의 건물은 침전으로 고구려의 안학궁과 같이 앞은 웅장하게, 뒤는 아담하게 계획했다.

특히 궁성의 동쪽 구역에는 고구려의 안학궁과 같이 궁중정원이 위치하였다. 정원은 북쪽으로부터 남쪽으로 점차 낮아지는 지형에 위치해 있는데, 북쪽에는 담으로 막은 여러 개의 안뜰이 있으며, 그 남쪽에는 큰 연못이 있었다.그림 29

연못은 인공적으로 만들었으며, 못 안에는 거기서 파낸 흙으로 만들었다고 추측되는 2개의 섬(밑지름 약 30m, 현재 높이 약 2.7m)이 있고, 그 위에서는 8각 정자터가 발굴되었다. 이곳에는 녹유를 바른 기와가 나왔는데, 이것으로 정자의 화려함을 알 수 있다. 연못 밖에도 동쪽과 서쪽에 각각 가산(假山)을 만들어 여러 가지 화초를 심고 신기한 짐승을 길렀다고 추측된다.

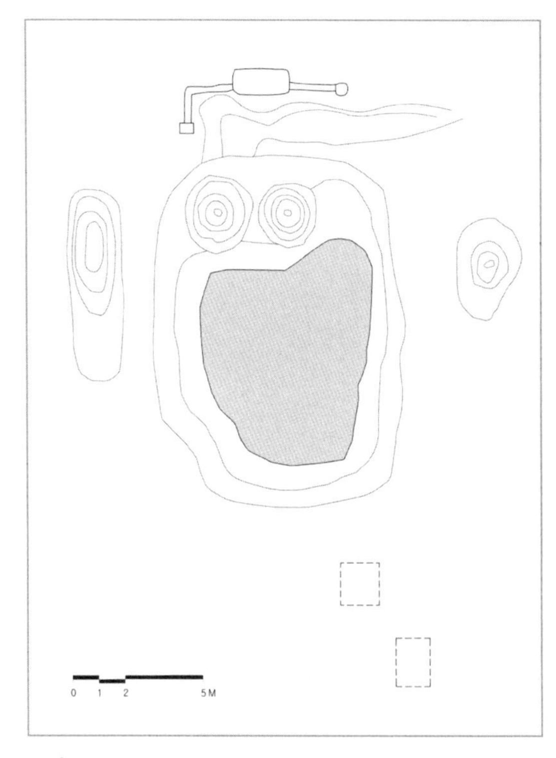

그림 30 상경용천부 궁전 동쪽 정원

두 섬의 북쪽에는 ㄱ자형의 긴 누각터가 발견되었는데, 정면 가운데는 7×4칸의 본채가 있고 동쪽으로 직선형의 회랑과 서쪽과 남쪽으로 연결되는 긴 회랑이 있으며, 그 끝에는 각각 3×3칸의 정자터가 있다. 본채는 궁중 연회의 집회 장소인 동시에, 긴 회랑을 통해 정자까지 거닐며 정원을 감상하던 곳으로 추측된다(리화선, 1993년).그림 30

『발해국지(渤海國志)』에는 재력 있는 자들은 저택에 원지(園池)을 꾸미고, 모란을 가꾸었는데 그 수가 200~300주나 되었고, 그 속에는 줄기가 수십 갈래로 갈라진 고목도 있었다고 한다. 이것은 고구려 유민들이 요양 지방에서 가져와 심은 것이라고 기록되어 있다. 민가의 정원이 이러하다면 고구려의 궁원은 더욱 크고 화려했으리라 짐작할 수 있으며, 이를 이어받은 발해의 궁원도 고구려 못지않았음을 알 수 있다.

4) 묘지경관

발해의 무덤은 오늘까지 길림성, 화룡천, 흑룡강성 영안현, 암구현 등에 적지 않게 남아 있다. 발해의 무덤들도 봉토석실무덤이 대표적인데 고구려의 형식과 유사하다. 영안현

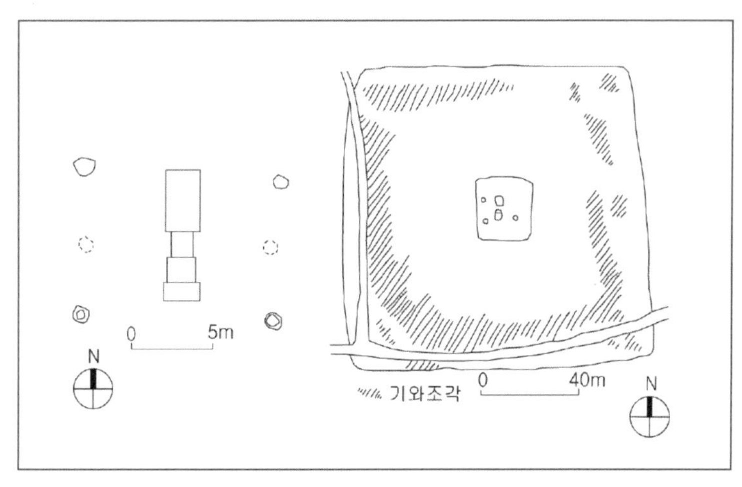

그림 31 영안현 심령둔 무덤과 무덤 위 집터 ▷출처: 리화선 1993년, p.263

삼령둔과 대목단 무덤군에서는 무덤 주변에 담을 두르거나 그 안에 유약을 바른 기와를 이은 집을 짓기도 했다.

발해의 대표적인 봉토석실무덤으로는 흑룡강성 영안현에 있는 삼령둔 무덤과 길림성 돈화현 육정산에 있는 정혜공주의 무덤을 들 수 있다. 심령둔 무덤에는 주변으로 흙담을 네모로(동서 123m, 남북 121m) 두른 무덤 뜰이 있으며, 이 뜰 안에서 녹유를 바른 기와들이 발견되었는데, 그곳에 잘 지은 집들이 있었다는 것을 보여 준다. 한편 무덤 위에서 고구려의 장군총, 태왕릉, 서대총에서와 같이 주춧돌이 발굴되었는데, 무덤 위에 주춧돌을 놓고 기둥을 세운 후 기와 지붕을 이은 건물이 놓여 있었음을 보여 준다(리화선, 1993년).그림 31

6. 신라시대

1) 시대 개관

경주 지방의 사로국으로부터 발전한 신라는 삼국 중 가장 늦게 중앙집권국가의 모습을 갖추었다. 『삼국사기』의 기록에 의하면, 신라는 박혁거세에 의해 건국되어 국호를 서라벌이라고 했다(BC 57년). 초기에는 박, 석, 김의 세 부족이 연맹하여 왕에 해당하는 이사금을 배출하였는데, 곧이어 6부족 연맹체로 발전했다.

4세기 후반에 이르러 주변의 여러 나라를 정복함으로써 영남 지방 일대의 큰 나라로 성장하여 중앙집권국가로 발전했다. 이때 신라는 영토를 낙동강 유역까지 확장하였고 내부적으로 체제 정비를 단행하여 박, 석, 김이 번갈아 왕위에 오르는 대신, 김씨에 의한 왕위 계승권이 확립되었다.

신라는 한반도의 동남부에 위치하여 처음에는 중국 문물에 직접적으로 접할 수가 없었으므로 고구려와 백제를 통하여 간접적으로 문물을 받아들였다. 따라서 문화 발전도 삼국 중에서 가장 늦었다. 신라의 문화는 소박한 옛 전통이 오랫동안 남아 있었으나, 뒤에 중국 북조의 영향을 받은 고구려문화와 남조의 영향을 받은 백제문화를 동시에 받아들임으로써, 이들이 조화된 독특한 신라문화를 형성하게 되었다. 그리하여 신라토기와 같이 소박한 생활용품을 만드는가 하면, 금동 미륵보살 반가사유상과 같이 세련된 미의식이 뛰어난 예술품을 만들기도 했다.

2) 도성과 산성

신라는 BC 7세기경부터 발생하기 시작한 씨족국가 형태인 사로육촌(斯盧六村)이 발전하여 사로국(斯盧國)을 형성하고 진한(辰韓) 주변의 작은 나라들을 정복하여 영토를 확장하면서 성장 발전했다.❶ 신라가 국가의 체제를 갖춘 시기는 BC 57년으로 박혁거세(朴赫居世)를 시조로 개국한 이래 56대에 걸친 992년간 경주를 신라의 왕도(王都)로 건설했다. 박혁거세는 도성을 금성(金城)이라 칭하고 궁전을 영조하고 수도로서의 면모를 갖추었다.❷ 국력의 신장으로 왕권이 강화되고 도시가 발전함에 따라 새로운 궁성을 필요로 하게 되었다. 파사왕(婆娑王) 22년(101년) 새로운 궁성을 축조하여 월성(月城)이라 하고 왕의 거처를 월성으로 옮겼다. 월성의 남측은 남천(문천 蚊川)❸을 따라 축조되어 오목한 형태를 띠었으며 북측은 여기에 맞추어 토성을 축조하여 달의 형태를 이루었다(강태호, 2007년).

금성에서 월성으로 궁성을 옮긴 신라는 신장된 국력에 걸맞은 새로운 도성 건설의 필요성이 대두되었다. 자비왕 22년(469년) 행정구역인 6부를 다시 세분하고 리(里)와 방(坊)의 명칭을 정하여 정비된 도시체제를 갖추기 시작했다.❹ 『삼국유사』 진한조에 의하면 신라 전성기 경주에 178,936호가 살았으며 1,360방, 55리, 35채의 금입택과 사절유택이 있었다는 기록이 있다. 방리제의 방의 크기는 연구자에 따라 각기 다른 견해를 보이고 있지만, 2002년 발굴이 끝난 황룡사 동편 S1E1 지구 발굴조사 결과에 의하면 1방의 크기가 167.5m×172.5m인 것으로 나타났다. 도시가 점차 체계를 갖추고 발전함에 따라 소지왕 12년(490년)에 최초로 시장을 개설하고 지증왕 10년(510년)에는 동시(東市)를 설치했다.

경주의 도성체제는 문무왕 19년(679년)에 이르러 획기적인 발전을 했다. 이때에 동궁(東宮)을 창건하였고 궁궐을 중수하여 통일 국가로서의 면모를 갖추었다. 당시의 왕경 규모를 추정할 수 있는 근거 자료는『삼국사기』 지리지❺의 '남북 길이 3,075보, 동서 폭 3,018보'라는 기록이다. 1보를 6척으로 환산, 계산하여 볼 때 도성의 규모는 남북의 길이가 5,442m, 동서의 폭이 5,341m가 된다. 사방 약 5㎞는 현 경주시 중심에서 동서남북에 위치한 평야 지대의 크기와 거의 일치하고 있다.

신라의 궁성은 초기에는 정궁(正宮)인 월성(月城)을 도성의 중앙에 배치했으며, 통일 후 궁성의 규모가 확대됨에 따라 금성(金城)이라 부르게 되었다. 도성 중심부에는 남북을 관통하는 주작대로(朱雀大路)를 개설해 월성의 중심부와 맞닿도록 했다. 주작대로의 폭은 발

❶ 사로국의 형성 시기는 사료에 의하여 분명하게 밝혀져 있지는 않으나 BC 7세기경으로 추정할 수 있다.
❷ 『三國史記』 新羅本記卷第一 "二十一年築京城, 號曰金城, 二十六年春正月, 營宮室於金城"
❸ 남천은 문천(蚊川)이라고도 한다.
❹ 문헌에 따라서 리방제(里坊制), 방리제(坊里制), 방제(坊制)라는 용어가 쓰인다. 신라의 행정구역은 "부(部)→리(里)→방(坊)" 순이며 가장 하위 행정단위가 방(坊)이다.
❺ 『三國史記』 地理志"王都長三千七十五步廣三千一十八步三十五里六部"

굴되지 않아 확실하지 않지만, 당시의 방(坊) 한 변의 크기가 약 140~170m 정도였음을 감안한다면 당시 도성계획에 있어 주작대로는 중요한 기능을 담당했음을 추정할 수 있다.

신라는 평지성과 산성을 쌓아 도읍을 방어했다. 신라 초기의 성곽은 낮은 구릉 위나 야산 정상부에 축조되었는데, 궁성인 월성과 가까운 남산과 명활산에 토성을 구축하고 군사를 주둔시키다가 도성의 확장과 더불어 점차 외곽으로 뻗어 나가기 시작하여 나중에는 사방의 교통 요지에 대규모의 산성을 축조하였다(박방룡, 2013). 분지로 이루어진 지형 여건상 방어의 효율성을 극대화하기 위해 왕경의 방어는 당연히 산성 축성으로 나타났다. 신라는 수도를 방어하기 위한 나성(羅城)❶은 만들지 않았으나 분지지형을 이용하여 산성을 축성하였으며 나성의 역할을 대체하였다(김창호, 1999). 왕도가 위치한 경주 분지 지역 동쪽에 명활성, 남쪽에 남산성, 서쪽에 서형산성 등, 외곽 지역에 여러 산성을 두어 이중 방어체계를 구축하였다.

신라는 천년 왕도임에도 불구하고 일반인들이 천년 고도 왕경의 모습을 알 수 없는 것이 현실이다. 따라서 천년 도읍지의 정체성을 살리고 진정성을 회복하기 위해 2014년부터 2025년까지 12년간 8개 신라왕경 핵심유적을 복원 정비하는 사업을 추진하고 있다. 8개 사업이 이루어지는 곳은 월성, 황룡사, 동궁과 월지, 월정교, 쪽샘 지구, 노서 고분군 일원인 대형 고분, 신라방, 그리고 첨성대 주변 일원이다.

3) 궁궐과 궁원

현재 흔적이 남아 있는 도성으로는 경주 월성이 있는데,『삼국사기』에 의하면 101년(파사왕 22년) 2월 금성의 동남쪽에 둘레 1,023보의 월성을 쌓고, 그해 7월에 금성에서 월성으로 천도했다고 한다. 그 후 궁전의 수리 증축공사가 계속되었으며, 그곳에 큰 연못이 있는 정원도 있었다고 하지만 그때의 모습은 알 수 없다.

월성은 남천 북안에 위치한 작은 구릉 위에 있는데, 성의 형태가 반달 모양이어서 반월성이라고도 불린다. 성의 규모는 동서 길이가 약 78m, 남북의 너비가 약 220m 정도로 동·서·북쪽에는 성을 쌓았으며, 남쪽은 절벽과 하천이 있어 성을 쌓지 않았던 것으로 보인다. 성벽은 크기 1척(尺) 내외의 돌과 흙을 섞어 쌓은 토성으로 기본 형상이 백제의 풍납토성과 비슷한 것으로 추측된다. 성내의 지반고는 성외보다 높게 되어 있으며, 동·서·북쪽 성곽 둘레에는 석축을 쌓아 물을 담은 해자가 조성되어 있고, 남쪽은 남천이 흐르고 있어 천연의 해자 기능을 한다. 월성의 북쪽에는 계림이 있고, 그 주위에서 큰 건물터가 발굴되었지만 월성 내부에서는 아직 건물터가 발견되지 않아 궁궐의 배치는 알 수 없다. 그러나 궁궐을 두었다는 기록과 월성 내의 지형으로 보아, 지형을 따라 궁전과 관아가 적절히 배치되었던 것으로 보인다.그림 32

❶ 나성= 외성(外城) : 성 밖에 겹으로 둘러 쌓은 성.

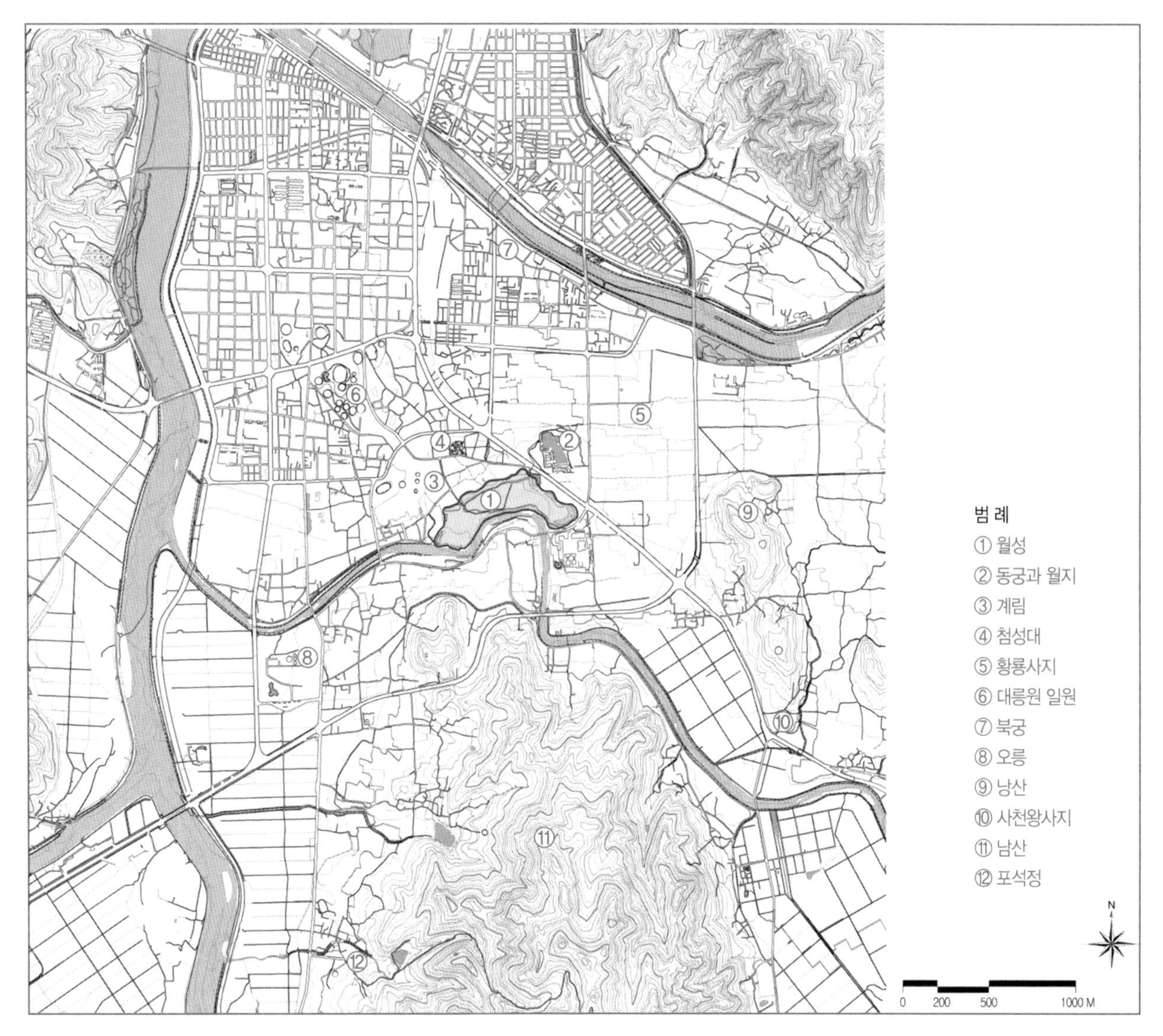

그림 32 신라왕경 배치도

4) 계림

계림은 월성과 첨성대 사이에 위치하는데, 신라 김씨 왕조의 시조가 탄생한 신성한 신림(神林)이었다. 현재 남아 있는 숲의 면적이 7,270㎡이지만 서쪽의 내물왕릉 영역과 한 지역이었던 것으로 보아 신라 당대에는 지금보다 더 넓었을 것으로 짐작된다(정재훈, 1996년).

『신증동국여지승람(新增東國輿地勝覽)』에 의하면 탈해왕 때 시림(始林)으로 부르던 곳을

❶ 연석축첨성대(鍊石築瞻星臺)

김알지 탄생 이후 계림으로 부르게 되었으며, 숲 속에는 돌이 쌓여 있는데 높이가 3척이나 된다고 한다. 속설에 의하면 알지의 태를 풀 때 가위를 놓았던 돌로 가위의 흔적이 있다고 기록되어 있으나 현재는 없다. 현재 이 숲은 왕버들과 느티나무가 숲을 이루고 있다.

5) 첨성대

동양에서 제일 오래된 첨성대(별을 관측하기 위해 만든 대)는 선덕여왕 때 돌을 다듬어 쌓은 것[1]으로 『삼국유사』에 기록되어 있다. 천문학은 국가의 길흉을 점치던 점성술이 고대 국가에서 중요시되었던 점으로 미루어 정치와도 관련이 깊음을 알 수 있다. 이것은 국가의 큰 관심사가 되었으며, 이는 첨성대 건립의 배경이 된 것으로 보인다. 그러나 첨성대는 디자인 아이디어가 어디에서 왔는지, 왜 현재의 높이로 하였는지, 왜 그러한 형태로 설계하고 만들었는지에 대한 기록은 전혀 없다. 이것은 바로 서구처럼 물질적인 측면보다는 정신적인 측면을 중요하게 생각하는 동양의 가치 기준에 의해 이처럼 기록되었다고 볼 수 있다.

첨성대는 사각형의 기단부, 원통형의 중앙부, 사각형의 상층부로 크게 3부로 나누어져 있다. 최하층 기단부는 약 5.3m 높이, 약 0.4m 정방형 기단의 2단으로 되어 있다. 중앙부는 높이 약 0.3m의 잘 다듬지 않은 돌들을 밑지름 4.93m, 윗지름 2.85m인 원통형으로 쌓아 올려 27단을 형성하고 있다. 또 중앙부는 지상으로부터 약 4.3m 높이의 지점에 가로 세로 약 1m의 창이 남쪽으로 나 있으며, 이 창의 아랫부분 양측에 너비 15㎝, 깊이 약 1.5㎝ 홈이 인위적으로 새겨 있다. 또 원통형의 19단과 25단에 해당되는 곳에 '井'자 모양의 격자형 틀이 각 2개소 있어 사다리를 걸치기에 적당했던 것으로 보인다. 정상부에는 0.3m 높이로 다듬은 화강석을 2단으로 쌓아 '井'자형을 이루고 있다. 전체 총 단수는 31단, 전체 높이는 약 9.5m이다(조세환, 1998년).

그림 33 첨성대

원통부는 다듬은 돌로 27단을 쌓았는데 이는 선덕여왕이 신라 27대 왕임을 상징한다. 각 단의 돌은 11~18개를 사용하였는데 제1단은 16개로 시작한다. 첨성대를 구성하는 돌의 숫자는 362개, 366개 또는 377개로 볼 수 있다. 첨성대가 1년 365일과 관계있음을 주장하기 위해 원통부만 계산하면 366개이고, 보조 석재까지 모두 계산하면 377개이다.그림 33

6) 사찰

(1) 불교의 전래와 사찰의 조영

기록을 살펴볼 때, 신라의 불교는 5세기 중엽 승 묵호자의 개인적인 포교활동을 통해서 전해졌다. 승 묵호자는 모례(毛禮) 장자의 집에 굴실(窟室)을 지어 놓고 전교활동을 하였는데, 이때 조영된 굴실의 흔적은 찾아볼 수 없으나, 이것이 신라불교 최초의 사찰형식이다.

신라사회의 보수성과 전래 민간신앙의 굳건한 틀 속에서 공인받지 못하던 불교는 이차돈의 순교로 법흥왕 14년(527년)에 국교로 인정되면서 최초로 흥륜사(興輪寺)와 영흥사(永興寺) 등이 창건되었으며, 이어서 황룡사(皇龍寺), 기원사(祇園寺), 실제사(實際寺), 삼랑사(三郎寺), 분황사(芬皇寺), 영묘사(靈廟寺) 등이 건립되었다.

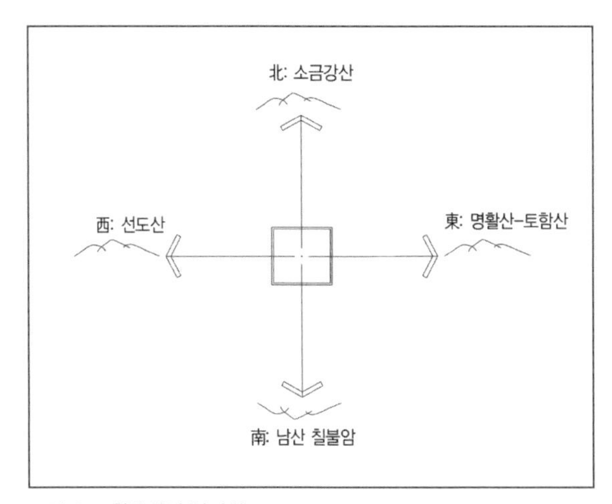

그림 34 황룡사의 입지성

그림 35 황룡사 9층탑 심초석에서 바라본 소금강산

(2) 대표적 사찰

① 황룡사

고신라시대에 조영된 사찰은 대부분이 왕경 중심부의 평지에 입지를 정하고 있다. 이렇게 왕경의 중심부에 입지를 정하는 현상은 단지 신라사찰에서만 나타나는 특별한 현상은 아니다. 이는 왕실을 중심으로 한 정치 주도 세력이 국가의 안정을 목적으로 민심을 얻기 위한 수단으로 불교를 받아들인 것과 관계있다.

황룡사는 신라왕경의 중심부인 월성 동측부 경주시 구황동에 위치하며, 동쪽으로 명활산(토함산), 서쪽으로 선도산, 남쪽으로 남산, 북쪽으로는 소금강산의 정상을 연결하는 중심점에 입지하고 있다. 즉, 고신라시대에는 사회 · 정치적인 요소 이외에도 자연 요소로서의 방위와 방향이 입지를 결정하는 중요한 작용 인자가 되었다는 것을 알 수 있다.그림 34, 그림 35

황룡사의 배치형식은 창건 시부터 고려 고종 25년(1238년)에 병화로 소실될 때까지 크게 4차례의 변화를 겪었다(홍광표, 1992년, pp.86~97).

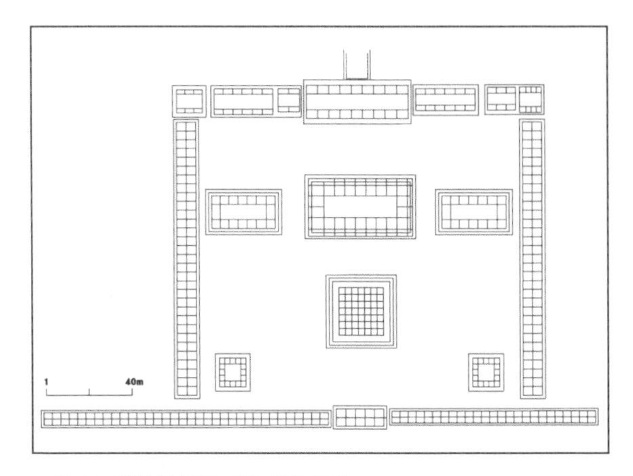

그림 36 황룡사 최종 가람 배치 평면도 ▷출처: 김동현, 1991년, p.135

황룡사는 진흥왕 14년(553년)에 공사를 시작하여 27년(566년)에 탑과 건물 등 중심 부분이 완료된 후 다시 30년(569년)에 주위 담장을 축조하여 17년 만에 완공되었다. 처음 지어진 사찰의 형식은 중문과 탑, 금당, 강당이 남북 일직선 축선 상에 배치되어 있으며, 그것을 남회랑과 동서회랑이 둘러싸고 있는 정형식 사찰로서 그 평면형식은 남북 변이 동서 변에 비해 약 2배에 가까운 매우 가늘고 긴 장방형을 이루고 있었다. 또 동서회랑 좌우에는 역시 같은 비율의 공간이 있고, 동서단에는 승방으로 보이는 건물들이 배치되어 있다.그림 36 즉, 황룡사 창건 사찰은 그 비율이 1:2.1 정도의 비율을 가진 가늘고 긴 공간 3개를 나란히 배치한 구성형식을 보이며, 여기에서 탑과 금당은 3개의 공간 중 중앙부에 위치하고 있었음을 알 수 있다. 그 후 진평왕 6년(584년)에는 중금당(中金堂)과 동서금당을 건축하고 중건중문 및 복회랑으로 된 남회랑이 완성되었다. 이때의 사찰형식은 창건 시보다 금당의 규모를 확장하고 금당 좌우에 그것보다 규모가 작은 동금당과 서금당을 가진 3금당으로 변화된 특징을 보이고 있으며, 초창기의 동서회랑이 소멸되고, 남북으로 길게 놓여 있던 외곽 승방건물의 전면 툇간을 동서회랑으로 삼게 된다(2차 가람). 다시 선덕여왕 14년(645년)에 9층 목탑이 조성되면서 중문과 남회랑이 남쪽으로 약 6.3m 더 내려오고, 중문의 이동에 따라 남회랑도 이동되어 중건된다(3차 가람). 경덕왕 13년(754년)경에는 종루와 경루라고 생각되는, 평면이 긴 장방형의 두 건물을 9층 목탑의 동남쪽과 서남쪽에 배치하게 된다(4차 가람). 마지막 사찰형식은 신라 경문왕 13년 전후와 고려 예종 원년(1105년) 사이에 이루어졌을 것으로 추정되는데, 종루와 경루로 생각되는 건물이 정방형 평면의 건물로 개조되고 동회랑과 서회랑이 복랑으로 변경된다.

② 분황사

분황사는 신라 제27대 왕인 선덕여왕 3년(634년)에 지금의 위치에 창건된 사찰이다. 황룡사 북측에 위치하고 있는 분황사의 입지성을 보면 모전석탑을 기준으로 동쪽으로는 명활산이 확연히 보이며, 서쪽으로는 선도산, 남쪽으로는 황룡사 너머 남산, 북쪽으로는 북천 너머 소금강산이 보이는 중심에 위치한다. 분황사 역시 황룡사와 마찬가지로 경주를 둘러싸고 있는 오악(동–토함산, 서–선도산, 남–남산, 북–소금강산, 중–낭산)과의 공간구조적 상관성을 입지적 조건으로 받아들였음을 알 수 있다.

여러 차례 이루어진 발굴 결과를 토대로 살펴볼 때, 분황사는 고구려의 청암리 금강사지와는 또 다른 형식의 1탑 3금당식의 '品'자형 배치형식을 보인다. 즉, 고구려 지역의 사찰들은 3금당의 정면이 모두 탑을 향하고 있는데 반해, 분황사의 경우에는 중금당을 중심으로 좌우금당이 전면으로 나와서 탑을 향해 남향하고 있다는 차이가 있다. 이는 황룡

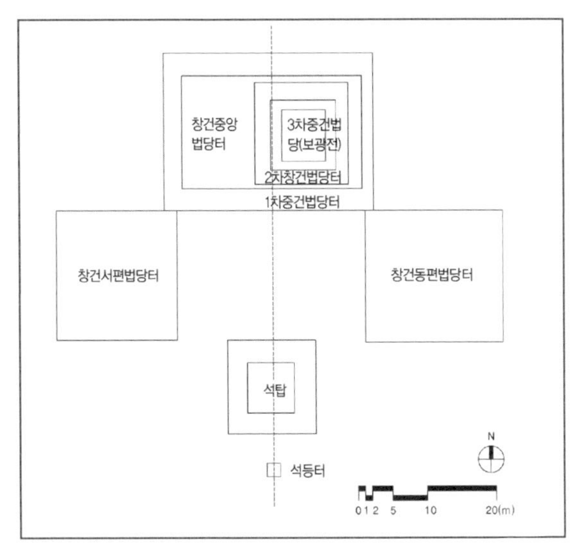

그림 37 분황사 배치 변화도

그림 38 분황사 모전석탑

사와도 차이가 있는데, 황룡사의 경우는 3금당이 일직선 상에 있으나 분황사의 경우에는 좌우금당이 중금당보다 전면으로 돌출되어 있다.그림 37, 38

7. 통일신라시대

1) 시대 개관

신라는 삼국에서 가장 뒤늦게 성장했지만, 삼국 간의 항쟁에서 마지막 주도권을 잡았다. 신라는 당과 연합하여 백제(660년)와 고구려(668년)를 무너뜨린 다음, 다시 한반도에서 당의 세력을 몰아내고 삼국통일에 성공했다(676년). 신라는 삼국을 통일한 뒤, 멸망한 고구려와 백제의 문화를 융합하고, 밖으로는 국제문화 교류에 참여함으로써 한층 더 세련된 문화를 발전시켰다.

통일신라기의 문화는 주로 귀족 중심으로 발달했다. 이 시대의 예술은 종교에서 나온 불교유적이나 사후세계를 위한 고분유적을 통해서만 알 수 있다. 이들에서 나타난 예술은 이상과 현실이 조화를 이루었으며, 통일과 균형미를 통해 불국토의 이상을 실현하려는 의도를 보인다.

신라 말기에는 승려 도선이 중국에서 유행하던 풍수지리설을 받아들였다. 이것은 경험에 의한 인문 지리적 지식을 활용하는 학설인데, 뒤에 예언적인 도참신앙과 결부되었다.

그 후 풍수지리설은 우리나라의 도읍, 주택, 무덤 등의 외부환경을 조성하는 데 중요한 역할을 했다.

2) 도성과 산성

통일신라 때 도성을 현재의 대구인 달구벌로 천도하려 했으나 그 뜻은 이루지 못하고, 경주 주변으로 규모를 크게 확장했던 것으로 보인다. 통일신라의 왕궁은 여전히 월성이었으나 훌륭한 궁전들이 현재의 동궁과 월지 부근으로 넓혀지고 월지가 조성되는 등 그 규모가 크게 확장되었던 것으로 추측된다. 이와 함께 월성의 북동쪽으로 도시가 커져 임해전과 월지를 거쳐 황룡사와 북천에 이르렀던 것으로 추측된다.

3) 궁궐과 궁원

신라는 고구려나 백제와 달리 1000년 가까이 경주에서 도읍을 고수하면서 금성(金城), 월성(月城) 등 여러 곳에 궁성을 축조했다. 『삼국사기』에 의하면, 신라는 삼국통일과 더불어 674년에 월지를 만들었으며, 679년에는 웅장하고 화려한 궁궐을 중수하고 동궁을 새로 건설했다. 717년 봄에는 새 궁전을 건설하고, 여러 차례에 걸쳐 수리하고 확장했다. 현재 남아 있는 궁전지로는 월성 인근의 임해전 터가 있으며, 이 건물터의 동쪽에 있는 월지와 더불어 당시 궁전의 일각을 짐작할 수 있다.

(1) 월지에 대한 기록

『삼국사기』에는 월지(雁鴨池 안압지[1])에 관한 기록이 두 가지 있다. 첫 번째는 문무왕 14년(674년) 2월 "궁 안에 연못을 파서 산을 만들고 화초를 심었으며 진귀한 날짐승과 들짐승을 길렀다(宮內, 穿池造山, 種花草, 養珍禽奇獸)"라는 기록이 있다. 이 기록 가운데 '종화초(種花草)'는 음력 2월에 개원하기 위해 조경공사를 진행했지만, 연 같은 것을 심은 것으로 이해할 수 있다. 이것의 근거로는 월지에서 발굴된 연을 심기 위한 귀틀이 발굴된 것과 『삼국사기』 지마왕(123년) 때 '땅이 꺼진 곳에서 부거(연)가 자라났다'라는 기록 때문이다. 또 이 기록 가운데 '양진금기수(養珍禽奇獸)'란 원유(苑囿)를 두었다는 뜻이다. 원유에는 흰 사슴이나 흰 노루, 산양과 같은 진귀한 들짐승과 흰 까마귀, 흰 꿩, 흰 매, 흰 까치, 학, 앵무새, 공작새 등과 같은 기이한 날짐승들을 기른 것으로 보인다. 이것의 근거로는 『삼국사기』의 기록과 『일본서기』의 기록이 있으며 월지에서 출토된 동물 유해와도 관련이 있다. 진귀한 들짐승 가운데 일부는 월지 밖의 기린택(騏驎澤), 서린원(瑞驎苑), 사원(沙苑)과 같

[1] 1963년 1월 「사적 제18호 임해전지(臨海殿址)」로 지정된 소위 '안압지'와 그 주변 지역의 건물터들을 2011년 7월 「사적 제18호 경주 동궁과 월지」로 명칭을 변경하였다.

은 곳에서 길렀을 것으로 추정된다. 문무왕이 월지에 원유를 둔 이유는 월지 조성 당시 전쟁으로 인해 어려운 상황에 있었던 신라가 이를 헤쳐 나갈 타개책이 필요했던 것으로 보인다. 즉, 사상적으로는 불교의 아미타 사상과 신라인들이 갖고 있던 동녘 신앙, 용 신앙 등이 구현될 수 있는 공간에 원유를 위치하게 함으로써 이상적인 세계를 구현한 것으로 판단된다(안계복, 2007년).

월지에 관한 두 번째 기록은 『삼국사기』 직관지에 있다. 직관지에 동궁 소속 관부로는 「월지전(月池典)」, 「승방전(僧房典)」, 「월지악전(月池嶽典)」, 「용왕전(龍王典)」, 「세택(洗宅)」 등이 있다고 기록이 되어 있는데, 월지 발굴 유물 가운데 용왕전과 관련된 '신심(심신) 용왕'이라고 쓰여진 유물이 발굴되었고, 여러 점의 불상과 삼존판불이 발굴된 것은 「승방전」과 관련된 것으로 보인다. 특히 「월지악전」은 조경부서로 소속 관리가 대사 2인과 수주(水主) 1인데 수주는 물을 전문적으로 관리하던 사람을 배치하였다.

그 이후 조선시대 1783년에 기술된 『동사강목(東史鋼目)』에 "궁내에 연못을 파고 돌을 쌓아 중국 무산 12봉의 형상을 한 산을 만들어, 꽃을 심고, 진기한 새를 길렀다. 그 서쪽에 임해전이 있었으며, 지금 그 연못을 안압지라고 부른다(穿池積石爲山, 象巫山十二峰, 種花卉養珍禽, 其西即臨海殿, 池今稱雁鴨池)"라는 기록으로 보아 조선시대에 들어서 안압지라고 불렀음을 알 수 있다.

(2) 월지 조성에 대한 역사적 배경

신라는 당나라와 함께 백제와 고구려를 멸망시켰지만, 당나라가 한반도를 무력화하려는 책략에 맞서 7년 나당대전(670년 3월~676년 11월)을 치른다. 신라와 당나라 간에 벌어진 7년 전쟁은 신라의 공격으로 시작되었다. 그런데 월지는 7년 나당대전 기간 중에 조영되었다. 그 당시 신라는 매우 어려운 시기였다. 기근이 든 다음 해일 뿐 아니라, 당나라와 결전을 치르기 위해 전국적으로 10여 개소에 성곽을 쌓고 있었다. 게다가 큰 별이 하늘에서 떨어지고, 명장 김유신이 서거했으며, 지진이 있었고, 호랑이가 궁궐에 들어왔으며, 친당 세력들이 반란을 일으켜 민심이 흉흉했다(안계복, 1999년, pp.59~63). 이러한 시대적 배경 하에서 문무왕은 흩어진 민심과 분열된 국론을 하나로 모으고, 아미타 부처의 힘으로 나당대전을 극복하기 위해 월지를 조성한 것으로 보인다(안계복, 1999년, pp.65~67).

불심이 강했던 문무왕은 나당대전 초기에 수미산의 수호신인 사천왕의 힘으로 나라를 방어하고자 사천왕사(四天王寺)를 급하게 만들어 방어했다. 그러나 나당대전이 교착 상태에 빠지고 국론이 분열되자, 고해에 빠진 중생을 위해 아미타 부처의 힘으로 국론을 통일시키고, 국난을 극복하고자 시급히 월지를 조성했을 가능성이 크다. 이렇게 보는 이유는 진홍섭(1984년)의 연구 결과 때문이다. 진홍섭은 월지 발굴 당시 출토된 다양한 금동판불은 여러 사람에 의해 시급히 제작된 것이며, 판불은 아미타 신앙이 표현된 아미타 삼존불이라고 주장했다.

안압지발굴조사보고서(1978년, pp.5~8)에서 월지가 당나라와 치열한 전투를 계속할 때 조영되었음을 인정하면서도 "안압지는 삼국통일 후가 아니라 그 과정에서 조성된 것이기에 신라인의 자신에 넘치는 긍지와 여유의 한 면을 찾아볼 수 있을 것 같다"라고 하였다. 이는 수십만 당나라 대군과 맞서 싸우는 전쟁 상황을 간과한 말이다. 또 안압지발굴조사보고서(1978년, pp.374~377)에서는 "신라통일왕권을 과시하는 기념사업이며 문무왕 자신의 심신구제를 위한 환경의 조성사업"이라 하였는데, 이 역시 672년의 기근과 673년 정월에 큰 별이 떨어지고 지진이 있어 백성들이 불안해했을 상황과 동떨어진 것으로 보인다. 또, 7월 김유신의 죽음과 대토의 모반 사건으로 위기가 현실로 나타났을 때의 시대적 상황과 맞지 않는 해석으로 보인다. 일부 일본 학자들 중에도 월지 조성 당시 완전한 삼국통일이 이루어지지 않았음에도 삼국통일을 기념하는 사업으로 해석하는 학자도 있다.

(3) 사상적 배경

월지 조영의 사상적 배경에 대해 그동안 다양한 학설이 주장되었다. 중국의 무산십이봉설, 박경자(1998년) · 조요한(1991년, p.211)의 신선설, 신선사상을 배경으로 신라통일왕권을 과시하는 기념사업과 문무왕 자신을 위한 환경조성사업(정재훈, 1975년; 문화재관리국, 1978년), 신선사상(정동오, 1986년), 신선사상과 불교의 정토사상(민경현, 1991년), 산신(山神)신앙과 용왕신앙, 천신(天神)신앙을 주장한 고경희(1993년), 그리고 불교는 별다른 영향을 미치지 않은 것 같다(박경자 · 양병이, 1998년)는 등 많은 주장이 있었다. 그러나 안계복(1999년)은 문무왕이 나당대전 초기 당나라 50만 대군을 물리치기 위해 사천왕사를 급하게 지은 사실과 월지 발굴 당시 다량으로 출토된 금동판불을 근거로, 아미타불 신앙이라고 주장했다.

발굴조사보고서에 의하면 불상들은 주로 건물지 부근에서 출토되었지만 판불들은 건물지와 상관없이 발굴되었다. 판불은 북동방(R12) 호안에서 집중적으로 출토되었다. 이 지역은 건물지 2의 맞은편 지역인 동시에, 그림 39의 6~9를 연결하는 제일 긴 수경관 축이 지나는 곳이다. 그런데 아미타불은 현세신앙인 미륵불이 아니기 때문에, 동방불(東方佛)이 아니라 내세를 구현하고자 하는 서방불(西方佛)이 되어야 한다. 따라서 동쪽 건물군이 있는 현세(차안)의 맞은편에, 서쪽 피안의 세계를 표현하기 위해서는 R12 지역은 적합한 지역으로 판단된다. 즉 월지의 기본 계획은 차안과 피안, 현세와 미래, 직선부와 곡선부, 건물 지역과 자연 지역이라는 큰 구도 가운데 물과 섬을 매개공간으로 두는 설계안이라고 볼 수 있다.

(4) 중국 모방설

월지는 중국의 모방설이라는 주장도 있다. 이렇게 주장하는 배경은『동사강목』에 나오는 '상무산십이봉(象巫山十二峰)'이라는 구절 때문이다. 그런데 이 책이 기술된 연대가 이미 신라가 멸망하고 난 뒤 500년도 더 지난 후의 기록이라는 점을 고려해야 한다. 몽고군의 3차 침입(1235년) 때 황룡사 9층탑 등이 소실되었기 때문에 황룡사와 인근한 월지도 온전히 보존되었다고 보기 힘들다. 또『삼국사기』에는 언급된 적이 없는 '상무산십이봉'이라는 구절을 왜 사용했는지도 고찰해 볼 필요가 있다. 이는 지리지를 편찬하는 사람이 "조성 당시에는 무산십이봉의 형상을 하고 있을 정도로 잘 만들어졌던 연못이 아니었겠는가"라는 의미 정도로 쓴 것은 아닐까 한다. 원래 중국의 무산이란 지형이 '무(巫)'자 모양으로 생긴 곳을 말하는데, 월지 연못 주변의 지형은 '조산(造山)'된 부분이 전혀 '무(巫)'자 형태로 되어 있지 않았다.

(5) 월지 경관조성 원리

① 공간의 흐름성 부여

월지 경관조성의 첫 번째 특징은 시각적 종점이나 초점, 혹은 수경관 축의 종점과 같이 공간이 막히기 쉬운 곳에 공간의 흐름성을 부여하고 있다.

그림 39의 1~10지점에서 본 경관은 그림 42의 A01~A10까지의 그림이다. 이 경관들 가운데 공간의 흐름성은 A04, A05, A06, A07, A08, A10에서 쉽게 찾아볼 수 있다. 공간의 흐름성을 부여하여, 공간이 섬 뒤로 돌아 들어가고 섬 뒤에서 돌아 나오는 것이 보이는 경우가 많다.

② 개방성과 폐쇄성의 반복적 구성

월지 경관의 개방 및 폐쇄 정도를 측정하기 위하여 지수화한 것이 표 1이다. 이 표에 나타난 특징은 개방성과 폐쇄성을 반복하고 있다는 점이다. A01보다 A02는 폐쇄성이 높고, A02는 A03보다 개방성이 높다. 이와 같이 A01~A10까지 개방성과 폐쇄성을 반복하고 있는 것이 월지의 특징이다. 이러한 개방성과 폐쇄성의 반복은 보는 이로 하여금 지루함을 없애고 매번 역동적인 느낌이 들도록 한다.

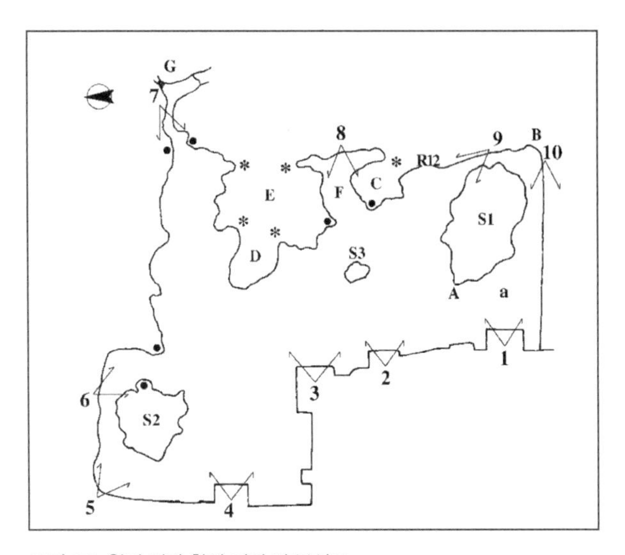

그림 39 월지 경관 촬영 지점 및 분석도

③ 막힘과 열림의 효과 추구

어느 한 부분의 공간이 막혀 있으면 그다음에 열린 공간을 보게 되었을 때 그 효과가 더 커진다. 이러한 기법이 연못 경관에도 적용되어 있다는 점에 주목할 필요가 있다. 먼저 막는 경관은 A05이다. 이곳은 직선부에서 곡선부로 전환되는 지점이다. A05의 특징은 근경이면서 중도가 월지 전체 경관을 잠시 막고 있다. 이유는 공간의 성격이 변하는 곳이기 때문이다. 또 다음에 있을 개방된 A06 경관의 극적인 효과를 위해 계획적으로 경관통제를 한 것이다. 막힌 경관 A05에 이어 나타나는 열린 경관 A06은 월지에서 제일 긴 수경관 축이다.

④ 호안굴곡의 연출성

월지의 구조 자체가 직선부와 곡선부가 따로 존재할 뿐 아니라, 곡선부에는 호안굴곡이 많기 때문에 다양한 호안 경관 연출이 가능하다. 호안은 자체적으로 해변, 혹은 절벽과 같은 분위기를 연출하기도 하지만 다른 연출도 돕는 조연출성도 갖고 있다.

먼저 연못 호안선이 섬으로 연출되고 있는 부분에 대해서 생각해 보면, A02 경관의 소도(小島) 오른쪽 뒤편에 있는 호안, A03 경관의 소도 뒤편에 있는 호안(그림 39의 C 지역)이 마치 섬처럼 보인다는 것이다. 또 A04 경관을 보면 그림 38의 D, E 부분이 마치 섬처럼 연출되고 있다. 이처럼 섬으로 보이는 이유는 그림 39에서 *로 표시된 지역의 함몰성(凹) 때문이다. 따라서 A03 경관에서 실제로 섬은 소도 하나뿐이지만 마치 섬이 더 있는 것처럼 해서 더 실감나는 해안 풍경을 나타냈다. 이와 더불어 세 개의 섬(S1, S2, S3)이 한눈에 보이지 않는다. 경관 A01에서 A10까지 세 섬이 한눈에 모두 보이는 곳은 없다.

표 1 경관별 개폐지수* 분석표

A01	A02	A03	A4	A5	A6	A7	A8	A9	A10	평균
23.4	48.4	30.4	67.0	22.8	35.8	18.4	57.4	64.8	1.6	40.6

* 개방적인 경관구성요소 면적비 - 폐쇄적인 경관구성요소 면적비

⑤ 안모서리 공간으로서의 '복주머니 공간'의 존재

안모서리 공간으로서의 복주머니 공간이 존재하도록 했다는 것은 전술한 호안굴곡의 연출성과도 관련이 있다. 월지에서 매우 특이한 공간 가운데 하나는 그림 39에서 F로 표시된 지역이다. F 부분의 복주머니 공간은 건물터 2와 3에서 보면 자칫 밋밋한 경관이 될 수 있었던 곳을 흥미로운 경관으로 바꾸어 놓고 있다. A02, A03 경관에 나타난 것과 같이 좌우 호안선의 원근이 달라 변화감이 있을 뿐 아니라 소도와 복주머니 공간을 소도 뒤쪽으로 두어 흥미를 유발하도록 되어 있다.

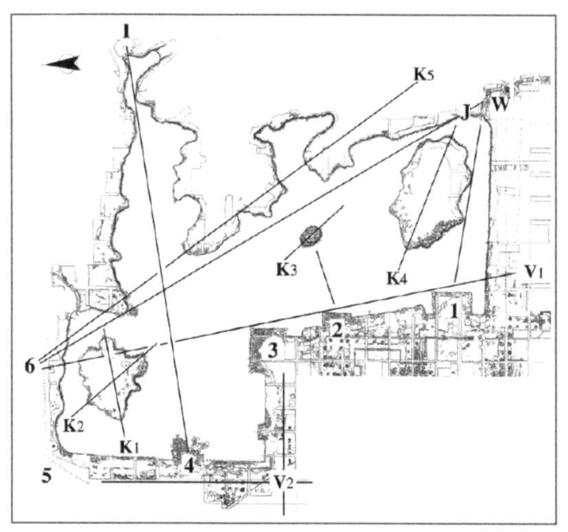

그림 40 월지 방향성 분석도

그림 41 A03 경관 가운데 일부분

⑥ 수경관 축의 도입

월지가 매우 특징적으로 보이는 것은 서로 다른 두 개의 수경관 축(그림 40의 I, W)을 갖고 있기 때문이다. 그림 40의 I는 연못 호안과 교차되지 않고 연못에서 제일 먼 동쪽으로 난 수경관 축이다. 이 조망 축을 강조하기 위해 시선이 밖으로 나가지 않도록 중도(中島)가 막고 있고(그림 40의 K1), 그 반대편은 건물지 3이 막고 있다. 또 다른 수경관 축 J를 스케치한 것은 그림 42의 A06인데, 이 경관은 '막힘과 열림의 효과 추구'와 관계가 깊다.

⑦ 사선 관계의 유지

그림 40의 방향성 분석도에서 나타난 것과 같이 건축선(=조망지점) V1 그리고 V2에서 조망 대상 동쪽(I), 폭포(W), 소도(S1) 등을 바라보는 선은 모두 사선을 유지하고 있다. 호안선의 흐름인 K5 역시 건축선인 동시에 조망지점이 되고 있는 V1의 1, 2, 3과 사선인 관계를 유지함으로써 경관의 변화를 도모하고 있다. 이것은 조선시대와 구분되는 방식이다.

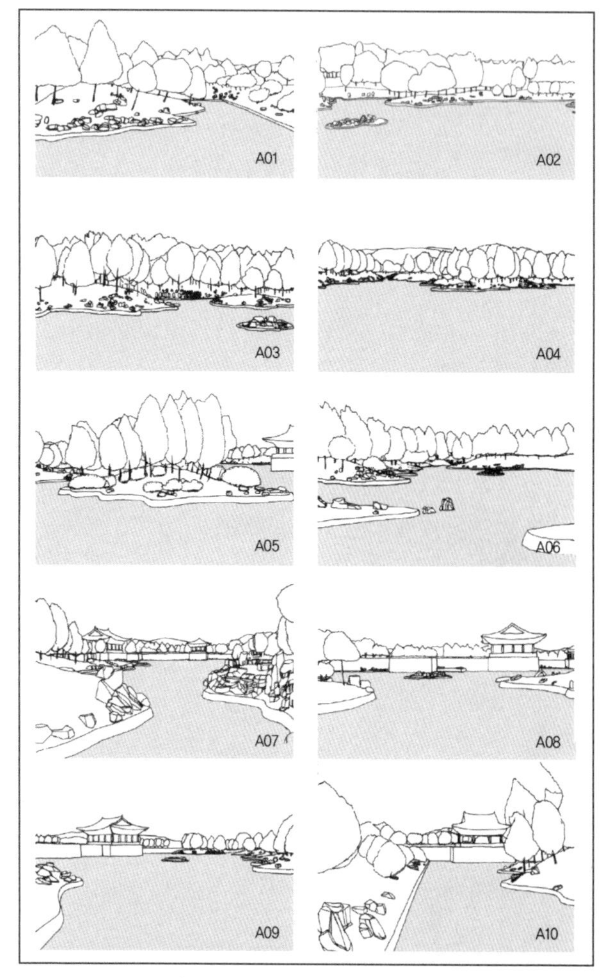

그림 42 각 조사 지점별 경관 스케치

그림 43 2단으로 된 석수조

⑧ 월지의 특징

발굴 결과에 따르면 임해전과 월지의 전체적 배치는 서쪽과 남쪽에 건물들이 배치되고 동쪽과 북쪽으로 궁원이 배치되어 있으며, 건물 주위는 담장이 처져 있지만 궁원 외곽부에 담장이 어디에 어떻게 조성되었는지는 전부 밝혀지지 않았다.

임해전은 주로 직선으로 된 연못의 서쪽 남북 축선 상에 배치되었고, 궁전의 부속건물들은 연못의 남쪽에 배치되었다. 이 건물들은 회랑으로 연결되어 있는데, 동쪽 월지와 접하는 회랑에서는 직접 연못을 내다보며 감상할 수 있도록 설계되어 있다. 연못가 축대 위에는 정자와 누각 등 5동의 건물터가 발견되었다. 이들은 경관을 관망하면서 연회를 했던 건물로 생각된다.

임해전의 동북쪽에 위치한 월지는 동서 약 200m, 남북 약 180m로 ㄱ자 형태를 이루고 있는데 연못의 전체 면적은 약 15,650㎡이다(문화관리국, 1978년). 연못의 남쪽과 서쪽은 직선이고 동안은 돌출하는 반도로 되어 있으며, 북쪽은 굴곡 있는 해안형으로 되어 있다. 남안과 서안은 지형상 동안과 북안보다 2.5m가량 높아 건물에서 원지를 내려다볼 수 있게 만들었다. 물가에 임해전이라는 전각을 세운 것으로 보아, 연못은 바다의 자연경관을 상징해서 만든 것으로 생각된다. 월지를 다르게 표현하면 부감이 우세한 상징정원이다.

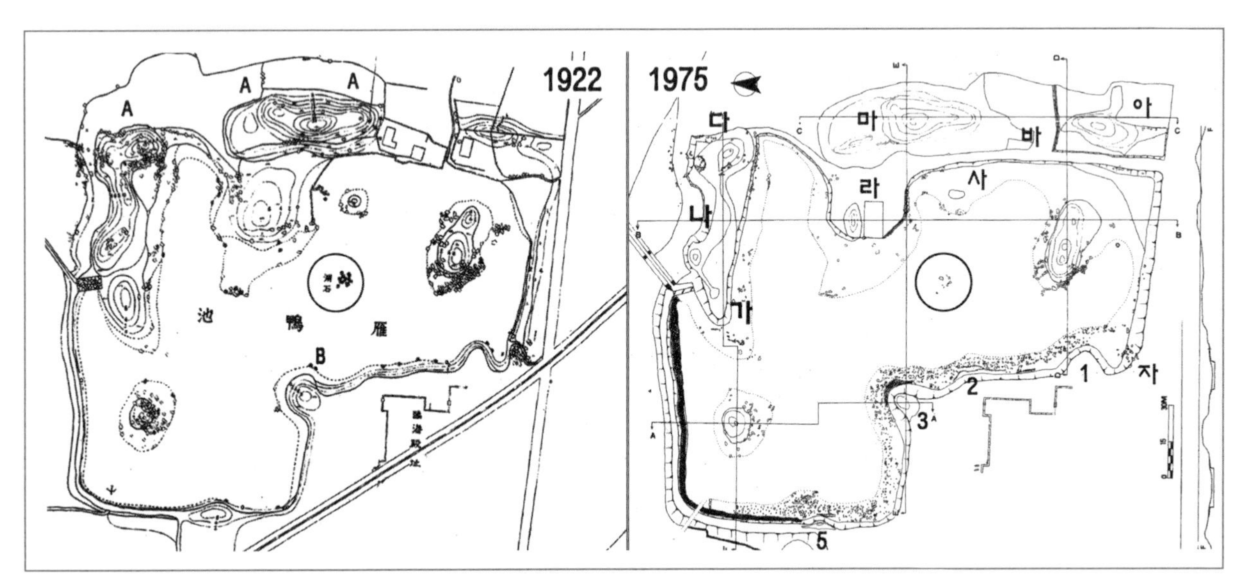

그림 44 하라히로시(1922) 측량도면과 발굴 직전 측량도면(1975)

연못 속에는 세 개의 섬이 있는데 임해전의 동쪽에 가장 큰 섬과 가장 작은 섬이 위치하며, 북쪽에는 중간 크기의 섬이 위치한다. 이 세 섬은 모두 호안석으로 쌓았으며 여러 가지 경석이 얹혀 있다.

연못의 주위에는 호안석을 쌓았는데 그 길이는 약 1,260m이다. 호안석축 위에는 곳곳에 괴석에 가까운 생김새의 바닷가 돌을 자연스럽게 배치하여 바닷가의 경관을 조성한 것으로 보인다. 호안석축 쌓기에서 건물들의 기단석축은 못 속으로 돌출하여 수직으로 물속에 잠기게 했는데, 물속에 잠기는 부분은 자연 그대로의 돌을 면만 골라 쌓았고, 물위에 노출되는 부분은 길고 두꺼운 장대석을 정연하게 쌓아 놓았다. 건물터 기단 이외의 호안은 30×20㎝ 크기의 사괴석으로 상하 2단으로 쌓았다. 동·남·북쪽의 호안석축은 서안의 하단석축과 같은 높이로 되어 있으며, 세 섬의 호안도 하단의 석축과 같은 높이로 되어 있다. 그리고 석축을 보강하기 위해 모든 호안의 하단부에 직경 50㎝ 안팎의 둥근 냇돌을 80~120㎝ 간격으로 석축에 기대 놓았다. 이는 당시에 만들어진 무덤의 호석을 보강하기 위해 돌을 둘러 놓은 것과 같은 방식으로 보인다.

월지 연못 입수로는 2015년 이전까지 하나인 것으로 알려졌으나 안계복(2015)의 연구에 의해 또 다른 연못 입수로가 존재했음이 밝혀졌다. 첫 번째 입수로는 1975~1976년의 발굴에 의해 밝혀진 현존하는 입수로이다. 연못의 동남쪽 구석에 있는데 ㄱ자형으로 세 번 꺾인 입수로가 석조로 연결되어 있다. 석조(A)는 물놀이가 가능한 형태로 2단으로 되어 있는데, 그 아래에는 자연석으로 석축된 작은 못(B)이 있다.그림 43

1922년에 월지를 측량한 하라히로시(1932: 20)는 그 당시 연못에 물을 대는 입수로는 그림 44의 '자' 지역 단 한 곳이라고 적시하고 있다. 하라히로시는 이곳의 상태를 "집합 석조(石組)가 존재하고 물가에서 배석을 멈췄는데 수로 폭원은 1m에 미치지 않는다"라고 기록하였다. 1975년 측량도면에도 '자' 지역에 경석들이 남아 있음이 보이고 있다. 그렇다

그림 45 월지 건물지에서 바라본 동쪽 곡선부 파노라마

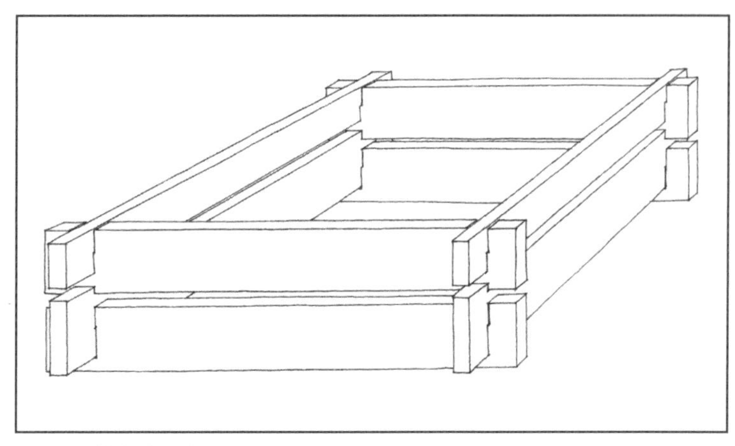
그림 46 **월지 발굴 귀틀**

면 동궁 월지에는 입수로가 한 군데가 아니라 두 군데이었을 가능성이 매우 높다. 동궁 월지 주변의 지형을 보더라도 반월성과 주변 쪽에서 해자 쪽에서 내려오는 물 흐름이 이곳으로 연결되어 있었을 가능성은 매우 높다. 또 다른 측면에서 생각해 보면 월지의 규모가 대규모인 것을 감안한다면 입수로와 출수구가 두 군데이었을 가능성이 높다.[1] 또한 1922년 측량도면과 1975년 측량도면을 비교해 본 결과 53년 동안, 섬을 제외한 월지 전 지역에서 조산(造山)이 낮아졌다. 또한 건물지 3, 5를 보면 건물지 1, 2에 비해 봉우리 형상으로 더 높게 솟았다. 따라서 더 높은 기단 위에 건축물이 세워져 있었을 가능성이 매우 높다. 그러므로 2016년 현재 모든 건물지가 같은 높이로 정비되어 있는 것은 잘못된 것이다.

월지 출수구는 연못의 북안 서쪽에서 발견되었는데, 수문은 호안석축 면에 장대석을 기초로 그 위에 좌대석을 올려놓고 비를 세워 출수구를 덮어 놓았던 것으로 보인다. 기초가 된 장대석 위에는 직경 8㎝의 출수구 구멍이 있어 만수위 높이를 약 1.6m 정도로 유지했다. 그 아래에 있는 출수구가 30㎝ 아래에 있기 때문에 그 아래 수위는 1.3m이다. 맨 아래에 있는 출수구는 직경 18㎝의 구멍이 있는데 나무마개로 막아 놓아 수위를 조절했다. 따라서 월지는 수위의 높이에 따라서 경관이 다르게 연출되었을 것이다. 특히 수면 높이가 1.6m와 1.3m일 때 암도(岩島)이었던 소도와 용왕전으로 추정되는 5건물지 아래의 수중 경석은 다양한 모습으로 수경관이 변화하였던 곳으로 추정된다.

연못의 바닥은 강회로 다져 놓고 바닷가에서 나는 조약돌을 전면에 깔아 놓았던 흔적이 있다. 연못 안의 섬 북쪽에서 2m 내외의 '井'자형 귀틀 3개가 발견되었는데, 이것으로 보아 연꽃을 바닥에 직접 심지 않고 귀틀에 심어 물속에 넣었던 것으로 추정된다. 그리고 배의 발굴로 월지에서 뱃놀이를 했음을 알 수 있다(윤국병, 1978년, p.235).

월지와 임해전은 남북 축선을 따라 주요 건물들을 배치하고 궁전의 기본 건물들은 월지를 끼고 배치해 인공적인 건축물과 자연적인 정원을 서로 잘 조화시키고 있다. 신라의 궁원은 자유롭게 굴곡진 연못, 연못에서 파낸 흙으로 만든 크고 작은 섬, 진귀한 화초, 기이한 짐승 등이 중요 조경 요소로 등장하며, 이는 고구려, 백제, 신라에 걸쳐 널리 나타나는 산수풍경식 궁원의 기본 형식이다.

[1] 하라히로시(1932) 논문에는 출수구가 두 곳이라고 명시되어 있다.

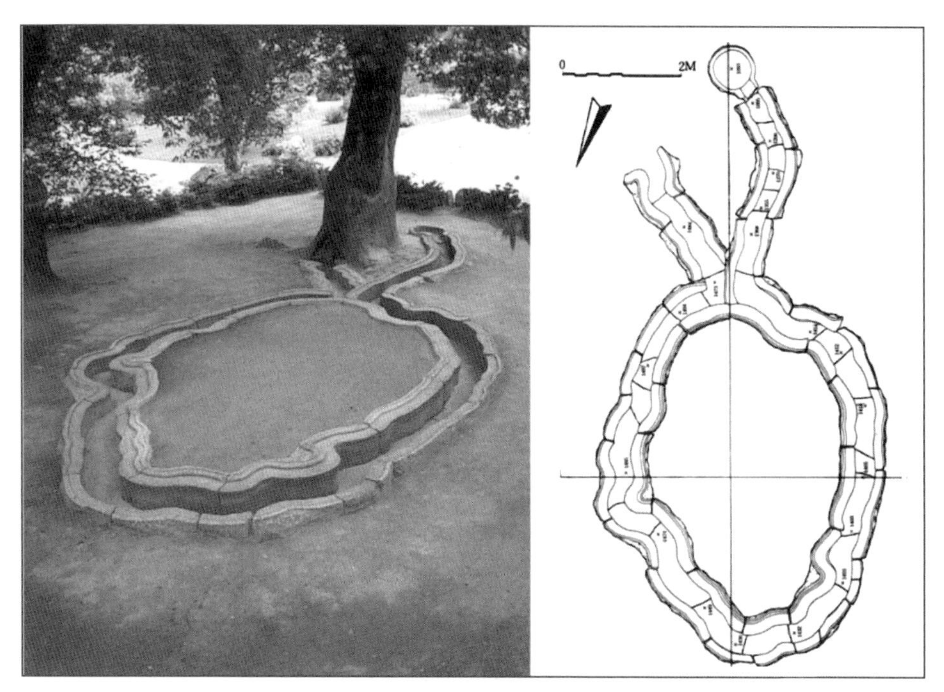

그림 47 포석정

4) 이궁으로서의 포석정

포석정(鮑石亭)은 다듬은 돌로 축조된 전복과 비슷한 모양을 하고 있는 수로다. 경주 남산 서쪽 기슭의 울창한 느티나무 숲 속에 있는데, 유상곡수연을 즐겼던 곳이다. 유상곡수연은 굴곡진 수로를 따라 흐르는 물에 술잔을 띄워 그 잔이 자기 앞을 지나쳐 버리기 전에 시 한 수를 지어 잔을 들어 마셨다는 풍류놀이를 말하는 것으로 중국 왕희지의 난정기(蘭亭記)에서 기원한다. 서거정이 쓴 『동국통감』에 성의 남쪽에 이궁(성남이궁 城南離宮)이 있었다는 기록으로 미루어 포석정 터는 이궁에 딸린 정원이 아닌가 생각된다.

포석정의 형태는 타원형으로 안쪽 12개, 바깥쪽 24개의 다듬은 돌로 조립되어 있으며, 물이 흘러드는 입수구는 양쪽 돌이 6개이고, 물이 나가는 꼬리 부분은 4개의 돌로 되어 모두 46개의 다듬은 돌로 짜여 있다. 수로의 폭이 31㎝, 깊이 21~23㎝이며, 총 길이는 22m에 이른다.[그림 47]

바닥의 기울기는 민경현(1991년, p.110)에 의하면 입수구 쪽이 7~13°, 중간 부분은 1~2°, 출수구 쪽이 1°로 처음에는 물이 빨리 흐르다가 타원형의 부분에 이르러서는 천천히 흐르게 되어 있는 것으로 조사되었다. 그러나 본중진(本中眞, 1980년)은 전장 22m에 시점과 종점의 고저 차를 0.27m로 보았는데, 이를 경사도로 환산해 보면 1.2%, 0.54°로 두 사람 간에 차이가 있다. 무엇보다 중요한 것은 한국의 포석정은 수로 폭의 변화와 경사로의 변화에 따라서 술잔이 불규칙적으로 흘러가도록 설계한 것이 특징이다.

본중진의 연구에 의한 한 · 중 · 일 곡수거(曲水渠)의 유속을 비교해 보면 퀴틀러(Kuttler)나 매닝(Manning)의 공식에 의해서도 한국의 곡수거가 가장 유속이 빠르며 짧은 시간 내에 한 바퀴를 돌도록 만들어졌다. 그러나 포석정에서 직접 실험한 정재훈(1996년, p.50)에 의하면 흐르는 물의 양, 잔의 형태, 잔 속에 담긴 술의 양에 따라서 시간이 달라지는 것으로 나타나는데, 1991년의 실험에 의하면 10분 30초가 걸렸다고 한다. 그러나 현재의 포석정은 느티나무 뿌리에 의해 지반의 높이가 고르지 않은 상태에서 실험했다는 점을 감안해야 할 것이다.

포석정의 물은 포석정 주변을 흐르는 포석계에서 끌어왔을 것이다. 포석계 암반에는 목욕하기에 알맞은 크기의 웅덩이가 남아 있는데, 인공적인 것으로 보인다. 그 위치는 포석정 동쪽이라서 계욕(禊浴)을 했을 것으로 추측된다.

표 2 곡수거 유속 비교

	시 대	유적 명칭	평균 속도(cm/s)	소요 시간
한 국	신라시대 BC 57~AD 935	포석정	K: 32.17 M: 49.94	1분 8초, 44초
중 국	송(宋) 916~1127	숭복정(崇福亭) 범상정(泛觴亭)	K: 6.26 M: 10.70	2분 48초 1분 38초
일 본	헤이안시대 782~1191	평성궁(平城宮) 동원(東院)	K: 16.92 M: 26.82	2분 18초 1분 27초

5) 사찰

(1) 불교의 발전과 사찰의 조영

삼국을 통일한 후 불교문화는 더욱 발전하여 사천왕사, 망덕사(望德寺), 감은사(感恩寺), 고선사(高仙寺), 천군리폐사(千軍里廢寺), 원원사(願遠寺), 감산사(甘山寺), 불국사(佛國寺) 등이 경주를 중심으로 건립되었으며, 그 이름을 알지 못하는 사찰 또한 헤아릴 수 없이 많이 조영되었다.

더구나 당에서 유학한 유학승들이 당에서 성립한 여러 종파를 신라에 전하면서 열반종(涅槃宗), 계율종(戒律宗), 법성종(法性宗), 화엄종(華嚴宗), 법상종(法相宗) 등 교종의 오교(五教)가 성립된다. 이들 중에서도 화엄종은 귀족사회에서 가장 두터운 존신을 받았는데, 신라 화엄종을 성립한 의상(義湘)은 귀국 후 왕명에 의해 부석사를 창건하고 화엄종을 널리

전하게 된다(이기백, 1990년, p.116). 부석사를 필두로 통일신라 연간에 화엄십찰(華嚴十刹)이 세워지게 되는데 화엄십찰은 부석사(浮石寺), 화엄사(華嚴寺), 해인사(海印寺), 범어사(梵魚寺), 갑사(甲寺), 미리사(美里寺), 보원사(普願寺), 화산사(華山寺), 옥천사(玉泉寺), 국신사(國神寺)를 이른다. 이들 화엄십찰은 화엄종지를 널리 펴기 위한 목적으로 창건된 사찰들로 알려져 있으나 입지한 곳이 신라 땅의 주요 전략 거점이라는 점에서 볼 때 내면적으로는 정치 · 군사적 목적을 가지고 있었다는 것도 주목해야 한다.

한편, 나말 여초(羅末麗初)가 되면 구산선문(九山禪門)의 개창과 더불어 선찰이 지어지기 시작한다. 구산선문이라 함은 신라가 삼국을 통일한 뒤 불교가 번성할 즈음에 고승들이 중국에서 선법(禪法)을 들여와 종풍(宗風)을 널리 펼치기 위해 개산한 것으로 실상산문(實相寺), 가지산문(寶林寺), 사굴산문(崛山寺), 동리산문(太安寺), 성주산문(聖住寺), 사자산문(興寧寺), 희양산문(鳳巖寺), 봉림산문(鳳林寺), 수미산문(廣照寺)이 바로 그것이다. 이들 사찰들은 주로 신라의 변방에서 토착 세력과의 밀접한 관련 속에서 창건되는데, 화엄십찰이 귀족불교적 성격을 띠는 데 반해 구산선문은 일반적 · 평민적 성격을 갖게 된다.

그 외에도 원효대사는 그의 발심수행장(發心修行章)에서 "수행자는 암굴을 불사(佛寺)로 삼아 수도하여야 한다"라고 설파하고 있는데, 『삼국유사』에 기록된 의상대사의 낙산사 관음굴에서의 정좌수행이나, 경덕왕 때 5비구가 포천산 석굴에서 10년간 수도한 사실들이 이것을 실천한 예로 보인다. 이것을 볼 때 신라에서는 자연 암굴을 이용한 수행사찰이 조영되었던 것으로 생각된다.

(2) 사찰의 형식

① 입지

통일신라시대 전기에 조영된 사찰들은 입지적 측면에서 볼 때, 왕경 외곽부의 산록에 입지한 소위 쌍탑형 사찰과 신라 왕경으로부터 멀리 떨어진 깊은 산의 험준한 땅에 입지한 화엄십찰 사찰의 두 가지 유형으로 구분된다.

쌍탑형 사찰의 경우, 입지가 왕경 중심부의 평지로부터 왕경 외곽부의 산록으로 이동하는 현상의 주된 원인은 신라 불교의 성격 변화에 있다. 즉, 신라시대 초기의 사찰들은 그 대부분이 왕실에 의해서 창건된 국가사찰이었다. 그러나 통일신라시대에 들어오면서 사찰의 조영 주체는 개인으로 바뀌며, 사찰의 성격 역시 개인적 원찰로 조영된다. 이러한 과정에서 조영의 주체인 귀족들은 의도적으로 사찰을 왕경 중심부로부터 왕경 외곽으로 이동시킨 듯 보이며, 과거의 산악숭배 사상이 다시 반영된 것도 하나의 요인이었던 것으로 보인다.

한편, 화엄십찰은 왕경으로부터 멀리 떨어진 산속의 험준한 땅에 자리를 잡게 되는데, 이는 화엄종의 종지를 펴기 위한 하나의 방편이었으며, 더불어 이곳들이 신라 땅의 전략 거점에 해당된다는 사실은 정치·군사적 목적을 달성하기 위한 전초기지로서의 기능도 있었던 것으로 보인다.

통일신라 후기에 구산선문이 개창되자 사찰의 입지가 다시 산중 깊은 곳에 자리 잡는 현상이 나타난다. 이것은 종교적 관점에서 볼 때, 선종의 도입에 따른 바람직한 수행 환경을 추구한 결과이며, 정치·사회적 측면으로 볼 때는 사회의 불안정과 지방 호족들의 세력 형성이 그 배경이 되었다.

② 공간구성

통일신라시대의 사찰형식은 쌍탑형 사찰형식과 산지형 사찰형식으로 크게 구분한다.

- 쌍탑형 사찰 : 통일신라 전기에 조영된 사찰들은 그 대부분이 쌍탑의 형식적 특징을 보이고 있는데, 이 유형의 사찰은 사천왕사를 비롯하여 망덕사, 감은사, 감산사, 불국사 등이 있다. 이 사찰들은 모두 중문, 금당, 강당이 남북 일직선 축선 상에 배치되어 있으며, 금당 전면에는 동탑과 서탑이 남북축으로부터 동일한 거리에 배치되는 공간구성상의 규칙성을 보이고 있다. 또, 금당과 양탑은 중문과 강당을 연결하는 회랑으로 둘러싸인 형식이다. 이러한 공간구성형식을 보이는 사찰은 통일 이전에는 나타나지 않았으며, 통일신라 전반부에 잠시 출현하다가 후반에는 다시 자취를 감추었다. 즉, 이러한 쌍탑형 사찰은 통일신라 전기의 양식이라고 할 수 있겠다. 한편, 이 유형의 사찰들은 삼국시대에 조영된 탑 중심형 사찰들의 공간구성에서 나타났던 현상과는 달리, 구조적으로 볼 때 공간 전체에서 탑의 중심성이 상대적으로 약화된 듯한 느낌을 준다. 더 나아가 이 유형의 사찰형식을 시대적인 흐름 속에서 관찰하면, 점진적으로 탑의 규모가 금당에 비해 축소되고 있음을 알 수 있다.
- 산지형 사찰 : 통일신라시대의 산지형 사찰은 창건 배경에 따라 다시 그 계통이 양분된다. 하나는 전기의 교학불교를 중심으로 성립된 화엄십찰(華嚴十刹) 계통의 사찰이며, 다른 하나는 후기의 선종(禪宗)에 바탕을 두고 창건된 구산선문 계통의 사찰이다. 이 두 계열의 사찰은 구성형식으로 볼 때 크게 다르지 않다. 굳이 구분하자면, 교종계 사찰이 선종계 사찰에 비해 좀 더 정형적이라는 것뿐이다. 산지형 사찰이 지닌 공간구성 형식상의 특징 중 가장 중요한 것은 이전의 사찰들이 일정한 공간형식의 틀 속에서 최소한의 변형으로 비교적 정형적 형식이었던 것에 반해 이 유형은 공간구성의 규칙성이 뚜렷하게 나타나지 않는다는 점이다. 특히 통일신라시대 후기의 산지형 사

찰의 공간구성이 정형적 형식으로부터 비정형적 형식으로 이행하는 과도기적 단계라 고 볼 수 있다. 특히 탑은 일정한 원칙 없이 1탑 혹은 2탑으로 경우에 따라 다르게 나타나며, 위치도 일정치 않아 전체 공간구성의 정형성을 상실한다. 이러한 구성형식은 탑을 공간구성의 중심적 요소로 삼았던 앞의 유형과는 비교되는 현상으로 산지형 사찰형식은 탑이 사찰의 공간구성에 크게 영향을 미치지 못하고 부수적으로 도입된 요소임을 알 수 있다. 이것은 탑보다는 다른 요소가 공간구성의 중심을 대신하는 것으로 형식의 변화가 일어났음을 말하는 것이다. 즉, 공간구성의 중심이 탑으로부터 금당으로 이행하는 과도기였다.

산지형 사찰의 공간구성형식은 원형이 대부분 소실되었기 때문에 그 형식은 이해하기가 쉽지 않으며 고려, 조선시대를 지나면서 변형되어 결국은 조선시대의 사찰형식으로 정착된다.

(3) 대표적 사찰

① 불국사

불국사는 경덕왕 10년(571년), 대상(大相) 김대성(700~774년)에 의해 시창(始創)된 사찰로 신라 오악 중 동악(東岳)에 속하는 토함산(吐含山)에 입지하고 있다.

불국사의 전 영역은 현재 크게 3부분으로 구분되어 있다. 즉, 석가 3존불을 모신 대웅전 일곽, 아미타불을 모신 극락전 일곽, 그리고 비로자나불을 모신 비로전 일곽과 관세음보살을 모신 관음전 일곽으로서 이들 각 영역은 회랑에 의해 분명히 구획되어 있다.그림 48

『불국사고금창기(佛國寺古今創記)』에 따르면 중심영역에 배치된 이러한 건물들 외에도 그 위치가 분명치 않은 지장전이 회랑에 의해 둘러싸여 있었으며, 그밖에도 오백성중전(五百聖衆殿), 천불전(千佛殿), 시왕전(十王殿), 십육응진전(十六應眞殿), 문수전(文殊殿) 등 그 위치를 알 수 없는 전각의 이름이 무려 45종이나 나열되어 있어 엄청난 규모의 대찰이었음을 짐작할 수 있다.

불국사에는 통일신라시대에 조영된 구품연지(九品蓮池)가 있었으나 지금은 매몰되고 없다. 구품연지에 대한

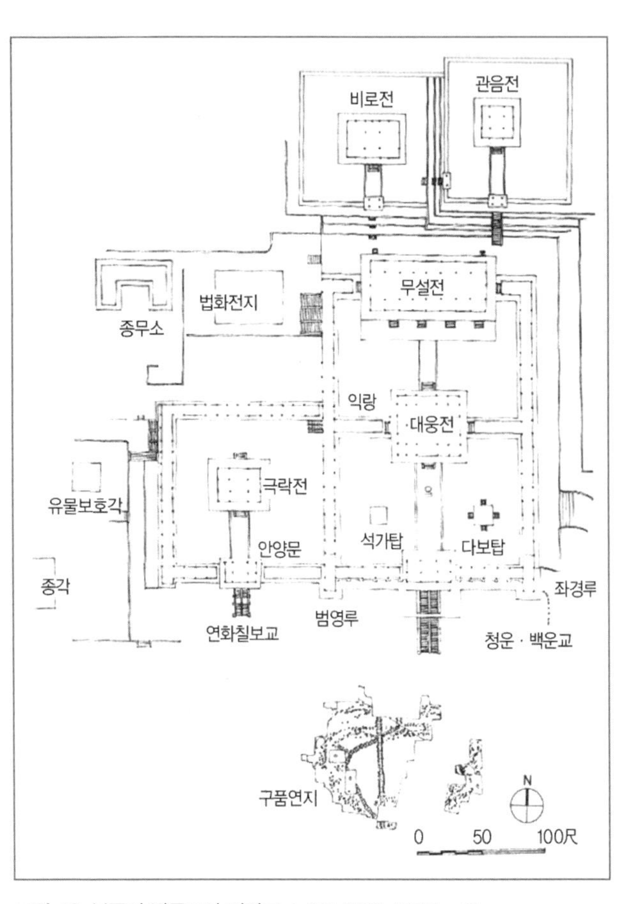

그림 48 불국사 발굴조사 평면도 ▷출처: 정재훈, 1996년, p.431

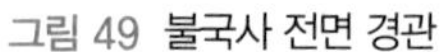
그림 49 불국사 전면 경관

그림 50 불국사 중심공간

기록은 『불국사고금창기』에 '구품연지'라는 기록과 "가경삼년무오년(嘉慶三年戊午年, 정조 13년, 1798년)에 연못의 연잎을 뒤집다"라는 구절로 보아 실재하였음을 알 수 있다.

발굴조사 결과에 따르면, 구품연지는 청운백운교 정남방에서 발견되었는데, 대략 타원형으로 크기는 동서 장축 약 39.5m, 남북 장축 25.5m, 깊이 2~3m인 것으로 밝혀졌다. 축조방식은 북쪽의 경계선에서 나타난 것을 보면 풍화된 사질 생토층을 인위적으로 깎고 길이 0.7~1m에 달하는 거대한 암석으로 돌아가며 쌓았는데, 이것은 바로 통일신라시대의 전형적인 석축 방식으로 보고 있다. 구품연지는 시대가 지나면서 중요성이 감소되었는지 당초의 북측 경계부에서 3.8~4m 후퇴하여 폭 2~2.5m 넓이의 석열을 쌓아 인위적으로 매몰하여 크기가 줄어들었으며, 조선시대에 연지 전체가 매몰된 것으로 보인다(문화공보부 문화재관리국, 1976년, pp.60~63). 구품연지는 그 명칭과 『불국사고금창기』의 "연잎을 뒤집다"라는 기록으로 연지의 기능을 했던 것으로 보이는데, 범영루(泛影樓)와의 상관성을 보면 영지로서의 기능도 담당했던 것으로 보인다. 또 자하문(紫霞門)이라는 명칭에서 구품연지가 미기후를 형성하는 기능을 하여 안개를 발생시켰던 것으로 짐작할 수 있다.

② 부석사

부석사는 신라 문무왕 16년(676년) 의상대사에 의해서 창건된 화엄사찰이다. 위치는 태백산맥의 지맥인 봉황산(818m) 남쪽 기슭의 가파른 경사지이다. 이러한 입지는 화엄학을 펼칠 도량이라는 종교적 차원도 고려되었겠지만 한편으로는 죽령을 경영할 수 있는 군사적 요충지라는 측면에서 전략 거점 확보의 목적으로 사찰을 창건했을 가능성도 배제할 수 없다.

부석사는 가파른 경사지를 처리하기 위해 회전문 터–범종각–안양루 세 지점을 결절점으로 삼아 지형을 구분하고 다시 그 사이의 공간을 3단으로 처리하여 도합 9단으로 구성하고 있다. 이러한 공간의 구분을 두고 무량수경에서 말하는 삼배구품설(三輩九品說)의 구조와 대응하여 설명하는 학자들도 있다.

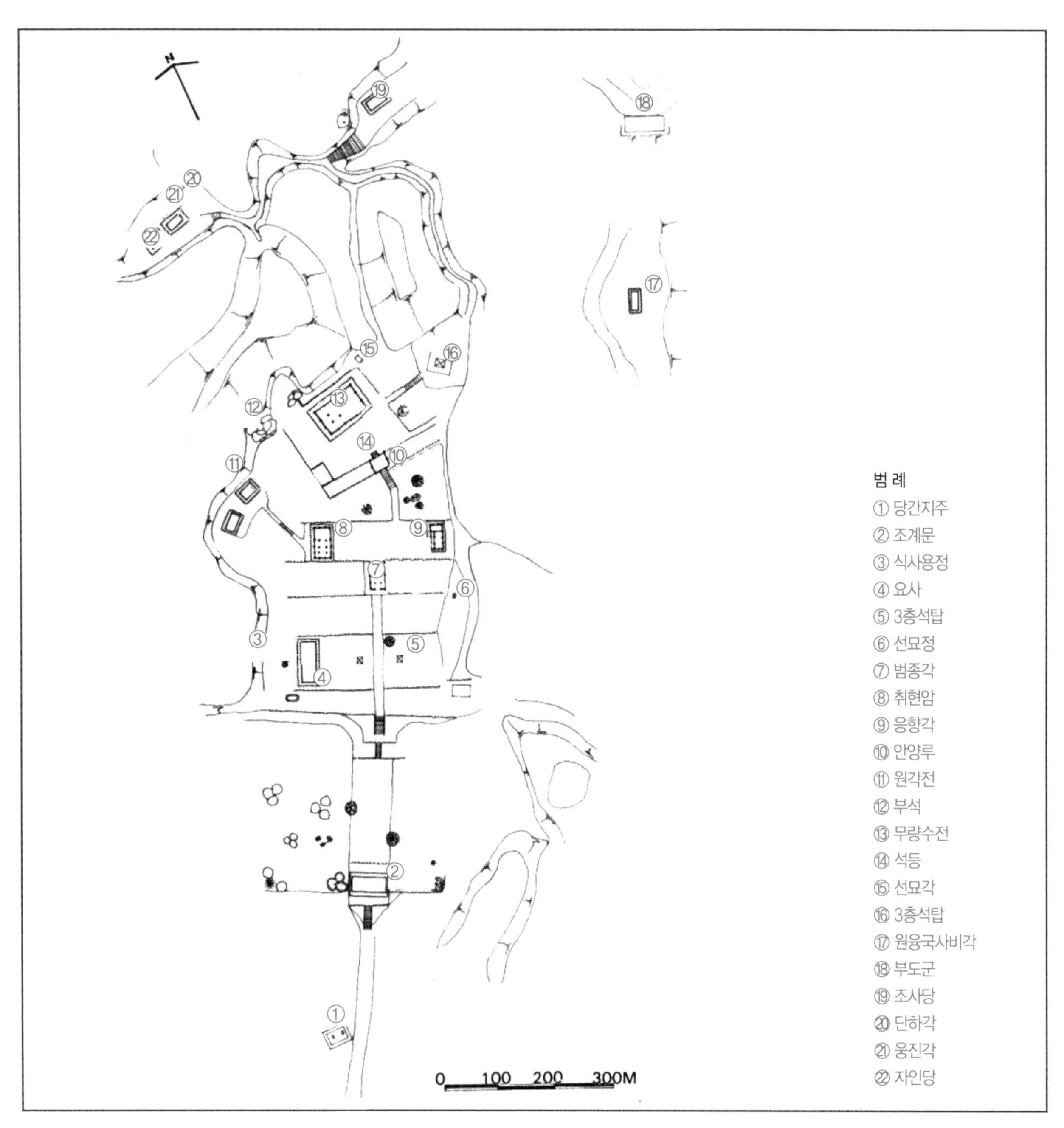

그림 51 **부석사 배치 평면도** ▷출처: 정재훈, 1996년, p.435

그림 52 부석사 석단

사찰의 전체 배치축은 서남향이나 안양루와 무량수전은 방향을 바꾸어 남향으로 배치했다. 즉, 범종각까지의 구성축과 무량수전이 이루는 축이 분리, 굴절되어 있다. 이러한 의도적 배치형식이야말로 주변의 자연환경과 사찰이라는 인공환경을 극적으로 만나게 할 수 있는 고도의 공간미학이다.

사찰의 공간은 조계문에서 범종각을 거쳐 안양루에 이르는 긴 진입공간과 무량수전과 안양루가 있는 중심공간 그리고 무량수전 뒤의 경사지에 위치하는 자인당, 응진전, 조사당으로 이루어지는 부속공간으로 되어 있다.그림 51

부석사는 고려시대의 목조건축을 두 채나 보유하고 있고 터를 고르고 정리하는 안목이 탁월하다는 측면에서 대단한 가치가 있는 사찰이다. 특히 지형을 처리하기 위해 축조한 석단은 우수한 작품성을 지닌다.그림 52 이 석단은 통일신라시대 경문왕 대(861~874년)에 축조된 것으로 추정되는데, 축조기법이 이 시기에 세워진 원원사, 망해사의 것과 유사하고 무량수전 앞의 석등도 이 시기에 만들어졌기 때문이다(김봉렬, 1995년, p.86). 이 석단은 1m 내외의 자연석으로 정교하게 쌓았으며, 면이 큰 자연석 사이에 작은 자연석을 끼워 넣어 조화를 이루도록 했다. 이 거대하고 장엄한 대석단은 허튼층쌓기로 축조되어 언뜻 보기에는 무질서한 듯 보이나 전체적으로는 통일감을 주고 있어 강한 인상과 함께 힘의 균형과 자연적 조화미가 느껴진다. 불국사의 목가구식(木架構式) 석단이 여성미를 느끼게 한다면 부석사의 석단은 남성미를 풍기는 작품이다(홍광표 · 이상윤, 2001년, pp.326~327).

제2장

고려시대

1. 시대 개관
2. 도성과 궁궐
3. 민가
4. 사찰

1. 시대 개관

1) 개관

고려의 건국은 통일신라 말기 진골귀족 시대가 끝나고 지방호족 시대가 도래하면서 그 조짐을 보인다. 진골귀족 간의 치열한 쟁탈전으로 중앙의 정치 기강은 문란해지고, 지방에 대한 통제력도 유명무실해진 틈을 타, 지방 세력가들이 전국 각처에서 창궐했다.

이러한 상황 속에서 견훤의 후백제(900년)가 지금의 전라도를 거점으로 세워지고, 궁예는 현 중부 지방을 지배하는 세력으로 성장하여 철원을 도읍지로 정하고 국호를 마진에서(904년), 다시 태봉(911년)으로 고친다. 이를 계기로 후삼국시대가 열리고 통일신라는 분열 국면을 맞게 되었다.

고려 왕조를 건국한 태조 왕건은 도읍을 개경으로 정하고 안으로 제도를 정비하고 밖으로 북방을 개척했으며, 구 귀족과 호족들을 포섭하고 불교를 보호하면서 새로운 지배체제를 정비했다. 그러나 혜종과 정종 때까지 호족세력을 규합하지 못했고 광종 대에 이르러서야 비로소 왕권강화를 이룬다. 경종은 이를 계승하여 시정전시과를 시행하는 등 호족세력의 약화를 도모했으나 완전하지는 못했다. 성종 대에 와서 지배체제의 정비가 이루어지면서 호족의 뒤를 이어 새로운 귀족계급이 발생한다.

그 후 고려는 내부의 갈등과 거란 등의 외침으로 큰 시련을 겪는다. 현종 대에 이르러서는 대대적인 지방제도의 정비와 함께 대장경의 조판사업 등 문화활동도 활발히 전개되었다. 그리고 11대 문종 연간(1046~1083년)에는 국가의 여러 제도를 완비하여 고려 왕조의 전성기를 이루게 된다. 외척세력은 현종 때부터 등장하는데, 인종 4년 이자겸 난의 실패는 외척세력의 한계를 드러내는 일이기도 하였다. 난중에 불탄 개경을 두고 지덕이 쇠하였다는 풍수지리설의 주장이 설득력을 얻어 묘청의 서경천도론이 대두된다. 결국 묘청이 일으킨 난은 진압되었으나 여러 난을 진압한 공신세력이 득세하면서 고려 귀족사회는 또 다른 혼란에 직면한다. 이러한 정치적 혼란이 가장 두드러지게 나타난 시기가 바로 의종 대(1146~1170년)이다. 인종 23년(1145년)에는 외세의 저항과 왕실의 권위 확립을 위해 김부식의 책임 하에 『삼국사기(三國史記)』가 편찬된다.

그 후 약 80여 년간의 역대 왕은 원의 부마국으로 전락, 자주성을 잃고 혼란기를 겪는다. 원이 쇠퇴하고 명이 일어나자 명, 원에 대한 조정의 엇갈린 대외정책이 신흥군벌을 대두시켰고, 또 위화도 회군은 고려 왕조 붕괴의 결정적 원인이 되었다.

중국과의 문화 교류에서 고려는 중국 대륙 여러 나라의 흥망성쇠를 보면서 대외 관계를 가졌다. 특히 송과의 교류는 한때 거란과 금의 압력으로 중단되다시피 했으나 각 분야에 걸쳐 고려문화에 많은 영향을 주었다. 송의 사신이나 상인들을 통해 들어온 송의 판본은 고려 목판인쇄의 발달에 기여했고, 송나라 자기는 고려자기술에 영향을 미쳐 송의 자기보다 더 예술적 가치가 우수한 고려청자가 탄생했다. 또 고려 예종 8년 궁궐 화원에 송의 상인으로부터 많은 화초를 구입해 궁원을 꾸몄다는 기록은 당시 조경식물 수입의 단서가 된다.

고려 불교는 태조의 숭불정책과 훈요십조에 의해 국교로서 크게 발전해 사탑 및 사원 건축이 성행했다. 또 고려시대 유교는 국가정책의 근본원리로 존중되어 도덕적 합리주의에 입각한 중앙집권적 귀족정치를 실현하고자 하는 이념으로 불교와 더불어 발전했으나 고려 말에 가서는 서로 대립 양상을 보인다.

고려의 문화는 불교와 왕족, 귀족의 향락적 호화 생활을 중심으로 발달하였으며, 특히 고려의 건축은 오직 왕궁과 귀족저택 등 권위적 계급의 건물과 사찰, 묘사 등의 종교적 신상건축에서만 조형미를 나타냈다. 이러한 존엄적 건물은 풍수지리적인 조건으로 대개 높은 곳에 건축되어 한층 더 권위를 높이게 된다.

2) 법과 제도

태조 왕건은 새로운 왕권을 확립하기 위한 수단으로 토지제도와 수취제도를 개혁하고자 했다. 초기에는 기존의 고유한 국내 제도와 중국의 제도를 혼용하다가 성종 대에 이르러 중국의 제도를 적극 수용하여 중앙집권적 전제국가로 발돋움했다.

고려는 관제, 형제, 병제, 세제, 전제 등의 제도로 이루어졌다. 관제(官制)는 중앙관제와 지방관제로 구분된다. 중앙관제는 초기에는 문·무의 구별이 없다가 6대 성종 14년(995년)에 문·무 양계의 두 가지 계급으로 구분하였다. 문신 계급은 정·종 9품 29계(階)로 하고, 5품 이상은 대부(大夫), 6품 이하는 랑(郎)의 칭호를 부여했다. 무신 계급도 문신과 마찬가지로 정·종 9품 29계(階)로 하고, 정 6품상 이상은 장군이라고 칭했다. 이 문무관계는 후에 문무양반 성립의 계기가 되어 관직제도의 분화를 가져왔다. 관리 등용은 주로 과거(科擧)에 의하였으나 음서(蔭敍)도 중요한 수단이었다.

세제(稅制)는 태조가 백성으로부터의 수취를 법도 있게 한다는 원칙을 세운 뒤, 광종은 주현(州縣)의 공부(貢賦)를 정하고, 성종과 현종은 법제를 정한 결과, 문종 때에 이르러 국세가 융성했다. 그러나 명종 때부터 세정(稅政)이 무너지기 시작해 원의 지배기에는 극에 달하고, 여말(麗末)에 이르러서는 극도로 문란해져 징세를 한 해에 두세 번씩 할 정도였다.

태조는 즉위 직후 전제(田制)를 개혁했고, 경종 때에는 전시과(田柴科)를 통해 토지제도의 근간을 마련했으며, 성종, 현종을 이어 문종 때까지는 모든 제도가 정비되었다. 그러나

의종, 명종기를 거쳐 원의 간섭 시에는 전시과가 사전화되는 등 토지제도의 위계는 무너졌다. 고려의 토지제도는 국유제를 원칙으로 했으며, 당의 균전제를 모방한 과전(전시과)❶을 그 근간으로 했다. 따라서 개인은 토지의 수조권만을 국가로부터 부여 받았을 뿐 토지를 처분할 수는 없었다. 토지는 수조권의 소유 여부에 따라 공전과 사전으로 구별되었고, 사전(私田)은 여러 유형으로 나뉜다. 또 국가에 공훈을 세운 공로자에게 전시를 제공하는 공음전시과(功蔭田柴科)도 고려시대의 주요한 토지제도로 공해전시과, 군인전, 외역전, 사원전, 학전 등이 있었다.

중앙집권적인 정치구조를 확립하기 위해서는 기반이 되는 관리의 역할이 중요했고, 이를 위해 고려 왕조는 관리 양성 교육에 집중했다. 모든 정치제도가 정비된 성종 때에는 교육제도도 완비되어 고려 왕조의 말기까지 지속되었다. 교육의 중심기관으로는 관학(官學)인 국자감과 사학(私學)인 12공도가 있었으며, 지방의 관학으로는 향학이 인력을 양성했고, 말기에는 동서학당이 서울에서 그 역할을 수행했다.

중앙의 형정관서(刑政官署)로는 형부(刑部)와 직속기관인 도관(都官)이 있었고, 형부(刑部)는 법률(法律), 사송(詞訟), 상언(詳讞)을 관장(管掌)했다. 지방의 행정은 군수(郡守), 현령(縣令) 등 지방의 수령(守令)이 관장했다.

토지는 국유의 원칙에 따라 개인은 국가로부터 나누어 받은 토지의 수조권을 가질 뿐 임의처분권은 없었다. 그러나 고려 중기 이후 농민들 사이에 토지매매가 행해지는 등 토지에 관한 전면적 지배권의 개념이 인정되기 시작했다. 개인 재산으로는 가옥, 노비 등이 해당하며, 이중 가옥이 차지하는 비중은 컸다.

엄격한 신분제가 유지되었던 고려시대에도 죄를 짓는 등의 특별한 경우가 아닌 한 신분에 따른 주거의 제한이나 차별은 없었다. 왕족과 재상을 비롯한 품관, 서리, 군인, 농민과 상인, 장인, 노비 등 실로 다양한 부류의 사람들이 모여 살던 개경에서 그 신분에 따라 주거지역을 정하거나 통제한 일은 없었다(한국역사연구회, 2007년). 고려시대의 가사제도에 관한 제한은 『고려사』 권85〈지〉 권39 형법2에 보면 최승로(927~989년)가 상서를 올려 주택의 크기 등을 규제할 수 있는 가사제도의 작정을 청한 내용❷이 기록되어 있다.

당시 이러한 가사 제한의 필요성이 있었음에도 많은 제택들이 규모를 늘리고 화려하게 지었음이 『고려사』에 남아 있다. 특히 왕이 곧잘 제택에 나가서 쉬기도 하였고, 제택을 취하여 궁으로 삼기도 했다. 또 왕이 사사로이 사제를 짓기도 했다. 귀족들의 집에는 호화로운 정원이 조성되기도 했다. 왕궁의 사치스러운 규모와 형식은 귀족들에게 영향을 주어 그 예로 김치양의 집은 자택을 무려 300여 칸으로 짓고, 대와 정자, 정원, 연못 등을 지극히 아름답고 화려하게 꾸며 놓았다(『고려사』 권 제127 열전제40)고 하니 궁궐의 규모는 가히 짐작하고 남을 만하다.

❶ 전시과란 관직의 고하 여부에 따라 모든 관리에게 차등을 두어 전지와 시지를 분배하는 제도이다.

❷ 예에 말하기를 천자는 당의 높이를 9척(약 2.7m)으로 하고 제후는 당의 높이를 7척(약 2.1m)으로 한다고 하니, 이로부터 제도가 정해져 있는데, 근래에는 사람들의 존비의 구분이 없이 만약 재력이 있으면 모두 집짓기를 먼저 하여, 이로 말미암아 여러 주, 군, 현 및 정, 역, 진, 도의 호우들이 다투어 큰 집을 지어 제도를 넘게 되니, 비단 그 한 집의 힘을 다할 뿐 아니라 실로 백성을 괴롭히게 되어, 그 폐단이 매우 많습니다(『고려사』열전6 최승로 전).

고려시대에는 개간을 장려하는 국가정책이 시행되면서 불을 이용한 산지의 개간으로 산림 피해가 심하였고, 이는 임정정책을 강화하는 이유가 됐다. 대개 성 부근의 산에서는 음양설에서 말하는 사위가 있다 하여 벌채를 금했다(『고려도경(高麗圖經)』). 고려시대 이후의 주요 임정정책은 산불방지법의 반포(981년), 소나무 벌채금지법(1011년), 봄철 나무 심은 뒤 벌채금지령(1031년), 산림벌채 금지와 나무심기 장려(1035년), 북침 방지를 위한 4개의 성 쌓기와 그에 따른 대량 벌채(1108년), 특정 수종의 나무심기를 장려하는 수양도감 설치(1118년), 물 자원 확보를 위한 농무장 건설(1188년), 농경 장려에 따른 삼림의 대량 파괴(1271년), 많은 사찰의 건설에 따른 삼림 파괴(1273년), 목재 부족으로 인한 배 만들기 금지(1293년) 등이 해당된다.

식목에 관한 정책으로 『고려사』 식화지에 보면 명종 18년(1188년)에 왕이 곡물뿐 아니라 잣나무, 배나무, 대추나무 등을 심어 이윤을 구하라 했다는 기록이 전한다. 또 고려 인종 때에도 잠업, 칠기, 제지의 원료로 쓰이던 수목들은 다른 과실수들과 함께 장려했다. 특히 종이는 이미 7세기에 전래되었으며, 고려시대에 가장 왕성하게 발전했다. 또 서긍(徐兢, 1091~1153년)의 『고려도경』❸ 권23 토산조에 보면 산간의 계단밭에는 밤, 복숭아, 오얏, 대추, 백(柏) 등을 심어 산세와 잡세의 대상으로 삼았는데, 이는 식목에 대한 가장 오래된 기록의 하나이다. 『고려도경』에도 사다리나 층계와 같은 생김새의 농토가 언급되고 있다. 풍수지리의 유행에 의한 비보숲은 수도인 송악 주변의 산으로 한정했다.

밤, 잣, 배, 대추 외에 앵두, 개암, 비자, 능금, 오얏, 복숭아, 감, 호두, 포도 등에 대한 기록이 『향약구급방』(1236년)에 나타난다(공우석, 2003년).

3) 문화 · 예술의 특징

고려는 불교를 비롯한 다양한 종교들이 성행했다. 특히 불교의 유입, 확산 및 불교 서적의 보급은 한문학의 발달과 불상, 도자기, 인쇄와 같은 기술의 발달을 가져왔다. 한문학은 과거제도를 통해 지식인 계층에서 시, 전기, 역사 등의 문집을 통해 발전했다. 반면 기술은 다양한 분야에서 발달했으나 유교적 사회로 전환하는 과도기 속에서 천시하는 경향을 보였다.

한문학의 발달은 문집 등을 통해 시대상을 반영했으며, 시문집, 전기, 역사 등의 저술이 이루어졌고, 특히 역사서 편찬이 활발하였다. 문집인 의천의 『대각국사문집(大覺國師文集)』과 역사서인 김부식의 『삼국사기』가 대표적인 작품이다.

기술과학 면에서는 과거제도의 율, 서, 산, 의, 복, 지리 등의 잡과를 통해 기술관이 등용되어 과거로부터 축적된 기술이 더욱 발달하게 되었다.

❸ 중국 송나라의 문신. 자는 명숙(明叔)인 서긍(徐兢)이 1123년 고려의 사신으로 와서 개성에 한 달간 머물면서 기록한 것으로 이때 보고 들은 것을 책으로 엮어 황제에게 바친 것이다. 이 『고려도경』은 40권 29류로 나누어져 있고 다시 300여 목으로 세분되어 있는데 당시 고려의 국가체제 및 의례, 생활상을 엿볼 수 있는 귀중한 자료이다.

무신정권기에는 설화문학이 발달해, 전설, 일화 또는 사물을 의인화한 작품들이 등장했다. 이규보(李奎報)의 『국선생(麴先生)』, 최자(崔滋)의 『보한집(補閑集)』, 이인노(李仁老)의 『파한집(破閑集)』 등이 대표적인 예이다. 또 무신정권기에 문학에서 유입되기 시작한 팔경시는 무신 지배의 불만을 삭이고, 문의 가치를 선양하기 위해 이를 향유한 것으로 보인다. 팔경시는 현실에서 떨어진 산수, 인공의 요소가 없는 천연의 경관이야말로 경승이며, 산수시는 경승을 읊는 의식으로 발전한다. 이것은 혼탁한 시대 탓으로 은둔의 정당성을 높이고 경관에 대한 칭송과 문장에 대한 자랑의 수단으로 쓰였다. 이런 시기에 중국 소상팔경시를 비롯한 팔경시의 유입은 국내 확산에 기폭제 역할을 했다. 주요 작품으로는 '송도팔경시' 두 작품이 있는데, 충숙왕 10년(1323년) 가을에 이제현이 티베트로 유배된 충선왕을 만나기 위해 가던 중 고향 송도를 그리면서 쓴 7언 절구의 '억송도팔경'과 무산일단운의 '송도팔경' 두 작품이며, 전자를 전팔경, 후자를 후팔경이라 한다.

고려 왕조의 개국을 예언한 신라 승려 도선의 풍수지리는 고려 태조 왕건의 통치이념과 도읍의 선정에 영향을 미쳤다. 고려시대 사찰, 궁궐의 건립과 발전은 미술 분야의 발달을 가져왔다. 서긍의 『고려도경』 궁전조를 살펴보면 "회경전(會慶殿)은 창합문(閶門) 안에 있고 전문(殿門)이 따로 있으며, 규모가 웅장하다. 높이가 5장(丈, 약 15.1m)이 넘고 동서 양쪽 섬돌은 붉으며, 동화(銅花)로 이루어져 있고, 웅장하고 화려하며 모든 전각 중에 으뜸이다"라고 전하며 고려 건축양식의 웅장함과 화려함을 말하고 있다. 왕족과 귀족의 생활이 화려할수록 미술과 공예의 필요성이 요구되어 크게 발전했다.

송의 영향을 받은 회화는 고려에 이르러 다양성을 띠었고, 실용적 기능을 지닌 작품과 여가와 감상의 대상이 되는 작품들이 활발히 제작되었다. 그림을 전문으로 하던 화원 외에도 사대부와 승려들이 그림을 즐기고 수집했으며, 초상화와 같은 일반회화 외에도 불교, 유교, 도교 등의 종교화도 크게 발전했다. 산수화 작품활동도 활발하였으며, 특히 실제 존재하는 경치를 대상으로 그린 실경산수화가 제작되어 당시의 경관을 알 수 있는 중요한 자료가 되었다. 〈예성강도(禮成江圖)〉를 그린 이녕(李寧) 외에 이광필(李光弼), 고유방(高惟訪), 이자운(李子雲) 등이 대표적 화가이다. 서예는 고려 전기에 신라의 구양순체(歐陽詢體)가 쓰였고, 유신(柳伸), 탄연(坦然), 최우(崔瑀) 등이 유명하다. 석탑, 석조부도, 석등 등은 초기에는 신라의 양식을 계승하였으나 후기에는 신라의 직선미와는 다른 둥근 형태의 독특한 양식을 발달시켰다. 현종 때 세운 개풍의 현화사(玄花寺) 7층탑이 대표적이다. 조각은 불상을 중심으로 발달되었다.

공예는 도자공예, 금속공예, 목칠공예로 나누어 볼 수 있다. 도자공예에는 청자(青瓷), 백자(白瓷), 흑자(黑瓷), 도기 등 다양한 기명(器皿)들이 있었으며, 신라의 전통을 이어받아 한층 더 발전시켰고 송요(宋窯)의 영향을 더해 고려의 특색이 가장 잘 드러난 청자를 제작하게 되었다. 초기에는 양각과 음각으로 무늬를 새겼으나 후에 상감법(象嵌法)을 사용하여 독특한 자기를 제작했다. 무늬도 운학, 모란, 국화, 석류, 포도, 연꽃, 당초 등 다양했다. 고려자기는 송이나 원을 뛰어넘었고, 종류도 다양하여 생활용품부터 장식품에 이르기까지 폭넓게 사용되었다. 금속공예는 불교와 밀접한 관계를 가져 범종과 불구류, 동경, 장신구 등이 주를 이루었다. 신라의 전통을 이어받은 천안의 천흥사종을 비롯하여 신라의 양식과 중국의 양식을 절충한 조계사종, 고려의 특징을 지닌 부안의 내소사종 등과 보상화(寶相花), 연화(蓮花) 문양에 은입사(銀入絲)한 청동향로가 대표적이다. 목칠공예는 유물이 매우 적으며, 통일신라시대의 목칠공예를 바탕으로 하고 있음을 『고려도경』을 통해 확인할 수 있다. 서긍의 『고려도경』에는 "고려의 토속은 여전하다. 만듦새를 보면 예스럽게 소박함이 자못 사랑스럽다"라는 기록이 있는데, 이는 고려사회의 일반적인 기술이 고풍적이었음을 나타낸다.

2. 도성과 궁궐

1) 도성과 시가지

고려의 수도 개성은 우리 민족의 중세문화가 한곳에 집약된 도시로 단일왕조의 오랜 역사와 더불어 수많은 문화유적이 분포되어 있다. 개성은 태조 왕건이 궁예를 몰아낸 후(918년), 919년에서 1392년까지 고려 왕조의 도읍이었으며, 수많은 사찰을 비롯한 다양한 문화유적이 있다. 고려 왕조의 수도인 개경은 사방이 산으로 둘러싸인 분지에 입지하며, 북쪽에는 해발 488m의 송악산을 진산으로 해 남쪽의 구릉 지대에 위치하고 있다. 넓게는 예성강을 경계로 한 동쪽과 임진강의 서북쪽, 북쪽으로는 천마산과 국사봉, 재석산을 경계로 한 남쪽을 포함한다. 서긍의 『고려도경』에 의하면 "고려는 본디 글을 알아 도리에 밝으나 음양설에 구애되어 꺼리기 때문에 그들이 세울 때는 반드시 그 형세를 관찰하여 장구한 계책을 할 수 있는 곳인 연후에 자리를 잡는다"라고 했다. 또 개경의 형세를 "숭산 중턱에서 성안을 내려다보면 왼쪽에는 시내, 오른쪽은 산, 뒤는 봉우리, 앞에는 고개인데, 숲이 무성하여 형세가 시냇물을 마시는 푸른 용과 같다"라고 했다. 음양가들이 말하는 청룡, 백호, 주작, 현무가 뚜렷한 길지라 하겠다. 고려의 성곽은 송악산 남쪽에 길게 전개된 발어참성(拔禦塹城), 그 동쪽에 위치한 내성, 내성 동쪽에 남쪽으로 넓게 두른 외성인 나성으로 이루어져 있다. 남북으로 긴 발어참성은 가운데에 동서방향으로 성벽이 있어 두 개의 영역으로 나누어지는데, 남쪽 영역이 바로 황성 구역이다.

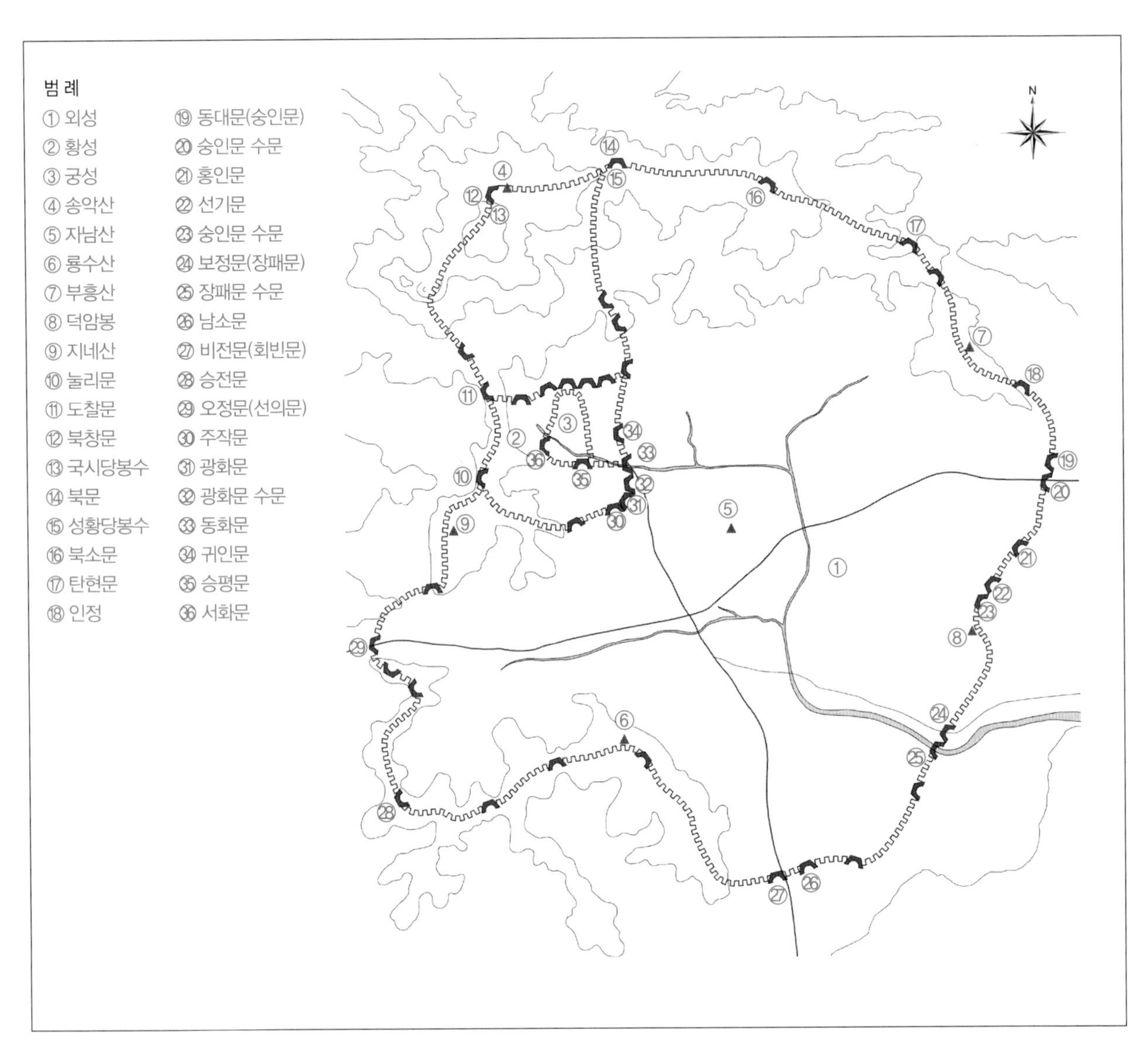

그림 53 고려궁성 위치도

고려 건국 초기(919년)에는 궁성과 궁예 집권 때 쌓은 황성(발어참성)만이 축조되었으나 11세기 초(1009~1029년) 거란의 침입을 계기로 나성을 축조한다. 황성은 송악산 기슭에 위치하며, 왕건의 아버지 왕융에 의해 896년 축조되었으나 11세기 초 내성이 축조될 때 연결하여 증축했다. 고려 말(1391~1393년) 홍건적과 왜구의 침입을 계기로 나성의 주요 부분을 방어하는 내성을 축조했다. 나성의 둘레는 약 16㎞, 내성은 약 8.5m에 이르며, 25개의 성문과 46개소의 치가 확인되었다.그림 53

(1) 나성

그림 54 개성 예성(홍예문) ▷출처: 국립문화재연구소

나성(羅城)은 옛 개성의 외성으로 개성시가 주변을 둘러싸고 있는데, 약 50리(약 19.6㎞)에 달한다. 송악산 마루에 있는 일부 석성을 제외하고는 모두가 토성이다. 이 성은 현종 때 강감찬 장군의 제의로 수도 개성을 보호하기 위해 1011년부터 공사를 시작해 19년 만에 마무리 지었다. 현종 15년에 나성 내부 지역은 5부 35방 344리[1] 체제를 갖추어 개경의 도시계획이 완성된다. 성의 둘레는 송악산 꼭대기로부터 시작하여 동으로 활인봉에 이르고 동쪽 도차리 고개를 거쳐 지네산을 올라 용수산 마루를 타고 무시울 동네 앞산으로 내려온다. 다시 오천 시냇가를 건너 남쪽 방향의 태종대 언덕을 올라갔다가 부흥산을 타고 서쪽 산 능선을 둘러 송악산으로 올라간다. 『고려사』에 의하면 이 성을 쌓는 데 304,400명이 동원되었고, 성곽의 부속건물이 무려 13,000간에 달하였다고 한다. 성은 동서남북 사방에 성문 외에 중간 문이 8개, 작은 문이 13개나 된다고 기록되었다.

이 문들은 큰 돌을 다듬어서 무지개형으로 쌓은 성문들이다.그림 54 이 성은 문종 4년(1065년)과 공민왕 10년(1391년)에 대대적인 수리를 했다. 고려 왕조 마지막 해인 1391년(공민왕 3년) 최영 장군의 제의로 내성인 반월성을 쌓아 내성과 외성으로 구분했다. 오늘날 나성은 허물어진 곳이 많으나 성벽 자리가 뚜렷하여 당시 성곽 규모의 거대함을 짐작할 수 있다.

나성의 내성인 반월성은 둘레가 반달모양으로 돌아갔기 때문에 반월성이라고 했다. 성 주위는 약 25리(약 9.8㎞)이며, 성벽은 서쪽 유암산에 있는 눌리산에서 북소문의 송악산까지는 나성 벽을 그대로 이용했다. 북소문에서 서남으로 산줄기를 따르다가 자남산 동남쪽 우물을 지나 서남으로 내려가서 현재 남아 있는 남대문에 이른다. 남대문에서 곧바로 서쪽으로 뻗은 다음 북쪽으로 구부러져 다시 유암산으로 올라가 눌리문(訥里門)에서 나성과 연결되어 있다.

성벽은 자남산에서 북소문까지의 일부 토성을 제외하고는 모두 돌로 쌓았는데, 현재 송악산 위와 유암산 일부에는 성벽이 남아 있다. 기록에 의하면 반월성에는 동대문, 남대문, 눌리문, 진언문(進言門), 동소문, 서소문, 북소문 등 7개의 성문이 있었다고 하는데, 오늘날에는 남대문, 눌리문, 서소문, 북소문만이 남아있고, 그중 남대문은 성문과 문루가 옛 모습을 갖추고 있다. 고려 왕조 말에 짓기 시작한 이 문루는 고려의 멸망으로 일시 중단되었다가 조선조 태조 2년에 완공되었다. 반월성은 그 후 여러 차례에 걸쳐 개축했는

[1] 고려시대 개경의 행정구역은 동부 · 서부 · 남부 · 북부 · 중부의 5부(五部)로 크게 나뉘며 각 부는 다시 방으로 방은 다시 리로 나뉘었는데 1개 방은 평균 9.8개의 리로 이루어졌다.

데, 조선조 고종 10년(1873년) 진언문에서 도차리 고개에 이르는 성벽을 고친 것이 마지막 보수작업이었다. 이 성곽은 고려 말의 성곽양식을 잘 보여 주는 것인데 일제에 의해 우아하고 웅대했던 동대문과 서소문의 문루가 파괴되고 그 위치조차 알기 어렵게 되었으며, 동남쪽 성벽도 거의 허물어지고 말았다. 반월성은 현재 남대문과 일부 남아 있는 성벽, 성문터에 의하여 옛 모습을 어느 정도 알아볼 수 있다.

(2) 발어참성

현재 발어참성(拔禦塹城) 터는 개성시 송악동을 중심으로 한 송악산 남쪽 기슭에 있다. 이 성은 일명 '보리참성'이라고도 하는데 주위가 약 10리(약 9.3㎞) 가량 되며 개성 인근의 성 가운데서 가장 오래된 성이다. 이 성벽은 송악산 활인봉으로부터 도차리 고개와 눌리문을 지나 삼성동 남쪽을 돌고 음지고개를 지나 탑체동 뒤 언덕에 이른 다음, 다시 병부교 개울을 건너 산지현 고개를 지나 광문암 바위가 있는 서편 언덕을 타고 송악산으로 연결된다.

발어참성은 지금으로부터 1천여 년 전인 신라 진성여왕 10년(896년) 당시 고려 태조 왕건의 아버지인 왕륭이 사찬의 벼슬자리에 있으면서 이 성을 쌓고 아들인 왕건을 성주로 삼았다. 그 후 신라가 망하자 918년 왕건이 고려를 개국하면서 도읍을 이곳에 정했다. 이때부터 개성은 발어참성을 중심으로 도시로 발전하였다. 이 성에 대한 전설❶도 흥미로운데, 이 성을 일명 '밀떡성'이라고 한다.그림 55

❶ 성을 쌓을 때 많은 사람들이 동원되었는데, 그 가운데 강원도 출신 한 사람이 부역에 동원되었다. 약 2년간을 사랑하는 아내와 자식을 보지 못하고 헤어져 있게 되었는데, 아내는 자식을 이끌고 남편을 찾아 나섰다. 남편을 만나고 보니 노역에 시달려 말할 수 없이 마르고 여위어 있어 서로가 눈물을 흘리며 애달파했다. 아내는 근근이 마련해 온 떡 보따리를 내놓으면서 먹기를 권하였다. 그는 같은 처지에 있는 동료들을 불렀다. 동료들이 떡을 내려다보니 보잘것없어 먹기를 사양하고 그들 역시 고향에 두고 온 처자를 생각하며 모두 울음바다를 이루었다. 이들이 울음을 그치고 난 후 다시 떡 보따리를 내려다보니 이 떡이 밀떡임을 알게 되었다. 이로부터 사람들은 이 성에 '밀떡성'이라는 별명을 붙였다고 한다.

개경에는 큰 시장들이 건설되어 13세기 초에는 황성동문인 광화문으로부터 십자거리까지 1,008동의 향랑을 지었다(『고려사』 권21, 세가충렬왕3년(1277년)). 십자거리는 내성의 남대문과 북성문을 연결하는 남북가로로 짐작되는데, 이 거리는 내성의 중심거리라고 할 수 있다. 이 광화문-십자거리 일대에는 행랑 같은 긴 건물 안에 여러 점포들이 있던 상설 시장이 형성되었다. 그리고 광화문 안 황성의 동서 거리에는 대창, 남랑, 영휴문 등 73동을 지었다고 한다(『고려사』 권21, 세가희종4년(1208년)).

그림 55 발어참성 ▷출처: 국립문화재연구소

또 중요한 곳에는 큰 사찰이 있었는데, 919년에 이미 법왕사, 왕륜사를 비롯한 10곳의 사찰이 있었고, 불교가 흥성할 때에는 70여 곳이나 되었다. 이처럼 개경은 도시의 입지부터 성곽형식, 도시구조 등에서 고구려의 특성을 닮아 있었다.

고려의 건국과 개성 천도는 고대문명의 중심지가 경주로부터 이동됨을 뜻한다. 동시에 가장 발달하였던 경주 중심의 축조술과 기법들이 전파될 수 있었다. 또 북방민족의 침략으로 폐허가 되었던 도시는 불굴의 의지로 재건되면서 변화를 거듭하게 된다. 당시 고려의 국내 정세는 후삼국통일 후 지방호족들의 반란 가능성을 배제할 수 없는 상황이었으므로 방어에 취약한 평지보다는 분지형이 유리했을 것으로 보인다.

『고려도경』에 "왕성이 비록 크기는 하나 자갈땅이고 산등성이여서 땅이 평탄하지도 넓지도 않다. 때문에 백성들이 거주하는 형세가 고르지 못하여 마치 벌집이나 개미구멍 같다. 풀을 베어다 지붕을 덮어 겨우 비바람을 막았는데, 집 크기는 서까래를 양쪽으로 잇대어 놓은 것에 불과하다. 부유한 집에서는 기와를 얹었으나 겨우 열에 한두 집뿐이다. 전하여 듣기에 광대 집에는 긴 장대를 세워 여염집과 구별한다 하였으나 지금 들으니 그렇지 않다. 대개 그 풍속이 귀신을 받들고 기양하는 기구들을 보다 좋게 하는 것뿐이다"라는 기록이 있다. 궁성을 중심으로 귀족들은 화려한 저택을 지었는데, 외국에서 수입된 건축 재료나 방법이 사용되기도 했다. 고려사에는 아라비아 인으로 고려에 귀화한 장순용이라는 사람이 집을 극히 화려하게 지었으며, 기와와 자갈로 바깥 담을 쌓으면서 화초무늬를 박았다고 하는데, 이것을 '장가장'이라 했다. 누각을 설치하고 기와로 지붕을 덮었으며, 단청을 올리고 금은으로 장식했다. 한편 청자기와도 왕실과 귀족들의 주택에 사용되었던 것으로 보인다. 또 충선왕은 개경 5부의 민가들을 모두 기와지붕으로 덮을 것을 명하고 민간인들이 기와 굽는 것을 금지하지 말라 했으며, 특히 부자들로 하여금 선의문 안의 공한지에 녹음이 우거진 도로 연변을 따라 기와집을 건축하라 했으니 이는 모두 개경 도시경관의 품격을 높이려 한 것이었다(『고려사』 권33, 세가충선왕1년, 8월).

누각은 오직 왕성의 왕궁이나 사찰에만 있었는데, 점차 관도(官道) 양쪽과 재상이나 부자들까지도 두게 되어 점점 사치스러워졌다. 그래서 선의문(왕성 서쪽 문)을 들어가면 수십 집에 하나 꼴로 누각이 서 있었다(『고려도경』).

2) 궁궐과 궁원

(1) 만월대 궁원의 배치

개성 만월대는 400여 년간 고려의 황제가 정무를 펼치던 정궁(正宮)으로, 송나라 사신 서긍이 기록한 『고려도경』에 당시의 웅장하고 화려했던 모습이 잘 기록되어 있다. 이에 따르면 고려의 궁궐은 자연지세를 최대한 살린 독특한 건물배치를 이루었다고 되어 있다.

만월대(滿月臺)는 궁성과 황성을 통칭하던 것으로, 달을 바라보는 곳이라 하여 '망월대'라 불리던 궁전이 있었는데, 인구에 회자되면서 언제부터인가 궁궐 전체를 부르는 말이 되었다. 지역 특성상 높은 축대를 쌓고 건물을 세웠는데, 실제로 개성은 해발 20~30m에 지나지 않으나 만월대의 정궁인 회경전 터는 해발 50m에 달한다. 이는 태조의 『훈요십조』에서도 보이듯이 풍수도참설을 고려하여 풍수상 지기를 손상하지 않기 위한 것이었다. 또 여러 단의 축대를 만들고 건물을 세울 경우, 지붕들이 층층이 겹쳐져 전체 건물군이 웅장해 보이는 경관적 효과도 고려했다. 회경전 중심의 외전, 장화전 중심의 내전, 서북쪽의 침전으로 구성되며, 다른 궁궐과는 달리 지형에 따라 축을 달리하고 있다. 이러한 배치방식은 지세에 맞도록 건물군을 배치한 최초의 사례로 볼 수 있다.

예전에는 회경전 정남에 승평문이 있고 그 좌우에 동락정이 있었으며, 만월대 앞 개울을 남북으로 낀 '구정'이라는 격구장이 있었다. 구정은 격구놀이 이외에 각종 의례가 행해지던 중요한 공간이었다. 광명천은 북쪽의 정전, 편전, 내전 등과 남쪽의 관청 일대를 구분하는 요소였던 것으로 판단된다. 1986년에는 궁성동문과 황성동문 사이에 연못터가 발견되었다.

신봉문과 그 동쪽에는 춘덕문이 있어 왼쪽으로 춘궁(春宮), 또는 동궁(東宮)이라는 건물로 통했다. 서쪽에는 태초문이 있어 왕이 있는 궁으로 통하게 되어 있었는데 신봉문 자리의 주춧돌이 후에도 완연히 남아 있었다. 또 신봉문 자리를 지나면 옛날 창합문의 주춧돌이 있고 그 정면에는 너비 49m, 높이 약 6.5m 되는 경사지에 4개의 큰 돌계단이 있는데, 이 높은 계단 위에 회경전이 있었다.

회경전은 따로 문이 있고 규모가 매우 웅장하다. 터는 높이가 5장쯤 되고 동서 양쪽의 섬돌은 붉게 칠하고 난간은 구리로 만든 꽃무늬로 꾸몄는데, 웅장하고 화려하여 모든 궁궐 중에 제일이라고 서긍의 『고려도경』은 전한다. 평상시에는 거처하지 않고 사신 방문 시 사용하는 공간이라 한다. 이와 같이 높은 대지 위에 돌축대를 쌓아 올리고 여러 층의 돌계단을 놓고 그 위에 궁전을 지은 것은 고려의 독특한 건축양식으로 보아야 한다. 대 위에는 회경전의 3개 대소문이 있는데, 그 정북 방향에 정전인 회경전 터와 동서 행랑채의 주춧돌이 정연하게 남아 있다. 그 뒤에는 장화전❶이, 장화전 뒤에는 원덕전❷, 장령전❸, 연영전❹, 자화전 순으로 궁궐 건물이 배치되어 있다. 회경전과 장화전이 만월대의 중심 건물인데, 서로 연결된 건물이지만 중심축이 일직선 상에 있지 않고 4° 정도 동쪽으로 기울어져 있다. 장령전 뒤에는 후원이 있었으나 지금은 정자터만 남아 있다. 회경전 서쪽에는 임천각❺이 위치했던 것으로 보이며 임천각 서쪽 일대에는 건덕전❻이 있던 것으로 보인다. 건덕전은 회랑으로 위요된 전정에서 각종 의례가 진행되었다.그림 56

2007년 남북공동 발굴조사❼ 결과, 입지와 성격에 따라 각기 중심축을 달리하여 조성된 다수의 건물지가 드러나 회경전 서편 구역의 건물배치 양상을 밝힐 수 있었다. 특히 지금까지 그 실체가 알려지지 않은 '아(亞)'자형 건물지의 구조상 특징을 확인할 수 있었고, 『고려사』에 기록된 경령전(景靈殿)으로 판단되는 건물을 확인했다. 경령전은 고려 왕조를

❶ 회경전 뒤편 정북 방향의 멧부리에 있는데, 지형이 높고 험준하며 규모가 좁아 건덕전만 못하다. 양쪽 행랑은 모두 왕실의 창고이며, 동쪽 행랑에는 송나라에서 내린 내부(內府)의 보물을 저장하고, 서쪽 행랑에는 고려의 금과 비단 따위를 저장한다. 경비가 다른 곳보다 더 엄중하다(『고려도경』).

❷ 규모가 간소하다. 왕이 늘 거처하는 곳은 아니며, 이웃 나라가 침범하거나 변방이 시끄러울 때 원덕전에 와서 병부(兵符)를 발하거나 장수에게 명령을 내린다고 한다. 중요한 인사를 사형시킬 때는 가까운 신하 한두 명과 여기에서 의결한다고 한다(『고려도경』).

❸ 건덕전 동자문 안에 있다. 모두 세 칸인데, 비록 화려함은 만령전만 못하나 규모는 크다(『고려도경』).

❹ 연영전각(延英殿閣)은 장령전 북쪽에 있는데, 크기는 작으나 대략 건덕전과 비슷하다. 왕은 여기에서 진사시(進士試)를 친히 주관한다. 그 북쪽에 있는 전각은 자화전(慈和殿)이라 하는데, 이곳 역시 연회를 하는 곳이다(『고려도경』).

❺ 회경전 서쪽, 회동문(會同門) 안에 있다. 집은 네 기둥이 받치고 있고 창문이 탁 트였으나 밖이 겹처마로 되어 있지 않아 마치 누각의 문과 같다. 그 안에는 서책 수만 권이 보관되어 있다(『고려도경』).

❻ 회경전의 서북쪽에 있는데, 따로 궁궐 문이 있고, 모두 다섯 칸으로 이루어져 회경전보다 조금 작다. 예전에는 사신이 오면 건덕전에서 세 차례 연회를 여는데, 제3차 연회 때 왕의 예가 더욱 정성스러워 특별히 궁녀를 불러 모시도록 하여 잔치를 벌였다 한다(『고려도경』).

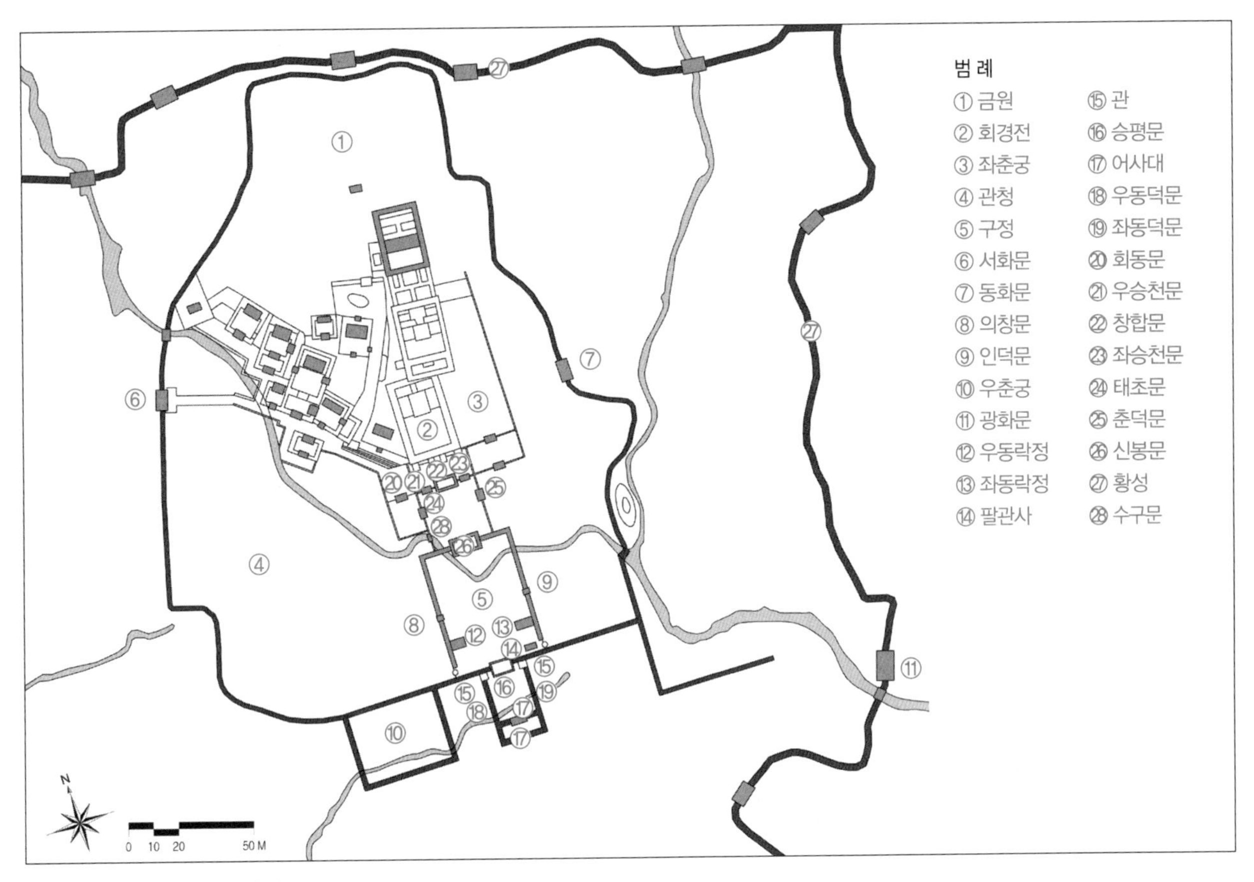

그림 56 고려 개성 만월대 추정도

상징하는 건물로 태조와 역대 왕들의 진영(眞影)이 모셔졌는데, 기록에 따르면 종묘(宗廟)에 정식으로 모셔진 신위(神位)와는 별개로 궁궐에 신위를 모신 건물로 알려져 있다.

임천각은 회경전 서남쪽 삼각형 대지 위에 있었던 것으로 보인다. 예빈성은 건덕전 동쪽에 있었던 장령전의 남쪽, 한림원은 건덕전과 그 서남쪽의 광명천 사이에 위치했을 것으로 판단된다. 연영전은 5칸 규모로 그 북쪽에 자화전이 있었다. 연영전과 자화전 사이에 보문각을 새로 짓고 홍루 아래 남랑을 고쳐 정의당이라 했고 연영전 일대에 돌을 쌓아 석가산을 만들고 물을 끌어들여 연못을 만들었다(『고려도경』 권 제6 궁궐2).

난간 밖에 돌을 겹쌓아 산을 만들고 정원가에 물을 끌어 못을 만드니 그 산의 형태가 만 가지 변화를 이루고 맑은 물이 사면을 통하여 몹시 아름다웠다고 한다. 한편 내전터와 서북 건축군 터, 원덕전 터 북쪽 일대에 해당하는 금원에는 산호정, 상춘정, 상화정이 있었다. 상화정의 용도는 확실치 않으며 산호정에서는 초제, 기우제, 불교행사가 열렸다. 상춘정에서도 초제나 기우제, 불교행사가 열렸으나 주로 각종 연회가 열렸다. 중광전의 남루에서는 격구를 관람하고 국왕의 즉위식이나 외국 사신의 접견, 또 신하들과의 연회도

❼ 개성 고려 궁성에 대한 발굴조사는 2007년 두 차례에 걸쳐 실시되었으며, 40여 동의 건물지와 청자를 비롯한 1,200여 점의 유물을 수습하여 세인의 큰 관심을 받은 바 있다. 특히 길이 48m에 이르는 대형 건물지와 지금까지 알려진 바 없는 원통형의 이형청자는 고려 궁궐의 웅장함과 화려함을 잘 보여 준다고 평가되었다. 이번에 추진될 제3차 발굴조사는 만월대 유적의 서북지구(3,000㎡)를 대상으로 실시할 예정이며, 1차 시굴조사에서 확인된 바 있는 경령전(제례(祭禮) 건물지)에 대한 정밀조사와 함께 궁궐의 배치구조와 성격을 명확히 규명하는 학술적 성과를 기대하고 있다.

그림 57 만월대 복원 모형 ▷출처: 국립문화재연구소

행해지는 등 편전의 기능을 했다(『고려사』 권 제13 세가13(1109년)).

그 밖에 장령전 축대 아래에도 왕이 거처하던 건덕전을 비롯한 많은 건물들이 즐비하게 처마를 잇대고 있었다. 이렇듯 웅장하고 호화찬란하던 궁성이 고려 공민왕 10년(1361년) 홍건적의 침입으로 불타 버린 이후 복구되지 못했다.

(2) 만월대 궁원의 구성요소

고려시대에는 '산수원림' 풍조로 궁궐이나 민간에도 정원을 만들었다는 기록을 찾아볼 수 있다. '어원(御苑)'이라고 일컬었던 궁궐의 정원은 매우 화려하면서도 세련된 모습을 갖추고 있었다. 윤영활(1996년)의 연구에 나타난 만월대 궁원에 대한 기록을 바탕으로 궁원의 주요한 조경시설이나 구조물에 대해 살펴보자.

① 동지

고려 초기에는 궁원에 대한 기록이 별로 나타나지 않고 다만 연못에 대한 내용이 보인다. 경종 2년(977년) 궁원에 큰 원지가 축조되어 있었음을 알 수 있으며 이 밖에도 정종 4년(1038년) 12월에는 동지(東池)에서 기르는 학, 거위, 산양 등의 사육비용이 많이 든다고 하였다. 동지의 규모는 루선(樓船)을 띄울 만한 연못과 누각을 중심으로 한 정원이었다는 내용만 알 수 있다. 문종 10년(1056년) 9월에는 태자와 여러 왕족들에게 동지 누각에서 향연을 베풀었고, 예종 10년(1115년) 9월에는 친히 동지에서 무사를 뽑았다는 내용과 공민왕 원년(1352년) 7월 초에는 왜선을 잡아 동지에 띄우고 관람했다는 등의 기록이 있다. 정확한 장소는 알 수 없으나 고려 초부터 말까지 궁 동편에 연못이 존재하고 있었으며 연못 주위에 학, 거위, 산양 등의 진금기수를 사육하고, 물가에 누각이 있어 아름다운 경관을 관상하는 장소였고, 또 무사를 검열하고 활쏘기 구경을 하는 장소였던 것으로 보인다.

② 사루

궁궐 내에는 사루(紗樓)가 있어 왕이 자주 왕래하였는데 후세에 모란으로 명성이 높았으며 『파한집』 권상의 기록으로 보아 궐내 청연각에서 멀지 않은 곳에 있었던 것으로 추정된다. 또 숙종 4년 4월조에 왕이 궁궐 사루에 나아가 모란 시를 짓고 신하들에게 옷감과 차 등을 하사했다고 되어 있으나 현종이 일찍이 누각 앞에 모란을 심었다는 내용으로 미

그림 58 개성 만월대 전경

그림 59 개성 만월대 회경전 일대 전경

그림 60 개성 만월대 제1축대 전경

그림 61 개성 만월대 제2축대 전경

루어 이미 현종 때 누각이 세워졌으며, 주위에 모란이 필 때 상화연을 베풀어 꽃을 감상하면서 시를 짓곤 하던 향연의 장소로 사용되었음을 알 수 있다.

예종은 연영각과 보문각을 연영전의 북쪽, 자화전의 남쪽에 만들었는데, 이 양각은 강의나 연회 장소로 자주 사용되었으며, 예종 11년(1116년) 김인존이 지은 『청연각연기』에 "난간 밖으로 돌을 쌓아 산을 만들고 정원의 가장자리에는 물을 끌어다가 못을 만들었는데 우뚝우뚝한 산과 사방에 고여 있는 물은 마치 동정호와 오나라 회계산 같은 그윽한 흥취를 불러일으킬 정도였다"라고 한다. 이 정원은 석가산과 천수(泉水)를 위주로 학문을 위한 장소에 어울리는 꾸밈새였던 것으로 보인다.

제11대 문종 24년(1070년) 만월대 후원 상춘정(賞春亭)에는 곡연(曲宴)을 행하였다는 기록이 있으며, 이 상춘정 옆에 팔선전이 있어 아름답게 꾸민 것을 알 수 있다.

상춘정은 화훼류로 이름이 높았으며 고려 말에 이르기까지 연회를 위한 장소였다. 그곳에서 봄에는 모란, 작약의 화려한 꽃들을 감상하고, 가을에는 국화의 향기를 즐겼다고 한다.

그림 62 김홍도의 〈기로세련계도〉
1804년에 개성의 궁궐터에서 열린 기로들의 계회 모습을 그린 것으로 만월대의 기단만 남은 모습과 송악산 주변의 경관을 볼 수 있다
▷출처: 국립문화재연구소 개인 소장

③ 화원

제16대 예종 때에는 궁 남서쪽 두 곳에 화원(花園)을 설치하였는데 『고려사』 예종 8년(1113년) 2월조에 "내시들이 다투어 가며 사치하기 위해 왕에게 아첨하여 누대를 짓고 담장을 쌓았으며 민가의 화초를 거두어서 화원에 옮겨 심었으나 부족하여 송나라 상인들에게 사들였다. 그러나 비용을 함부로 사용하는 등 물의가 크게 일어나 결국 폐하게 되었다"라는 기록이 있다. 이러한 사실로 호화롭고 이국적인 화원을 꾸몄으리라고 생각된다.

화원이라는 명칭은 원래 중국의 궁궐 내 건물이나 담으로 둘러싸인 공간을 이용해서 꾸민 정원을 가리키는 말로, 중국 원나라와 청나라에 걸쳐 궁궐이었던 북경 자금성 내의 건륭화원과 자녕화원 등이 그 대표적인 예이다. 제33대 공민왕 22년(1373년) 6월조와 이색의 『목은시』 권20의 내용으로 보아 상춘정 옆의 팔각전을 중심으로 또 하나의 화원이 있었던 것으로 보인다.

④ 목청전

제18대 의종은 향락 생활을 즐기는 호탕한 성품으로 격구놀이를 즐겨하였고 호사함을 나타내기 위하여 방대한 규모의 토목공사를 일으켜 화려한 궁전과 전각 그리고 정원을 꾸며 그 위대함을 과시했다. 궐내에 목청전을 비롯하여 이궁인 경명궁, 중흥전, 인지재, 관북별궁, 현화사 그리고 수창궁 등의 별궁과 궁사 등을 짓고 여기에 어울리는 화려한 정원을 가꾸었다.

목청전은 만월대 본궁 동북쪽에 세워진 전각으로 『고려사』 의종 10년 10월조에는 의종이 최윤의 등을 불러 선구보, 양성정과 이들 정원 동쪽 모퉁이에 1개의 각을 짓고 충허라 편액하고 아름답게 장식하였다. 내각 별당에 백성의 병을 널리 치료하고자 약재를 보관하였는데 이 별당을 선구보라 했고 옆에 양성정이란 정자를 세웠으며 그 주위에 기이한 돌과 꽃을 심어 아름답게 꾸몄다.

3) 이궁의 정원

고려시대에도 삼국시대와 마찬가지로 정궁(正宮) 이외에 여러 곳에 이궁(離宮)을 조성했다.

태조 왕건은 풍수도참설에 의해 개성에 중경(中京)을 세웠다. 신라 말기 이후 황폐해진 평양에 황해도 지방의 백성을 이주시키고, 호양대도호부(平壤大都護府)를 두었다가 이어 서궁(西宮)이라 개편했다. 서경은 개경 못지않은 시설과 기관이 설치되었으며, 도참설에 의해 역대 임금이 자주 머물렀다.

『고려사』 문종 세가 10년조에 "문종이 서강(禮成江) 남쪽에 장원정(長源亭)을 세우고, 그곳에서 휴양하였으며, 정자 주변에는 국화, 모란, 버드나무를 심었다"는 내용이 기록되어 있다.

고려의 역대 군왕 중 궁원과 이궁의 원림(苑林)을 가장 많이 조성한 왕은 의종(毅宗)이었다. 의종은 11년(1157년) 왕제(王弟) 호(晧)의 사저를 빼앗아 수덕궁(壽德宮)으로 개조하여 이궁으로 사용했고, 민가 50여 채를 헐고 태평(太平)궁을 지어 진귀한 꽃나무를 심었으며, 남쪽에 연못을 파고 그 위에 관란정(觀瀾亭)을 세웠다. 또 북쪽에 양이정(養怡亭), 남쪽에 양화정(養和亭)을 지었는데, 양이정은 청기와로 지붕을 덮고, 양화정은 종려수피로 지붕을 덮었다. 그리고 옥석(玉石)을 깔아 환희대(歡喜臺)와 미성대(美成臺)를 쌓고, 옥석을 모아 선산(仙山)을 꾸몄으며 계곡물을 끌어들여 비천(飛泉)을 조성했다. 이 같은 수덕궁원의 위치는 만월대 동쪽의 교외(郊外)로 추측된다.

또 의종은 1167년 3월 개성 동쪽 장단군 서면의 청녕재(淸寧齋) 남쪽 기슭에 중미정(衆美亭)을 짓고 뜰을 가꾸었는데, 정자의 남쪽은 돌과 흙으로 둑을 쌓아 물을 고이게 하여 뱃놀이를 할 수 있게 호수를 만들어 오리, 기러기를 기르고, 언덕 위에는 모정(茅亭)을 지었다.

한편 만춘정(萬春亭)은 궁에서 사용하는 기와를 굽던 요지(窯地)를 이궁으로 삼은 것인데, 예성강(禮成江)의 지류를 막아 호수를 만들고, 주변에는 소나무, 대나무 외에 화사한 화초와 꽃나무를 심었다. 건물은 7개소가 있었는데 그중 다섯의 이름이 연흥전(延興殿), 영덕정(靈德亭), 수어당(壽御堂), 선벽재(鮮碧齋), 옥간정(玉竿亭)이며, 호수에 놓인 다리는 교금화(僑錦花)라 하였다. 안쪽의 전각인 연흥전(延興殿)에서 연회를 베풀었다는 기록으로 보아 이곳의 규모가 컸음을 알 수 있다.

이 밖에도 연복정(延福亭)은 만월대 동쪽 용연사(龍淵寺) 남쪽에 있는데, 깎아지른 듯 높은 석벽으로 된 호암(湖巖)과 수림이 울창한 절경으로 내시(內侍) 이당주(李唐柱), 배연(裵衍) 등에 명하여 짓게 한 정자이다. 이곳 역시 하천에 제방을 쌓아 호수를 만들어 뱃놀이를 할 수 있게 했으며 정자 주변은 기화이목(奇花異木)으로 조성했다.

(1) 강화의 고려궁 터(江都)

국조 단군의 개국과 역사를 같이 하는 강화의 옛 이름은 갑비고차(甲比古次)이다. 고구려시대에는 군제(郡制)를 두어 용구군이라 했으며, 통일신라시대에는 해구군이라 개칭하고 태수를 두었다. 고려에 와서는 태조 22년(939년)에 현으로 개편하고, 이어 현재의 이름인 강화현으로 되었다.

강화는 고려 때부터 국난이 있을 때마다 제2의 수도 기능을 하였는데, 외적의 침입 시 강화로 천도하여 실지 회복을 꾀했고, 국가의 마지막 보루가 되었다.

고려 23대 고종 때 중국 대륙에서 세력을 잡은 몽고군이 송도(松都, 개성)를 침범하자 권신 최이(崔怡)의 건의로 1232년 8월 강화에 천도한 후, 39년간 고려의 서울이 되었다.

1234년 강화읍 관청리(官廳里)에 궁궐을 세웠고, 마니산 남쪽 기슭에 이궁을 에워쌌다. 당시 강화도성의 규모는 정확히 알 수 없으나, 현재 남아 있는 건물지와 기존의 문헌 등을 종합해 보면, 내성과 외성을 두르고, 궁전과 절 등을 송도와 같게 축조하고, 뒷산의 이름도 송악(松岳)이라 불렀다.

그러나 원종 11년(1270년) 몽고와 굴욕적인 화의가 이루어져 도읍을 다시 개성으로 옮겼으며, 몽고의 강요로 궁궐이 헐리고 말았다. 이곳 강화의 왕궁터(사적 33호)에는 당시의 건물 기단과 3단으로 된 돌계단이 남아 있고, 장대석으로 축조된 장방형의 왕자정(王子井)이 원형 그대로 보존되어 있다.

『고려사』에 의하면 당시 왕궁의 전각 중 가장 규모가 큰 연경궁(延慶宮)은 견자산 북쪽 송악산 방향에 있었다고 기록되어 있다. 이 밖에도 강안전(康安殿), 건덕전(乾德殿), 장령전(長齡殿), 만령전(萬齡殿), 신격전(神格殿), 대관전(大觀殿), 경령전(景靈殿), 여정궁(麗正宮), 수창궁(壽昌宮), 용암궁(龍嵒宮), 관서궁(關西宮), 장봉궁(長峰宮), 외원구요당(外院九曜當) 등의 전각과 부속건물이 있었다고 하나 그 정확한 위치는 알 수 없다. 고종은 1232년 6월 16일 수도를 강화로 옮기면서 이령군(李領軍)으로 하여금 내성을 쌓게 한 다음 외성을 쌓았으며, 궁궐과 사찰 사직 등이 완공된 후 마니산 남쪽에 흥왕이궁(興王離宮)을 세웠다. 또 강화군 길상면 뒷산 삼랑성(三郎城) 안에 가궁(假宮)과 혈구사(穴口寺)를 지어 최후의 대비책까지 마련하였으나 끝내 몽고군에게 함락되고 말았다.

이 당시 축조된 내성은 토성으로 규모가 매우 커서 강화읍과 선원면 일대가 포함되었으나 몽고의 강요로 대부분 헐렸고, 그 후 조선 초에 쌓은 내성은 규모가 2㎞ 내외로 작아졌다.

내성에는 서문인 담화루(膽華樓), 남문인 안파루(晏波樓), 동문인 망한루(望寒樓), 북문인 진송루(鎭松樓)가 있었는데, 현재는 서문과 남문만 남아 있다. 그중 남문은 최근에 복원한 것이고, 서문은 조선 숙종 37년(1711년) 당시 강화유수 민진원(閔鎭源,1664~1736년)이 중수한 것으로서, 문루의 높이는 8.1m, 폭은 10m, 건평 약 50m의 누각으로 누상에 오르면 강화읍 일대가 시원스럽게 보인다. 이 밖에 소동문(小東門), 소서문(小西門), 소북문(小北門), 소남문(小南門), 상수문(上水門), 하수문(下水門) 등이 있었으나 모두 없어졌다.

그림 63 고려궁 터 ▷출처: 문화재청

한편, 외성도 내성과 마찬가지인 토성으로 해안선을 따라 축조되었고, 조선 광해군 10년(1618년)에 무찰사 심돈(沈惇)이 다시 수축하였는데, 높이가 7m, 넓이가 1.5m이었으며, 6개소에 문루와 암문(暗門)이 있었고, 수문(水門)은 17개소나 되었다.

이 같은 외성은 강화도 전체를 방어하는 요새로 내성에 인접한 강화해협에는 돈대가 설치되었으며, 조선 인조 14년(1636년)에는 병자호란을 계기로 방비가 강화되어 장곶돈대(長串敦臺)가 축조되었다. 장곶돈대는 둘레가 96보에 치첩(雉堞)이 40개이며, 40㎝~1.2m 크기의 네모난 돌로 둥글게 쌓고, 해안 쪽에 4개의 포좌를 설치하였으며, 위쪽에는 벽돌로 된 치첩이 둘러 있다.

강화도는 외성(外城)과 내성(內城)을 쌓고, 고조선시대에 쌓은 삼랑성(三郎城)을 위급 시의 산성(山城)으로 활용하여 그 안에 가궁(假宮)과 사찰을 축조하였는데, 이는 삼국시대의 성제(城制)를 따르고 있다. 그림 63

(2) 수창궁원

수창궁(壽昌宮)은 현종 이전부터 별궁으로 사용되었으나 거란의 침입으로 본궐이 소실되어 현종 2년 2월부터 5년 정월 본궐이 중수되기까지 본궐로 사용했다. 위치는 만월대 남쪽 서소문 안에 있었고 만월대 본궁 다음 가는 규모로 후에 이태조가 등극한 곳이기도 하다. 의종 4년 9월조 수창궁에는 말을 타고 격구를 할 정도의 넓은 광장이 있었음을 알 수 있다.

또 수창궁원은 의종 6년 4월조 내시 윤언문이 괴석을 모아 황색 비단으로 벽을 덮었으며 사치함이 심하여 사람의 눈을 현란케 하였고, 향연도 자주 열었다고 한다. 사방에는 동문, 서문, 남문, 북문이 설치되어 있었는데 서문 밖으로 연지를 파고 그 주위에 버드나무를 식재해 놓았다. 궁내에는 관인전과 화평전의 전각, 그 뒤로 침전이 있었고 궁 후원인 북원에 석가산을 쌓고 그 주위에 만수정(萬壽亭)이란 정자를 지었으며 뒤로는 넓은 격구장을 만들어 후원을 가꾸고 활용했다고 한다. 이와 같은 수창궁원도 몽고병란으로 소실되고 그 후 공민왕 19년(1370년) 8월 수창궁 터를 다시 관리하였으며 우왕 7년에는 수창궁을 복구하여 우왕 10년 10월에 낙성했다는 기록이 남아 있다.

이 밖에 본궐로 삼았던 궁으로는 강화의 강도 궁궐과 수녕궁이 있었는데 강도의 궁궐은 개경의 궁궐을 모방했다는 것으로 보아 개경의 정궁과 유사한 공간배치와 궁원을 꾸몄으리라고 추측된다. 또 수녕궁은 수창궁에 인접한 궁으로 충렬왕 3년(1276년) 중국 원나라의 공인을 시켜 원의 유리기와로 궁궐 지붕을 덮었으며, 궁 전각에 모란, 작약, 두견화 등이 필 때 상화연을 베풀었다고 한다.

(3) 수덕궁원

의종 11년(1157년) 4월 초하루에 대궐 동쪽에 이궁이 완성되었다. 궁을 수덕, 전각을 천녕이라 하였다. 시중 왕충의 저택을 안창궁으로 삼고, 전 참정 김정순의 저택을 정화궁으로 삼고, 평장사 유필의 저택을 연창궁으로, 추밀원부사 김거공의 저택을 서풍궁으로 만들었다.

또 민가 50채를 헐어 태평정을 짓고 태자에게 직접 현판을 쓰게 했다. 태평정은 정자 주위로 유명한 화초와 진기한 과실수를 심고 진기한 물품들을 좌우에 진열하였다. 또 정자 남쪽에 못을 파 관란정을 짓고 그 북쪽에 양이정을 지어 청기와를 입혔다. 그 남쪽에는 양화정을 지어 종려나무로 지붕을 잇고, 옥돌을 다듬어 환희대와 미성대를 짓고, 기암괴석을 모아 선산을 만들고 먼 물을 끌어와 폭포를 조성하는 등 사치가 극에 달했다.

『고려사』 의종 12년 무인 3월 임신 즉, 12일조에 수덕궁에 행차하여 태평정에서 여러 대소 신료들과 연회를 하고 궁원의 꽃을 감상했다. 또 태평정은 의종이 연회와 불사를 자주 열던 곳이다. 정축년에 지륵사 광지대선사 묘지에 왕이 또 가까운 신하를 보내 ……(중략) 대궐에 이르니 수덕궁 태평정에서 마주하고 임금이 친히 연회를 열어 자비를 베푸시니.

『고려사』 인종 12년 무인 2월 기미조에는 인종의 기일이라 승려가 태평정에서 식사를 했다. 당시 왕은 불사하기를 좋아했다.

양이정은 그 위치에 관한 언급이 없어 먼 곳에서 물을 끌어들여 샘을 만들었다는 기록에 의지해, 만월대 밖에 있으되 그리 멀지 않은 곳에 입지해 있었을 것으로 추측할 뿐이다(고유섭).

수덕궁 정원 주경관의 수식 요소는 못을 만들고 석가산을 쌓아 폭포를 흐르게 했고 수경의 감상을 위해 정자를 지었으며 점경물을 나열하고 대를 쌓았다. 이러한 정원시설은 당시 송나라의 정원을 모방한 것으로 볼 수 있다.

(4) 장원정

문종 10년(1056년) 도선의 송악명당기에 의거해 서강(禮成江)변에 위치한 병악 남쪽에 소 이궁인 장원궁을 만들었다.

장원정은 풍수지리뿐 아니라 자연풍경상으로도 선택된 곳이라 할 수 있다. 임금이 장원정에 출어하여 누에 올라 아름다운 풍경을 바라보곤 했다는 기록이 있을 정도로 수려한 경관 속에 자연을 그대로 이용하여 이궁을 설치했다. 전각 주위는 부분적으로 화목을 식재하여 꾸몄는데, 『동국여지승람』 권14의 장원정에 관한 시문에 나타난 정원식물을 보면 국화, 버드나무, 모란, 살구나무 등이 보인다. 또 『보한집』 권상에서도 대나무 수십 그루가 소헌 동쪽에 있다고 한 것으로 대나무도 군식되어 있었음을 알 수 있다.

(5) 중미정

의종 때 자연경관이 수려한 곳에 세운 이궁으로서 『고려사』 의종 21년(1167년) 3월조에 "청녕재 남쪽 기슭에 중미정이란 정자를 짓고 그 남쪽에 흙과 돌을 쌓아 물을 모으고 언덕 위에 모옥을 지었다. 못에는 오리, 기러기, 갈대 등이 있어 그윽한 것이 마치 강호 같았으며 배를 띄워 동자에게 노를 저으며 노래를 부르게 하였다"라는 내용으로 중미정은 강호의 아취를 주경관요소로 하였음을 알 수 있다.

(6) 만춘정

만춘정은 현재의 개풍군과 장단군의 경계를 이루는 예성강 지류인 사천의 판적요지, 즉 궁에서 사용하는 기와를 굽던 곳을 별궁으로 삼았으며 판적천의 물을 막아 인공호로 조성해 수경과 유수를 주경관요소로 한 정원이다.

의종 21년 4월조에는 왕이 만춘정에 행차해 배를 남쪽에 띄워 물줄기를 따라 오르내리면서 즐겼다. 안쪽에 연흥전이라는 전각이 있었고 전각 좌우에는 소나무와 대나무, 화초를 심었으며 주위에 모정과 누각이 일곱 개나 있었다고 한다.

(7) 연복정

연복정은 왕성 동편 용연사 동쪽의 단애절벽과 울창한 수림을 배경으로 한 별궁이다. 의종 21년 6월조에 왕이 용연사 남쪽에 호암이라는 깎아지른 듯한 석벽과 울창한 수림이 있다는 말을 듣고 내시 이강주, 배연 등에게 명하여 그 옆에 정자를 짓게 하였다. 또한 사방에 기화이목을 심게 하였는데 물이 얕아 배를 띄울 수 없자 제방을 쌓아 호수를 만들었다 한다.

이 밖에 서경 쇠왕설에 의해 예종 11년 서경에 용언궁이 건립되었는데, 상당히 웅장하고 화려했다는 것으로 보아 궁원도 거기에 맞게 꾸며졌으리라고 추측된다. 이 정원에 관해서는 숙종 7년 미화정 곡연, 예종 11년 상안전 화단, 건원전 곡연 등의 기록만 있을 뿐 자세한 내용은 알 수 없다. 이는 조경 분야의 남북한 학술교류를 통해 규명되어야 할 과제이다.

4) 능원(陵苑)

조선시대의 왕릉이 유네스코 세계문화유산으로 등재되면서 왕릉에 대한 학계의 관심이 고조되고 있다. 조운영(2008년)의 연구에 의하면 고려 왕의 능은 대부분 일반 서민의 무덤과 다름없는 검소한 규모로 볼 수 있다.

고려 왕릉은 신라의 경덕왕릉 이후 산릉에 입지하던 형식에 약간의 변화가 가미된 형태이며 고려 후기의 왕릉양식은 조선 왕릉으로 이어져 우리나라의 고유한 왕릉제도로 정착된다.

고려 왕릉은 제1대 태조 현릉부터 34대 공양왕에 이르기까지 왕릉과 왕후릉을 합쳐 총 60기가 당시 수도였던 개경을 중심으로 개풍 지역과 장단 지역, 강화도에 위치하고 있다. 특히 개성의 송악산 북쪽과 만수산의 남쪽 일대에는 20여기의 왕릉군이 조성되어 있다. 무신정권 시기에는 일부가 강화도에 있었고 원 간섭기에는 개성 지역에 조성되었는데 그 소재가 불분명한 것이 많다. 고려 왕릉은 산의 기운을 받기 위해 3단 내지 4단의 석축을 쌓아 계단을 만들었고 무덤 내부에는 관곽을 넣을 현실을 두었으며 광을 깊이 판 덕택에 봉분이 작아질 수 있었다.

고려 초기의 왕릉은 통일신라시대에 폭넓게 채용되었던 횡혈식석실분을 그대로 답습했다. 신라 왕릉과 마찬가지로 12각 병풍석에 난간을 두르고 석수를 사방에 배치하며 능 앞에 석상과 석인을 두는 점은 일치하나, 장명등이나 망주석을 추가하거나 정자각을 조영한 점은 다르다. 왕릉의 내부는 현실이 있고 현실은 대략 깊이 10척 내외, 폭 9척 내외, 높이 7~8척 내외이고, 돌을 쌓은 위에 4각의 광혈을 두었다. 4벽 청장석 내면에는 회칠을 바르고 벽화를 그렸는데 천정에는 일월성신과 은하수 등 별자리를 그리고 4벽에는 방위에 따라 4신을 그렸다. 동쪽에는 청룡, 서쪽에 백호, 남쪽에 주작, 북쪽에 현무를 그렸고 공민왕 현릉에는 머리에 십이지신에 해당하는 동물의 관을 쓰고 조복을 입고 홀을 든 문인 12명을 3벽에 그려 넣었다. 고려 왕릉의 좌향은 대부분 남향이다. 침향(枕向)은 시신의 머리를 어느 방향으로 두느냐 하는 것으로 민족, 지방, 종교 등에 따라 다르게 나타난다. 선사시대에는 머리를 동쪽으로 두는 동침과 남향으로 두는 남침이 기본이었으나 동침(東枕)이 우세했다. 이것은 해가 뜨고 햇빛이 비치는 방향에서 생명이 부활한다고 여겼기 때문이며 이후 중국 한나라 묘제 풍습의 영향으로 5~6세기 고구려 때부터 점차 북침으로 변해 고려와 조선을 거쳐 지금까지 계속되고 있다.

고려 왕릉의 석물 설치는 통일신라의 성덕왕릉, 경덕왕릉, 흥덕왕릉의 전통을 따른다. 지형에 따라 규모의 차이는 있으나 능역을 폭 10칸 내외, 길이 20칸 내외의 장방형에, 땅을 3단으로 나누고 그 아래쪽에 정자각을 두었다.

경사진 산중턱에 차츰 낮아지게 상중하, 3층 2단을 쌓아 능 앞이 3계(階)를 이루었고 각 층단은 상당히 높게 마련되었다. 제1단에는 높이 3~5m의 봉분을 두었고 좌우와 뒤쪽 세 방향에 곡장(曲墻)을 쌓았다. 봉토 아래에는 지대석, 면석, 우석, 만석, 인석으로 이루어진 12각의 병풍을 둘렀다. 면석에는 십이지신상을 조각했는데 홀을 들고 조복을 입은 문관의 모습을 하고 머리 위에 동물형 관을 쓰고 있다. 외부로 평행하여 각각 12개의 석주와 동자주 및 죽석으로 이루어진 12각의 난간을 설치했다. 봉분 주위에는 석수를 배치해 호위하는 형상을 취하고 있는데 호랑이나 양의 형상이다. 봉분 앞에는 석상(石床, 혼유석)을 두며 그 아래 4~5개의 고석(鼓石)을 두어 받치고 있다. 석상 양옆에는 망주석을 세웠는데 고려 왕릉에 처음으로 등장하는 상설제도(相設制度)이다. 제2단에는 중앙에 석등(장명등)을 세우며 대부분 네모난 형식이다. 석등 양쪽 한단 아래 제3단에는 석인을 서로 마주 보게 쌍으로 세웠으며 문석인은 초기에는 양관에 홀을 든 형식이 많았고 후기에 접어들면서 복두에 공복을 한 형식도 나타난다. 무석인의 경우 조복에 칼을 든 형상은 간혹 보이지만 갑옷에 투구까지 쓴 완전한 무석인은 공민왕의 현릉에서 처음 나타난다.

현존하는 고려 왕릉의 봉분은 대부분 보존 상태가 양호하나 석물들은 오랜 세월 풍화와 관리 소홀, 사대

그림 64 강화 고려 왕릉터 전경 ▷출처: 국립문화재연구소

그림 65 강화 고려 왕릉 발굴 모습 ▷출처: 국립문화재연구소

그림 66 **공민왕릉 전경** ▷출처: 국립문화재연구소

부들이 분묘를 조성하면서 왕릉의 석물을 훔쳐 가, 유존하는 석물이 적다. 특히 임진왜란과 병자호란을 겪으면서 고려 왕릉은 더욱 황폐해져 조선 현종 3년『여지승람(輿地勝覽)』에 기록된 대로 고려 왕릉에 예관(禮官)을 파견하여 간심(看尋)을 하도록 하였다. 또 태조 현릉을 비롯하여 43기의 능에 표석을 설치하여 일정 구역 내에 무덤을 쓰거나 경작을 금지토록 하였다.

공민왕과 노국공주의 묘인 현(玄)·정릉(正陵)은 쌍릉으로 고려 왕릉 가운데 능제(陵制)가 가장 잘 갖추어져 있고 보존 상태가 양호해 고려 말기의 왕릉을 대표한다.그림 64, 65, 66

5) 기타

(1) 관가원림

고려 초기에는 중앙의 행정력이 지방에까지 미칠 수가 없어 지방행정은 호족들에게 맡겨진 상태였다. 제6대 성종 2년(983년) 전국에 23목(牧)을 두어 중앙의 관원을 파견한 것이 지방관제의 시초였다.

경도(京都)인 개성 외에 서경(平壤), 동경(慶州), 남경(서울)과 북쪽의 국경 지대에 설치된 양계(兩界)가 지방행정의 중심이 되어 전국의 군현진을 분담하여 다스렸으며, 그 밑에 특수한 하부 행정구획인 촌(村), 향(鄕), 소(所), 부곡(部曲)이 있었다. 그리고 교통상의 요지에는 진(津), 역(驛), 관(館)이 있었고, 군사상의 요지에는 진이 설치되었으며, 그중 중앙에서 지방관이 파견된 곳은 진과 현까지였다.

모든 제도는 유교정신에 따라 당나라 제도를 모방하였는데, 관리를 양성하기 위하여 성종 11년(992년)에 국자감(國子監)과 동서학당(東西學堂)을 설치했다. 지방에는 주학(州學)을 세워 12목에 경학박사(經學博士)와 의학박사(醫學博士)를 각 1명씩 보냈다. 그 밖에 지방 교육제도의 일환으로 공자를 제사하는 문선왕묘(文宣王廟)를 중심으로 한 명륜당(明倫堂)이 설치되었다.

이와 같이 고려시대에는 행정 및 교육기관이 지방까지 확산되었기 때문에 관가의 뜰과 들이 있었을 것으로 추측되나 이에 관한 문헌과 유적은 많지 않다.

경도의 관가원림

개성에 조성된 고려의 도성은 만월대가 자리한 궁성인 내성과 관가와 객사가 들어선 외성으로 구분되어 성곽으로 둘러싸여 있었다. 객관인 순천관(順天館)과 관가 건물은 외성 북쪽에 있는데, 내성의 진언문(進言門)과 외성의 탄현문(炭峴門) 사이에 있었다.

순천관은 원래 문종(文宗, 1046~1083년)이 지은 대명궁(大明宮)이라는 별궁이었으나, 문종 32년 송나라의 사신이 왔을 때 순천관이라 이름하고 영빈관으로 사용한 데서 객관이 되었다. 송나라의 문신 서긍이 사신을 따라 1123년 약 1개월간 개성에 머물러 있을 때 의 견문을 적은『고려도경』에는 순천관 주변의 공간구성이 자세하게 기록되어 있다.

> "순천관은 외문과 내문이 있고 좌우로 10칸의 회랑이 둘러 있다. 중문을 들어서면 좌우에 작은 정자가 있고, 그 사이에 3칸 규모의 초당이 있는데, 예전에는 주악(奏樂)하던 곳이었다. 순천관이라는 현판이 걸린 건물은 정청(正聽)의 규모가 5칸이고, 좌우에 2칸의 부속건물이 붙어 있으며, 정청 뒷문을 나서면 중앙에 낙빈정(樂賓亭)이 있다. 그 동쪽에 사신 중 정사(正使)가 거처하는 3칸 전당과 서쪽에 부사(副使)가 거처하는 3칸 전당이 따로 있다. 이곳에서 북문을 나서면 향림정(香林亭)이 산허리 계천가에 있는데, 아름다운 꽃들로 잘 가꾸어져 있으며 괴석이 치석(置石)되어 있다. 순천관 동쪽에 5칸의 청풍각(淸風閣)이 있고, 서편에는 도할(都轄), 제할(提轄)의 관사에 해당되는 3칸 초옥이 있다. 이들 건물 뒤편에는 벽돌 모양의 돌로 쌓은 못이 있는데, 산골짜기에서 흘러내린 계류가 이 못에 고였다가 넘쳐 소리를 내면서 하지(下池)로 흐르고 다시 동지(東池)로 흘러 계천에서 합류된다.
>
> 외성 안에 있는 순천관은 외문(外門)→중문(中門)→정청(政廳)을 중심축으로 하여 뒤뜰의 낙빈정(樂賓亭)과 향림정(香林亭)이 축을 이루고, 정청 좌우에 부속건물이 대칭으로 배치되어 있다. 그 밖에도 각종 물품을 저장하는 창고와 행정을 관장하던 부속건물이 있다."

이와 같이 외성은 관청이 중심이 되어 영빈관과 사찰, 관리들의 관사가 있었다고『고려도경』에 기록되어 있다.

한편 고려시대에는 내원서(內園署)라는 관제(官制)를 두어 궁궐이나 관가의 뜰과 들을 조성하고 관리했으며, 뜰과 화초를 전문적으로 가꾸는 원정(園丁)이라는 직종도 있었다.

(2) 원지

고려시대는 궁궐, 관아, 사찰, 민가, 별서 등에 여러 유형의 원지가 있었으나 유적이 주로 북한에 있어서 현장조사를 하지 못하고 그 형태와 꾸밈새를 문헌조사를 통해 확인해 볼 수 있다. 궁궐의 원지(園池)는 주로 연회 장소로 이용되었고 원지(園池)가에는 대(臺), 수루(水樓), 묘정, 초루(草樓) 등의 건물이 있었다. 첩석성산(疊石成山)이 괴석가산을 하였고 오리가 놀고 갈대가 우거진 강호의 풍경을 조성하고 송죽, 화초 등을 식재했다. 사원의 원지에는 연꽃이 식재되었고 관아의 원지에 동(銅)으로 만들어 물을 저장하고 벽돌이나 와석으로 호안을 만들기도 했다. 원지 중에는 소, 중의 섬을 만들기도 했고 방지(方池)와 곡지(曲池)도 볼 수 있다. 이와 같이 고려시대에는 다양한 기법으로 원지가 조성되어 원지문화가 발달하였음을 알 수 있다.

혜음원지

파주시 광탄면 용미리와 고양시 고양동 사이의 혜음령 고개 좌측 능선에 위치한 혜음원지(惠蔭院址)는 고려 중기 예종(睿宗) 17년(1122년)에 창건된 국립숙박시설이며, 왕의 행차에 대비한 별원(別院)이 있던 건물터이다. 조경사적 가치가 높은 고려시대 객관정원의 유적으로 건물군 및 행궁 유구가 발견되었고 연못과 조경시설이 있다.

고려 유적 중 흔치 않은 남한 유적으로 경기 파주시 광탄면 용미4리 234-1 일원에 있다. 장지산과 우암산이 자리 잡고 있는데 장지산은 개명산 남서맥으로 내려와 지맥 형상이 연꽃과 난초가 길게 피어 있는 모양이라 하여 유래되었으며, 산중턱에 미륵불이 있다. 우암산은 비호봉, 봉수대라고도 부르는데 개명산 북맥 내령에서 덕암산에 이르는 중간 지점 우뚝 솟은 곳에 소가 앉은 모양의 바위와 호랑이가 날아가는 듯한 형상이 있어 유래되었으며 옛날 봉수대가 있었다. 경사진 지형으로 상층부로 갈수록 남서쪽의 조망권이 잘 확보되었을 것이며, 유구로 확인된 정원시설은 건물의 측면과 경사지에 위치하고 있다.

『동문선(東文選)』 권64, 기, 혜음사신창기(惠陰寺新創記)는 혜음원의 창건 배경과 그 과정, 창건과 운영의 주체, 왕실과의 관계 등을 기록하고 있다.

혜음원은 남경과 개성 간을 통행하는 관료 및 백성의 안전과 편의를 위하여 고려 예종 17년(1122년)에 건립된 국립숙박시설이며, 국왕의 행차에 대비하여 별원(別院)도 축조되었다고 하는데 화려한 조경시설로 꾸며졌다고 기록되어 있다.

고려시대 주요 교통로인 혜음령이라는 명칭의 유래에서 그 위치를 추정해 오다가 1999년 주민의 제보로 "혜음원(惠蔭院)"이라고 새겨진 암막새가 수습됨에 따라 현재의 위치를 확인하게 되었으며, 이로부터 2004년까지 지속적으로 발굴조사를 실시했다.

전체 경역은 원지, 행궁지, 사지로 구성되었을 것으로 생각된다. 현재까지의 발굴조사 결과, 동서 약 104m, 남북 약 106m에 걸쳐 9개의 단(段)으로 이루어진 경사지에 27개의 건물지를 비롯, 연못지, 배수로 등의 유구와 금동여래상, 기와류, 자기류, 토기류 등의 많

그림 67 빨래터

그림 68 수로

은 유물이 확인되었다. 2차 발굴조사 결과 혜음원지는 남서향을 축으로 모두 5개의 단을 이루며 대지를 마련한 후 형성된 것으로 추정되며, 가장 상단 건물지 중에 왕이 머물 수 있는 별원으로 추정되는 공간이 확인되었다. 배치형태는 아래로부터 맨 위까지 중앙계단을 축으로 대칭형의 건물구조이며 건물 내에 별도의 조경시설과 배수로시설, 난방시설 등을 갖추고 있다. 이곳은 군사 훈련장으로 사용되었고, 일부 경작지로 이용되어 훼손이 많이 진행되기는 하였으나 건물의 기단부는 잘 남아 있다.

혜음원지는 문헌과 유구, 유물을 통해 원(院)의 구조와 형태, 운영 실태를 보여 준다. 왕실, 귀족, 평민 등 각 계층의 생활양식을 전해 주는 유적으로 고려 전기 건축 및 역사 연구에 귀중한 자료이며, 정원시설로 빨래터 및 계단식 조경시설, 연못 등의 유구가 남아 있다.그림 67, 68

『동문선』과 『신증동국여지승람(新增東國輿地勝覽)』 등에 김부식이 찬(撰)한 혜음사신창기를 보면 혜음원의 창건 배경 및 그 과정, 창건과 운영의 주체, 왕실과의 관계 등이 자세히 기록되어 있다. 이 기록으로 혜음원은 개경(開京)과 남경(南京) 사이를 왕래하는 행인을 보호하고 편의를 제공하기 위하여 창건되었으며, 예종 15년(1120년) 2월에 공사를 시작해 예종 17년(1122년) 2월에 완공되었음을 알 수 있다. 그동안 혜음원지의 위치를 이곳 부근으로 추정해 오기는 했으나 정확히 알려지지는 않았다. 단국대학교에서 2001년부터 발굴조사를 실시해 혜음원지에 대한 개략적 규모, 구조, 성격 등이 밝혀졌으며, 추가 발굴이 현재 진행되고 있다.

건물에 딸린 정원시설의 유구와 화려한 나무를 심었다는 기록이 있고, 현재는 초석과 유구만이 발견되었다.그림 69

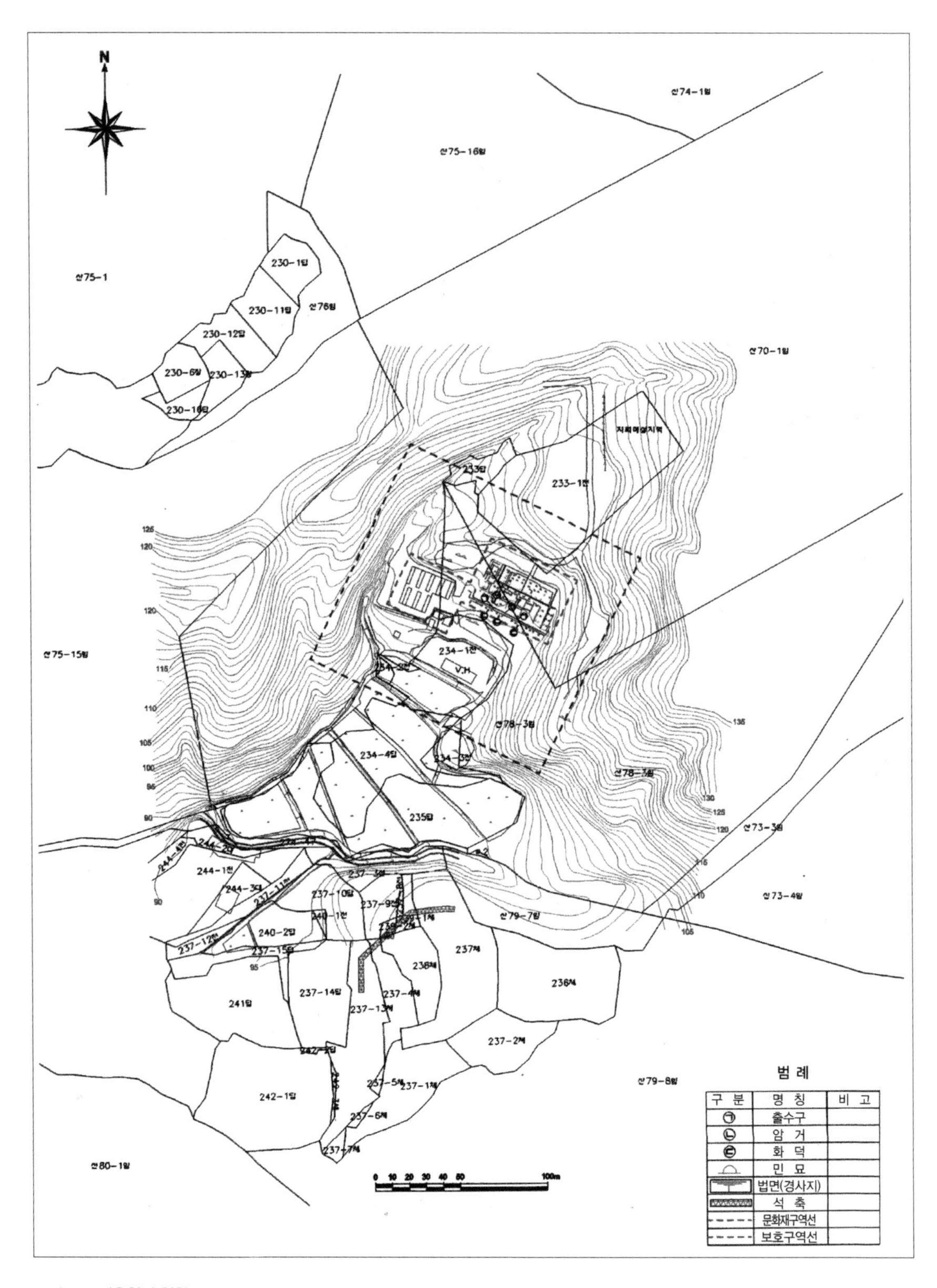

그림 69 혜음원지 현황도 ▷출처: 국립문화재연구소

3. 민가

1) 개관

고려시대 민가의 조경은 그 유적이 거의 남아 있지 않은 상태여서 기록상으로 그 형상을 추출해 볼 수밖에 없다. 그러나 이러한 기록조차도 그다지 상세하지 않고, 사료 또한 다양한 편이 아니다. 도형 사료는 거의 없고, 서술형 사료라고 할 수 있는 『고려사』, 『선화봉사 고려도경』, 『동국이상국집』, 『고려사절요(高麗史節要)』, 『동문선』 등에서 당시의 조경양상을 간접적으로 살펴볼 수밖에 없다. 이러한 사료를 통해서 당시 민가정원의 조성 내용을 알아보기로 한다. 이 중 이규보의 『동국이상국집』에는 귀족들의 정자와 누각을 답사한 소감을 남겨 놓았기 때문에 고려시대 귀족들의 화려한 원림(園林)을 소상히 알 수 있다. 또 화려한 원림 가꾸기가 당시 귀족들의 취미활동이었음을 알 수 있다.

오늘날 조경사에서 일반적으로 쓰이는 정원(庭園)이란 용어는 고려시대에 있어서는 원(園), 가원(家園), 원림(園林), 별업(別業), 화오(花塢), 임천(林泉)이라는 용어로 많이 등장하며, 궁궐의 경우 화원(花園)이란 용어가 쓰였다. 전반적으로 살펴볼 때 고려시대 민가의 정원은 정도의 차이만 있었을 뿐, 귀족들 사이에 원림 가꾸기가 보편화되었던 것으로 보인다.

정원 조성은 신선사상의 영향을 주로 받은 듯하다. 이 사실은 연못의 형태를 방지(方池)보다는 곡지(曲池)로 조성하고, 봉래와 방장, 삼신산이란 용어가 사료에 자주 등장하며, 선경(仙境), 삼십육동천(三十六洞天), 자하동(紫霞洞), 석가산 등 신선세계를 정원의 모습에 비유함으로 알 수 있다.❶

2) 민가의 정원

(1) 김치양의 원림

성종(成宗)시대의 기록에 김치양(金致陽, ?~1099년)은 화려한 원(園)을 조성하고 원내(園內)에 대(臺)와 지(池)를 조성했다고 한다.❷

"집을 일으킴이 300여 간(間)에 이르고 대사(臺榭) 원지(園池)가 극히 미려(美麗)하여 밤낮으로 태후(太后)와 함께 유희하여 꺼리는 바가 없었으며, 또 농민을 역사(役事)시켜 사당을 동주(洞州)에 세워 성숙사(星宿寺)라 이름하고 또 궁성의 서북쪽 한 모퉁이에 십왕사(十王寺)를 세우니 그 도상(圖像)이 기괴하여 형용하기 어려웠다."

❶ 고려 고종 28년(1241년)에 펴낸 문집 『동국이상국집』의 저자 이규보는 장자(莊子)사상에 심취해 있었다. 기술 내용 중 이러한 영향도 크게 작용하였으리라 생각된다.
❷ 『고려사』열전 반역 김치양(金致陽)조

(2) 김준의 원림

이공승보다 한 세대 앞서는 문신인 김준(金晙, 1057~1124년)과 그의 후처는 화려한 집과 원림을 조성하였다. 아들 김애(金皚, ?~1268년))의 집을 짓고자 남의 집을 허물기까지 했고, 대들보, 서까래, 추녀 등에 무늬목(紋木) 등 기이한 재목을 사용했다.[1] 또 재료가 아무리 먼 지방에 있어도 반드시 가져왔고 화원의 화초도 모조리 진기한 품종만 택해 심었다고 한다.

이 원(園)에 대한 기록은 다음과 같다. "김준이 일찍이 왕을 자기 집에 맞이하고자 이웃집을 헐고 집을 넓히는데, 엄동(嚴冬) 성하(盛夏)에도 주야로 역사(役事)를 독촉하여 집의 높이가 수장(數丈)이요, 뜰의 넓이가 100보나 되었는데 그 처(妻)가 오히려 부족하게 여겨 말하기를 '장부(丈夫)의 안목이 이같이 작으시오'라고 하였다."

"김준의 아들 김애의 어머니는 그 집을 지으매 인가를 많이 헐었고 양동(樑楝)과 영통(楹桶)은 반드시 문채 있는 나무와 이재(異材)를 쓰매 비록 멀어도 반드시 가져오니 금벽(金碧)이 서로 빛나고 장려함이 비할 바가 없었으며 정원의 화초도 모두 기품(奇品)을 취하였다."

(3) 이공승의 원림

고려 중기(의종)의 문신으로 청렴함으로 칭송받던 이공승(李公升, 1099~1183년)은 원림에 모정(茅亭)을 짓고 연못을 팠으며, 화원을 조성해 화초를 심었다. 그는 원림에서 두건을 쓰고 여장을 짚고 거니는 것을 낙으로 삼았다.[2] 그 기록은 다음과 같다. "의종 22년에 정원 가운데에 초가를 지어 못을 파고 둔덕을 쌓아 꽃나무를 심고 폭건(幅巾, 두건(頭巾)), 여장(藜杖, 초경장(草莖杖))으로 그 사이에 한가로이 놀고 빈객이나 자제가 와서 보는 자가 있으면 곧 시와 술로서 서로 즐겼는데, 고기 먹기를 좋아하지 않고 나물과 과실로 반찬을 할 뿐이었다."

(4) 최충헌의 원림

진강후모정기에 나타나는 모정은 고려 말 무신정권기 집권자였던 진강후 최충헌(崔忠獻, 1149~1219년)의 정자로 선경(仙境)에 비교된다. 이 정자는 지세 좋은 곳에 풍요롭고 호사스러운 모습으로 조성되었다.[3]

최충헌의 모정은 『고려사』의 기록에 다음과 같이 나타난다. "최충헌이 남산리(男山里)의 집에 모정을 짓고 집 곁에 두 소나무를 심으니 급제(及第)한 최의가 쌍송시(雙松詩)를 짓고 양제(兩制)의 문사(文士)가 모두 화합하였다."[4] 진강후의 정원은 풍수지리설에 의하여 남산(男山) 안에 마치 교룡이 일어나는 듯 봉황이 춤추는 듯한 형세를 가진 곳에 입지했다.

❶ 『고려사』열전 43 반역 김준(金俊)조
❷ 『고려사』열전 12, 제신, 이공승(李公升) 조(園中結茅宇, 穿沼築塢, 植花卉, 幅巾藜杖, 逍遙其閒, 賓客子弟, 有造謁者, 輒以詩酒相, 不喜食肉, 以蔬果而已)
❸ 『동국이상국집』 제23권, 기(記), 진강후모정기(晉康侯茅亭記)
❹ 『고려사』열전 42, 반역, 최충헌

원림 내에서 조용히 쉬면서 유관하는 장소로 지은 곳이 모정으로 꼭대기는 뾰족하고 몸은 둥글어서, 그것을 바라보면 마치 깃으로 덮여 반공에 높이 휘날리는 듯했다.

이 정자의 특징으로는 주거지인 성시(城市)를 벗어나지 않고도 자연의 정취를 느낄 수 있는 곳에 위치한 것을 들 수 있다. 또 차경수법을 도입한 듯 "궤석(几席) 사이에서 부앙(俯仰)하며 앉아서 사방을 굽어보면 시야가 탁 트여 먼 경치를 바라보는 것이 표표(飄飄)히(바람에 나부끼듯 가볍게) 봉래산에 올라가 사해를 바라보는 것 같았다"라는 기록이 보인다.

이 정자에서 비단 장막을 치고 미인들이 노래하였으며 생황, 퉁소, 피리 등을 연주했다. 바둑을 두는 장소로도 사용했으며, 대숲을 조성하여 마치 호천(壺天)과 동부(洞府, 선경(仙境)이란 뜻) 같은 신선정원으로 꾸몄다. 연당(蓮塘)과 압소(鴨沼)를 조성해 여름이면 온갖 새들이 모여들었다.

또 기이한 꽃, 이상한 풀, 아름다운 나무, 진귀한 과수를 심어 사시사철 꽃나무를 감상할 수 있게 했다. 식물을 화분에도 식재하였으며, 정자 위에 심어 지붕을 뚫고 위로 솟아나기도 했다. 중하(中夏)에서 생산되어 옮기기 어려운 것과 옮길 수 없는 꾸불꾸불하고 울퉁불퉁한 반송(盤松)도 있었다.

(5) 최우의 원림

① 대루(大樓)와 격구장

최승제[5](최우, 崔瑀)가 원림을 조성하고 원림 내에 거대한 누각과 격구장을 조성한 내용이 『동국이상국집』에 기술되어 있다.[6] 또 격구장에 대하여 『고려사』에 잘 나타나 있다. "최우가 또 인가를 빼앗아 구장을 넓혀, 날마다 격구와 활쏘기 연습을 하게 하고 이를 구경하니, 전후로 민가를 점탈한 것이 무려 수백 호였다. 겨울 10월에 최우가 그 집에서 재추에게 잔치를 베풀고, 구정에 임하여 도방(都房) 마별초(馬別抄)가 격구하고 창을 놀리며 말 타고 활 쏘는 것을 구경하는데…… (중략) 구장이 옛날에는 누가 세 간이었는데, 이때에 최우가 세 간을 더하라고 명하니, 이튿날 아침에 다 마쳤다고 고하였다. 최우가 또 기로의 재추들을 맞아 잔치하면서 격구하고 창을 놀리며 말 타고 활쏘기를 구경하다가 능한 자에게는 현장에서 작과 상을 더해 주었다."

최승제는 거실의 남쪽에 거대한 누각을 지었는데, 이의 기문이 최승제의 대루기(大樓記)이다.[7] 이 대루(大樓)의 누각 위에는 손님 1,000명이 앉을 수 있을 정도였으며, 누각 아래의 터는 수레 100대를 나란히 놓을 수 있을 정도로 넓었다. 기둥은 푸른 구슬로 꾸몄고 옥신(玉䪴)으로 밑을 받쳤으며, 양각(陽刻)한 말(馬)이 마룻대를 등에 짊어지고 머리를 치켜들어 끌어당기는 모습을 하고 있었다. 또 나는 새와 달리는 짐승이 나무로 조각되어 있었는데, 이는 신선세계의 옥루(玉樓) 12채와 같은 모습을 하고 있었다. 그 동쪽에는 불상을

⑤ 최우(崔瑀)를 가리킨다. 승제(承制)는 승제상서(承制尙書)의 약칭으로, 임금의 제명(制命)을 받든 상서라는 뜻이다. 최충헌의 장남이다.
⑥ 『고려사절요』 제15권, 안효대왕2(高宗安孝大王二), 갑오 21년(1234년)
⑦ 『동국이상국집』 제24권, 기(記), 최승제대루기(崔承制大樓記)

안치한 감실(龕室)이 있어 불사(佛事) 때 중들을 맞이하는데, 수백 명을 수용할 정도의 크기였다. 누각 남쪽에는 격구장을 설치했는데, 길이가 무려 400여 보로 평탄했고, 주위에 담을 둘러쌓아 수 리(里)에 이르렀다.

격구에 대하여는 다음과 같이 언급했다. "일찍이 여가를 이용하여 손님들을 불러 호화스러운 연석을 벌이고 술을 마신다. 연희가 싫증날 때 보는 것을 상쾌하게 하고 기분을 시원스럽게 해 줄 수 있는 것은 공을 치고 말을 달리는 유희만 한 것이 없다. 말 잘 타는 무리에게 명하여 날랜 말을 타게 한다. 빠르고 민첩하여 유성처럼 달아나고 번개처럼 움직인다. 동쪽으로 갈 듯하다가 다시 서쪽으로 뛰고, 달릴 것처럼 하다가는 다시 머무른다. 사람들은 서로 손을 모으고 말들은 서로 말굽을 모은다. 뛰고 구르고 엎어지고 자빠지고 하는 사이에 서로 공을 다툰다. 담을 둘러쌓고 장랑(長廊)을 둘러 지은 그 속에서 놀이를 하게 하였다. 땅이 제한되어 기술은 여유가 있고 마음이 단속됨으로 기교가 더욱 나온다. 이것이 즐거워하는 바이다."

② 십자각과 원림

최우가 조성한 원림의 규모는 다음의 기록에서 알 수 있다. "우가 제 집을 짓는데, 도방(都房)과 사령군(四領軍)을 모두 부역시켜 배로 옛 서울 송도의 재목을 실어 오고, 또 소나무, 잣나무들을 실어다 집의 동산에 심은 것이 매우 많았다. 그 원림의 넓기가 무려 수십 리였다."[1]

이 원림 내에 십자각(十字閣)을 조성한 듯, 『동국이상국집』에 이에 대한 내용이 기록되어 있다.[2] 최승제가 갑제(甲第)의 서쪽에 기이한 집을 지었다. 이 집은 네모 형태로 '十'자와 같고 그 속은 네모반듯하여 '井'자로 장려(帳廬)와 같아 십자(十字)라 이름 하였다. 정자처럼 네모반듯한 내부에는 모두 밝은 거울이 걸려서 사람과 물건의 일변일태(一變一態)가 모두 그 가운데 나타난다. 나는 듯한 용마루(飛甍, 비맹), 굽은 두공(曲枅, 곡계), 층층한 주두(層櫨, 층로), 첩첩한 도리(疊梠, 첩려)가 모두 구부정하게 옆으로 튀어나오고 가장귀져 비스듬히 뻗어, 이무기가 날아오르는 것 같기도 하고, 봉이 날개 치는 것 같기도 하여 특수한 형상과 괴이한 제도가 모두 제각기 다르게 보인다. 붉은 칠과 푸른 칠의 채색이 휘황찬란했다.

이 원림은 사시사철 때마다의 아름다운 경치 감상과 휴양을 위해 지었다. 봄에는 복숭아꽃, 살구꽃의 만발함을 감상하고, 향기로운 바람과 난초 냄새를 맡으며, 여름에는 북쪽 창문을 활짝 열어젖혀 청풍이 서늘하게 불어오게 하고, 찬 얼음을 주위에 놓아 큰 부채를 마주 부치며, 푸른 소나무와 잣나무를 심어 그늘을 제공하여 서늘한 기운을 유지했다. 가을과 겨울에는 따스한 안방과 후끈한 별관에서 지냈다.

❶ 『고려사절요』 제15권, 안효대왕 2(高宗安孝大王二), 갑오 21년(1234년)(瑀營私第, 皆役都房, 四領軍, 船輸舊京材木, 又取松柏, 多植家園, 其園林廣, 無慮數十里)
❷ 『동국이상국집』 제24권, 기(記), 최승제(崔承制)의 십자각기(十字閣記)

(6) 기홍수의 원림

『고려사』 열전 차약송조, 차약송(車若松, ?~1204년)과 기홍수(奇洪壽, 1148~1209년)의 대화에서 그들의 정원에 관한 기록을 볼 수 있다. 차약송이 기홍수와 함께 중서성(中書省)에 들어가 인사를 마치고 기홍수에게 묻기를, "'공작(孔雀)이 잘 있는가'라고 하니 답하기를, '생선을 먹다가 목에 가시가 걸려 죽었다'고 하므로 모란(牧丹) 기르는 기술을 물으니 차약송이 상세히 이를 말하매 ……"라고 했다. 이 기록에서 차약송과 기홍수가 원림을 조성하여 화초를 가꾸고 새를 기르는 취미가 있었음을 알 수 있다.

기상서(奇尙書) 기홍수의 정원은 이규보의 문집[3]에 상세히 묘사되어 있다. 기홍수는 자기의 거처를 퇴식재(退食齋)라고 이름 짓고 정원을 조성했다. 기홍수의 정원은 옥경(玉京)의 남녘 요지, 기리(綺里)의 서쪽 변두리, 자연환경이 탁월한 곳에 입지하였다. 풀 우거진 길과 이끼 낀 뜰이었던 곳에 대(臺)와 관(館)을 조성했고, 영천(靈泉)이 항상 솟아나고 있었다. 건물을 물위에 조성하여 건물의 기둥 사이로 물이 흐르고 푸른 바위 밑으로 새어 떨어져 푸른 물결이 출렁이고 소리가 울렸다. 봉래, 영주의 동산에 비유하여 두 개의 동산을 조성해 두어 그루의 대를 심어 서늘한 느낌을 주었고, 곡지(曲池)를 만들고 꽃을 심어 신선정원으로 조성했다. 또 세 송이 모란꽃이요, 아홉 송이 창포꽃이라 하여 정원식물의 일부를 묘사했다.

맑은 날씨일 때에는 푸른 소나무 숲 아래로 흐르는 물에 둘러앉아 술잔을 띄워, 난정(蘭亭)의 수계(修禊)[4]와 피서하던 옛 행위를 답습했다. 연못에는 연꽃이 있었으며 건물에 밀착하여 버드나무를 심어 가지가 난간에 닿았고, 누런 부리와 푸른 털을 가진 진귀한 새들을 새장에서 길렀다. 배나무와 오얏나무를 심고, 기이한 형상의 나무들을 군식(群植)하였으며, 가는 듯, 달리는 듯, 움직이는 듯, 엎드린 듯한 돌을 배치했다.

퇴식재는 퇴식(退食)이라는 뜻 그대로 사교의 장소와 소요(逍遙)의 즐거움을 느끼는 장소였고 신기한 꽃과 이상한 풀들이 있었다. 퇴식재의 팔영(八詠)에 정원의 자세한 모습이 묘사되어 있다. 팔영은 퇴식재(退食齋), 영천동(靈泉洞), 척서정(滌暑亭), 독락원(獨樂園), 연묵당(燕默堂), 연의지(漣漪池), 녹균헌(綠筠軒), 대호석(大湖石)을 이른다. 팔영에 의하면 기홍수의 원림에는 대나무, 버드나무, 소나무, 모란, 창포, 배나무, 자두나무 등이 있었다고 한다.

팔영의 첫 번째인 퇴식재는 조정에서 퇴청할 때, 술을 싣고 와서 풍류를 즐기는 장소라는 의미로 명명했다. 퇴식재의 일영(一詠)에서 정원을 임천(林泉)이라 명칭한 것이 보인다. 두 번째는 영천동이다. 영천동은 물줄기가 돌구멍 사이로 흘러 그 밑의 샘으로 떨어지는 곳을 말한다. 세 번째, 척서정은 더위를 식히는 정자라는 뜻으로 처마 옆에는 대나무를 심어 그늘을 만들었고 샘물이 흐르는 곳 상부에 정자를 조성하였다. 네 번째는 독락원으로

[3] 『동국이상국집』 제2권 고율시, 기상서(奇尙書), 퇴식재의 팔영에 대해 병인

[4] 난정(蘭亭)의 봄 수계(修禊): 수계는 음력 3월 상사일(上巳日, 3월의 첫 번째 사일(巳日))에 불상(不詳)을 제거하기 위해 물가에서 지내는 제사. 왕희지의 〈난정집서(蘭亭集序)〉에 "모춘(暮春)의 초엽에 회계산(會稽山)의 난정에 모여 계사(禊事)를 치렀다"라고 하였다.

정원 내 고요함 속에 홀로 즐길 수 있는 장소를 만들어 명명했으며, 이 안에는 샘물이 있었다. 다섯 번째, 연묵당은 거처지로, 마루에서 멀리 산을 끌어들이는 차경수법을 취해 경관을 감상하면서 명상을 취하는 장소였다. 여섯 번째, 연의지는 방지(方池) 형태가 아닌 곡지(曲池)로 조성해 연꽃을 심어 감상한 장소이다. 일곱 번째는 녹균헌으로 주위에 대나무를 심어 사시사철 푸르른 식물을 감상했다. 여덟 번째는 석가산을 조성한 듯, 대호석으로 돌(괴석)을 배치하여 이를 형산(荊山) 여산(廬山)❶에 비유했다.

(7) 양생 응재의 원림

양생(楊生) 응재(應才)의 원림이 통재기(通齋記)에 기술되어 있다.❷ 통인(通人) 양생 응재는 성 북쪽에 거주한 사람으로 화목(花木)을 잘 접양(接養)했으며, 그 원림의 승경은 경도(京都)에서 유명했다. 동산의 넓이는 사방이 40보(步) 남짓으로 진귀한 나무와 과목(果木)들이 있었는데, 가까이 있는 것은 서로 닿지 않고, 떨어져 있는 것은 너무 멀리 떨어져 있지 않게 소밀을 고르게 하여 질서 있게 심었다고 전해진다.

화오(花塢)를 만들어 여러 가지 꽃을 심었는데,❸ 꽃이 수십 종으로 세상에서 흔히 볼 수 없는 것들이었다. 막 피는 것도 있고 이미 떨어진 것도 있어, 숲에 비치고 땅에 수 놓여 아름다웠다. 화단의 북쪽에 석대(石臺)가 있는데, 바둑판과 같이 평평하고 정결했다. 포도가 나무에 감기어 아래로 늘어진 것이 마치 영락(纓珞)❹과 같아 사랑스러웠다. 석정(石井)이 있어 그 물이 새어 나와 작은 옹달샘을 이루고 어린 갈대가 그 주위에 자라나고 있다. 이규보가 제안하기를, "그 둘레를 조금 높여서 물이 더 고이게 하면 못이 되어서 오리를 기를 수도 있겠다"고 했다. 통인이 살고 있어 '통재(通齋)'라고 이름을 지었으며 양생을 만나 신선이 사는 곳이 되었다.

(8) 우공의 원림

지주사(知奏事) 우공(于公)❺의 원림은 『동국이상국집』 태재기(泰齋記)❻에 자세히 기술되어 있다. 태재기의 서문은 원림을 조성하는 자세에 대하여 다음과 같이 언급한다.

"대저 환경에 영향을 받는 것은 사람의 상정이다. 그러나 산수의 좋은 경치를 먼 곳에서 구하기는 쉬우나 가까운 곳에서 구하기는 어렵다. 이런 때문에 산수를 몹시 사랑하는 사람은 부귀의 낙을 누릴 수 없다."

지주사 우공은 부귀를 누리면서도 산수의 아름다움을 얻으려 대궐 곁에 터를 잡아 집을 지었다. 원래의 터는 황무한 동산과 폐허가 된 별장뿐이었다. 우공은 집터를 구한 후에 물줄기를 찾아 돌을 쌓아 우물을 만들어서 마시고, 세수하고, 차 끓이고, 약 달이는 물로 사용했다. 샘이 넘쳐흐르는 것을 저수해 큰 못을 만들어 연꽃을 가득 심고, 거위와 오

❶ 형산(荊山) 여산(廬山) : 형산은 호북성(湖北省)에 있는 산으로 옥(玉)이 나는 명산이고, 여산은 강서성(江西省)에 있는 명산이다.
❷ 『동국이상국집』 제23권, 기(記), 통재기(通齋記)
❸ 별위오이거중화(別爲塢以居衆花): 『동국이상국집』 제23권, 기(記), 통재기(通齋記)
❹ 갓끈에 매단 구슬
❺ 우승경의 원림으로 추정된다. 우승경은 고려 명종시대의 인물로 기홍수와 동시대 사람이다.
❻ 『동국이상국집』 제23권, 기(記), 태재기(泰齋記)

리를 놓아 길렀다. 심지어 풍헌(風軒), 수사(水榭), 화오(花塢), 죽각(竹閣)까지도 화려하게 조성했으며, 삼십육동(三十六洞)[7]의 경치를 모두 집 안으로 들어오게 했다.

높은 구릉(丘陵)의 평평한 것은 망궐대(望闕臺)라 일컬었으며, 우뚝 솟은 것은 망월대(望月臺)라 하고, 날갯짓하며 나는 듯한 것은 쾌심정(快心亭)이라 하였다. 또 동산은 방화(芳華), 우물은 분옥(噴玉), 못은 함벽(涵碧), 죽헌(竹軒)은 종옥(種玉)이라 했으니, 모두 형상을 빌려 이름 지었다. 이를 종합하여 그 재(齋)를 태(泰)라고 이름했다. 이것의 의미는 "천지가 사귀어 만물이 통하고 상하가 사귀어 그 뜻이 동일하다"라는 뜻으로 만물이 크게 통하고 천지가 교태(交泰)하게 하여, 몸과 마음이 편안해 우유(優游)한 낙을 얻는다는 것이다.

(9) 손비서의 냉천정 원림

손비서(孫祕書)의 냉천정(冷泉亭)은 명승(名勝)이라 전해진다.[8] 냉천정은 성북(城北)의 어느 마을에 있는데 그곳에는 큰 바위가 있어 높이가 두어 길이나 되며, 형상은 쇠를 깎아 세운 듯이 험준하여 청사(廳事) 북쪽에서부터 동쪽 구석까지 둘러 있다. 이 원림은 바위 때문에 명승이 되었고 그 아래에 차가운 샘이 흘러내려 고여서 깊은 웅덩이를 이루었는데 맑고 깨끗했다. 청사 동쪽에 작은 정자를 지었는데 10여 명의 사람이 앉을 수 있었다. 맑고 깨끗함이 산재(山齋)와 같고 편안하게 노닐고 한가롭게 지내기 위해 조성했다.

일반적으로 귀족의 집에서 정원을 꾸밀 때, 굴곡이 많고 우묵하게 패이고 혹이 난 것처럼 울퉁불퉁한, 기이하게 생긴 돌들을 쌓아서 형산(衡山)과 곽산(霍山)의 모습을 본떠 석가산을 만들었으나 냉천정은 그윽하고 기이한 돌들이 천연의 형상을 가지고 있었다. 이렇게 자연의 형상을 가진 석가산으로 조성하기는 쉽지 않다. 이 집은 서울 안, 사람이 많이 살고 있는 곳에 위치하고 있었음에도 천연의 형상이 빼어난 곳에 있었다. 이규보가 바위의 형세를 보고 "북쪽에 서 있는 바위는 진실로 알맞아서 가감할 필요가 없지만, 동쪽에 있는 것은 너무 가까이 있기 때문에 사람의 심정을 퍽 답답하게 하니 떼어서 3~4척 물린다면 매우 좋겠다"라고 권유하였더니 그렇게 하였다. 그 헌(軒)을 명명(命名)하기를 '냉천(冷泉)'이라 하였다.

(10) 별업 사가재

고려시대에도 별업(別業)이 있었음은 『동국이상국집』을 통해서 알 수 있다. 사가재(四可齋)는 별업이다. "옛날 나의 선군(先君)이 서쪽 성곽 밖에 별업을 두었는데,[9] 계곡이 깊숙한 곳에 위치하여 즐길 만한 딴 세상을 이루어 놓은 것 같았다. 내가 그곳에 자주 왕래하면서 글을 읽으며 한적하게 지낼 곳으로 삼았다. 밭이 있으니 갈아서 식량을 마련하기에 가하고, 뽕나무가 있으니 누에를 쳐서 옷을 마련하기에 가하고, 샘이 있으니 물을 마시기

⑦ 삼십육동천(三十六洞天)의 약칭으로, '신선세계의 온 천하'라는 뜻
⑧ 손비서의 냉천정기(冷泉亭記). 『동국이상국집』 제24권, 한림학사인 손관일 가능성이 높다.
⑨ 嘗置別業於西郭之外

에 가하고, 나무가 있으니 땔감을 마련하기에 가하다. 나의 뜻에 가한 것이 네 가지가 있기 때문에 그 집을 '사가(四可)'라고 이름 지은 것이다."

이 별업의 주인은 이 집에 거하면서 이와 같은 네 가지 전원(田園)의 낙을 얻으며 생활하였다. 이 집을 대상으로 시 3수❶를 지었는데, 그중 1수에서 전원생활의 즐거움을 엿볼 수 있다.❷

> 쾌하구나 농가의 즐거움이여(快哉農家樂)
> 전원에 돌아감이 이제부터 시작된다(歸田從此始)

(11) 초당과 작은 동산

이규보는 작은 동산에다 직접 원림을 조성했다. 화려한 원림은 아니지만 작은 동산을 손질해 수수한 원림을 조성하고 이를 낙원화하여 생활한 모습을 기문을 통해 알 수 있다.❸ "성 동쪽의 초당(草堂)에 상원(上園)과 하원(下園)이 있는데, 상원은 세로와 가로가 모두 30보(步)나 되고, 하원은 세로와 가로가 10보쯤 된다. 내가 스스로 아래쪽에 있는 작은 동산을 손질하였다. 작은 동산은 나의 힘으로도 충분하므로 결국 게으른 종들은 그만두게 하고 내가 몸소 손질하였다. 썩은 나무나 더부룩한 풀을 자르되, 낮은 데는 덜 자르고 높은 데는 더 잘라서 바둑판처럼 평평하게 만들었다. 갈포 옷과 사모를 착용하고 그 위를 거닐며, 대자리와 돌베개를 사용하여 그 가운데 눕노라면, 숲 그림자는 땅에 흩어지고 맑은 바람은 솔솔 불어온다. 이는 한가히 사는 자의 낙지(樂地)인 것이다."

(12) 이규보의 사륜정

사륜정(四輪亭)은 이규보가 설계를 한 이동식 정자로 그의 정원에 설치하고자 했다.❹사륜정은 여름에 햇볕을 피하려고 거문고, 책, 대자리, 술병, 바둑판 등을 이리저리 옮기다가 떨어뜨리는 것을 막고자 고안한 일종의 이동식 정자다. 그러나 햇빛을 피하는 것뿐 아니라, 끌어서 마음 가는 대로 돌아다니며 풍광을 즐기고 휴식을 취하는 용도로도 사용했다.

사륜정에 관하여 다음과 같은 내용이 전해진다.

"사륜정은 설계만 하고 아직 짓지는 못한 것이다. 여름에 손님과 함께 동산에다 자리를 깔고 누워서 자기도 하고, 앉아서 술잔을 들기도 하고, 바둑도 두고 거문고도 타며 뜻에 맞는 대로 하다가 날이 저물면 파한다. 그러나 햇볕을 피하여 그늘로 옮기면서 여러 번 그 자리를 바꾸는 까닭에 자칫 잘못하면 떨어뜨리는 수가 있다. 그래서 사륜정을 세우고자 한다. 이것을 밀어 그늘진 곳으로 옮기면 사람과 바둑판, 술병, 베개, 대자리가 모두 한 정

❶ 시집 가운데 있는 그중 1수가 '서교초당시(西郊草堂詩)'
❷ 『동국이상국집』 제23권, 기(記), 사가재기(四可齋記)
❸ 『동국이상국집』 제23권, 기(記), 초당의 작은 동산을 손질한 것에 대한 기(草堂理小園記)
❹ 『동국이상국집』 제23권, 기(記), 사륜정기(四輪亭記)

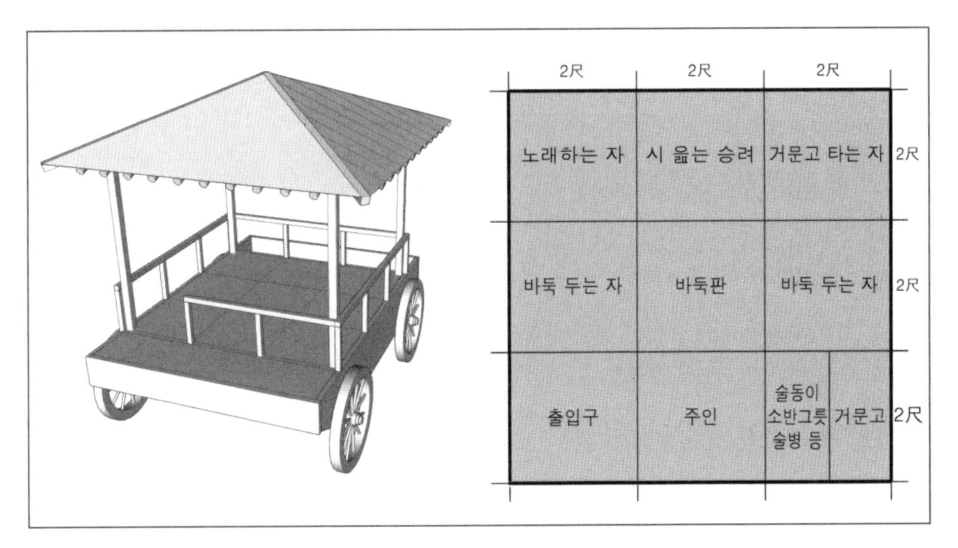

그림 70 이규보의 사륜정 추정도

자를 따라서 동서로 이동하게 되므로 이동식으로 짓고자 한다. 바퀴를 넷으로 하고 그 위에 정자를 짓되, 정자의 사방이 6척이고 들보가 둘, 기둥이 넷이며, 대나무로 서까래를 하고 대자리를 그 위에 덮는데 그것은 가벼움을 취한 것이다. 동서가 각각 난간 하나씩이요, 남북이 또한 같다. 정자가 사방이 6척이니 그 칸수를 총계하면 모두가 36척이다.

가로세로를 계산하면 모두가 6척인데, 정자의 평방은 바둑판과 같다. 판국 안에 한자의 평방이 바둑판의 정간과 같다. 곧 36평방척이다. 여기에 여섯 사람을 앉게 한다. 2평방척에는 거문고 하나를 놓는다. 또 다른 2평방척에는 술동이, 술병, 소반 그릇 등을 놓아둔다. 한 사람은 북쪽 4평방 정간에 앉고 주인은 남쪽에 앉는다. 중간 정간에는 바둑판 하나를 놓는다. 서쪽의 한 사람이 조금 앞으로 나와 동쪽의 한 사람과 바둑을 두면, 주인은 술잔을 가지고 한 잔씩 부어서 돌려 가며 서로 마신다. 안주와 과일 접시는 각각 앉은 틈에다 적당하게 놓는다."그림 70

여기서 여섯 사람이란, 거문고 타는 사람 1인, 노래하는 사람 1인, 시에 능한 중(僧) 1인, 바둑 두는 사람 2인, 주인까지 여섯이다. 사람을 한정시킨 것은 동지(同志)임을 보인 것이다. 바퀴를 넷으로 한 것은 사시를 상징하고, 정자를 6척으로 한 것은 육기(六氣)[5]를 뜻하며, 두 들보와 네 기둥은 임금을 보좌하여 정사를 도와 사방에 기둥이 된다는 뜻이다.

(13) 계양의 초정(草亭)

계양(桂陽) 남산(南山) 곁에 정자 한 채가 있는 원림이 있다.[6] 허공(許公) 홍재(洪才)가 이 고을을 맡았을 때 조성한 곳으로 터를 잡고 돌을 쌓아서 대(臺)를 만들었으며, 이실충(李實

[5] 육기(六氣): 음(陰), 양(陽), 풍(風), 우(雨), 회(晦), 명(明)
[6] 『동국이상국집』 제24권, 기(記), 계양의 초정기(草亭記)

❶ 척서(滌暑): 더위를 씻는다는 뜻
❷ 윤영활, 1985, 「고려시대 정원에 관한 연구」, 한국정원학회지 4-1, pp.371~378

忠)이 물을 끌어 못을 만들고 그 위에 정자를 지었다. 한 칸에 서까래 10개를 걸치고 속새 이엉으로 덮어 길이와 너비가 8자이고 앉을 자리도 8명을 넘지 못하게 한 것은 검소하게 보이려는 이유였다.

물이 바위틈에서 나오는데 매우 차고 맑아서 얼음과 같았다. 비록 한여름일지라도 들어가 목욕하면 추워서 머리털이 일어설 정도여서 오래 견딜 수가 없다. 또한 반송(盤松)과 무성한 나무들이 그늘을 드리워 맑은 바람이 불어오니, 따가운 햇볕이 가까이하지 못하여 피서하기에 좋다. 그런 까닭에 '척서'❶라는 현액(懸額)이 있다.

3) 고려시대의 조경식물

고려시대의 조경식물에 관한 내용은 다음과 같다. 윤국병(1978년, p.257)은 이규보의 『동국이상국집』에서 총 29종의 조경식물을 찾았고, 정동오(1990년, p.125)는 같은 책에서 총 44종의 조경식물을 밝혀냈다. 윤영활❷은 『파한집』, 『동국이상국집』, 『보한집(補閑集)』(1254년경) 등 고려시대의 다양한 문집을 조사하여 조경수목을 연구했다. 이 사료들에 언급된 조경수목은 총 46종이다. 그중 버드나무(楊), 소나무, 복숭아나무, 대나무, 자두나무(李), 배나무(梨), 측백나무(柏), 단풍나무(楓), 오동나무(桐), 벽오동(梧), 뽕나무, 앵두나무(櫻), 매화, 모란 14종이 가장 흔한 수종이다. 고려시대의 식재 수종은 낙엽활엽수가 대부분이었고, 중국 원산 수목이 많았으며, 후기로 갈수록 과수와 화목류 식재는 줄어들었다고 한다.

정동오는 『동국이상국집』, 『고려사』, 『동사강목(東史綱目)』, 『고려사절요』, 『파한집』, 『보한집』, 『양화소록』과 고려가요 등 여러 사료들을 종합하여 총 53종의 조경식물들을 정리했다. 기록상 자주 언급되는 식물종은 국화, 대나무, 복숭아, 버드나무, 모란, 매화, 살구나무(杏)의 순이라고 한다. 그 밖에 이들 사료에서 언급된 식물들은 다음과 같다. 연(蓮), 자두나무, 배나무, 측백나무, 진달래(두견화 杜鵑花), 벽오동, 작약, 패랭이꽃(석죽 石竹), 석류(石榴), 삼나무(삼 杉), 젓나무(회 檜), 무궁화(근 槿), 파초(芭蕉), 귤(橘), 오동나무, 장미(薔薇), 창포(菖蒲), 수양버들(수류 垂柳), 난(蘭), 앵두, 단풍나무, 사계화(四季花), 석창포(石菖蒲), 대추나무(조 棗), 포도(葡萄), 목련(목필화 木筆花), 소엽맥문동(서대초 書帶草), 해당화(海棠), 능금(임금 林檎), 닥풀(황촉규 黃蜀葵), 맨드라미(계관화 鷄冠花), 동백나무(冬栢) 등이다.

고려시대에는 중국으로부터 다양한 화초들을 들여와, 왕실이나 사찰 그리고 귀족의 화원에 식재했다. 그중 모란 같은 화훼는 이 당시에도 매우 귀한 것으로, 왕실이나 사찰에 주로 심었고 부유한 귀족의 후원에도 심었을 것이다(이선, 2006년, p.105).

중국, 일본 등과의 독자적 외교를 통한 다양한 국제적 교류가 가능했던 삼국시대에 비해, 고려는 단일국가로서 중국, 특히 송나라와 원나라를 중심으로 국제 교류를 행했다. 이로 인해 중국의 화훼가 도입되고 재배방식이나 감상 분위기도 중국과 유사해졌다. 일례로 『낙양명원기』(1095년)에 송나라의 이격비(1045~1106년)가 중국 뤄양(洛陽) 지방에서 많은 원림을 조성하는데, 수천 주의 모란과 다양한 화목들을 식재한다고 소개한 내용이나, 송나라 때 조경식물에 대한 관심이 높아져 증단백(曾端伯)의 '십우(十友)' 등 화목에 명칭을 붙이는 풍습이 생겨난 일 등을 들 수 있다.

고려에서는 송나라의 이러한 풍조를 받아들였고, 이로 인해 화목의 상징성이 더욱 부각되었다. 또 송나라가 멸망한 뒤에는 원나라로부터 다양한 품종의 식물들을 도입했다.

윤영활(1985년, pp.371~378)은 여러 문집에 기술된 내용을 바탕으로, 공간별 수목선호도를 분석하고 식재 위치를 추정하여 표를 작성했다. 각 공간별로 즐겨 심는 수종이 정해져 있었다는 것이다. 대문 주변에는 꽃이나 단풍을 감상할 수 있도록 복숭아나무, 자두나무, 목련, 단풍나무 등을 식재하였고, 담 주위에는 과실수나 생울타리용 관목을 심었다. 소나무는 정원 안과 밖을 가리지 않고 심었다.

한편 한림제유(翰林諸儒)가 지은 한림별곡(翰林別曲)을 통하여 당시에 사랑받던 화훼종을 알 수 있다.[3] 홍모란, 백모란(百牧丹), 정홍모란(丁紅牧丹), 홍작약, 백작약, 정홍작약(丁紅芍藥), 어류옥매(御榴玉梅), 황색 장미, 자색 장미 등이 언급되었다.

[3] 『고려사』악지(樂志), 한림별곡

표 1 고려시대의 정원의 공간별 식재 기준

정원 내 장소	수종명	기술내용 및 문구
정원 전반 또는 정원 내부(원내[園內], 내정[內庭])	버드나무(柳), 대나무(竹), 뽕나무(桑), 가래나무(梓), 잣나무(柏), 소나무(松), 배나무(梨), 매화(梅), 자두나무(李)	원중송(園中松), 재송동원(裁松東園), 원송(園松), 이화만개원(梨花滿開苑), 원중매화(園中梅花), 이정산백수식(移庭山栢樹植), 가원중(家園中), 정백수(庭栢樹), 장렬백상원(牆列百桑園), 원중상(園中桑), 누신고원재(樓身故園梓), 소정이치죽(小庭移穉竹), 유정수(柳庭垂), 일주수류장원(一株垂柳粧園), 이재공정(李在空庭)
정원 앞(정전, 원[園])	젓나무(檜), 대나무, 잣나무, 소나무, 석류(榴)	노회생정전(老檜生庭前), 계전녹죽(階前綠竹), 정전백수(庭前柏樹), 전정송(前庭松), 정전유수(庭前榴樹)
문 앞, 문 주위	버드나무, 복숭아나무(桃), 자두나무, 목련(木筆花), 단풍나무(楓)	문수류(門垂柳), 문전도이(門前桃李), 유작문정(柳作門庭), 유당문(柳當門), 문정영류사(門前映柳斜), 홍도문외(紅桃門外), 일수문전이(一樹門前李), 입문망풍림의구군가택(入門望楓林依舊君家宅)
후원	소나무, 버드나무	후원송기로(後園松己老), 객관관후(客館館後), 고화성개(苽花盛開), 유수일쌍(榴樹一雙)
담(牆), 담 주위	버드나무, 대나무, 소나무, 밤나무(栗)	수황세구진성(脩篁歲久盡成), 녹죽환계체(綠竹環階砌), 장하백주상(牆下百株桑), 초요헌송백창(硝繞軒松柏蒼)
울타리(원요[園繞], 리[籬])	대추나무(棗), 무궁화(槿)	방장식조율(傍牆植棗栗), 근화(槿花), 번리죽작록(藩籬竹作綠), 인가처처근화리(人家處處槿花籬)

4. 사찰

1) 불교의 융성과 사찰의 조영

신라시대부터 계승된 우리나라의 불교는 고려시대에 와서 꽃을 피우기 시작한다. 태조 왕건은 궁궐의 조영과 더불어 도성 내에 법왕(法王), 자운(慈雲), 내제석(內帝釋), 사나(舍那), 천선(天禪), 신흥(新興), 문수(文殊), 원통(圓通), 지장(地藏)의 십찰(十刹)을 창건하여 불교국가로서의 의미를 천명했다. 이와 같은 태조의 숭불정신은 후대에도 그대로 전달되어 고려왕조 내내 수많은 사찰이 세워졌다. 이러한 사실은 여러 문헌을 통해서 알 수 있는데, 『송사(宋史)』에는 "고려왕성유불사칠십구(高麗王城有佛寺七十區)"라 기록되어 있으며, 『고려도경』의 잡속시수조(雜俗施水條)에도 "왕성장랑, 매십간장막, 설불상운운(王城長廊, 每十間張幕, 設佛像云云)"이라는 기록이 있다. 그 당시 왕성은 불사성(佛寺城)과 같은 면모를 가지고 있었던 것으로 짐작된다(윤장섭, 1986년, p.175).

특기할 만한 사찰로는 개국사(開國寺), 불일사(佛日寺), 흥왕사(興王寺), 안화사(安和寺), 보제사(普濟寺, 후에 연복사(演福寺)로 개칭), 감로사(甘露寺) 등이 있으며, 개성 근교의 영통사(靈通寺)[1], 현화사지(玄化寺址) 등이 있다. 그 밖에 지방에도 새롭게 창건되거나 중창되는 사찰들이 많았다고 한다. 그뿐 아니라 이 시대의 사찰조영은 국외에까지 진출하여, 중국 항주의 고려사(高麗寺), 흥안주의 신라사(新羅寺),통주의 광복사(廣福寺) 등이 세워졌다고 한다.

2) 사찰의 형식

(1) 입지

고려시대에 창건된 사찰의 입지는 크게 두 가지 유형으로 나뉘는데 그 하나는 도성 내에 입지하는 유형이며, 다른 하나는 도선의 풍수도참설에 의하여 입지를 정하는 유형이다. 자복방가(資福邦家)와 영리만세(永利萬世)를 위하여 풍수사상이 사찰의 조영에 많은 영향을 끼쳤음을 알 수 있다(윤장섭, 1986년, p.175).

(2) 공간구성

고려시대에 조영된 사찰의 공간구성형식은 입지에 따라 달리 나타난다. 먼저 왕성 내의 평지부에 입지한 사찰의 공간구성형식은 신라시대 왕경 내에 조영된 1탑식 사찰형식이지만 통일신라시대에 출현한 쌍탑식 사찰형식이 계승, 발전되어 나타난다. 흥왕사는

[1] 영통사는 현재 복원이 완료되어 법등이 이어지고 있다.

쌍탑식 사찰형식이며, 불일사는 1탑식 사찰의 대표적인 예가 된다. 특히 이 두 사찰은 사찰의 좌우에 동원과 서원이 인접해서 덧붙여지는데, 이것은 고려시대 평지형 사찰에서 나타나는 공간구성상의 특징이라고 할 수 있다.

그뿐 아니라 개성 연복사(보제사)와 같이 동전서탑식(東殿西塔式) 공간구성형식을 보이는 사찰과 남원 만복사와 같이 서전동탑식(西殿東塔式) 공간형식을 지닌 사찰들이 있다.

한편, 왕성에서 멀리 떨어진 심산유곡의 사신상응(四神相應)하는 승경지(勝景地)에는 산지형 사찰들이 창건되거나 중창되었다. 그것의 공간구성형식은 지형, 지세에 따라 자유로운 형식을 따랐으나, 공간에 내재하는 구조적 질서는 여전히 존중되고 있었다. 특히 건물이 입지할 대지가 높아짐에 따라 중문이 누문형식으로 변하는데, 부석사의 예와 같이 누 밑에 있는 계단을 거쳐서 중심영역으로 이동하는 경우가 바로 그것이다.

그런데 고려시대에 창건된 사찰에서 이전에 볼 수 없었던 여러 가지 구성요소들이 새롭게 나타나고 있다. 이것은 고려불교가 지닌 특성이 형식화되는 과정에서 나타난다. 즉, 고려불교는 한국 전래의 민간신앙인 샤머니즘적인 요소와도 다분히 혼합되는 경향을 보인다. 칠성각, 응진전, 영산전, 진전, 산신각 등 전래 민간신앙에서 숭앙하는 하단신앙을 수용한 새로운 전각들이 나타난다. 그리고 교학보다는 선종이, 현교보다는 밀교적 요소가 전반적으로 성행한다. 이와 같이 고려사찰의 공간구성형식은 종래의 규범성을 벗어나 점차 잡연한 형식으로 변한다.

또 금당이 대웅전, 능인보전 또는 나한보전 등으로 구체적으로 명명되며, 일주문–사천왕문–불이문의 삼문형식이 나타난다.

3) 대표적 사찰

(1) 청평사

청평사(清平寺)는 강원도 춘천시 북산면 청평리에 있으며, 청평산 부용봉(668m) 남쪽 기슭에 있다. 청평사는 고려 광종 24년(973년) 당에서 온 영현선사(永玄禪師)가 경운산(慶雲山)에 백암선원(白巖禪院)을 지으면서 그 역사가 시작된다. 고려 문종 23년(1068년) 이자현(李資玄)의 부 이의(李顗)가 백암선원의 옛터에 보현원(普賢院)을 지었으며, 선종 6년(1098년) 이자현이 이곳에 은거하면서 보현원을 중건하고 원명을 문수원으로, 경운산을 청평산으로 개칭하여 암(庵), 당(堂), 정(亭), 헌(軒) 등 10여 개의 건물을 지었다.❷

조선 명종 12년(1557년) 보우선사(普雨禪師)가 사우(寺宇)를 일신하여 극락전(極樂殿), 구광전(九光殿), 사성전(四聖殿), 회전문(廻轉門), 요사 등을 새로 짓고 능인전(能仁殿)을 수선하여 절 이름을 '경운산 만수성 청평선사(慶雲山萬壽聖清平禪寺)'라 했다. 그 후 조선 고종

❷ 청평산문수원기비(清平山文殊院記碑)

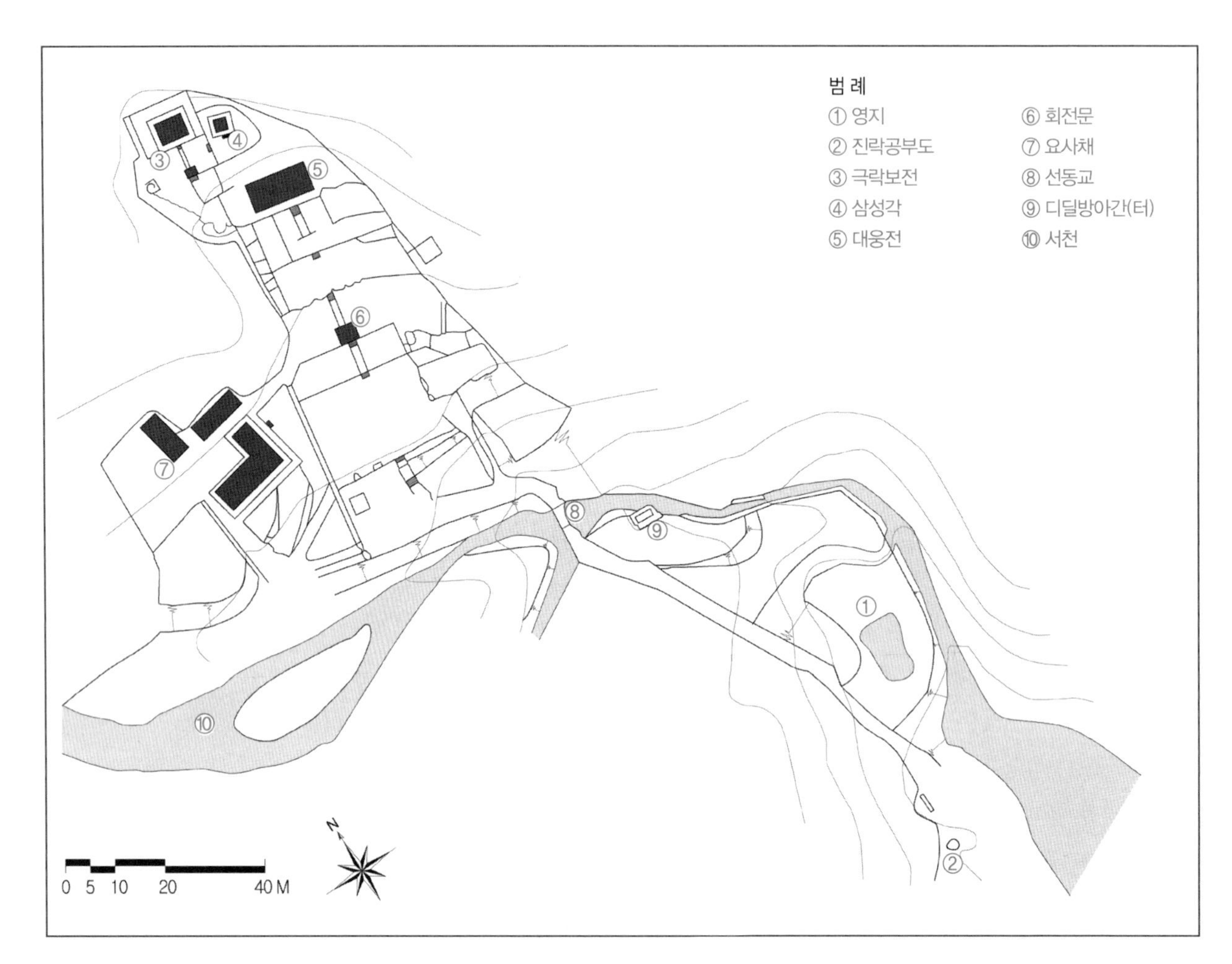

그림 71 청평사 배치 평면도

때까지 청평사에서 불사가 이루어졌다는 내용이 『유점사본말사지(楡岾寺本末寺誌)』 청평사 조에 실려 있다. 각 건물의 규모는 극락전 15평(49.5㎡), 대방 36평(119㎡), 회전문 6평(19.8㎡), 숙사 14평(46.2㎡), 산신각 2평(6.6㎡), 남변소 4평(13.2㎡)이다. 건물의 명칭과 배치는 법당을 능인전이라 하였고 능인전 동쪽에 구광전, 사성전이 있으며, 능인전 남쪽에 누각인 강선각(降仙閣)이 있다. 능인전 근처에는 극락전과 산신각이 있고 회전문이 있다. 그러나 이 건물들은 방화와 6.25 전쟁의 병화로 소실되었고 현재는 극락보전과 삼성각, 능인전(대웅전), 회전문을 복원했다.그림 71

청평사에 남아 있는 조경유적으로는 영지(혹은 남지)가 있다. 이 영지는 구당집(久堂集)에 고려 말 나옹(1320~1376년)이 연못 주변에 주목을 식재했다는 것과 보우의 허응당집(虛應堂集)에 오래된 연못이라 언급한 것 그리고 청음집(淸陰集) 등에서 영지를 천년지

수로 표현한 것 등으로 미루어 고려 말 이전에 조성된 것으로 보기도 한다(춘천시, 2005년, pp.64~65). 한편, 발굴과정에서 나온 조선시대의 백자편을 증거로 조선시대에 조영되었다고도 하나 아직까지 조성 연대를 분명히 밝히지는 못했다.

영지(影池)는 『유점사본말사지』에 나오는 "부용봉영재(芙蓉峯影在)"라는 문구를 통해서 그 기능과 의미를 찾아볼 수 있고 투영 효과에 대해서는 구당집, 약헌유고(藥軒遺稿) 등에 나오는 기사를 통해서 확인할 수 있다.

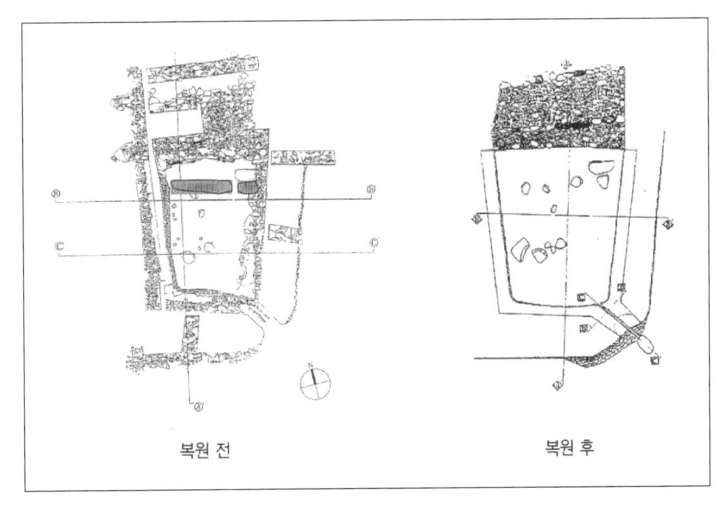

그림 72 영지 복원 전과 복원 후의 배치 평면도 ▷출처: 춘천시, 2005년, p.66

『매월당시집』 등에서 영지의 형태는 네모난 형태의 방지였던 것으로 보인다. 최초 발굴 시에는 연못 내에 동서로 제방이 있는 상, 하지로 이분된 형태의 못이라고 했으나 1986년 현장유구 중심의 발굴조사에서 연못 내 제방이 후대에 조성된 것으로 결론 내리고 이를 단일지로 복원했다.

그림 73 청평사 영지

영지는 남북 길이 19.5m, 북쪽 지안 길이 16m, 남쪽 지안 길이 11.7m로 북쪽이 넓고 남쪽이 좁은 사다리꼴 못이다. 지안의 석축 높이는 1.4m이고 수심은 70㎝ 정도이다. 영지의 북쪽 지안 위편 10.5m 구역에는 50~80㎝ 두께의 자연석을 깔아 4단의 석단을 설치하여 토사의 유입을 막고 있다.

석단의 높이는 북쪽 지안보다 첫 단은 20㎝, 두 번째 단은 40㎝, 세 번째 단은 1.6m, 네 번째 단은 2.1m 높다. 영지의 바닥은 5~20㎝가 매몰된 뻘층이고, 그 밑에는 10~15㎝의 모래층, 45~50㎝의 검은 진흙층, 30~35㎝의 왕모래층, 자연냇돌층으로 되어 있으며 북에서 남쪽으로 약 40㎝ 정도의 경사가 있다. 동남쪽 모서리에는 연못의 물을 뺄 수 있는 물홈통이 있다.그림 72, 73

(2) 송광사

송광사(松廣寺)는 전남 순천시 송광면 조계산 기슭에 있는 사찰로 우리나라 삼보사찰

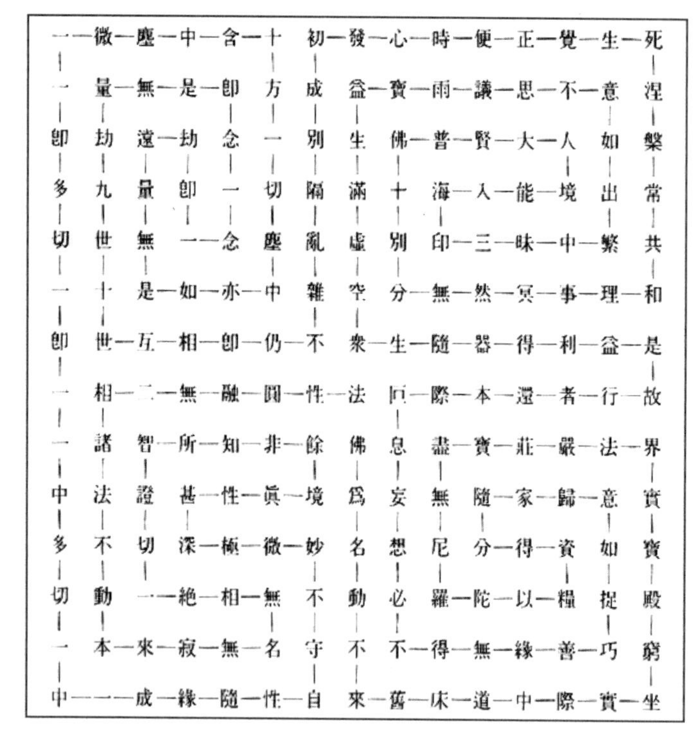

그림 74 **화엄일승법계도** ▷출처: 의상기념관편, 2001년, p.324

가운데 승보사찰에 해당된다. 송광사는 신라 말 혜린(慧璘)이 창건했으며, 그 당시 이름은 송광산 길상사(吉祥寺)였다고 한다. 이후 길상사는 계속 퇴락의 길을 걷다가 보조국사 지눌의 정혜결사(定慧結社)가 이곳에서 열리면서 새로운 규모로 중창되고 한국 불교의 중심이 된다. 이것은 고려 신종 원년(1198년)에 이루어지는데, 이때 사찰의 면모가 일신되었으며, 수선사(修禪寺)로 명칭이 바뀌고 더불어 산 이름도 조계산으로 바뀐다. 지눌의 중창불사 이후 송광사는 혜심(慧諶)이 다시 한 번 중창불사를 했다. 조선시대에는 고봉화상(高峯原妙)과 중인선사(中印禪師)의 중창불사(조선 태조 4년, 1395년), 정유재란으로 전소된 사찰의 복구를 위한 응선화상(應禪原妙)과 부휴대사(浮休大師)의 중창불사, 헌종 8년(1842년)에 발생한 대화재의 복구를 위한 중창불사(헌종 9년~철종 7년), 일제 강점기에 이루어진 중수불사, 6.25 전쟁 이후의 복구불사 등이 있었으며, 최근까지 그 흐름이 이어져 왔다.

오늘날 송광사의 공간구성형식은 보조국사 지눌의 중창불사를 원형으로 하고 있다. 즉, 선종에 바탕을 둔 화엄사상에 근거하여 공간구성형식이 결정된 것으로 보아야 한다. 따라서 송광사의 공간구성을 이해하기 위해서는 선종사찰의 배치 특성과 화엄사상의 법성계에 대한 해석이 필요하다. 여기에서 법성계라는 것은 의상대사의 210자 7언시를 도식화한 〈화엄일승법계도(華嚴一乘法界圖)〉그림 74를 말한다. 『국사전중창상량명병서(國師殿重創上樑銘并書)』와 『해청당중수기(海淸堂重修記)』에는 법계도에 따라 건물을 배치하려고 했다는 기록과 요사채의 명칭을 법계도와 관련해 정했다는 기록이 있다. 이것을 볼 때, 송광사는 법계도를 내용으로 공간구성형식을 구체화했음을 알 수 있다.

실제로 송광사는 일반적인 사찰의 형식과는 달리 대웅전을 중심으로 대부분의 건물들이 모여 있으며, 그 배치가 중심영역을 기준으로 직교축을 형성하면서 둘러싸는 형식이다.그림 75 이러한 공간구성형식은 결국 중심지향적이며 동심원적인 구조로 설명된다. 이와 같은 공간구조적 질서는 송광사 법계도의 영향을 받았을 것이라는 가정을 강하게 뒷받침한다. 송광사의 가장 큰 특징은 앞에서도 말한 바와 같이 산지사찰이면서도 평지형 사찰의 구조를 갖고 있다는 것이다. 평지형 사찰의 일반적인 공간구성과 더불어 사역 전

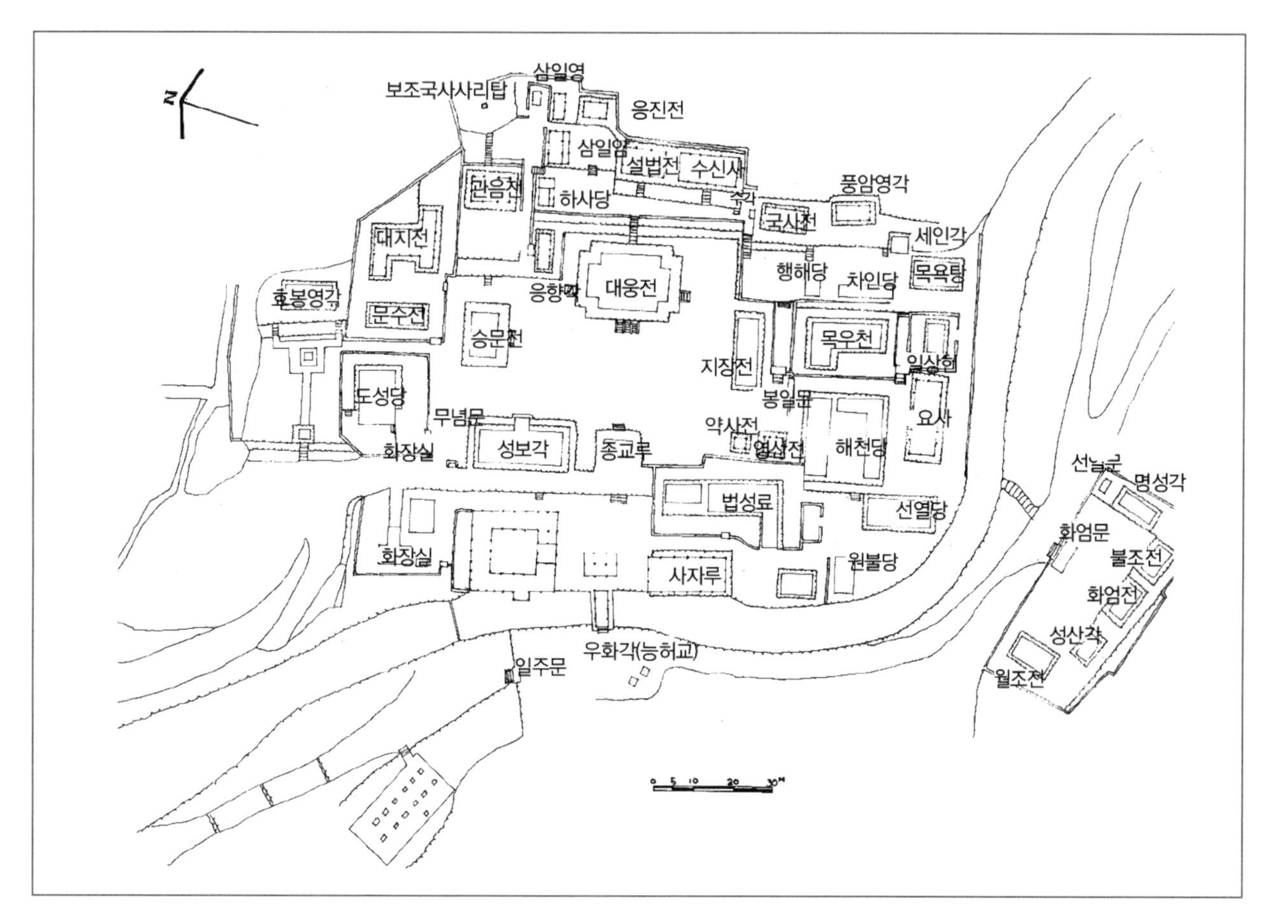

그림 75 **송광사 배치 평면도** ▷출처: 정재훈, 1996년, p.475

체를 3개의 영역으로 나누어 대웅보전 후면의 높은 석축 위에 선원의 성격을 지닌 설법전과 수선사(修禪社)를 배치한 것도 송광사의 공간구성에서 나타나는 또 하나의 특징이라고 할 수 있다. 이것은 선종사찰로서 승려들의 참선수행과 조사신앙을 중시하였음을 보여 주는 증거가 된다. 이렇게 선원부를 상단에 배치한 것은 법보사찰 해인사가 대웅전 뒤쪽에 높은 석축을 두고 팔만대장경의 판본을 보관하는 장경판전을 배치한 것과 불보사찰 통도사가 대웅전 뒤쪽으로 석가세존의 진신사리를 모신 금강계단을 두고 있는 사실과 같은 맥락이다.

'대승선종조계산송광사(大乘禪宗曹溪山松廣寺)'와 '승보종찰조계총림(僧寶宗刹曹溪叢林)'이라고 쓴 현판이 걸린 일주문을 지나서 나타나는 전이공간의 왼편에는 자연계류를 막아서 만든 계담이 있다. 송광사의 계담은 우리나라 전통사찰의 계담 가운데에서도 가장 아름다운 수경관이 나타나는 곳으로 그야말로 극락정토의 못물(坪井俊映, 이태원역, 1992년, pp.440~441)과 같은 이미지를 주고 있다.

그림 76 송광사 계담

계담에는 우화각(羽化閣)이라는 수상누각을 설치해 속의 세계와 성의 세계를 연결하고 있다. 이 우화각에 오르면 소동파(蘇東坡)가 '적벽부(赤壁賦)'에 쓴 대로 "날개 돋쳐 날아오르는 신선(羽化而登仙)"의 기분이 된다. 즉, 이 계담은 성과 속을 분리하는 기능을 가지고 있다. 그러나 이것의 더욱 중요한 기능은 그것이 영지의 역할을 담당한다는 점이다. 이 계담은 송광사의 남쪽으로부터 서쪽으로 휘감아 돌아가는 계류를 막아서 조성한 인공못으로 그 위에는 무지개 다리가 있으며 다리 위에 회랑 모양의 우화각 그리고 '육감정(六鑑亭)'이란 현판이 걸려 있는 임경당(臨鏡堂) 건물이 수면 위에 그림자를 드리운 채 서 있다. 육감정이란 육근(六根)[1]을 고요하게 하여 지혜롭게 마음을 비춰 보는(鑑) 정자라는 의미고, 임경당 역시 거울 같은 물가에 임한 집이라는 뜻이니 이 계담은 가시적인 현상만 비추는 영지가 아니라 사람의 마음까지도 비춰 볼 수 있는 의미를 내재하는 수경관요소이다.그림 76

❶ 육근(六根) : 눈(眼), 귀(耳), 코(鼻), 혀(舌), 몸(身), 뜻(意)

제3장

조선시대

1. 시대 개관

1392년 군신이 옹립하는 형식으로 왕위에 오른 태조 이성계는 곧바로 국호의 개칭과 국도의 천도를 단행한다. 태조 2년 2월에 국호를 조선이라 하고 1394년 한양으로 수도를 옮겨 신 왕도를 건설했다. 한양은 풍수적으로 북악산을 주산으로 동에 청룡인 낙산, 서에 백호인 인왕산, 남의 남산을 안산으로 하여 정궁인 경복궁이 자리 잡고 있다. 그 속에 북북서에서 동으로 흐르는 청계천이 명당수를 이뤄 동에서 서로 흐르는 한강이 객수를 이루는 극히 길한 형국이다(원영환, 1988년).

한양의 도시기반시설 조성과 정비는 태조에서 태종을 거쳐 세종 연간에 완성되었고, 음양오행사상과 풍수지리 및 도참사상이 큰 영향을 미쳤다. 태조(1395년) 때 주 왕궁인 경복궁과 종묘, 사직, 도성, 각 성문과 간선도로망을 주례에 따라 건설하고 3대 태종과 4대 세종 때 창덕궁, 도로와 개천(청계천) 정비, 상업시설인 시전(市廛)과 행랑(行廊)을 설치하여 도시의 틀을 이루었다.

이 시기는 불교를 억압하고 유교적 지배체제를 더욱 강화하였으며 국방에 힘써 압록강과 두만강을 국경으로 전국을 8도로 나누어 다스리게 되었다. 모든 제도와 문물이 비약적인 발전을 거듭하여 민족문화의 기초를 견고히 다져 놓았다. 또 우리나라 전통정원의 색채와 특성이 더욱 농후하게 발달되어 궁원조경의 시발점이 되었다.

왕궁은 치도(治道)를 닦고 수신(修身)하는 터전이면서 당대의 사상과 학문, 기술이 지향된 최고의 영조물이다. 왕궁의 조경은 그 시대 조경문화와 기술이 총망라된 곳이다. 정궁인 경복궁은 남북축선 상에 외조, 치조, 연조, 후원 등의 정연한 배치를 보여 주며, 태종 때에는 조선 왕궁의 원지 가운데 가장 장엄한 규모인 경회루와 방지를 조성했다.

창덕궁은 태종 때에 이궁으로 창건, 해온정(解溫亭)을 짓고 후원을 조성하기 시작해 역대 왕들이 확장하고 다듬었다. 후원에는 정자, 누, 당 등의 정원건축물과 사대부 민가형식의 연경당(演慶堂)이 있으며, 지당은 7개소가 있다. 창덕궁 후원은 북원, 후원, 금원, 비원 등으로 불리는데, 우리나라의 대표적인 전통정원으로서 손색이 없다. 7대 세조, 9대 성종 대에는 조선의 제도와 문물의 골격이 한층 완비되어 강력한 중앙집권적인 정치체제가 형성되었다. 세조 12년에는 상림원(上林園)을 장원서(掌苑署)로 고쳐 원유(園囿)를 관리하도록 하였으며, 이 시대에 강희안(姜希顔, 1417~1467년)의 『양화소록』이 출간되었다.

또 한양 중심의 유교문화가 지방으로 확산되어 누정, 서원, 향교, 별서 중심의 유교적인 경관이 형성되었다. 누정은 조선 초기에는 활발하게 건립되지는 못했다. 세조(1464년)는 전국 각도에 누각을 짓지 못하도록 영을 내렸고, 성종(1477년)은 중국 사신들의 폐단이 우려되어 한강변의 정자를 헐어 없애기도 했다. 그럼에도 조선시대에는 상당히 많은 누정이 건립되었고 1850년대가 되면 전국의 누가 700여 개소, 정자가 1,100여 개소로 늘어났다. 누는 외국 사신을 환송하거나 과거시험, 활쏘기 등의 행사, 각종 연회 및 정치의 장소로 사용되는 공적 성격의 정원이었다. 따라서 동헌이나 객사, 서원 같은 공공기관에도 거의 누가 있었다. 반면 정자는 후학 양성, 심신 수양이나 선조를 추모, 자연을 조망하고 저술과 강학 그리고 풍류공간으로서의 성격이 강해 누에 비해서 사적인 공간 성격을 갖고 있다.

또 조선시대는 숭유정책에 따라, 지방 향교와 지방 자제들을 교육하는 기관인 서원이 많이 세워졌다. 서원은 고려 말 주자학의 도입과 더불어 발달해 온 사묘(社廟)와 정사(精舍)가 결합하는 과정에서 발생했다. 이후, 조선시대 성종 대에 사림파가 정계에 진출하면서 비롯된 사화당쟁으로 이들이 지방으로 낙향, 은둔하는 과정에서 성립되었다. 이들 서원들은 국가에서 인정하여 편액 및 토지 문서, 문헌 노비 등을 하사하고 세금을 감면해 주었는데 우리나라 최초의 사액서원은 중종 37년(1543년)에 건립된 경북 영주의 소수서원(紹修書院)이다. 대표적인 서원으로는 함양의 남계서원(灆溪書院), 안강의 옥산서원(玉山書院), 안동의 도산서원(陶山書院), 사천의 덕천서원(德川書院), 정읍의 무성서원(武城書院), 논산의 돈암서원(遯巖書院) 등이 있다.

조선시대에는 수려한 자연 속에 은거하여 유유자적한 생활을 하면서 시와 문학을 논하는 이른바 별서문화가 꽃을 피운다. 별서란 저택에서 떨어진 인접한 경승지나 전원지에서 은둔하며 자연과의 관계를 즐기기 위해 조성한 제2의 주택이다. 조선시대 별서는 사화와 당쟁의 심화로 세상의 이목을 피해 번거로움 없이 지내려는 피세의 보금자리였다. 별서정원의 사례로서 서울의 옥호정(玉壺亭), 대전의 남간정사(南澗精舍), 담양의 소쇄원(瀟灑園), 예천의 초간정(草澗亭), 양산의 소한정(小閒亭) 등이 있다. 그중에서 양산보(梁山甫, 1503~1557년)의 소쇄원은 자연의 계류를 이용해 주변을 계단상으로 처리하고 정자와 수목을 배치한 한국을 대표할 만한 민가정원이라 할 수 있다.

14대 선조 때의 임진왜란, 정유재란과 16대 인조 때의 병자호란 등 외적의 침입으로 사회는 혼란해지고 지배층의 분열은 더욱 심화되어 사색당파의 대립과 정치 기반이 문란해졌다. 이러한 폐단을 근절하고자 21대 영조, 22대 정조 때에 이르러 탕평책을 실시했으나, 실효를 거두지 못했으며 일부 학자 사이에는 학문적 반성이 나타났다. 그러나 인조는 청나라와의 굴욕적인 화친에도 과학과 기술 문물과 정보의 도입 및 조경기술의 발전에 기여한 바도 적지 않아 근대적인 사상을 싹트게 하는 동기가 되었다.

이러한 움직임은 종래 입신출세의 도구인 동시에 사변적인 성리학을 배제하고 현실사회에 기여할 수 있는 학문에 힘써야 한다는 소위 실학사상을 싹트게 했다. 박세당(1629~1725년)은 농가와 일반인의 일상생활에 필요한 내용을 담은 『색경』을 저술하였으며, 18세기에는 이러한 실용주의적인 학풍이 널리 전파되어 홍만선(1643~1715년)의 『산림경제』, 1800년대 초에는 서유구(1764~1845년)의 『임원경제지』가 나왔다. 『산림경제』는 농가생활에 필요한 백과전서이며, 『임원경제지』에는 정원식물의 종류와 경승지 등을 소개했다.

23대 순조부터 26대 고종 때에 이르기까지 중국을 통하여 전래된 천주교는 당쟁과 결부되어 사교로서 탄압과 박해를 받았다. 또 고종이 즉위하면서 흥선대원군이 집정하여 내정(內庭)을 혁신하고 왕권 확립을 도모했다. 그러나 경복궁의 재건으로 재정의 혼란이 초래되고, 병인, 신미양요를 겪으면서 쇄국정책을 강화하려 했으나, 이는 세계 정세의 새로운 기운에 역행하는 결과가 되고 말았다. 1900년을 전후하여 국운이 쇠퇴하게 된 조선은 일본, 중국, 러시아 3국 세력의 각축 무대가 되었다. 1910년 일본의 강점 하에 들어가게 됨으로써 조선 왕조는 종말을 맞이했다.

19세기 말엽부터 20세기 초에 이르는 대한제국시대에는 국정의 혁신과 서양 문물의 도입을 위해 유럽인을 조정의 고문으로 초빙했는데 이들에 의해 서구식 건물과 정원, 공원이 조성되었다. 근대적 조경으로는 1897년 영국인 브라운(Brown)의 설계로 조성된 탑동공원(파고다공원)과 1906년 영국인 하딩(G.R Harding)이 조성한 덕수궁 석조전 앞뜰의 프랑스 평면기하학식 침상정원(沈床庭園)이 있다.

1) 조경 관련 제도 및 문헌

조선시대에는 고려의 관제를 많이 답습했는데 『태종실록』 5년 3월 병신조에 6조의 직능 및 구성 부속기관과 하급관청이 언급되고 있다. 조경 관련 관제를 보면 6조의 하나인 공조가 산택(山澤), 공장(工匠), 토목(土木), 영선(營繕), 둔전(屯田), 염장(塩場), 도치(陶冶) 등에 관한 정사를 맡고 영조사(營造司), 공야사(攻冶司), 산택사(山澤司) 등의 삼속사(三屬司)를 두며 상림원(上林園)과 침장고(沈藏庫)가 소속된 것으로 기록하고 있다. 상림원은 태조 3년(1394년) 동산색(東山色)에서 개명된 것이고, 세조 12년(1446년) 침장고는 장원서(掌苑署)와 사포서(司鋪署)로 병합되었다. 사포서는 성종 때 공조에서 호조로 소속이 변경되었는데 영조사는 주택 관련 업무를 맡았고, 산택사와 장원서, 사포서 등에서는 조경과 관련한 일을 관장한 것으로 보인다(신상섭, 1996년).

특히 조선시대 왕궁의 조경과 과원을 담당한 관청부서인 장원서는 1466년 세조 때에는 상림원(上林園)이라 하였던 것이 뒤에 장원서로 개칭되었다. 『경국대전』(1469년)에 규정된 직제는 제조(提調) 1명은 겸직이고, 장원(掌苑) 1명은 정6품직이며, 별제(別提) 2명은 종6품이나, 『속대전』(1746년)에서는 직제를 감원하여 장원직을 없애고 봉사(奉仕)직종 8품으로 새로 1명을 두었다. 『대전통편』(1785년)에서는 별제의 품계를 종6품으로 통일하는 한편 잡직으로 신화(愼花, 종6품), 신고(愼果, 종7품), 신금(愼禽, 정8품), 부신금(종8품) 각 1명을 두고, 신수(愼獸, 정9품), 부신수(종9품)를 각 3명씩 두었으며 행정을 맡아보는 서리(書吏)를 4명 두었다.

장원서에 딸린 분원(分苑)으로는 경원과 외원이 있는데 경원에 딸린 과수원은 용산과 한강 유역에 있었고 외원에 딸린 과수원은 강화, 남양, 개성, 과천, 고양, 양주, 부평 등지에 있었다. 이를 보면 장원서는 원유의 화목을 관리하고 과원을 운영하며 새와 짐승까지도 관장했던 것으로 보인다.

조선시대 전기 조경 관련 대표 저술서인 『양화소록(養花小錄)』에는 정원식물의 특성과 번식법, 괴석의 배치법, 꽃을 분에 심는 법, 최화법(催花法), 꽃이 꺼리는 것, 꽃을 취하는 법과 기르는 법, 화분 놓는 법과 관리법 등의 내용이 있다. 광해군 6년(1614년) 이수광(1593~1629년)의 『지봉유설(芝峰類說)』은 천문, 지리, 관직, 문장, 훼목, 금충 등을 기술한 책인데 특히 훼목편에는 매화, 모란, 장미, 영산홍, 동백, 창포, 오죽, 소나무, 은행, 자귀나무 등 19종의 특성이 설명되어 있다. 이 밖에 세종조 박홍생(1374~1446년)의 『촬요신서(撮要新書)』는 이용후생서이나 화과잡설(花果雜說)에 화목과 과목의 재식 시기 및 접목 관리 요령 등을 약술하고 있다. 허균(1569~1618년)이 퇴거한 사대부들을 위해 편찬한 『한정록(閑情錄)』의 치농편에 택지(宅地), 정거(定居), 수식(樹植), 양어(養魚) 등 15개 부분이 서술되어 있다. 효종 6년(1655년) 왕명으로 신속(1600~1661년)이 편찬한 『농가집성(農家集成)』은 농서의 집성서로 '사시찬요초(四時纂要抄, 강희맹 저술)'에 과목, 수목, 화목의 종수(種樹), 삽수(揷樹), 접목(接木), 육성(育成) 등과 채소류, 약용식물 등의 재배법이 기록되어 있다.

중기 이후 숙종 때 『산림경제』에는 복거(卜居), 섭생(攝生), 치농(治農), 치포(治圃), 종수(種樹), 양화(養花), 치선(治膳) 등의 내용을 서술하고 있는데 양화편에는 소나무, 대나무, 매화, 국화, 난초, 연꽃, 석류, 서향, 배롱나무, 산수유, 모란, 작약, 파초, 석창포 등 29종의 특성과 재배법을 수록하고 있다. 한편 『색경(穡經)』은 과수, 축산, 원예, 수리, 기후 등에 중점을 둔 농서로 조경식물의 종류를 파악하는 데 일조했다. 영조 때 이중환(1690~1752년)이 지은 『택리지(擇里志)』는 대표적 인문지리서로 사민총론(四民總論), 팔도총론(八道總論), 복거총론(卜居總論), 총론(總論)으로 구성되어 있는데 복거총론에는 사람이 살 만한 곳을 지리(地理), 생리(生利), 인심(人心), 산수(山水)로 구분해 설명하고 있다.

1745년 신경준(1712~1781년)의 유고집인 『순원화훼잡설(淳園花卉雜說)』에는 귀래정 주변의 조경 현황과 44종의 조경식물을 언급하고 있다. 1802년 실학파의 대가 이가환(1722~1779년)과 그의 아들 이재위(1745~1826년)가 『물보(物譜)』를 저술했는데 이 책의 초목부 화훼편에는 37종의 한명(漢名)을 한글로 붙여 놓았다. 한편 순조 때 유희(1775~1837

년)가 지은 『물명고(物名考)』는 조수(鳥獸), 초목(草木), 토(土), 석(石), 금(金), 화(火), 수(水) 등에 관한 박물서이다. 『임원경제지(林園經濟志)』의 예원지에는 조경식물 65종에 대한 특성과 재배법이 기술되어 있으며 상택지(相宅志)의 점기총론(占基總論)에는 지리(地理), 수토(水土), 생리피기(生利避忌), 영치(營治), 개황(開荒), 종식(種植), 건치(建置), 정지(井池), 구거(溝渠) 등이 있다. 팔역명기(八域名基)에는 팔도지리총론과 명승기지(名勝基地)의 품제 등을 설명하고 있다. 이 『임원경제지』는 농가백과사전 성격의 저술이지만 본리지(本利志), 예원지(藝畹志), 만학지(晩學志), 상택지(相宅志), 이운지(怡雲志), 섬용지(贍用志) 등은 조경과 관계가 있다.

이외에도 김육의 『유원총보(類苑總寶)』(1644년), 현문항의 『동문유해(同文類解)』(1748년), 서명응의 『고사신서(攷事新書)』(1771년)와 『본사(本史)』(1787년), 최영기의 『농정회요(農政會要)』(1830년) 등이 조경과 관련된 문헌이다(신상섭, 1996년, pp.176~180).

2) 조선시대 도성계획

태조 이성계는 1392년 7월 17일 개경의 수창궁에서 즉위한 직후 한양으로 천도를 지시했고, 고려시대의 남경이었던 한양의 이궁을 궁궐로 정비하도록 했다. 그러나 수도 이전에 따른 논의가 분분하여 한양 이궁의 공사는 26일 만에 중단되고 만다. 왕의 명령으로 도읍지를 찾고 있던 당시 정당문학이라는 벼슬의 풍수 전문가였던 권중화가 태조 원년(1392년) 12월에 충청도 계룡산을 국도의 후보지로 천거하면서 〈계룡산도읍도〉를 헌상했고, 그 다음 해(1393년) 정월 태조는 직접 계룡산 신도안 일대를 답사한 후 3월에 신도읍지로 확정하고 건설에 착수했다.

그러나 그해 6월 경기도 관찰사 하륜은 계룡산 도읍지가 너무 남방에 치우쳐 있고 큰 강이 없는 산곡분지 지세이며, 해안으로부터 거리도 멀어 적당하지 않다는 이유로 반대했다. 이에 태조는 1393년 12월 계룡산 신도읍지의 공사를 중지시킨다. 1393년 12월 하륜은 서울 서쪽의 모악(毋岳)을 주산으로 그 산록 일대를 신도읍지의 후보지로 제시했으나 권중화와 조준의 반대가 심하였다. 한편 무학대사는 인왕산을 주산으로 궁성을 서쪽에 앉히고 동쪽을 향하는 서좌동향(西坐卯向)의 인왕산 주산론을 제시했고, 정도전은 중국 전래의 천자남향(天子南向)의 주례적 원칙에 따라 북악을 주산으로 궁궐과 주요 도시시설을 배치해 인왕산을 백호, 낙타산을 청룡, 남산을 안산으로 하는 북좌남향국(壬坐丙向局)을 주장했다(최창조, 1984년, p.225). 1394년 8월 풍수 전문가인 서운관원들이 한양을 추천하고, 1394년 9월에 수도 선정 임시기구인 음양책정도감을 설치했으며, 조준 등이 한양 추천 건의서를 올리자 태조는 중의를 좇아 현재 서울과 같은 좌향의 한양 천도를 결정하고 1394년 10월 천도를 단행했다.

수도의 본격적인 건설은 1394년 12월 신도궁궐조성도감(新都宮闕造成都監)을 설치하고 정도전이 도시 건설에 착공함으로써 시작되었다. 한양의 기본 모형은 풍수적 입지 및 국면 해석과 『주례고공기(周禮考工記)』[1]의 유교이념에 의한 도시시설 배치원칙을 근간으로 이루어졌다(이상해, 1994년). 한양의 주 왕궁과 종묘사직 도성과 각 성문 그리고 간선도로망들은 중국 고대의 『주례고공기』의 좌묘우사전조후시(左廟右社前朝後市) 원리에 따라 건설되었다.

태조 3년(1394년) 12월 3일 황천후토신과 산천신에게 궁궐과 종묘의 조영을 고하는 제사를 올린 후 주 경복궁을 착공했다. 조선시대 왕조의 정궁인 경복궁은 주산인 백악산 산록 혈의 위치에 입지했다. 궁궐지는 고려 숙종 때 건설한 남경 이궁지(연흥전)보다 조금 남쪽 해산(북방에서 약간 서방에 있는 북악산)을 주산으로 하고(원영환, 1988년, p.28) 남에서 약간 동으로 바라보는 임좌병향(壬坐丙向)으로 배치해 1395년 9월에 완공했다. 이와 함께 조선시대의 신궁으로 왕의 조상을 모신 종묘(宗廟)는 좌묘우사의 원칙에 따라 경복궁의 좌측에 조성했고, 사직단(社稷壇)[2]은 경복궁의 오른쪽에 배치했다. 또 1395년 1월에 대신으로부터 서민에 이르기까지 주택을 건설할 대지를 주어 본격적인 도시 형성이 시작되었다. 6월에는 신수도의 명칭을 한양부에서 한성부로 고치고 5부 52방의 행정구역을 확정했으나 한양 성곽의 축성은 이루어지지 않았다. 태조 4년(1395년) 9월에 축성을 담당할 도성축조도감(都城築造都監)을 설치하고 정도전을 총책임자로 하여 성기(城基)를 측량했다. 이후, 1396년 정월 9일부터 2월 28일까지 49일간 춘기공사를 시작하여 한양 주위에 주산(백악), 백호(인왕산), 청룡(낙산), 안산(남산)을 연결하는 산줄기를 따라 도성을 축조했다. 또 그해 8월 6일부터 9월 24일까지 49일간 추기공사를 하여 도성의 성문인 4개의 대문과 4개의 소문을 설치하고, 지반이 약하여 축조하지 못했던 동대문 부근의 성벽도 완성했다.

도성의 간선도로망은 우선 동대문인 흥인문과 서대문인 돈의문을 연결해 한양의 동서 중심도로를 만들어 경복궁의 정문인 광화문에서 남으로 뻗는 남북 방향의 주작대로(朱雀大路)를 이 동서 중심도로와 연결해 남대문인 숭례문에서 동서 중심도로를 연결하는 정(丁)자 형태의 대로를 만들었다. 또 광화문 앞 주작대로의 좌우로 의정부와 6조 등 주요 관아를 설치했는데 궁궐과 더불어 도시공간의 축을 형성했다.

정종 대 개경으로의 국도 이전으로 도시 건설은 잠시 중단되었으나 태종 5년(1405년) 한양으로 재천도하면서 속개되었다. 태종은 1405년 창덕궁을 이궁(離宮)으로 창건하였고, 1406년 유수와 하수의 처리를 위해 대규모 수로 공사를 착공해 개천(청계천)과 5개의 석교를 조성했다(1412년). 또 종로를 비롯 무질서했던 상업시설들을 정비해 도성의 주요 간선도로변을 중심으로 시전과 행랑을 조성(1412~1413년)했다. 행랑 가운데 가장 번화한 곳은

[1] 중국 주나라 이후의 국토와 도시 조성의 규범으로 음양사상의 천원지방에서 땅은 네모진 방형으로 보고 이를 정전제의 원칙으로 9분할하고 4방위에 각각의 수호신을 부여했으며 중앙에는 인간의 중심인 군주의 궁궐을 배치한 형태를 담고 있다.

[2] 사직단은 토지의 신과 오곡의 신에게 제사를 올리는 제단이다. 국토와 오곡은 민생의 근본이므로 삼국시대부터 국태민안을 기원하는 사직단을 설치하여 친히 왕이 나가서 제사를 올렸다.

운종가(현 세종로–종로 네거리)와 광통교 및 종루 부근이었으며, 16대 인조 때 설치된 육의전도 이 일대에 자리 잡고 있었다. 이 밖에도 큰 시장은 장통방(현재 관철동과 장교동), 쌀시장은 연화동(현 연지동), 우마시장은 장통방의 하천가에서 교역되었다고 한다(윤국병, 1978년).

한편 도시의 골격이 갖추어진 해부터 개경에서 이주해 온 주민들을 위해 집 지을 대지를 분배했는데 양반에게는 1,000여 평(3,305.8㎡)의 넓은 대지가 허용되었으며 서민들에도 85평(280.9㎡)의 대지를 주었다. 또 신분 계급에 따라 주거지의 공간 분화가 이루어졌는데, 양반은 궁궐과 가까우면서 풍수지리상 명당인 도성의 북쪽 부분에, 중인과 상민은 청계천 변 저지대에 주거지를 형성했다(서울특별시, 1977년). 택지의 배분과 함께 중로 및 소로의 개설(1426년)도 이루어졌는데 초기에는 『주례고공기』에 의해 도로 폭 및 위계를 반영하고자 했으나 무질서한 주택개발에 따라 여러 모양으로 도로가 개설된다. 소로 및 택지의 분급으로 주택건축이 본격화되고, 정도 후 62년이 지난 1454년이 되어서야 민가의 건축이 거의 마무리된다(김혜란, 1994년).

2. 궁궐

1) 개관

궁궐은 왕조체제 하 모든 대사의 중심인 왕이 거주하는 공간으로, 일국의 정신적 · 공간적 중심을 형성하는 상징적 역할과 국가적 의식과 통치 행위 및 왕실의 사적인 활동 등을 담아내는 기능적 복합체로서의 독특한 문화적 속성을 보여 주는 귀중한 문화요소이다.

조선의 궁궐조영은 태조 이성계가 국도를 개경에서 한양으로 옮기면서 시작되었다. 유교를 국교로 정한 조선은 15세기에 번영을 누리고 16세기부터는 임진왜란, 병자호란 등으로 시달렸음에도 유학에 바탕을 둔 고유한 문화를 꽃피운다. 궁궐의 입지와 공간체계 성립에는 풍수지리와 음양오행사상이 큰 영향을 미쳤다. 경복궁은 『주례고공기』의 궁성계획원리[1]를 따라 왼쪽에 종묘를, 오른쪽에 사직단을, 앞에 관청을 두는 좌묘우사면조의 원리와 삼문삼조의 배치를 따르고 있다. 또 강력한 중심성을 구현하기 위한 남 · 북축 배치형식을 가진다. 창덕궁, 창경궁으로 대표되는 동 · 서축의 배치에는 대비를 지칭하는 '동조'라는 관념에 따라 서쪽에 왕의 정전을 두고, 동쪽에 대비의 동전을 두어 궁궐 내부의 공간구조에 영향을 미치는 규범이 되었다.

[1] 창건 경복궁 공간구성을 보면 내 · 외전의 구분에 있어서 내전영역에 노침(路寢)인 사정전과 연침(燕寢)인 강녕전을 두고, 정전을 외전으로 구별한 것은 『주례고공기』 장인의 궁성계획원리에 충실했음을 보여 준다.

2) 경복궁

경복궁은 1395년에 창건되어 1592년 임진왜란 때에 소실되었다가 273년 후인 1865년부터 다시 중창되기 시작한 조선 왕조의 정궁으로서 현재 서울특별시 종로구 세종로 1번지에 있으며, 전체 면적은 약 327,500㎡(99,100여 평), 남북 장축 878m, 동서 단축 520m이며, 국가지정문화재 사적 제117호이다.그림 77

(1) 조영의 역사와 배경

① 태조 대(太祖代1392~1400년)의 창건

태조 2년(1393년) 2월 권중화 등이 〈신도종묘사직궁전조시형세지도(新都宗廟社稷宮殿朝市形勢地圖)〉[2]를 왕에게 바쳤다. 이후 새 도읍 한성을 건설하고 궁궐을 짓는 일을 담당하기 위해 신도궁궐조성도감(新都宮闕造成都監)을 설치하고 심덕부, 김주 등을 담당 관리로 임명했으며, 이후 여러 산사(山寺) 승려들의 공역 및 경기 · 충청 지역 백성들의 부역에 힘입어 완성했다.[3]

② 정전 체재의 완성

• 태종 대(太宗代1400~1418년)의 보완

창건 당시의 경복궁은 완성된 궁궐이 아니었으며, 태종 4년(1404년) 환도 준비의 일환으로 이궁(離宮)인 창덕궁이 창건되면서 경복궁을 대체하게 되었다. 그러나 태종 6년 이후 경복궁의 조영에 관심을 갖기 시작했고, 태종 11년에는 명당수(明堂水)를 금천으로 끌어들여 12년에는 중국 사신 영접을 위한 경회루를 세웠으며, 누각 둘레에 넓은 못을 파서 지원(池苑)을 조성했다.

• 세종 대(世宗代1418~1450년)의 완비

태종이 경복궁으로 거처를 옮기지 않은 데 반하여, 세종은 3년이 되던 해부터 자주 경복궁에 임어하고, 기존 전각을 수리했으며 세종 8년에는 집현전 문신들에게 궁궐 내의 문과 다리 이름을 짓게 했다. 이때 정해진 이름은 홍례문(弘禮門), 광화문(光化門), 일화문(日華門: 근정전 東廊夾門), 월화문(月華門: 근정전 西廊夾門), 건춘문(建春文: 궁성 東門), 영추문(迎秋門: 궁성 西門), 영제교(永濟橋) 등이다. 전각과 행랑으로만 이루어졌던 창건 초기의 경복궁은 이때 이르러 비로소 궁성의 궐문(闕門)을 갖춘 명실상부한 궁궐(宮闕)이 되었다. 이렇게 외곽을 마련한 세종 9년(1427년) 경복궁은 정전 체재를 완비(完備)했다.

❷ 새로운 도읍에 종묘 · 사직 · 궁전 · 중앙관부 · 시장 등을 배치한 그림

❸ 신도읍지인 한양은 외곽을 도성으로 두르고 내부는 풍수지리적 명당지에 세운 궁궐을 중심으로 당시 정치 · 경제생활의 편리를 도모하는 방향으로 건설하였다. 특히 경복궁은 도성 내부 북서쪽으로 치우친 백악산 밑, 인왕산 동쪽에 위치하였으며, 종묘와 사직 및 관아와 시장 역시 경복궁을 중심으로 자리를 정하였다.

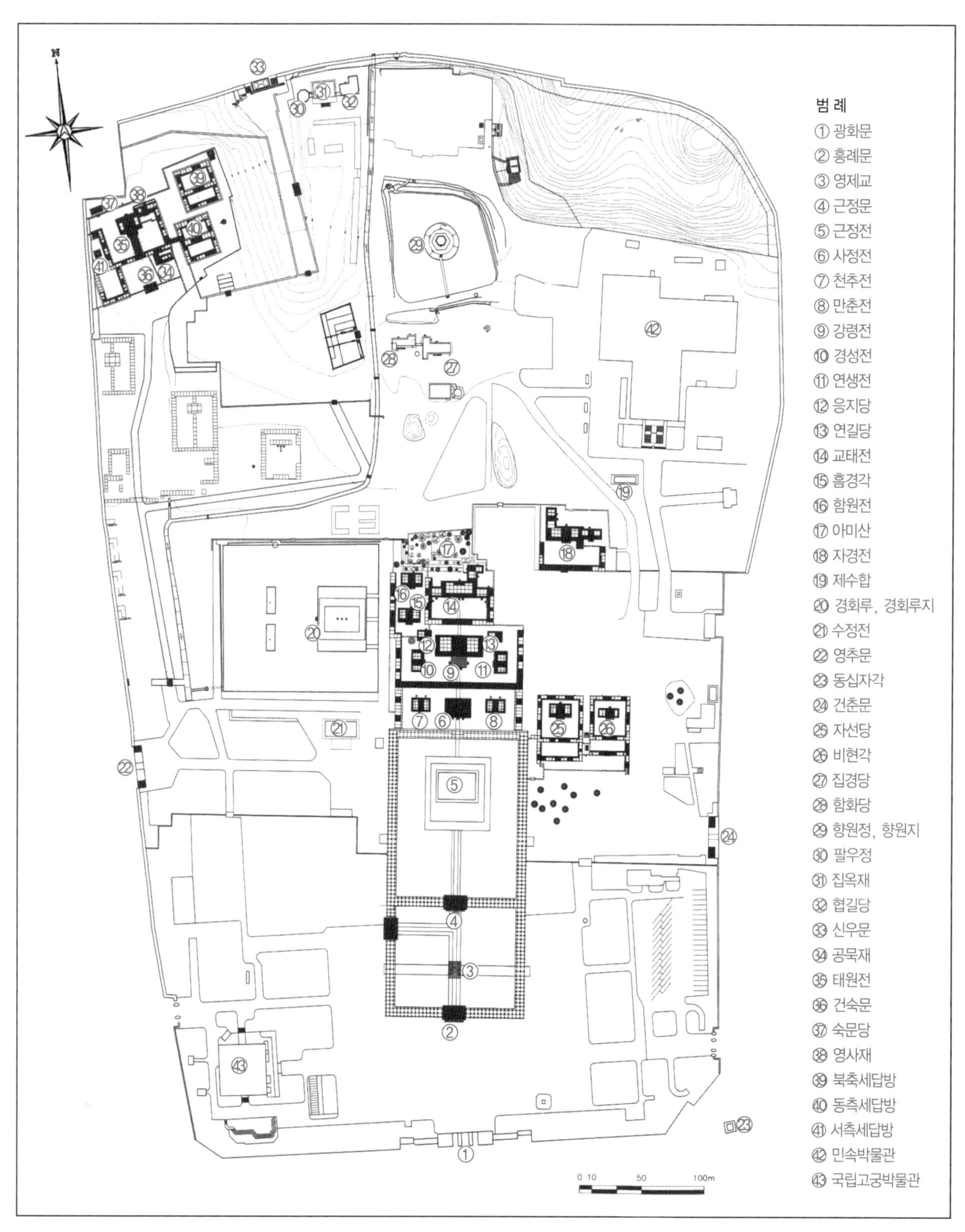

그림 77 경복궁 배치도 ▷출처: 문화재청

③ 정전의 발전과 소실

• 정전의 발전

세조 대에는 수리도감을 설치해 경복궁을 수리하였고, 예종 때에는 숙직 군사를 위해 선공감에서 영추문 안에 가가(假家, 임시 거처) 10칸을 지었으며, 성종 때에는 근정전을 새로 칠하고 경회루를 중수했다. 중종 때는 경회루 일곽을 수리하고 비현합(丕顯閤)을 증건(增建)하면서 경복궁을 대대적으로 수리했다. 이후 명종 대의 큰 화재가 있기 전까지, 경복궁은 조선 전기 궁정문화의 보고(寶庫)로 크게 발전했다. 후원은 정종 때 상림원(上林園)이라 불리며 새와 꽃을 길렀으나, 세종이 모두 민간에 나누어 주었다고 하며, 세종 이후에 새로 서현정(序賢亭), 취로정(翠露亭, 세종 2년 1월 2일 준공), 관저전(關雎殿), 충순당(忠順堂) 등을 후원에 조영했다.

• 명종 대(明宗代1593~1661년)의 소실과 중건

『명종실록』에 의하면, 명종 8년(1553년) 9월 14일에 일어난 불로 근정전만을 남긴 채 편전과 침전구역의 건물이 모두 소실되었다. 그리하여 강령전(康寧殿), 사정전(思政殿, 태조 4년에 창건한 건물) 등과 흠경각(欽敬閣)이 불타고, 역대로 내려오던 진귀한 보배와 서적, 왕 및 왕비의 고명, 의복, 거마(車馬) 등이 모두 불타 버렸다. 명종 9년 봄에 시작된 중건공사는 삼전(왕 · 왕비 · 대비)이 창덕궁으로 옮긴 다음, 그해 9월 18일에 낙성(落成)되었다. 이 일을 기념하는 글은 퇴계 이황(李滉, 1501~1570년)에게 맡겨졌는데, 그는 『경복궁중신기』, 『사정전상량문』, 『자선당상량문』 등을 지었을 뿐 아니라, 각 건물의 현액(懸額)과 편전 내부에 장치할 대보잠(大寶箴), 칠월편(七月篇, 『시경』 빈풍의 편명), 억계(抑戒, 『시경』 대아의 편명) 등을 쓰기도 했다.

• 임진왜란에 의한 소실

경복궁은 임진왜란 때 "왕실과 관료들이 일찌감치 피난을 떠나고 남은 빈 궁궐을, 왜적이 수도 한성에 입성하기도 전에, 백성들이 궁중에 침입하여 노비 문서를 불태우고, 보물을 약탈했다"라는 설이 정설로 되어 있다. 왜군을 따라 전쟁에 참여한 종군승(從軍僧) 제다쿠(是琢)의 『조선일기(朝鮮日記)』에 왜군이 한성 입성 직후에 경복궁을 직접 답사한 내용이 상세하게 적혀 있다.❶

④ 고종 이전의 중건 논의

임진왜란 이후 조선 왕조 후반기 최대의 건축 과제인 '경복궁 중건'은 이후 270여 년 동안 실행에 옮기지 못했다. 『선조실록』에 의하면, 선조(宣祖1567~1608년)는 창건 당시의 자

❶ "북산 아래 남향하여 자궁(紫宮: 경복궁을 가리킴)이 있는데, 돌을 깎아서 사방 벽을 둘렀다. 다섯 발자국마다 누(樓)가 있고 열 발자국마다 각(閣)이 있으며, 행랑을 둘렀는데 처마가 높다. 전각의 이름은 알 수 없다. 붉은 섬돌로 도랑을 냈는데, 그 도랑은 서쪽에서 동쪽으로 흐른다. 정면에는 돌다리가 있는데, 연꽃무늬를 새긴 돌난간으로 꾸며져 있다. 교각 좌우에는 돌사자 4마리가 있어서 다리를 지키고 있다. (중략) 기둥은 돌기둥인데, 아래 위에 용을 조각하였다. 지붕에는 유리 기와를 덮었는데, 푸른 용 같다. 서까래는 매단(梅檀)나무인데, 서까래마다 한 개씩 풍경이 달렸다. 천장 사방 벽에는 오색팔채(五色八彩)로 기린, 봉황, 공작, 난(鸞), 학, 용, 호랑이 등이 그려져 있는데, 계단 한가운데에는 봉황을 새긴 돌이, 그 좌우에는 단학(丹鶴)을 새긴 돌이 깔려 있다. 여기가 바로 용의 세계인지, 신선이 사는 선계인지, 보통 사람의 눈으로는 분간할 수 없을 정도이다"라고 기록하고 있다.

료와 그간의 수리 기록 등을 토대로 하여 중건을 단행하려고 했으나, 전쟁으로 인한 국토의 황폐화와 재정의 고갈, 경복궁 터가 길하지 못하다는 풍수지리학의 영향으로 중지되었다. 또 광해군은 창덕궁, 창경궁을 중건하는 데 그치지 않고, 인경궁(仁慶宮)과 경덕궁(慶德宮: 훗날의 경희궁)을 창건하는 대규모의 공사를 재위 말년까지 계속하면서도 경복궁 중건을 회피했다. 이후 현종, 숙종, 영조, 익종 등이 경복궁 중건의 염원을 밝히기도 했으나, 결국은 조선 말기 고종 초년에 이르러서야 흥선대원군(興宣大院君)에 의해 중건이 이루어졌다.

(2) 입지 및 배치

정도전은 왕명을 받들어 궁(宮), 전(殿), 누(樓), 문(門) 등의 이름을 지어 올렸고, "궁궐이란 임금이 정사를 다스리는 곳이요, 사방이 우러러보는 곳이요, 신민들이 다 나아가는 곳이므로, 제도를 장엄하게 해서 위엄을 보이고, 이름을 아름답게 지어서 보고 듣는 자를 감동하게 해야 합니다"라고 하여 궁은 경복(景福: 전거는 『詩經』 大雅編), 연침은 강녕(康寧: 전거는 『書經』 弘範編), 동소침은 연생(延生), 서소침은 경성(慶成: 전거는 천지운행과 만물생장의 순서), 편전인 보평청은 사정(思政: 전거는 『詩經』, 『書經』), 정전과 그 전문(殿門)은 근정(勤政: 전거는 『書經』), 동서 누고는 각각 융문(隆文)과 융무(隆武: 문무를 겸하여 관장함), 오문은 정문(正門: 천자는 남쪽을 향하여 바르고 큰 정치를 편다는 뜻)이라고 명명했다.

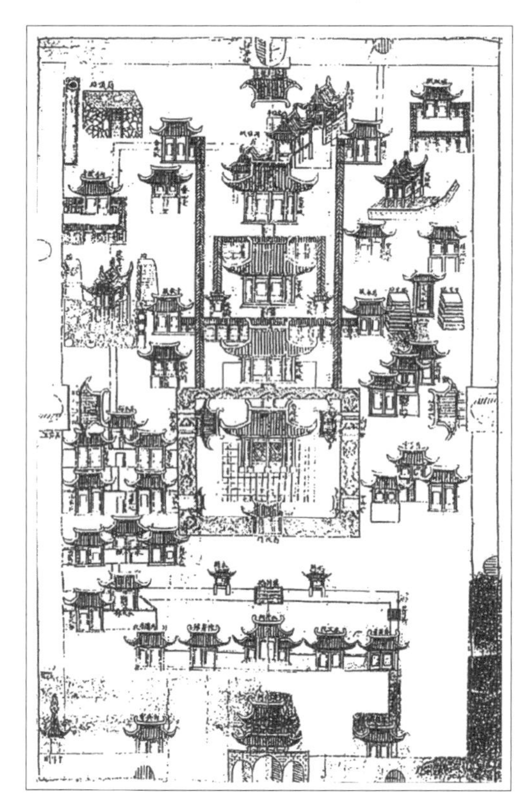
그림 78 경복궁 전도(임진왜란 이전)

추정 배치도와 건물명의 의미를 토대로 경복궁 배치의 원리를 해석해 보면, 궁전이 회랑으로 둘러싸인 3개의 중정(中庭)으로 구성되어 있으며, 남북(壬坐丙向) 중심축 위에 정문, 영제교, 근정문, 근정전, 사정전, 강령전 등이 일직선으로 정연하게 배치해 있다. 3개의 중정을 앞뒤로 연속한 복합중정형(複合中庭形) 배치의 원형은 『주례고공기』의 궁실제도(宮室制度) 중 '삼문삼조(三門三朝)'라는 조항과 관련지을 수 있다.

3조(三朝)란 맨 앞부터 외조(外朝)→치조(治朝)→연조(燕朝)로 연속한 3개의 중정 즉, 조(朝)를 궁실제도의 원초적 형식으로 규정한 제도적 틀로 볼 수 있다. 여기서 연조(燕朝)는 왕, 왕비, 왕실 일족이 생활하는 거주 구역이며, 이곳에는 침전이 있다. 치조(治朝)는 왕이 신하들과 더불어 정치를 행하는 공적인 구역으로 조회(朝會)를 거행하고 법령을 반포하며 조하(朝賀)를 받는 정전과 중신들과 국정을 의논하는 곳인 편전이 위치하며, 외조(外朝)는 조정의 관료들이 집무하는 관청이 배치된 구역이다. 3문(三門)은 외조의 정문인 고문(庫門: 外門), 외조와 치조 사이의 치문(雉門: 中門), 치조와 연조 사의 노문(路門)을 말한다.그림 78

이 밖에 정전의 동서쪽에 대칭으로 세워진 건물에 문무(文武), 일월(日月), 생성(生成)의 의미를 담은 이름을 부여함으로써, 자연의 질서와 법칙에 순응하며 문무를 모두 숭상하는 정치를 펴는 유교적 이상주의를 표방하고 있다. 정명(定名)에 담긴 유교적 명분은 한성 도성의 4대문과 그 중앙에 위치한 종각의 이름 짓기에도 반영되어 인의예지신(仁義禮智信)의 오상(五常)을 오행(五行) 방위 즉, 동서남북 및 중앙에 배당(配當)했다.

한편 상원(上苑)은 침전 후원 북쪽에 있는 공간으로, 휴식, 수학하는 원유공간이며 경복궁의 신무문 밖 백악산 산록에도 조성되었다. 향원정과 향원지 주위, 그 동쪽에 녹산(鹿山), 침전 서쪽에 연결된 경회루 방지와 북에서 흘러 동으로 빠져나가던 명당수(明堂水)인 어구 주위, 광화문 안 양쪽에는 방지가 있었다. 후원 서쪽에 경농재(慶農齋), 대유헌(大有軒), 지선실(至善室)의 건물이 있고 그 경농재 앞에는 8배미의 논이 방형(方形)과 장방형으로 구획되어 있다. 이렇게 왕궁 후원에 논을 두는 것은 백성이 농사짓는 일을 제왕이 배우며, 이로 인하여 농민의 수고를 알고 오곡이 익어 가는 계절도 알 수 있게 하기 위함이다. 한편 백악산록 깊숙이 아늑한 곳에 별원(別苑)이 조성되었는데, 이곳 암벽에 '천하제일복지(天下第一福地)'라는 글씨가 있고 그 옆에 '연릉오거(延陵吳琚)'라 새긴 작은 글씨가 있다. 연릉은 지명이며 오거는 중국 남송(南宋) 때의 사람 이름인데 오거의 글씨가 좋아서 집자(集子)하여 새겼다는 뜻이다. 후원은 모두 담장으로 둘러져 있고, 이 담은 백악산 중턱까지 올라가 있는데, '천하제일복지' 암벽 밑에는 지금도 석간수가 솟아나고 있다. 그 외의 유적은 일제 강점기 시절 총독 관사를 지으면서 파괴되어 버렸으며, 광복 후 이곳에 대통령 관저가 들어섰다.

(3) 주요 원유

경복궁 내 조경적인 대상이 되는 것은 경회루 지원과 교태전 후원인 아미산원, 자경전 꽃담, 향원정 지원 등이 있으며 자세한 내용은 다음과 같다.

① 경회루 지원

경회루 지원❶은 태종 12년(1412년)에 외국 사신의 접대나 임금의 연회 장소로서 조영했다. 본래는 경복궁 침전 서쪽의 작은 누각으로 지었던 것을 태종 때 연못을 파서 장대한 누각으로 조성한 후 성종 때 건물이 기울어지자 다시 고쳐 지었는데, 이때 돌기둥에 용이나 꽃으로 장식을 하여 화려함을 더했다.❷

그러나 임진왜란이 일어나 경복궁이 불에 타면서 함께 소실되었다. 이후 고종 4년(1867

❶ 경회루 지원은 남북 113m, 동서 128m로, 장대석으로 축조하여 이 장대석 2단 정도가 수면 위에 노출되어 있으며, 기술적 특이성에는 경회루 건조물의 자연 침하를 방지하는 지반강화 기법과 물을 항상 깨끗하게 유지하는 수리기법이 있는데, 연못 바닥에는 큰 나무기둥을 땅속 깊이 가득 박은 후, 이러한 기초하에 자갈과 진흙을 다져서 지반의 침하를 방지하였으며, 연못 바닥이 평면이 아닌 관계로, 서남쪽 귀퉁이를 향하여 흘러가게 했다.

❷ 『용재총화』에서는 사신이 조선에 와서 경회루 돌기둥을 꼽으면서 이르기를 "돌기둥에 그림을 새겨 놓아서 용이 거꾸로 물속에 그림자를 지어 푸른 물결과 붉은 연꽃 사이에 보이기도 하고 숨기기도 하는" 모습을 들었다고 적었다.

그림 79 경회루 지원, 경복궁

년) 4월 20일에 상량하여 중건했다.그림 79

경회루원은 경복궁 3조 중 연조영역으로 강녕전을 중심으로 서쪽에 위치하며, 교태전 후원인 아미산, 건천궁 앞의 향원정과 신무문 밖 융문당, 융무당과 함께 위락공간적 특성을 가진다. 누에 오르면 북으로는 백악의 산줄기를 배경으로, 서로는 인왕산을, 남으로는 남산과 관악을 시선축으로 한강의 경관을 차경하고 있다.

한편 경회루원에는 방지가 조성되어 있고 연못 속에는 방형으로 세 개의 섬을 축조했다. 동쪽의 제일 큰 섬에는 경회루[1]를 건축했고, 나머지 섬에는 소나무를 식재하여 만세산[2]이라고 부른다. 경회루를 건축한 큰 섬 동측 석축과 호안 사이에는 세 개의 석교가 위치하고 있는데, 이는 해, 달, 별의 삼광(三光)을 의미한다. 중건 시(고종) 경회루 주위, 담장에는 문들이 설치되어 이 문을 통하여 출입을 했으나, 현재 서측과 남측의 담장과 문은 없어졌고 동측, 북측의 담장과 문만 남아 있는 상태이다. 경회루 담장 일원에는 노송과 느티나무, 회화나무, 버드나무 등이 수림대를 형성하고 있다.

② 교태전 후원의 아미산

교태전,[3] 아미산 일원은 태종 12년(1412년) 경복궁 서쪽에 큰 연못을 파고 경회루를 건립하면서, 연못에서 파낸 흙으로 인공 산을 조성한 것이다. 아미산[4]은 고종 2년(1865년) 경복궁 재건 시 교태전이 왕비의 거처가 되면서 사방을 장대석으로 쌓은 네 단의 화계에 장식적인 굴뚝과 수목, 석물 등을 배치해 전각(교태전, 건순각)에 앉아서 감상하는 완상용 조경공간이었다.그림 80

화계에는 철쭉, 옥매 등의 관목류가, 아미산 정상부에는 회화나무, 말채나무, 산수유 등이, 후면에는 느티나무가 재식되어 있다. 한편 화계에는 석물 및 괴석이 총 9개가 있는데, 첫 번째 화계에는 연화형 수조, 괴석이 있고, 두번째는 괴석, 앙부일귀대, 함월지, 낙하담, 괴석이 있으며, 세 번째에는 앙부일귀대가 놓여 있다. 함월지(涵月池)는 달을 품고 있다는 뜻이며, 낙하담(落霞潭)은 붉은 저녁노을이 어리는 석지라는 뜻으로 모두 수조의 역할을 한다.

❶ 경회루는 정면 7칸 측면 5칸 팔작지붕으로, 48개의 석주가 높이 받치고 있는 위에 목주를 세웠는데, 외주는 방형이고 내주는 원주이다. 마루는 3단을 이루는 35칸 건물로 천장에 올린 문을 내리면 모두 방이 된다. 1865년 정학순이 기술한 『경회루전도』에 보면 주역의 원리에 의한 우주적 질서를 조영에 반영해 마루의 제일 높은 중앙단은 8개의 기둥공간이 되는데 주역의 팔괘와 천지만물의 현상과 형태를 상징하여 왕이 앉는 장소인 중궁으로 한다. 또 그다음 단은 12개의 기둥공간이 되는데 이는 1년의 12개월을 상징하고 가장 밑단인 외곽은 24개의 기둥이 배치된 공간으로 24절기를 상징했다고 한다.

❷ 『중종실록』의 기록에 의하면 1506년 연산군은 못 서쪽 만세산에 화려한 꽃을 심어 봉래궁, 일궁, 월궁, 벽운궁 등 상징적인 모형궁을 만들었다. 이를 금은, 비단으로 화려하게 장식하고, 밤에는 등을 물위에 띄우고 향을 피워 밤을 낮같이 밝게 했으며 왕은 비단으로 화려하게 꾸민 황룡선을 타고 궁녀들과 뱃놀이를 했다고 한다.

❸ 주역의 '천지교태(天地交泰)'에서 따왔다는 교태전의 명칭은 '남녀 간의 교감'이 아닌 천하만물의 상호교감을 나타내며, '군신 간의 교감'으로 해석하고 있다.

❹ 교태전 후원의 아미산은 중국 산동성이나 사천성의 명산을 따왔다고 하는데, 도가에서는 '허영동천' 또는 '영릉 태묘'라고 하고 불가에서는 '광명산'이라고 한다.

교태전 동편 담장의 꽃담은 장대석을 지대석으로 하고, 그 위에 사고석을 3~5단으로 쌓고 그 위로 붉은색 전벽돌을 사용해 다양한 문양을 조성했다. 그 위에 기와잇기를 해 내정의 화사함과 아늑함을 더했으며, 문양 부분은 실각으로 테두리를 구성하고 다시 내부에 회문(回紋)으로 테두리를 두른 다음, 나머지 내부를 가로가 긴 장방형이나 세로가 긴 장방형으로 구획했다.

그림 80 아미산원, 경복궁

한편 아미산 굴뚝은 교태전 후원에 육각형 4개와 함원전 뒤쪽의 사각형 3개, 총 7개로 이루어져 있는데, 육각의 각 면에는 네 가지 종류의 문양이 장식되어 있다. 가장 하단에는 벽사상(辟邪像)의 불가사리, 박쥐 형태를 직사각형의 부조판에 새겼고, 다음 단에는 커다란 흰 바탕의 직사각형에 길상(吉祥)의 세계인 십장생, 사군자와 만자문(卍字文)을 새겼다. 바로 위의 단에는 장수를 상징하는 학과 복을 의미하는 박쥐 및 사마의 방해를 막는 나티를 새겼으며, 가장 상부에는 장방형의 바탕에 당초무늬를 새겼다. 굴뚝 처마와 지붕은 전통 목조건축물 형태이며, 중앙에는 사각형의 연가(煙家) 4개를 놓고 지붕을 덮었다. 또 아미산 서쪽, 융화당의 북쪽에 위치한 우물은 기단석이 우물과 같은 원형이고, 우물로부터 외부 쪽으로 바닥은 내경이 93㎝이며, 우물 둘레는 75㎝ 크기의 판석을 여러 장 이용해 둘렀다. 이 원형판석 바깥 면에 접해 폭 24㎝, 깊이 15㎝의 배수시설을 두었으며 바닥에는 얇은 박석을 깔았다.

그림 81 자경전 꽃담, 경복궁

③ 자경전의 꽃담 굴뚝

교태전 동쪽에는 대비전(大妃殿)인 자경전(慈慶殿)이 위치하고 있다. 이곳의 꽃담에는 모란, 매화, 복숭아, 석류, 국화 등의 화훼와 해, 산, 구름, 바다, 소나무, 불로초, 거북, 사슴, 학 등의 십장생무늬가 아름답게 장식되어 있다. 이는 아미산같이 화원을 꾸밀 공간이 없는 곳에는 대신 담장을 아름답게 꾸며 감상하려고 했던 것이며, 또한 대비의 장수를 기원하는 효의 상징이기도 하다.그림 81 이 담장은 담벽 전체를 주황색 벽돌로 축조한 꽃담으로, 무늬는 크게 글자로 무늬를 삼은 것, 삼화토줄무늬로 윤곽을 이룬 것, 영롱의 무늬를 구획해 나비, 벌, 꽃, 박쥐 등을 새겨 넣은 것 등 세 가지가 있다. 내벽에는 만수(萬壽)라는 문자와 꽃무늬가 장식되고 외벽에는 거북문, 천도복숭아, 모란, 매화, 대나무 등이 장식되어 안팎의 문양을 달리하고 있다. 또 자경전 동쪽 담에는 화전(花塼)으로 정교하게 축조한 홍예문이 남아 있다. 뒤뜰에는 십장생 굴뚝이 있는데, 담장의 한 면이 한 단 앞으로 돌출되어 마치 벽돌 담장처럼 보인다.그림 82 굴뚝 면 중앙에는 십장생무늬를 조형전으로 만들어 배치했으며, 그 사이에는 회를 발라 화면을 구성했다. 이들 문양은 모두 흙으로 따로 구워서 벽면에 박은 것으로 그 위에 채색을 하여 화려하게 꾸며 놓았다. 무늬의 주제는 해, 산, 물, 구름, 바위, 소나무, 거북, 사슴, 학, 불로초 등 십장생과 포도, 대나무, 국화, 새, 연꽃 등이며, 둘레에는 학, 나티, 불가사리, 박쥐, 당초무늬와 같은 무늬전을 넣어 장식했다. 그리고 굴뚝 상단에는 용을 중심으로 좌우로 학이 배치되어 있다. 여기에서 용은 왕을 상징하고, 학은 신하를 상징하며, 해, 바위, 거북 등과 같은 십장생은 장수, 포도는 자손의 번성, 박쥐는 복(福), 나티, 불가사리 등은 악귀를 막는 상서로운 짐승을 상징하고 있다.

④ 향원지원

경복궁 궐내의 북쪽에 위치하며, 침전인 건청궁 남쪽에 인접해 있는 향원지원(香遠池苑)은 동서 약 76m, 남북 약 70m 크기의 방형 원지이다.그림 83 『세종실록』 2년(1456년)의 기록을 보면 "경복궁 후원에 취로정(翠露亭)을 짓고 연못을 파서 그곳에 연꽃을 기른다"라는 내용이 있으며, 여기에서 향원(香遠)이란 주렴계(周濂溪)의 '애련설(愛蓮說)'에 나오는 '향원익청(香遠益淸: 향기는 멀리까지 맑음을 더한다)'에서 따온 말이다. 고종이 조석으로 산책을 즐긴 곳으로 정육각형의 2층 누건물인 향원정은 그 자체만으로도 아름답지만 주변의 수목과 화목이 함께 어우러져 한층 돋보인다. 이 섬에 들어가는 다리는 취향교(翠香橋)라 하는데 원래는 북쪽 지안 위에서 건청궁에 들어가도록 되어 있었던 것을 1953년 남쪽으로 옮겼다고 한다. 한편 향원지의 수원은 북쪽 호안가에 있는 '열상진원(冽上眞源)'이란 각자가

그림 82 십장생 굴뚝, 경복궁

그림 83 향원지원, 경복궁

새겨진 샘물로, 정석(井石)을 놓고 샘 주위에 판석을 깔았으며 샘물을 향원지에 유입시키는 시설이 특이하다. 향원정이 있는 섬에는 철쭉 등 관목류의 화목류가 있으며, 못 속에는 연꽃을 심었고 못가의 언덕에는 느티나무, 회화나무, 배나무, 소나무, 산사나무, 버드나무, 참나무, 단풍나무를 식재했다.

3) 창덕궁

창덕궁은 1405년에 창건된 조선 왕조의 이궁으로 현재 서울특별시 종로구 와룡동 1번지에 있으며, 전체 면적은 약 405,636㎡(122,704여 평), 후원(비원)의 면적은 약 300,000㎡(90,750여 평)이며, 국가지정문화재 사적 제122호이다.

(1) 조영의 역사와 배경

태조 이성계가 조선을 건국한 후 한양으로 수도를 옮기기로 하고 경복궁을 창건했으나, 정종 때 다시 개성으로 환도했고 태종 때에야 수도를 옮길 준비를 하면서 경복궁 동쪽 향교동 일대에 궁궐을 조성한다. 1405년 2월 태종은 1개월간 한양에 머물면서 친히 공사의 진행을 둘러보고, 1년에 걸친 공사 끝에 창덕궁(昌德宮)이라 이름 붙였다.

이어 1411년 진선문(進善門)과 석교(石橋)를 건립하고, 이듬해 돈화문(敦化門)을 준공하는 등, 왕궁의 보완공사를 했다. 1418년 7월 박자청(朴子靑)에게 명해 인정전(仁政殿)을 개축하도록 했다. 그러나 태종은 인정전의 개축공사가 끝나기 직전 승하하고, 세종이 즉위한 1419년 9월 준공했다. 그 후 인정전은 1453년 단종의 즉위와 동시에 두 번째 개축을 했고, 모든 공사가 끝난 것은 세조 6년(1460년)이다. 이후 임진왜란이 일어나 경복궁, 창덕궁, 창경궁이 불타 버렸다.

광해군 원년(1609년) 재건공사를 시작해, 1614년 원래대로의 위용이 드러난다. 그러나 1623년 광해군의 치정에 반대한 세력에 의해 창덕궁의 많은 전각이 소실되었으나 다행히도 인정전만은 불에 타지 않았다. 숙종 52년(1776년)에는 금원(禁苑)의 북측에 규장각(奎章閣)을 신축했다.

1908년 일본은 궁궐 일부를 개축하고, 인정전에는 서양풍 가구와 실내장식을 도입한다. 1917년 대조전을 비롯한 내전 일곽이 소실되었는데 이때 경복궁의 침전공간에 있던 교태전, 강녕전, 동서행각, 연길당, 함원전 등의 건물을 헐어 사용했다. 그 후 1990년대에 들어와 3단계에 걸친 복원공사가 이루어져 1995년 인정전 주변의 내행각 11동을 복원했고, 1999년 외행각 주변 15동을 복원했으며, 2002년 규장각 권역에 대한 복원공사가 이루어졌다.

후원은 태종 6년(1406년) 해온정(解慍亭)을 조영하면서 시작되었으며, 세조는 인접한 민가 73가구를 철거해 후원을 확장했다. 연산군은 1497년 담을 쌓았으며, 1503년 동서쪽의 민가를 헐어 후원을 더 넓히고, 말년에는 서총대라는 경회루 같은 큰 누와 못을 파다가 중정반정으로 중단되고 말았다. 1592년 임진왜란이 일어나 20여 년간 후원은 폐허가 되었으나, 1610년 광해군이 창덕궁을 복구하면서 후원에 소정(小亭)을 짓고 기화(奇花), 괴석(怪石) 등을 모아 화려한 원유(苑囿)를 조성, 그 기교함과 사치함이 예전에 없었다고 『광해군 일기』에 기록되어 있다. 1636년 인조는 옥류천 주위에 소요정, 청의정, 태극정을 지었으며, 1644년에는 존덕정을, 1645년에는 취향정을 건립했다. 또 1692년에는 애련지와 애련정을 조성했고, 1704년 대보단을 조성했으며, 1776년 숙종은 규장각을 짓고, 정조는 부용정을 개축했다. 1828년 순조는 사대부의 생활을 즐기기 위해 민가양식의 연경당을 건립했다.

(2) 입지 및 배치

한양은 진산이 삼각산으로 그 내맥은 도성 내에 이르러 네 개의 줄기로 갈라지는데, 그 중 도성 북쪽의 한 봉우리인 응봉을 주산으로 그 맥이 닿는 곳에 창덕궁을 조영했다. 지형은 굴곡이 많고 불규칙해 평탄한 곳이 거의 없었는데, 이러한 지세를 이용해 건물을 배치했다. 〈동궐도(東闕圖)〉를 보면 모든 건물이 같은 방향으로 놓여 있는 것처럼 그려 놓았지만, 실제로는 여러 개의 축에 따라 전각들을 횡으로 배열했다. 창덕궁의 첫 번째 축은 한양성의 도시경관을 대표하는 시전 장랑인 돈화문로이고, 두 번째 축은 정전 인정전이 놓인 방향이며, 세 번째 축은 희정당과 대조전의 축으로 서쪽을 향하고 있다. 한편 창덕궁의 전체적인 배치는 응봉으로부터 흘러 내려오는 산의 연맥을 살펴 그 연맥이 끝나는 작은 평지들을 중심으로 시설이 위치해 있다. 이는 전체 시설을 한곳에 배치할 때 수반되는 기존 지형의 파괴를 가장 최소화할 수 있도록 몇 개의 평탄지를 중심으로 분포함으로써 자연스러운 배치를 보이고 있다.그림 84

(3) 주요 원유

창덕궁의 후원은 자연 구릉지에 왕가의 휴식과 유락을 위해 수경한 원림으로 후원(後苑), 북원(北苑), 또는 금원(禁苑)으로 불렸으나, 조선 말부터 비원(秘苑)으로 통용되고 있다. 이 후원은 원림공간의 특징에 따라 부용지, 주합루 일원, 애련지, 연경당 일원, 반도지 일원, 옥류천 일원 등으로 구분하며 자세한 내용은 다음과 같다.

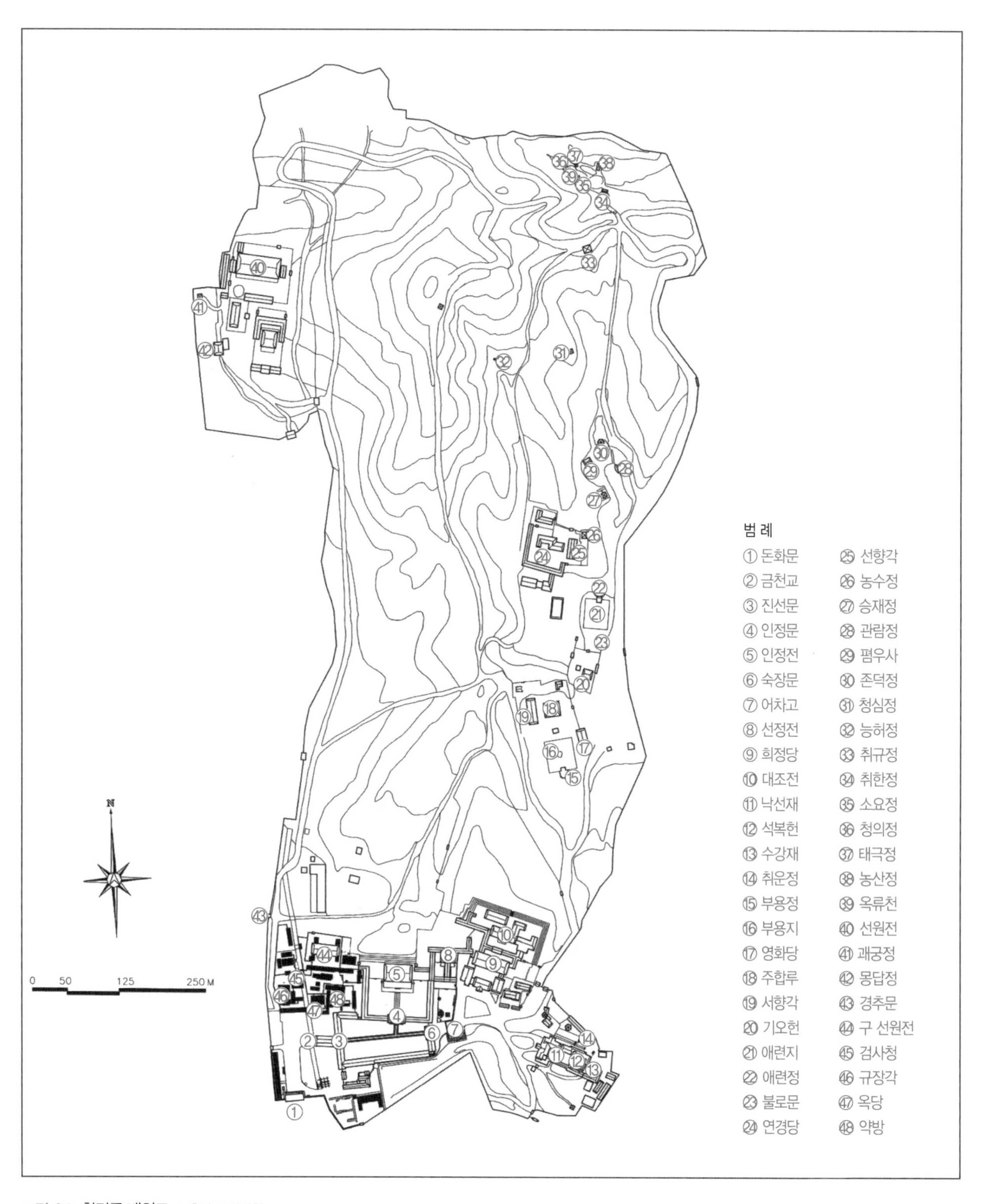

그림 84 창덕궁 배치도 ▷출처: 문화재청

① 영화당은 숙종 18년(1692년)에 개수한 집으로 숙종이 왕자와 왕손을 모아 이곳에서 꽃구경을 하고 시를 쓰기도 했으며, 영조는 공신들을 인견해 시를 내리기도 했고, 순조 대에는 문무신하가 모여 시예를 벌이기도 했다.

② 사정기비각(1690: 숙종16년)은 옛 술성각 자리에다 세운 네 개의 연못을 기록한 비각으로, 겹처마에 팔작지붕을 하고 있다. 건물의 주위는 담장을 두르고 있으며 건물 앞에 작은 일각문이 있다. 숙종이 지은 글에 의하면 "세조대왕께서 영순군과 조산군으로 하여금 지금의 주합루 근처에서 우물을 찾게 한 바, 각각 두 곳씩 찾아내어 …대왕은 크게 기뻐하여…첫째 우물을 마니, 둘째를 파리, 셋째를 유리, 넷째를 옥정이라 하고…"라고 기록되어 있다.

③ 경사 지형을 처리하기 위해 조영한 부용지, 주합루 일원의 화계는 어수문으로 시작해 주합루로 접근하는 석단을 중심으로 축을 이루고 있으며, 주합루 권역의 조성 당시(1776년)의 모습은 〈규장각도〉에, 이후 주합루 권역의 변화된 모습은 〈동궐도〉(1824~1827년)에서 찾아볼 수 있다.

① 부용지, 주합루 일원

후원의 부용지(芙蓉池), 주합루(宙合樓) 일원은 조선 후기 정조 즉위년(1776년) 조성 당시, 임금의 봉안각(奉安閣)과 규장각(奎章閣)으로서의 위엄과 엄숙함을 갖고 있었다. 그러나 순조 이후 왕권이 쇠락하면서 규장각의 기능이 축소되고 주요한 업무를 수행하는 공간이 이문원으로 넘어가면서 연회나 휴식공간으로서의 성격이 강하게 나타났다. 일제 강점기를 거치면서 그 의미와 성격이 변화되어 현재는 휴게, 완상공간으로서의 성격이 짙다.

부용지 및 규장각이 지어지기 전, 이곳은 서총대(瑞葱臺) 터와 영화당①, 택수재, 사정기비각②, 희우정 등의 건물이 있던 곳으로, 숙종이 이곳에 택수재를 짓기 이전부터 방형의 못이 있었던 것으로 보인다. 한편 부용지, 주합루 일원을 독립적인 영역으로 한정시켜 주며, 동쪽의 춘당대에서 개최된 시험 등을 관장하던 영화당은 서총대 터 즉, 열무정(閱武亭)과 함께 많은 사람들이 모이던 장소이다.

시각적 측면에서 부용지, 주합루 일원은 부용정에서 방지 안의 원도로부터 어수문, 화계석단을 거쳐 주합루에 이르기까지 강한 축을 형성하고 있다. 그러나 부용정 일원은 축선으로 양분되는 경직감이 오히려 느껴지지 않는데, 이는 주합루의 수문과 화계에 식재된 수목, 부용지섬 수목의 곡선적 형태로 인해 상당 부분 완화되어, 결과적으로 전통정원 구성기법 중 인공미와 자연미가 상생하는 것이다.그림 85

공간구성에 있어 부용지, 주합루 일원은 창덕궁 내 내의원을 옆으로 석담을 끼고 북쪽으로 뻗은 통로를 따라가다 언덕을 지나면 왼편으로 훤하게 펼쳐진 곳이 나타난다. 이곳은 삼면이 위요된 경사진 언덕으로, 중심에 방지인 부용지가 있으며, 이 방지의 동쪽에 영화당이 동향을 하고 있다. 방지의 남쪽으로는 부용정이 주합루를 바라보고 있으며 또 서편으로 사정기비각이 위치해 있다. 그리고 방지 북쪽으로는 어수문이 있고, 이곳을 지나 경사진 5개의 석단(화계)③ 위로는 2층 누각이 있는데 2층은 주합루이고 1층은 규장각이다. 주합루는 긴 장방형 공간인데 동, 서, 북쪽은 담장으로 둘러 있고 남쪽 전면은 1단의 석단 위에 낮은 취병이 담장 사이를 연결해 주합루와 연지공간을 분할하고 있다. 이 취병 가운데는 왕이 출입하는 어수문이 있고 좌우 양쪽에 두 개의 작은 문이 있어 신하들이 출입하는 문이었음을 알 수

그림 85 부용정 일원, 창덕궁

있다. 주합루의 왼편으로는 서향각[4]이 있으며 서향각의 뒤로는 희우정이 있다. 또 그 반대편에도 제월광풍관이 있어 일련의 건물군을 분리, 구성하는 배치상의 특성을 나타내고 있다. 식생은 주목, 단풍나무, 소나무 순이며, 관목류의 경우 산철쭉, 모란, 앵두나무, 진달래, 철쭉, 옥매 등이 식재되었다.

수공간인 부용지는 34.5×29.4m 크기의 방지로 수원은 지하에서 솟아오르며 비가 올 때는 서쪽 계곡의 물이 용두의 입을 통해 들어왔다가 동쪽 영화당 쪽으로 나가게 되어 있으며, 연못의 동쪽에는 2개의 낮은 석등이 있다. 연못의 중앙에는 직경 8m 가량의 둥근 섬에 소나무가 자라고, 못에는 연이 자란다.[5]

점경물로는 소멧돌, 대석, 괴석, 석함, 석등 등이 있으며, 특히 〈동궐도〉에서는 화려한 취병이 나타나고 있다.

② 애련지, 연경당 일원

애련지(愛蓮池), 연경당(演慶堂) 일원은 구릉, 계류 등을 활용하여 그 일부를 정지해 전옥(殿屋)과 정자를 세우고, 또는 계류를 막아 연못을 만들어 원유(苑囿)공간을 조영한 것이다. 이는 정자에서의 정적인 관상이나 유락에 그치는 것이 아니라 자연의 숲을 즐기는 소요(逍遙)를 위한 공간이었던 것이다. 숙종 18년(1692년) 애련정을 조영해 방지와 정자를 중심으로 한 수경공간을 완성했으며, 순조 28년(1828년) 후원 내 대표적인 행사 장소인 연경당을 동북으로 확장해 사대부 저택을 본뜬 민가 풍의 전옥으로 개건(改建)했다. 순종조, 익종이 춘저(春邸)일 때 역안재(易安齋)를 개건해 운경거와 함께 기오헌(寄傲軒), 의두합(倚斗閤)으로 이름을 바뀌어 오늘에 이르고 있다. 특히 기오헌 뒤쪽에는 오늘날 추성대(秋聲臺)와 초연대(超然臺)라는 암각 각자가 남아 있다.

주합루 권역에 속해 있는 영화당 왼쪽을 끼고 동쪽 넓은 마당을 지나 애련정 쪽으로 걸어가노라면, 금마문(金馬門) 옆 담장 중간쯤 담장을 끊고 다듬은 두 개의 주춧돌 위에 한 장의 통돌을 ∩모양으로 깎아 세운 불로문에 이른다. 이 불로문을 들어서면 넓은 공간을 지나 정면에 연와담이 있다. 불로문 내측은 동, 서, 남쪽이 담으로 막혀 있고, 북쪽만이 애련지에 접해 열려 있는 특이한 공간구성을 보인다.

이는 애련지와 동일한 목적의 행사 장소로

그림 86 애련정 일원, 창덕궁

[4] 서향각은 정면 8칸, 측면 3칸의 팔작지붕으로, 원래 임금의 영정, 곧 어진을 모신 진전이나 규장각의 장서를 두기도 했으며, 후에는 왕비가 친히 누에를 치는 양잠실로도 사용되었고 조선의 마지막 왕후 윤비도 이곳에서 친잠을 하였다. 그래서 이곳에는 친잠권민이라는 편액이 걸려 있는데, 이것은 정조 1년(1777년) 9월에 왕비가 아녀자들의 모범이 되고자 이 건물에서 누에를 친 뜻을 전해 준다.

[5] 부용지에는 원형 섬을 축조하고 소나무를 심었다. 이 연못의 형상은 주역의 "하늘은 둥글고 땅은 네모나다"라는 천원지방의 음양오행설과 도교사상을 나타내고 있다.

사용하고 기오헌, 의두각에서 애련지를 조망하게 하기 위한 배려이다. 또 애련정의 후면은 어수당으로부터 평탄한 단이 계속되는데, 이 단의 북쪽은 자연구릉으로 되어 있고, 그곳에는 석대에 앉혀진 괴석이 애련정을 중심으로 좌우에 1기씩 대칭으로 위치하고 있으며 뒤쪽 언덕에는 괴석을 배경으로 소나무가 식재되어 있다.그림 86

한편 연경당은 남향 대문인 장락문 앞으로 맑은 물이 흘러내리도록 수구를 설치했으며, 다리 양측에 있는 석분에 괴석을 놓았다. 다리를 지나 대문 안으로 들어서면 행랑마당에 이른다. 행랑마당에서는 안마당으로 통하는 수인문(修仁門)과 사랑마당으로 통하는 장양문(長陽門)이 있으며, 정심수로서 느티나무 한 그루가 있고, 장양문 앞에는 석계를 사이에 두고 대석이 양쪽으로 놓여 있다. 우측 사랑마당으로 들어서면 정면에 사랑채인 연경당과 우측에 서고인 선향제가 있으며, 한쪽으로는 석련지가 있다. 그리고 선향제 뒤편에는 건물의 기단과 평행하게 잘 다듬은 사괴석(四塊石)을 사용해 바른층 쌓기를 두 번한 4단의 화계를 조성했는데, 화계의 최상단에는 정자인 농수정을 둘러싼 석난간(石欄干)이 있다. 또 사랑마당과 안마당 사이에 낮은 담을 두어 두 공간을 분절하고 있으며, 담 아래에는 땅과 치석한 괴석, 석함에 얹어 놓은 괴석이 담을 따라 놓여 있다. 식생은 갈참나무 군락을 배경으로 교목류에는 느티나무, 소나무, 음나무, 단풍나무, 주목의 비중이 높으며, 관목류에는 산철쭉, 앵두나무, 진달래, 철쭉 등이 있다.

연경당 서북쪽 골짜기에서 내려오는 물이 행랑채 앞을 돌아 흐르는 개천 위에 돌다리가 있다. 이 개천은 연경당 남쪽 방형의 연못으로 흘러들고 이곳에서 나온 도랑물은 판돌 가운데를 우묵하게 파서 만든 물길을 따라 한 길 낮은 자리에 놓인 물확으로 작은 폭포가 되어 애련지로 들어간다. 애련정은 숙종 18년(1692년)에 지은 전면 1칸, 측면 1칸의 익공집 건물로 연못 속으로 몸체를 내민 형태의 사각정자로, 정자에 오르면 연못 속에 떠 있는 느낌이 든다. 점경물로는 애련정 일원의 석함, 석문(不老門(불로문)), 석누조 등이 위치하며, 해치나 연판문, 용두의 문양이 새겨 있다.

그림 87 관람정 일원, 창덕궁

③ 반도지와 존덕정 일원

애련지를 나와 북쪽으로 구릉 밑을 돌아가면 좌측에 자연 곡선형의 반도지가 있고, 연못의 동쪽 지안에는 물속에 뜬 것 같은 부채꼴 모양의 관람정이 있다.그림 87 『궁궐지』에는 관람정의 모양이 부채꼴인 까닭인지 '선자정(扇子亭)'이라고 기록되어 있다. 반도지는 한반도 모양과 같다고 하여 붙여진 명칭이다. 왜냐하면 〈동궐도〉에 나타나는 연못은 크고 작은 원형 3개가 한곳에 모여든 호리병과 같은 모습이기 때문이다. 관람정 서쪽 언덕 위 숲 속에는 정방형의 승재정이 있고, 그 앞에는 아름다운 괴석이 있다. 또 반도지 북쪽 한 단 높은 곳에는 반월지가 있고 이 반월지와 반도지 사이 계간에는 단아한 형태의 홍예석교가 있다. 이 석교를 건너기 전에 석함이 좌우에 하나씩 놓여 있고, 다리를 건너면 왼쪽에 해시계를 받치던 일영대가 있다.

석교를 건너 들어가면 1644년에 건립된 육각형의 존덕정이 있는데, 존덕정의 지붕은 난간주를 덧대어 얹어 이층 지붕처럼 보인다. 존덕정에는 정조가 자신의 호(號)를 쓴 '만천명월주인옹자서(萬川明月主人翁自序)'의 편액이 걸려 있다. 석교 밑의 계간은 석지처럼 만든 뒤 판석으로 물막이를 하여 계류가 고였다 넘쳐서 반도지로 흘러 들어가도록 했으며, 산록에 흘러드는 물은 폭포가 되어 떨어질 수 있도록 석구를 설치했다. 한편 존덕정 서쪽 산기슭에는 왕자들이 공부했던 폄우사가 있는데 수림이 울창해 한적하다.

④ 옥류천 일원

반도지를 떠나 북쪽의 울창한 숲 속 고개를 오르면 취규정이 있고 이 고개를 넘어 북쪽 계곡으로 내려가면 가장 깊은 옥류천 계정에 이른다. 이 계정은 1636년 인조가 조성한 것으로 계류에는 청의정, 소요정, 태극정, 농산정, 취한정 등과 같은 정자들이 있다. 이들 정자 중 청의정은 궁궐 안의 유일한 초정이다. 소박한 지붕과는 달리 내부의 천장은 매우 화려한 무늬와 채색으로 되어 있어 묘한 대비를 이룬다. 한편 초정 옆 암반에는 인조 때 판 어정이 있다. 계류는 북악의 동쪽 줄기인 매봉 계곡에서 흘러내리는 것이며, 이 계류 위에는 간결한 판석의 석교들이 여러 개 놓여 있다. 어정 밑에는 거대한 소요암을 C자형으로 다듬어 샘물이 돌아 흐르게 했다. 암벽에는 인조가 쓴 '옥류천'이란 각자와 1690년 숙종의 "비류삼백척 요락구천래 간시백홍기번성만학뢰(飛流三百尺遙落九天來看是白虹起蕃盛萬壑雷)"라는 '오언시'가 새겨 있다. 풀이해 보면 "흐르는 물은 삼백 척을 날아 흘러, 아득히 구천에서 내려오누나, 보고 있노라니 문득 흰 무지개 일어나고, 일만 골짜기에 우레 소리 가득하다"라는 뜻이다. 이 표현으로 임금의 풍류적 취향을 엿볼 수 있다. 옥류천은 어정, 정자, 지당, 수전, 암반, 폭포, 수림이 한데 조화된 정원이다.그림 88

그림 88 옥류천 일원, 창덕궁

4) 창경궁

창경궁은 성종 15년(1484년)에 조성된 이궁으로 현재 서울특별시 종로구 와룡동 1번지에 있으며, 전체 면적은 약 173,800㎡(52,600여 평)이고, 국가지정문화재 사적 제123호이다.

(1) 조영의 역사와 배경

창경궁(昌慶宮)은 세조의 비 정희왕후(貞喜王后)와 생모 소혜왕후(昭惠王后) 및 양모인 예종의 비 안순왕후(安順王后)를 위해 성종 14년(1483년)에 창건한 것이다. 당시 조영된 전(殿)으로는 명정(明政), 문정(文政), 수령(壽寧), 환경(歡慶), 경춘(景春), 인양(仁陽), 통명(通明)이 있으며, 당(堂)으로는 양화(養和), 여휘(麗暉)이고, 각(閣)으로는 사성(思誠)이 있다.

『동국여지승람』 경도(京都) 창경궁 조에 명정전은 성종이 정월과 동지에 신하들을 거느리고 정희, 소혜, 안순왕후에게 하례한 후 조회를 했던 곳이며, 동문을 명정문 또는 홍화문(弘化門)이라고 했다. 홍화문 안에는 개울 및 석교(石橋)가 있는데 이를 옥천교라 하며, 명정전 남쪽에는 문정전이, 서쪽에는 인양전이 있다. 수령전 북쪽에는 경춘전이 위치하며, 북쪽에는 통명전이, 통명전 북쪽 송림 속에는 환취정이라는 정자가 있다.

한편 성종은 1484년 3월 주위에 담을 쌓고, 장원서(掌苑署)[1]로 하여금 궁 내부가 보이지 않게 어구(御溝) 주위에 버드나무를 심게 했다. 연산군 때에는 춘당지 북쪽에 서총대(瑞蔥臺)를 조성하고 큰 못을 파는 공사를 진행했으나, 1506년 9월 중종반정으로 중단, 중종 2년 서총대 일부 시설이 철거되었다. 그런데 1560년 명종은 서총대에서 문무백관을 거느리고 연회를 베풀어 유희했다는 기록이 있다. 『동국여지승람』 경도(京都)의 원유 조에 보면 "창덕궁 후원과 창경궁 후원은 통하여 있다"라고 했는데 후원(비원)의 부용지 옆 영화당 동쪽과 지금의 창경궁 춘당지 지역은 담이 없어 통한 지역이었다. 서총대는 과거를 보던 곳으로 중종 때는 이곳을 춘당대라 불렀으니 『한경지략(漢京識略)』 권1 창경궁 조에 "춘당대는 옛날에 서총대라 칭하였다"라는 기록이 있다. 이런 연유로 창경궁 후원의 큰 못은 춘당지(春塘池)가 되었다.

고종은 창덕궁에 거처하면서 때때로 창경궁에 나가 명정전, 통명전, 영춘헌 등 자연경관이 좋은 곳에서 신하들과 경전이나 사기를 강론하기도 했다. 그러나 순종이 즉위하면서 일제에 의해 창경궁의 선인문 안 보루각 터에 동물원을 짓고, 춘당대에는 식물원을 지었으며, 권농장 터에 춘당지를 파 1909년 11월에 준공식을 했다. 이어 1911년에는 장대 축단을 높이 쌓고 박물관을 건립했으며, 문정전 남쪽 언덕에 4층의 장서각을 세워 궁궐의 면모를 위축시켰다. 1922년 궁내에 수천 그루의 벚나무를 심어 야간 공개를 시작하면서

[1] 장원서는 조선시대 왕궁의 조경과 과원을 담당한 관청부서로 1466년 세조 때는 상림원(上林園)이라 하였던 것이 뒤에 장원서로 개칭되었다. 직제는 제조(提調) 1명은 겸직이며 장원(掌苑) 1명은 정6품직이고 별제(別提) 2명은 종6품(뒤에 장원직을 없애고 봉사직으로 종8품을 1명 두었다.)이다. 장원서에 딸린 분원(分苑)으로는 경원(京苑)과 외원(外苑)이 있었는데 경원에 딸린 과수원은 용산과 한강 유역에 있었고 외원에 딸린 과수원은 강화, 남양, 개성, 과천, 고양, 양주, 부평 등지에 있었다.

예전의 궁궐 모습은 찾아볼 수 없게 되었다. 1984년 창경궁 복원을 위한 발굴조사를 실시하고 동·식물원을 폐쇄했으며, 이어 1987년 3년간 정전과 회랑을 중창해 옛 궁원의 모습으로 정비했다.그림 89

(2) 입지 및 배치

창경궁은 백악의 한 줄기가 내룡(內龍)의 지세로 남향하여 뻗은 완만한 산줄기 중간에 동향으로 정전을 배치했으며, 정전의 문과 궁의 정문(홍화문), 회랑 등은 동향으로 배치했다. 그러나 여타의 다른 건물들은 명정전의 중심축과 일치하지 않고 호행되거나 직교된다. 이는 궁궐의 많은 건물을 독립해서 조영했기 때문이며 각 건물마다 고유한 중심축이 따로 있다. 침전인 숭문당, 경춘전은 동향이나 통명전, 양화당, 집복헌, 영춘헌, 환경전, 함인정 및 낙선재 지역의 수강재, 석복헌, 취운정, 상량정, 승화루 등은 남향으로 배치되어 있다. 한편 후원은 춘당지가 있는 북쪽인데 원래 권농장이 있었던 곳이다. 낙선재 지역은 후궁들의 침전으로 창경궁 소속인데 지금은 창덕궁에 인접하여 부속침전처럼 관리하고 있다.

(3) 주요 원유[2]

① 식생

창경궁을 창건할 당시인 1484년 성종은 통명전, 양화당, 영춘헌, 경춘전 후원에 느티나무 숲을 만들고, 특히 통명전 북쪽 언덕 위의 환취정(環翠亭) 공간과 함인정(涵仁亭) 남쪽 언덕 공간 등에는 수천 그루의 소나무와 대나무를 심어 죽림(竹林)을 형성했다. 『환취정기(環翠亭記)』에 보면 멀리 성 밖의 시가가 보이고, 남산을 위시한 산천이 보이는 밝고 높은 언덕으로, 송림과 죽림이 울창한 원림의 공간으로 묘사하고 있다. 그리고 통명전과 후원의 화계에는 매화, 철쭉, 모란, 앵두, 난, 복숭아 등과 화목(花木)이 있으며, 낙선재 후원에는 주목, 배나무 등이 있다. 후원 내에는 단풍나무, 굴참나무, 버드나무, 느티나무, 주목, 음나무, 말채나무, 소나무, 때죽나무, 철쭉 등이 수림을 이룬다.

② 천(泉)

창경궁 내 명당수인 천류(川流)는 장대석으로 쌓은 어구를 통해 흐르며, 통명전, 양화당, 경춘전, 관경전, 집복헌 등 연침(燕寢)의 공간에는 8개의 샘이 있다. 이들은 원형과 방형(方形)으로 구분되며, 통명전 후면부에 위치한 샘에는 '열천(洌泉)'이라는 각자가 새겨 있다.

[2] 창경궁의 원유(苑囿)로는 춘당지 지역, 어구(御溝)가 있는 계류 주변, 정전의 남쪽 외조공간, 문정전 서남쪽의 계원(桂苑), 청음정(淸陰亭) 동쪽의 추경원(秋景苑), 통명전 후면의 언덕 위에 있던 환취정(環翠亭) 주위 송죽림(松竹林) 낙선재 후원, 통명전 옆 연지, 침전들의 후원, 화계 등이 있다.

그림 89 창경궁 배치도 ▷출처: 문화재청

③ 지당

통명전 옆 지당(池塘)은 장방형으로 네 벽을 장대석으로 쌓아 올리고 석난간을 돌린 석지(石池)이다. 이 지당의 석교는 무지개형 곡선 형태이며, 속에는 석분(石盆)에 심은 괴석 3개와 기물을 받치던 앙련(仰蓮) 받침대석이 있다. 수원은 북쪽 4.6m 거리에 지하수가 솟아나는 샘으로 이 물은 직선의 석구(石溝)를 통해 지당 속 폭포로 떨어지게 되어 있다. 그림 90 한편 춘당지(春塘池)는 1909년 일제 강점기에 자연석으로 쌓은 원지로, 못가에는 소나무, 느티나무, 단풍나무 등 아름다운 원림을 조성해 멀리 남산과 한강까지도 조망되었으나 지금은 괴석과 풍기대 등이 남아 있다.

④ 괴석

창경궁 내의 괴석은 총 26개로, 방형이나 8각형 등의 석분에 심어져 있으며 1단, 2단 또는 3단의 높은 석주(石柱) 같은 대석 위에 받쳐 있는 것도 있다. 괴석을 받친 대석(臺石)이나 석분에는 연화, 당초, 모란 등 식물무늬와 구름무늬, 동물무늬 등이 조각되었다. 그림 91

⑤ 기물

동궐도에 보면 큰 황새 같은 조류나 동물, 해시계(仰釜日晷臺 앙부일귀대), 풍향과 풍속을 재던 풍기(風旗) 등의 기물을 대석 위에 설치한 것이 보인다. 이러한 대석은 통명전 서쪽 지당 및 언덕 등에 있으며, 낙선재 후면 화계에는 석연지, 하마석 등이, 상량정 앞에는 석상(石床) 등이 있다.

그림 90 **통명전 지당, 창경궁** ▷출처: 문화재청

그림 91 **낙선재 괴석, 창경궁**

❶ 종묘는 조선시대 역대 왕과 왕비, 그리고 생전에는 왕이 아니었으나 죽은 후에 왕이나 왕비의 칭호를 얻은 이들의 신주를 봉안한 사당이다.

⑥ 보도 및 석교

홍화문에서 명정문에 이르는 보도는 삼도로 중앙을 높게 해 단을 두고 박석을 깔았다. 석교(石橋)는 현재 3개가 남아 있으며 대표적인 것이 옥천교(玉川橋)이다. 중앙에는 용이 조각되어 있고 다리 양쪽에는 난간이 있는데 난간 양 끝 방주 위에 석수(石獸)를 조각했으며, 네 개의 방형 동자주(童子柱)를 세워 5칸을 형성하고 풍혈판을 설치했다.

5) 종묘

종묘는 1395년 창건, 1608년 중건된 조선 왕조의 신궁(神宮)으로 현재 서울특별시 종로구 훈정동 1-2번지에 있다. 전체 면적은 약 220,113㎡(66,000여 평)이며, 국가지정문화재 사적 제125호이다.

(1) 조영의 역사와 배경

종묘❶의 조영은 『주례고공기(周禮考工記)』의 '좌묘우사(左廟右社)'를 따라 태조 4년(1395년) 7칸의 본전(本殿)과 2칸씩의 좌우 익실(翼室), 공신당(功臣堂) 5칸, 신문(神門) 3칸, 동문(東門) 3칸, 서문(西門) 1칸을 건립했다. 담을 두른 후, 그 밖으로 신주(神廚) 7칸, 향관청(享官廳) 5칸, 좌우의 행랑 각 5칸, 남행랑 9칸, 재궁(齋宮) 5칸을 건립하면서 개성에서 옮긴 선왕 4조의 위패를 봉안했다. 그 후 태종 7년(1407년) 2월에는 종묘 남측에 인위적 조산을 하고, 태조 14년(1414년)에는 종묘 전역에 축석을 했으며, 세종 3년(1421년)에는 종묘 서측으로 조묘인 영령전(永寧殿)을 건립했다. 선조 25년(1592년) 임진왜란 때 불탄 것을 선조 41년(1608년) 정월부터 재건해 5개월 후인 광해군 원년 5월에 준공했다. 그 후 영·정조 및 헌종 때 증축을 거듭한 끝에 정전 19실 19칸, 영령전 16실 16칸으로 되었다. 정전에는 태조를 비롯해 왕과 왕비 및 순종황제의 4대조, 49위를 모시고 있고, 영령전에는 정전에

그림 92 영령전, 종묘

모시지 않은 왕과 왕비 및 추존왕과 그 왕비 그리고 순종황제의 황태자였던 영왕(英王) 등 34위를 모시고 있다. 또 정전 남쪽으로는 역대 공신 83위의 위패를 모신 공신당이 있다. 그림 92

(2) 입지 및 배치

종묘는 응봉과 창덕궁을 거쳐 내려오는 산줄기에 있다. 창덕궁으로부터 이어져 내려온 내백호(內白虎)와 내룡(內龍)의 산세는 정전과 영령전을 위요하고 있는 한편, 두 구릉 사이에는 정전 앞을 지나 남으로 명당수가 흐르고 있다. 이러한 입지는 왕궁과는 다른 풍수상의 원칙에 기초하는데, 이는 축을 통일하지 않고 각 건물별 개별 축을 바탕으로 구성하기 때문이다.그림 93

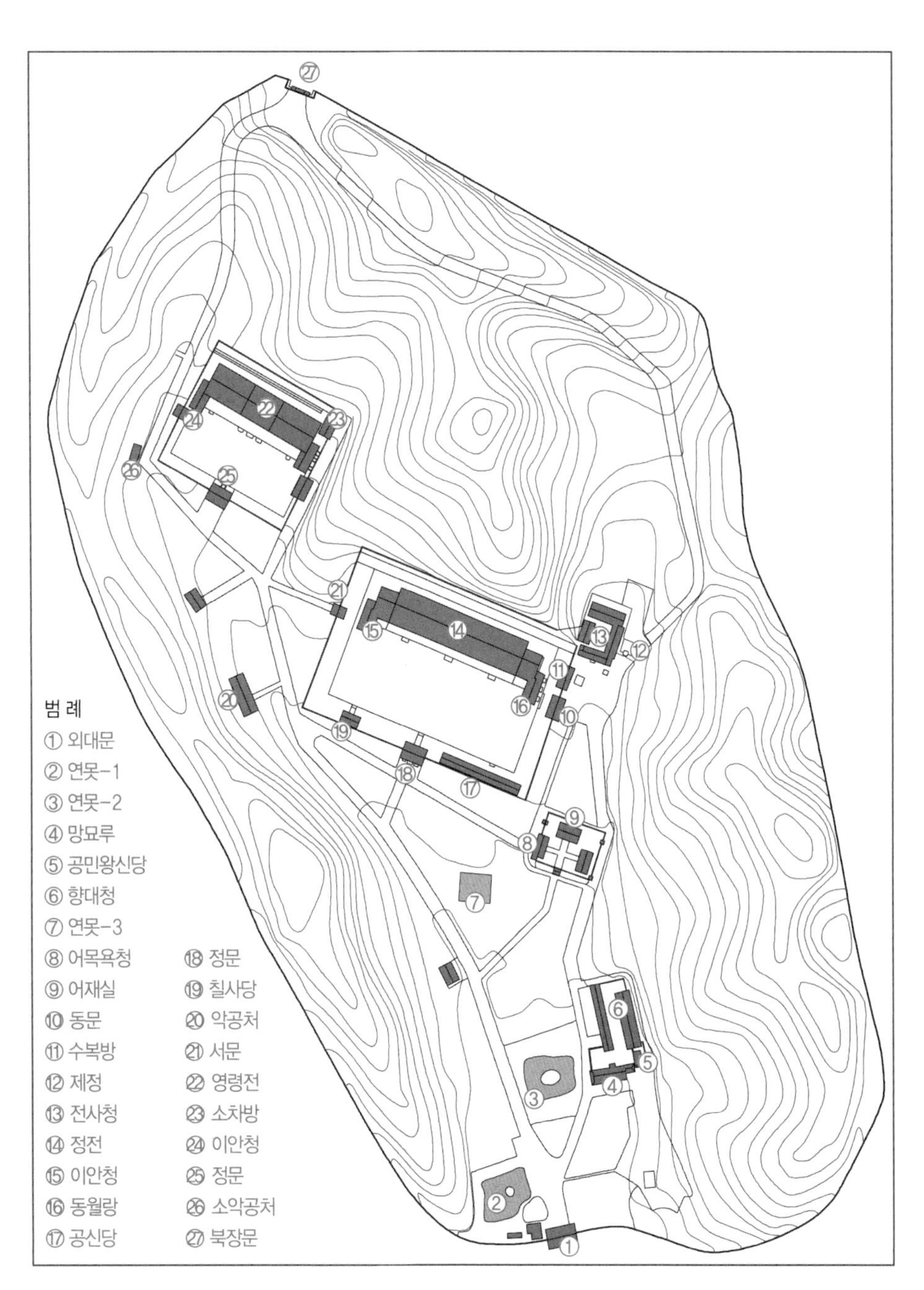

그림 93 종묘 배치도 ▷출처: 문화재청

종묘는 정전과 영령전이라는 두 개의 영역을 중심으로 제궁과 향대청들을 배치하는 형식이다. 이를 공간전이상 살펴보면 다음과 같다. 외대문인 종묘 정문을 들어서 명당수 다리를 건너면, 정전에 이르는 주도로가 남북으로 시선축을 형성하며, 오른쪽으로 난 첫 번째 갈림길인 향로를 따라 들어가면 망묘루(望廟樓), 향대청(香大廳), 공민왕신당(恭愍王神堂)

❶ 망묘루는 제향 때 왕이 머물면서 사당을 바라보며 선왕과 종묘 · 사직을 생각한다는 뜻으로 붙여진 이름이다. 향대청은 향 · 축 · 폐와 제사 예물을 보관하고, 제향에 나갈 제관들이 대기하던 곳이다. 공민왕신당은 고려 31대 왕인 공민왕을 위하여 종묘 창건 시에 건립되었다고 전해진다.

이 있는 일곽에 닿는다.❶

이와는 별도로 외대문에서 시작되어 북으로 곧장 나 있는 주동선은 널찍한 돌이 높낮이가 다르게 凸자형으로 깔려 있는데, 가운데 높은 길은 신향로이고, 동측은 어로(御路), 서측은 세자로(世子路)이다. 신향로는 정전 신문을 통해 묘정 월대에 난 신로에 이어지고, 어로와 세자로는 어숙실(御肅室) 일곽에 닿는다. 어숙실은 재궁(齋宮), 어재실(御齋室)이라고도 하며, 왕이 목욕하고 재계해 의복을 정재하여 세자와 함께 제사를 올릴 준비를 하던 곳이다. 원래 중앙의 뜰을 중심으로 북으로 어재실, 동으로 세자재실, 서쪽으로 어목욕청(御沐浴廳)이 있었다. 어숙실 서북측 동문을 통하면 각각 전하판위(殿下版位)와 세자판위(世子版位)에 이른다.

정전 일곽은 담장으로 위요되어 있으며, 묘정을 중심으로 남쪽 담장 중앙에 신문, 제례 때 제관이 출입하는 동문 그리고 악공과 종사원이 출입하는 서문이 있다. 신문을 들어서면 동서 109m, 남북 69m의 묘정 월대가 펼쳐지는데 크기 70㎝, 두께 10㎝ 정도의 박석으로 포장되어 있다.그림 94 이곳은 제관들이 제사를 드릴 때 의식을 행하며 대기하는 공간으로, 제례악을 연주하는 곳으로 사용했다. 묘정 월대 중앙의 신로가 상월대 아래까지 나 있다. 신로 동쪽에는 전을 깐 방석 모양의 부알위판(祔謁位版)을 두었고, 동문 밖과 동월대 남쪽 아래 묘정에는 사각형으로 된 전하판위와 세자판위가 각각 자리를 달리하고 있다.

상월대 북쪽의 기단 위에 있는 정전은 매 칸마다 신위를 모신 감실 19칸, 좌우의 협실 각 3칸 그리고 협실 양 끝에서 남으로 직각으로 꺾여 나온 동서에 공신당과 칠사당이 서 있다. 동문 북으로 수복방(守僕房), 담장 밖 서북쪽으로는 전사청(典祀廳)과 어정(御井)이,

그림 94 박석포장, 종묘

그림 95 제정, 종묘

정전 서남쪽 밖에는 악공청(樂工廳)이 있고, 정전 서북측에 영령전 일곽이 있다. 영령전도 정전과 마찬가지로 담장과 문 및 신로가 있으며, 중앙에 정전 4칸, 좌우에 각각 협칸 6칸씩을 두어 모두 16칸으로 구성되어 있고, 좌우 협실 양 끝에 동월랑과 서월랑 5칸이 있다.

(3) 주요 원유

① 식생

정전과 영녕전 일곽을 중심으로 때죽나무, 잣나무, 갈참나무, 팥배나무, 소나무, 서어나무, 단풍나무, 상수리나무 등이 원림을 형성하고 있다. 향대청 주변, 지당 주변에는 눈주목, 수수꽃다리, 자작나무 등의 다양한 수종들이 있으나, 종묘 자체는 신궁(神宮)이므로 화계와 정자를 건립하거나 괴석이나 화려한 화목을 배치하지 않았다.

② 지당(池塘)

종묘에는 현재 연못이 세 개가 있는데, 일명 상연지, 중연지, 하연지라고 한다. 상연지는 정전의 정문 남쪽, 어숙실의 서남쪽에 방지의 형태이며, 중연지는 망묘루의 서편에 위치하며 방지원도의 형태다. 또 하연지는 현재 관리사무소로 사용되는 정문 안 수복방의 위쪽에 부정형의 방지 가운데 원도가 있다. 특이 사항으로는 중연지의 망묘루 앞에 있는 장방형 연못은 1443년 조성한 것으로 지안은 자연석으로 쌓았고, 못 가운데 원형 섬을 조성해 소나무가 아닌 향나무를 심었다.

③ 우물

종묘 내에는 제례 시 제수로 사용하기 위한 우물이 전사청 동쪽에 위치하나,그림 95 『종묘의궤』의 〈종묘전도(宗廟全圖)〉와 〈금의종묘영령전전도〉를 살펴보면 정전 전사청 남쪽의 우물과 영령전 남신문 이남의 '제정(祭井)' 두 곳이 나타난다.

6) 덕수궁

덕수궁은 선조 25년(1593년) 행궁으로 사용 후, 1908년 중건된 궁궐로 현재 서울특별시 서대문구 정동 1번지에 있다. 전체 면적은 약 61,500㎡(20,100여 평)이며, 국가지정문화재 사적 제124호이다.

(1) 조영의 역사와 배경

덕수궁은 원래 성종의 형인 월산대군(月山大君)의 집이었으나, 선조가 임진왜란으로 피난을 갔다 돌아왔을 때 대부분의 궁이 불타 버려 이곳을 임시 거처로 사용하면서 정릉동 행궁이라 불렀다. 광해군이 이 행궁의 즉조당(卽祚堂)에서 즉위하고, 1611년 행궁을 궁궐로 높여 경운궁(慶運宮)이라는 궁호를 붙였다. 그러나 광해군은 창덕궁이 모두 중건된 1615년 4월 창덕궁으로 옮겨 갔고, 선조의 계비인 인목대비(1584~1632년)를 한때 이곳에 유폐했다. 1623년 광해군을 폐위하고 왕위에 오른 인조 역시 즉조당에서 즉위한 후 창덕궁으로 옮겨 갔다. 그 후 270여 년 동안 경운궁은 궁궐로서는 거의 사용하지 않았고, 왕실에서도 크게 관심을 기울이지 않았다. 다만 영조가 선조의 환도 삼주갑(三周甲)[1]을 맞아 이곳에서 배례를 행한 일 정도가 기록으로 남아 있다.

덕수궁이 다시 왕궁으로 부각된 것은 고종 때이며, 덕수궁은 고종 재위 말년에 약 10년 동안 정치적 혼란의 주 무대였다. 고종은 을미사변이 일어나자 이듬해 러시아 공관으로 피신해 러시아 공관 옆에 있던 덕수궁으로 거처를 옮겼다. 이때를 전후해 궁 안에 많은 건물들이 지어졌고, 덕수궁은 비로소 궁궐다운 장대한 전각을 갖추게 된다. 역대 임금의 영정을 모신 진전(眞殿)과 궁의 정전인 중화전(中和殿) 등이 세워졌으며, 정관헌(靜觀軒), 돈덕전(惇德殿) 등 서양식 건물도 들어섰다. 고종이 경운궁에 머무르고 있던 1904년 큰 불이 나, 전각 대부분이 타 버렸으며, 곧 복구에 착수해 이듬해인 1905년 즉조당, 석어당, 경효전, 준명전, 흠문각, 함녕전 등을 중건하고, 중화문, 조원문 등을 세웠다.

1906년 정전인 중화전을 완성하고 대안문(大安門)을 수리해 대한문(大漢門)으로 이름을 바꾸고 궁의 정문으로 사용했다. 1907년 고종은 순종에게 제위를 물려주고, 순종(1874~1926년)은 창덕궁으로 거처를 옮겼으나, 태상왕이 된 고종은 계속 경운궁에 머물렀다. 이때 경운궁에서 고종의 당호인 덕수궁으로 바뀌었고, 1910년에는 궁내에 서양식 대규모 석조건물인 석조전(石造殿)을 세웠다.

(2) 입지 및 배치

덕수궁은 정전인 중화전을 중심으로 회랑이 위요해 있으며, 중화문과 인화문(仁化門)이 남북 축선 상에 있다. 내전인 석어당, 즉조당, 준명당이 있고 그 서쪽에 석조전이 위치하고 있다. 석어당은 선조가 행궁의 정전 겸 침전으로 쓰던 집을 복원한 것이다. 즉조당이나 준명당은 침전의 구조이나 정사를 보는 편전의 기능도 했으며, 석조전은 황제의 집무실과 접견실, 침실의 기능을 가졌다.그림 96 석어당 동쪽에는 덕홍전(德弘殿)이 있고 그 동쪽에 함녕전이 있는데 덕홍전은 접견실이었으며 함녕전은 고종의 침전이었다. 함녕전 앞을 지나면 중화문이 나오고 그 안쪽으로 중화전이 있다. 고종 광무 6년(1902년) 건립된 중화전은 중층의 장대한 규모로 2층으로 조성된 월대 위에 정면 5칸, 측면 4칸의 구조였다. 그러나 1904년 화재 뒤 재건되면서 단층 건물로 축소되었다. 본래는 중화전을 둘러싸고

[1] 환도 삼주갑이란 임진왜란으로 피난 갔던 선조가 다시 도성으로 돌아온 1593년 이후 60년이 세 번 지난 해, 1773년을 뜻한다.

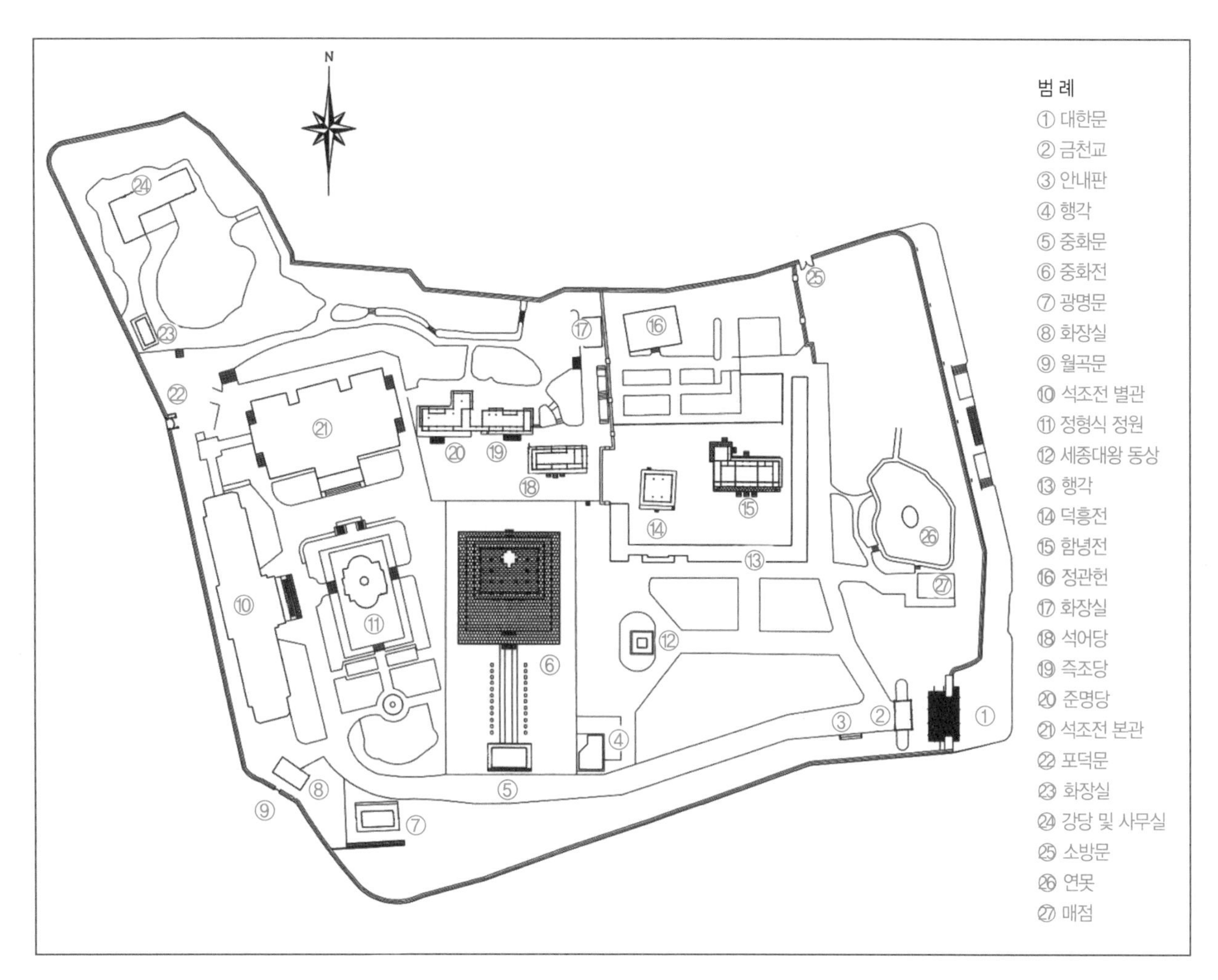

그림 96 덕수궁 배치도 ▷출처: 문화재청

그림 97 석조전, 덕수궁

길게 행랑이 연결되어 있었으나 지금은 남아 있지 않다. 덕수궁의 조영은 지세를 보고 터를 잡은 것이 아니라 조선 왕조가 위급할 때 임시방편으로 조영한 것이기 때문에 원유(苑囿)가 미흡하나 내전에 후원이 있고 석조전 앞 뜰에는 중정식 정원이 있다.

(3) 주요 원유

석조전 정원은 우리나라 최초의 서양식 정원으로 못을 파서 중앙에 수반형의 둥근 분수대를 세웠고 이를 중심으로 못 속 동서남북에 네 마리의 물개를 청동으로 조형했다. 이 정원은 큰 나무를 심지 않아 석조전을 위엄 있게 드러내 보이는 효과를 주고 있다.그림 97 또 하나의 덕수궁 내 원유의 특이점은 화담을 들 수 있는데, 유형은 장원(牆垣)과 화초장(花草墻)으로 구분된다. 장원은 장대석을 다듬은 지대석을 놓고 그 위에 괴석을 쌓아 올린 뒤 반방전으로 무늬를 베푼 구성이며, 화초장은 이른바 꽃담으로, 하부는 장원과 마찬가지로 장대석으로 치석한 지대석을 놓고 그 위에 괴석을 쌓은 다음 반방전으로 세밀하고 아름다운 무늬를 넣은 것으로, 즉조당, 석어당, 준명당, 함유재, 흠문각 등이 그 예이다. 한편 함녕전의 침전과 즉조당, 준명당의 공간을 구획하는 유현문(惟賢門)의 전축화담은 아름다운 조형미를 보여 준다. 경사진 지형을 따라 담장의 높낮이에 절묘한 변화를 주었으며, 안에는 완자무늬를 조형하고 윗부분 좌우에 구름 속에서 생동하는 용의 운룡문(雲龍門)을 장식했다. 또 동쪽의 대한문을 들어서면 문안 북쪽에 작은 연못이 있는데 이것은 원래 없었던 것으로 일제 강점기에 조성했다.

7) 경희궁

경희궁은 광해군 9년(1617년)에 조성된 이궁으로 현재 서울시 종로구 신문로2가 1-126번지에 있다. 면적은 약 10만 1,222㎡이며, 국가지정문화재 사적 제271호이다.

(1) 조영의 역사와 배경

경희궁(慶熙宮)은 광해군 9년(1617년)에 서별궁(西別宮)이란 이름으로 창건되었으며, 이후 경덕궁이라 불렸다가 영조 36년(1760년) 경희궁으로 개칭되었다. 원래는 인조(1595~1649년)의 생부 정원군 이부(李琈, 1580~1619년)의 개인 주택이었으나, 이곳에 왕기(王氣)가 서린다는 말을 듣고 광해군이 그 기운을 누르려 광해군 8년(1616년) 6월 경덕궁을 지었다. 인조반정(1623년) 이후 광해군 대에 지은 궁궐이 여럿 헐렸지만, 이곳은 인조의 부친이 살았던 곳이라 헐지 않았다. 이후 많은 임금들이 정사를 보았고, 특히 경종, 정조, 헌종 등은 여기서 즉위식을 했다. 영조 36년(1760년) 경희궁으로 궁호를 바꾸는데, 이는 '경덕(慶德)'이 원종의 시호인 '공량경덕 인헌정목 장효대왕(恭良敬德仁憲靖穆章孝大王)'의 '경덕(敬德)'과 음이 같다는 이유에서였다.

순조 29년(1829년) 10월 화재로 건물 대부분이 소실됐으나 순조 31년(1831년) 다시 중건하였고, 철종 10년(1859년)부터 11년에 걸쳐 보수공사를 진행했다. 원래 경희궁에는 정전인 숭정전을 비롯한 많은 건물들이 있었으나, 일제에 의해 철거되거나 다른 곳으로 옮겨지면서 경희궁은 그 본래의 모습을 완전히 잃었다. 황학정은 1923년 사직단 뒤 활터로 옮겼고, 숭정전은 1926년 남산 기슭의 일본인 사찰 조계사 본당으로, 흥정당은 1928년 광운사(光雲寺)로, 흥화문(興化門)은 1932년 남산 기슭의 박문사(博文寺) 정문으로 각각 자리를 옮겼다.

일제는 1907년 궁 서쪽에 통감부 중학을 건립했고, 1910년 이후 국유로 편입되자, 경희궁 터에 경성중학교를 세워 일본인 관리 자녀들을 교육했다. 광복 후에는 서울중고등학교가 자리 잡았으며, 1980년 서울중고등학교가 서초동으로 이전하자 현대건설이 다시 그 부지를 매입해 사용했다.

이후 서울시가 인수, 1985년 사적지로 지정했으며, 1988년부터 〈서궐도안(西闕圖案)〉을 참고하고 예전의 기단(基壇)을 이용해 숭정전(崇政殿), 자정전(資政殿), 태령전(泰寧殿) 등을 복원했다.

(2) 입지 및 배치

19세기 초의 경희궁을 보여 주는 작자 미상의 〈서궐도안(西闕圖案, 127.5×401.5㎝)〉을 보면 정문인 흥화문을 들어서서, 서쪽을 향해 어도(御道)를 따라 들어가면 명당수가 흐르는 개울 위에 금천교가 있다. 이 다리를 건너면 중문이 있고 중문을 지나 서쪽으로 깊숙이 들어가는 남쪽에 빈청, 승정원, 내의원, 도총부, 홍문관이 있다. 직각으로 꺾어서 북쪽을 향해 들어가면 숭정문에 이르고 이 문을 들어서서 북쪽을 보면 높은 단 위에 정전인 숭정전(崇政殿)이 있다. 숭정전 뒤에는 편전인 자정전(資政殿)이 남향으로 있고 자정전 동쪽에는 동향으로 덕유당(德游堂)이 있으며 덕유당 뒤에 왕암(王巖)이 있다. 내전은 정전과 같이 모두 남향이며, 신하를 접견하던 흥정당(興政堂), 내전인 회상전(會祥殿) 그리고 정침(正寢)인 융복전(隆福殿)이 있다. 융복전 북쪽에 내전인 광명전(光明殿)은 왕이 하례

그림 98 숭정전, 경희궁

를 받던 곳이다. 융복전 동쪽에 대비가 거처하는 장락전(長樂殿)이 남향으로 있고, 이 장락전 동쪽에 동향으로 동궁(東宮) 내전인 집경당(集慶堂)이 있다. 그리고 중문 내에 남향으로 동궁(東宮: 태자)이 예를 받던 경현당(景賢堂)이 있다.

경희궁의 궁문은 동향이고 동에서 들어가 직각으로 꺾여서 북으로 오르는 어도(御道)가 있으나, 주요 전각은 남향으로 배치했다. 한편 경희궁에는 정전 왼쪽 뒤에 역대 왕의 어진 즉, 영정을 모신 태령전을, 대비전 앞에 실제로 왕이 신하들과 나라 일을 의논하는 편전인 흥정당을, 후방 수목이 우거진 언덕에 연회를 베풀 수 있는 광명전을 조영했다. 이렇듯 경희궁은 지세가 전반적으로 높고 주변이 수목으로 둘러싸여 자연적인 산수가 좋은 곳으로, 『한경지략』에서는 경희궁을 평하여 "창덕궁보다 규모가 작으나 지세가 높고 명랑하기는 창덕궁보다 좋다"라고 했으며 이런 지세를 적절히 살린 전각들이 많다.

(3) 주요 원유

현재 경희궁 터에는 흥화문과 숭정전이 복원되어 있고 옛 궁문안 동쪽에 용비천(龍飛泉)이라는 샘이 있으며, 태령전 서쪽에 위선당(爲善堂)이 있는데 온천 세 곳과 영렬정(靈洌井)이라는 샘이 있다. 회선정 동쪽에 융무당(隆武堂)이 있는데 내원(內苑)의 별당으로 관사대(활쏘는 곳)가 있다. 그 북쪽에 봉황정이 있고 그 아래로 여러 정자가 있다.

한편 계마수조(繫馬樹棗)란 두 그루의 대추나무가 있는데 하나는 흥정당 서쪽 통양문 안에 있고, 하나는 흥정당 동쪽 흥태문 안에 있다. 원종이 잠저(潛邸)에 있을 때 손수 대추나무를 심고 아침저녁으로 구경하며 때로는 말을 매고 이름하기를 계마수(繫馬樹)라 하였다. 정조 어제 『경희궁지』에 "대내의 정침은 융복전이요 융복전 서쪽에 회상전이 있는데 시어(時御)하는 내전(內殿)이며, 아래 지당(池塘)이 있는데 못 이름을 벽파담(碧波潭)이라 하며 못가에 한 칸 죽정(竹亭)이 있다. 융복전(正寢) 동쪽에 장락전은 대비를 모시는 곳으로 두 누대가 있고 왼쪽은 용비(龍飛), 오른쪽은 봉상(鳳翔)이라 하고 북쪽에 자리 잡은 당을 어조(魚藻)라 하며 앞에 큰 못이 있으니 별당이다. 또 광명전(光明殿)이 있으니 내전에서 하례 받던 곳이며 서쪽의 당을 상휘(祥暉)라 하는데 협실은 잔치하는 곳이다. 서쪽의 영취정(英翠亭), 춘화정(春和亭)은 꽃구경하는 정자이며, 영취정의 승경(勝景)은 기문(記文)에 자세히 있다. 대내 정전은 숭정전으로 조회와 하례를 받는 곳이며, 숭정전 북쪽은 자정전이라 하는데 숭정전의 후전(後殿)이다. 승정원은 숭정문 남쪽에 있고 홍문관은 금상문 서남쪽에 있으며 예문관은 숭전전 서쪽에 있고 시강원 익위사는 숭현문 남쪽에 있다"라고 했다.
그림 98

3. 읍성

1) 개관

그림 99 선산 읍성도 ▷출처: 서울대 규장각

읍성이란 읍이라는 지방행정 단위의 지역적 경계부에 성을 쌓은 것을 의미하는데, 성내에 공공기관인 관아시설과 민가(民家)가 함께 있다. 또 배후지나 주변 지역에 대한 행정적 통제와 군사적 방어기능을 복합적으로 담당한 통제 사회의 생활 중심권에 집중 배치된 집단적 정주환경이다. 이들 읍성은 역사 속에서 주거와 행정, 군사적인 면에서 복합적인 기능을 효율적으로 수행하기 위한 입지선정과 공간구성이 이루어졌으며, 중요한 전통경관요소의 하나이기도 하다.

읍성은 정주환경의 공간규모 확대 양식인 마을–읍성–도시–국도로 이어지는 취락 규모의 위계상 2~3개의 마을이 모인 규모로, 자연부락보다는 크고 부, 목 소재의 대도시보다는 작은 중간적 규모 및 위계이며 농촌과는 대비되는 도시 취락의 특성을 보인다.

일반적으로 우리나라 읍성의 물리적 공간규모는 6~15㏊이며, 읍성의 직경은 300~500m 정도의 크기를 갖고 있다(박방룡,1983년). 이는 현대 도시계획의 이론상 보행권 영역(400~800m)에 속하는 근린주구 규모이고, 도시 내 일정 장소의 영역권에 속해 동질감을 느낄 수 있는 친밀한 척도의 집단 정주환경으로 생각할 수 있다.그림 99

읍성 내부에서도 직교하는 주축과 부축에 의해 세분되어 부속마을(village)을 만든다. 실제로 읍성 내부에는 공간영역이 구분된 여러 개의 마을(북촌, 서촌, 동촌 등)이 존재한다. 이렇게 나뉜 취락의 각 부분들은 곡선형의 소로에 의해 다시 수차례 분할되어 3~12호의 이웃을 이루어 이웃–행정촌–읍성의 공간규모적 위계질서를 보여 준다.

인구로 보면 민가취락 300~500호에 인구 800~1,500명 정도로 추정된다. 읍성 내에 거주하는 주민들의 직종도 오늘날 3차 산업에 해당하는 직종이 우세해 행정 관직만 보아도 수령(守令), 순교(巡校), 서기(書記), 장인(匠人), 사령(使令), 사용(使庸), 객사직(客舍職), 향교직(鄕校職), 지인(知印), 관노(官奴), 관비(官婢), 서원(書員), 수라장(修羅場), 차비군(差備軍) 등의 군사, 통신, 교육, 상업 등에 종사하는 사람들이 인구의 중요한 계층을 이루고 있다.

일반 주민은 몇몇 대지주 아래의 소작인이 대부분이었으며, 시장의 행상, 보부상과 객주를 비롯한 상인들까지 포함해 비생산적, 소비적, 행정 관리적 기능을 담당했고 인접 지역에 대한 서비스의 중심지로서 기능 분화가 이루어졌다. 이 가운데 향교, 향청, 향약과 삼단(三壇, 성황사, 사직단, 여단), 일묘(一廟) 등의 조직이 지연적 관계에서 하나의 도시적 통일체를 이루고 있었다.

이러한 성격에서 토지 소유권을 가진 관료나 양반 등의 지배 계층과 피지배 계층인 농민 간에는 뚜렷한 계급 분화로 사회계층화가 이루어져, 다른 순수한 농촌취락과는 달리 고립성을 띠고 있었다. 또 읍성은 여타의 전통마을에서 나타나는 토지경제에 바탕을 둔 지연적, 혈연적 공동의식과 동족화(同族化) 현상도 희박하며, 마을보다 비교적 크고 사회적으로도 이질적인 정주지로 도시 사회적 특성을 현저하게 보이고 있었다.

읍성의 형성은 국왕 중심의 관료체제가 완비되고, 농업생산을 기반으로 하는 전(前) 산업사회(前産業社會)에서의 중앙집권적 통치구조를 반영하는 정치·행정적 기능의 수행으로 볼 수 있다. 조선시대의 지방제도인 중앙집권적 군현제(郡縣制)❶를 시행해 전국을 8도로 구분하고 각 도를 부(府)와 목(牧), 대도호부(大都護府), 도호부(都護府), 군현(郡縣)으로 구분했다. 부(유수부(留守府) 포함), 목, 대도호부는 한양 주변의 요진(要鎮)과 역사적인 지방 도시였다. 유수부는 직할하는 읍으로 수도 방위의 요충지였고, 부는 조선시대 이전의 수도이며, 목은 역사적인 행정 중심 도시이다. 대도호부는 전국적인 방위 중심 도시이고, 도호부는 지방 방위의 거점이다. 변경 지방은 크게 구분해 군을 두었고, 중남부 지방에 일찍 개발된 곳을 세분하여 현을 두었다.

이러한 체제에서 읍성은 중앙집권적 군현제로서 수도(왕) → 도(관찰사), 목(목사), 부(부사) → 군(군수), 현(현감)으로 이어지는 일원적 관치행정제도의 산물이다. 이는 어느 정도 지방자치가 이루어지는 중세 유럽의 장원제나 일본의 봉건제와는 대조적인 정치체제이다. 주로 지방의 중, 소도시(군, 현의 중심 도시)들과 대도시(도나 목, 부의 중심 도시)가 여기에 해당된다.

일반적으로 우리나라 전근대 도시의 반 이상이 그 경계부에 성곽(城郭)을 갖고 있었다. 읍성은 우리나라의 전통적 도시를 통칭하는 말로, 마을 규모보다는 조금 큰 군, 현의 행정 중심지를 지칭한다. 조선시대 지방 행정 조직상 말단의 행정기능을 담당하는 근거지였고, 전통마을과는 규모와 성격이 다른 도시적 취락의 면모를 보여 주는 전통 정주환경을 의미한다.

2) 읍성의 입지 및 유형

우리나라 읍성은 대부분 농업경제의 바탕을 이루었던 하안 평야에 분포했고, 또 교역상 유리한 수륙교통의 요지로서 특히 하천수계를 따라 집중적으로 위치했다. 이 밖에 군

❶ 조선시대의 군현제도는 백성에 대한 향리나 토호의 사적 지배를 막고 중앙집권을 강화하기 위해 모든 군현에 수령을 파견한 일원적 지배체제를 갖춘 것이 특징이다. 조선시대의 외직(外職)은 전국을 8도로 나누어, 그 밑에 부, 목, 군, 현을 두었고, 군, 현 밑에 면(面), 이(里), 오가작통법(五家作統法)을 두고 운영했다.

사적 요지와 개척의 근거지 그리고 시장과 교역의 상업적 기능으로서 역원(驛院)과 도진(渡津) 등에도 입지했다.

거의 대부분의 읍이 둘레에 성을 쌓은 형태이다. 그러나 주거기능만을 담당했던 취락 형성의 초기부터 주변부에 성곽을 쌓은 것은 아니었다. 주로 고려 초부터 읍성의 형태, 즉 중심 취락지의 외주부(外周部)에 성곽을 축조하기 시작했고, 고려 말 조선 초에 이르러 활발하게 축성되었던 것으로 보인다. 조선조 초기 전체 330개 중 성곽을 가진 읍성은 160개소에 이르렀고, 성종 때의 『동국여지승람(東國輿地勝覽)』에 의하면 당시 부, 목, 군, 현 등에 외성(外城)을 갖춘 읍, 즉 읍성의 수는 179개로 지방 행정구역 중 반수가 넘는 곳이 성을 쌓았음을 알 수 있다(반영환, 1978년). 그러나 일제 강점 이후 근대화 과정에서 이러한 읍성들은 거의 대부분 성곽이 철거되었고 현재 남아 있는 곳은 몇 곳 없다.

읍성의 유형은 산지에 위치한 산성(山城), 평지에 위치한 평지성(平地城) 그리고 이 두 가지의 절충형인 평산성(平山城) 등이 있으며, 산성은 다시 테뫼식과 포곡식(包谷式)으로 구분된다. 테뫼식 산성은 산정을 중심으로 산 높이의 2/3쯤에 수평으로 한 바퀴를 둘러쌓는데 마치 뫼(산)에 머리띠를 두른 것과 같다 하여 붙여진 명칭이다. 이 형식은 성벽 길이가 약 400~600m인 것이 대부분이지만 1㎞가 넘는 것도 있다. 토성이 많으며 해발 200m 이하의 산지에 입지한 것이 많다. 테뫼식은 규모가 작아 쉽게 축성할 수 있으나 성의 내부 면적이 좁아 장기전에 부적합하고 포곡식 산성보다 앞선 형식이다. 포곡식 산성은 성안의 면적이 넓고 골짜기에는 풍부한 수량이 있어 장기전이 가능하다(박방룡, 1983년). 대표적인 포곡식 산성은 고창읍성(高敞邑城)인데, 방어가 주거의 기능보다 앞섰기 때문에 성내의 취락 형성이 여의치 못하다.

평지성은 전라남도 낙안읍성(樂安邑城)과 제주도 정의읍성(旌義邑城)이 대표적인 경우로 평야 지대에 많은 유형으로 방어기능과 주거기능이 함께 하고 있어 성내에 취락이 발달해 있었다. 이와 같은 읍성은 평지에 쌓는 경우는 드물고 대개는 배후의 산등성이를 포용하여 평지와 산기슭을 함께 감싸도록 축조했다. 이런 형식은 우리나라 성곽의 특이한 유형으로 충남 서산군 해미읍성(海美邑城)이 대표적인 예이고, 대도읍일수록 면적이나 방어 관계상 이러한 형식을 취하는데 한양(漢陽)이 대표적이다.

3) 읍성의 공간구성

조선조의 지리서인 『여지도서(輿地圖書)』를 자료로 읍성의 형태를 분석한 바에 의하면 원형(圓形)이 약 49%, 방형(方形)이 약 31%, 기타 부정형(不定形)이 약 20%로 대부분이 원형과 방형이었음을 알 수 있다. 이들 원형과 방형의 읍성 형태는 '하늘은 둥글고 땅은 네

모지다'는 천원지방(天圓地方)의 음양적 사고에 기반하고 있는 것이라고 생각된다.

성곽 내부의 기본적인 땅 가름은 내부의 간선도로에 의해 이루어지는데, 그중 가장 많은 빈도를 차지하는 것은 T자형(45%)과 十자형(36%)이다. 이는 읍성의 대부분이 풍수의 영향으로 북쪽의 산을 배경으로 남쪽을 향하여 앉아 있었으므로 북방으로는 성문을 내기 어려웠고, 있다 하더라도 그것은 거의 이용되지 않고 형식적이었기 때문이다.

이러한 도시의 기본 모형은 세계 도처에서 발견되는 전(前) 산업사회의 기본적 도시 모형으로, 그 외부 경계인 방형과 원형의 성곽 형태와 함께 인간의 무의식적 원형(原型) 형태로 보는 관점도 있다.

읍성의 공간구조와 주요 시설은 관아지구(官衙地區), 즉 통치, 군사, 교육, 종교의 목적을 위한 동헌(東軒) 및 그 부속기관과 객사(客舍), 향청(鄕廳), 옥사(獄舍), 훈련청(訓練廳), 향교(鄕校), 성황사(城隍祠), 사직단(社稷壇), 여단(厲壇)[1] 등이 일정 구역에 집중적으로 분포되어 있었고 이를 중심으로 민가들이 자연부락을 이루고 있었다.

관아지구에서 동헌은 군수 또는 현령의 공사(公事)를 처리하는 집무실로 정당(正堂) 또는 정청(正廳)이라 했고, 객사는 공무 여행자의 숙박소이며 동시에 임금을 상징하는 전비(殿碑)를 안치하고 초하루와 보름에 향궐망배(向闕望拜)를 하는 곳으로, 읍성 내에서 가장 중심에 위치했는데, 규모나 위계에서도 가장 중요한 관아시설이었다.그림 106, 107, 121, 122
또 향청은 지방자치의 집회장이었고, 옥사는 범죄자의 수감소였으며, 훈련청은 군사기술의 수련장이었다. 향교는 교육의 전당이었고, 사직단은 종교의식 집행장의 기능을 하고 있었다. 동시에 이들은 읍성의 상징적 역할과 주축(主軸)적 경관요소가 되었다. 특히 객사, 동헌, 향청은 각기 중앙정부의 왕, 고을의 수령, 고을의 향족을 상징하는 건물로, 읍성 경관구조의 핵을 형성하는 중심시설이 된다.

이외의 시설들로는 사직단(社稷壇)과 향교(鄕校), 문묘(文廟) 등의 종교와 교육시설이 대표적이다. '좌묘우사(左廟右社)'의 원칙에 따라 보통 사직단은 성밖 서쪽에, 향교나 문묘는 그 동쪽에 배치하고 있다. 그 외에도 보통 읍성 후면의 진산(鎭山-主山)에 배치하는 성황단(城隍壇)과 여단 등의 종교시설도 있는데 이와 함께 사직단과 문묘를 포함해 종교적 용도의 도시시설 모두를 '3단 1묘(三壇一廟)'라 한다. 일반적으로 주거지는 읍성 내 관아 중심의 본촌(本村)과 읍성 밖 향교 중심의 교동(校洞) 등이 대표적 취락시설이다. 읍성 내의 주거지는 밀도가 높은 집촌(集村)의 형태이며 읍내를 통과하는 도로 양변에 시장과 가옥이 연립하여 가촌(街村) 형태를 이루고 있다.

[1] 전염병 예방을 목적으로, 주인이 없는 외로운 혼령을 위해 국가에서 제사를 지내 주던 제단

4) 읍성의 경관구조

(1) 읍성의 시각구조적 경관

① 영역으로서의 경관

경관 내부와의 경계에 의해 성립되는 공간적 영역성은 그 경계부의 시각성에 의해 한정적으로 특징지어진다. 안과 밖을 구분하는 피막만이 아닌 그 자체로서 유기적 실체의 성격을 갖게 되며 이는 내부의 속성과 상반된 상징요소로 표현된다. 즉, 내부가 통상적(通常的)이고 시간 의존적이며 재속(在俗)한 특성을 가질 때, 경계는 특수하며 비시간(非時間) 의존적이고 성(聖)스러운 속성을 가진 것으로 표현된다.

이러한 영역을 한정하는 경관요소로서의 경계는 구릉, 하천, 해안선과 같은 자연적 요소로 나타난다. 우리나라에서도 집단양기(集團陽基)인 도시나 성읍들의 입지에 있어 풍수지리의 4신(四神, 주산, 좌청룡, 우백호, 안산)과 내수(內水, 하천) 등의 자연요소들이 외적 경계로서 가장 외적인 영역을 형성한다. 그다음으로 성곽과 문 등이 보다 구체적인 내적 영역을 형성하고, 성곽 내부에서는 주 통로(主通路)들이 각각의 영역을 설정한다. 이러한 맥락에서 풍수적으로 형성된 국(局)이 하나의 완결된 경계를 형성하기에 부적(不適)한 부분이 있을 때 인위적으로 경관 형태를 개선하기도 하는데 이를 비보(裨補)[2] 또는 엽승(厭勝)이라 한다.

풍수적 관점에 의한 거시적인 시각적 영역에서 보다 구체적이고 인위적인 구조물에 의한 영역 표현물로는 성곽(城郭)과 참호(塹壕), 각 문루(門樓) 및 성곽 외부에 설치된 공공시설물(향교, 사직단, 사당 등)들이 있다. 이 중에서 향교, 사직단, 사당 등은 주변 공간으로서 소극적 공간(negative space) 특성과 원심적인 영역성을 보여 주며, 성곽과 문루 등은 외부 공간 상에서 보다 적극적 공간(positive space) 특성과 함께 구심적인 영역을 나타낸다. 낙안이나 고창의 경우 향교나 기타 비각을 성의 외부 주 진입로에 두었고, 해미의 경우 사직단과 향교를 각각 서문, 동문 밖에 두어 좌청룡 우백호로 시각적, 의미적 보완을 의도했다고 해석할 수 있다.

한편 군사적 측면에서 외적 방어를 위해 읍성 주변에 성곽을 구축하거나 성곽 외부에 다시 참호를 두어 방어기능을 강화했다. 이는 영역성의 개념과 구체적으로 부합되는 강한 경계의 물리적 요소이며, 그 형태적 상징성은 성곽의 제반 부속시설인 치성(雉城), 적대(敵臺), 여장(女墻) 등과 함께 각 성 내부에서 강하게 나타난다.

또 성곽 내부에서 각 구역의 영역을 표현하는 요소로서 '길'을 들 수 있다. 읍성에 비슷한 형태로 나타나는 길의 구조는 3문을 연결하는 직선적인 T자형으로, 구조적으로 이러한 간선도로에 의해 마을이 분할된다. 또는 이 길에서 분리해 나간 부정형의 2차 통로들

[2] 풍수지리의 이치에 따라 결함이 있는 것을 보완하기 위해서 성토하거나 나무를 심고 돌탑을 쌓는 등 허술한 환경 조건을 북돋우는 행위를 말한다.

에 의해 영역성이 나타나기도 하지만 크게는 전자인 직선형 대로에 의해서 마을의 공동생활권이 배타적으로 3등분 된다.그림 102

② 축으로서의 경관

축은 두 지점 이상을 연결하는 선적인 요소로 통로나 도시가로 등의 형태로 나타나며 경관의 중심체험통로로 기능한다. 읍성 내의 경관 축은 읍성의 3문을 연결하는 T형의 중심통로로 대개 남문에서 시작해 객사에 이르는 가로가 남북 주축 간선로이고, 객사가 노단경(路端景, terminus landscape)을 이루도록 되어 있으며, 동서간선로는 남북 주축에 어긋나게 마주쳐서 3교차로를 형성한다.

읍성 내의 주 간선로는 3통로가 직교형으로 만나지는 않으며, 축의 시발점인 주 출입문으로부터 축의 종국점(終局點)인 동헌까지 직선이 아닌 굽은 축(bent axis)의 형태를 나타내고 있다. 이로써 각 방향에서 동헌이 직접적으로 마주 바라보이지 않도록 인위적으로 굽혀 1회 또는 2회 이상 굴절시켰음을 알 수 있다.그림 100

그리고 의미상의 종국점인 동헌을 약간 후면 또는 측면으로 비껴 놓게 했으며 객사를 일차적 종국점으로 보이게 하는 경우가 대부분이다. 이러한 축의 굴절은 시각 체험상 점진석 이해를 위한 설계적 의도와 아울러 방어적 의도로 동시에 해석할 수 있다. 축은 일반적으로 축선 상에 또는 축의 좌우에 시각대상물을 연속적으로(sequentially) 좌우 대칭적 또는 비대칭적으로 배치하지만 읍성의 경우 보통 비대칭적으로 배치해 보다 자연스러운 동적 균형(dynamic balance)을 이루는 것이 특성이다.

이러한 축들은 폭원의 차이에 따라 주축과 부축의 위계를 보여 주기도 하고 주축의 중심적 상징성을 강조하기 위해 축선 상의 결절부(結節部)가 되는 지점에 상징적 조형물(낙안의 홍살문, 고창의 풍화루) 또는 상징적 자연요소(낙안의 풍수상 '돛'에 해당하는 은행나무 거수, 정의의 연못 등)를 얹기도 하며, 축 좌우의 시각적 비중(visual weight)을 가지거나(고창의 경우 주축 좌우의 건물 용적량은 거의 비등함) 의미적 비중(weight meaning)을 갖기도 한다(낙안의 경우 주축은 양(+)의 개념으로서의 대나무 구릉, 음(-)의 개념으로서의 연못). 결과적으로 주축과 부축 2~3개가 관아지구에서 한곳에 모여 읍성 중심의 통일적 힘을 강화한다고 볼 수 있다.

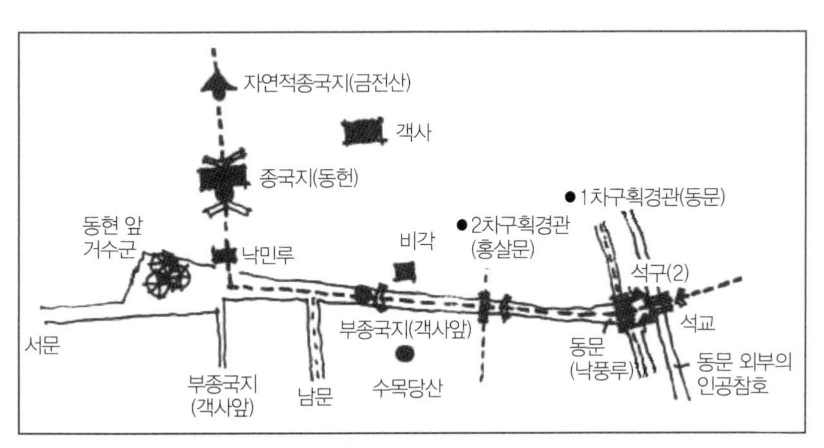

그림 100 경관의 단계적 변화 모식도(낙안읍성)

③ 경관의 단계적 변화/도와 지/적극적 공간과 소극적 공간/공간의 폐쇄성

읍성의 시각적 경관성 해석을 경관의 단계적 변화(sequence), 형태심리학에서의 도(圖, figure)와 지(地, ground), 적극적 공간(positive space)과 소극적 공간(negative space), 공간의 폐쇄성(enclose)의 관점에서 볼 수 있다.

먼저 경관의 단계적 변화는 굴절된 축과 축선 상에 경관구조물의 첨가로 달성하고 있다고 본다. 이 과정에서 숨겨지거나 변화하는 전망을 보면서 기대감과 마음의 준비를 통해 점진적으로 고조되는 경관을 점차적으로 이해한다. 낙안읍성을 예로 들어 설명하면 최초의 진입 단계로 동천(東川) 위의 다리를 건너면 동문(東門, 낙풍루) 앞에 돌로 만든 개 모양의 조형물인 석구(石狗) 한 쌍을 지나 문을 통과하게 된다. 이를 지나면 다시 홍살문이 나타나 성문과 홍살문에서 이중의 틀 짜인 전망을 통해 진입의 느낌을 강조하게 된다.

그다음으로 가로 좌우측에 각기 은행나무 거수와 임경업(任慶業) 장군 비각(碑閣)이 있어 주축선 좌우의 의미적, 시각적 균형을 유지하게 한다. 그다음에 읍성 내의 상징적 종국점이자 가장 두드러진 경관지표물인 객사(客舍)가 길의 오른쪽에 있는데 그 건물의 수직성과 권위(왕의 위패(位牌)가 모셔져 있다)를 강조할 수 있는 공간이 이격해 있다. 객사는 이와 같은 시각적 비중을 차지하는 것이 보통인데, 대개는 남문에서 출발하는 주축가로의 종단부 가까이 위치하며 낙안도 예외는 아니다.그림 100

객사 뒤로는 이 고을의 주산인 '금전산'이 위치함으로써 고을의 상징적 축을 강조하고 있으나 사실상 주산과의 거리가 먼 관계로 팽나무 거수군(샤머니즘적 제의의 장소로도 쓰인다)을 조성해 비보(裨補) 효과를 거두고 있다. 최종적으로는 읍성 내의 시각적인 최종 종국점이자 행정활동의 종국점인 '동헌(東軒)'에 이르게 되는데, 재미있는 것은 이곳에서 시선을 일단 멈추게 하기 위해서 거수군(巨樹群)과 관아(官衙) 부속건물군으로 위요된 광장을 설치했다. 또 여기서 방향을 90° 틀면 낙민루를 거쳐 동헌 '본청(本廳) 건물(최종적인 실제적 시각지표물)'과 이를 강조해 주는 배경으로 자연적 종국점인 주산(금전산)을 마주하게 하는 고도의 시각적 기법을 보여 주고 있다.그림 100 이 과정에서 도(figure)와 지(ground)는 체험의 밀도와 대상물의 점진적인 중요도에 따라 계속 엇바뀌어 나아간다. 즉, 도(figure)로 체험되던 동헌 앞의 거수군(巨樹群)과 아문(衙門) 앞의 누마루(낙민루), 6방관속의 지청들로 구성된 적극적 공간(positive space)은 방향을 90° 돌림으로써 지(ground)의 공간으로 변하고, 문루와 동헌은 새로운 도(figure)로서 비중을 갖게 된다.

공간의 폐쇄성(enclose) 관점에서 읍성 내 길의 폭원을 보면 주축과 부축에 차이를 두어 주축의 폐쇄성은 D/H=2로서 적정폐쇄의 한계점에 위치해 다소 긴장된 공간평형을 이루고 있으며, 부축의 폐쇄성은 D/H=1로서 강한 폐쇄성을 이루어 기대감과 위축감을 자아낸다.

(2) 읍성의 인지적 경관

① 풍수경관

개경이나 한양과 같은 국도는 새로 도시를 조성할 수 있었기 때문에 그 터를 잡는 데 풍수의 이상형을 추구할 수 있었다. 그러나 고을(읍)은 대부분 풍수설이 유행했던 고려시대에 앞서 형성되었거나 설사 그 후에 읍이 되었을지라도 이미 상당한 규모의 마을로 형성된 후의 일이기 때문에 풍수의 이상형에 입각한 도시조성은 사실상 곤란했다. 그러나 고을의 청사 터인 읍기(邑基)만은 취락 내에서 지리적 최길지(最吉地)에 위치하는 것이 상례였다.

또 전통적으로 동양권의 도시에서는 왕이나 수령의 거처가 되는 왕궁, 동헌이 성내의 북쪽에 위치해 남쪽에서 비추는 햇빛을 마주하게 되어 있다. 북쪽의 공간은 대부분 북쪽의 진산과 내맥(來脈)을 함께 하여 풍수상의 혈이나 명당에 해당한다.

이러한 맥락에서 동헌을 비롯한 중심 관아시설이 읍성의 중심인 명당에 자리 잡았고 이 명당을 중심으로 청룡, 백호에 따라 성곽이 축조되었으며 또 고을을 둘러싼 지세도 가능한 한 풍수적으로 이용하고 설명함으로써 길흉현상을 합리화하거나 체념, 고무했으리라고 생각된다.

또 읍성은 초기부터 성숙된 풍수적 선택에 의한 입지 가능성은 보다 적었으며 이를 풍수적으로 설명하고 풍수적 관계를 풍수설화 등에 의해 구성, 보완함으로써 주민들의 경관 인식을 유도하여 사회적 안정을 도모했던 것으로 해석할 수 있다. 즉, 시각구조 분석에서의 풍수형국에 대한 관점은 다분히 시각적 경계요소로 취급했던 데 반해 경관 인식적 측면에서는 풍수구성요소들의 의미적 관계에 주목하려고 했다. 국의 4산을 현무, 청룡, 백호, 주작이라 부르는 것이라든가 현무가 주인이면 주작은 빈객이며, 현무가 남편이면 주작은 처첩으로 생각했다는 것부터가 풍수설의 초기부터 근본적으로 정령신앙(animism)적 '관계'에 큰 비중을 두고 있다고 해석할 수 있으며 이러한 풍수개념은 경관 인식에 일련의 연관적 상징경관 즉, 우의경관(寓意景觀)[1]을 만들고 있다고 생각할 수 있다.

읍성의 관아지구는 이들 중심체계로서 풍수상의 중심 즉, 혈에 위치한다고 볼 수 있다. 풍수형국에서의 혈은 주로 고을의 청사 터가 입지하는 최길지로 인식되는데, 이곳은 풍수국면의 주축선 상 중심에 위치한다. 풍수국면의 중심은 성(聖)의 중심인 주산(主山)과 속(俗)의 중심인 마을 내부, 샤머니즘의 중심인 신수(神樹) 혹은 당목(堂木) 그리고 이상과 속이 만나는 혈로 구분되어 3부분이 중심축선 체계를 이루는데 읍성의 관아지구는 바로 이들 중심체계로서 풍수상의 중심인 혈에 위치한다고 볼 수 있다.

『신동국여지승람』에 나타나는 각 군의 읍지를 보면 거의 모든 읍성에 'ㅇ池', 'ㅇ泉'이라는 설명조항이 있는데 보통 읍성에는 풍수적 중심축선 상에 내수로서 못(池)이 있는 경우

[1] landscape allegory. 한 지역의 경관요소들이 연속되어 하나의 일관된 맥락을 가진 복합적인 의미를 전달하거나 표현한다.

가 많다. 그 예로 고창의 풍화루 밑의 못이나 정의읍성의 객사 입구의 못이 이에 해당되며, 낙안읍성에서 남문 가까운 동쪽에 있는 연못이 그것이다. 이는 내수(內水)로서의 지당이나 우물을 가까이 위치하게 하여 풍수상 외수(外水)와 공존하는 내수(內水) 즉, '주작'을 대신하게 하는 것이다. 이는 주산, 당목과 더불어 한국의 샤머니즘적 민간신앙의 중요한 3성(聖)- 성석(聖石), 성수(聖水), 성목(聖木) -이 일축선 상에 하나의 체계를 이루는 것을 보여 준다.

② 의미적 형태, 향(向)으로서 경관

경관 인식적 측면에서 읍성에 영향을 준 요인은 마을경관의 형태구성에 있어서 자연환경적 요소에 의한 실용적 이유보다는 의미 부여를 위한 형태적 요소 및 향 등이 우선된 사례들이 나타난다. 라포포트(A. Rapoport)는 종교나 이념 등 문화적 인자가 대지 조건의 논리성에 앞서 작용할 수 있으며, 이로 인해 상징적 형태 및 상징적 향이 적용된 형태가 토속경관에 많이 나타나고 있음을 예거한 바 있다. 같은 맥락에서 애플톤(J. Appleton)은 서식처 이론에서 인간의 환경에 대한 미적 만족은 생존의 필요조건을 제공하는 환경의 실체적 능력보다는 생존에 적합하다고 느껴지는 그럴듯한 환경의 형태에서 비롯되는 연상적용에 의해 상징적으로 이루어진다고 말한다. 그것의 근본적 구성요소는 '전망(prospect, 외부로의 관망, 주로 수직적 요소)'과 '은신(refuge, 외부로부터의 시각적 은폐, 주로 경계요소)'이 함께 이루어질 수 있는 즉, '보이지 않고 볼 수 있는(to see without to be seen)' 경관에 대해 미적 만족을 얻을 수 있는 상징적 경관의 요체로 '전망-은신(prospect-refuge)의 원칙'을 제시했다.

이러한 관점에서 읍성이 갖는 풍수국면(주산)과 읍성 내의 마을 형태(국)를 적용시켜 풍수적 지형의 미적 만족은 주산을 전망 경관요소로, 국(局)을 은신 경관요소로 가정하고 이들의 이상적인 결합을 통해 이루어진다고 할 수 있겠다.

그리고 물건에 경관형태를 비유한 것도 많은데 가장 대표적인 것은 '배(舟, boat)'에 비유한 것이다. 실제로 우리나라의 행주형(行舟形) 고을 및 마을에서는 비보의 방법으로 돛을 세우기도 하는데, 제주성, 나주성, 안동성에 세운 돛 형태의 경관구조물은 헤아릴 수 없이 많다. 이러한 행주형의 지형에 돛대를 세우는 것은 시각적으로 형태적 통일성을 부여하기 위해 수직적 중심을 설정하는 것으로 해석할 수 있다. 이는 읍성의 주변에 진산(鎭山) 또는 남산(南山)이라는 요새지를 필수적으로 확보하거나 전형적인 읍성의 입지로 분지상(盆地狀)의 지형이 선택된 연유이다. 더욱이 진산과 남산은 읍성취락을 지켜보며 배후지의 거주공간까지 조망할 수 있는 장소이므로 군사적, 통신적 의의도 컸으며 여기에 봉화와 연기로 긴급한 사태를 알리는 봉수대까지 설치했다.

실제로 풍수적 주산을 전망 경관요소로 한 해미읍성 동헌 뒷산의 전망적 성격을 사각정(四角亭, 관망정자)으로 강화시킨 예로 고창읍성의 장태봉 등이 있다. 배와 돛의 전망-은신 원칙의 예로는 낙안의 평지읍성을 들 수 있는데, 주산이 괴리되어 있어 수목 당산(樹木堂山)을 쓰고 있으며, 전체 고을은 '옥녀산발형(玉女散髮型)'이지만 마을은 배(行舟)의 형국을 띠고 있다. 고창읍성의 성외마을은 동, 서, 남, 북의 당산은 취락의 '배' 형태를 강조한 은신적 성격이고, 중앙 당산은 돛대의 전망적 성격을 표현하고 있다.

의미적 향은 라포포트의 상징적 향과 물리적 조건에 의한 향을 동서남북의 대조적 개념으로서 상대향으로 파악하여 시계향(視界向, 시각적 표적물을 위한 향)과 구심적(求心的) 향, 원심적(遠心的) 향, 대립적(對立的) 향, 향천적(向天的) 향, 향저적(向低的) 향을 포괄하는 실존적(實存的) 향으로 나누어 설명할 수 있다. 고창읍성의 경우 읍성이 북향인 이유도 상기한 것과 아울러 '서울로 향하기 위해서'라는 의미적 향의 내용을 갖는다고 해석할 수 있다.

③ 읍성의 경관행태(Landscape Behavior)

마을 외부공간 사용의 적극성과 소극성에 대하여 라포포트는 개방적, 외부지향적 형태와 폐쇄적, 내부지향적 형태로 구분하고 한 지역 내에 이 양자가 공존하는 경우가 많은데 선자는 하층민과 토속문화적인 생활 형태로, 후자는 상위 계층민과 현대문화 지향적인 생활 형태로 나타난다고 했다.

이러한 공간행태(spacial behavior)의 차이는 반촌(班村)과 민촌(民村)의 차이에서 볼 수 있다. 반촌의 경우 경제력과 권력의 상대적 우위로 인해 부락 내의 입지와 경관형성에 선택의 여지가 많다. 마을 경관형성에도 풍수지리적 요인이 많이 작용하고 동족결합과 조상숭배가 존중되고 있어 종가(宗家)의 성역적 위치와 영역적 상징성을 보인다. 또 이들에게는 부락제 등 마을 공동체적 축제의 의미는 미약했다.

반면에 민촌은 경제력 및 권력이 취약하여 자신들의 운명에 대한 불안감이 크고, 상대적으로 이성부락(異性部落)이 많으므로 종족결합을 위한 부락제(部落祭)가 성행해 샤머니즘적 경관요소가 풍부한 것이 특색이다.

읍성의 경우에는 상기한 마을과는 사회구조적 차이가 있는데 토호적 양반계급의 존재가 미약하고 주로 관료계층과 이에 부응하는 서비스 직종의 평민계급, 주변 지역의 경지를 생활 기반으로 하는 농민들로 구성된다. 이들은 이주성(移住性)이 크고 극단적인 이성(異姓)부락을 이룸으로써 도시적 성격을 띤다. 이러한 이성부락의 특성은 혈연보다는 지연에 의한 종족결합 행태로 나타나 부락제 등 지연적 축제가 많아 역설적으로 도시와 반대되는 환경을 갖고 있기도 하다.

낙안읍성은 잡성촌(雜姓村)으로 사회구조적으로 이원화되어 있으며 이것은 다시 서내리(西內里), 남내리(南內里), 동내리(東內里) 등 3개 마을로 구성되어 있다. 마을의 당제(堂祭) 위치는 서내리는 성 밖 대숲의 수목 당산(서내리 하당)이고, 남내리는 마을 북편의 돌당산(남내리 중당)이며, 동내리는 객사 뒤 팽나무 거수목 군의 당산터(동내리 상당)와 전체 읍성의 중심 역할을 하는 은행나무 거수의 당산(동내리 중당)이 있다. 제(祭)의 순서는 동내리 상당-동내리 중당-남내리 중당-서내리 하당의 순이다.

부락제에 부수되는 행사로 줄다리기가 있는데 줄다리기는 전체 읍성 공간의 중심인 T형 도로의 중앙 지점에서 동편(동내리)과 서편(서내리 남내리)이 갈라져서 실시한다.

부락제는 동부와 서부로 마을 공간을 이원화(二元化)하고 중요 종교시설물도 구분해 놓음으로써 대립적 이원항(binary opposition)이 상징적 기법으로 나타나며, 읍성의 중앙을 기점으로 한다는 의미에서 마을의 중심성과 영역성을 강조하는 풍요 기원의 농경제의이다. 실제 낙안읍성의 줄다리기는 마을의 실제 공동생활권인 서내리, 남내리와 동내리의 이원적 영역성과 읍성의 중심 위치인 도로의 분기점에서 중심성을 뚜렷하게 보여 준다.

5) 읍성의 사례

(1) 낙안읍성

낙안읍성은 전라남도 순천시 낙안면에 소재한 조선조 때의 군 청사 소재 읍성으로 성곽과 그 내부의 주거지 및 객사를 비롯한 중심 시설들 일부가 거의 원형 상태로 보존되어 있다. 낙안읍성은 백제시대에 분차군(分嵯郡, 분사(分沙))이라 했으며, 통일신라 이후에는 분령군(分嶺郡)으로 바뀌었고, 고려 때에는 나주목에 속하는 낙안군(또는 양악(陽岳))으로 개칭되었다. 1895년에는 나주부 낙안군이 되었고 1914년 4월에 순천군 낙안면으로 격하되었으며, 1949년 8월에 순천읍이 순천시로 승격되면서 승주군 낙안면이 되었고, 1995년 순천시와 승주군이 통합해 순천시 낙안면으로 행정구역의 명칭이 바뀌었다.

성곽의 축성 연대는 임경업 장군이 1626년(인조 4년) 군수 재직 시 쌓았다고 하나 1481년(성종 12년)에 편찬된 『동국여지승람』에 낙안성의 소재를 말하고 있는 점과 성의 축조기법으로 보아 조선 초기보다 훨씬 이전에 축조했던 것을 임경업 장군이 개축한 것으로 추측된다. 낙안읍성을 포함한 주변 지형의 거시적 풍수형국은 '옥녀산발형❶' 이며, 읍성 자체의 형국은 '행주(行舟)형국❷'이다. 북방의 금전산(해발 670m)을 진산으로 삼고, 동으로는 멸악산(오봉산)과 개운산이, 서쪽으로 백이산(해발 584m)과 금화산이 둘러싸고, 남쪽으로는 넓은 들판이 펼쳐져 있고 들판 가운데 약간 낮은 구릉(옥산, 해발 59m)이 있으며, 낙안읍성은 그 안에 앉아 있는 '평지성(平地城)'의 유형이다. 안산인 옥산 너머 벌교 땅에 부용산(해발 195m)과 장군봉(해발 414m), 필봉 병풍산이 있고, 북쪽의 금전산 너머에는 옥녀봉

❶ 여자가 화장을 하기 위해 머리를 풀어 헤치고 있는 모습이다. 옥녀는 몸과 마음이 옥처럼 깨끗한 여인으로 도교에도 자주 등장하는 절세미인인 동시에 풍요와 다산을 나타내는 형상이다.

❷ 큰 바다에 배가 가고 있는 모양이란 뜻으로 행주형은 마을이나 도시의 양기풍수에서 많이 찾아볼 수 있다. 행주형국에서는 키나 돛대, 닻 등을 구비해야 하고 지반이 약하기 때문에 우물을 파지 말아야 하는 금기도 있다.

그림 101 낙안읍성 전경 ▷출처: 문화재청

이 있다. 하천으로는 금전산 동남에서 흘러 들어오는 동천과 서남에서 흘러나오는 서천이 있는데 모두 성곽 바깥 동서면을 흐르다가 옥산 앞을 지나 들판을 건너 남해로 흘러 들어간다.

낙안읍성의 둘레는 1,370m이고 높이는 4m, 너비는 3~4m, 면적은 135,000㎡이며 동, 서, 남으로 3문이 있다. 동문은 옹성(甕城)으로 되어 있으며, 성내에는 1지 2천(一池二泉)이 있다. 성내의 유적으로는 객사와 조선시대 양식으로 보이는 초가 9동이 중요 민속자료로 지정되어 있으며, 그 외

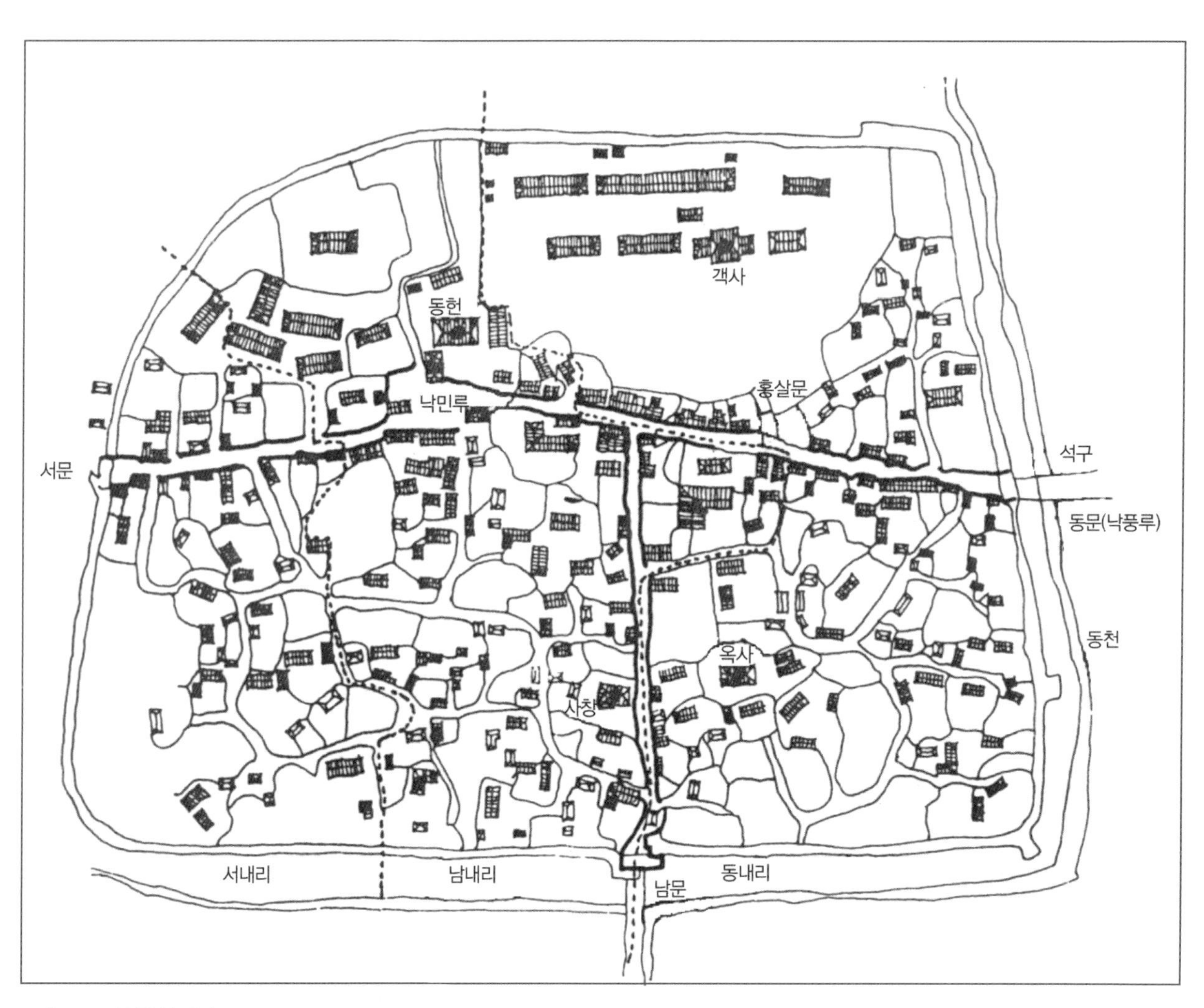

그림 102 낙안읍성 배치도

임경업 장군의 비각이 있다. 성 주변의 문화재로는 낙안향교와 충민사(忠民祠, 임경업, 김빈길 장군의 사당)가 성의 동측에 있다.

읍성 내에 거주하는 주민들은 오늘날 3차 산업에 해당하는 직종이 우세했다. 행정관직만 보아도 수령(守令) 1인, 순교(巡校) 4~16인, 서기(書記) 6~7인, 장인(匠人) 2인, 사령(使令) 6~12인, 사용(使庸) 2인, 객사직(客舍職) 1인, 향교직(鄕校職) 1인, 지인(知印) 8인, 관노(官奴) 10~15인, 관비(官婢) 12~15인, 그 밖에 서원(書員), 수라장(修羅場), 차비군(差備軍) 등의 군사, 통신, 교육, 상업 등에 종사하는 사람들까지 합쳐 최대 124명 최소 62명에 이르며 읍성취락의 중요한 계층을 이루고 있다.

낙안읍성의 공간구조는 주, 부 간선도로에 의해 크게 3부분으로 나뉜다. 즉, 동서 간선도로에 의해 상반부(上半部)와 하반부(下半部)의 공간으로 나뉘며, 하반부의 공간은 남북 주축가로에 의해 다시 동부(東部)와 서부(西部)로 나뉜다. 하반부 두 개의 공간영역은 다시 동내리, 남내리, 서내리의 3개 마을로 나뉘어 명명되었고, 실제 주민들의 공동생활도 이러한 구분에 의해 이루어지고 있으며 각기 민간신앙적 제의 공간(당)을 가지고 있다. 이러한 비합리적인 영역 구분의 이유에 대해 '오행(동, 서, 남, 북, 중앙)'에 맞추기 위한 의도였다고 말하고 있다.

이렇게 구분된 각 마을 내부의 공간은 주, 부 간선도로와는 대조적으로 불규칙한 자연발생적 소로에 의해 나누어지며, 이러한 소로에 의해 구분된 각 주거 블록들에는 비교적 큰 필지의 주택들이 가장 안쪽의 중심에 배치됨으로써 전체 읍성의 '중심'과 '주변'의 대조구조를 반복한다.

읍성 내의 가로체계는 동서의 주 간선도로와 남문까지의 보조 간선도로가 직각으로 만나고 있는 T자형의 양식을 보여 준다.[그림 102] 낙안읍성은 보성, 벌교 쪽에서 오는 동쪽 방향의 통행 빈도가 가장 높았는데, 특히 동서가로가 강조되어 있으며(대략 남북가로 폭의 2배 이상), 남북가로는 주례의 원칙에 따르는 형식적인 것에 불과했다. 그 기능적 상징적 비중

그림 103 낙안읍성의 주거지

이 큰 동서 주축가로에는 주요한 경관요소들이 그 진입 과정에 따라 극적으로 구성되어 있었음을 옛 자료와 현재의 경관을 통해 확인할 수 있다.

일반적으로 옥녀산발형 형국의 경우 안산은 빗살이 굵고 성긴 큰 빗 모양의 '월소형(月梳型)'이고 그 오른쪽에 '면경형(面鏡型)', 왼쪽에 분을 담는 갑(compact)과 머리를 단장할 때 사용하는 기름을 담는 병 모양의 '분갑유호형(粉匣油壺型)'의 지형지물이 갖추어져야 길지(吉地)로 치는데, 낙안의 경우 안산인 '옥산(玉山)'이 월소형이고 읍성 앞의 '평촌못'이 면경에 해당된다고 한다. 또 '옥녀(옥산)'는 그 남쪽에 있는 '장군(봉)'을 맞이하기 위해 화장을 하는 중이며, 장군이 출전 때 드릴 '투구(봉)'는 인근의 오공재 너머에 있다고 한다. 이는 출전하고자 하는 장군을 맞이하기 위해 화장하는 옥녀의 형국으로 낙안이 군사적으로 중요한 위치이며 방어상 유리한 지역임을 암시한다.

이와 같이 낙안은 사신(四神, 금전산, 멸악산, 백이산, 옥산)과 사신 너머에 있는 지형지물들까지 풍수형국에 포함시킴으로써 풍수적 영역을 더욱 확대시켰다. 또 여기에 마을 풍수 형국인 배(行舟)형국을 가미함으로써 읍성의 내외적으로 여러 풍수유형을 중첩시켜 풍수지리적 영역을 강조하고 있다. 또 풍수국면의 골격을 기초로 하면서 비보와 엽승의 기법

그림 104 낙안읍성 동문(낙풍루) ▷출처: 김성철, 2001년

그림 105 낙안읍성 남문(진남루)

그림 106 낙안읍성 객사

그림 107 낙안읍성 객사의 궐패

그림 108 낙안읍성 동헌 앞 낙민루

그림 109 낙안읍성 동헌

으로 풍수적 형국을 시각적 영역성으로 강조하고 있다. 즉, 동문 밖에 흐르는 내수인 동천이 바로 남쪽으로 직선으로 빠지자 이를 남문에까지 굽혀 일종의 참호(塹壕)로 만들어 흐르게 비보했으며, 마을 동쪽의 좌청룡에 해당하는 멸악산(오봉산)이 지나치게 준급(準急)하고 흉험(凶險)한 까닭에 산세의 모양이 좋지 않아 이에 대응하기 위해 동문 밖에 석구(石拘) 한 쌍을 배열해서 엽승했다.

또 조산(祖山)인 옥녀봉과 조산(朝山)인 장군봉 즉, 마주 보고 있는 남북주축의 양극을 풍수설화의 중심인물로 선택하고 주변 지형물(투구봉, 옥산, 평촌못 등)을 소도구로 사용, 주변 경관들의 의미적 관계에 의해 하나의 극적이며 우의(寓意)적인 경관 인식을 발견하게 했다. 이외에도 주변 지형의 분계봉과 오공치 등 상극 관계에 있는 동물의 이름을 지명에 사용, 경관의 동적 의미 관계를 보인다.

(2) 해미읍성

해미읍성은 원래 왜구의 출몰에 대응하기 위한 군사적 요충지에 방어 목적으로 축조했다. 이 성은 고려 말부터 국정이 혼란한 틈을 타 왜구가 해안 지방에 침입하여 막대한 피해를 입히자 이를 제압하기 위해 조선 태종 17년(1417년)부터 세종 3년(1421년) 사이에 당시 덕산에 있던 충청 병마절도사영을 이곳에 옮기려고 축성했으며, 효종 3년(1652년) 병마절도사영이 청주로 옮겨 가기 전까지 230여 년간 충청도 지역의 주요 군사거점의 역할을 했다. 병마절도사영이 청주로 이설되고 해미현의 관아가 이 성에 옮겨지자 해미읍성은 1914년까지 호서좌영으로서 내포 지방의 군사권을 행사했고 동시에 지방행정의 중심지 역할을 한다.

읍성의 유형은 동헌 뒤에 가야산으로부터 뻗어 내린 능선을 그대로 이어받아 이 능선이 차지하는 면적이 성내 면적의 1/4 가량으로 '평산성(平山城)'이며, 그 평면 형태는 거의 원형에 가깝다.그림 110 북동쪽의 낮은 구릉에 넓은 평지를 포용하여 축조된 성으로 성벽의

그림 110 해미읍성 전경 ▷출처: 문화재청

그림 111 해미읍성 성내 전경

그림 112 해미읍성 남문(진남문)

그림 113 해미읍성 동문(잠양루)

그림 114 해미읍성 호서좌영의 아문(衙門)

그림 115 해미읍성 호서좌영 전경

그림 116 해미읍성 내의 옥터

그림 117 해미읍성의 문루

아랫부분은 큰 석재를 사용하고 위로 오를수록 크기가 작은 석재를 쌓았다. 성벽의 높이는 4.9m로 안쪽은 흙으로 내탁되었으며, 성벽 상부 폭은 2.1m 정도이다.

해미읍성은 성내에 영장(營將)을 두고 서해안 방어의 임무를 담당했으며, 본래의 규모는 동, 서, 남의 3대문이 있었고, 옹성이 2개소, 객사 2동, 포루(砲樓) 2동, 동헌 1동, 총안(銃眼) 380개소, 수상각(水上閣) 1개소, 신당원(神堂院) 1개소 등 매우 큰 규모였다고 한다. 『여지도서(輿地圖書)』 해미현 조에 의하면 성의 둘레는 약 2,000m, 면적은 약 7.3㏊로 나타나고 있다. 샘과 우물은 6곳이 있었으나 연못은 없었던 것으로 보인다. 민간신앙의 대상인 당산(堂山)은 성내 3곳, 성외 1곳이 현존하고 있으며, 사직단과 향교를 각각 서문, 동문 밖에 두고 있다. 성내에는 취락이 입지해 있었을 것으로 추정된다. 현재는 보존 상태가 양호한 성곽과 근래에 축조된 3문과 아문(衙門), 동헌, 4각정 등의 건물과 동헌 부속건물, 객사 건물지, 옥터 등이 남아 있다.그림 112, 113, 114, 115, 116, 117

(3) 고창읍성

전북 고창군 고창읍에 있는 조선 초기의 성이며 모양성(牟陽城)이라고도 한다. 고창읍성은 포곡 산성형의 읍성으로 마한시대에는 모이부(牟伊府), 곡현(曲縣), 백제시대에는 모량천리현(毛良天里縣), 신라시대에는 고창현, 일명 모양산성(牟陽山城)으로 불린다. 단종 1년(1453년)에 축성된 것으로 추정되며 나주진관(羅州鎭管)의 속성(屬城)으로 입암산성(笠岩山城)과 연결되어 동오군(東五軍) 훈련장(訓鍊場)으로 사용된 군사상 요충지였다.

고창읍성 역시 고창현의 읍성이며 해미와 같이 방어 목적으로 산지 계곡에 형성된 '산성형(山城型)' 읍성이다. 성 내부는 거의 행정용 관청 건물 위주고 외부에는 부락이 형성되어 있는 독특한 사례로 읍성 자체는 집단 정주지로서의 도시적 의미를 갖고 있지 못하다.

고창읍성 성곽의 총 길이는 1,700m이고 높이는 3.6~4m이며, 면적은 16.5㏊이다. 고창읍성 역시 3문이 모두 누(樓)마루에 옹성(甕城)으로 복원되었고 성내 6곳에 치성(雉城)을 갖고 있으며 방어용 해자(垓子)가 있었다(고창군청, 1992년).

풍수지리상 주산은 구 관아 뒤쪽의 장대봉(해발 106m)이다. 고창읍성은 이 장대봉을 뒤로 하고 안산인 성산을 마주 보면서 북향으로 앉아 있어 북문이 주 출입문인 북향읍성이다. 『여지승람』에는 성내에 못이 2개, 우물이 4곳이라 했고, 정조 때 『호남도서』에 수록된 고창현 읍지도(1788)를 참고하면 동헌, 객사, 향청을 비롯 3문루를 포함하여 22기의 관아 시설물이 있었음을 알 수 있다.그림 121 고창읍성은 성의 지세나 군사적 요충지라는 기능 때문에 성내 취락을 형성될 수 없었던 것으로 생각된다. 성외 부락에는 민간신앙인 돌장승의 당산이 부락 내 네거리의 각 입구와 중앙부에 5기가 남아 있다.

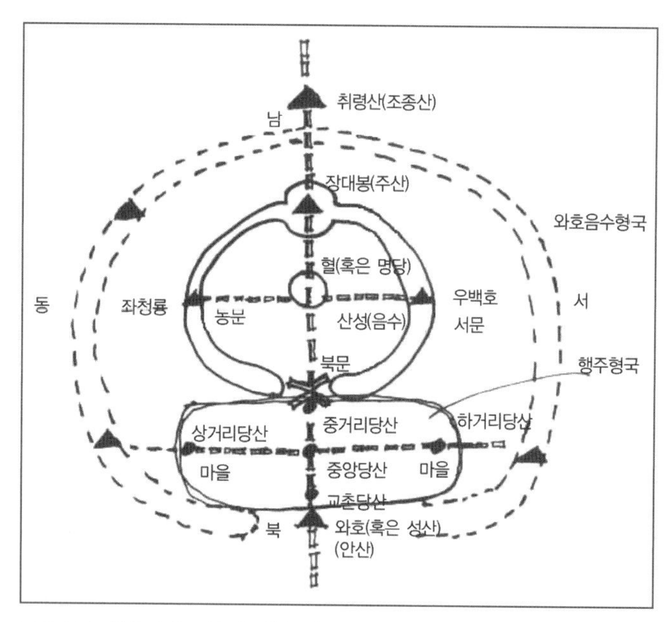

그림 118 풍수지리 모식도(고창읍성)

고창읍성의 풍수형국은 크게 두 가지로 구분된다. 성내 고을은 호랑이가 엎드려 물을 마시는 모습의 와호음수형(臥虎飮水形) 형국으로 보인다. 와호(臥虎)에 해당하는 성산(聖山)의 자리에 향교와 현재 고창고교가 있으며, 음수(陰水)인 성내의 연못 자리에 고창여고(1986년 이전)가 있었다. 성 밖의 외성읍(外城邑) 마을은 행주형국으로 그것을 강조하기 위해 횡단 1㎞, 종단 700m 규모의 장타원형을 이루고 있다. 또 마을을 구획하는 직교축의 사단(四端)과 중앙의 1곳에 각기 솟대 모양의 당산을 배치하여 경계의 시각적 영역성을 표현했고, 바다 쪽인 하(下)거리 당산의 높이를 가장 높게 함으로써 경계의 위계성을 보여 주고 있다.그림 118

그림 119 고창읍성 정문(공북루)

그림 120 고창읍성 동문(등양루)

그림 121 고창읍성의 객사(모양지관)

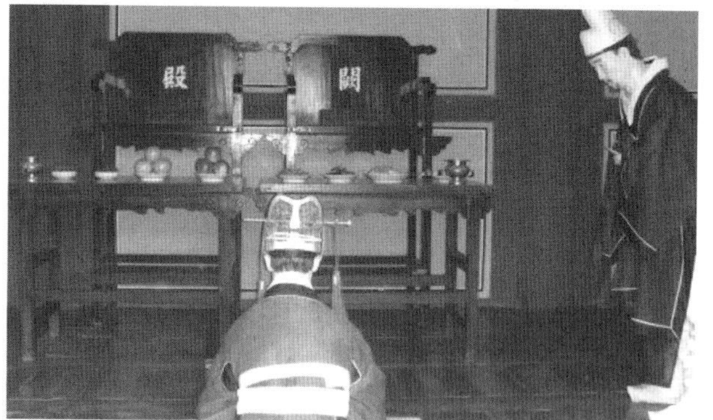

그림 122 고창읍성 객사의 궐패

이러한 형국의 구성은 마을의 시각적 영역성뿐 아니라 경계와 중심을 강조한 것인데, 이는 오행설과 풍수, 샤머니즘이 결합된 환경양식의 좋은 예라 할 수 있다. 또 고창읍성의 고지도에 의하면 주 출입구인 북문과 부 출입구인 동문만 누마루이고 기능상 별 의미가 없는 서문은 개구부만 나 있는 것으로 나타나고 있다. 이로 보아 읍성의 문도 성내에서의 영역성을 표현하는 물리적 요소가 되고 있으며 각 문들이 가진 중요성의 비중에 따른 위계질서를 나타낸다고 볼 수 있다.그림 119, 120

고창읍성은 와호(臥虎)와 음수(飮水)라는 대극적 개념을 주산과 안산에 대입시킨 유형이라고 할 수 있다. 이들은 이원론적 대립항(binary opposition)의 사용으로 음양의 관계를 나타내며, 대개의 경우 정착 근거지가 되는 주산 쪽에 여성적 의미를 부여하는데 이것은 전통적인 농경사회에서의 풍요 기원 때문이다.

(4) 정의읍성

제주도의 정의읍성은 1410년(태종 10년) 제주 성산면 고성리에 설치했던 정의현이 1423년(세종 5년)에 현재의 위치(남제주군 표선면 성읍리 아상동)로 옮겨진 이래 1914년 군현제가 폐지될 때까지 500여 년간의 군정(郡政) 치소(治所)였다. 읍성 유형으로는 평지성에 속하며 평면 형태는 방형으로 종횡이 350m, 면적은 9㏊이다. 성곽 위에는 10여 개의 망루가 있고 북방을 제외한 동서남방에 대문이 있어서 외부 출입을 통제했다.

풍수상으로는 영주산을 주산, 한라산을 조산(祖山), 남산봉을 안산으로 하고 있다. 풍수사신과 별도로 마을을 '배형국' 또는 장군대좌형(將軍大座型)[1]으로 보고 남산에 키(방향타)와 닻을 설치했으며, 뱃머리는 서북쪽을 향하고 배꼬리는 남산봉으로 하여 성곽 외부의 자연 지리적 영역성을 설정하고 있다.그림 123

성내의 주요 공공시설로서는 현아(縣衙), 향청, 객관, 문묘를 비롯한 17기의 부속건물이 있으며 3문이 다 누마루로 되어 있고, 3대문 안에는 각기 4기씩의 돌하르방이 있어 그 규모나 형태, 주민 거주의 양상에 있어 낙안읍성과 유사한 점이 많다.

읍성은 크게 3분된 형태이지만 주축들에서 뻗어 나간 부정형 소로들에 의해 9개의 소규모 마을[2]로 구분되어 있으며 이들은 각기의 공공시설 입지를 바탕으로 마을마다 7개의 당(堂)을 가지고 있어 각기 분리된 공동생활권을 유지하고 있던 것으로 추측된다.

경관의 단계적 변화의 관점에서 읍성 내 시설의 배치 및 도로양식이 '丁'자형 가로의 중심부에 주된 공공시설들이 입지해 있으나 가로의 형태는 기본형에서 많이 변형된 독특한 형식을 보인다. 즉, 시선이 어느 방향에서도 관통하지 않도록 여러 굴절부를 두고 있으며 이는 결과적으로 읍성 내의 곳곳에 많은 노단경(路端景)을 형성하게 했다. 남문에서 진입하면 일차적으로 객사가 도로 끝에 맞닿는 노단경을 형성하며 이를 우회하면 '향청(鄕廳)'

❶ 장군대좌형(將軍大座型) : 풍수에서 좌청룡과 우백호 양쪽으로 장군이 서로 크게 마주 보고 앉아 있는 형국으로 주변에는 졸병을 나타내는 작은 산들이 산재해 있다.
❷ 마을보다는 이웃(cluster)의 형태이다.

그림 123 정의읍성 남문

그림 124 정의읍성 전경

그림 125 정의읍성의 현아(縣衙)

그림 126 정의읍성 객사

이 마주 보이고 더욱 진입하면 '동헌(東軒)'이 최종적인 노단경을 형성한다.그림 125, 126 동문에서 진입하면 동헌 앞의 시장터가 시설의 끝부분이 되며, 여기서 방향을 틀어 동헌에 진입하게 된다. 전체적으로 절묘한 경관 처리가 도로양식을 통해 나타나고 있다.

4. 객사

1) 개관

조선시대는 중앙집권적 통치체제가 이루어진 시기로, 성리학을 그 주요 통치이념으로 삼았다. 이러한 유교적 통치질서의 확립을 위해 조선 초부터 수도는 물론 각 지방읍치에도 관청을 위시해 유교적인 시설들을 전국적으로 확산했다. 객사는 중앙집권적인 왕권을 상징하는 대표적 시설이다.[1] 조선 전기 객사의 건립과 중수는 중앙집권화의 진전과 함께

[1] 객사는 전패(殿牌: 왕의 상징으로 '전(殿)'자를 새긴 위패 모양의 나무패)의 봉안과 행례(行禮)라는 의례적 기능을 수용하는 정청(正廳)과 빈객(賓客)의 유숙과 접대라는 실용적 기능을 담당하는 좌우익헌(左右翼軒)으로 구성된다.

이루어졌으며, 특히 태종 대를 거치며 세종 대에 본격화되었다.

조선 초기 객사의 업무는, 유교를 국시로 건국함으로써 '전패를 봉안하고 수령이 국왕에게 유교적인 의례를 올리는' 기능이 중요함에도 '왕명을 띠고 내려오는 사신의 접대'에 있었다. 이는 중앙집권화의 진전과 함께 관찰사가 각 읍을 순시하면서 집무하던 조선 전기 지방 통치체제로부터 기인한 것으로 읍치의 현실적 요구를 반영했다. 이후 임진 · 정유의 왜란(1592~1598년) 기간 중 전국 대부분의 읍치시설들이 피해를 입었으나, 전후 복구가 진행되는 17세기를 거치면서 객사의 중요한 기능이 '빈객의 유숙과 접대(예대(禮待))'에서 '전패의 봉안과 이에 대한 행례(行禮)'로 점차 전환되었다. 이는 사림의 성장과 예학에 대한 관심 증대 및 실천이 중요한 요인으로 작용한 것이며, 또 17세기 후반에 이르러 관찰사의 지방통치 행정이 유영(留營)체제로 변화함에 따라 객사 양익헌의 현실적 유용성이 감소했다.

한편 객사의 기능 변화로 인하여, 조선 전기에는 빈객의 접대를 위한 양익헌의 증축과 수선 및 경내에 완상공간이나 누정과 별관을 경영하는 데 주력한 반면, 양란(17세기 후반) 이후에는 정청 복구 위주로 공역이 이루어졌으며, 읍력이 여의치 않을 경우 빈객을 접대할 누정 등은 후일로 미루기까지 하는 등 조선 전기와는 다른 양상을 나타냈다. 18~19세기에는 17세기 전환기를 거쳐 형성된 전패의 봉안과 행례처로서의 객사의 성격이 더욱 강화되었다. 이렇게 강화된 객사는 19세기 민란의 와중에서도 보호되었고, 대한제국 시기에는 왕권 강화의 상징적 역할을 했으나, 1909년 이후 좌우익헌이 다른 시설로 전용되고 정청에 봉안된 전패가 점차 어진으로 대체되는 과정을 밟으면서 객사 고유의 상징성을 상실했다.[2] 객사는 조선시대 내내 고정된 의미와 기능으로 존재하지는 않았으나, 다른 여타 건물보다 조선이라는 국가의 통치방식과 시대 상황을 잘 표현한 읍치시설이었으며, 현실적인 필요와 이데올로기적인 기능 모두를 지니고 있다.

2) 이론적 고찰

(1) 유래와 유관시설

객사가 중앙에서 파견된 관리가 유숙하는 시설이면 이에 대비되는 시설로는 역(驛)과 관(館)을 들 수 있다. 역은 중앙과 지방 간의 명령 및 공문서를 전달하고 관수물자의 운송과 사신의 왕래에 따른 영송(迎送)과 지대(支待), 입마(立馬) 그리고 변경의 급박한 군사정보를 전달하는 시설이다. 기록상으로 삼국시대에 설치된 것으로, 신라 소지왕(炤智王) 9년에 "비로소 사방에 우역(郵驛)을 설치했으며 담당 관리에게 명하여 역로(驛路)를 수리하게 했다"라는 최초의 우역을 설치한 기록이 있다.

[2] 현재 남아 있는 객사가 거의 없는 것은 한일강제병합 바로 직전과 직후에 실시한 통감부의 고건축 조사와 관련이 깊다. 이때 객사의 대부분은 특별 보호가 필요 없는 '병(丙)'과 '정(丁)'으로 분류됨으로써 이후 아무런 보호조치도 받지 못한 채 일제 강점기를 거치는 동안 도시화의 진전과 함께 철거되었다.

❶ 중국의 경우, 역과 관은 주대(周代)로부터 생겨난 것이며, 『周禮』가 정하는 도로와 관사(館舍)의 제도는 왕도가 아닌 일반적인 도로에서 10리마다 '노(廬)'가 있고, 노에는 음식이 준비되어 있다. 한편 30리마다 '숙(宿)'이 있는데, 숙에는 '노실(路室)이 있고, 노실에는 '위(委)'가 있다. 또 50리마다 '시(市)'가 있는데, 시에는'후관(候館)'이 있으며 후관에는 '적(積)'이 있다. 즉 '노(廬)'는 쉬면서 음식을 먹을 수 있는 휴식시설이며, '숙(宿)'은 숙박시설로 노상에 설치한 간역 숙소인 '노실(路室)'이 있으며, '위(委)'는 말과 짐들을 풀어 놓을 수 있는 곳을 의미한다.

한편 관(館)도 삼국시대에 있었는데, "(고구려의) 경내(境內)에 들어가니, 고구려 왕이 太大業盧(首相) 蓋金(연개소문)을 보내어 맞아 객관(客館)을 정해 주고 잔치를 베풀어 우대하였는데 …… 2년 정월에 (앞서 來朝한) 唐의 使臣이 아직 館에 머물고 있어 …… 왕(元聖大王)은 河陽館(河陽은 지금의 永川)의 서쪽까지 쫓아가서 친히 연회를 베풀고 ……"라 하여 국외의 사신이나 귀빈을 접대하고 유숙하던 관(館)이 수도는 물론이고 지방에도 있었음을 알 수 있다. 한편 삼국의 우역(郵驛)을 근간으로 고려시대의 역참(驛站: 역말을 갈아타던 곳)은 성종 대에 군현의 재정비와 더불어 22역도(驛道) 520여 개 역조직(驛組織)으로 갖춰지게 되었다. 개경과 서경 및 개경과 남경에 이르는 주요 역들은 왕이 휴식을 취하고 연회를 베풀기도 하며, 외국의 사신을 맞이하기도 했다.❶ 또 고려시대에도 관(館)에 대한 다양한 기록들이 확인되는데 현종 2년(1011년)에는 "영빈(迎賓), 회선(會仙) 두 관(館)을 설치하여 여러 나라 사신들을 접대하였다"라는 기록이 있다.

(2) 기능

객사의 기능은 첫째, 객사의 주사(主舍)에 전패(殿牌), 궐패(闕牌)를 모셔 두고, 수령이 새로 부임했을 때, 초하루, 보름 한 달에 두 번씩, 향궐망배(向闕望拜)함으로써 임금을 지척에 모신 듯 충성하고 목민관으로서의 소임을 다하는 것이다. 둘째, 중앙에서 파견되거나 여행을 하게 된 관료들의 숙박을 위한 곳이며, 국가적 차원에서는 중국, 일본, 기타야인들의 조공사신을 접대하기 위한 기능이 있다(주남철, 1986년). 또, 『동국여지승람』에 실린 기문을 근거로 '조서(詔書: 왕의 뜻을 일반에게 알리고자 적은 문서)와 명령을 받들어 임금의 위엄과 덕망을 선포하고 행례하는 장소'라는 점을 지적하였다(유영수, 1989년). 특히 『광주객사동헌기(光州客舍東軒記)』(成俔,1501~1504년)의 내용을 근거로, 객사의 동헌은 연회의 장소이며, 관찰사가 송사를 듣고 재판하는 장소임을 추가로 언급하였다. 한편 일제강점기에 발간된 『읍지(邑誌)』를 살펴보면, 객사는 연회의 장소이자 관찰사가 재판하는 곳이며, 관찰사가 순신(巡辛)할 때 군수가 연명(延命)하는 곳이었다. 또 국가의 경사는 물론이고 애사가 있을 경우 망기(望器) 및 문무의 향시(鄉試)가 치러지던 장소임을 알 수 있다.

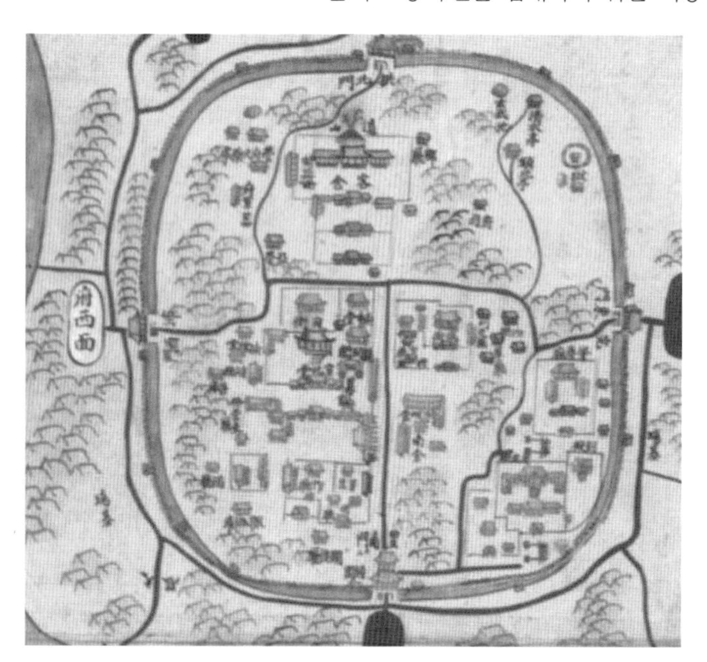

그림 127 전주부 가로체계(전주지도, 1872년)

(3) 위치와 위상

조선 초 읍치정비로 인해 지방읍치의 중앙부에는 대부분 객사(客舍)와 관아(官衙)가 위치하고 있으며 특히 객사는 관아보다 위계가 높은 상징적 시설이며, 읍치경관을 지배하고 있다. 전주(全州)는 직교형 가로체계로서 남북을 관통하는 중심가로의 한가운데 위치한 객사를 중심으로 丁자형의 가로체계를 형성하고 있다.그림 127 한편 객사는 빈객의 유숙과 접대를 담당하였으므로 몇몇 객사는 읍치 내에서 경관이 좋은 곳에 건립되기도 했는데, 평안도의 성천(成川) 동명관(東明館)이 가장 대표적인 경우라 할 수 있다. 이런 경우 객사보다는 주변 경관을 한눈에 굽어볼 수 있는 누정(樓亭)이 더 유명하게 되는데, 동명관의 경우 강선루(絳仙樓)와 십이루(十二樓) 등이 비류강을 굽어보며 객사와 일체화된 모습을 보이고 있다.그림 128

그림 128 성천의 동명관 ▷출처: 조선고적도보, 1910년

한편 읍치 내에서 객사와 아사(衙舍)의 상대적 위치는 객사가 아사의 동쪽에 위치한 경우가 많다. 또 객사의 향(向)을 살펴보면, 지역을 불문하고 대체로 남향하고 있음을 알 수 있다. 이는 읍의 진산(鎭山)이 동쪽이나 서쪽에 있어 읍치의 향이 서향이나 동향이 될 경우, 아사(衙舍)는 읍치의 향을 따르는 것이 일반적이지만, 객사만은 반드시 정청(正廳)에 전패(殿牌)를 모시고 북향하여 배례할 수 있도록 하기 위함이다. 또 새로이 부임하는 수령이 임지의 경내에 들어서서 처음 행하는 각종 의식과 절차는 국가로부터 부여 받은 수령의 권위를 읍민에게 보이는 과정이자, 권위를 형성하는 중요한 의식이 된다. 이때는 먼저 객사에 들러 행례한 뒤 향교 대성전에서 알성(謁聖: 공자신위에게 참배)한 후, 동헌에 들어 점고하였다.

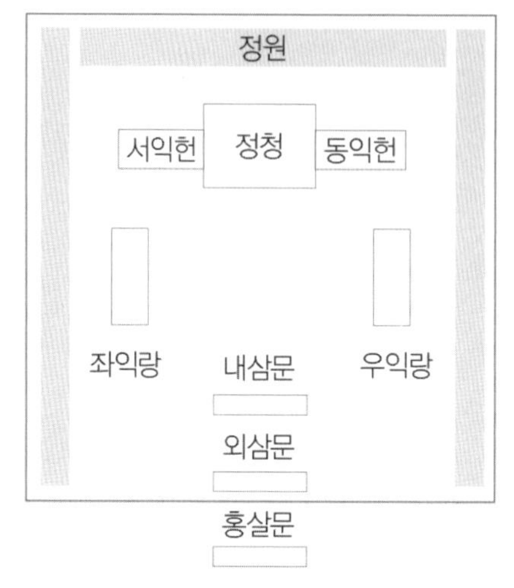

그림 129 객사의 배치형식

(4) 규모와 건축형식

① 규모

객사를 구성하는 건물을 살펴보면 우선 3칸 정도의 정청(正廳)을 중심으로 그 좌우에 각각 2~3칸 내지 그 이상의 동·서익헌(東西翼軒) 및 대문(大門)과 중문(中門)을 갖는 것이 일반적이며, 대문의 경우 누(樓)를 겸한 곳도 많다. 객사 건물의 기본적 구조는 정청이 동익헌보다는 한 단계 격식을 높여서 지으며, 객사를 구성하는 기본적인 건물 외에 본관의 동·서익헌 전면으로 익랑(翼廊) 혹은 낭무(廊廡)라고 불리는 남북 방향의 부속공간을 배

치하기도 했다. 또 출입문인 삼문의 경우 내삼문과 외삼문을 중층으로 하기도 하며, 외삼문의 전면에 홍살문을 배치하여 신성한 공간으로 진입하고 있음을 상징적으로 보여 준다. 그림 129 또 사신(使臣)을 접대하고 향연(饗宴)을 베풀 수 있도록 정원을 조영하였는데, 주로 정청의 후면부 산기슭 및 전면부 지당에 정(亭)과 누(樓)를 세웠다.[1] 지당의 경우 방지와 원지의 형태이며, 섬은 한 개 혹은 두 개이고 연을 심어 완상의 의미를 나타내고, 식수나 화재를 진압하기 위해 물을 저장하는 역할을 했다.

[1] 객사 내 누정(樓亭)은 시회, 행사, 사신 접대, 무사 시험장 등의 공적 이용과 학문, 수양, 시음, 강학 등의 사적 이용에 이용되었으며, 정자의 경우 주로 객사의 후면부 산기슭 및 지당에, 누의 경우 강과 접해 있는 언덕이나 절벽에 위치하고 있다. 싱천부의 객관 강선루(『숙종실록』) 및 금성관(『신동국여지승람』)의 동북편 연못가에 왜국을 복종시킨다는 뜻의 '무이루'라는 누각이 있었다는 기록이 전해진다.

② 건축형식

평면형식은 정청과 양익헌의 분리 유무에 따라 대별되는데, 정청과 양익헌이 각각의 건물로 나뉘어 구조적으로 분리된 것을 '일반형'이라 하고, 단일 건물로 된 것을 '일체형', 단일한 1동의 건물로 지붕 처리에서도 구별되지 않는 것은 '단일형'으로 구분하였다.

3) 주요 객사 사례

(1) 고양 벽제관

조선시대 왕조실록에 등장하는 벽제관에 관한 기록과 조선시대 후기 지방 군현지(郡縣誌)에 기록된 내용을 통해 벽제관의 연혁을 추론해 보면 다음과 같다.

• 세종 01/08/15(정해)

효령대군 이보와 영의정 유정현, 찬성 이종무를 보내어 벽제관에서 황엄을 영접하게 하였다.【원전】2집 332면

세종조의 왕조실록에서만 벽제관에 관련된 기사가 모두 8차례 확인된다. 세종 원년(1419년)에 중국의 사신을 영접할 수 있는 객관(客館)으로서 벽제관이 이미 존재했음을 알 수 있으며, 중국과의 외교관계에 있어서 큰 역할을 담당했음을 알 수 있다. 이후 연산 5년(1499년) 9월 11일에 다음과 같은 수리 내용이 기록되어 있다.

• 연산 5/09/11(무진)

전교하기를, "풍양궁과 벽제관을 다 수리한 후에 병조로 하여금 사람을 수직하여 거동이 있기를 기다리게 하라"고 하였다.【원전】13집 376면

앞서의 기록들이 중국 사신의 영접 및 전송을 위한 것이었음에 반하여 이 기록은 왕의

행행(行幸)을 대비하기 위한 것이었음을 알 수 있으며, 이는 명나라의 멸망 이후 대 중국 관계의 장소로 사용되었던 벽제관의 의미와 기능이 변화했음을 짐작할 수 있다.

이러한 변화는 고양에 관한 『조선왕조실록』의 기록을 살펴보면, 성종 대에 경릉과 창릉이 위치해 있다는 이유로 현에서 군으로 승급이 되었다. 영 · 정조 대와 순조 대에는 왕의 제사를 위해 고양으로의 행행이 빈번하여, 이때 벽제관은 관원들의 유숙공간으로 활용되었을 것으로 여겨진다.

이와 같이 벽제관은 조선 중기에 이르러서는 더 이상 중국 사신의 영접을 위해 사용되지 않았고, 중앙에서 파견한 빈객을 위한 공간 및 고을 수령의 왕에 대한 충성을 다짐하는 행례공간으로 사용되었다. 이후 1909년 일제 강점기에 50여 칸의 건물들이 훼철되어 더 이상 왕조의 중앙집권적 특성을 지닌 객사의 의미를 유지할 수 없게 되었으며, 1931년의 『조선고적도보』에는 벽제관의 정청과 동 · 서익헌의 전면이 모두 각각 3칸으로 나타나 있다.그림 130

그림 130 벽제관 ▷출처: 조선고적도보, 1910년

그림 131 전주객사

(2) 전주객사

전주객사가 언제 조영되었는지 명확한 기록이 남아 있지 않지만, 『신증동국여지승람』 권33 전주부

조의 기록을 통해 추론해 보면, 성종 이전에 조영되었으며, 서익헌이 동익헌에 비해 규모가 작고 왜소했던 것을 알 수 있다.

이후 정유재란 때(1597년) 왜군이 전주를 점령하면서 객사가 소실되었다. 객사 중건은 왜란이 끝난 후 선조 40년(1607년)에 객사의 편액 '풍패지관'을 쓴 근거가 있어 이 무렵이었을 것으로 보인다. 이후 고종(1872년) 때 대대적인 보수가 있었다는 것이 1975년 보수공사 때 상량문이 발견됨으로써 알려졌다. 1914년 도로가 확장되면서 동익사를 철거하여, 본당과 서익헌만 남게 되었다.그림 131

(3) 나주 금성관

나주객사는 고려 공민왕 22년(1373년) 금성군의 정청(政廳)으로 사용하기 위해 조영된 객사의 동익헌으로 『금성읍지』(1897년)에 "객사 목사 이유인(재임 1479~1480년) 이후 목사 박규동(재임 1884~1886년) 중수"라는 기록이 있다. 그 후 일제 강점기 때에는 개수하여 군

그림 132 **나주객사** ▷출처: 조선고적도보, 1910년

그림 133 **진남관**

청사로 사용하였으며,그림 132 1963년 9월에 부분적인 보수를 하였다가, 1976년 9월 10일부터 1977년 6월 30일까지 완전 해체하여 정면 5칸, 측면 4칸의 팔작지붕 건물로 복원했다. 2015년에는 대규모 연못과 정자터가 발굴되었다.

(4) 여수 진남관

여수객사인 진남관 일원은 성종 9년 설치된 전라좌수영의 군영 일부로, 정유재란에 의해 소실된 자리에 1599년 통제사 겸 수사(水使) 이시언(李時言)이 조영했으며, 1664년에 수사(水使) 이도빈(李道彬)이 개수하고, 1658년에 수사(水使) 이제면(李濟冕)이 중창(重唱)했다. 1665년에 수사(水使) 김일(金鎰)이 서쪽과 동쪽 7칸을 보수했다. 이후 1899년에 군수(郡守) 오홍묵이 중수하였는데, 공사를 마치고 임금 계신 곳을 바라보며 조복을 꺼내 입고 향을 피워 극진한 예를 올렸다고 한다. 진남(鎭南)이란 남쪽 지역을 편안하게 한다는 뜻이다. 그림 133

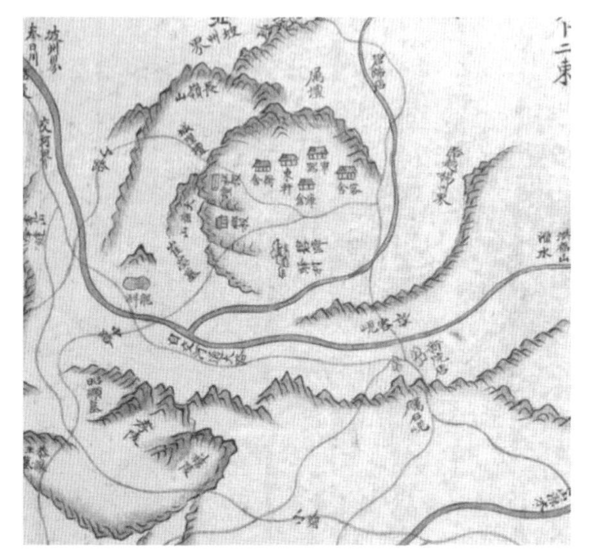

그림 134 **고양부** ▷출처: 해동지도, 1774년

4) 입지 및 배치

(1) 고양 벽제관

벽제관의 입지 및 건물들의 배치에 관한 자료로는 〈해동지도(海東地圖)〉를 들 수 있다. 이를 분석하면 벽제관은 혜음령(惠陰嶺)이 위치한 장령산(長嶺山)을 주산으로 남으로는 한강의 지류를 접하여 망객현(望客峴)을 안산으로 삼아 읍내를 위요하고 있으며, 한양에서 의주에 이르는 서북로의 분지점

에 있다.그림 134 벽제관은 객사로 표현되어 있으며, 교통의 요지에 위치하고 있음을 알 수 있다. 관아는 아사와 동헌으로 분리되어 객사의 서쪽에 군기와 창고를 지나 위치하고 있는 등 서열상 객사를 관아에 우선하고 있다. 또 향교는 대자산의 동쪽 기슭에 위치하고 읍의 남쪽에는 강화로 이어지는 중로를 사이에 두고 벽제역촌(碧蹄驛村)이 형성되어 있음을 알 수 있다. 한편 벽제관의 초창기 건축물의 구성과 배치에 관한 자료를 토대로 중건 단계의 벽제관을 구성해 보면 다음과 같다.

세종 조에 중건이 이루어지고 작성된 정이오의 기(記) 『신증동국여지승람』에 의하면, "집이 웅려하고 제도가 정장하매 질서가 있게 단단하여 한 가지도 빠진 것이 없다. 담장을 두르고 꽃나무를 섞어 심어서 무성하였다. 동헌 앞에는 못을 파서 연을 심었고, 서헌 앞에는 돌을 빼고 우물을 팠다. 여름과 봄 사이에는 햇볕이 명랑하고 연꽃이 향기로우며, 샘물이 차고 맑으니 이것은 또 다른 현 내에는 없는 것이다. 문묘와 학교를 건립하고 남별관과 옛 관청도 옛 제도에 보태기도 하고 새집을 창건하기도 하여 차례로 이루니 웅장한 모습이 서로 바라보인다"라는 내용이 있어 중건 당시의 벽제관의 건물 구성을 짐작케 한다. 즉, 조선 초기 각 군현에 객사를 조영함에 있어서 기본적으로 중앙에 정청을 두고 그 좌우에 동·서 익헌을 면하여 건축했던 것으로 보인다.그림 135

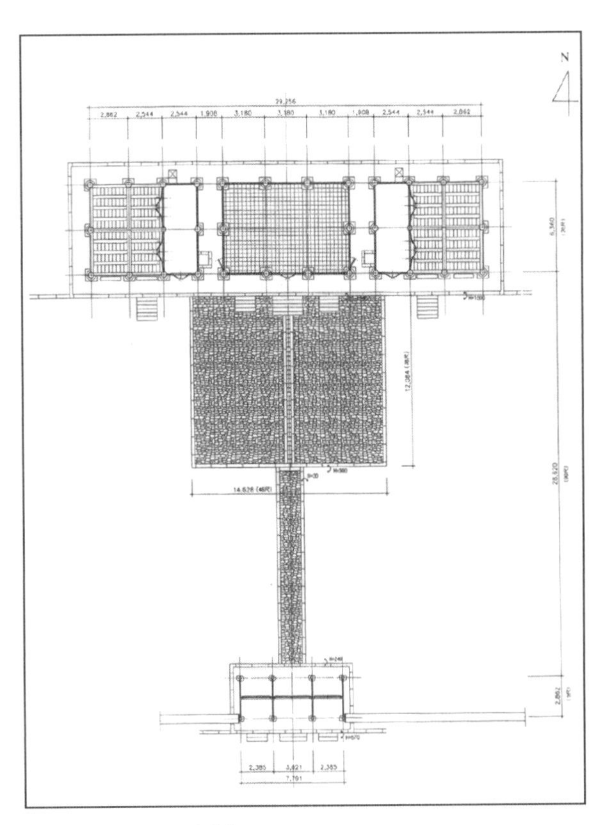

그림 135 배치도, 벽제관

(2) 전주객사

전주객사는 풍남문을 주축으로 하는 중심도로 종점 북편에 위치하며,그림 136 중앙에 주관이 있고 좌우에 동·서 익헌, 맹청, 무신사 등이 위치했으나, 현재 주관과 서익헌, 수직사만 남아 있다. 객사의 내부를 살펴보면 대청의 정면에는 '풍패지관'이라는 편액이 걸려 있으며, 앞과 뒤에 툇마루를 두고 가운데 바닥은 나무로 마루를 만들어 이를 냉청이라 칭하고, 침방을 동상방, 헌을 동헌이라 했다.

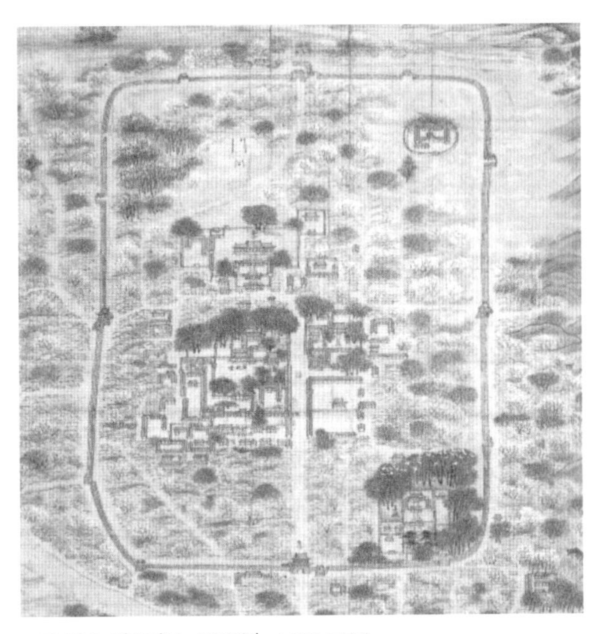

그림 136 전주지도, 1770년 ▷출처: 규장각

(3) 나주 금성관

〈나주지도〉를 분석하여 보면, 금성관은 북서쪽에 금성산(451m)을 진산으로, 동쪽에는 영산강이 위치하며, 주변에 장원봉, 월정봉, 재신봉이 위요하고 있다.그림 137 또 읍성 안에는 객사, 아사, 이청, 향청, 군기고, 서청, 진창, 훈령청, 장청, 읍창, 옥, 사정, 최고정, 목장 등이 있으며, 읍성 밖 서쪽에는 향교가, 남쪽에는 진영, 토포청, 이청 등이 있다. 현재의 금성관은 정면 5칸, 측면 4칸의 단층 장방형 건물로 복원했다.그림 138

(4) 여수 진남관

진남관이 속한 전라좌수영은 현재 성 내외의 시설이 거의 멸실되어 수영의 전체적인 배치와 공간구조는 〈호좌수영도〉를 통해 유추할 뿐이다. 전체의 모습은 동서축이 긴 타원형과 유사하며, 대부분의 수군진성은 전방에 해안을 접하고 배후에 산을 등지고 있는 군사적 요충지에 입지한다. 성곽의 형태가 지형적 형세에 맞추어 방어적 측면과 효율적인 공간 이용 등을 고려해 시설을 배치하고 문루와 포루 등을 설치하기 때문에 대체적으로 부정형의 모습을 하고 있다.그림 139 진남관은 다른 아사(衙舍)에 비해 서쪽에 위치하며, 호좌수영 내의 배치는 향청, 동헌, 중영, 각고, 군기청 일곽으로 구분된다. 진남관 우측의 운주헌(運籌軒)을 중심으로 동헌 일곽이 배치되어 있으며, 뒤편으로는 통인청(通引廳)과 함께

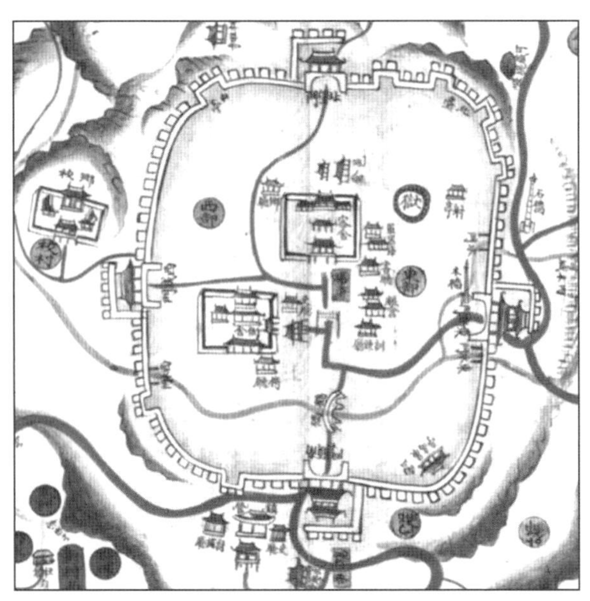

그림 137 나주목(읍지)

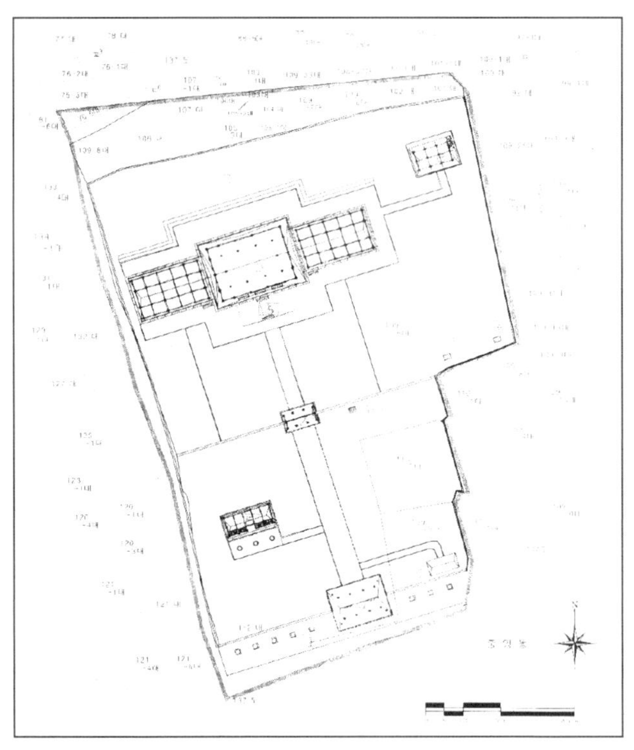

그림 138 배치도, 금성관

향청들이 있다. 한편 진남관은 영성(營城)의 남문과 서문을 연결하는 도로에서 망해루(望海樓)와 중문(中門)을 통해서 진입한다. 망해루와 중문, 진남관은 남북으로 이어지는 축을 형성하며, 동헌과 향청, 군청(郡廳)과 내아(內衙) 등은 군영(軍營)으로서 일상적인 업무와 전시 업무를 유기적으로 긴밀하게 연결하는 영성(營城)의 특성을 반영하고 있다. 한편 〈호좌수영도〉에는 복파당 동쪽에 열하정이, 성안 북쪽 포루 앞에는 군자정이 위치하고 있다.

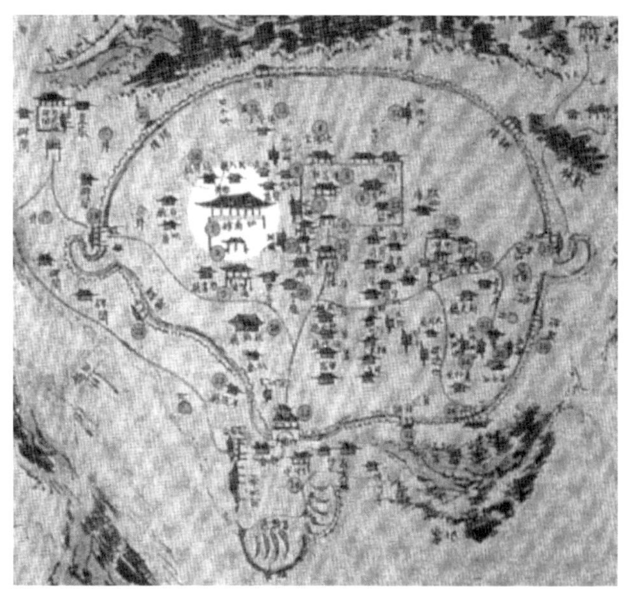

그림 139 〈호좌수영도〉

5) 조경 특성

(1) 지당과 섬

세종조의 『신동국여지승람』의 기록으로는 벽제관 동헌 앞에 연못을 파고 연을 심어 감상했다는 내용이 있다. 기능적으로 객사의 지당은 완상의 의미와 식수나 화재를 진압하기 위해 물을 저장하는 역할을 했고, 배산임수의 원칙을 보완하기 위해 주 건물의 남쪽에 위치했다.

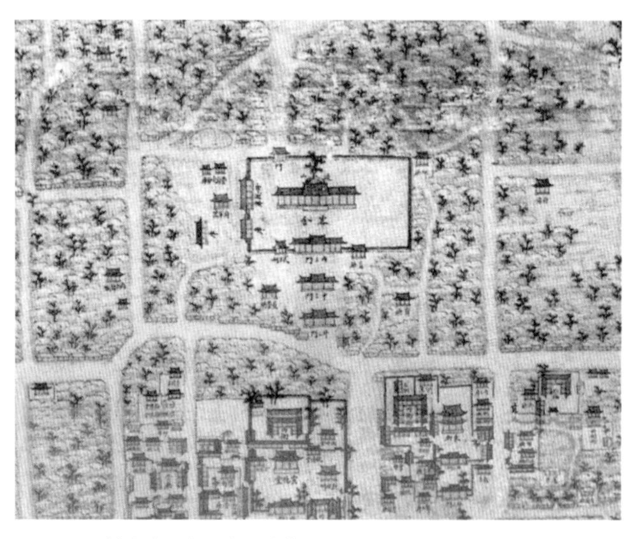

그림 140 완산십곡병풍도(19세기) ▷출처: 전주역사박물관

(2) 가산

〈완산십곡병풍도〉그림 140를 보면, 전주객사 후원에 조산(造山)이 명기되어 있으며, 이는 전주의 형세가 북서쪽이 '허(虛)'하다 하여 지기(地氣)가 빠져나가는 것을 막기 위한 풍수비보적 장치이다.

(3) 수목

진남관은 과거 이임하는 좌수사의 발목을 잡을 만큼, 이른 봄 매화꽃이 아름다워 '매영성(梅營城)'이라 불리었으며, 수군기지에 맞는 화포와 노를 만들 때 사용하던 물푸레나무(*Fraxinus rhynchophylla*)와 가시나무(*Quercus myrsinifolia*), 활과 화살을 만들던 뽕나무(*Morus alba*)와 신우대(고려조릿대: *Sasa coreana*), 비올 때 도롱이를 만들던 띠(*Imperata cylindricai*), 상처를 살균하던 황벽나무(*Phellodendron amurense*) 등 유사 시 전투 지원을 위한 실용적 식물 위주로 식재되었다.

❶ 고려, 조선시대에는 역대 왕과 왕비 그리고 추존된 왕과 왕비의 무덤을 능(陵)이라 하고, 왕세자나 세자빈의 무덤은 원(園)이라 하며, 대군이나 왕자, 군 또는 공주, 옹주와 빈, 귀인, 후궁의 무덤을 묘(墓)라 한다(최창조, 1988년, 한국문원).

한편, 나주 금성관에서 읊었다는 작자 미상의 차운시에서 나주목 관아의 조경식물 가운데 장미를 식재했던 것으로 추정된다.

三間東廨一叢開 세 칸의 동한에 한 무더기 피었는데
太守携尊喜客來 태수가 술단지 들고 객이 옴을 기뻐하네.
坐散不須移彩席 되는 대로 앉으니 채색 자리로 옮길 필요 없는데
薔薇花下有青苔 장미꽃 아래에는 푸른 이끼가 돋았구나.

5. 왕릉

1) 개관

동서고금을 막론하고 인류는 온화한 기후와 쾌적한 공간에서 살기 위해 산수가 좋은 자리에 터를 잡고 살아가며, 사후에도 영면하기 위해 길지(吉地)를 찾는 데 많은 노력을 기울인다. 그리고 그곳에 건물을 짓고 구조물을 만들곤 한다. 특히 한 나라의 통치자였던 왕과 왕비 무덤❶의 경우 더욱 그 제도와 정치적, 사상적 내용을 고려해서 조영했다. 이집트의 영혼불멸설과 사후세계에 대한 믿음이 분묘건축(마스타바, 스핑크스, 피라미드)과 묘지정원(Cemetery garden)으로, 인도의 이슬람문화와 사상이 타지마할(TajMahal) 등으로 조영된 것이 대표적 예이다.

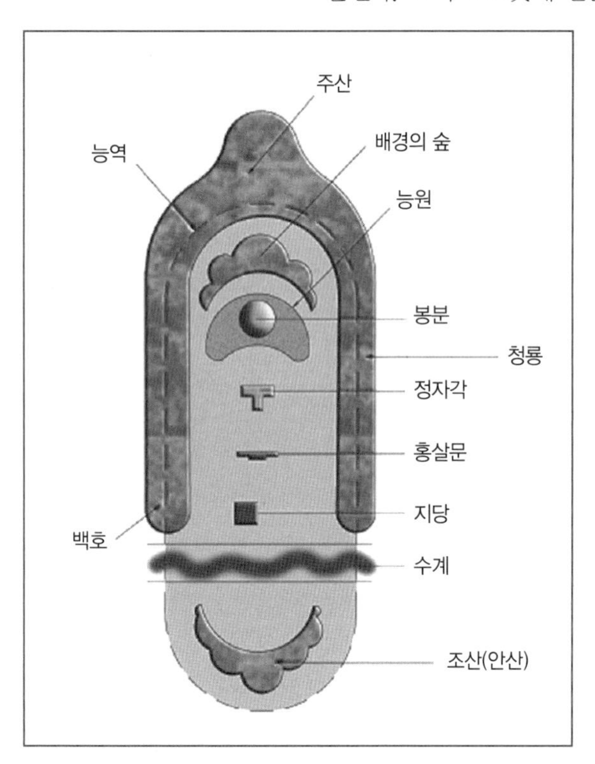

그림 141 능역의 공간개념도

조선의 능원은 우리나라에 현존하는 능원 가운데 가장 완전한 형태를 갖추고 있는 고유의 문화유산이다. 조선시대 능원은 태조 이성계가 1392년 조선을 개국한 이래 500여 년 동안 지속적으로 조영한 무덤 유산으로, 27대에 이르는 왕과 왕비, 추존왕 등 44기의 능과 13기의 원이 있다. 그중 연산군과 광해군의 묘는 폐위된 왕의 묘(墓)로 조성되었기 때문에 왕릉의 무덤은 42기이다. 이 가운데 태조의 원비인 신의왕후의 제릉(齊陵)과 정종, 정안왕후의 후릉(厚陵)은 북한 개성에 있어, 남한에 있는 능원은 왕릉 40기, 원 13기로 총 53기가 있다.

능역의 공간구성은 능역을 구성하는 주산(主山)과 조산(朝

山)의 대영역 속에 산과 하천에 의하여 중층성을 이루고 있다. 이는 인위적인 조성보다 자연지형을 활용하는 상징적 입지의 특성을 가지고 있다. 능역 내 영역에서는 인위적 조성기법을 볼 수 있는데, 내 영역을 조성하는 주산과 혈, 내청룡, 내백호로 구성되는 공간은 내청룡과 내백호의 끝자락이 만나는 지점에 비보 차원의 연못을 조성했으며 연못을 지나면 내 영역에 해당된다.

능의 공간적 범위는 주변 지역을 시계 범위로 하는 광역적 영역인 능역과 능원의 내부공간을 나타내는 능원공간으로 나눌 수 있다.그림 141 능원공간은 봉분을 중심으로 한 능침공간(聖域空間), 정자각을 중심으로 한 만남의 공간인 제향공간, 재실을 중심으로 한 속세를 나타내는 진입공간 등 세 공간으로 구분된다.

능역의 사상적 배경은 음양사상, 풍수지리설, 불교, 도교 등의 영향을 받고 있으며, 특히 조선시대의 통치이념인 유교의 영향을 받아 조영되었다. 조선시대에는 고려시대와는 달리 억불숭유정책에 따라 성리학을 국가적 통치이념으로 하여 유교적인 봉건제도에 따라 능역을 조성했으며, 조상숭배사상이 강하여 죽은 사람의 영면을 위해서 풍수사상에 의해 조영한 것이 특징이다.

2) 왕릉의 역사와 발전

한반도에서의 무덤에 대한 기록은 오래전부터 찾아볼 수 있다. 초기의 기록은 석기시대에서 청동기시대까지 지속되었던 지석묘(고인돌)에서 찾을 수 있으며, 제도로 정립된 시기는 삼국시대부터이다.

삼국시대에는 고구려, 백제, 신라가 각기 고유한 장묘문화를 형성했다. 고구려의 경우 초기에는 석총, 중기부터는 토총을 조영했다. 석총의 경우 땅 위에 방형으로 돌을 쌓아 계단식으로 조성했으며, 토총에는 왕궁에 버금가는 지하궁전을 조성하기도 했다.

백제는 고구려와 같은 석총도 있는 반면 일반 봉토분도 등장했는데, 이는 봉토 속에 석실이나 토축, 벽돌 중에서 택하여 조성했다. 신라시대에 와서 비로소 고유한 무덤형식이 드러났다. 지하에 무덤 광을 파고 상자형 나무덧널을 넣은 뒤 그 주위와 위를 돌로 덮고, 다시 그 바깥은 봉토로 씌운 적석목곽분이라는 거대한 능이 만들어졌다.

통일신라시대에는 봉분이 남쪽을 향하고 석물과 석인이 등장한다. 그중 석사자(石獅子)를 네 모퉁이에 배치하는 것과 봉분 앞에 상석을 놓는 것은 중국에서는 볼 수 없던 것이며, 석물의 형태 또한 통일신라시대의 고유한 형식으로 발전한다. 9세기에 들어서면서 능침제도는 평지에서 산지로 변화되었고, 석물배치 및 조각 기술은 한층 더 정교해졌다. 이는 고려를 거쳐 조선조까지 계승되었다. 즉, 이때까지는 왕릉을 평지에 입지하는 것을 선호했지만, 통일신라 말기부터 풍수개념이 적용되면서 능의 입지가 점차 산으로 향하게 되었다.

고려의 왕릉들은 풍수를 살펴 산줄기가 능 뒤에서부터 좌우로 뻗어내리고, 명당수가 능의 뒤쪽에서 앞쪽으로 모여 흘러가는 지세를 택했는데, 이러한 택지 원칙은 조선시대에도 기본적으로 계승되었다. 즉, 양지바르고 토질이 깊고 배수가 잘되는 지형을 찾아 조성했다. 또 고려시대 왕릉제는 신라의 묘제를 근간으로 하고 있지만 망주석, 장명등, 정자각, 비각 등은 이 시기에 처음 등상했다. 너불어 식사자, 석양, 석호들을 봉분 주위에 배치해 이전보다 훨씬 정교하게 능침을 조영했다. 여러 왕릉 가운데 특히 개성에 위치한 공민왕릉은 가장 잘 정비된 뛰어난 것으로, 조선시대와 시기적으로 가까워 공민왕릉의 조영형식이 조선시대까지 부분적으로 이어지게 된다.

고려시대와 조선시대 왕릉의 큰 차이점은 고려의 왕릉은 단릉의 형식을 택하고 있으나, 조선의 왕릉은 지형의 특성을 살려 단릉, 쌍릉, 합장릉, 동원이강릉, 동원상하릉, 삼연릉 등 여러 형태를 볼 수 있다는 점이다. 또 고려의 왕릉은 돌을 쌓아 단을 만들고 돌계단을 만들어 그 상단에 봉분을 조성하지만, 조선의 왕릉은 계단을 만들지 않고 둥그스름한 토단 상부에 봉분을 조성한 점이 다르다. 또 능침공간, 제향공간, 진입공간의 공간 구분 형식과, 능침공간에서 상계, 중계, 하계로 단을 배치하는 개념이 도입되어 유교에 의한 제례의식에 중점을 두는 의식적 공간을 조성한 것이 이전의 왕릉제도와의 차이점이다. 그 외에도 석물의 배치나 형태의 변화에서도 세부적인 차이가 있다.

우리나라의 왕릉은 통일신라시대에 왕릉형식의 기본이 이루어지면서 고려, 조선시대로 이어졌으나 그 독창적인 모습은 조선시대 왕릉에서 극명하게 나타난다. 즉, 조선의 왕릉은 고려를 계승하면서도 능에 진입하는 방식이나 배치방식, 석물의 형태 등이 고려와

표 1 **조선 왕릉의 발전과 특징**

구분	능명	특징
1기	태조 건원릉	고려시대의 양식을 계승하며, 장명등, 망주석, 배위석 등이 변화함
2기	문종 현릉	국가의 가례와 흉례를 다룬『국조오례의』제정에 따른 조선시대 독특한 제례문화 정립, 독립된 양식을 반영함
3기	세조 광릉	세조의 능제 간결 정책에 따른 간결화된 능침공간과 풍수사상의 발달 (봉분의 병풍석을 난간석으로 하고 석실을 회벽실로 간결화)
4기	영조 원릉	실학사상을 근거로 한『국조속오례의』등의 개편으로 능침의 위계 변화 및 석물의 현실화
5기	고종 홍릉	황제의 능으로 조성되어 능침의 상설체제가 변화, 석물을 배전 앞으로 배치하고 정자각을 정전의 형태로 함

▷출처: 문화재청, 2007년, p.107)

차이를 보이고 있으며, 『국조오례의(國朝五禮儀)』에 기초해 조선 왕조 내내 일관성 있게 왕릉의 형태를 유지해 왔다. 조선시대의 왕릉제도는 원칙적으로 고려 말의 왕릉제도를 계승하고 있으나 시대적 자연관과 유교적 세계관 그리고 풍수사상 등에 의해 보다 특색 있는 모습으로 발전했다.

한편, 조선시대 능 조영의 특징을 보면 조선의 왕릉은 기본적으로 엄격한 예법에 의거하여 조성했기 때문에 조성의 법식은 원칙적으로 고정되어 있지만 능역 주변의 자연지형과 잘 조화되도록 하며, 때로는 선조의 유언이나 생전 삶의 태도를 감안하고, 때로는 후손들의 의지나 시대적 정황이 개입되어 각 능마다 약간의 변화와 특징이 나타나기도 한다.

예를 들어 제7대 세조는 능제를 간소화할 것을 명하여 후손들이 이를 따랐으며, 생전에 불심이 깊었던 왕들은 유교를 바탕으로 한 능제를 원칙으로 하면서도 능역에 별도의 능침사찰을 두어 왕릉을 수호할 수 있도록 했다. 대표적인 능침사찰에는 건원릉의 개경사(소실), 광릉의 봉선사, 영릉의 신륵사, 선릉 · 정릉의 봉은사, 융릉의 용주사, 영월 장릉의 보덕사 등이 있다.

조선의 왕릉은 역대 왕과 왕비의 능이 유실되지 않고 온전히 남아 있어 518년 조선시대 왕족의 계보가 지속되었다는 사실을 잘 알 수 있다. 이러한 긴 역사 속에 일부 능제의 변화를 가져오기도 했다. 능의 전반적인 형태를 고려할 때, 그 변화의 과정은 크게 5기로 나눠 볼 수 있다.

3) 능역의 입지 및 경관구성

(1) 입지

조선시대 능역의 입지와 선지(選地)는 『예기(禮記)』와 『주례(周禮)』의 내용을 바탕으로 국도(國都)인 한양의 경복궁(景福宮)을 중심으로 참배의 거리, 주변 능역과의 거리, 방위, 도로와의 관계, 주변 산세와 국방 경계와의 관계 등을 고려해 10리(약 4㎞) 밖 100리(약 40㎞) 안에 입지한다. 또 능역 참배와 관리를 고려해 선지와 입지조건을 충족시키는 지형을 찾아 족릉(族陵)과 단릉(單陵)을 조성했다.

전통공간의 입지에서 취락이나 도읍은 물가를 찾아 입지하고 사찰은 명산을 찾아 입지하는 것이 상례인데 반해, 능역의 경우 관리와 참배가 용이한 궁궐 반경 100리(약40㎞) 이내에 조성했으며, 풍수지리적 지형을 갖춘 적지를 찾아 입지했다.그림 142

조선시대 능역의 입지적 특징은 왕릉으로서의 권위적, 정형적 틀을 가지고 있으면서도 자연의 지세를 존중하고 이에 순응하려는 동양의 도교사상과 한국인의 자연관에 의하여

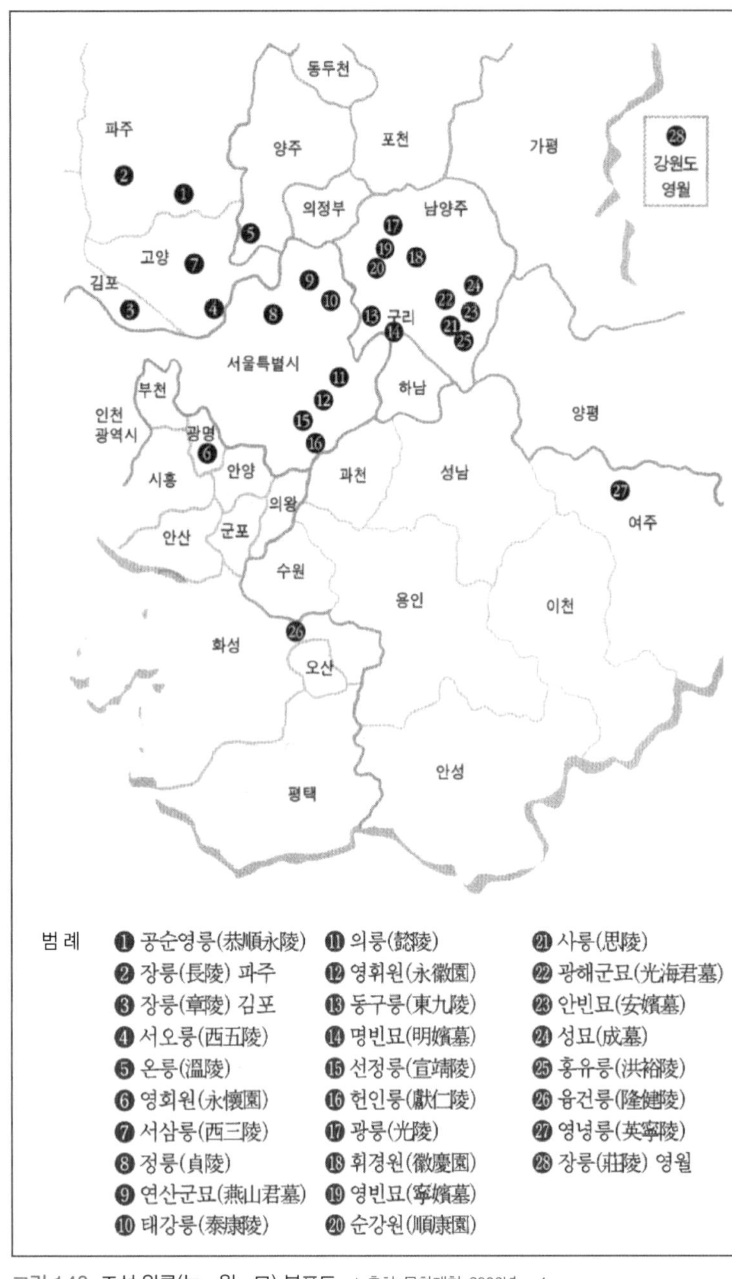

그림 142 조선 왕릉(능 · 원 · 묘) 분포도 ▷출처: 문화재청, 2006년, p.4

자연과 조화하려는 조영술이다.

(2) 능원의 형식

능원 입지의 선정과 조영물의 축조는 전방 산의 형태와 주위 지형에 합치된 위치와 규모를 갖고 있는데, 이것은 능원(역)이 자연환경의 일부로 여겨지는 풍수사상에 따라 이루어졌기 때문이다. 이로 인하여 조선의 왕릉은 단릉, 쌍릉, 합장릉, 동원이강릉, 동원상하릉, 삼연릉, 동봉삼실 등 많은 형식으로 나타나는 것이 특징이다. 여기서 왕과 왕비의 무덤을 단독으로 조성한 것을 단릉이라 하며, 한 언덕에 평평하게 조성해 하나의 곡장으로 둘러 왕과 왕비의 봉분을 좌상우하의 원칙에 의해 쌍분한 것을 쌍릉이라 한다. 왕과 왕비를 하나의 봉분에 합장한 것을 합장릉이라 하며, 하나의 정자각 뒤로 한 줄기의 용맥에서 나누어진 다른 줄기의 언덕에 별도의 봉분과 상설을 배치한 형태를 동원이강형(同原異崗形)이라 한다. 왕과 왕비의 능이 같은 언덕에 위아래로 왕상하비(王上下妃)의 형태로 조성한 것은 동원상하릉이며, 한 언덕에 왕과 왕비 그리고 계비의 봉분을 나란히 배치하고 곡장을 두른 형태를 삼연릉이라 하며, 왕과 왕비 그리고 계비를 하나의 봉분에 합장한 것을 동봉삼실릉이라 한다.

이와 같이 조선시대의 능은 자연의 지세와 규모에 따라 봉분의 형태를 달리하고 있다. 이는 조선의 우왕좌비(右王左妃), 상왕하비(上王下妃) 등 유교의 예제(禮制)인 『국조의』, 『국조오례의』, 『국조속오례의』 등에 의한 것으로 한국의 자연지형, 풍수사상, 유교사상, 도교사상 등을 반영한 대표적 한국의 능제이다.

(3) 능원의 경관

조선의 왕릉은 무엇보다 배산임수의 지형을 갖춘 곳으로서 주산을 뒤로 하고, 그중 허리에 봉분을 이루며 좌우로는 청룡과 백호가 산세를 이루고 있다. 왕릉 앞쪽으로 물이 흐르며 가까이 앞에는 안산이, 멀리는 조산이 보이는 겹겹이 중첩되고 위요된 경관을 풍수적 길지(吉地)라 하여 선호했다.

능역의 경관적 특성은 산세로 겹겹이 둘러싸여 중층성을 가지고 있다. 또 강한 폐쇄성과 안정성, 중층성을 확보한 위요공간 속에 외부와 유리된 공간에 입지하며, 능침만은 능역 앞의 시계가 넓게 확보될 수 있는 곳에 있다. 즉, 주종산(主宗山)을 뒤로 하고 좌우가 주종산보다 낮은 산록으로 둘러싸여 앞이 트인 지형에 입지하고 있다.

능역의 경우 그 혈장이 꽉 짜이게 입구가 좁아야 하는데 조선의 능들은 대부분 입구가 오므라진 산세인 곳이 일반적인 형국이다. 입구가 오므라들지 않은 곳은 비보 차원의 엽승림(비보림(裨補林))과 연못(蓮池)을 조성한다.

능역의 혈(穴)인 능침은 주종산 중복의 산록 완사면과 급경사 지점인 경사 변환점 능선에 위치하며, 자연의 지세를 보아 약간의 철(凸)한 곳에 있다. 능역 내에서의 주축(axis)은 능침–장명등–정자각–홍전문(홍살문)을 잇는 직선축을 기본 원형으로 하고 있다. 능역 혈장과 제향공간의 규모가 적합하지 않은 곳은 혈장 조영방식을 달리하는데, 이 경우 도교의 자연순응이론에 따라 지형에 적합한 봉분 조영방식을 택하며, 축의 형태도 구부러진 축(折線軸)을 이루고 있다. 특히 능상의 주요 석물인 장명등과 안산의 산정(山頂)이 축을 이루고 있는 것이 특이하다.

능역의 봉분과 정자각의 표고 차이는 왕릉의 위엄성과 성스러움을 강조하고 성과 속을 구분하기 위한 것이다. 이는 능침에서 원근산천(遠近山川)의 자연경관을 굽어 살피기 위한 관망과 조망하기 위한 상징적 의미, 햇살과 배수를 위한 환경적 의미로 해석된다.

이렇듯 조선시대 능역공간 조성의 틀은 주위의 산세로 둘러싸인 자연의 지형으로 중층적 위요경관인 장풍국을 요구하고 있다. 또 자연순응사상 등의 깊이 있는 이해와 자연친화적인 조선시대의 전통 조영관에 기초하고 있다. 조선시대의 능원은 우리나라의 역사적 녹지공간(오픈스페이스) 중 가장 잘 보전되었으며, 또 전통공간을 이해하기에 가장 좋은 곳이다.

외홍전문(외홍살문)–재실–연지–금천교–홍전문을 잇는 진입공간의 참배는 능역 내의 명당수가 흐르는 개천을 따라 '之', '玄'자의 지그재그적인 곡선 형태를 이루고 있다. 이는 능원의 진입 시 성스러운 공간인 능침공간이 직선적으로 보이지 않게 하며, 능원공간의 신성함과 엄숙함을 강조하기 위한 것이다.

능역 혈장의 규모가 적합지 않은 곳은 도교의 자연순응사상에 따라 봉분의 조영방식을

❶ 륜(潤)은 계류를 말한다.

쌍릉, 동원이강릉, 동원상하릉 등으로 혈장 조영방식을 달리했다. 능역의 좌향에 관한 분석에서는 후한(後漢)시대 이후 군신예의 좌향인 북좌남향설이 가장 높으나, 중기 이후에는 여러 방향에서 나타나 절대적 좌향과는 다르게 자연의 지세에 따라 배치되었다. 능역의 수계는 좌우의 산세와 더불어 동륜(東潤)❶과 서륜(西潤)하여 흐르고 능역의 진입공간인 홍전문 앞에서 합류해 금천교를 지나 연지(蓮池)로 들어간다. 이것은 풍수사상에 의한 자연순응과 자연합치사상으로 볼 수 있다.

능역의 시대별 규모는 조선 초기에는 『국조오례의』의 영향으로 사방 100보(步, 1,187m)로 하였으며 태종 때는 161보, 현종 때는 200보로 점차 늘어나다가, 숙종 이후 풍수사상의 영향으로 풍수형국에 의한 좌청룡, 우백호, 후주산, 전조산 등을 경계로 하는 시계 영역으로 반경 10리(약 4㎞)에 이르는 최대 규모가 되었다. 일제 강점기에 와서 국력의 약화와 왕실 재산의 국유화를 위해 최소화시켰으며, 이후 한국전쟁과 국가의 혼란기를 거치면서 현재에 이르고 있다. 2008년 현재 문화재청에서 능역으로 관리하는 면적은 수도권을 중심으로 약 1,757㏊에 이른다. 이러한 능역의 분포와 시계적(視界的, 현재 문화재 보호지구) 규모는 오늘날 수도권 도시 환경 속에서 녹지 제공에 크게 기여하고 있다.

지리축이 정형축일 때는 조산(朝山)의 중심축에, 지리축이 부정형일 때는 조산의 축도 좌우의 지형에 맞추고 있다. 특히 축의 설정 시 안산에 축을 맞추기보다는 멀리 중경역(中景域)의 조산에 축을 맞추어 사후에도 국가의 통치자로서 영원성을 나타내기 위한 경관구조를 갖추고 있다. 능역이 경관적 균형과 조화를 이루지 못할 때에는 풍수적 비보 차원에서 보토(補土)나 보식(補植), 연못(蓮池) 조성, 구조물(탑, 사찰 등) 축조 등의 경관을 인위적으로 조성했다. 능원의 핵심공간인 봉분의 위치는 홍전문에서 정자각으로 가는 동안 정자각의 높이와 폭에 의하여 시선이 들어오지 않도록 성스럽게 조영했다. 이것은 외부공간(진입, 제향공간)과의 계층적 질서를 유지하기 위해서 성스러운 공간인 능침공간이 쉽게 시선에 들어오지 못하도록 정자각의 높이와 폭을 설정한 것이다. 즉, 능침공간은 참배 시 정자각으로 진입공간과 제향공간에서의 상징적 접근을 허용치 않음으로써, 능 구역은 인간이 접근하지 못하는 공간으로 인식하게 하며, 정자각 들보를 중심으로 성과 속의 공간

표 2 **조선 왕릉의 공간구성표**

공간구성	능역의 주요 시설	동선의 흐름	상징성
능침공간	봉분, 문무석인, 석양, 석호, 장명등, 망주석, 곡장, 화계	↑	성의 공간
제향공간 (전이공간 포함)	정자각, 참도, 수복방, 수라간, 홍전문, 판위	ㄱ	성과 속의 만남
진입공간	외홍전문, 연지, 재실, 금천교, 참배로, 화소	Z	속의 공간

을 구분했다.

이러한 성과 속을 구분짓기 위한 시계차단방법은 정자각에 의한 것을 기본 원형으로 하고 있으나, 자연의 지형지세에 따라 인위적 강(언덕) 조성, 수라방이나 비각 등 인위적 건조물에 의해 시각을 차단하거나 수림에 의한 시각차단방법을 채택하기도 했다. 이것은 능침공간의 신성함과 엄숙함을 극대화시키기 위한 것으로 해석된다. 이는 중국의 명(明) 태조(太祖) 주원장(朱元璋)의 효릉(孝陵)과 청의 묘제에서 용봉문까지의 길에 시선의 종점마다 건축물을 놓아 능 참배의 분위기에 잠기게 했다는 내용과 같은 맥락으로 해석된다(佐藤昌, 1987년).

능원의 공간감은 능침공간과 제향공간의 높낮이, 폐쇄도에 따라 성역의 공간과 속의 공간인 능상과 능하로 나누어지며, 음양의 논리로 정의된다. 이 높낮이의 차이는 능침공간의 시계 확보와 신성함을 강조하기 위한 것이다.그림 143, 그림 144

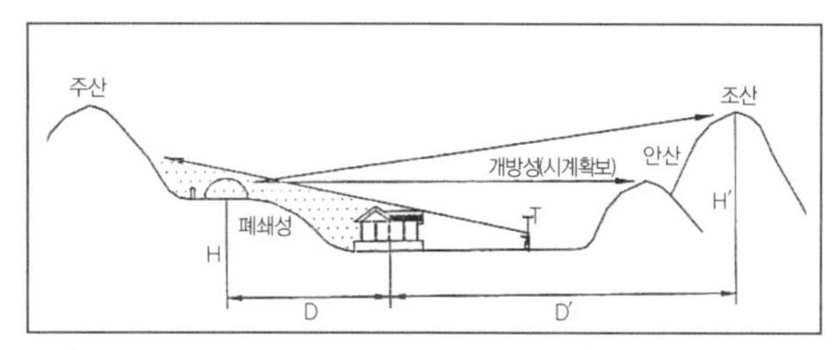

그림 143 능원의 폐쇄성과 개방성의 시계분석도 ⓒ이창환, 1998년

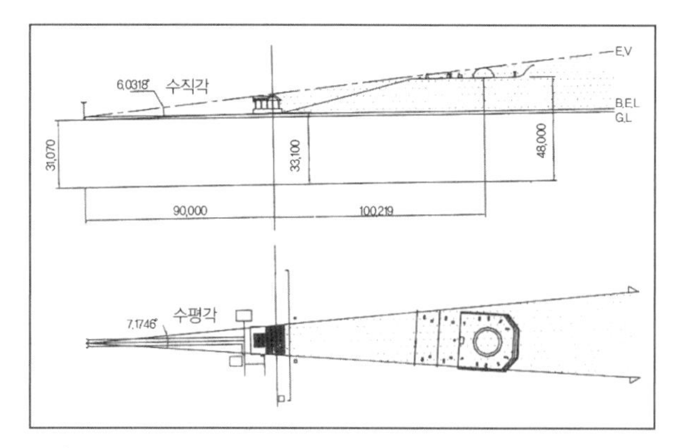

그림 144 능원의 수직각, 수평각에 의한 시계분석도 ⓒ이창환, 1998년

(4) 왕릉의 공간구성

조선시대 능역은 제향 시 사자(死者)와 생자(生子)의 만남 공간인 정자각을 중심으로 3단계의 공간으로 구분된다. 재실, 지당(연지) 등이 있는 진입공간은 참배객을 위한 속세의 공간이며, 금천교를 건너 홍전문에서 이어진 참도를 따라 정자각까지 직선축에 양옆으로 수복방, 수라간이 배치된 곳은 제향공간으로 정자각에서 혼백과 참배자가 만나는 성과 속의 공간이다. 다음은 일정한 언덕 위에 봉분을 중심으로 곡장과 석물들이 조성된 사자의 공간인 성역공간으로 대별된다.그림 145

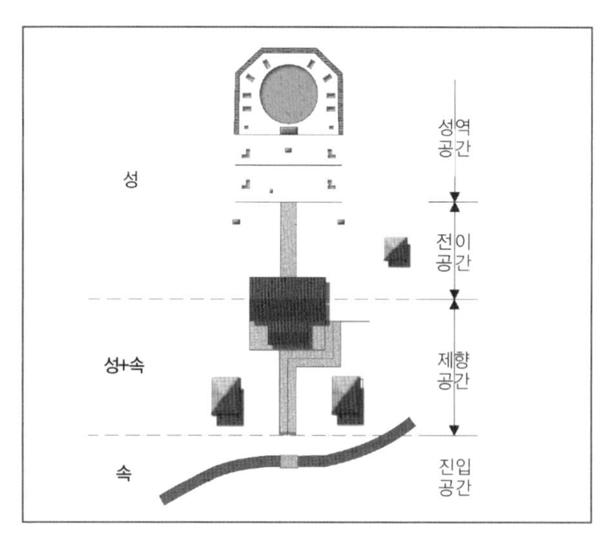

그림 145 능원의 공간구성도 ⓒ이창환, 1998년

능침공간(능상)은 사자의 제궁으로 신성시하는 성의 공간으로 해석하며, 제향공간(능하)은 제례 시 후손과 사자가 만나는 공간으로 성과 속의 혼합공간으로 해석한다. 그리고 진입공간은 제례와 참배를 준비하는 속세의 공간으로 해석된다. 즉, 조선 왕릉은 유교의 예법에 따라 진입공간–제향공간–전이공간–능침공간이라는 기본적인 공간구조를 가지고 있다.

능원의 공간구성요소는 진입공간에 외홍전문, 재실, 연지, 화소(火巢), 금천교 등이 있으며, 제향공간에 홍전문, 참도, 수복방, 수라간, 비각(신도비와 비), 정자각 등이 있다. 전이공간에는 예감(瘞坎), 산신석, 혼도(魂道) 등이 있으며 그리고 신성시하는 능침공간에는 봉분, 양석(羊石), 호석(虎石), 상석(魂遊石), 망주석, 장명등, 문·무석인상, 마석(馬石), 곡장, 화계 등이 있다. 이러한 능역의 공간구성요소는 능을 향하여 진입하는 동선을 중심축으로 하여 배치하고 있다.그림 146 이 밖에 향탄산, 원찰 및 조포사 등이 능역 외곽에 배치되어 있다.

능의 공간구성은 사후에 왕이나 왕비를 위한 궁전 건축계획의 개념에서 조선시대의 통치이념인 유교와 성리학을 주로 하여, 동양의 자연관인 풍수사상과 도교의 영향을 받아 전조후침(前朝後寢), 풍수지리적 원리에 따라 조성했다.

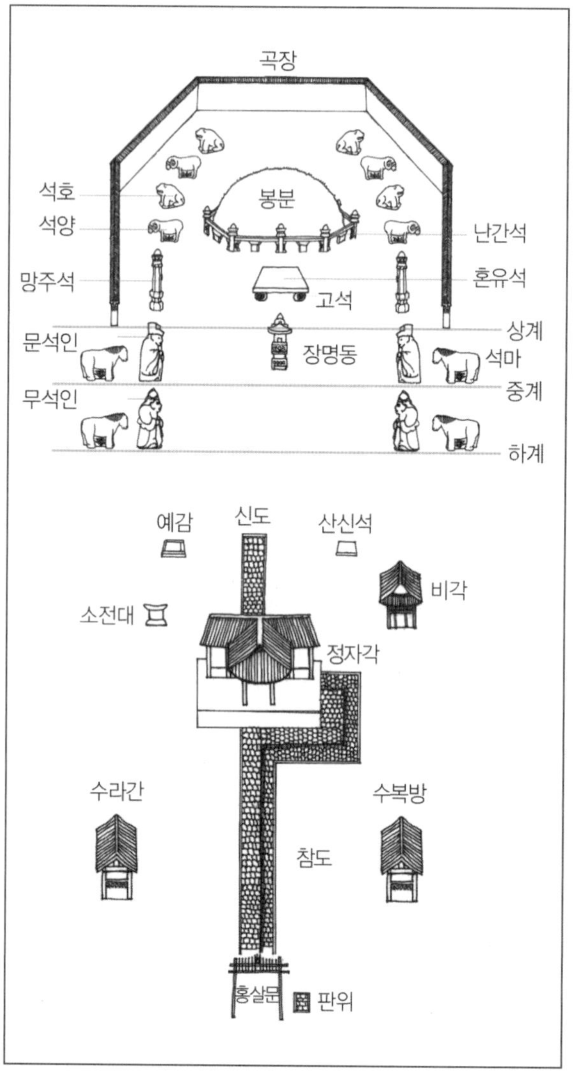

그림 146 조선 왕릉 상설도 ▷출처: 문화재청, 2007년

① 진입공간

진입공간은 외홍전문, 재실, 지당, 금천교로 이어지는 공간이다. 외홍전문은 능역의 외청룡 능선과 외백호 능선이 맞닿는 입구에 입지하며 재실은 내청룡 능선 밖에 배치되어 있다. 참배로는 능원(능침)으로 진입하면서 명당수가 흐르는 개천을 따라 곡선을 이루며, 능역의 좌우 계류가 합치되는 낮은 곳에는 연못(蓮池)을 두어 능역 관리인의 농토를 위한 농업용수의 공급과 휴식을 위한 공간으로 사용되었다. 홍전문 앞의 계류에는 금천교를 설치하여 능역의 성스러움을 구분지으며 홍전문으로 진입한다. 능원의 참배로가 일반적으로 곡선을 이루는 것은 『임원경제지』 등에 "명당을 향해 들어오는 도로는 '之', '玄'자 형태의 곡선이어야 하며, 그것이 소로든 산맥이든 직선으로 들어오는 것은 충파(衝破)라 하여 꺼리는 것이니 이런 것은 피해야 한다"라는 것에 근거한다. 즉, 능역의 입구에서 가장 이상적인 길은 기분 좋게 구불거리는 길이다. 이러한 구불거림은 능역이 쉽게 보이지 않도록 하여 능역의 신성함과 엄숙함을 강조한 것이다.

능역 진입공간 참배로의 식생구조는 『광릉지(光陵誌)』 등에 소나무, 전나무, 잣나무, 상수리, 단풍나무 등을 상·중층목으로 배식했으며 진달래, 철쭉 등의 관목류를 하층목으로 배식했다는 기록이 있다.

② 제향공간과 전이공간(성과 속의 만남공간)

제향공간은 참배를 위한 주 공간이며, 사자와 생자가 제의식 때 만나는 반속세의 공간이다. 제향공간은 홍전문부터 정자각 들보까지로 본다. 제향공간에는 제례를 위한 홍전문, 판위, 정자각, 참도(참배로), 수복방, 수라간 등이 배치되어 있다. 그 규모는 정자각 들보로부터 홍전문까지 약 90m(300척)를 기준으로 하고 있으며, 정자각과 홍전문을 잇는 선을 따라 참배로가 2~3단으로 구분되어 있다. 제례의 시작인 판위를 지나 참도의 양옆으로 수라간, 수복방이 설치되어 있다. 참도는 종묘, 사직과 더불어 직선의 형태를 이루며, 참도(御道)와 향도(香道)의 경우 제례의식이 동남부(좌하)에서 시작하여 서북(우상)에서 끝남에 따라 절선형을 이루고 있다. 제례의식을 마치는 정자각 서북측에는 지방을 불사르는 소전대[1]와 지방을 태우고 제물을 묻는 예감이 있다.

능원공간의 배치축은 봉분–장명등–정자각–홍전문을 잇는 직선축을 기본으로 한다. 정자각은 단릉과 합장릉의 경우 봉분(穴)에 정축하여 배치하며, 동원이강형은 양강의 중심에 위치한다. 쌍릉은 왕릉의 혈에 정자각의 축을 맞추는 경우가 많으며, 삼연릉은 왕의 봉분에 축을 맞추고 있다.

제향공간과 연계한 능침의 경사지 하단은 전이공간으로 정자각 신문(神門)과 연계하여 신교(神橋)와 신도(神道)가 설치되어 있다. 이는 죽은 사람(능주)이 제향 후 능침으로 돌아간다는 의미가 있다. 이 밖에 능주의 표식과 업적을 나타내는 비각이 있으며, 산신에게 제사 지내는 산신석이 있다.

❶ 소전대는 조선 초기의 능인 태조의 건원릉과 태종의 헌릉에서만 볼 수 있다.

그림 147 영월 장릉(莊陵) 월중도

▷출처: 한국학중앙연구원, 장서각

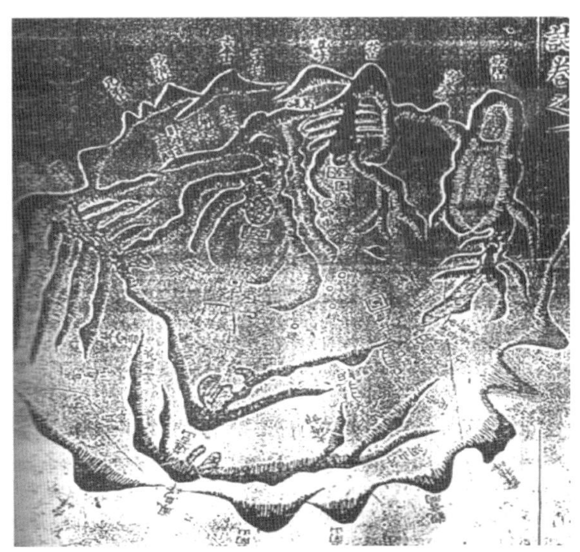

그림 148 장조 융릉(隆陵)과 정조 건릉(健陵)의 산릉도

▷출처: 한국학중앙연구원, 장서각

③ 능침공간(성역공간)

조선 왕릉의 능침공간은 왕릉의 핵심으로, 봉분의 좌우 뒷면 3면에 곡담이 둘려 있으며, 그 주변에는 소나무가 둘러싸고 있어 능의 위요성을 강조하고 있다. 능침공간의 주요 시설은 봉분이다. 봉분은 원형이며 방위를 나타내는 12병풍석 또는 12지의 그림과 글자 등이 표시되어 있다. 능침을 중심으로 양석, 호석, 장명등, 망주석 등이 있다. 능침공간은 가로 방향으로 장대석을 설치해 공간을 3단으로 나누고 있다. 봉분이 가장 위쪽에 있으며 죽은 자의 침전기능을 한다. 다음 단은 중계(中階)라 하며 문인의 공간으로 문석인상과 말상이 있다. 세 번째는 하계(下階)로 무석인상과 말이 함께 있다. 능침공간은 오직 죽은 자의 공간이며, 산 자의 접근이 엄격히 제한된 곳이다. 능침공간은 삼신(三神)의 신선사상과 유교에서 지향하는 봉건계급사회의 영향을 받은 곳이다.

능침의 축조 방법은 전후방 산의 형태, 혈장 등과 합치된 위치와 규모를 가지고 있는데, 이것은 능원(역)을 자연환경의 일부로 여기는 풍수사상에 따른 것이다. 이로 인해 능침은 단릉, 쌍릉, 합장릉, 동원이강릉, 동원상하릉, 삼연릉 등 많은 형식으로 나타나는 것이 특징이다. 봉분은 반드시 원형을 이루고 있으며 잔디로 피복되어 있다. 봉분의 크기는 조선시대 묘제의 근간이 되고 있는『국조오례의』에서 보듯, 직경 18m, 높이 4m 정도였으나 후기로 갈수록 줄어드는 경향을 보인다. 봉분의 축조형식은 조선 초기에는 고려의 양식을 모방한 병풍석 형태였으나, 세조(1417~1467년)의 능원조영 간편화 정책에 따라 병풍석을 난간석으로 대체하는 변화를 보이고 있다. 그런데 이후에도 병풍석을 사용한 왕릉이 있다.

능역의 공간구성은 천원지방설(天圓地方說, 사물의 근원은 음양이다)의 영향으로 능상과 능하로 나누며, 능상을 양(陽)으로, 능하를 음(陰)으로 구분했다. 봉분은 혈에 해당하는 것으로서 세계축을 상징하며, 사자의 혼백이 하늘과 지하로의 분리 및 합치라는 상징적 의

그림 149 중종의 정릉(靖陵) 능침 후경 ⓒ이창환, 2007년

그림 150 순조의 인릉(仁陵) 능침 전경 ⓒ이창환, 2006년

그림 151 세조 광릉의 진입공간 참배로 ©이창환, 2007년

그림 152 중종 정릉의 제향공간과 능침공간 ©이창환, 2007년

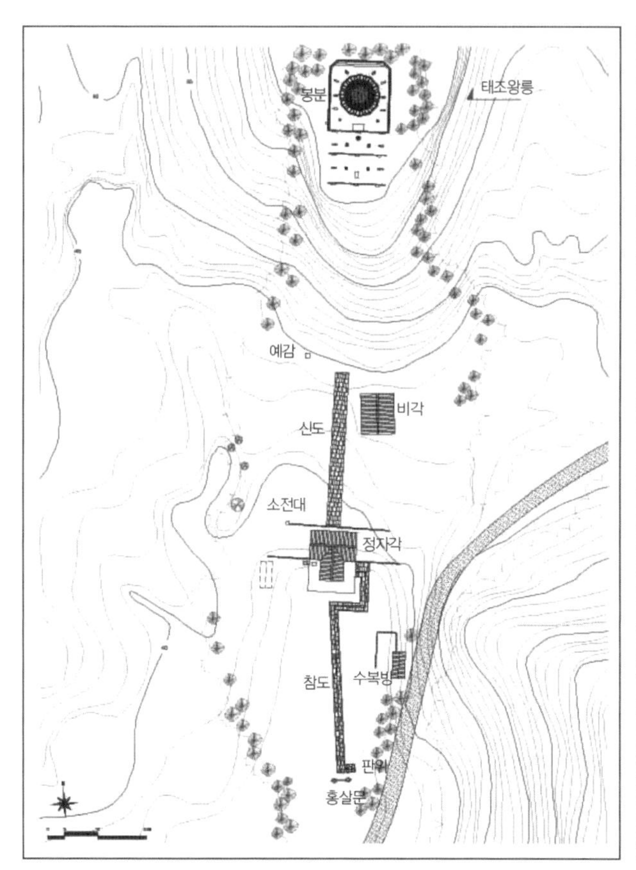

그림 153 태조 건원릉(健元陵) 배치도 ©이창환, 1998년

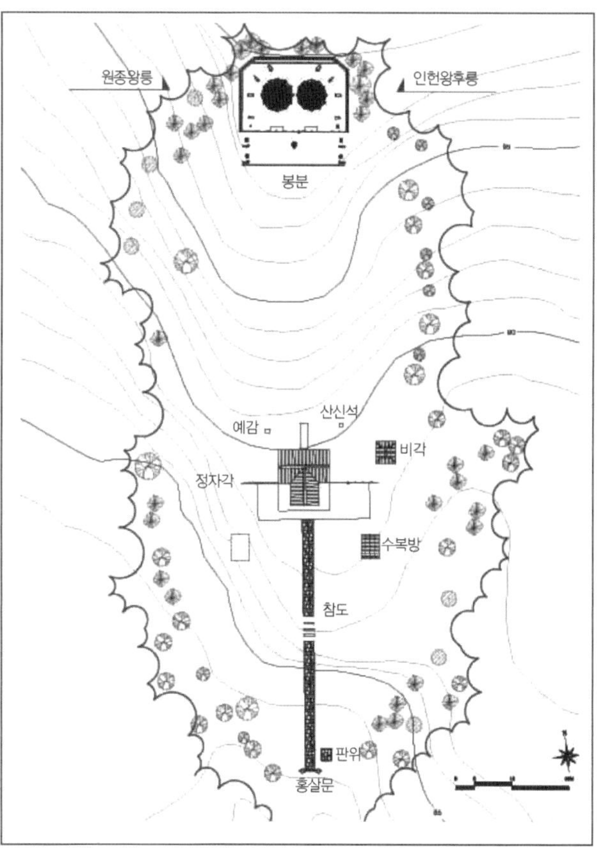

그림 154 장릉(章陵, 원종과 인헌왕후) 배치도 ©이창환, 1998년

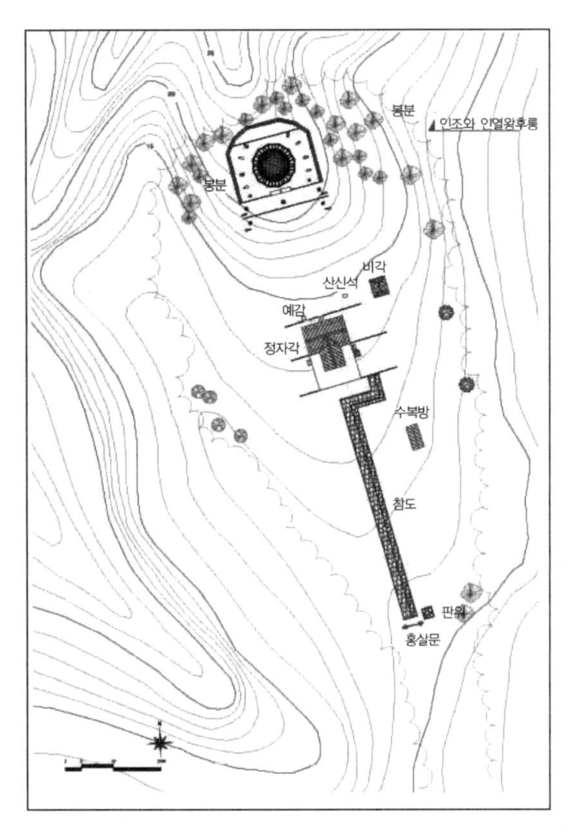

그림 155 **장릉(長陵, 인조와 인열왕후) 배치도** ©이창환, 1998년

미를 보여 주는 장소로, 음양사상이 깃든 성역공간이다. 또 봉분은 양으로, 곡장은 음으로 해석한다. 봉분이 원형인 것은 구심적인 특성을 상징하며, 가장 신성한 중심지임을 강조함으로써 성역공간을 양의 개념으로 해석한 것이다. 여기서 곡장을 'ㄷ'자형으로 한 것은 음의 상징으로 음양사상이 내포되었다.

능침공간의 석물은 유교적 원리와 신분제도에 따라 장명등을 중심으로 대칭으로 배치되며, 영원성을 나타내기 위한 식수가 배치된다. 석수는 사회상의 변화에 따라 그 크기와 양식, 배치 방법이 변화하고 있다. 조선 초기에는 세종조의 『오례의(五禮儀)』의 영향으로 일정한 크기를 유지해 오다가, 성종조 이후 인조반정 등 정치 · 사회적 혼란기에는 왕권 강화를 위해 거대해졌다. 중기에 와서는 실사구시(實事求是) 등 실학의 발달에 따라 실제 인간의 등신대 크기로 변화하고, 이후 국란 등 사회적 혼란기를 거치면서 많은 변화를 보이다가 조선시대 말기에 와서 다시 커졌다. 이는 조선시대 능역의 규모 및 석조물의 배치가 피매장자의 신분과 권위 등 정치적인 영향과 사상적 영향을 받았기 때문이다.

조선시대 능침공간의 중계 · 하계(문 · 무인 공간) 규모는 시기별로 세 단계의 변화를 거치고 있다. 초기에는 고려와 조선 개국 무인들의 영향으로 문인상(중계)의 공간보다 무인상(하계)의 공간이 넓게 나타났고, 조선 중기에 와서는 유교주의와 신분제도의 확립에 따라 중계와 하계의 넓이를 같게 구성하였으며, 조선 후기(영조 이후)에는 사회적 혼란과 신분제도의 붕괴로 인해 중계와 하계의 공간 구분이 없어진다. 능침공간의 중심시설인 장명등도 중계영역에서 하계공간 앞으로 배치된다(예릉).

능침공간 화계는 궁궐의 침전 뒤뜰과 같은 맥락에서 조영되었으나 식재는 이루어지지 않았다. 종묘 뒤의 화계도 2단으로 되어 있으며 식재하지 않았다. 능침 곡장의 크기는 99척(약 30m)인데, 이는 양의 기운이 가득함과 구중궁궐의 상징적 의미가 강하다. 담장 높이를 일반 민가나 궁궐보다 낮게 설치한 것은 능침에서 원근산천을 통치하는 개념으로 시계 확보를 위한 것이다.

결론적으로 조선시대 능역의 공간구성은 제례의 의식절차 등 유교관을 바탕으로 자연의 원형적 조건을 존중하고 능역조성의 정신세계와 내면적 가치관을 중시하여 조영되었다.

4) 공간구성요소

(1) 능원의 건축물

① 정자각

그림 156 **명종 강릉의 홍전문과 정자각** ©이창환, 2008년

능원의 건축물은 정자각, 비각, 수라간, 수복방 등이 있다. 그중 대표적인 것은 제향공간의 정자각이다. 정자각은 제사를 모시는 공간으로 왕릉에서의 중심 건축물이다. 그 평면이 한자의 '정(丁)'자와 같다고 하여 붙여진 이름으로 전면 3칸, 측면 2칸의 정전(正殿)과 전면 1칸, 측면 2칸의 배전(拜殿)으로 구성된다. 정전은 제례를 지내기 위한 닫힌 공간이며, 배전은 제례의 보조적인 공간으로 기둥만 있고 벽체가 없어 반외부적 공간으로 되어 있다. 이 건물은 장대석으로 만든 월대 위에 설치했다. 월대의 좌우측에 제례를 행할 때 오르내릴 수 있도록 계단을 설치했으며, 동측에는 어계(御階)와 신계(香階; 神階)를 설치하고, 서측에는 어계만 설치했다. 이는 제례를 마친 혼백이 정자각 후면의 신문을 통해 신교와 신도를 거쳐 능침으로 향한다는 상징적 의미와 왕(헌관)만이 어계를 거쳐 내려온다는 제례의식 때문이다.

정자각의 정전 내부에는 기둥이 없고 사면이 모두 화방벽이며, 이 공간에서 제례의식을 거행했다. 정자각은 맞배지붕을 기본으로 하며 일부 팔작지붕과 익랑(翼廊)의 형태도 볼 수 있다(숭릉, 익릉). 조선 후기에 와서 황제능제라 하여 '口'자형, 월대 위에 전면 5칸, 측면 4칸 규모의 '一'자형 배전이 설치되었다.

② 비각, 수복방 및 수라간

비각은 능침의 좌하단 아래 정자각 동북측에 있다. 비각은 죽은 사람의 업적을 기록하여 세우는 것으로, 초기에는 신도비라 하여 태조의 건원릉과 태종의 헌릉에서 나타나며, 이후에는 비각이라 하여 능주(선왕)의 시호와 왕릉명을 기록해 놓았다.

수복방은 정자각의 좌측(동남측) 앞에 위치하며 능을 지키는 능지기(수복)가 사용하던 공간으로 수복이 능역을 순시, 관리했다. 정면 3칸, 측면 1칸의 맞배지붕으로 되어 있으며 민도리 형식이다. 앞면은 참도를 향하며 수라간과 마주하고 있다.

수라간은 정자각 우측(서남측) 앞면에 위치하며 제향 시 음식을 차리는 곳이다. 수복방과 비슷한 규모이며 수복방과 참도를 마주하고 있다.

③ 홍전문

홍전문은 홍살문이라고도 한다. 홍전문은 능역의 정자각 앞쪽 참도가 시작되는 곳에 신성구역임을 표시하기 위해 세워 놓은 것이다. 기둥을 양쪽에 세우고 위에 심방과 띠장을 가로질러 가는 나무살을 박았으며 중앙에 삼지창과 태극문양이 있다.

(2) 능원의 석조물

왕릉의 석물에 관한 기원은 통일신라 때부터이며, 이후 고려를 거쳐 조선시대에 이르러 많은 발전을 했다. 조선시대 석물은 고려의 영향을 받았으나 태조 건원릉과 『국조오례의』의 영향으로 일정한 틀을 가지고 변화되었다. 조선 왕릉의 석물배치와 구조는 기본적으로 큰 변화 없이 오랜 기간 이어져 왔으나 당시의 사상적, 정치적 상황에 따라 변화가 있었다.

조선시대 왕릉의 석물은 능침공간에 주로 배치되었다. 능침의 중심인 상계(초계)의 공간에는 봉분을 12각형으로 하여 병풍석과 난간석으로 쌓고 사방에 석호와 석양을 놓았다. 상계의 앞면 좌우에는 망주석을 배치했고 봉분 앞에는 혼유석을 놓았다. 중계는 문인공간으로 가운데 팔각 또는 사각의 장명등을 배치했으며, 문석인과 석마가 좌우 양옆으로 안쪽을 향해 있다. 하계는 무인공간으로 문인공간과 나란히 무석인과 석마가 놓여 있다.

① 혼유석과 고석

혼유석(魂遊石)은 능침(봉분)의 정면에 놓인 상석(床石)을 말하며, '영혼이 노는 곳'이라는 의미이다. 능의 형식에 따라 혼유석이 1~3개 놓여 있다. 고석(鼓石)은 혼유석을 받치고 있는 4~5개의 북 모양의 석물이다.

② 석호와 석양

능침공간에는 봉분을 중심으로 석양과 석호가 일반적으로 4쌍 배치되어 있다. 양은 신양(神羊)의 성격을 띠어 사악한 것을 피한다는 의미이며, 호랑이는 능을 수호한다는 의미로 해석된다.

③ 망주석과 세호

상계의 앞면 좌우에 팔각의 촛대처럼 배치된 석물이 망주석이다. 중국에서는 화표석이라고도 한다. 이는 능침이 신성구역임을 알리고 멀리서 바라볼 수 있도록 한 것으로 추정된다. 망주석 기둥에는 세호라는 동물상이 조각되어 있다.

④ 장명등

장명등은 석등의 형태로 능침의 중간 중계(中階)에 배치되어 있다. 조선시대 초기에는 팔각의 형태이며, 숙종의 명릉 이후 사각의 장명등으로 나타난다.

⑤ 문 · 무석인상과 석마

문석인상은 중계에, 무석인상은 하계(下階)에 서로 마주하고 서 있다. 문석인상을 능침 가까이 중계에 배치한 것은 봉건계급제도의 영향이다. 조선 초기에는 크게 나타나나 숙종, 영조 이후에 실사구시의 영향으로 실제 사람의 크기로 줄어든다. 석마는 문 · 무석인상 뒤 혹은 옆에 읍하고 있는 모양새로 서 있다. 이 밖에도 산신석, 소전대, 예감, 신교 등 많은 석물이 존재하고 있다.

(3) 능역의 연못

조선시대 모든 능원에는 연못(蓮池)이 있었다고 『강릉지(康陵誌)』 등에 기록으로 남아 있으나 현존하는 연못은 동구릉, 숭릉, 세종 영릉, 장조 융릉, 정조 건릉, 인조 장릉, 고종 홍릉, 단종 장릉 등에서 볼 수 있다.

능역 연못은 진입공간인 주산에서 좌우로 내려온 용맥의 능선이 서로 맞닿는 낮고 습한 곳으로, 능역의 입구가 넓고 허한 경우에 풍수적 비보 차원에서 입지했다. 능역 연못은 조선시대의 전통적인 지당 형태인 방지원도(方池圓島)가 대부분이며, 말기에는 원지원도형(圓池圓島形, 대표적 예로 홍릉(洪陵)) 또는 원형(圓形)[1]도 나타난다. 이러한 능역의 지당들이 방지 형태인 것은 천도의 원시적 재현으로 해석되며 소우주적 형성관으로 볼 수 있다. 즉,

[1] 대표적 예로 융릉의 곤신지(坤申池)

그림 157 인조 장릉 연못(연꽃과 방지원도) ©이창환, 2008년

그림 158 장조 융릉 곤신지(원형) ©이창환, 2008년

음양사상과 천인합일설(天人合一說)의 천원지방(天圓地方) 이론에 따른 것으로 본다.

연못의 기능은 능역의 중층성을 위한 경관적 위요성과 능역 내 관리인들의 경작과 수계 관리를 위한 실용성에 있으며, 특히 능 참배 시 휴식기능(숭릉)과 경관의 투영(장릉(莊陵)) 등 경관적 가치와 심신수양의 장으로 활용했다. 연못의 가장자리에는 소나무, 전나무, 떡갈나무, 느티나무, 진달래 등이 있으며, 중도(中島)에는 소나무, 전나무, 진달래 등의 화목류가 배식되고 연못 안에는 연꽃 등을 심었다.

5) 조선 왕릉 재실의 입지와 공간구성

능역의 재실은 평상시에는 관리인들의 근무 장소이며, 제사 때는 제관들이 머물던 곳이다. 재실은 능의 관리와 제례의 준비를 위한 부속시설로, 온전하게 현존하는 곳은 그리 많지 않다. 여주의 효종 영릉의 재실과 영월의 단종 재실 그리고 대한제국시대의 능인 고종의 홍릉과 순종의 유릉 등에서 원형을 찾아볼 수 있다. 재실 위치는 항상 내명당 밖 능원 접근 방향에 위치해 있으며, 일반적으로 좌측 능선인 내청룡 끝자락 밖에 있다.

능역 재실은 재실, 안향청, 집사청, 전사청, 대문, 행랑 등으로 구성되며 '口'자형의 공간구성을 하고 있다. 행각과 본채는 담장으로 막아 구분하고 있다. 우측에는 향대청, 가운데는 중심시설인 재실, 왼편에는 전사청으로 구성되어 있다. 건물구조는 팔작지붕에 민도리 양식을 취하고 있으며 단청을 하지 않았다. 화계는 왕궁 또는 상류층 주택의 뒷동산에서 볼 수 있는 화려한 장식과는 달리, 단정하고 소박한 2단 정도의 화계로 조성하여 비워놓거나 두견화, 향나무 등을 배식했다.

식생경관은 배경의 숲으로 소나무, 신갈나무, 떡갈나무, 은행나무, 밤나무, 전나무 순으로 분포하며, 재실 내부에는 향나무와 소나무, 두견화를 인위적으로 심었다는 기록이 『광릉지(光陵誌)』, 『경릉지(敬陵誌)』, 『홍릉지(弘陵誌)』 등에 있다. 현재에는 향나무, 소나무, 느티나무, 회양목, 은행나무 등이 분포하며 재실 전면 공간에는 은행나무, 향나무, 전나무, 느티나무, 느릅나무, 주엽나무, 대추나무 등이 배식되어 있다. 그중 향나무와 과일나무 등은 제향 때 쓰기 위해 배식한 것으로 추측된다.

재실의 담장은 그 높이가 능침의 곡장보다 높게 나타나며, 재실의 중심공간으로 들어갈수록 높은 담을 쌓아 내부공간이 중층적이며 중첩되도록 담장을 높게 조성하고 있다. 이는 헌관(왕과 세자 등)의 참배 시 경호와 프라이버시를 보호하기 위함이다.

6) 조선 왕릉의 식생경관

능역의 배경숲은 송림이 원형이며, 봉분을 중심으로 한 성역의 공간에는 반드시 소나무가 배경숲을 이루는 것이 특징이다. 정자각을 중심으로 한 제향공간의 주변 식생은 소나무, 잣나무, 신갈나무 등이 교목으로, 때죽나무, 철쭉, 진달래 등이 하층목을 이룬다. 습지에는 생태적 특성을 고려하여 오리나무 등을 식재 관리하였다. 진입공간에는 구불구불한 참배로를 따라 소나무, 떡갈나무, 오리나무 등이 있다.

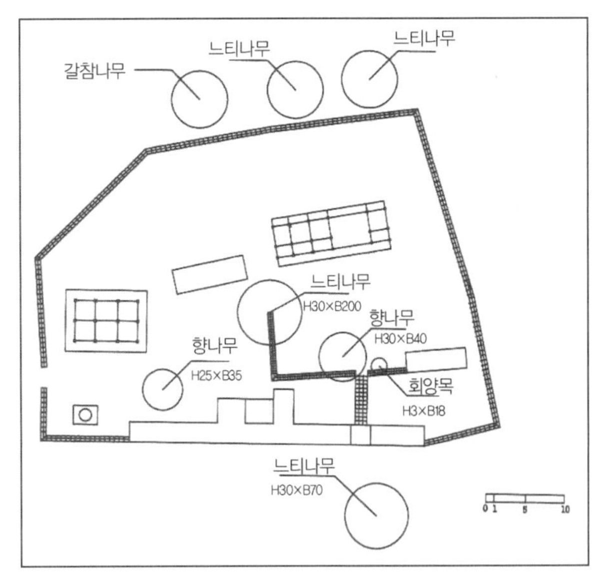

그림 159 영릉(寧陵, 효종과 인선왕후)의 재실 배치도와 식재도
ⓒ이창환, 1998년

능역의 소나무는 주(周)나라 때부터 황제를 의미했고, 신하의 충성과 왕조의 영원성을 나타내며, 십장생의 하나이다. 떡갈나무는 화재에 대비한 것으로, 수피가 두껍기 때문에 산불에 강하고, 줄기가 곧게 자라며 생장 속도가 느린 점을 고려한 실용적 수목이다. 오리나무는 비옥한 하천, 계곡, 정체수(停滯水)가 있는 지역에서 수명이 길고 맹아력이 강한 특성을 고려해 생태적 식재를 하였다. 낙엽활엽수 교목인 때죽나무는 능역 양성화의 꽃으로 백색의 긴 화경(花梗)이 아래로 드리우며 열매가 종 모양임을 볼 때 능역의 화수(花樹)로 심고 가꾸었던 것으로 보인다.

능원의 지피식물은 들잔디가 주종을 이룬다. 모화관(慕華館)에서 인위적으로 잔디와 왕실의 수목을 재배하여 보식하며, 필요에 따라 7~8월에 잔디를 파종하기도 했다. 건원릉의 봉분은 태조(이성계)의 유시에 따라 함흥의 사초로 하고 벌초를 하지 않는 것이 특이하다.

6. 사찰

1) 불교의 쇠퇴와 사찰의 조영

조선이 개국하면서 태조는 도첩제를 실시하여 승려가 증가하는 것을 제한하고 사찰을 함부로 짓는 것을 금지했다. 즉, 기존의 불교 세력은 승인하되 그 이상의 확산을 허용하지 않았다. 이러한 태조의 정책과는 달리 태종은 불교계에 가혹한 탄압을 가해 조선 초 11종이었던 종파를 7종 242개 사찰로 통합했다(태종 6년, 1406년).

이러한 와중에서 세종과 세조의 개인적 신앙은 불교계에 새로운 전기를 마련하는 계기가 되었다. 세종은 유생들의 반대를 무릅쓰고 궁성 안에 내불당(內佛堂)을 세웠으며, 세조는 원각사를 세우고 간경도감(刊經都監)을 두어 많은 불경의 언해를 이루어 냈다. 불교는 다시 활기를 띠어 사찰들이 일시 재흥되었으며, 승려의 증가현상이 나타나게 되었다.

그러나 성종은 또 다시 강력한 억불정책을 써서 도첩제를 전폐하고 출가를 일절 금지했다. 더욱이 중종 때에는 승과제(僧科制)와 선 · 교 양종제(禪 · 敎兩宗制)가 폐지되기에 이르렀고(중종 2년, 1507년), 그 결과 불교와 국가와의 공식적인 관계는 끊어져 산중불교시대가 도래하였다. 그러다가 명종 때 문정왕후가 섭정을 하면서 명승 보우를 중용하여 불교를 장려해 불교계는 생기를 되찾게 되었다. 봉은사를 선종의 본산으로, 봉선사를 교종의 본산으로 삼고 승과를 다시 열었으나(명종 7년, 1552년), 보우의 노력에도 불구하고 불교는 갈수록 배척을 받아 도심부에 있던 사찰들은 대부분 없어지고 심산유곡에 있는 사찰들만 남게 되었다.

당시 불교계는 백성들에게만 의존해 망자에 대한 상제례(喪祭禮)의 보수, 탁발, 기도에 대한 보수 등으로 빈약한 재정을 유지할 수밖에 없었으며(황선명, 1985, p.149), 그 결과 조선시대의 불교는 개인적인 주술과 기복, 발원을 주요한 신앙의 내용으로 삼을 수밖에 없었다. 승려들은 산속에 은둔하여 속세와는 절연한 채 '상구보리, 하화중생(上求菩提, 下化衆生)'의 대승불교적 성격을 버리고 자기 수행에만 몰두하는 현상을 보인다. 이러한 상황에서 사찰의 창건은 거의 불가능했다. 그나마 국방을 위한 사찰이나 왕실의 원찰, 사고관리를 위한 사찰, 태봉(胎封) 수호사찰들을 창건하거나 중건하는 등의 불사는 가능했지만 극히 소수에 불과했다.

임진왜란은 가까스로 유지되어 내려오던 사찰들에게 엄청난 타격을 주었다. 그러나 임진왜란 이후, 승병의 뛰어난 활약 때문에 지배 계층은 억불책을 일시적으로 접고 불교활동을 묵인하는 자세로 전환했다. 이때 불교계의 자구 노력은 활발해졌고, 많은 사찰들이 중건, 중창 불사를 했다. 그리하여 17세기는 불교계의 중흥기라고 할 수 있으며, 활발한 불사가 일어나 당시의 사찰 수는 조선 초기보다 오히려 증가했다고 한다. 그러나 불교를 대하는 사회의 무관심은 달라지지 않았으며, 이러한 경향은 조선 후기까지 이어진다.

2) 원찰의 조영

원찰이라 함은 국가나 개인이 서원한 바를 불력(佛力)을 통해 달성하고자 하는 목적으로 세워진 사찰을 말한다. 따라서 원찰은 불교의 전래와 더불어 우리나라에 도입되었다고 할 수 있으며, 주로 왕실과 귀족 계층을 중심으로 적극 수용된 것으로 볼 수 있다. 원찰의 조성은 사찰을 세움으로써 중생들의 극락왕생을 희구하는 서원을 달성하고, 더 나아가서는 창건주의 소원을 이루려는 데 있음을 알 수 있다. 이와 같은 원찰은 능사(陵寺), 능찰(陵刹), 원당(願堂)이라고 하며 기원(祈園)이라는 의미로도 사용했다(진성규, 1984년, pp.91~93).

조선시대는 사대부들이 철저한 억불의 입장에 있었던 것과는 달리 국왕이나 왕실에서는 불교에 대하여 비교적 호의적이었다. 즉, 개인 신앙으로서의 불교의 위치는 크게 흔들리지 않았다. 그리하여 왕실에서는 기회가 있을 때마다 원당을 새로 짓거나 후원하여 국왕 또는 왕실의 안녕과 번영을 기원했으며, 능사를 지어 죽은 사람들의 명복을 빌었다. 이러한 원찰은 주로 서울을 중심으로 인근 경기도 지역에 조영했는데, 숭유억불정책이나 그 일환으로 시행된 금창사사지법(禁創寺社之法)과 무관하게 지을 수 있었다. 이들 사찰들은 당우의 조영을 위하여 왕실과 관부(官府)로부터 막대한 재정 지원을 받았으며, 사위전(寺位田)을 하사받거나 사세(寺稅)를 면제받는 등 사원경제에 많은 보탬이 되었다. 이러한 특혜는 사대부로부터 비난의 표적이 되기도 했지만, 사찰로서는 가혹한 억불정책 속에서 사원경제를 복구하고 몰락해 가는 사찰을 경영할 수 있는 절호의 기회였다.

원찰의 경영은 당시 국왕들의 성향에 따라 많은 차이가 있었지만 장부에 등재된 막중지소(莫重之所)로서 관의 보호를 받았다. 그런 만큼 당우의 조영도 왕실과 관부의 재정 지원으로 관영 공사에 준하여 집행했으며, 여타 사찰의 궁핍한 공사와는 달리 엄정한 관리로 내실을 기할 수 있었다. 경우에 따라서는 궁궐 전용으로 제한된 청와(靑瓦), 진채(眞彩), 숙석(熟石)의 사용이 허용되는 등 관부의 공인 하에 적극적인 기술 지원도 이루어졌다. 따라서 원찰의 경영은 원천적으로 봉쇄되었던 조선조 불교건축을 진작시켜 준 계기가 되었다.

조선시대에 왕이나 왕비의 능 근처에 세워져 능침을 수호하고 돌아가신 분의 명복을 비는 제를 지내기 위해 세워진 원찰은 흥천사(興天寺), 연경사(衍慶寺), 개경사(開慶寺), 흥교사(興敎寺), 정인사(正因寺), 봉선사(奉先寺), 신륵사(神勒寺), 봉은사(奉恩寺), 봉능사(奉陵寺), 용주사(龍珠寺) 등을 들 수 있다.

3) 사찰의 형식

(1) 입지

조선시대의 사찰들은 거의 대부분 명산의 명당에 그 입지를 결정했다. 이렇게 사찰이 심산유곡의 길지에 점정되는 현상은 통일신라시대부터 시작되어 고려시대로 접어들면서 본격화된다. 그런데 산지사찰의 입지는 특별한 경우가 아니면 대부분 불교가 지닌 교리적 배경을 바탕으로 선정되며, 전래 민간신앙인 영지신앙(靈地信仰)으로서의 산악숭배사상도 영향을 미쳤다.

한편, 고려시대 이후에 성행한 풍수지리적 택지 개념도 산지사찰의 입지 선정을 위한 하나의 중요한 인자가 되었다. 또 도선국사의 비보사상 역시 산지사찰의 입지 선정에 영향을 미쳤을 것으로 생각된다.

특히 조선시대에 사찰의 입지가 산지에 결정되는 현상은 억불숭유정책에 따른 금창사사지법에 기인한다. 그러나 왕실에 의해 경영되었던 왕실의 원찰들은 그 대부분이 서울과 그 인근 지역에 자리 잡고 있다. 이러한 원찰들의 입지는 자연환경과의 상관성보다는 능침이나 능침의 주인과 상관된 인문환경적 요소의 점정 원리에 의해서 결정된 것이다.

(2) 공간구성

① 개관

조선시대에 조영된 사찰의 공간구성형식은 고려시대에 이루어진 선종사찰의 형식을 계승하여 이를 더욱 자유롭게 발전시킨 결과이며, 일반적으로 조선시대 사찰형식을 한국 고유의 사찰형식이라고 일컫는다.

조선시대에 조영된 사찰의 경우에도 도성 내의 평지부에 경영된 사찰들과 지방 곳곳의 명산에 경영된 사찰의 형식은 사뭇 다른데, 이것은 조영의 주체가 다르고 각각의 사찰에서 표방한 교리적 내용이 다르며, 입지성에서 차이가 있었던 것과 관계가 있다. 즉, 한양성 내에 입지한 사찰들은 대체적으로 평지형 사찰로 신라시대 이래 유지되어 온 전형적인 평지형 공간구성형식을 갖추고 있으며, 심지어는 회랑도 설치했다.

한편 산지형 사찰들은 대부분이 형승지지(形勝之地)를 택하여 입지했는데, 교리적 배경과 사찰의 경제력 정도에 따라 건물의 수와 종류가 상이하며, 공간구성형식도 매우 달랐다. 그러나 기본적인 공간구조라든지 위계성, 동선체계, 건물의 배치는 매우 규범적이다.

② 신앙체계와 공간구성형식

고려 이후 조선시대의 사찰에서는 3단 신앙의 형태를 갖추고 있다고 말할 수 있다. 즉, 불보살을 신앙의 대상으로 하는 상단(上壇)신앙, 불법의 수호신을 모신 옹호신중각(擁護神衆閣)에서 이루어지는 중단(中壇)신앙 그리고 이들 신중이 다시 분화한 원래 모습을 불교적으로 전개해 신앙의 대상으로 작용한 하단(下壇)신앙이 그것으로, 조선시대 사찰의 공간구성형식은 이 3단 신앙을 사찰공간 상에 구체적으로 나타낸 결과이다.

이러한 3단 신앙에 따라 형성되는 공간구성형식을 보면 다음과 같다. 우선 상단신앙이 이루어지는 곳은 사찰의 공간구성에서 가장 중요한 위치를 차지하는 중심적인 영역이 되며, 이곳에 나타나는 주요 전각으로는 대웅전, 극락전(또는 미타전), 대적광전, 화엄전, 약사전, 미륵전, 관음전 등이 있다. 이들 불전들은 대본산(大本山)의 경우 종합사찰의 성격을 띠고 고루 갖추어져 있기도 하나, 본전으로서 대웅전, 극락전, 대적광전 등이 주로 나타나게 된다. 여러 불전이 고루 갖추어져 있을 경우에는 그중 한 불전이 본전의 기능을 하는데, 예를 들면 합천 해인사의 대적광전, 양산 통도사, 부산 범어사의 대웅전이 바로 그것이다. 이렇게 대본산에 여러 불전이 종합적으로 갖추어진 것은 한국 불교신앙의 종합적인 양상을 나타내는 것이라고 하겠으나, 실제적인 신앙행위는 본전을 중심으로 이루어진다.

두 번째로 옹호신중각들이 위치하는 중단에는 금강문, 인왕문, 사천왕문 등이 주로 자리 잡는다. 이들은 대개 사찰의 정문이 되는 일주문 위에 위치하며, 출입하는 사람들로 하여금 이 옹호신들에 의하여 도량 내의 모든 악귀가 물러난 청정도량이라는 신성관념을 가지게 하는 것이다.

세 번째로 명부전, 칠성각, 산신각, 독성각 등 한국 사찰 특유의 전각이 입지하는 하단을 살펴보면 이들 전각들은 한국 불교의 토착화 과정을 볼 수 있는 좋은 증거라고 하겠다. 즉, 이들 전각에 모셔지는 신앙의 대상은 불보살이 아닌 재래의 토착신이라는 데 유의할 필요가 있다.

중단이나 하단에 모셔지는 제신들이 신앙의 대상으로 수용된 것은 대승불교사상이 낳은 옹호신중사상에서 그 연유를 찾아볼 수 있다. 즉, 대승불교시대가 되면 재래의 제신들을 불법의 수호신으로 수용하여, 이들에 대한 신앙 형태를 불교적으로 전개시켜 나가는 것이다. 이와 같이 재래의 제신이 불교의 수호신으로 수용되어 불교적 신앙 형태를 형성하게 되면, 이들은 다시 한 번 보다 구체적인 신앙의 전개를 보여 준다. 예컨대 명부(冥府)의 시왕(十王)은 1차적으로는 불교 수호신으로 신중신앙에 참여하나, 나중에는 시왕이 지니고 있던 원래의 모습인 명부의 심판관이 강조된다. 그것을 불교화하여 이룩한 것이 명부전이다. 칠성도 일단 수호신으로서 수용되었다가 다시 수명신인 원래의 모습이 강조되고, 이를 불교화하여 칠성각이 이루어지는 것이다. 이와 같은 신앙 체계를 볼 때, 모든 재래의 토속신은 불교의 수호신으로 수용될 수 있으며, 다시 불교의 이름으로 원래의 모습을 되찾게 된다. 한편 사찰의 공간구성에서 간과할 수 없는 또 하나의 요소로는 승려의 수도 도량으로서의 선원(禪院), 염불당(念佛堂), 강원(講院) 등과 수도의 규범을 숭배하는 의미의 나한전(羅漢殿) 등이 있다.

③ 수미산세계와 공간구성형식

조선시대에 조영된 사찰의 공간구성형식은 일면 수미산구조의 원형적 모습을 상당 부분 원용한 것으로 설명하고 있다. 여기에서 수미산이라 함은 세계를 구성하는 중심부의 중앙에 위치하는 상징적인 봉우리를 의미하며, 불교적 세계관의 핵심이 담겨 있다. 그렇다면 수미산의 구조와 사찰의 공간구성형식 간의 상관성을 알기 위해 수미산세계의 일반

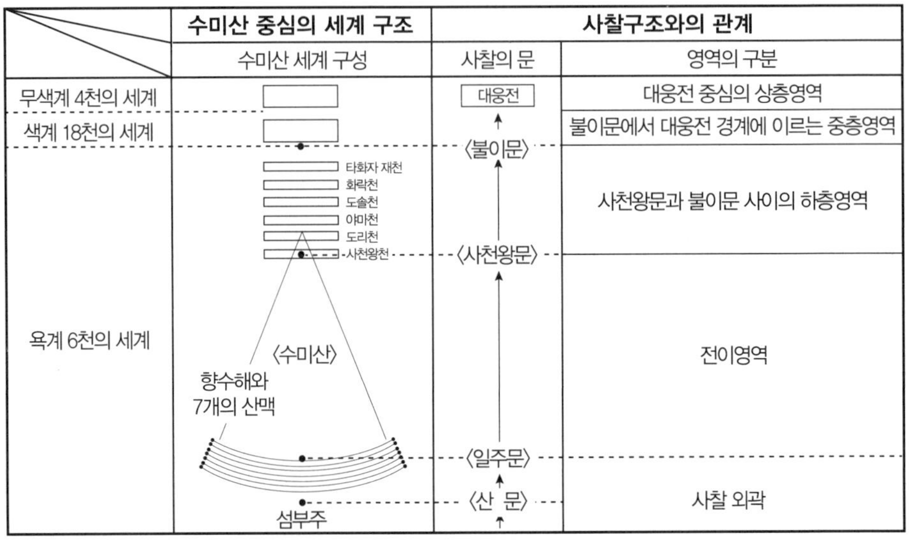

	수미산 중심의 세계 구조	사찰구조와의 관계	
	수미산 세계 구성	사찰의 문	영역의 구분
무색계 4천의 세계		대웅전	대웅전 중심의 상층영역
색계 18천의 세계		〈불이문〉	불이문에서 대웅전 경계에 이르는 중층영역
욕계 6천의 세계	타화자 재천 화락천 도솔천 야마천 도리천 사천왕천	〈사천왕문〉	사천왕문과 불이문 사이의 하층영역
	〈수미산〉 향수해와 7개의 산맥	〈일주문〉	전이영역
	섬부주	〈산 문〉	사찰 외곽

그림 160 수미산세계 구조와 사찰의 공간구성 ▷출처: 정각, 1991년, p.58

적인 모습을 살펴보기로 한다.

불교적 개념에서 우리가 살고 있는 섬부주[1]를 살펴보면, 섬부주 위로는 향수해라 불리는 넓은 바다가 있고, 그 바다 사이사이에 각각 7개의 산(맥)[2]이 놓여 있다. 그리고 그 위로 우뚝 솟은 수미산이 있는데, 그 중앙으로부터 사천왕천 및 도리천의 욕계 6천의 세계, 그 위로는 색계 18천, 다시 그 위로 무색계 4천의 세계가 형성된다고 한다. 무색계 4천의 세계는 대웅전을 중심으로 형성되는 상단이며, 색계 18천의 세계는 중단, 사천왕문과 불이문 사이는 하단이 된다.그림 160 이렇게 볼 때 수미산세계의 공간구조는 조선시대 사찰의 공간구성형식에서 계층적 공간 질서의 원형으로 작용했음을 발견할 수 있다. 결국 신라 말 이후 조선시대까지 산지에 세워진 사찰은 수미산의 구조를 현실 세계에서 표현한 것으로 해석할 수 있다. 이와 같이 사찰은 불교의 이상향적인 세계를 구체적으로 표상할 수 있도록 공간을 조직하며 구성요소들을 도입한다. 즉, 사찰의 공간구성은 수미산의 계층적 질서를 표현하며, 구성요소는 불교의 장엄물로서 상징적 의미를 구체적으로 전달할 수 있도록 표현한 것이다.

4) 공간구성기법

(1) 공간구성의 기본 원칙

① 자연과의 조화

조선시대 사찰은 깊은 산의 자연환경이 좋은 땅에 입지하는 것이 일반적이었다. 이러

❶ 각각 방위상으로는 남쪽의 섬부주, 동쪽의 승신주, 서쪽의 우화주, 북쪽의 구로주로 나뉘며, 우리 인간은 남쪽의 섬부주에 머물고 있다.
❷ 위로부터 쌍지산, 지축산, 염목산, 선견산, 마이산, 장애산, 지지산 등의 명칭이 붙는다.

한 입지성으로 사찰의 조영 과정에서 자연환경의 보전이라는 목표는 가장 우선적으로 달성해야 하는 과제였다. 실제로 산지에 지어진 조선시대 사찰을 살펴보면 자연의 훼손을 최소화하면서 터를 만들고 자연의 수용 능력을 고려해 건물의 수와 규모를 결정했으며, 자연의 질서와 조화를 이룰 수 있도록 건물을 배치한 것을 쉽게 알 수 있다. 특히 풍수지리사상에 입각해 물을 얻기 좋고 바람을 막기 좋은 곳에 자리를 잡은 것, 앞, 뒷산의 형국을 고려해 건물의 좌향을 결정한 것 등은 자연환경과의 조화를 위한 과학적인 배치기법이라고 하겠다.

② 계층적 질서의 추구

공간의 계층적 질서를 인식하기 위한 요소로는 높낮이, 폐쇄도, 규모, 치장도, 구성요소의 밀도 등을 들 수 있다(정무웅, 1984년, pp.64~71). 조선시대 사찰의 전형인 산지형 사찰의 경우 경역의 입구로부터 중심공간에 도달하기 위해서는 몇 개의 문을 거치게 되는데, 이 과정에서 나타나는 경관의 연속적인 변화나 지형의 상승 등은 계층적 질서를 나타내기 위한 훌륭한 수단이 된다. 또 수평요소와 수직요소의 비례가 중심공간에 가까워질수록 작아지는 것이나 건축물의 규모가 점차 커지는 것 그리고 경관구성요소가 점차 정교하고 화려해지는 것 등은 계층적 질서를 뚜렷이 인식하도록 한 의도적인 결과다.

③ 공간 간의 연계성 제고

일반적으로 사찰은 몇 개의 소단위공간의 결합으로 전체의 공간이 구성된다. 이러한 단위공간들은 기능적으로 볼 때, 각자 독립된 듯 보이지만 그 경계가 중첩되어 나타남으로써 공간 간의 연계성을 제고하고 있다. 시각구조상으로는 축선을 교묘하게 변화시키거나 진입공간에 위치한 문의 틀 속으로 다음 공간을 지각할 수 있도록 함으로써 한 공간과 다른 공간을 시각적으로 연계시켜 계기적 효과를 주고 있다.

④ 인간척도의 유지

일반적으로 산지사찰의 경우, 건물이 들어설 터의 규모를 과하게 만들지 않고 건물이나 마당의 크기를 그 터에 맞도록 조절한다. 이것은 자연환경의 훼손을 최소화하려는 것이기도 하지만 사찰을 찾는 사람들에게 친화적 스케일감을 부여해 편안한 마음을 갖도록 하는 데도 목적이 있다. 일부 총림의 경우 본전 건물의 규모를 장대하게 하고 도입시설을 크게 하는 경우도 있으나 그것은 조선시대 사찰의 일반적 형식은 아니다.

(2) 축의 설정

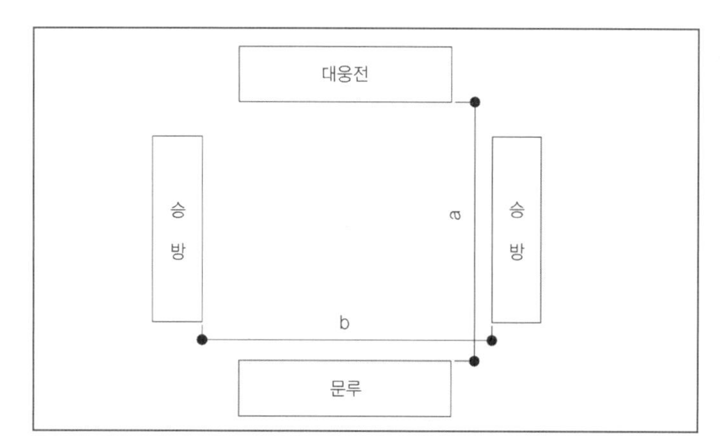

그림 161 산지사찰의 중심공간

그림 162 사찰의 중심공간(용주사)

전통 조경공간은 대부분 축의 도입을 통해 공간구조를 체계화하고 공간의 질서를 조직화한다. 특히 궁궐이나 사찰은 다수의 건물군으로 형성되어 있고 방향성과 중심성을 강조했기 때문에 축이 비교적 뚜렷하게 나타난다.

우리나라 전통사찰에서 나타나는 축의 유형은 사찰이 입지한 지형적 특성과 사찰에 도입되는 건물의 유형에 따라 다소 다르게 나타나지만 남북을 종으로 잇는 중심축은 거의 모든 유형의 사찰에서 공통적으로 강조되고 있다. 이러한 중심축은 평지형 사찰의 경우 직선축의 형태를 보이지만, 산지형 사찰은 지형의 생김새에 건물의 배치를 맞추다 보니 절선축(折線軸)의 형태를 보이는 경우가 많다.

이 경우 시각변환점이 많아져 진입 과정에서 사람들이 경험하는 시각의 구조가 다양하게 변화되며, 시각량 또한 늘어나 일직선 축에 의해 구성되는 평지형 사찰에 비해 다양한 경관 체험이 가능하다. 한편, 사찰의 규모가 큰 대찰은 축이 단일하지 않고 병렬축이나 직교축의 형태가 나타나기도 하는데, 이렇게 될 경우 공간 간의 구조적 질서가 보다 복잡하게 나타난다. 해인사, 통도사, 범어사, 화엄사, 송광사 등 대찰의 경우는 대부분 이러한 축의 형태를 보이고 있다.

(3) 외부공간의 규모

① 문과 누 사이의 거리

산지사찰의 경우 진입 과정에서 문과 누 사이의 평균 거리는 25~70m 정도이다. 이것은 25m를 한 모듈로 할 때, 2배 내지 3배에 해당하는 수치이다. 또 문과 누 사이의 거리가 25m를 넘어서면 25m를 기준으로 단을 주거나 점경물을 배치해 거리감을 분명히 느낄 수 있도록 해준다.

이것은 아시하라(Y. Ashihara)가 외부공간설계에 있어서 20~25m마다 반복되는 리듬

감이 있다든가 바닥의 레벨 차가 있으면 큰 공간이라도 그 단조로움이 없어지고 공간감이 극대화된다(Ashihara, 1981, pp.47~48)라고 주장한 것과 일치하는 결과이다. 또 안영배는 이 정도의 거리가 인간척도를 가장 잘 느끼게 할 수 있는 모듈이라고 했다(안영배, 1980년, pp.22~23).

② 중심공간의 규모

조선시대 산지사찰의 중심공간은 주불전(대웅전 등)을 중심으로 승방, 선방, 누문 등에 의해 둘러싸인 위요공간의 형식을 취하게 되는데, 사찰이 입지한 터의 지형적 특성에 따라 위요형식이나 위요감은 달라질 수 있다. 그런데 산지사찰의 경우에는 평지형 사찰보다 중심공간에서 나타나는 위요감이 떨어지는 편이다. 지형 처리로 인하여 주불전이 석단 위에 건축되는 경우에는 중심공간이 둘로 갈라지거나 여럿으로 갈라지므로 이 경우에는 위요감이 더 떨어질 수도 있다. 한편 평지에 입지하는 사찰이 탑을 중심으로 수평적 위계를 갖는 데 비해 산지에 입지하는 사찰은 주불전을 중심으로 수직적 위계를 갖는다.

산지사찰의 중심공간 규모를 보면 큰 공간의 경우 짧은 변이 25m 내외이며, 작은 공간은 긴 변이 25m 내외이다. 한편, 중정의 가로변과 세로변의 비례관계는 대체적으로 1:1에 가까우며, 형태는 정방형에 가깝다.

표 3 **조선시대 산지사찰의 중심공간 규모 및 비례관계**

사찰명	가로 길이(a)	세로 길이(b)	a/b	b/a
봉정사	14.0	13.0	1.08	0.93
화엄사	45.0	28.0	1.61	0.62
해인사	24.0	23.5	1.02	0.98
범어사	48.0	23.0	2.09	0.48
쌍계사	22.8	40.3	0.56	1.77
용문사	17.4	17.7	1.00	1.00
은해사	21.4	22.7	0.94	1.06
관룡사	16.0	14.0	1.14	0.88
고운사	11.8	11.0	1.07	0.93

(4) 중심공간으로의 전이방식

산지에 입지한 사찰의 중심공간에 도달하기 위해서는 일주문으로부터 누문에 이르는 선적 진입공간을 통과하게 된다. 이 진입공간에는 몇 개의 문이 있으며, 중심공간과의 사이에는 누문이 위치하고 있어 진입공간은 다시 몇 개의 작은 단위공간으로 구분된다. 산

그림 163 해인사 구광루 문틀 사이로 가시되는 탑과 대적광전(중건전 형식)

지사찰의 진입공간에서 나타나는 문들은 대부분 3~4단의 낮은 계단 위에 세워지므로 진입공간에서는 점승형(漸昇形) 전이방식을 취한다.

이 경우 사람들은 단순한 경사로를 오를 때보다는 앞으로 전개될 공간에 대한 기대감과 방향성을 느끼게 되며, 분명한 공간감도 인식하게 된다. 한편, 진입공간에서 중심공간으로 전이할 때는 급격한 절정감을 느낄 수 있도록 이때까지보다 더 높은 계단을 설치하며 보통 누문을 통과하자마자 주불전이 갑자기 시야에 들어오도록 배치한다. 따라서 진입공간 상에 위치한 문들과는 달리 누문은 중심공간을 완전히 막을 정도로 규모가 크며, 동시에 점승효과도 급격해진다. 진입공간으로부터 중심공간으로 이행되는 전이방식에는 누를 통과하는 누하진입(樓下進入)방식과 누의 측면을 좌측이나 우측 혹은 누 양측으로 돌아가도록 만든 측면진입방식이 있다.

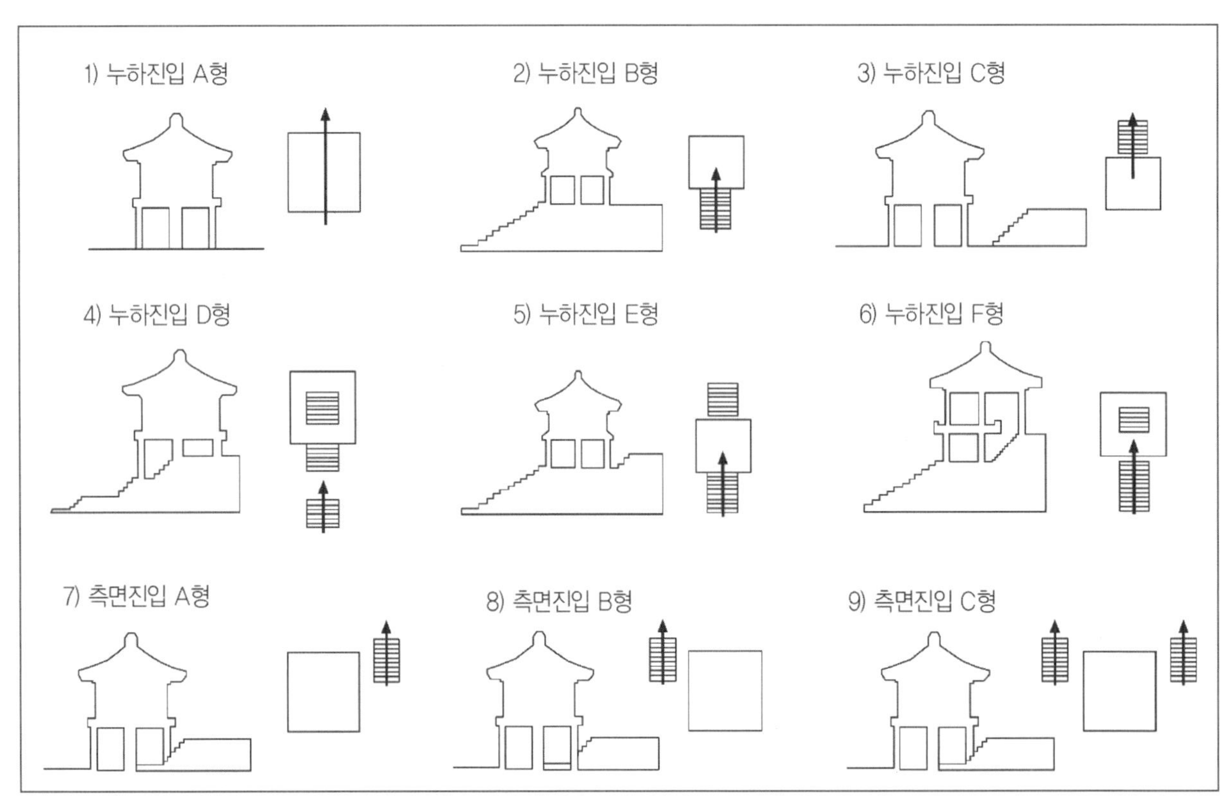

그림 164 조선시대 사찰의 누문통과방식

표 4 누를 통한 중심공간으로의 전이방식

사찰명	누명	전이방식	비고
신륵사	구룡루(九龍樓)	양측면진입	
선암사	종고루(鐘鼓樓)	양측면진입	
화엄사	보제루(普濟樓)	양측면진입	
쌍계사	팔영루(八泳樓)	양측면진입	
해인사	구광루(九光樓)	양측면진입	원래 형식은 누하진입
범어사	보제루(普濟樓)	우측면진입	
봉은사	법왕루(法王樓)	누하진입 C형	
봉선사	청풍루(淸風樓)	누하진입 E형	
용주사	천보루(天保樓)	누하진입 C형	
용문사	해운루(海雲樓)	누하진입 E형	
은해사	보화루(寶華樓)	누하진입 A형	
송광사	종고루(鐘鼓樓)	누하진입 C형	
대흥사	침계루(沈溪樓)	누하진입 A형	
부석사	안양루(安養樓)	누하진입 F형	
봉정사	만세루(萬歲樓)	누하진입 E형	

5) 대표적 사찰

(1) 통도사

① 창건과 중창의 역사

통도사(通度寺)는 우리나라 삼보사찰의 하나로, 부처의 진신사리가 모셔져 있어 불보사찰(佛寶寺刹)로 존숭되고 있다. 신라 선덕여왕 15년(646년) 당에서 불사리를 모셔온 자장율사가 창건하였으나 통일신라, 고려, 조선시대를 거치면서 많은 전각들이 지어지고 주축이 변화하는 등 공간구조가 전혀 다르게 바뀌었다. 임진왜란 때 소실된 것을 조선 선조 34년(1601년)과 인조 19년(1641년) 두 차례 중수하여 현재에 이르고 있으므로 지금의 형식은 조선시대 사찰의 구조적 특징을 잘 보여 준다.

② 입지

통도사는 경남 양산군 하북면 지산리 영취산(靈鷲山, 1,050m) 기슭에 위치한다. 통도사가 창건될 당시의 사찰들이 신라 왕경의 평지부에 위치한 것을 보면 통도사의 입지성은 분명 예외적 현상이다. 이것은 종교적 목적 이외에 신라의 전략거점을 확보

그림 165 통도사 전경

하기 위한 전초기지의 조성 때문으로 보인다.

③ 공간구성

통도사는 신라시대부터 고려, 조선시대까지 이어지는 일련의 형식 변화를 통해 사찰 전체의 공간구조까지도 바뀐 특이한 현상을 보이는 사찰이다. 결과적으로 창건 당시 사리탑을 중심으로 남북축을 이루며 형성되었던 공간구조는 대웅전이 시각종점이 되는 동서축으로 바뀌었으며, 조선시대 산지사찰의 전형적 형식인 산지중정형 사찰의 규범성을 갖추었다. 이와 같이 기존의 건축 질서를 존중하면서 새로운 변화가 덧씌워진 역사야말로 통도사 건축의 가장 뛰어난 점이라고 할 수 있다(김봉렬, 1996년, p.82).

통도사는 처음 지어질 때 금강계단을 중심으로 남북일직선 축을 통해 공간이 구성되는 탑중심형 사찰이었다. 그러나 고려시대에 들어와 일주문과 불이문이 건립되면서 남북진입축이 동에서 서로 진행되는 새로운 진입체계로 변환했으며, 이러한 질서에 대응하여 새로운 건물들을 계속 건립함으로써 금당중심형 사찰의 형식적 틀을 갖추었다. 그 결과 통도사는 3단 구성이라는 특이한 공간구성형식을 취하게 되는데, 이때 창건 당시 건립된 대웅전, 대광명전, 영산전은 각각 상로전(上爐殿), 중로전(中爐殿), 하로전(下爐殿) 영역의 중심 건물이 된다.

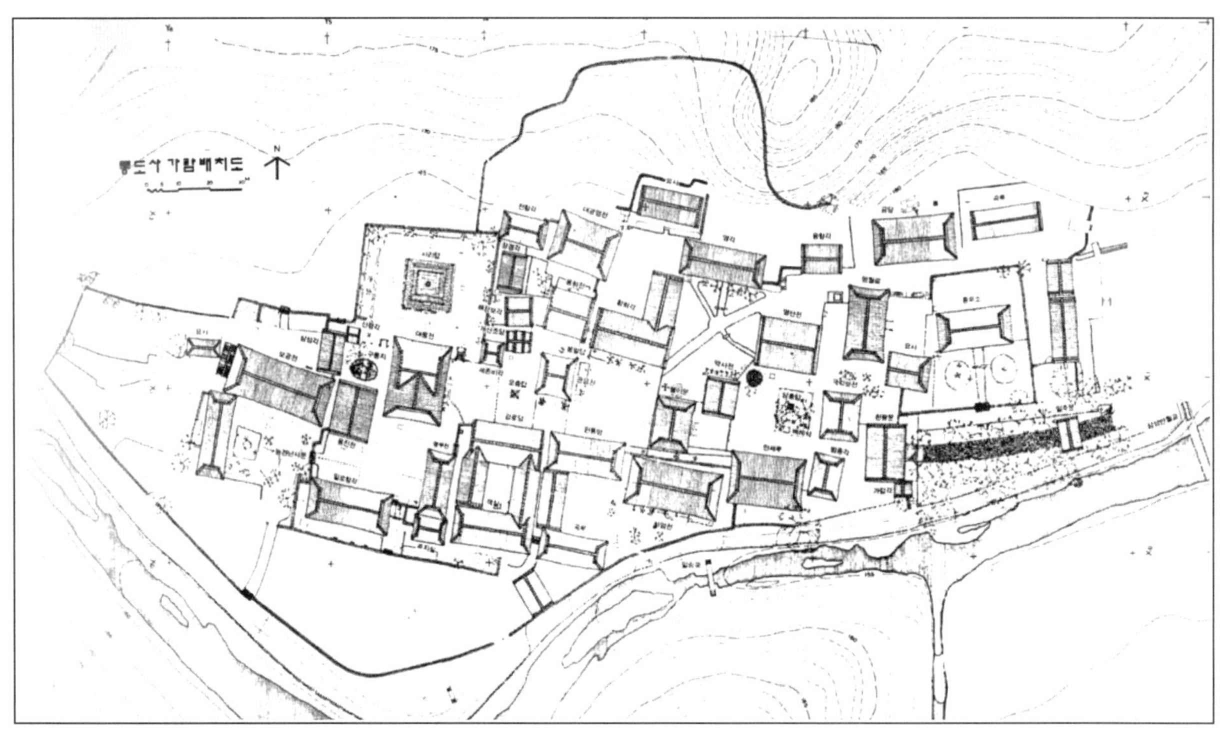

그림 166 **통도사 배치 평면도** ▷출처: 울산공대건축과, 1980, p.19

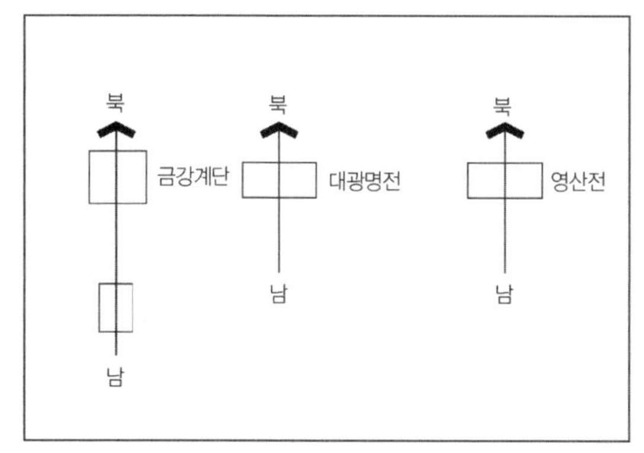

그림 167 창건 시의 통도사 공간구조

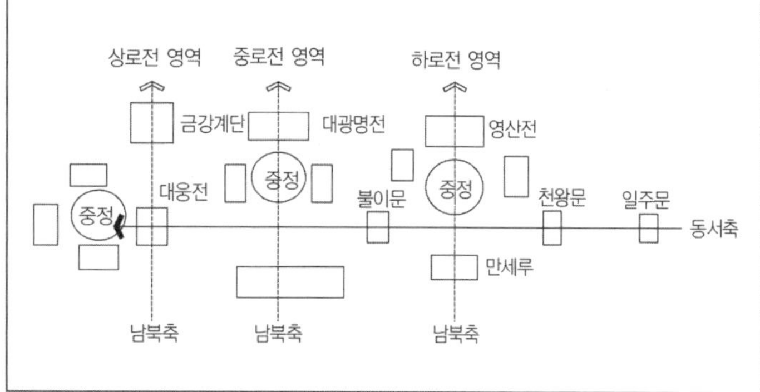

그림 168 고려, 조선시대의 통도사 공간구조

이것으로 볼 때 통도사는 형식적 변화는 있었지만 내용적으로는 여전히 창건 시의 공간 질서를 유지하려고 노력했음을 알 수 있다. 통도사의 공간구성은 창건 시부터 조선시대까지 3단계의 변화 과정을 거친다. 1단계 형식(창건 시의 형식)은 금강계단과 3동의 당우(대웅전, 대광명전, 영산전)를 조영하면서 이루어진 것으로 금강계단을 중심으로 공간이 구성된다. 2단계 형식(고려시대의 형식)은 1305년 불이문과 일주문이 건립되고 명월료, 금당, 황화각, 천왕문, 감로당, 원통방, 화엄전, 명부전, 용화전, 극락보전 등이 계속 지어지는데, 이러한 건물들이 대웅전, 대광명전, 영산전을 각각 중심으로 하는 공간구조로 재편되며, 진입축도 남북축에서 동서축으로 변화한다.

3단계 형식은 임진왜란 이후 대부분의 건물들이 소실되면서 선조 34년(1601년), 인조 19년(1641년) 두 차례에 걸쳐서 재건되고 난 후의 형식으로, 이때 기존의 건물 이외에도 나한전, 범종각, 가람각, 세존비각, 응향각, 산령각 등 많은 건물들을 조영했다.그림 167, 168

④ 경관요소

• 금강계단

금강계단은 석가세존의 진신사리를 봉안한 곳으로 통도사의 정신적 중심이며, 창사의 가장 중요한 근거가 되었다. 『통도사사리가사사적약록(通度寺舍利袈裟事蹟略錄)』에 따르면 통도사가 창건되기 이전에 이 땅은 매우 큰 연못이었다고 한다. 연못을 메우고 들어선 금강계단은 대웅전 바로 뒤편의 약간 높은 곳에 위치하고 있으며, 통도사 공간구성의 중심이 된다.

금강계단은 상하 2단의 구조로 아랫단 한 변의 길이는 약 9.8m이고 윗단은 약 7m이며, 높이는 상하 각각 40㎝, 82㎝이다. 또 금강계단의 중앙에는 높이 약 1.5m의 석종이 놓여 있다. 그리고 계단 주변에는 한 변이 약 13.7m인 돌 울타리가 둘려 있으며, 남쪽 한가운데에는 출입구인 돌문(石門)이 있다. 얼마 전까지 금강계단 외곽 석축의 모서리가 전

그림 169 통도사 금강계단

그림 170 구룡지

형적인 일본 성곽의 곡선 형식으로 되어 있었으나 전문가들의 지적에 따라 한국 전통방식으로 교체했는데, 돌 쌓은 형식이 거칠어 전형적인 한국식 석축의 아름다움을 표현하지 못하고 있다.그림 169

• 구룡지

속전(俗傳)에 의하면 자장율사가 큰 연못을 메우고 그곳에 금강계단을 축조할 때, 그 연못에는 아홉 마리의 용이 살고 있었다고 한다. 그 가운데에서 다섯 마리는 오룡동으로, 세 마리는 삼곡동으로 달아났으나 오직 한 마리가 굳이 남아 터를 수호하겠다고 서원하자 자장율사는 용의 청을 들어 연못 한 귀퉁이를 메우지 않고 남겨 용이 머물도록 했다고 한다. 그곳이 바로 지금의 구룡지로 불과 15㎡ 내외의 넓이에 지나지 않으며, 깊이 또한 한 길도 안 되는 조그마한 타원형의 연못이지만 통도사의 창건 연기를 보여 주는 중요한 수경관요소이며, 심한 가뭄이 들어도 물이 전혀 줄어들지 않는다고 한다. 연못 한가운데 다리를 놓아 건널 수 있게 했는데 이것은 일제 강점기에 부가한 것으로 보인다.그림 170

(2) 해인사

① 창건과 중창의 역사

해인사(海印寺)는 삼보사찰 가운데 대장경판을 봉안하고 있어 법보사찰의 격을 지닌 사찰이다. 해인사라는 명칭은 화엄종의 근본경전인 화엄경의 '해인삼매(海印三昧)'라는 말에서 비롯된 것으로 우주의 갖가지 참된 모습이 그대로 물(海)속에 비치는(印) 경지를 의미한다.

해인사는 신라 애장왕(哀莊王) 3년(802년) 10월 해동화엄의 초조인 의상의 법손 순응(順應)과 이정(利貞) 두 대덕에 의해서 창건된 사찰로 화엄십찰 가운데 하나이다.

해인사는 창건된 이후 신라 말(930년경)에 중창됐으며, 성종 19년 인수(仁粹), 인혜(仁惠)

두 왕대비가 정희왕후의 유지를 받들어 절을 중건하기로 결심하고, 대장경판전을 증·개축하는 한편, 대적광전 및 여러 당(堂)과 요(寮) 등 160여 칸을 세워 1409년에 공사를 마치는 대불사를 진행했다. 해인사는 비록 통일신라시대에 창건되었으나 해인사의 면모를 일신한 불사는 조선시대에 이루어졌다고 할 수 있다. 학조대사의 중창 이후 해인사는 숙종 21년(1695년)부터 고종 8년(1871년)에 이르는 176년 동안 일곱 번의 크고 작은 화재로 당시의 웅장했던 규모는 찾을 길이 없게 되었다. 그 후 오늘날과 같은 해인사의 모습은 순조 18년(1818년)에 중건한 것이 근간이 되었는데, 이것은 해인사의 중건사상 두 번째의 큰 불사로 기록되고 있다.

그림 171 해인사 중심공간

② 입지성

해인사는 경남 합천군 가야면 치인리에 있으며, 해발 1,430m 가야산 서남쪽 중턱의 움푹하게 들어간 대지 위에 서남향으로 자리 잡은 사찰이다. 해인사는 주산인 가야산과 같은 거리상에 두리봉, 단지봉, 남산제일봉 등이 위치하고 있어 이러한 여러 산들의 중심부에 자리 잡고 있다. 이것은 화엄사상의 구체적 표현으로 해석된다(백난영, 1994년, pp.56~59).

③ 공간구성

해인사는 일주문을 경계로 법보전에 이르기까지 긴 종심형 공간으로 이루어져 있다. 해인사의 전 영역은 다시 몇 단계의 소단위공간으로 나누어지는데, 일주문으로부터 봉황문, 해탈문, 구광루에 이르는 진입공간과 구광루, 궁현당, 관음전, 대적광전에 의해서 형성되는 중심공간 그리고 법보전과 수다라장에 의해서 이루어지는 승화공간이 바로 그것이다. 이 소단위공간들은 사찰의 전 영역을 통해 계층적 질서를 이루며

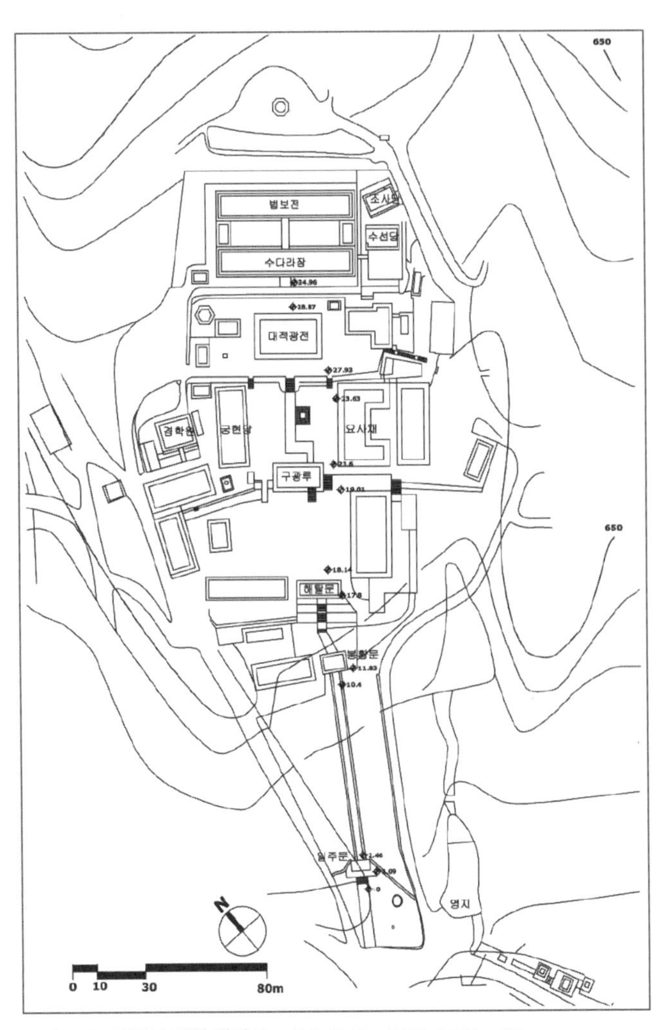

그림 172 해인사 배치 평면도 ▷출처: 홍광표 · 이상윤, 2001년, p.339

그림 173 해인사 영지

유기적으로 조합되어 있다. 특히 해인사는 지형적 특성을 충분히 이용한 수직적 위계성을 공간구성에서 보이고 있어 조선시대 사찰의 전형적인 형식으로 평가되고 있다.그림 172

해인사는 지형에 순응하여 건물들을 배치하는 등 자연환경과의 조화를 일차적으로 고려해 공간을 구성하고 있다. 이것은 공간과 공간을 연결하는 중심축이 절선축으로 나타나는 것을 보면 쉽게 파악된다. 전체적인 사찰의 구조는 평지형 사찰의 공간구성과 같이 엄격한 규범성을 보이지는 않지만, 각각의 소단위공간은 중심축선 상에 공간구성요소들을 배치하고자 노력한 흔적이 보인다.

④ 경관요소

• 영지

해인사의 영지는 사역 옆으로 흐르는 계류의 끝머리에 조성되어 있는데, 이곳은 일주문을 바라보면서 우측편에 해당한다. 이 영지가 언제부터 이곳에 조성되었는지 분명하지는 않지만 기록에 의하면 우두산(牛頭山, 가야산의 옛 이름)의 상봉(上峰)이 비친다고 전해지고 있다. 그러나 현재는 주변의 교목에 가려 가야산의 상봉은 비치지 않고 당간지주와 일주문만이 투영된다. 영지는 최근에 규모를 키우고 형태를 변형시켜 새롭게 조성함으로써 옛 모습을 찾을 수 없게 되었다.

• 화계

산지사찰은 대부분이 경사지를 정지하여 마당을 만들고 건물을 설치한 까닭에 공간과 공간 사이에 높고 낮은 단이 나타난다. 해인사의 경우에도 예외 없이 공간과 공간 사이에 단이 나타나는데 이 단을 화계로 조성해 사찰의 경관성을 제고하고 있다. 봉황문과 해탈문 사이의 단, 구광루와 대적광전 사이의 단 그리고 대적광전과 수다라장 사이의 단이 화계로 조성되어 있다. 이 화계에는 키가 낮은 관목이나 초화류 등을 심어 놓았는데 대부분이 불교의 상징성을 구현하기 위한 것들이다.

(3) 봉선사

① 창건과 중창의 역사

봉선사(奉先寺)는 고려 광종 20년(969년) 법인국사(法印國師) 탄문(坦文)이 창건하고 운악사(雲岳寺)라 하였다고 하나 이에 대한 기록이 분명치 않다. 조선시대에 들어와 세조의 원찰로 조영되면서 봉선사가 형성된 것으로 보는 것이 좋을 듯하다.

김수온(金守溫, 1410~1481년)이 지은 『봉선사기(奉先寺記)』에는 예종 1년(1469년) 9월 세조의 비인 정희왕후 윤씨가 세조의 능침을 이곳 운악산에 모시고 광릉이라 했으며, 이어 절을 크게 중창하여 선왕의 명복을 비는 자복사(資福寺)로 삼고 봉선사라 하였다는 사실이 전해진다(권상로, 1994년, pp.783~784). 정희왕후는 불사를 마친 다음 능과 절의 간격이 꽤 떨어져 있음을 보고 절의 동쪽 편에 다시 영전(影殿)인 숭은전(崇恩殿, 후에 봉선전(奉先殿)으로 고쳐 지음)을 세워 세조의 진영을 봉안했다.

② 입지성

봉선사의 주산인 운악산은 예부터 경기도의 오대명산 중 하나로 손꼽히는 산이다. 그러나 봉선사의 뒷산은 표고 약 139m의 낮은 산에 불과하며, 봉선사는 이 산의 약 100m지점에 동남향하여 입지한다. 또 지형지세적으로 볼 때, 봉선사가 입지해 있는 터는 평탄하고 주변은 청룡에 해당하는 좌측 구릉만 발달해 있어 사찰에서 나타나는 전통적인 산의 형국과는 차이가 있다. 봉선사와 세조의 능침인 광릉은 직선 거리로 약 800m 정도밖에는 떨어져 있지 않아 다른 원찰과 마찬가지로 능침과 원찰 간의 지리적 상관성이 두드러지게 나타나고 있다.

③ 공간구성

『조선사찰 31본산 사진첩』에 실려 있는 1910년대의 봉선사 사진을 보면 임진왜란과 병자호란을 거치면서 입은 병화를 비교적 잘 복원하여 왔음을 알 수 있다. 이러한 사실은 1927년 편찬된 『봉선사본말사지』에 기록된 당시의 당우들 즉, 대웅전, 향로전(香爐殿), 삼성각(三聖閣), 어실각(御室閣), 운하당(雲霞堂), 방적당(放跡堂), 진영당(眞影堂), 열반당(涅槃堂), 진여문(眞如門), 천

그림 174 봉선사 중심공간

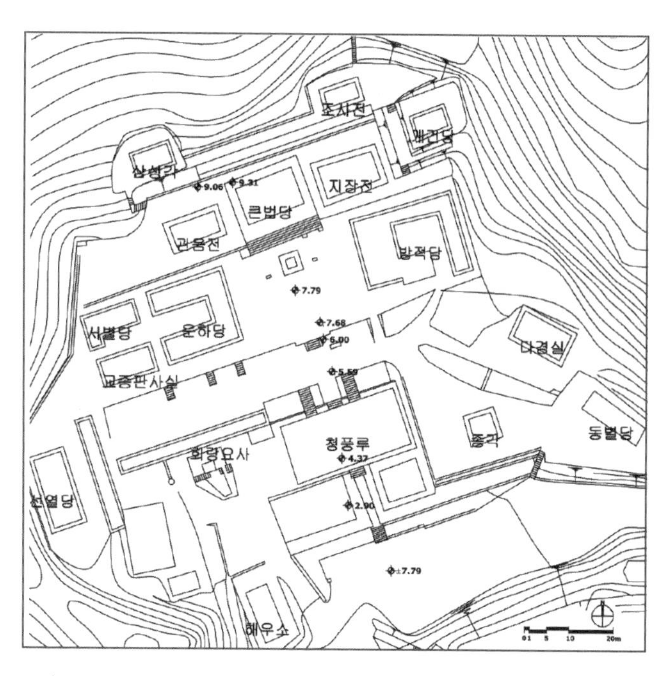

그림 175 봉선사 배치 평면도

왕문(天王門), 해탈문(解脫門), 청풍루(淸風樓), 소설루(小雪樓), 판사실(判事室), 곽사(廓舍), 동사(東司) 등을 살펴볼 때 분명한 것으로 생각된다. 그러나 한국전쟁 시 많은 피해를 입었으며, 그것을 제대로 복원하지 못하여 지금은 원형을 찾기가 어려운 실정이다. 그래도 다행스러운 것은 1910년대에 촬영된 사진이 남아 있고, 지형 처리를 위해 조성한 석단이 상당 부분 원형을 간직하고 있으며, 과거에 조영된 건물의 주초석을 어느 정도 찾을 수 있어서 봉선사의 공간구성을 재해석하는 데 큰 문제가 없어 보인다. 이러한 자료를 통해서 봉선사의 공간구성을 살펴보면 다음과 같다.

과거의 봉선사는 절 입구 정면에 솟을대문이 있었으며, 대문 좌우편에는 행랑채가 길게 늘어서 있었다. 행랑 안에는 외정이 있었고, 누각(청풍루)을 통해 안으로 들어서면 다시 내중정을 갖는 구조였다. 내중정 바닥과 단을 달리하여 단 위에 대웅전이 배치되었으며, 좌우에는 어실각과 향로전이 있었다. 그리고 내중정 좌우에는 승당과 선당이 'ㅁ'자형으로 자리 잡고 있었다. 이러한 공간구성은 조선시대 원찰에서 공통적으로 나타나는 형식인데, 궁궐의 공간구성과 유사점을 발견할 수 있어서 흥미롭다.

④ 경관요소

• 석단

봉선사는 조선시대 원찰에서 공통적으로 나타나는 장대석 석단을 사용해 지형을 처리하고 있다. 이 석단은 갑석(甲石)까지 갖춘 것으로 매우 정교하게 축조되어 있다. 석단은 청풍루 전면에 2단으로 축조되어 있고, 과거 행랑채가 있었던 내중정으로 올라가는 경계에 1단, 큰 법당으로 올라가는 경계에 다시 1단이 축조되어 있다. 이 가운데에서도 내중정으로 올라가는 경계에 축조된 석단은 공간을 크게 구분하는 기능을 하고 있으며, 동서로 길게 축조되어 중요한 선적요소로 작용한다.

그림 176 봉선사 화계

• 화계

봉선사에서 나타나는 중요한 경관요소로 큰 법당 뒤편에 설치한 화계를 들 수 있다.

이 화계는 3단이며, 장대석을 이용해 축조되었다. 화계의 높이는 1단이 1.15m, 2단이 1.9m, 3단이 0.8m이고, 너비는 1단이 2.1m, 2단이 2.0m, 3단이 2.5m로 되어 있다(장병현, 1999, p.45). 일반적인 사찰에서 이와 같은 형식의 화계를 찾기가 쉽지 않아 봉선사 화계는 그 가치가 대단한 것으로 보인다. 특히 원형이 비교적 잘 남아 있어서 제대로 보존되어야 할 대상으로 손꼽힌다. 그러나 화계의 각 단에 심어져 있었을 화초류와 관목류들은 남아 있지 않고 화계를 조성하기 위해 설치한 장대석단이 부분적으로 교란되어 있어 보수가 시급한 실정이다(홍광표 · 이상윤, 2001년, pp.231~233).

7. 전통마을과 주택

1) 개관

우리 선조들은 사계절이 뚜렷하고 아름다운 풍광을 간직한 풍토환경에 순응하며 산과 평지 사이 물길이 어우러진 비산비야(非山非野)의 양지바른 조건을 편안한 삶터로 보았다. 삶터 즉, 마을(동네, 촌(村), 동(洞))은 '외부로부터 은폐되고 골(谷)을 테두리로 같은(同) 물(水)을 쓰며(洞), 생활하기에 편리한 자족적 공동체'를 말하는데, 신분에 따라 반촌(班村), 중인 계층, 서리, 향리들이 모여 사는 중인촌(中人村), 서민들의 민촌(民村), 동성동본의 씨족들로 이루어진 동족촌(同族村, 집성촌(集姓村))과 다른 성씨들이 모여 사는 각성촌(各姓村, 산성촌(散性村)) 등으로 구분된다.그림 177, 178

마을의 각 살림집들은 채 1동(棟)과 마당 1정(庭)이 결합된 구조인데, 상류주택의 경우 동쪽에 바깥주인 영역인 사랑채+사랑마당을 두고, 북쪽에 최상의 위계를 나타내는 사당을 두었다. 서쪽에는 안주인 영역인 안채+안마당을 두고, 하인 영역인 행랑채+행랑마당 등은 바깥쪽에 두었다.

그림 177 화천을 끼고 자리한 경북 안동 하회마을 전경

그림 178 아름다운 뜰을 가꾼 강릉 선교장 전경 ▷출처: 국립문화재연구소

그림 179 비봉산과 감천을 배산임수한 선산부 지방도(1872년). 감천변 10리에 수해방지를 위해 동지수(冬至藪)를 가꾸었다.

살림집 가꾸기는 생토에 의미를 부여하여 자연과 조화를 이루는 순응적 방식으로 선천적 대의성을 추구했다. 특히 신앙과 자연관, 상징적 세계관 등을 반영하여 수심양성의 장을 구축하려고 했으며, 불로장생의 희구, 지조와 은일 등 상징적 표현을 곁들였다. 내정(內庭)과 외정(外庭), 내원(內園)과 외원(外園) 그리고 자연경관의 일부인 내원(內苑)과 외원(外苑)을 가꾸었고, 정자와 수경시설, 화오(花塢)와 화계 등을 애용했다. 의장재료 및 색조에서 자연과의 동질성 추구, 낙엽수와 유실수 위주로 상징적 측면과 풍수적 측면을 고려한 재식을 애용했다. 자연경관을 주택 안으로 끌어들인 차경법과 경관 속에서 노니는 유경법을 활용했고, 점경물의 사진틀 효과, 선별적, 은유적으로 경관을 취하는 태도, 가주(家主)의 품격이나 윤리관을 반영한 의미경관을 강조했다.

2) 마을의 공간구성과 조영원리

(1) 사상적 배경

마을의 입지와 공간구성에는 민간신앙과 음양오행사상, 풍수지리와 정치 · 사회구조 등 다양한 사상적 배경이 작용했고, 풍수지리는 유교의 조상숭배 관념과 부합되어 설득력 있는 환경설계 규범으로 받아들여졌다. 특히 풍수적으로 배산임수(背山臨水), 장풍득수(藏風得水)의 삶터가 선호되었는데, 풍수(風水)는 진나라 때 곽박(郭璞, 276~324년)이 쓴『장서(葬書)』의 '바람과 물을 이용하여 기(氣)를 얻는 법술'에서 유래했다는 것이 일반적 견해이다. 윤선도(1587~1671년)의 완도군 보길도 부용동 관련 기록(윤위가 1748년에 쓴『보길도지』)에서 풍수적 관점의 삶터 자리 잡기 개략을 파악할 수 있다.

> "주산(主山)인 격자봉에서 정북향으로 혈전(血田)이 있는데 이곳이 낙서재(樂書齋) 양택이다. 격자봉에서 서쪽을 향해 줄지어 뻗어 내려 다시 남쪽에서 동쪽으로 구불구불 돌아 안산(案山)이 자리한다. 석전(石田)과 미전(薇田)이 내청룡이 되고, 하한대는 우백호가 된다. 동쪽 봉우리의 산발치가 외수구(外水口)가 되고, 하한대 아래는 곡수당인데 북쪽은 승룡대의 산기슭과 합하여 내수구(內水口)가 된다."

한편, 조선 왕조의 성립과 함께 토지를 많이 소유한 양반층을 중심으로 동족촌이 형성되었는데, 지주들에게 농토를 빌려 농사를 짓는 소작농들과 다른 성씨들이 섞여 살았다. 동족촌은 큰집으로부터 작은집들이 분가하여 확장되었다. 큰집인 종가가 윗자리를 차지하고 작은집들이 아랫자리를 차지하며 소작농과 다른 성씨들이 변두리에 자리했다. 동족촌의 번창 요인으로는 유교적 조상숭배 및 혈연의식의 강화, 농업경제와 상부상조의 필요성, 공유재산 및 서원, 누정, 문묘 등의 이용과 관리 등을 들 수 있다.

(2) 마을 자리 잡기와 공간구성

마을과 살림집의 자리 잡기(擇里, 相地), 토지이용과 환경계획(規劃, 卜築), 삶터 가꾸기(營建, 營造) 과정은 주거환경의 질을 높이는 방식으로 실천되었는데, 이중환은 『택리지』 '복거총론'에서 다음과 같이 기술했다.

> "첫째, 지리(地理)가 좋아야 하고 생리(生利)가 좋아야 하며, 다음으로 인심(人心)이 좋아야 하고 아름다운 산과 물(山水)이 있어야 한다. 이 가운데 하나라도 모자라면 살기 좋은 땅(樂土)이 아니다. 즉, 지리가 좋아도 생리가 모자라면 오래 살 곳이 못 되고, 생리는 좋더라도 지리가 나쁘면 또한 오래 살 곳이 못 된다. 지리와 생리가 함께 좋으나 인심이 좋지 않으면 후회할 일이 있게 되고, 십 리 거리나 반나절 되는 가까운 곳에 마음 내키는 대로 감상할 만한 산수(山水)가 없으면 정서를 화창하게 하지 못한다."

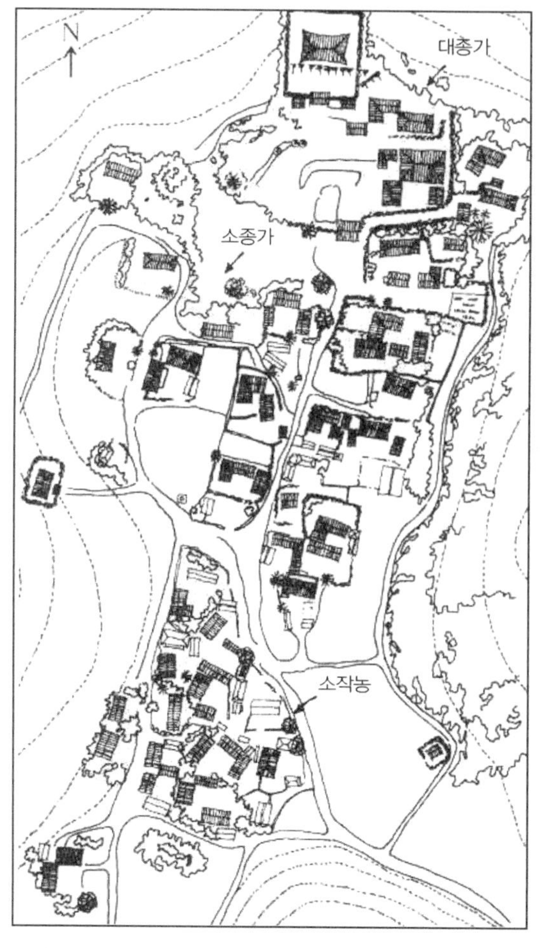

그림 180 달성의 묘동마을 배치도 ▷출처: 박영순 외, 1998년

마을의 토지이용은 배후지, 주거지, 경작지 등으로 구성된다. 배후지는 주거지를 둘러싼 후면의 산이 되는데, 방풍림과 풍치림 역할은 물론 묘 자리와 신앙영역, 생활 재료와 땔감의 제공, 물을 공급받는 실용 공간이었다.

주거지는 시야가 답답하지 않은 완경사지에 자리해 여름에는 시원한 바람을 받아들이고 겨울에는 차가운 북풍을 제어하며, 외부경관을 자연스럽게 조망하면서 다른 집들과의 사생활 보호를 고려했다. 경작지는 문전답과 바깥들로 구분되는데, 문전답에는 부식용 작물을 재배하며 바깥들에는 하천을 끼고 수용성 작물인 벼를 주로 재배했다.

마을길은 물길과 어우러지고 완만한 상승감과 위계에 따라 바깥 길, 어귀길, 안길, 샛길 등으로 분절된다. 바깥 길은 외부로부터 마을영역을 인식시키는 역할을 하며, 어귀길은 마을 어귀까지 진입하는 분절영역이 되어 마을숲, 장승, 솟대 등이 자리한다. 안길은 마을을 관류하는 중심 시설로 정자나 쉼터, 마을마당 등이 연계된다. 샛길은 샘이나 빨래터, 공동작업장 등이 연계되며 살림집들의 연결고리 역할을 겸했다.

마을공동체시설로 신앙의례시설(마을신앙의 모태가 되는 삼신당과 성황당, 장승과 솟대, 비보숲, 효자열녀비, 선정비, 묘지 등), 강학시설(향교, 서원, 서당 등), 휴양시설(정자, 연못 등), 생활편익시설(우물, 빨래터, 목욕터, 마을마당 등) 등이 있다.

(3) 주택의 공간구성

선조들의 자연관, 종교와 사상 등이 마을 자리 잡기와 주택조영의 결정 인자로 작용했는데, 정치 · 사회제도의 규율, 신분에 따라 주택의 위치와 규모를 제한했다.

살림집들은 경사지를 단(段)으로 처리해 건물을 앉혀 뒷동산과 만나는 곳에 후원이나 화계를, 주택 전면에는 연못을 조성했으며, 엽승(厭勝)과 비보(裨補)라는 풍수적 경관짜임을 작용했다. 유교의 영향으로 조상숭배, 남녀유별, 장유유서, 상하관계를 고려한 위계성이 반영되었으며, 북쪽에 조상의 위패를 모신 사당을 두었고 동쪽과 서쪽으로 남녀의 구별을 엄격히 해 남자는 사랑채를, 여자는 안채를 중심으로 생활영역을 구분했다. 도교적 자연관인 은둔사상은 별당과 별서, 누정 등에 영향을 주었고, 음양사상에 바탕을 둔 삼재사상(三才思想)은 주종첨(主從添)의 형태로 작용했다.

살림집은 신분에 따라 가대(家垈, 대지) 및 가사(家舍, 건물) 규모를 제한했고, 상류, 중류, 서민주택 등으로 구분했다. 양반층이 거주하던 상류주택은 남녀, 신분에 따라 내외, 상하생활을 구별하여, 행랑채(문간채, 하인들의 거처, 창고), 사랑채(바깥주인의 거처), 안채(안주인의 거처), 고방채(곡물, 물건의 저장), 사당(조상의 위패를 모신 제례처), 별당(가장이나 노모를 위한 거처) 등으로 구성되며 각 채는 마당(뜰)이 결합된 구성을 보인다.[표 5, 6]

(4) 주택의 외부공간

주택의 외부공간은 담장 또는 건물에 의해 분할되는데, 안마당, 사랑마당, 행랑마당, 사당마당 또는 위치에 따라 바깥마당, 뒷마당 등으로 구분된다.

① 안마당

안마당은 안채의 앞마당으로 주택의 가장 안쪽에 자리하기 때문에 중심성과 폐쇄성을 동시에 지닌다. 중정 모양으로 단정한 네모꼴이고 평평하여 동선 연결은 물론 혼례의식을 거행하거나 곡물을 건조하는 장소가 된다. 건물과 담장에 둘러싸여 옥외실 같이 안락하고

표 5 **가대 분급표**

문헌	구분	대군 · 공주	군 · 옹주	1품	2품	3품	4품	5품	6품	7품	8품	9품	서인
『태조실록』(1395)	부(負) 수			35	30	25	20	15	10	8	6	4	2
	현행 평수			1,365	1,170	975	780	585	390	312	234	156	78
『경국대전』(1469)	부(負) 수	30	25	15	15	10	10	8	8	4	4	4	2
	현행 평수	1,170	975	585	585	390	390	312	312	156	156	156	78

표 6 **가사 분급표**

구분	문헌	대군	군 · 공주	2품 이상	3품 이하	서인	비고
세종 22년 (1440년)	『세종실록』	60칸 내 누(樓) 10칸	50칸 내 누 8칸	40칸 내 누 6칸	30칸 내 누 5칸	10칸 내 누 3칸	간가(間架)의 수, 부재, 치수, 단청, 숙석(熟石) 사용 제한
예종 원년 (1478년)	『경국대전』	60칸 내	50칸 내	40칸 내	30칸 내	10칸 내	
고종 2년 (1865년)	『대전회통』	60칸 내	50칸 내	40칸 내	30칸 내	10칸 내	

위요감을 느낄 수 있는 공간이다. 공간이 작아 큰 나무를 심지 않고 시원스럽게 터놓았다. 큰 나무를 심으면 일조와 통풍 등 환경이 나빠진다고 하여 풍수설에서 이를 금기했다.

② 사랑마당

사랑마당은 사랑채의 앞마당으로 남자 주인의 거처 및 접객공간이 되는데 바깥마당 또는 행랑마당과 연결해 개방감을 느낄 수 있을 뿐 아니라 비교적 넓게 잘 꾸몄다. 뜰에는 화오(낮은 둔덕의 꽃밭, 화단)를 일궈 석류, 모란 등을 가꾸었다. 가주의 취향에 따라 매화, 국화, 난초 등을 심고, 석연지를 두어 소규모의 수경(水景)을 꾸몄다. 사랑채에서는 원경을 감상하거나 뜰에 가꾸어진 품격 있는 경물을 완상할 수 있으며, 뜰이 넓을 때에는 가산(假山)을 만들거나 네모난 연못을 꾸몄으며, 괴석을 도입해 의경미를 완상했다.

③ 사당마당

사당마당은 조상의 위패를 모시고 제사를 지내는 사당의 앞마당으로 동북쪽에 위치하며, 담장을 둘러 독립된 영역이 된다. 화려한 수식을 피했고 분향 목적의 향나무와 절의를 상징하는 송, 죽, 매, 국 등을 가꾸었다.

그림 181 겸재 정선의 〈인곡정사〉(1746, 종로구 옥인동, 'ㄷ'형 본채를 둔 30여 칸 규모)

④ 행랑마당

하인들이 기거하거나 창고로 활용되는 행랑의 마당은 특별한 수식이 없었다. 다만 풍수설에서 중문 앞에 괴목이 있으면 3대에 걸쳐 부귀를 누릴 수 있다고 하여 중문가에 회화나무나 느티나무, 팽나무, 은행나무 등을 제한적으로 심었다.

⑤ 별당마당

별당마당은 내별당(자녀나 노모의 거처)마당과 외별당(가장의 노년기 거처)마당으로 대별된다. 내별당마당은 너른 마당으로 단순하게 조성한 반면, 외별당마당은 연못, 정자 등을 두어 자연을 감상하고 휴양을 도모하는 등 선경의 세계를 구현하고자 했다.

⑥ 바깥마당

대문 밖의 바깥마당(농산물의 탈곡과 야적장이 되기도 함)은 넓게 트인 마당으로 놔두거나 작은 텃밭과 수로, 연못 등을 조성했다. 풍수적으로 주작의 오지(汚地)에 해당하는 연못은 우수나 오수를 처리하는 배수 기능과 실용성(화재 예방 또는 양어, 농업용수), 관상, 미기후 조절 등을 겸하는 지혜로운 수경시설이다.

⑦ 뒷마당(후원)

안채 뒤에 위치한 뒷마당은 채원(菜園), 과원(果園), 약포(藥圃) 등 실용적인 뜰로 가꾸었고 경사가 심할 때는 화계를 만들어 화목류(앵두, 살구, 철쭉, 진달래 등)를 심고 괴석과 세심석(洗心石), 장독대, 우물, 굴뚝 등을 두었다. 살림집 후원은 뒷동산 숲과 이어짐으로써 자연의 원생 분위기를 계절에 따라 다양하게 만날 수 있는 매개공간이 된다.

3) 전통마을과 주택의 사례

(1) 전통마을

문화재보호법에서 전통마을로 지정한 곳은 강원 고성의 왕곡마을, 충남 아산의 외암마을, 경북 안동의 하회마을, 경주의 양동마을, 전남 순천의 낙안읍성, 제주의 성읍마을 등이 있다. 이 장에서는 유네스코 세계문화유산 잠정목록에 등재된 외암마을,그리고 등재목록 하회, 양동마을을 중심으로 살펴보고자 한다.

① 외암마을

아산시 송악면에 자리한 외암마을은 조선 명종 때 이연(李挻) 일가가 낙향해 정착한 예안 이씨 동족마을로 500년 이상 된 역사를 갖는다. 마을의 원래 이름은 외암(巍巖) 이간(李柬, 1677~1727년) 선생의 호를 딴 것인데, 뒤에 한자 표기를 '外岩'으로 바꾸었다. 설화산 너머 반대편 자락에는 조선 초 청백리로 이름난 맹사성의 고택 맹씨행단(孟氏杏壇)이 있다.

마을은 설화산(雪華山 또는 오봉산)을 주산으로 서남쪽의 봉수산을 마주하여 자리하는데, 설화산에서 발원한 계류가 내수 역할을 하며 마을 남측을 감싸 돌아 동구에서 객수(客水)인 근대골내와 만나 평촌으로 흐른다. 마을 어귀를 지나 반석다리를 건너면 반석정과 송림으로 어우러진 수구막이 마을숲을 마주하고, 안길을 따라 당목(堂木, 550년 된 느티나무)을 지나면 살림집들이 보인다. 마을 깊숙한 곳에 이간 선생의 학문적 유업을 기리는 사당이 있으며 이곳에서 선생의 불천위 제사를 지낸다. 마을 어귀 개천에는 반석이 있고 신선사상이 반영된 '외암동천(巍岩洞天)'이라는 암각 글귀가 있다.

그림 182 설화산을 배산하여 자리한 아산 외암마을 전경

그림 183 하회마을(경북 안동시 풍천면) 전경

마을은 윗마을과 아랫마을로 나뉜다. 안길을 따라 둘러쳐진 돌각담은 사람의 키 높이라 적절한 폐쇄감을 주고, 담쟁이덩굴과 능소화 등이 어우러져 정겨움을 더해 주며, 미로와 같은 샛길은 커다란 나뭇가지를 연상케 한다. 넓은 뜰을 갖춘 살림집들은 감나무, 대추나무, 살구나무, 앵두나무 등 과실수가 연속경관으로 이어지고 기와집과 초가, 마을숲과 농경지, 뒷동산 등이 어우러져 토속적인 풍경미를 보인다. 설화산 개울물을 끌어들여 건재 고택, 송화댁, 교수댁 등에 곡수로와 연못을 조성했다. 이것은 생활의 필요와 함께 설화산의 화기를 제압하려는 풍수적 의도가 담겨 있다. 이곳 뜰에는 무이구곡을 축경한 곡수로와 곡지형 연지(蓮池), 괴석과 형상석, 음양석, 석연지와 돌확, 방지원도형(方池圓島形) 연못, 석교(石橋)와 디딤돌, 가산(假山)과 거북섬, 정자 등 다양한 점경요소들을 도입했다.

마을에는 느티나무제와 솟대 및 장승제, 달집태우기, 기우제 같은 민간신앙과 연엽주 같은 식문화, 아름다운 경관으로 회자되는 외암 5산(山)과 5수(水)가 전승된다.

② 하회마을

산은 물을 얼싸안고 물은 산을 휘감아 돌아 산태극, 수태극(山太極, 水太極) 형상을 이루는 '물돌이동' 하회(河回)마을은 풍산 류씨 동족마을이다. 마을의 기반을 이룬 것은 류운룡(1539~1601년)과 그의 동생 류성룡(1542~1607년) 대였는데, 안길을 따라 북촌과 남촌으로 나뉘며, 양진당(養眞堂, 류운룡의 고택)과 충효당(忠孝堂, 류성룡의 고택), 북촌댁 같은 품격 있는 살림집 등이 산재한다.

동북쪽의 화산(花山)을 주산으로 동쪽에 병산(屛山), 남쪽의 남산과 규봉이 마을을 둘러싸고 멀리 원지산이 서남쪽을 에워싸는 형국인데, 화천을 경계로 실존과 이상향 즉, 집단취락과 강학처로 분리된다. 집단취락지에는 양진당, 충효당, 북촌댁, 남촌댁, 빈연정사와 원지정사 등이, 화천 건너 부용대에는 겸암정사와 옥연정사, 화천서원이 있고, 동쪽에 병산을 마주한 병산서원이 자리한다. 풍수적 연화부수형(蓮花浮水形) 길처인 하회는 낙동강 지류인 화천이 동쪽에서 흘러들어 마을을 돌아 서쪽으로 흐르는데, 넓은 모래밭과 동수(洞藪)인 만송정 송림이 울창하고 부용대 등이 조화를 이루어 아름답고 평화스러운 경관을 연출한다. 길게 늘어선 반달형 만송정 송림은 부용대의 기(氣)를 완화시키려는 비보림인데, 문화경관의 질을 한껏 높여 주고 있다.

부용대 좌우측에 자리한 겸암정사와 옥연정사를 풍경관찰점으로 하회 16경을 경영했으며, 마을에는 많은 과실수(배나무, 대추나무, 석류나무, 자두나무, 감나무 등)를 심어 배나무가 마을을 뒤덮을 정도로 많아 일명 이화촌(梨花村)으로 불렸다.

하회의 토속신앙 제의처는 상당(산신(山神))이 화산 중턱에, 하당(농경신(農耕神))이 마을 뒤 경작지에, 삼신당(산신(産神))이 양진당 뒤 느티나무에 자리하며, 성황당이 마을 입구 큰 고개와 작은 고개에 위치한다. 별신굿탈놀이는 동제(洞祭) 때 하는 여섯 마당놀이인데, 마을 수호신인 서낭신에 대한 제사이며, 탈놀이는 신을 기쁘게 하기 위해 하층민 중심으로 삼신당 앞 공터에서 행해진다. 류씨 문중의 선유(船遊) 줄불놀이는 음력 7월 화천에 띄운 배에서 시회(詩會)와 함께 이루어진다. 그 외에도 삼월삼짇날 화전놀이, 7월의 푸굿, 복샘이 등이 전승된다.

③ 양동마을

고려 말부터 손소(1433~1484년)를 입향조로 하는 월성 손씨와 성리학자 이언적(1491~1553년)의 후손인 여강 이씨가 양동마을에서 견제와 협조 속에 공존하며 살아왔다. 풍수적 마을형국은 물자형(勿字形)이라 하며, 서북쪽 설창산과 남동쪽 성주봉에서 뻗어 내려온 구릉에 주거지를 형성했고, 전면에는 안락천이 형산강과 합류해 동해로 흘러 나가며 안강평야가 펼쳐진다.

마을은 안골, 물봉골, 장터골 또는 웃말과 아랫말로 분절되는데, 안골 두 골짜기 깊숙한 구릉에 이씨종택 무첨당(無忝堂)과 손씨종택 서백당(書百堂)이 있고, 마을 어귀 물봉골에 손씨 분가인 관가정과 이씨 분가인 향단(香壇)이 나란히 자리한다. 두 가문의 공존과 대비는 살림집은 물론 정자와 서당 등의 배치에도 여실히 나타난다. 또 안강 자옥산과 화개산 자락에 이언적의 별서 독락당(獨樂堂)이 있고, 아름다운 계정 건너편에 이언적을 배향한 옥산서원(玉山書院)이 자리한다.

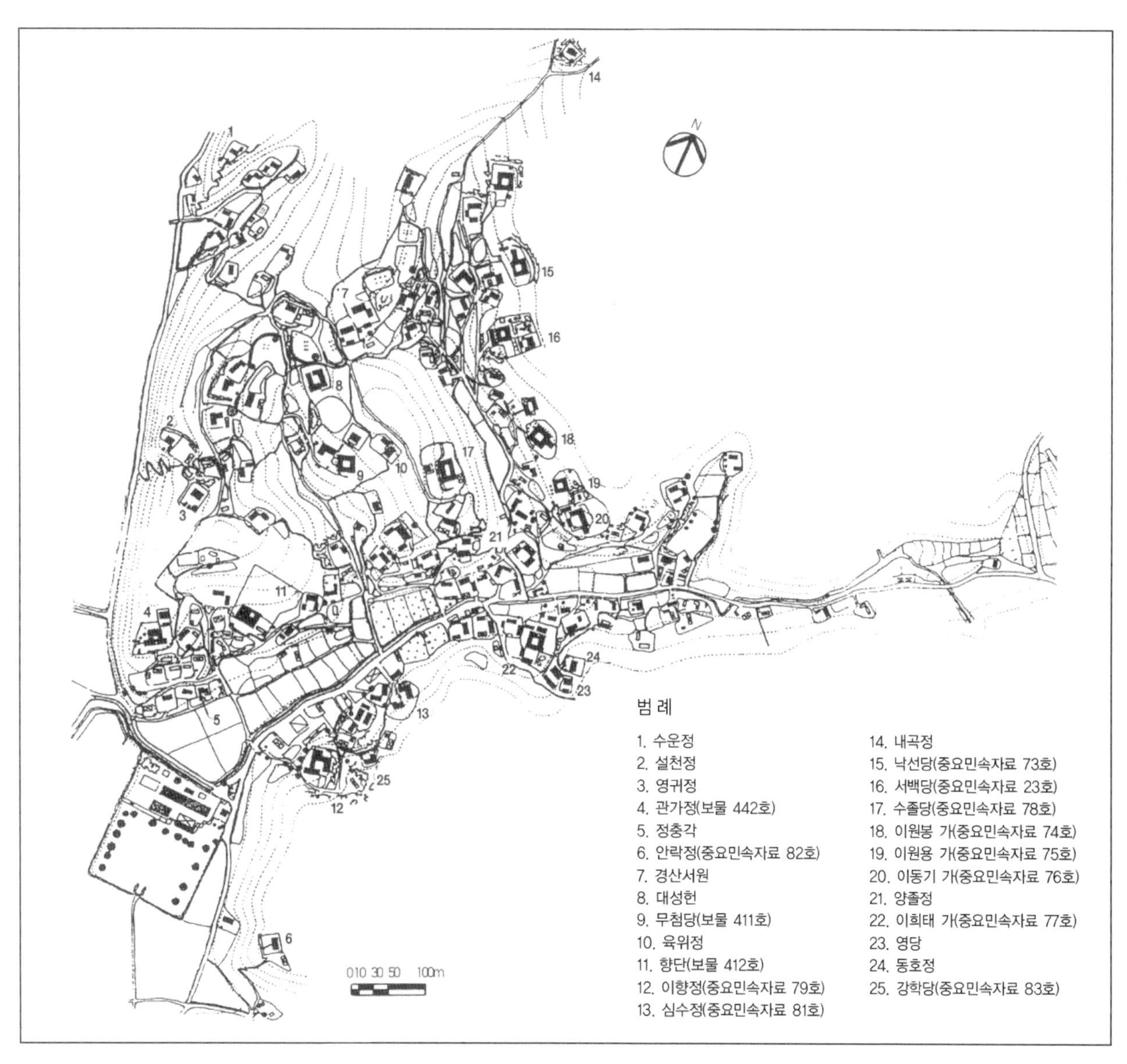

그림 184 경주 양동마을의 배치평면도 ▷출처: 전봉희 도면 인용

회화나무, 은행나무, 느티나무 등이 노거수로 어우러진 마을 곳곳에는 정자를 두어 주변 경관을 관경할 수 있도록 했는데 심수정, 안락정, 이향정 그리고 멀리 안강읍까지 조망할 수 있는 수운정을 두었다. 손씨들은 서백당을 중심으로 남북축선 상(관가정, 안락정, 낙선당, 수운정)에, 이씨들은 무첨당을 중심으로 방사선 상(향단, 심수정, 이향정, 강학당, 양졸정, 동호정, 수졸정, 설천정, 내곡정, 육위정, 영귀정, 경산서당)에 대종가를 정점으로 구심적인 문화경관을 구축했다. 양동의 조망 특성은 내부로부터의 개방성과 외부로부터의 폐쇄적인 비가시성인데, 종가와 누정, 서당은 조망의 거점으로 내려다보는 부시(俯視)경관에 비중을 두어 심리적 안정감을 도모했다.그림 183

민간신앙요소로 당목(堂木, 물봉 입구), 정월과 8월 대보름날 줄다리기, 서래술과 호미씻기(삼복 후 세벌논을 맨 뒤 지신밟기와 머슴들을 격려) 등이 있다. 양반층은 5월 그믐날 정자를 개장해 노인들에게 보신탕을 대접하고 양로연을 베풀며 시회(詩會)를 즐기는 경로효친과 풍류문화를 전승했다.

(2) 전통주택

문화재로 지정된 살림집 중 지역적 대표성을 가진 상류주택인 강릉 선교장, 논산 윤증 고택, 정읍 김동수 댁, 구례 운조루, 달성 삼가헌, 함양 정여창 고택을 중심으로 전통주택을 살펴보고자 한다. 이 밖에도 남양주의 궁집, 강릉 오죽헌, 명주의 상임경당, 괴산의 김기응 댁, 보은의 최태하 댁, 영동의 김선조 댁, 대전의 동춘당, 남원의 몽심재, 임실의 이웅재 댁, 무안의 화설당, 해남의 녹우단, 보성의 이용욱 댁, 예천의 예천 권씨종택, 안동의 의성 김씨종택, 임청각, 하회의 양진당과 충효당, 봉화의 권벌 고택, 경주의 서백당, 관가정, 독락당, 청도의 운강 고택 등이 대표성을 띠는 살림집들이다.

① 강릉 선교장

강릉 경포 호숫가에 자리한 선교장(船橋莊)은 조선시대 사대부 집의 풍모를 느낄 수 있는 우리나라 최대 규모의 살림집이다. 경포호 일대는 30여 리(약 11㎞)에 달하는 커다란 호수였고 경포대와 경포팔경 등 명승지가 자리하는데, 이곳을 배로 건너다녔다 해서 배다리골의 장원(莊園) 선교장이라 했다.

이곳은 중종 때 이내번(1703~1781년, 효령대군 11세손)이 충주로부터 이거해 재화가 증식하고 자손 번영을 누린다는 풍수적 족제비 명국터라 하여 자리를 잡았다고 한다. 배산임수터에 서남향하여 사랑채, 행랑채, 안채, 연못을 갖춘 활래정, 동별당, 귀한 손님을 모셨던 서별당, 사당 그리고 소실댁과 별서인 방해정(放海亭) 등 모두 10여 채가 넘는 대저택의 짜임새를 보인다.

23칸 규모의 긴 행랑채에는 서쪽 사랑채로 가는 솟을대문과 동쪽 안채로 가는 평대문을 두었다. 솟을대문에는 '선교유거(仙嶠幽居)'라는 현판을 걸었는데, '신선이 거처하는 그윽한 집'이라는 뜻이다. 솟을대문에 들어서면 너른 사랑마당에 정심수가 자리하고 사랑채인 열화당(悅話堂)이 마주한다. 3대 집주인 이후(1773~1832년)가 1815년에 조영한 열화당은 진나라 도연명의 시 '귀거래사(歸去來辭)'의 "친척들과 정다운 이야기를 나누며 기쁨을 누리고(悅親戚之情話)"에서 '열(悅)'자와 '화(話)'자를 차용했다. 뒤뜰에는 화계를 일궈 회화나무와 배롱나무, 감나무, 대추나무, 앵두나무, 매화나무 등을 가꾸었으며, 뒷동산 대숲과 송림이 어우러져 자연의 원생미를 만끽하게 된다. 행랑채 평대문을 들어서면 내외벽이 나타나고 몇 개의 단으로 점점 높아진 안마당에 이르며 양지바른 안채를 만나게 된다. 안채 동쪽에 자리한 동별당은 시야가 트인 높은 기단 위에 자리하며 안채와 조응해 음양의 접합과 같은 모습을 보인다.

그림 185 선교장의 외별당 활래정 전경

대문 밖 동남쪽에 자리한 외별당 활래정(活來亭)은 방과 다실, 2칸 마루가 접합된 구조인데 주변 경관을 시원스럽게 조망할 수 있는 관찰점이 된다. 정자를 지탱하는 돌기둥 4개가 연못에 잠겨 있어 물위의 배를 연상케 한다. 주희의 시 '관서유감(觀書有感)'에 나오는 "근원으로부터 끊임없이 흘러오는 물이 있음일세(爲有源頭活水來)"에서 '활(活)'자와 '래(來)'자를 따 명명했다. 활래정 연못은 중앙에 폭 7m 크기의 사각형 섬이 있어 괴석을 놓고 소나무를 심었는데, 방지방도형(方池方島形) 연못과 괴석 등은 가문의 번영과 신선경의 세계를 상징적으로 구현한 것처럼 보인다. 권영좌는 『오산당기』에서 "선교장 주인은 산에 살면서 바다의 경치도 겸하여 가졌다. 사는 곳에 연을 심는 연못을 파고 못 가운데 섬을 빚고 섬 위에 정자를 얽었다"라고 하였으며, 조인영은 『활래정기』에서 "선교장은 언덕이 둘러 있고 시냇물이 감싸 안았으며…… 경포호수와 동해를 선교장의 문과 뜰로 소유하고 있다"라고 읊었다.그림 185

별서인 방해정은 아름다운 경포 호숫가에 자리해 경포팔경의 제5경인 홍장야우(紅粧夜雨)로 회자되는 선경이다. 솔숲을 배경으로 뜰에는 금잔디를 가꾸었고 홍장암(紅粧巖) 바위에 '이가원(李家園)'이라는 글씨를 새겨 영역성을 확보했다. 넓은 호수를 차경해 음풍농월하며 안빈낙도할 수 있는 풍류의 장이다.

② 논산 윤증 고택

논산시 노성면 교촌리 노성산 남쪽 자락에 자리한 윤증(尹拯, 1629~1714년) 선생 고택은 선생의 말년인 1709년에 월명동의 종가와 함께 지어졌다. 옥녀탄금형(玉女彈琴形) 명택으로 알려진 살림집은 송림이 우거진 청룡맥의 야산을 끼고 안길을 따라 올라가면 노성

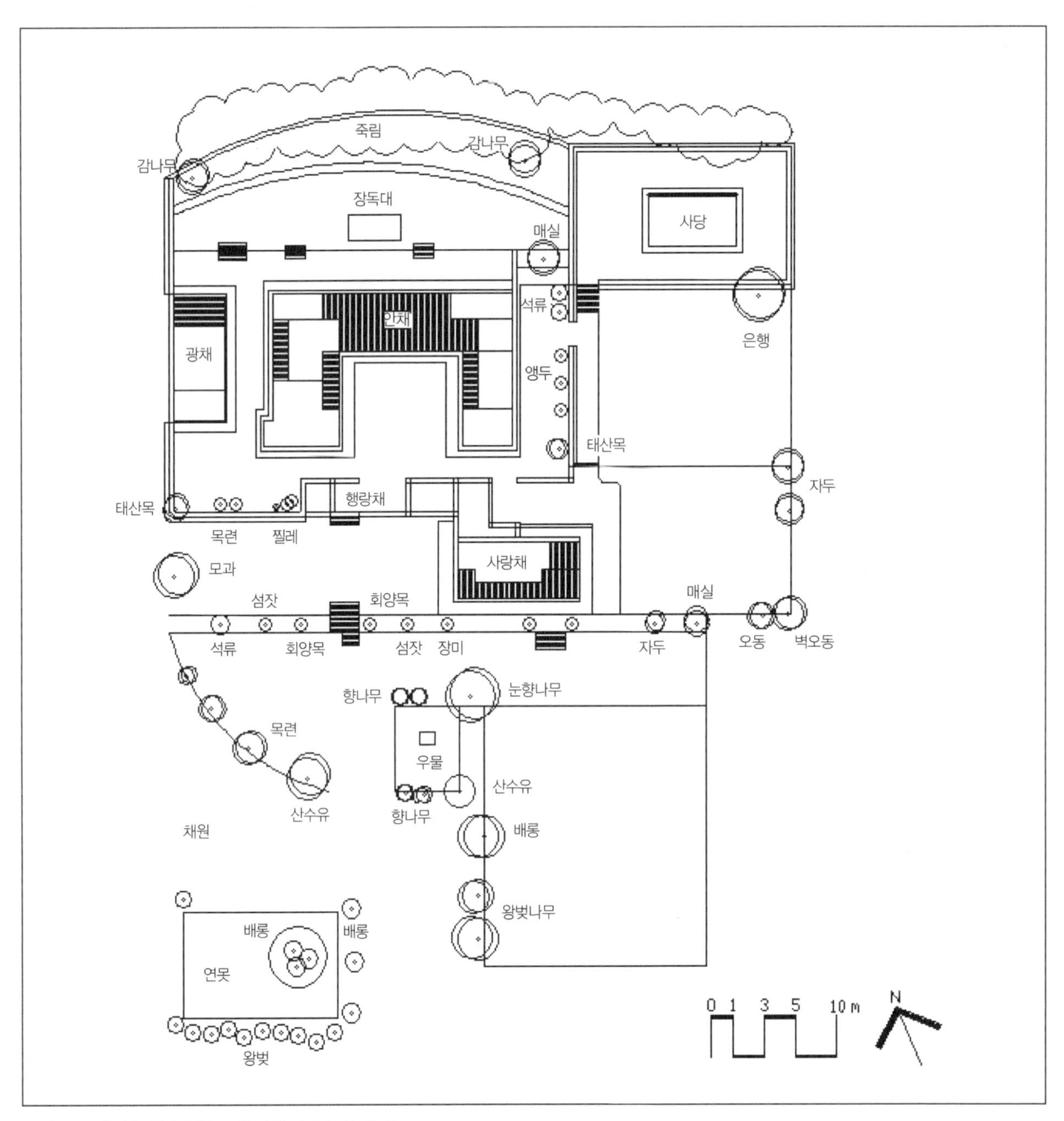

그림 186 충남 논산의 윤증 고택 평면도(1990년 현재)

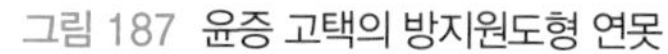
그림 187 윤증 고택의 방지원도형 연못

그림 188 윤증 고택의 뒤뜰 화계

산을 배경으로 남향 하여 높은 기단 위에 자리한다. 고택 서쪽에 인접하여 노성향교가 있고 느티나무가 숲 띠를 이룬 능선을 넘어 공자의 영당인 '궐리사'가 자리하며, 송림이 우거진 남쪽 언덕은 외부로부터 집 전체가 노출되는 것을 가려 주고 있다. 이곳에는 윤증 선생 모친의 정려각이 위치한다. 남서쪽으로는 농경지를 끼고 노성천이 흐르고 있고 계룡산 천황봉을 주봉으로 안산 및 조산에 해당하는 탑산과 함지봉으로 이어진다.

살림집은 사랑채, 안채, 사당, 행랑, 광채로 이루어져 있으며, 튼 'ㅁ'자형 안채에 독립된 사랑채가 접합된 형태이다. 담장을 두지 않은 사랑채에는 대청과 누마루를 두어 개방성을 강조했고, 앞 툇마루를 연결해 여름에 주로 사용하는 장소였다. 안마당으로 통하는 중문간 행랑채에는 내외벽을 두어 영역성 및 공간의 깊이를 부여했고 시선이 관통하는 것을 막았다. 네모반듯한 마당을 둔 안채는 치밀한 구조로 평화로움에 가득 차 있고, 후원에는 자연석을 가지런히 쌓아 화계를 두었는데, 정갈한 장독대를 중심으로 죽림과 송림이 어우러져 미적 쾌감을 유발한다.

안채와 사랑채에서 사당에 이르는 공간에는 2개의 독립된 샛마당을 두었고 가지런히 축석된 화오와 화계를 조성했다. 이곳 뜰에는 앵두나무, 석류나무, 매화나무, 모란 등을 심어 그림틀 효과는 물론 상징적 의경미를 감상할 수 있다. 담장 너머로 청룡맥의 느티나무 띠 숲이 살림집을 감싸 주는 가운데 멀리 대둔산까지 조망할 수 있어 근경, 중경, 원경을 뜰 안에서 차경할 수 있다. 높은 기단 위의 사랑채는 외부경관을 즐길 수 있는 절묘한 경관구도인데, 누마루 아래 기단 쪽 화계에는 해시계와 혼천의가 놓여 있었으며 30~50㎝ 크기의 경석을 세워 축경형의 석가산을 꾸몄다. 석가산에는 길이 80㎝, 너비 60㎝, 깊이 20㎝의 소규모 반달형 연못을 두어 신선경의 세계를 함의적으로 축경하는 독특한 조경기법을 보인다. 사랑채 누마루 편액에는 '도원인가(桃源人家)'라는 글귀를 새겼으며 전원

풍경을 즐기며 선경의 정취를 관경하는 장소이다.

경계물 없이 넓게 마련된 바깥마당에는 노성산에서 발원하는 계류수를 끌어들여 방지원도형 연못을 가꾸고, 둥근 섬에는 배롱나무를 심었고 휴식공간을 곁들였다.그림 187 연못에서 문간에 이르는 바깥마당에는 왕벚나무, 배롱나무, 산수유, 향나무, 철쭉 등이 철따라 운치를 더해 주고, 우물가에 놓인 괴석과 무산 12봉을 축경한 용두가산, 돌의자, 석계와 화계 등이 어우러진 살림집 전경은 자연과 조화된 풍경으로 다가온다.

③ 정읍 김동수 댁

김동수 댁은 정읍 오공리 공동마을(蚣洞)의 중심주택으로 김명관(1755 ~1822년)이 1784년경 완공했는데, 북쪽에는 상두산, 비봉산, 창하산(일명 지네산)이 차례로 마을을 감싸고 동진강 지류인 도원천이 흘러 전형적인 배산임수 국면을 이룬다. 이곳은 풍수적으로 기름진 들과 문전옥답, 적선과 분배, 장수와 번영을 상징하는 평사낙안(平沙落雁)의 땅, 지네 명당으로 알려져 있다. 전면에 너른 들판과 안산인 독계봉, 촛대봉이 우뚝 서 있는데, 촛대봉의 화기를 잡는다는 뜻에서 숲 띠를 조성하고 연못을 두었다. 느티나무 숲을 반원형으로 조성해 지네산까지 연결했으며, 집의 지붕 합각에 지네철, 대문 빗장에 거북, 뜰에 지렁이 모양의 긴 수로 등 풍수적 비보요소를 곳곳에 설치했다. 마을 북쪽에 지네 모양의 창하산(蒼霞山), 동쪽에 구정(狗亭), 남쪽의 독계봉(獨鷄峰), 서쪽에 이치(狸置)마을이 위치하여 4각 균형설이 전해지는데, 상징동물인 지네, 개, 닭, 삵이 서로를 견제해 마을의 안정과 번영을 누릴 수 있다고 한다.

동남향으로 한 살림집은 행랑채, 중문간채, 사랑채, 안행랑채, 별당, 안채, 사당으로 구성되며, 노비집인 호지집이 담장 밖에 자리하는 등 분산형 배치법을 취하고 있다. 사랑채에는 '계산유거(溪山幽居)', '죽선(竹仙)'이라는 현판을 달았는데, 이는 '신선이 사는 그윽한 집'이라는 의미이다. 외부공간은 바깥마당, 중문마당, 안행랑마당, 사랑마당, 안마당, 별당마당, 후정으로 구획하며 동선의 흐름은 연속적으로 율동감 있게 전개된다.

바깥마당에는 남북 15m, 동서 32m, 깊이 2m 규모의 지렁이 몸통 형태의 연못을 조성했는데 30~40㎝ 크기의 돌로 가지런히 축석했다. 연못 주변에는 단풍나무와 느티나무로 수림대를 이루었으며 석상을 두어 휴식과 주위 경관을 감상할 수 있도록 했다. 이 숲은 길게 늘어선 수십 그루의 느티나무 비보숲과 연결되어 넓은 들판과 살림집의 경계가 된다.

바깥마당을 낀 행랑채 솟을대문에 들어서면 중문마당이 있는데, 화오를 두어 향나무와 능소화, 초화류를 가꾸었다. 사랑마당에는 담장을 따라 동쪽과 서쪽에 화오를 두어 운치 있는 향나무와 석류, 철쭉, 영산홍 등을 가꾸었다. 동측 화오 앞으로는 지렁이 모양의 수로를 조성해 'ㄷ'자 형태로 돌아 나가도록 했다. 사랑채 뒤뜰에는 마름돌로 화계를 일구어

오죽, 영산홍, 산수유, 동백 등을 심었고 석상 및 돌확을 두었다. 안행랑마당에는 중문간 담장을 끼고 화오를 가꾸었으며, 중문에서 안행랑채를 거쳐 안마당으로 들어가도록 했다. 중문과 안채, 사랑채 마당의 연결통로에 디딤돌을 가지런히 놓았다.

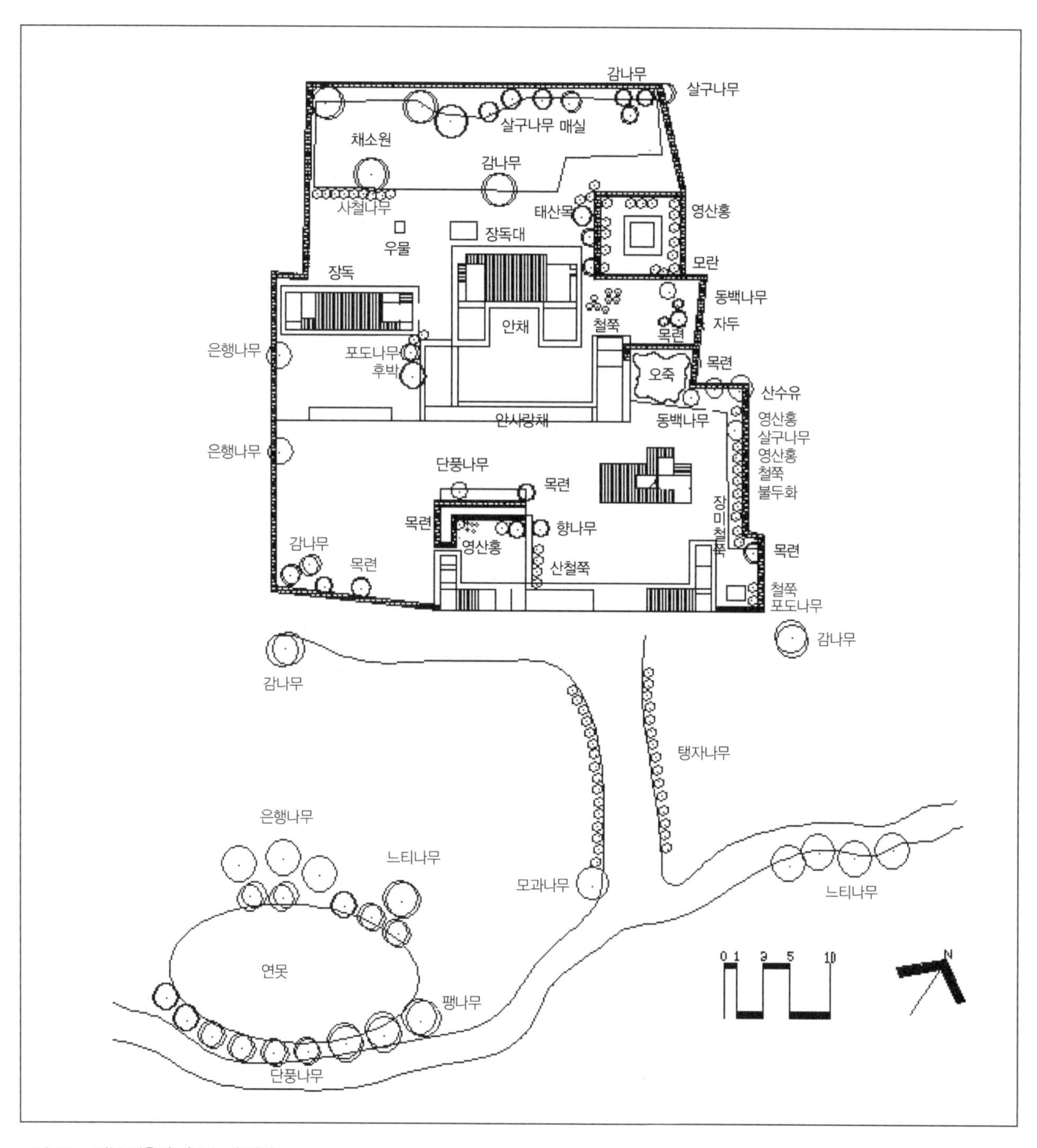

그림 189 전북 정읍의 김동수 댁 평면도

후원에는 너른 채원을 일구었고 담장가에 감나무, 살구나무, 앵두나무 등 과실수를 심어 실용성을 강조했으며, 돌확, 장독대, 굴뚝, 우물 등이 있고, 우물에는 정자형(井字形) 목재 귀틀이 놓여 있어 소박한 아름다움이 느껴진다.그림 189

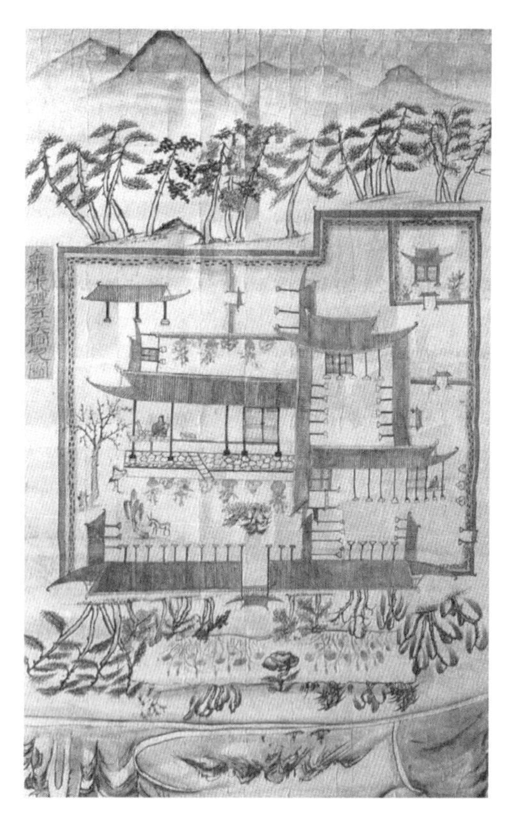

그림 190 옛 설계도인 〈전라구례오미동가도〉

④ 구례 운조루

구례 오미리에 자리한 운조루(雲鳥樓)는 입향조 류이주(1726~1797년)가 낙안군수를 지낼 때 이곳을 명국터로 생각하여 1776년에 완공했는데, 살림집 가도를 그려 아들에게 주었다는 〈전라구례오미동가도(全羅求禮五美洞家圖)〉가 전해진다.그림 190 주산인 형제봉(일명 삼태봉)을 배산하여 살림집은 남동향으로 자리하는데, 앞에는 넓은 금환들 가운데로 바깥 길이 가로지르고 섬진강 지류인 동방천이 흐르며, 안산인 오봉산과 조산인 계족산, 백운산이 자리한다. 이곳은 하느님이 입에 물고 있던 금가락지를 토해 놓은 금환낙지(金環落地) 명국터로 전해 내려온다.

류제양은 『오미동여사(五美洞閭史)』(1908년)에서 오미(五美)란 첫째, 마을의 안산인 오봉산의 기묘함이요, 둘째, 사방으로 둘러싸인 산들이 다섯 개의 별이 되어 길(吉)하고, 셋째, 물과 샘이 족하며, 넷째, 풍토가 질박하고, 다섯째, 터와 집들이 살아가기에 좋다고 하였다. 살림집은 당시 가사 규제에 따라 99칸 '品'자형 집으로 지었으며 행랑채, 사랑채(雲鳥樓), 안채, 곳간, 사당으로 분절했다.

외부공간은 행랑채 바깥의 바깥마당, 사랑마당, 사랑채 뒷마당, 안사랑마당, 안마당, 안채 샛마당, 후원, 사당마당으로 구분된다. 바깥마당에는 삼태봉에서 발원하는 계류를 끌어들여 물길과 연못을 만들었는데, 사각형 연못(동서 45m, 남북 15m 규모)에 수련을, 원형 섬에 소나무를, 못가에 소나무, 수양버들, 배롱나무, 대나무 등을 가꾸었다. 이를 통해 신선사상의 표현과 풍수적 비보 원리를 엿볼 수 있다.

큰 사랑채(운조루)에는 너른 앞마당을 두었는데, 서쪽 담장가에 너비 6m, 길이 22m의 화오를 일궈 위성류, 매화, 동백, 감나무, 석류, 은행나무, 오죽 등을 심었고, 동백나무 아래 석상(石床)과 석탑(石榻)을 두었다.그림 191 사랑채 전면에는 길이 11.5m, 높이 1.2m의 화계를 꾸며 석류, 무궁화, 회양목, 박태기나무 등을 심었고 괴석을 두었다. 가도(家圖)를 보면 사랑마당에 정심수와 괴석, 기화요초가 심어진 화분, 위성류, 매화 등을 가꾸었고, 당나귀와 학 등 신선사상과 불로장생의 염원을 담고 있으며, 정심수(庭心樹)인 소나무와 위성류는 차폐식재로 준용된 것을 볼 수 있다. 큰 사랑채 누마루는 3면이 개방된 구조인데 북쪽에 이산루, 서쪽에 족간정(류이주의 3대손 류억의 호), 동쪽에 귀만와(류이주의 호), 남쪽에 운조루 현판이 걸려 있고, 너른 들판과 오봉산, 계족산을 조망하는 전망대 역할을 한다. 운조루는 '구름 속의 새처럼 숨어 사는 집'이란 뜻으로 진나라 도연명의 『귀거래사』에서 차용한 것이다. 가도에 의하면 사랑 뒷마당에는 담장 가까이 화목을 심었고 괴석을 두었는데, 현재는 모란, 동백, 장미 등이 심어져 있다. 작은 사랑채인 농월헌(弄月軒)은 한 단 낮게 축조했고 누마루를 귀래정(歸來亭)이라 했다.

그림 191 구례 운조루 사랑채와 마당 전경

중문간을 통해 안마당에 들어서면 안채 전면으로 '一'자형의 곳간채가 마주하여 건물은 '口'자형의 배치를 취하고 있다. 안마당에는 남동쪽에 장독대가 있고, 석수조와 돌확이 놓여 있는데, 물을 담아 석지 또는 생활용수로 이용하고 있다. 부엌 서쪽 담장으로 구획된 샛마당 우물 옆에 돌배나무 한 주를 심었으며, 안채 후원에는 화계를 두어 산수유, 감나무, 영산홍 등을 가꾸었고 담장 너머에는 죽림과 송림이 배경을 이룬다. 담장을 두른 사당에는 후대에 산수유, 매화, 영산홍, 치자나무, 감나무 등을 가꾸었는데, 오미동가도에는 대칭으로 화목을 간소하게 도입했다.

⑤ 달성 박황 댁 삼가헌

달성 하빈면 묘리에 있는 삼가헌(三可軒)은 박팽년의 11대손 박성수(1735~1810년) 공이 영조 때 초가를 짓고 자신의 호(삼가헌)를 딴 것에서 유래한다. 삼가(三可)는 『중용』에 나오는 "나라를 고르게 하고(天下國家可均), 명예와 벼슬을 능히 사양하고(爵祿可辭), 갖가지 어려움을 참고 밟을 수 있다(百忍可踏)"는 의미다. 성수 공의 아들 광석이 다시 집을 지었고, 1874년 광석의 아들 규현(1817~1875년)이 별당인 하엽정을 지었다. 이곳 묘동은 박팽년의 후손들이 이룩한 동족마을로 사육신을 향사하는 사당 및 태고정 같은 유서 깊은 고택이 자리한다.

풍수적으로 묘동은 '꼬리를 돌아보는 용 형', 즉 용이 마을을 감싸 안듯이 산이 마을을 둥글게 두른 형국이라 한다. 고택은 팔공산을 조산으로 청룡맥과 백호맥이 겹겹으로 둘러싸이고, 합수된 물이 청룡맥에서 감추어지는 명국터에 동남향으로 앉아 살림채와 별당으로 나누어진다. 살림채는 행랑채, 사랑채(삼가헌), 안채, 곳간채 그리고 별당은 하엽정(荷葉亭)과 방지원도형 연못으로 구성된다.

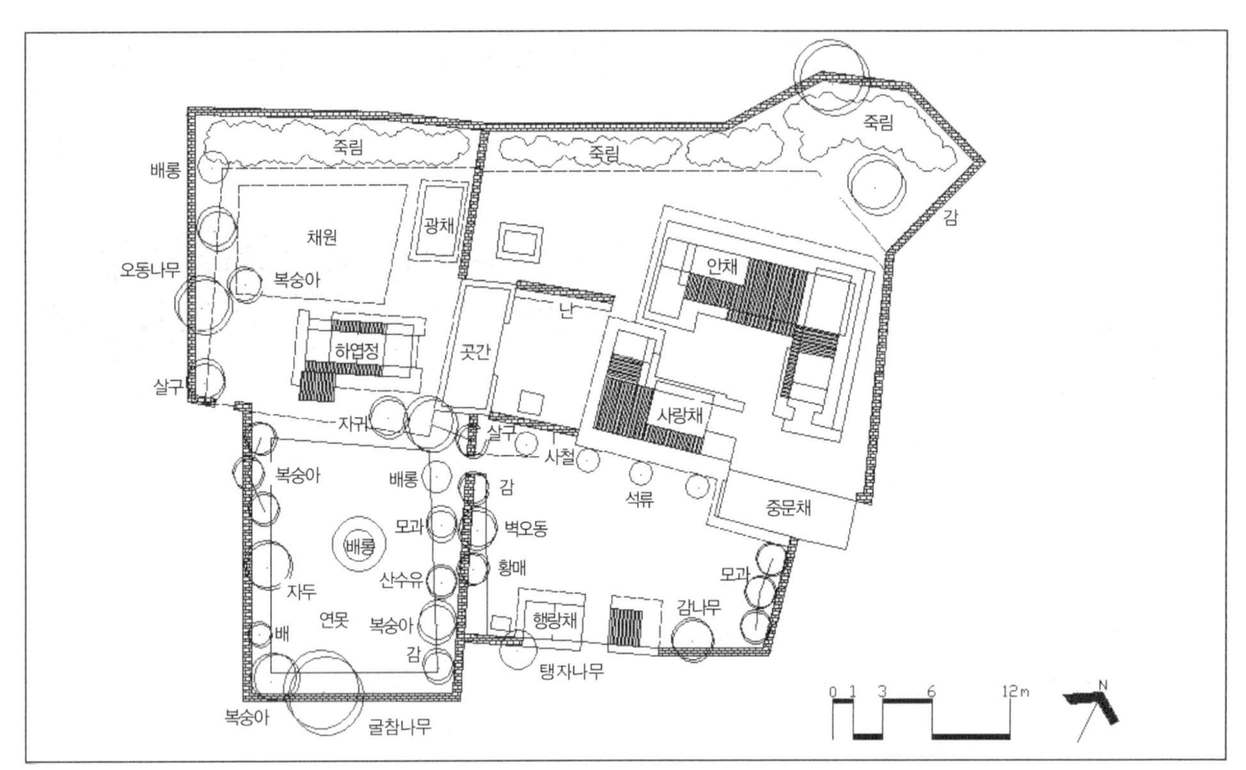

그림 192 달성의 박황 댁(삼가헌) 평면도(1990년 현재)

'ㄱ'자형 안채와 'ㄴ'자형 사랑채가 튼 'ㅁ'자형의 살림채를 이루는데, 사랑마당과 안마당은 별도의 중문을 거쳐 연결했다. 초가집 중문채는 청빈함을 나타내기 위한 것이며, 살림채와 별당은 담장으로 구획해 일각대문으로 두 영역을 연결했다.

외부공간은 사랑마당, 중문마당, 샛마당, 안마당, 별당 연못, 후원으로 대별된다. 간소한 행랑채 솟을대문에 들어서면 사랑마당이 나타나는데, 앞뜰에는 자손 번영을 기원하는 석류를 심었고 서쪽 담장가에 화오를 두어 살구나무, 황매화, 사철나무, 벽오동 등을 가꾸었다. 안채 후원에는 높다란 화계를 일구었는데 송림을 배경으로 대나무와 난초를 가꾸었다.

외부경관이 시원하게 조망되는 별당(하엽정) 앞뜰에는 길이 21m, 너비 15m 규모의 방지원도형 연못을 두었는데, 당시에는 연꽃을 심고 주변에 국화를 가꾸었다고 한다. 오늘날 원형 섬에는 배롱나무를 심어 시각적 초점을 이루도록 했고, 여름에는 연꽃의 분홍빛 정경을 만끽할 수 있다. 연못 주변에는 괴석을 심었으며, 배롱나무, 자귀나무, 자두나무, 산수유, 복숭아나무, 감나무, 매화, 배나무 등을 가꾸었고, 노거수(굴참나무, 탱자나무)는 경관 지표가 됨은 물론 눈가림 효과와 심리적 안정감을 부여하는 등 공간에 깊이를 고조시키고 있다. 'ㄱ'자형 구조로 4칸 방에 1칸 누마루를 낸 별당은 남쪽으로 농경지와 자연경관을 최대한 받아들여 극적인 경관을 연출하며, 송림과 죽림을 배경으로 넓은 뒤뜰에서 채원(菜園)을 일구고 담장가에 살구나무와 복숭아나무 등을 심어 실용성을 강조했다.그림 192

⑥ 함양 정여창 고택

정여창(鄭汝昌, 1450~1504년) 선생은 성종 때 영남학파의 거두로 김굉필, 조광조, 이언적 등과 함께 동방 5현으로 추앙받는 인물이다. 고택이 자리한 함양 개평마을은 주산인 도숭산이 마을의 양측을 휘감아 청룡과 백호를 형상화하고, 북서쪽에서 남동쪽으로 흐르는 두 개천이 마을 입구에서 만나 내수구가 되는데, 풍수적으로 득수국(得水局)의 행주형(行舟形)이다. 고택은 주산인 도숭산과 지리산 천왕봉을 잇는 축선 상에 동남향 하였고, 조산과 연계해 정여창을 배향한 남계서원, 서북향 한 묘역이 자리 잡고 있어, 자연 속 소우주 안에 삶과 죽음이 하나로 어우러진 생거사유(生居死幽)의 형국이다(최기수 외, 2007). 솟을대문에는 효자충신을 기려 나라에서 내린 정려패(홍패)가 걸려 있다. 고택은 문간채, 사랑채, 행랑채, 아래채, 안채, 사당, 고방, 별당 등의 구조이며 넓은 대지에 다섯 영역이 샛담으로 구획되어 있다. 각 영역은 부분을 틔워 연결하는 배치구조이며, 사랑채 영역은 대문채, 사랑마당, 안사랑마당으로 나뉘며 중문을 통해 안채로 연결된다. 안채 영역은 안마당과 광채, 고방마당 등으로 나뉜다.그림 193

'탁청재(濯淸齋, 흐트러진 마음을 맑게 하는 집)', '백세청풍(百世淸風)', '충효절의(忠孝節義)'라고 편액한 사랑채는 기단을 2단 화계로 일구고, 마당 쪽으로 돌출시킨 누마루 앞에 운치

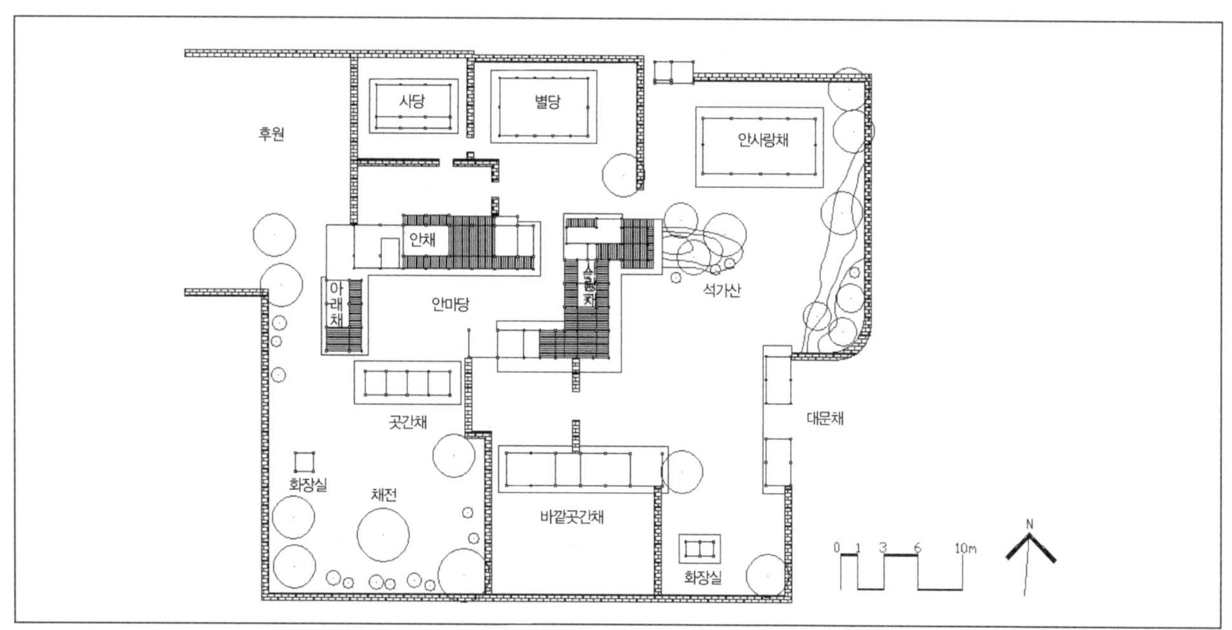

그림 193 경남 함양의 정여창 고택 평면도 (1990년 현재)

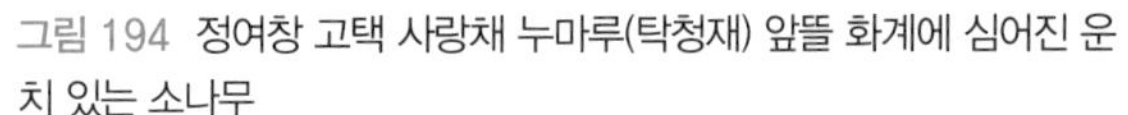

그림 194 정여창 고택 사랑채 누마루(탁청재) 앞뜰 화계에 심어진 운치 있는 소나무

그림 195 정여창 고택의 무산 12봉 석가산

있는 소나무를 가꾸었으며 뜰에는 석가산을 두었다. 담 밑에 흙을 쌓고 크고 작은 괴석을 세워 무산(巫山) 12봉을 꾸민 석가산 기법은 현실 공간에 신선세계를 구현하는 상징성을 띤다. 무산은 중국 사천성 무산현에 있는데, 초나라 양왕 때 선녀가 살고 있다는 전설로 신비화되어 동양 정원에 애용되었다. 사랑채 전면으로 마을 앞 조산이 보이고 측면으로 지리산 천왕봉이 조망되는 등 누마루에서 근경, 중경, 원경 등 복합적인 차경미를 즐길 수 있다.그림 194, 195

안마당은 안채와 서쪽의 아래채, 행랑채, 고방(곳간)으로 둘러싸여 장방형을 이루고, 안채로 출입하는 디딤돌을 경계로 두 부분으로 나뉜다. 소박한 구조인 아래채와, 안채, 광으로 둘러싸인 마당 서쪽에는 우물과 돌확이 자리하는데, 안살림에 관계된 여성의 영역이다. 반대쪽은 안채와 행랑채, 사랑채로 둘러싸여 있으며 소박한 화단이 있다.

4) 주택 조경

다산 정약용(丁若鏞, 1762~1836년)이 유배지 강진에서 쓴 『제황상유인첩(題黃裳幽人帖)』에서 상류 계층들이 가꾸고자 했던 살림집의 면면을 엿볼 수 있다.

> "시냇물이 흐르는 아름다운 산수를 골라 조금 들어가면 시원하게 확 트인 복지에 남향으로 초가집을 짓는다. 뜰 앞에는 기와로 무늬를 넣고 동그랗게 구멍 낸 가림벽(響墻)을 두세 자 높이로 쌓는다. 담장 안에는 화분을 놓고 석류, 치자, 백목련, 국화 등 마흔여덟 가지의 품격 있는 식물을 가꾼다. 뜰 오른편에는 사방 수십 보 크기의 연못을 파고, 대나무 홈통으로 산골짜기 물을 끌어들여 수십 포기의 연

을 심고 붕어를 기른다. 넘치는 물은 남새밭에 흘러 들어가게 하고, 밭두둑을 네모지게 구분하여 아욱, 배추, 마늘 등을 심어 싹이 났을 때 아롱진 비단무늬처럼 보이게 한다. 조금 떨어진 곳에 오이, 고구마를 심어 남새밭을 둘러싸고 해당화 수십 그루로 울타리를 만들며 진한 향기를 느끼게 한다. 언덕을 오십여 보 올라가 계류 옆에 초각한 칸을 짓고, 사랑채 뒤쪽에 용이 휘어 감고 범이 움켜잡은 듯한 소나무 아래에 백학 한 쌍이 노닐게 한다. 소나무 동쪽 밭 한 뙈기에 인삼, 도라지, 천궁, 당귀 등을 심는다. 낮차(午茶)를 마시고 누에 치는 방에 들어가 아내에게 송엽주(松葉酒)를 따르게 하여 마시며 방서(方書, 누에 기르기 책)로 이야기하고 마주 보며 미소를 나눈다."

홍만선(1643~1715년)은 『산림경제』에서 "산등성이가 겹으로 에워싸고 숲이 울창한 곳에 땅을 일구어 집을 짓고, 무궁화로 울타리를 조성한 후 경치 좋은 곳에 모정을 짓고 한 묘(苗, 약 100㎡ 규모)에는 대나무를 심어 주택을 보호하며, 다른 한 묘에는 꽃나무와 과실수를 가꾸고 또 한 묘에는 오이와 채소를 가꾸면 노년기를 즐길 만하다"라고 했다. 한편 임진왜란 때 영의정을 지낸 류성룡은 고향 마을 하회 원지정사 앞뜰에서 다음과 같은 시를 읊었다.

처마 앞에 두어 그루 옥매화 있고 담장 밑에 네 그루 복숭아꽃 만발이네
서쪽 터에 구기자 심고 북쪽 뜰에 배뿌리를 옮겼네
산다화와 해당화는 형제들 같이 똑같이 아름답도다
작약의 짧은 가지들은 아들과 손자들 같이 서로 매달렸네
장미꽃은 참으로 눈부시고 노란 국화는 울타리 옆에서 빛나고 있네
산뽕나무는 아름답지 못하지만 숱한 열매는 먹음직스럽네 (하략)

(1) 재식법

① 제한된 식재와 상징성 부여

뜰에 도입된 식물은 미적, 기능적, 생태적 측면, 실용성, 상징성 등이 고려되었다. 풍수사상이나 신선사상, 음양사상, 유교적 규범(소나무, 매화, 국화, 대나무, 난초, 연꽃 등), 안빈낙도의 생활철학(국화, 버드나무, 복숭아나무 등), 은둔사상과 태평성대 희구사상(오동나무, 대나무 등) 등에 의해 좋아하는 것과 싫어하는 것을 가렸다. 특히 고아, 부귀, 지조와 의리, 운치, 품격 등을 부여해 손님과 벗으로 의인화하는 등 정신세계와 함축적인 윤리관을 강조하는 방식이다.

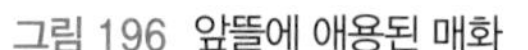

그림 196 앞뜰에 애용된 매화

그림 197 뒤뜰에 애용된 대나무

그림 198 연못에 애용된 연꽃

강희안이 쓴 『양화소록』의 화목구등품제(花木九等品第)에 의하면 매(梅), 국(菊), 연(蓮), 죽(竹)은 1등품, 모란, 작약은 2등품, 동백, 치자, 노송(老松)은 3등품을 부여했다. 화암수록의 28우(友)에서 연은 정우(淨友), 죽은 청우(淸友), 매는 방우(芳友), 모란은 열우(熱友), 작약은 귀우(貴友), 송은 노우(老友)로 의인화했다. 박세당의 화삼십객(花三十客)에서 난(蘭)은 유객(幽客), 계(桂)는 선객(仙客), 정향(丁香)은 정객(情客), 규(葵, 해바라기)는 충객(忠客), 석류는 촌객(村客), 목근(木槿)은 시객(時客)으로 애칭했다.

한편 조선 후기 안민영은 작정자의 취향 및 상징성과 관련이 "주렴계(周濂溪)는 애련(愛蓮)하고 도정절(陶靖節)은 애국(愛菊)하고 연화는 군자(君子)어늘 국화는 은일사(隱逸士)라 방당(方塘)에 연시무고"라고 읊었다. 상록수보다는 계절미를 느낄 수 있는 낙엽수를 애용했고 운치 있는 곡간성을 높게 쳤으며, 수형도 자연스러운 타원형을 선호했다. 과실수(복숭아, 배, 살구, 자두, 대추, 능금, 석류나무 등)와 꽃이 피는 식물을 애용했고 흰색이나 우주만물의 중앙을 상징하는 황색을 좋아했다.

② 식재 유형

식재는 땅에 구덩이를 파고 심는 경우가 많았다. 분재, 취병, 절화 등 그릇이나 장치를 곁들이기도 하고 화오(花塢, 즉 매오(梅塢), 도오(桃塢), 죽오(竹塢) 등)와 화계를 일구어 화목과 초화류(매화, 앵두, 모란, 작약, 난초, 철쭉, 국화 등)를 심었다. 후원의 경사진 땅에 단을 만들고 축석한 화계는 옹벽과 화단을 겸한 매우 지혜로운 구조물인데, 괴석, 석연지, 초화류, 장독대, 굴뚝 등이 어우러진 입체적 공간이 된다.

좁은 뜰이나 추위에 약한 식물(치자나무, 서향화, 동백, 석류 등), 분재형 소나무 등을 가꿀 때 화분을 이용했다. 『양화소록』에는 "화분을 놓을 때 꽃나무의 키가 큰 것을 뒷줄에, 키가 작은 것을 앞줄에 놓으며, 기왓장이나 벽돌 위에 놓으면 아름답다"라고 했다.

수목을 다듬어 경계를 표시하며 시각적 차폐나 동물의 침입을 막고 공간의 깊이를 더하기 위한 기법으로 취병(翠屏), 원장(園牆)과 원리(園籬)를 이용했다. 취병은 화목류와 대나무, 향나무, 주목, 측백, 사철나무 등의 가지를 틀어 올려 담이나 병풍처럼 꾸민 것이며 원장과 원리는 대추나무, 탱자나무, 무궁화, 대나무, 국화 등을 7척(약 2.1m) 정도의 높이로 가지런히 다듬은 울타리(근리(槿籬), 죽리(竹籬), 국리(菊籬), 극리(棘籬) 등)를 지칭한다. 『임원경제지』의 관병(棺屏)법에는 "대나무처럼 푸른 것을 촘게 심어서 가지를 종횡으로 엮어 위로 올리면서 층을 만드는데, 옆으로 뻗거나 위로 솟은 가지는 잘라서 가지런히 다듬는다"라고 했다.

그림 199 하회 북촌댁의 석류

③ 식재 방식과 장소

수목은 심는 방식에 따라 한 그루만 심는 단식(單植), 고식(孤植), 점식(點植), 두 그루를 마주 보게 심는 대식(對植), 세 그루를 일렬로 심는 삼점식(三點植)과 삼각형 형태로 심는 품자식(品字植), 다섯 그루를 심는 오점식(五點植), 임의로 흩어 심는 산식(散植), 세 그루 이상 줄지어 심는 열식(列植), 여러 그루를 자연스럽게 모아 심는 군식(群植) 등으로 구분한다.

소나무, 매화, 향나무, 벽오동처럼 독특한 생김새와 운치 있는 수목은 한 그루만 심는 경우가 많은데, 매화는 저녁 창문에 비치는 그림자를 즐기거나 가지에 걸린 달을 감상할 수 있어 매창(梅窓)이라 불렀다. 대식은 운조루 사당 뜰에서 사례를 찾을 수 있다. 천지인의 삼재(三才) 셋은 완성과 안정을 상징하는 길수로 여겼는데, 『증보 산림경제』의 "오동나무 세 그루를 서북쪽에 심으면 길하다"라는 내용, 양동마을 심수정에 심겨진 회화나무 세 그루 등에서 삼점식의 사례를 찾아볼 수 있다. 소나무와 잣나무, 대나무 등을 후원에, 버드나무와 배롱나무 등을 연못가에, 느티나무와 팽나무, 서어나무, 소나무 등을 마을숲에 활용한 것은 군식이다. 무궁화, 탱자나무, 사철나무 등으로 경계를 표시하거나 시각적 차폐, 동물의 침입을 막기 위한 것, 소나무와 잣나무 등을 묘역 주변에 심어 상징 및 기능식재로 활용한 것은 열식이다.

안마당에 큰 나무를 심는 것을 꺼렸으며, 소나무와 대나무는 집 주위에 심는 것을 권장했다. 노거수는 정령숭배사상이 있어 함부로 자르거나 훼손하기 어렵고, 건물을 상하게 하거나 채광과 통풍을 저해하고 질병의 원인이 되어 제한했으며, 좁은 뜰에 두 그루 이상의 나무와 상록수를 심는 것도 제한했다. 대신에 꽃과 열매가 아름다운 화목을 많이 심었다. 문 앞의 회화나무 또는 두 그루의 대추나무는 대길하고, 석류나무를 뜰 안에 심으면 많은 자손을 얻게 되며, 문밖 동쪽에 버드나무를 심으면 가축이 번성한다고 하여 권장하는 등 대문 앞, 마당 안, 담장 옆 등에 심는 수목의 종류와 위치는 제한되었다.

안평대군(1418~1453년)의 사저 비해당(匪懈堂) 뜰에는 아름답고 기이한 모양의 기화요초를 많이 심었고 사슴과 금계(金鷄), 학이 노닐도록 했다. 대문 앞에는 버드나무를 심고 바깥뜰에는 대밭을 두었으며, 서재 앞뜰에는 꽃밭을 일구어 작약, 모란, 동백 등을 가꾸었고 누각 옆에 배나무를 심었다. 파초를 심어 즐겼고 그늘시렁에는 넝쿨장미를 올렸으며 담장가에 살구나무와 단풍나무를 심었다. 화오와 대밭 사이에 괴석을 두었고 섬돌 앞에 동산을 만들었으며, 방지(方池)에는 군자를 상징하는 연꽃을 가꾸었다.표 7

표 7 **식재 장소에 따른 의기**

장소	의기	조경식물
문 앞	의(宜)	회화나무, 문정에 두 그루의 대추나무, 버드나무
	기(忌)	고수(枯樹) 한 그루, 모양이 같은 나무 두 그루, 상록수, 수양버들, 청초(靑草)
중정 (中庭)	의(宜)	화초류
	기(忌)	거수(巨樹), 많은 수목
정전 (庭前)	의(宜)	석류나무, 서향화(瑞香花), 천리향(千里香)
	기(忌)	오동나무, 파초
울타리 옆	의(宜)	동쪽 울타리 옆에 홍벽도, 국화
	기(忌)	참죽나무, 초림(椒林, 산초나무), 벽려(薜荔, 줄사철나무)
우물 옆	기(忌)	복숭아나무
집 주위	의(宜)	울창한 소나무, 울창한 대나무
	기(忌)	단풍나무, 백양(白楊, 사시나무), 가죽나무
택내 (宅內)	기(忌)	무궁화, 뽕나무, 상륙(商陸, 자리공), 거수, 상록수, 살구나무

④ 식재 방위

식물을 도입할 때는 장소와 방위 등을 고려해 권장하는 '의(宜)'와 꺼리는 '기(忌)'로 길흉을 연계했고, 풍수지리, 음양오행, 유가사상, 민간신앙, 생태적 특성과 입지환경 등을 복합적으로 고려했다.

『산림경제』에 의하면 동쪽에 복숭아나무와 버드나무, 남쪽에 매화와 대추나무, 서쪽에 치자나무와 느릅나무, 북쪽에 능금나무와 살구나무를 권장했으며, 이것은 풍수적 비보 의도와 생태적 특성을 고려한 식재기법이다. 즉, 버드나무, 벽오동, 자두나무, 국화 등은 동쪽에, 오동나무, 느릅나무, 치자나무, 대나무 등 그늘을 주는 나무는 서쪽에, 복숭아, 매화, 대추나무는 남쪽에, 벚나무, 진달래, 살구나무, 능금나무 등은 북쪽에 두기를 권장했다. 동백, 영산홍, 치자나무, 석류나무 등은 북쪽에 심는 것을 금기했는데 중부 지방에서는 월동이 어려운 생태적 특성 때문이다. 거수는 시원한 여름 바람을 막기 때문에 남쪽

에 심는 것을 피했으나 북서쪽에는 겨울철 추운 계절풍과 여름철 뜨거운 햇살을 막아 주어 권장했다.[표 8]

표 8 **방위에 따른 식물의 의기**

장소	의기	조경식물
동	의(宜)	복숭아나무, 버드나무, 벽오동, 홍벽도, 자두나무, 회화나무, 국화
	기(忌)	살구나무
남동	의(宜)	옻나무, 버드나무
	기(忌)	살구나무
남	의(宜)	복숭아나무, 매화, 대추나무
	기(忌)	자두나무
남서	기(忌)	거수(巨樹)
서	의(宜)	산뽕나무, 느릅나무, 대추나무, 치자나무
	기(忌)	버드나무, 자두나무, 복숭아나무
북서	의(宜)	대나무, 오동나무 세 그루, 거수
북	의(宜)	느릅나무, 벚나무, 개암나무, 진달래, 살구나무, 능금나무
	기(忌)	자두나무, 동백, 영산홍, 왜철쭉, 치자나무, 석류나무, 월계화
북동	의(宜)	대나무
	기(忌)	거수

(2) 수경시설

인체의 오감을 자극하여 뜰에 애용된 수경요소는 연못과 수로, 돌확, 석연지 등이 있는데 상징성 부여, 실용성과 감상 효과 등을 위해 도입했다.

① 연못

연못은 못과 용수지를 통칭하는 수경시설로 바깥마당, 사랑마당, 별당마당 등에 도입했다. 서유구(1764~1845년)의 『임원경제지』에 의하면 연못은 "고기를 기르면서 감상할 수 있고, 논밭에 물을 공급할 수 있으며 사람의 마음을 깨끗하게 할 수 있다"라고 하였으니 실용성과 관상 가치는 물론 수양을 위한 장치임을 알 수 있다. 한편 "남쪽을 넓게 하여 지당(池塘)을 만들되 작은 연못에는 연을 심고 큰 지당에는 고기를 기르며, 물이 맑으면 물고기를 키우고 탁하면 연꽃을 키우라"라고 했다.

연못 형태는 계담(溪潭)과 석담(石潭), 방지(方池), 곡지(曲池)와 곡소(曲沼), 타원형과 부정형 등 다양하며 작은 섬을 둔 방지원도형이 많이 조성되었다. 둥근 섬은 하늘을, 네모난 못은 땅을 상징해 음양의 결합으로 만물이 생성하듯 우주의 섭리 속에서 가문 번영을 희구하는 뜻을 담고 있으며, 섬은 신령한 삼신산을 상징한다. 연못 호안은 자연석으로 가지

그림 200 경북 영양의 경정(敬亭)과 연꽃을 심은 서석지, 읍청거(挹淸渠), 사우단(松竹梅菊)과 행단(杏壇)을 두었다.

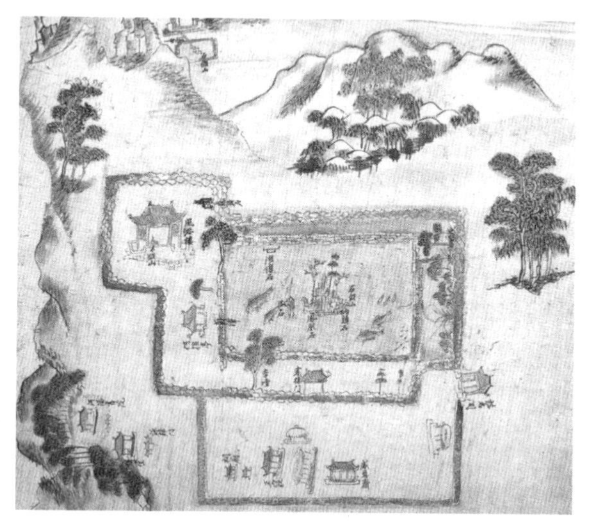

그림 201 함안의 〈무기연당도(舞沂蓮塘圖)〉(1728년). 장방형 연못, 봉래도, 석가산, 하환정(何換亭)과 풍욕루(風浴樓), 수로, 노송 등을 두었다.

런히 쌓아 올렸고, 바닥은 점토층과 자갈층을 결합해 차수 기능을 할 수 있게 했다. 물고기를 기르거나 연, 순채 등을 심었고 못가에는 버드나무, 배롱나무 등을 심었다.

② 폭포

『임원경제지』에 의하면 "소리가 요란하고 급하게 흐르는 물가는 집터로서 마땅치 않다"고 하였는데, 뜰에 도입된 폭포는 높지 않은 낙차를 이용하거나 단상으로 떨어지는 것, 조용히 물이 흘러넘쳐 들게 한 것 등이 있다. 물이 힘 있게 떨어지는 것을 비천(飛泉), 조용히 흘러넘쳐 떨어지는 것을 괘천(掛泉)이라 했다. 연못과 폭포 등에 물을 끌어들이는 방법으로는 물이 지하로 스며들게 한 자일(自溢)법, 물레방아로 떨어뜨려 입수시키는 법, 대나무나 석재로 홈통을 만들어 연못, 석연지, 돌확에 연결시켜 비폭(飛瀑)으로 활용하는 법, 토수구(吐水口)를 높여 물이 폭포처럼 떨어지도록 한 기법 등이 있다.

③ 수로

수로는 투시형 담장을 통해 집 안에서 자연 계류수인 간수(澗水)를 감상하고 즐기는 법, 뜰 안으로 물을 끌어들여 흐르게 하거나 모아 두어 즐기는 법이 있다. 간수는 돌로 된 계곡을 흐른다 하여 석간(石澗)이라 했는데 주변 경물에 따라 송간(松澗), 죽간(竹澗) 등으로 불린다. 간수가 뜰 안으로 흘러 들어오도록 담장 아래를 비워 만든 수로가 있고, 물을 끌어들이기 위해 대나무 등으로 만든 홈통인 비구(飛溝)가 있으며, 음양석을 놓아 곡선형 수로인 곡수거를 만들기도 하였다.

(3) 석물의 활용

① 석가산

좁은 뜰에 산악을 본뜬 축경형의 조산(造山)을 일컫는 가산은 연못과 수로를 만들 때 파낸 흙을 활용하거나 지기를 보강하기 위해 조성한 인공산으로 석가산(石假山), 목가산

그림 202 경남 함안 무기연당(舞沂蓮塘, 1728년) 봉래섬에 도입된 석가산

그림 203 논산 윤증고택 사랑채 앞뜰 석가산

(木假山), 옥가산(玉假山) 등이 있다. 석가산은 감상 가치가 있는 돌을 쌓아 산의 형태를 축소, 재현한 경물로 기세를 느끼게 하며, 재질이 단단한 화강암을 쌓아 올리는 수법을 사용했다. 석가산 기법은 사대부의 사랑마당이나 연못가에 도입되었는데, 신선사상, 노장사상 및 도교사상 등과 연계된다. 강희맹의 『가산찬』, 서거정의 『가산기』, 오도일의 『조씨석가산기』, 홍만선의 『산림경제』, 정약용의 『다산화사이십수』, 김조순의 『풍고집』 등 옛 문헌에서 사례를 확인할 수 있다.

특히, 연못가에 석가산을 만드는 방법에 대하여 『산림경제』에는 "괴석을 연못가에 첩첩이 쌓아서 산을 만들되 바위와 골짜기가 그윽하고 깊숙하게 만들고, 단풍나무, 소나무, 오죽, 진달래, 철쭉, 패랭이꽃 등과 같은 꽃과 나무를 심는다. 석가산 뒤편에 큰 항아리를 놓아두고 물을 저장한 다음 대나무를 구부려 산꼭대기로부터 물을 끌어다가 못 가까이에 와서 폭포를 이루게 한다. 물이 내려오는 길은 차진 점토를 이겨서 발라 두면 물이 새지 않을 것이다"라고 기록하고 있다.

② 괴석과 석분

조선 중기 이후 석가산 기법이 점차 줄어들고 도입이 용이한 괴석(怪石)을 즐기는 경향이 나타났다. 괴석은 개체미가 뛰어나고 기이하게 생긴 1m 미만의 자연석을 화계와 화오, 연못 주변, 후원 등에 식석(植石)하여 애용했다. 『양화소록』에는 색상이 푸르고 깎아 세운 듯한 봉우리와 벼랑, 골짜기에 은은히 구름을 감춘 듯한 모양으로 이끼가 잘 자라는 산에서 출토된 경석을 언급했으며, 『산림경제』와 『다산사경첩』, 〈단원도(檀園圖)〉 등에서 사례를 찾을 수 있다. 괴석을 심기 위해 돌로 다듬어 만든 석분(石盆)은 석함(石函), 괴석대라고 불린다. 일반적으로 사각, 육각, 팔각, 원형으로 만들어 표면에 치장을 하고 상징성이 강

그림 204 자연귀의, 불로장생을 상징하는 목가산(외암마을 건재 고택)

그림 205 돌을 다듬어 연못 형태를 축소 재현한 석지(사각형)와 돌확(원형)

한 무늬나 글자를 도입했는데, '영주(瀛洲)'라는 글자를 새겨 신선사상을 배경으로 불로장생을 희원하는가 하면 괴석과 함께 물을 상징하는 잔모래를 채워 선경의 이상세계를 표현했다.그림 204

③ 석지와 돌확

돌을 다듬어 연못 형태를 축소 재현한 석지(石池)는 석연지(石蓮池 또는 세심석(洗心石))라고도 하는데, 물을 담아 연과 부엽식물을 곁들이며 고기도 몇 마리 넣어 키우며 하늘의 투영미를 감상하던 점경물이다. 네모난 형태로 만들어 사랑마당, 안마당, 후원 등에 놓았는데 좁은 뜰에서 자연을 느끼게 해 주는 지혜로운 수경시설이었다. 돌확은 석지와 비슷한 용도의 점경물인데 크기가 작고 원형으로 만들어 안마당, 뒷마당, 화계 등에 놓으며 돌절구, 방화, 생활용수 등 실용성을 겸했다.그림 205

그림 206 예산 추사 고택의 해시계(石年) 석주

④ 석상과 석탑

석상(石床)은 평평한 돌 위에 걸터앉아 경물을 바라보면서 휴식을 취하거나 차를 마시고 바둑이나 장기를 즐길 수 있게 한 것이며, 석탑은 석상과 비슷한 용도를 가지나 규모가 작고 높은 돌의자를 지칭한다.

석상은 크고 넓적한 돌을 일정한 두께로 다듬어 네 귀에 받침대를 괴어 놓아 앉아 쉬기에 편하게 했고, 석탑(石榻)은 적당한 크기의 돌을 가공하거나 자연 그대로 애용했다.

⑤ 기타

야간 조명을 위한 석등(石燈), 말이나 가마를 타고 내리던 하마석(下馬石), 마당이나 계류, 연못에 동선 연결을 위해 놓인 디딤돌(飛石)과 돌다리(石橋), 시구와 장소 명칭을 새기거나 해시계 역할을 하던 석주(石柱) 등을 뜰의 요소로 도입했다.그림 206 한편 울타리와 담장(외담과 맞담 형태로 축조)은 수목과 목재, 대나무, 싸리, 흙과 막돌 등을 소재로 생울, 바자울, 죽책, 목책, 토담, 와담, 토석담, 전담, 돌각담 등으로 활용했다.

(4) 포장

마당의 포장재료로는 박석(薄石), 전돌, 마사토, 강회 등을 들 수 있다. 화강암이 오랫동안 풍화된 자연토양을 활용한 마사토포장이 많이 쓰였으며, 자연석을 평편하고 얇게 쪼갠 박석포장, 검정색으로 구워 만든 벽돌을 활용한 전돌포장(方磚), 석회석을 가열한 강회를 이용한 강회다짐포장 등을 활용했다.

(5) 정자

정자는 풍류를 즐기고 경치를 감상하면서 학문을 논하고 시를 읊거나 모임을 갖는 다락집을 일컫는데, 사대부가의 살림집, 사랑마당, 별당마당, 후원 등에 도입했다. 목재로 엮은 지붕 위에는 기와나 풀(茅, 띠)을 활용했고, 바닥은 평편한 마루 또는 온돌을 병행했다. 형태는 정방형이 많지만 장방형, 육각, 팔각, 원형, 십자형, 부채꼴 등 다양하다.

특히, 『임원경제지』에 "임원(林園)을 가꾸고자 할 때는 먼저 산언덕이 주위를 휘감아 집 앞으로 넓고 평탄하게 트인 땅을 선택하여 지세를 살펴야 한다. 그다음에는 주변에 제방을 쌓거나 도랑을 파서 샘물을 끌어들이고, 혹은 물길을 내고 우물을 파서 연못을 조성해야 한다. 물에는 연, 마름, 순채, 부들 등의 물풀을 심고, 의향대로 연못 위에 정자를 짓는다. 정자는 소박한 것이 좋고 농염한 것은 좋지 않으며, 정갈한 것이 좋고 화려한 것은 좋지 않다. 또 산언덕을 등지고 물을 내려다보는 곳에 짓기도 하고, 주춧돌 기둥 난간이 반쯤 물속에 잠기도록 하기도 한다"라고 기술하고 있다(서유구 저, 안대회 역, 2005년).

그림 207 강릉 선교장의 활래정과 방지방도형 연못

8. 별서

1) 별서의 개념

별서란 저택에서 떨어진 인접한 경승지나 전원지에 은둔 혹은 자연을 즐기기 위해 조성한, 별장형(別莊型)과 별업형(別業型)을 포함하는 제2의 주택이다. 별장형 별서란 서울, 경기 지역의 세도가가 조성한 곳으로 대개 살림채, 안채, 창고 등 기본적인 살림을 갖추어 놓았다. 이것은 살림집의 규모는 갖추지 않고 본제(本第)가 가까이 있어 주·부식의 공급이 가능하고, 자체적으로 간단한 취사행위와 기거를 할 수 있는 소박한 형태의 거처를 말하는데, 영호남 지역과 충청 지역에 조성해 놓은 별서들이 대부분 여기에 해당된다. 별업형의 별서란 부모님께 효도하기 위한 곳으로, 강진군 도암면 석문리 농소부락의 조석루(朝夕樓)처럼 살림집을 겸하는 경우를 말한다.

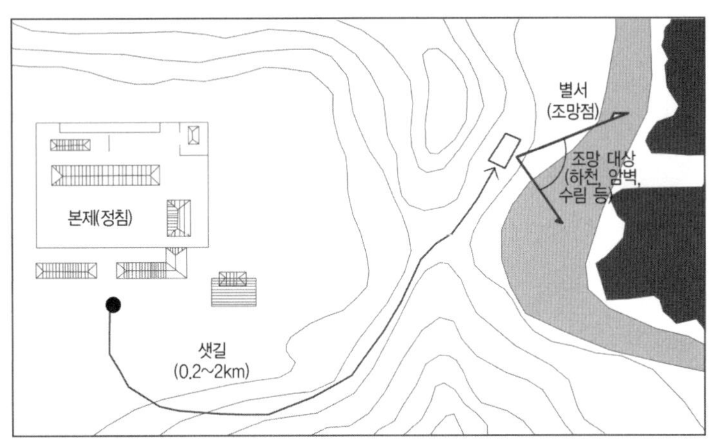

그림 208 별서의 개념도

그림 209 충북 괴산 화양동구곡 암서재 별서(읍궁암 위 초당에서 300m 거리)

별서의 기준은 정침(正寢)인 본제(本第)가 있어야 하며, 거리는 정침으로부터 대개 0.2~2㎞ 정도 떨어져 위치한 곳으로 도보권에 있어야 한다.그림 208 별서의 건물은 누(樓)와 정(亭)으로 대표되며, 건물 내부에 방이 있는 경우와 없는 경우가 있다. 또 대부분 담장과 문이 없어 주변 경관을 조망할 수 있게 개방된 상태로 꾸며져 있으며, 자연 그대로의 산수경치를 감상 대상으로 한다.

그러나 필요한 경우에는 보다 적극적인 경관도입을 위해 연못을 파거나, 폭포나 석가산을 조성하고 점경물과 수림을 배치하기도 한다. 다시 말해 별서란 주택에서 떨어져 자연환경과 인문환경을 두루 섭렵하면서 승경과 우주의 삼라만상을 느낄 수 있는 별장, 또는 은일을 위한 원유공간이라 할 수 있다.

2) 별서의 기원

(1) 삼국시대

그림 210 합천 해인사 홍류동 계곡(농산정 주변)

별서에 대한 기록으로는 『삼국사기』에 "고조선시대의 선인들은 겨울철에는 동굴 속에서 지내고, 여름철에는 나무 위에서 지냈다"라는 내용이 있어 주거양식의 별서 개념을 찾을 수 있지만, 최치원이 당나라에서 돌아와 난세에 벼슬을 버리고, 경주와 영주 등지의 산림 속에 대사(臺舍)를 지은 후 풍월을 읊었으며, 마산과 해인사 주변에 별서를 조영한 것이 그 기원으로 추정된다.

경남 합천군 가야면 해인사 주변 홍류동 계곡의 농산정(籠山亭)은 전면 2칸, 측면 2칸의 팔작지붕 정자건물이다. 이곳은 최치원이 당나라에 유학하여 874년 과거에 급제한 후, 헌강왕 11년(885년)에 귀국하여 관직을 수행하다가 가야산에 들어와 정자를 짓고 수도한 곳이라 전해진다.그림 210 신라에는 일부 상류층의 별서주택인 사절유택(四節遊宅)이 있었다. 계절에 따라 봄철에는 동야택(東野宅), 여름철에는 곡량택(谷良宅), 가을철에는 단풍이 아름다운 구지택(仇知宅), 겨울철에는 가이택(加伊宅)에서 지냈다. 사절유택이란 철에 따라 거처하는 별장형의 주택을 말하며, 특별히 여름철에 지내는 곡량택에는 맑은 물이 흐르고, 물가에는 정자와 수림이 있었을 것으로 추정된다. 이 같은 귀족들의 별서주택들은 신라 말기에 일반 상류층이 별서건물과 함께 정원을 갖게 되는 계기가 되었을 것이라는 점에서 조경사적 의의를 지닌다.

(2) 고려시대

고려시대에는 의종 말기에 나타난 최씨 일문의 무인정권으로 귀족정치가 붕괴되고 새로운 관료층이 등장했다. 그들은 학문적인 소양을 갖추었을 뿐 아니라 당쟁의 실무에도 능한 사대부(학자적 관료)들이었다. 이러한 사대부는 무인정권이 타도된 이후 정치에 활발히 진출했다. 사대부들은 주로 지방의 향리들 가운데서 많이 나왔다. 향리 출신의 사대부는 자신의 향리에 소규모 농장을 가지고 있는 중소지주이거나 자영농민이었다. 농장은 재향지주로서 전호(佃戶)나 노비를 써서 경영하거나 또는 직접 경작하기도 했다. 이렇게 토착적 향리 출신의 재향지주인 사대부들은 비록 중앙의 정치 무대로 진출했더라도 향리에서의 생활을 즐겼다.

이 시대의 대표적인 별서로서 광주시 외곽에 있는 양과동정(良瓜洞亭)은 전면 3칸, 측면

그림 211 삼척 해암정

그림 212 해암정 뒤편 촛대바위

2칸의 맞배지붕이며, 지붕 내부에는 싸릿대를 흙으로 엮은 흔적이 남아 있다. 언덕 위에 남향으로 세워진 양과동정의 마루에서 사방을 둘러보면 동북쪽에 무등산이 보이고, 전면에는 계천이 흐르며, 들판 너머에는 낮은 야산으로 첩첩이 둘러싸인 야경이 시원스럽게 전개된다. 정자 앞쪽 언덕에는 해송, 소나무, 상수리나무, 감나무가 있고 동북쪽에는 해송, 느티나무 거목과 왕벚나무가 있으며 북쪽은 측백나무, 해송, 소나무 등이 군락을 이루고 있어 한여름에도 더위를 느끼지 못할 정도로 시원하다.

곡지(曲池) 정원을 만든 것으로 유명한 기홍수(1148~1209년)는 명종 이후의 3대에 걸친 무관으로 어려서부터 서예에 능했고, 벼슬에서 물러난 후 집에 정원을 꾸미고 갖가지 애완동물을 기르면서 여생을 보냈다. 그가 꾸민 정원은 천혜적으로 아름다운 곳에 위치해 암산(岩山)과 숲 사이로 샘이 솟고, 인공으로 만든 곡지가에는 능수버들과 창포를, 못 안에는 연을 심었으며, 자연경관을 관망하기 좋은 곳에는 자연과 조화를 이루도록 정자를 세웠다. 특히 그의 정원생활을 나타낸 기록 중에는 물에 술잔을 띄우며 곡수연(曲水宴)이 나오는데, 이는 평소에 서예와 음악, 정원을 즐겼던 무인의 여유로움이 넘치는 대목이다.

해암정의 유래는 고려 공민왕 10년(1361년) 진주군 심동로가 이곳에 살면서 동해 바닷가에 조영한 별서다. 이를 조선시대 중종 25년(1530년) 심언광이 중건하고, 숙종 때 송시열이 서액을 걸었다. 이 정자는 남향으로 앞쪽이 트여 있으며, 뒤쪽과 좌우는 뾰족한 돌이나 태호석 같은 구멍 뚫린 바위로 둘러싸여 늘 시원한 파도소리를 들을 수 있고, 바다 낚시하기에도 알맞은 해정이다. 해암정은 별서의 중심건축물이라 할 수 있으며, 뒤편으로 가면 촛대바위 등 기암절벽이 있는 경승지이다.그림 211, 212

3) 조선시대 별서

(1) 형성 배경

조선시대 역성혁명(易姓革命)에 반대하던 초기 사림파들은 성종 대에 중앙정치에 진입했으나 연산군이 등장하면서 무오사화, 갑자사화 등의 영향으로 쇠약해졌다. 하지만 중종 이후 다시 정계의 주류로 자리 잡게 되고, 기존의 훈구파(勳久勢力)들과 세력 다툼을 벌이면서 동인, 서인의 붕당정치가 이루어졌다. 조선시대 별서는 붕당정치, 학문적 경쟁과 더불어 지방에 내려와 자연과 벗하며 살려는 선비들의 자연관 등에 힘입어 조성되었다.

별서의 형성은 사화와 당쟁의 심화로 초세적 은일과 도피적 은둔의 풍조가 직접적인 배경이고, 유교와 도교의 발달로 인한 학문의 발전, 선비들의 풍류적 자연관이 간접적 배경이다. 그리고 또 하나는 지형이 다양하고 공간의 위계가 층차적으로 형성되는 지리적 환경으로 경승지가 많기 때문에, 제택에서 적절한 거리에 별서를 많이 조성했다고 할 수 있다. 한마디로 양반 위주의 정치체제, 토지 소유로 인한 양반층의 튼튼한 경제구조, 당쟁과 학문적 싸움에 따른 사대부들의 현실도피적 은일관, 도교 · 유교적인 선비들의 자연관, 험준하고 다양한 형태의 지형으로 산수가 좋고 경승지가 많은 점, 기후적으로 온난하고 식생이 자라는 데 유리한 점 등이 자연의 아름다움과 우주를 논할 수 있는 장소로서 독특한 별서문화를 이루는 근간이 되었다.

(2) 입지와 공간구성

① 입지와 외부공간

별서의 입지적 특징은 산수가 수려한 경승지에 위치한다는 점과 정주생활이 이루어지는 본제와 완전히 격리되지 않은 도보권에 있다는 점이다. 이것은 별서가 작정자(作庭者)의 영구 거주공간이나 생활공간이 아니라, 한시적이고 일시적인 별장의 형태와 속성을 지니고 있기 때문이다. 마을과의 격리 방법은 시각적 격리, 관념적 격리, 복합적 격리 등으로 분류되며, 대부분 세 가지 방법 중 하나에 해당된다.그림 213, 214, 215

별서의 외부공간구조는 담장 안인 내원, 담장 밖의 가시권에 속하는 외원, 정원공간에 간접적으로 영향을 줄 수 있는 영향권의 3개 권역으로 나눌 수 있으며, 별서에서의 감상대상은 단순히 담장 안의 내부공간을 중심으로 한 것이 아니고 외부의 경관도 포함했다. 왜냐하면 앞산의 봉우리, 시냇물과 들판의 풍경, 서산에 지는 달 등이 시문이나 행장기록에 자주 표현되고 있기 때문이다.

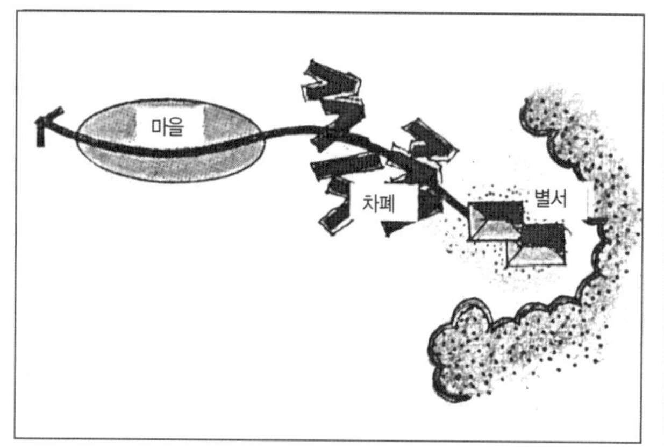

시각적 격리(개념도)

죽림에 의한 시각적 격리

그림 213 마을과의 격리 방법 I

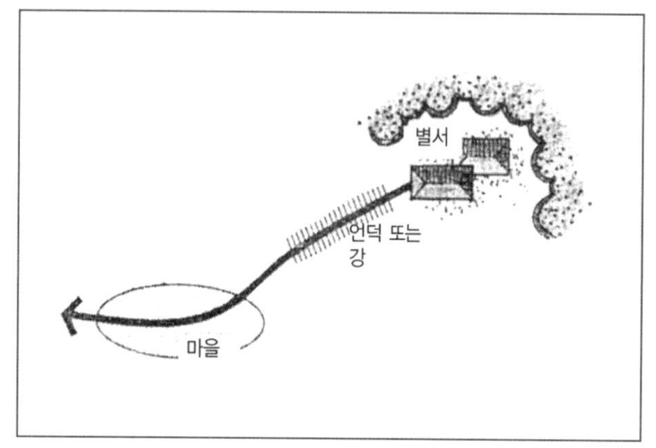

관념적 격리(개념도)

대하천에 의한 관념적 격리

그림 214 마을과의 격리 방법 II

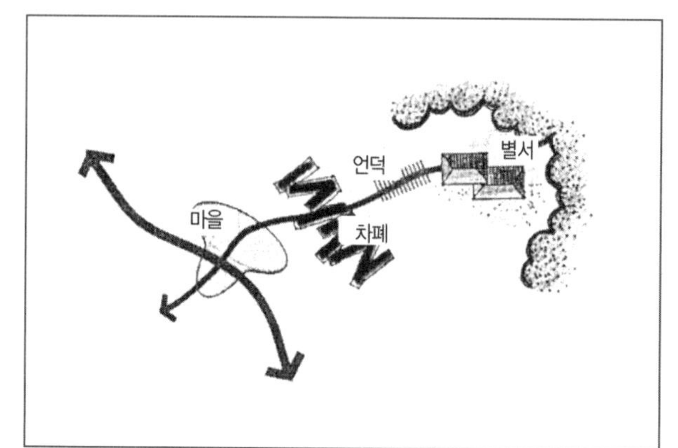

복합적 격리(개념도)

접근로의 우회, 장애물에 의한 복합적 격리

그림 215 마을과의 격리 방법 III

② 별서의 경관유형 및 특성

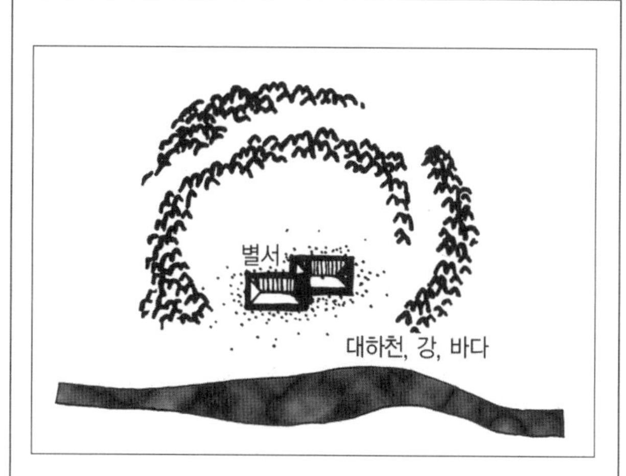

임수인접형(개념도)

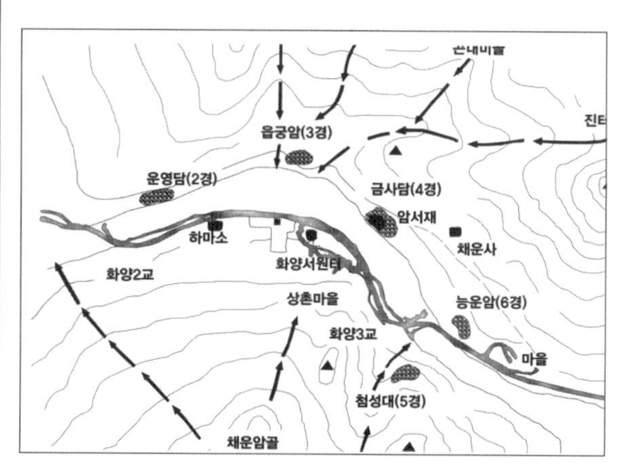

암서재의 예

그림 216 임수인접형(암서재)

임수계류인접형(개념도)

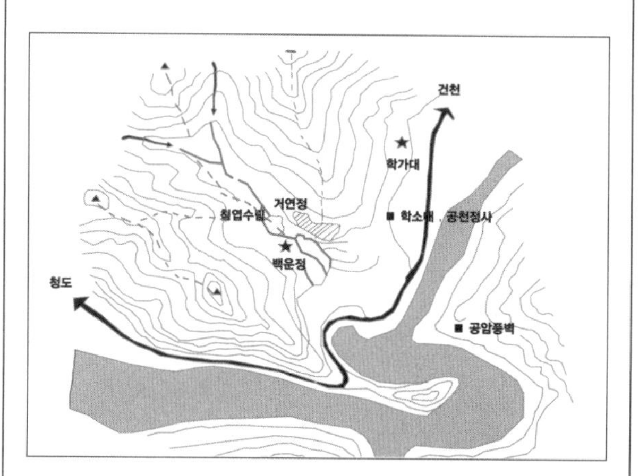

거연정 별서의 예

그림 217 임수계류인접형(거연정)

별서의 경관유형 및 특성은 4가지 유형으로 구분하는데, 이것은 수공간이 가까이 있는 정도에 따라 임수형(臨水型)과 내륙형(內陸型)으로 분류할 수 있다. 임수형은 대단위 수공간이 직접 정원에 인접해 있느냐, 아니면 정원 내에 계류가 있고 멀리 떨어져 감상할 수 있는 정도의 거리냐에 따라 '임수인접형'과 '임수계류인접형'으로 구분한다.그림 216, 217 한편, 내륙형은 산지에 있느냐, 평지에 있느냐에 따라 '산지형'과 '평지형'으로 구분할 수 있다.

표 9 **임수형, 내륙형 경관유형**

임수형	임수인접형	암서재, 임대정, 초간정
	임수계류인접형	다산초당, 부용동, 소한정, 거연정
내륙형	산지형	옥호정, 석파정, 부암정, 성락원, 옥류각, 소쇄원
	평지형	남간정사, 명옥헌, 서석지

③ 내부공간구성과 경관기법

• 별서 내부공간의 평면과 입면구성

별서의 부지형상은 정원 내의 공간 체험과 시각적 특성을 결정하는 기반이 된다. 부지의 형상을 결정하는 요소는 일차적으로는 정원이 입지한 자연지형과 지세의 물리적 특성, 이차적으로는 원주(園主)의 경제력과 같은 사회적 배경에 의해 좌우된다. 정원의 내원을 중심으로, 담장으로 구획되거나 자연지형에 의해 분리된 물리적 경계 내의 부지형상을 너비와 깊이의 비로 보면, 방형(方形)과 장방형(長方形), 세장형(細長形)의 세 가지 유형으로 구분할 수 있다.

별서의 입지는 대체로 산과 내(川)를 끼고 있는 경승지가 많으므로 자연지형과 계류의 흐름에 따라 공간의 구조가 크게 좌우되며, 정원을 계류 유무와 유입 형태에 따라 '계류형(溪流型)'과 '무계류형(無溪流型)'으로 구분하고, 계류형은 다시 계류가 부지 내를 통과하는 '계류관류형'과 계류가 부지의 가장자리를 지나는 '계류인접형'으로 구분할 수 있다. 계류관류형은 다시 계류가 부지를 관류하며 흐르는 '부지관류형'과 부지 내의 건물 밑을 통과하는 '건물관류형'으로 구분할 수 있다. 계류인접형을 다시 세분하면 부지에 인접한 계류가 유수인 '유수형(流水型)'과 지수인 '지수형(止水型)'으로 구분할 수 있다.그림 218

이러한 유형 가운데 원내에 건물이 많고 제택의 기본형을 갖추고 있는 별서(옥호정, 석파정, 성락원, 부암정)에서는 담장으로 인위적인 경계를 구획하고, 당(堂)이나 정(亭) 등 단독 건물이 중심이 되는 별서에서는 인위적인 경계 구획 없이 능선과 계곡의 자연지형으로 경계가 구분되는 특징을 보인다. 이보다 작은 규모의 정원으로 계류가 건물의 마루 아래로

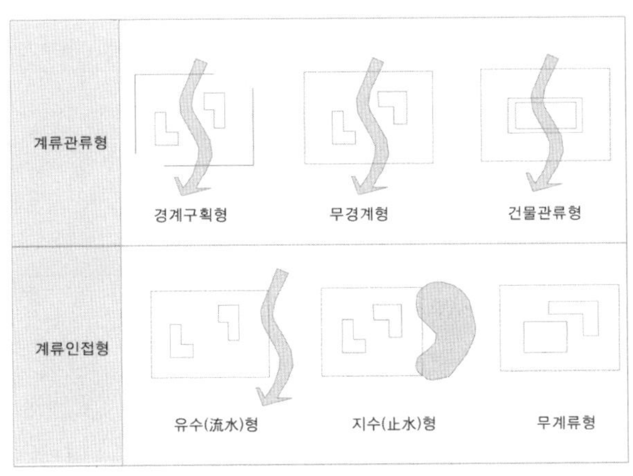

그림 218 계류유입 형태에 따른 내원의 공간구조

그림 219 계류관류형 경관유형(대전 옥류각)

흐르는 남간정사와 옥류각이 있는데, 남간정사는 부지의 경계 밖을 흐르는 계류를 인위적으로 끌어들여 지당을 조성하고, 부지 내의 용수를 이용해 건물을 관류하여 지당에 유입시키는 인위적인 수로를 조성했다. 또 옥류각은 계류 위에 건물을 축조하여 계류와 가까이 접하면서 주변 경관의 감상과 풍류를 극대화하려고 한다.그림 219 계류인접형에는 자연계류를 그대로 두어 계류의 맑은 물과 계류가 이루는 소(沼) 그리고 암벽을 조망대상으로 삼는 '유수형'과, 계류를 끌어들여 인공적인 지당을 조성해 섬을 두는 '지수형'이 있다. 유수형은 지수형에 비해 대체로 계류의 폭이 넓고 수량(水量)이 풍부한 지역에 많으며, 근경에 기암괴석과 절벽 등 경관요소가 다양한 경우로 암서재, 초간정, 거연정이 이에 해당된다. 지수형은 유수형에 비해 상대적으로 수량이 적고, 근중경(近中景)에 별다른 경관자원이 없으므로 유수를 끌어들여 인공적인 지당과 섬을 꾸민 형태로 임대정과 명옥헌이 이에 해당된다.

• 정자의 평면유형

원유생활의 중심이었던 정자의 평면유형은 정면 3칸×측면 2칸을 기본형으로 하고, 정면 3칸×측면 3칸(소쇄원의 광풍각)과 정면 4칸×측면 2칸(성락원의 송석정, 남간정사, 서석지의 경정), 정면 2칸×측면 2칸(거연정) 그리고 정면 1칸×측면 1칸의 모정(茅亭) 형태가 나타난다.

방의 유무에 따라서는 방이 있는 '유실형(有室型)'과 방이 없는 '무실형(無室型)'이 있는데,표 10 1칸의 정자 외에는 모두 유실형에 해당하며, 유실형은 방의 위치에 따라 4가지

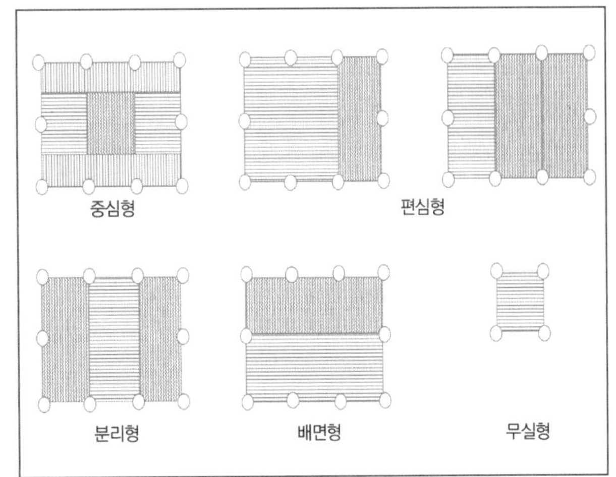

그림 220 정자의 유형 구분

표 10 **방의 위치에 따른 정자유형 구분**

유실형	중심형	광풍각, 임대정, 명옥헌, 세연정
	편심형	남간정사, 옥류각, 암서재, 초간정, 제월당
	분리형	경정, 다산초당
	배면형	부암정, 거연정
무실형	1칸이 모정형태	

유형으로 구분한다.

첫 번째는 방이 가운데 1칸을 차지하고 있는 '중심형'으로, 소쇄원의 광풍각과 임대정, 명옥헌, 부용동의 세연정과 같이 호남 지방의 정자에서 주로 나타난다.그림 221 두 번째는 방이 정자의 좌우 한쪽에 몰려 있는 '편심형(偏心型)'이다. 이러한 유형은 남간정사, 옥류각, 암서재 같은 기호 지방의 정자에서 보이며, 초간정과 소쇄원의 제월당도 여기에 해당

그림 221 호남 지방의 정자(중심형/소쇄원 광풍각)

그림 222 영남 지방의 정자(편심형/예천 초간정)

그림 223 방 좌우 분리형 정자(서석지 경정)

그림 224 방 배면형 정자(청도 거연정)

된다.그림 222 세 번째는 방이 정자의 좌우로 분리되어 마루가 중심에 위치하는 '분리형'으로, 서석지의 경정(敬亭)이 이러한 유형에 해당된다.그림 223 마지막으로 방이 정자의 배면 전체를 차지하는 '배면형(背面型)'이 있는데, 청도 거연정에서 발견되는 유형이다.그림 224

• 수경요소

연못은 정원의 공통적인 수경요소로, 방지형(方池形)이 대부분이고 때로는 자연형에 가까운 연못도 있다. 연못에는 일반적으로 섬이 존재하며, 방지와 섬은 대표적 공간구성요소로 신선사상과 음양사상의 영향을 받은 것으로 추측된다. 경관연출기법에 있어 시각적 체험을 통한 특성은 동선체계에 의해 독특한 형태로 나타나며, 유형에 따라 각기 다른 경관을 체험할 수 있다. 자연계류를 끼고 있음에도 지당은 대부분에서 나타나는데, 조영자가 별도의 수경요소를 즐기기 위해 내원에 물(水)을 끌어들인 것으로 그 도입 기법이 뛰어나다. 물의 도입은 자연계류를 이용한 경우가 가장 많고, 필요한 경우에는 토목기법이나 시설물을 이용해 물을 지당으로 끌어왔다. 특히 시각적 정취를 위해서 나무홈통으로 비구(飛溝)를 만들어 정원 내에 물을 끌어 들이는 인위적 기법은 별서의 독특한 특징이다. 이것은 연못을 별서의 중심요소로 삼기 위해 인위성을 가했다는 증거이기도 하다.

• 경물의 배치 및 암석의 기법

경물인 석함, 석분, 괴석 등으로 치석(置石)한다든지, 아미산이나 석가산 등 가산(假山)을 만드는 외부경관물 처리는 소쇄원과 소한정 외에는 발견되지 않는다. 그러나 주변의 바위에 자신의 인생관, 도교적 우주관 등을 표현한 암각(岩刻)은 많이 나타난다. 커다란 바위가 있는 곳에는 암각이 항상 따를 정도로 암각기법은 별서의 경물처리에 있어 독특

그림 225 옥류각 암각 : 초연물외(超然物外)

그림 226 석파정 암각 : 한수운렴암(閑水雲簾庵), 한수옹서증(寒水翁書贈), 우인정이시(友人定而時), 신축세야(辛丑歲也)

한 특징이라 할 수 있다.

암각기법은 자연을 사유화하는 하나의 방식으로, 명명을 통해 소유하고자 했다. 일부 지역의 경우에는 뜰이 넓지 못하고, 정원을 화려하게 꾸밀 만큼 경제력이 되지 않을 때 썼던 것으로 분석된다.

• 배식기법

별서의 수종과 배식기법은 크게 상징성과 기능성, 생태적 특성에 의해 좌우된다. 상징성은 식물과 관련된 고사에서 비롯된 것으로 군자, 일사(逸士), 벗 등 유교의 영향과, 불로장생의 신선사상과 도교의 영향 그리고 무속신앙, 부귀, 번영, 여인의 아름다움을 나타낸 것이 주류이다. 기능은 사생활의 보호를 위한 외부와의 경계 표식이나, 그것도 지방의 여건에 따라 생태적으로 적합한 경우에 한했음을 알 수 있다.

즐겨 사용했던 수목 중 대표적인 것은 소나무, 느티나무, 대나무, 연꽃, 배롱나무, 버드나무 등이고, 배식은 주로 군식기법과 단식기법 또는 총림식재와 점식재로 나뉜다. 명옥헌, 다산초당, 임대정, 소쇄원, 초간정에서는 본가와 별서지역을 은폐하는 차폐기능으로서 군식 기법을 많이 사용했다. 이것은 인위적으로 조성했든, 원래 존재하던 수목군락을 이용했든 하나의 배식 패턴으로 해석할 수 있다.

그 외 배경림으로서의 군식이 많이 돋보이고, 주변의 경관인 송림이나 죽림 등의 군식을 정원의 한 요소로 활용했다. 『양화소록』에서 배롱나무는 "백일홍, 파양수로 요염한 도리(桃李)의 자태처럼 순간의 영화는 원치 않는다"라고 기록되어 있는데, 이를 통해 장구한 부귀와 영화에 대한 바람이 컸음을 알 수 있다.

수양버들은 계류가에 식재되었는데, 이는 『군국세시기(軍國歲時記)』에 수양버들이 잡귀에 대한 피사력(避邪力)을 지니고 있다는 기록이 있기 때문이며, 또 한편으로 바람이 부는 대로 흔들리는 모습이 소망의 상징이나 여인의 모습으로 비유되는 수종이기 때문이다.

4) 시문에 나타난 경관 및 의미론적 해석

(1) 시문에 나타난 경관

별서의 시문에 나타나는 경관은 자체 경관의 묘사보다는 외부환경의 묘사가 일반적이며, 생활하는 모습, 작정자(作庭者)의 인생관, 초현세적 은일관, 자연관 등을 내포하고 있다.

시문을 심층 분석해 본 결과, 장소나 대상물에 관한 표현이 가장 많고, 식물 소재, 동물 소재의 순이다. 그중 식물 소재는 소나무, 대나무, 연꽃, 오동나무 등 고유수종이 많았으며, 창포, 석류, 살구, 복숭아 등도 자주 등장했다. 또 동물 소재는 새와 물고기에 관한 표현이 가장 많고, 신선의 세계를 상징하는 봉황, 거북, 용, 학, 사슴 등도 많이 등장했다. 그뿐 아니라 매미, 개미에 이르는 작은 곤충까지 표현한 것은 정원의 소재가 삼라만상과 우주만물까지 모두 포함할 수 있음을 나타내는 것이다.

(2) 의미론적 해석

별서 조영자의 신분은 의금부도사, 통정대부, 판서, 영의정까지 다양하며, 대체로 세도가이거나 권력에서 물러난 사대부이다. 조영자의 자연관은 도교자연론에서 얘기하듯이 자연에 순응하고 따르는 사상이 기본이라 할 수 있다. 조선시대 별서정원 조영자의 자연관은 크게 복거(卜居)에서 생기론적 자연관과 은일개념의 도교적 자연관, 은둔개념의 유교적 자연관, 초세적 자연관으로 집약된다. 그 외에 신선사상은 연못조영기법 등에서 나타난다.

공간적 해석에서 유의해야 할 점은 조영자의 조영개념에 관한 해석이다. 중요한 것은 최초 조영자의 신분이나 조영방법뿐 아니라, 후에 이루어진 조영행위나 공간 그리고 기법의 변천까지도 다루어야 한다는 점이다. 정원이란 한 세대에 이루어진 것이 아니고 후손들에 의해서 계승되어 내려오는 것이기 때문이다.

별서는 은일과 은거적 삶의 거처지이며, 강학(講學)과 학문적 장소로서의 관념적 의미가 있다. 또 당쟁과 사화를 떠나 이곳에서 생활하고 관상하며, 강학하는 등 새로운 활동

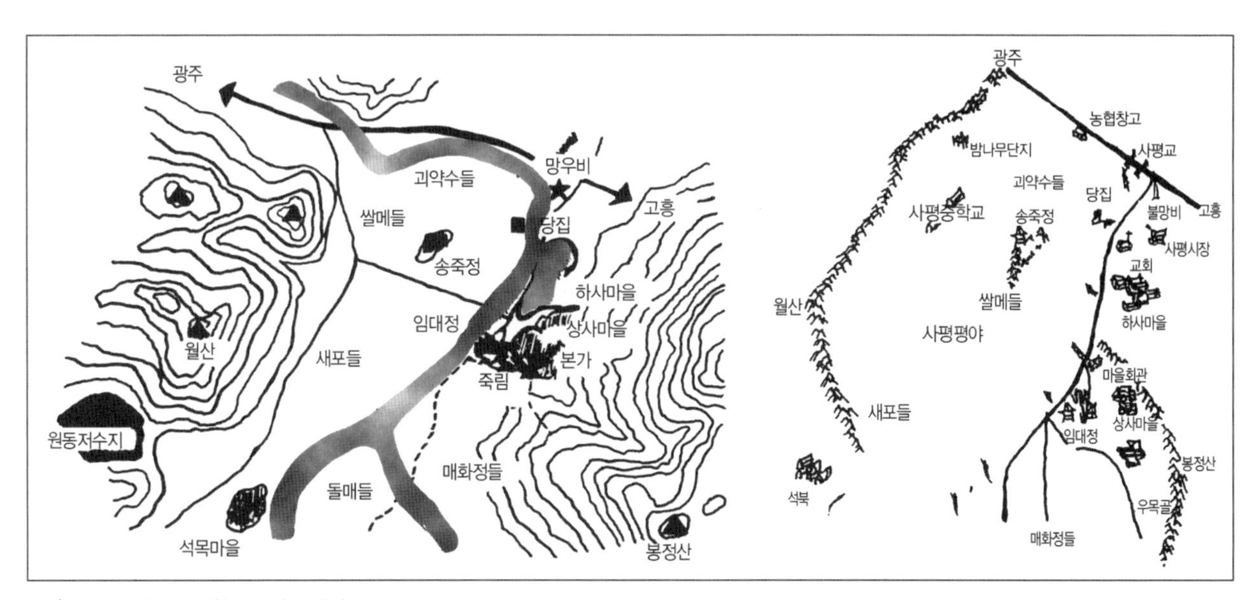

그림 227 임대정의 정원 규모와 스케치

이 일어났다는 점에서 '이용행태적 의미'를 부여해야 한다. 별서에서는 강학과 휴식 기능 외에도 문학이나 시를 즐기기 위한 시연회 등 완상, 풍류, 위락의 행태들이 이루어진다.

조영 동기는 조용히 쉬고 싶어서, 더위를 식히기 위해서, 곧은 뜻을 지키기 위해서, 선조의 유풍과 여가를 백세에 끊이지 않게 하기 위해서 등 은일과 절개를 지키기 위한 것이 대부분이다. 그 외에 정자를 짓고 연못을 파고, 돌에 이름을 붙여 주거나 식재를 한 사실 등 별서 조영기법은 현대조경의 응용 차원에서 중요한 의미를 갖는다.

지역 간의 차이점은 정자 양식의 차이에서 확연한데, 이는 별서의 형성 배경에 따른 문화적 차이라고 생각된다. 식생의 차이점은 기후와 지형적인 여건의 차이에서 오는 것이며, 그 밖의 수경기법이나 배식기법, 점경물의 기법은 지역 간 당파나 학문적 차이에서 오는 것이라고 보기는 어렵다.

5) 별서 사례

별서는 제택을 갖추고 0.2~2㎞ 정도 떨어진 곳에 위치하면서 작정자의 신분과 작정 시기, 작정 기록에 대한 자료, 문집이나 시문, 정자기 등의 행장 기록이 있고, 훼손이 심하지 않아 학술적으로 원형 해석이 가능해야 대표성이 있다고 생각된다. 그런 관점에서 조선시대 별서의 주요 대상지들을 요약 설명하면 다음과 같다.

표 11 **조선 시대의 별서 사례**

지역	정원명	조영자	소재지	작정 연대
서울 · 경기	옥호정	김조순	서울 종로구 삼청동 133	1815
	석파정	대원군	서울 종로구 부암동	19세기 초
	성락원	심상응	서울 성북구 성북동 22	1800~1863
	부암정	윤치호	서울 종로구 부암동	1865~1946
충청 지방	남간정사	송시열	대전시 가양동 65	1683
	옥류각	송준길	대전시 비래동 1-11	1639
	암서재	송시열	충북 괴산군 청천면 화양리	17세기 중반
영남 지방	영양 서석지	정영방	경북 영양군 입암면 연당동	1620~1636
	예천 초간정 원림	권문해	경북 예천군 용문면 죽림리	1582
	소한정	우규동	경남 양산군 물금면 화룡리	1900년경
	함양 화림동 거연정 일원	전시서	경북 청도군 운문면 공암리	1843
호남 지방	보길도 윤선도 원림	윤선도	전남 완도군 노화면 부용리	1637
	강진 정약용 유적	정약용	전남 강진군 도암면 만덕리	1801~1818
	화순 임대정 원림	민주현	전남 화순군 남면 사평리	1862
	담양 명옥헌 원림	오명중	전남 담양군 고서면 산덕리 후산마을	1619~1655
	담양 소쇄원	양산보	전남 담양군 남면 지곡리	1520~1577

(1) 성락원(명승 제35호)[1]

① 작정자의 신분과 자연관

성락원(城樂園)은 순조(1800~1834년) 때 황지사의 별장이었으나, 철종(1849~1863년) 때 이조판서를 지낸 심상응의 별장으로 더 잘 알려져 있다. 그 후 의친왕 이강공이 35년간 별궁으로 사용했고 이건공, 박용우를 거쳐 심상응의 4대손인 심상준, 지금은 그의 자녀들이 관리하고 있다.

조선 말기 성락원 주변(성북동)은 성곽의 북쪽 외면으로 계곡이 깊고, 수석이 맑으며, 도성에서 가까워 세도가들이 자주 찾아 휴식하고 수양하던 곳이었다. 또 초정 박제가가 "어인 일인고, 복사꽃 안 심으면 수치로 여기는 게 성북동의 풍속이라네(最憐城北屯邊俗不種桃似人爲)"라고 감탄했듯이 성북동 일대의 도화(桃花)는 필운대 행화(杏花), 흥인문 밖 수양버들, 정릉 수석(水石), 도봉 단풍과 더불어 한양춘경의 오색으로 일컬어졌다. 자연의 승경(勝景)을 따라 절과 암자가 여기저기 있어 정치가와 문사들은 별장을 마련해 수시로 왕래하고 거주했다. 또 정계의 분란을 싫어하고 청렴한 생활을 선호하여 현실 세계를 벗어나고자 하는 선비들이 많았다.

이 정원을 소유한 이들은 자연에 귀의하여 승경을 즐기려는 자연론자들임에 틀림없으나, 이들의 행적에 대해서는 자세한 기록이 남아 있지 않다. 다만 '성락원(城樂園)'이라는 명칭에서 작정자들이 성 밖 자연의 즐거움을 누리고자 하는 상징적 의미를 느낄 수 있다.

[1] 박문호, 1983년, pp.94~97

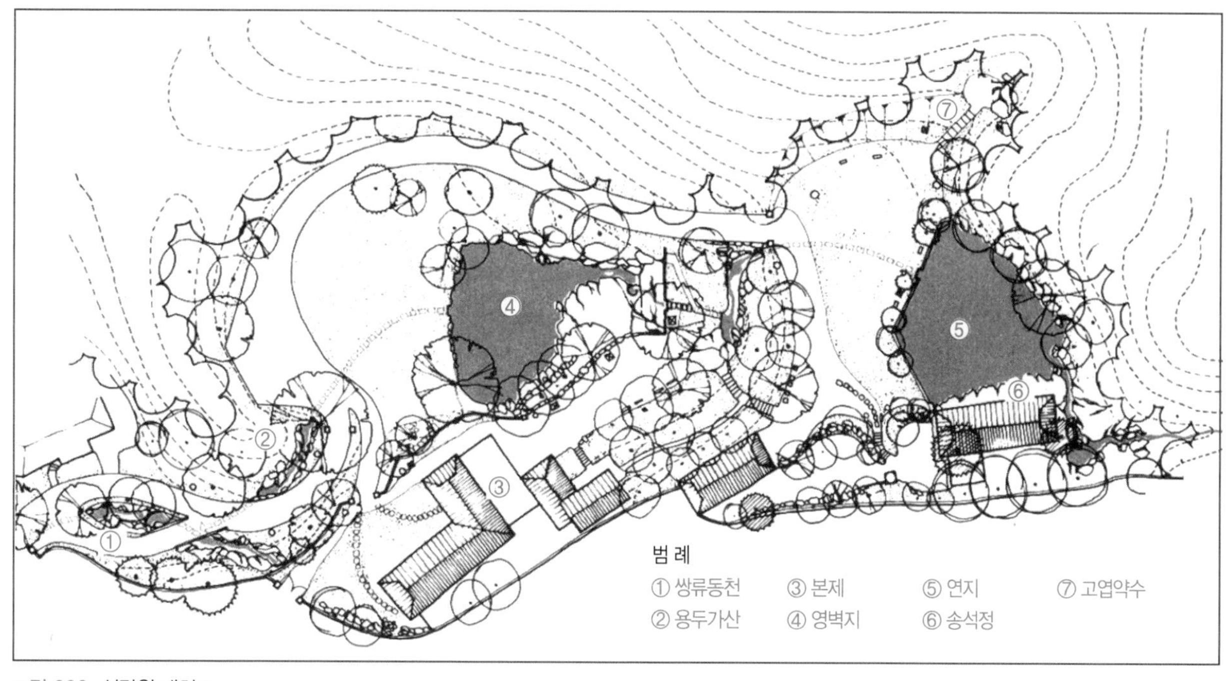

그림 228 성락원 배치도

② 정원의 입지와 공간구성

성락원은 북한산 아래 구준봉을 배경으로, 좌청룡 우백호의 두 줄기 산으로 둘러싸여 있다. 뒤의 낙산을 주봉으로 주택이 앉은 자리는 혈이 되고, 기존 자연지형을 그대로 이용하기 위해 각 공간은 몇 개의 단으로 구획되어 있다.

물은 두 줄기의 계류에서 흘러내려 연못을 이루고, 영벽지(影碧池), 쌍류동천(雙流洞天)을 통해 밖의 외수구로 빠지는 형상으로 길지임에 틀림없다. 용두가산(龍頭假山)은 바깥의 바람과 시선을 차단하는 목석으로 인공조성한 것이다. 트인 부분은 이 둔덕의 가산으로 공간의 기복이 넘쳐 나간다.

정원은 크게 쌍류동천, 용두가산으로 이루어진 진입공간과 본제(本第), 누각, 영벽지의 본원, 송석정, 연지, 약수터로 이루어진 심원의 세 부분으로 구성된다. 공간은 지형을 살리기 위해 노단으로 처리했으며, 아름다운 계곡과 경관을 유지하기 위해 곡선 위주의 동선체계를 갖추었다. 연못도 자연형의 부정형 형태이며 물줄기도 곡선을 그리며 흐른다. 그러나 현재 영벽지 주변에 암반층이 새로 나와 보수공사가 이루어지고 있어 공간구성이 많이 달라질 전망이다.

③ 시각적 체험 연출기법

• 진입공간 : 쌍류동천, 용두가산

입구에 들어서면 아름드리 엄나무와 단풍나무, 우측에 소나무가 있다. 용두가산에는 200~300년 된 엄나무와 주변에 느티나무, 다래나무, 잣나무, 말채나무, 가시나무, 단풍나무군들이 터널을 형성했으나 요즘은 소나무 위주로 식생이 많이 변화되었다.

쌍류동천을 우측으로 바라보면서 다리를 통과하면 둔덕을 쌓고 나무를 심은 용두가산이 나오며, 끝에는 대형 느티나무가 있고 본정으로 진입하게 된다. 이 용두가산은 풍수지리에 의해 지형의 결함을 보충하기 위해 쌓은 것으로 공간 구획면으로는 깊숙한 본원을 진입공간과 분리시켜 사생활을 보호해 주는 역할을 한다.

• 본원 : 본제(本第), 영벽지, 마당

본원에는 성락원에서 살림살이가 가능했던 건물이다. 의친왕이 기거하던 이 건물은 38평 규모로 그 앞에 안마당이 있다. 바깥마당은 접객공간으로 사대부들이 정치, 경제, 사회적인 문제를 담론하고 문화적 교제를 가졌던 장소인데, 모란과 같은 화초류와 석물들이 놓여 있다.

영벽지는 본격적인 정원의 진수를 보이는 곳이다. 계류를 자연스럽게 암반 위에 고이게 해 물과 돌의 조화가 일품이다. 물줄기가 줄지어 흘러내리는 옆에는 '청산일조(靑山一條)'

라는 글귀가 새겨진 암벽이 있다. 또 한겨울에는 장대 같은 고드름이 주룩주룩 매달려 있다는 의미의 추사가 쓴 '장빙가(檣氷家)'란 글씨에서 계절적인 변화를 엿볼 수 있다. 그리고 높이 3m쯤 되는 암반 위에서 2단 수직으로 떨어지는 물을 인위적으로 뚫은 원형의 수반에서 맴돌아 나가게 한 기교가 특이하다. 이렇게 폭포처럼 흘러내린 물은 암벽을 몇 개 도는 동안 연지 속으로 흘러 들어가며, 주변의 식생은 단풍나무가 주종을 이룬다.

• 심원(深園) : 지당, 송석정, 약수터

이곳은 후원과 같은 곳으로 깊은 계곡에서 흘러내린 물로 연지를 만들고, 가장자리에 정자를 건축하여 자연에 몰입할 수 있도록 했다.

계곡을 내려온 물은 4개의 홈을 따라 떨어져 '송석(松石)'이라는 암각이 새겨진 바위를 돌아 두 줄기로 못 안으로 들어간다. 지당은 방지의 변형으로 섬은 없으며, 못가에 송석정이란 정자가 있을 뿐이다. 이 정자는 원래 11칸 규모였는데, 이후 동쪽으로 이전 증축하고 2003년에 다시 개축했다. 이전할 당시 120여 년 된 소나무가 있었는데, 지을 때부터 이 나무를 보존하면서 건축해 수목을 우선시했던 작정자의 지혜를 알 수 있다. 그러나 누각 속에서 지붕을 뚫고 자라던 소나무는 건물을 새로 지으면서 고사하게 되어 안타까움을 준다. 비탈진 북쪽 산자락 중앙쯤에는 새로 다듬어 놓은 듯한 고엽 약수터가 있다. 이곳의 약수는 300년 전부터 솟았다고 하며, 수질이 좋아 철종 때 별감이 지켰는데, 고종과 순종에 이르기까지 식수로 이용했다고 한다.

성락원은 원래 6만 평 규모의 자연원림 속에 조성했고, 동쪽 산록에는 약포, 채전, 과수원이 있어 실용정원의 성격이었던 것으로 보인다. 현재는 성락원 수원(水源)의 젖줄인 담장 밖 북동쪽 연못을 포함한 4,300여 평 정도가 국가명승으로 지정되었다.

그림 229 성락원 송석정과 연못

그림 230 성락원 수경요소와 암각

그림 231 금사담과 암서재〈화양서원도〉

그림 232 금사담과 암서재 전경

(2) 암서재

① 작정자의 신분과 자연관

암서재(巖棲齋)는 조선 중기의 거유 우암 송시열이 은거한 곳으로, 송시열은 중국의 무이구곡을 본받아 화양동 곳곳에 펼쳐지는 승경 가운데 아홉 군데를 골라 화양동구곡(華陽洞九曲)이라 불렀다. 이것은 충북 괴산군 청천면 화양리에서 송면리 쪽으로 화양천의 계곡을 끼고 10리(약 3.9㎞)에 걸쳐 펼쳐진다. 우암은 이곳에 은거하다가 부름을 받고 조정에 나갔다가 사임하고 다시 돌아오기를 여러 차례 거듭했다.

우암 송시열은 주자학에 몰두한 노론학파의 선봉장으로 괴산군 청천면 청천리에 비와 묘소가 있다.

② 입지와 공간구성(내무부, 1987년, p.210)

화양동에는 암서재를 비롯, 암서재 별서의 본제인 읍궁암 위의 초당(草堂)터, 화양서원 터, 만동묘 터 등 우암과 관련된 유적이 많다. 이 가운데에서 암서재는 은거한 우암이 학문을 닦고 후학을 가르치던 곳으로, 화양동구곡 중 제4곡인 금사담(金沙潭)에 자리하고 있다.

금사담은 구곡 가운데서도 가장 경치가 빼어난 곳으로 손꼽히며, '금사담'이란 '수정처럼 맑고 깨끗한 물속에 깔려 있는 모래가 금싸라기 같다'고 하여 붙여진 이름이다. 소를 이룬 물가에는 큰 바위가 산재하며, 물위에 우뚝 솟은 반석 위에 노송으로 둘러싸인 간소한 꾸밈새의 암서재가 자리하고 있다.

암서재(巖棲齋)는 팔작지붕의 목조건물로 두 칸이 방이고, 나머지 한 칸은 마루이다. 우암은 물 건너의 초당(草堂)과 암서재 사이를 조그만 배로 왕래했다고 하며, 그는 이 집을 지은 뒤 "냇가에 바위벽이 열리어, 그 사이에 집 한 칸을 지었네. 고요히 앉아 성인의 교훈 받들어 한 치라도 더위 잡고 올라 보려네"라고 읊었다. 암서재의 마루에 앉아 앞을 내려다보면 송면리 쪽으로부터 흘러내리는 화양천의 맑은 물이 바닥에 부딪쳐 수정으로 엮은 발처럼 펼쳐지는 장관을 즐길 수 있다. 금사담 옆의 높은 암벽에 새겨진 '충노절의(忠老節義)'라는 네 글자는 명나라 태조의 어필로 전해진다.

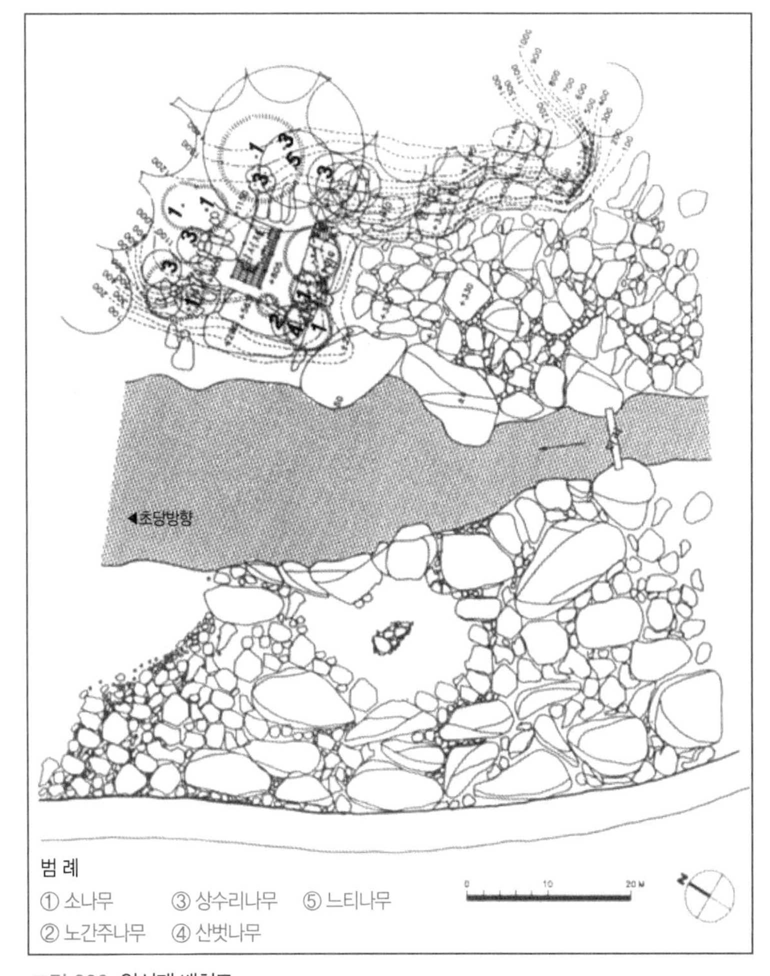

그림 233 암서재 배치도

(3) 담양 소쇄원(명승 제 40호)

① 작정자의 신분과 자연관

• 작정자의 신분과 행상

작정자 양산보(梁山甫, 1503~1557년)는 자가 언진(彦鎭)이며, 호는 소쇄공(瀟灑公)이다. 정원의 조영과 관련해 소쇄공의 일생은 크게 세 기간으로 나눌 수 있다. 한양으로 상경 하기 전의 유년 시절(1503~1516년)에는 소쇄원에 인접한 지석동에 살면서, 자주 이곳을 찾아와 놀던 곳이다. 1516년부터 1519년까지는 상경하여 조광조의 문하에서 수학을 하고, 중종 14년(1519년) 근정전 친시(親試)에 응시해 1차는 급제했으나, 최종적으로 낙방하게 된다. 바로 이 해 기묘사화(己卯士禍)가 일어나 정치 사회상에 깊이 실망하고, 낙향해 은둔생활을 결심하게 되며, 소쇄원을 조영하기 시작한다. 1520년부터 1557년까지는 낙향 은둔기이다. 그의 20대(1520~1532년)는 과거제도, 사회적 부조리에 대한 정신적 충격을 극복하지 못한 시기로 추측되며, 30대(1532~1542년)에 김인후, 송순 등과 교유하면서 초정을 제외한 대부분의 조영공사를 했다. 40대(1543~1552년)에는 을사사화(乙巳士禍, 1545년)로 김인후가 낙향하고, 이것이 은일의 뜻을 굳히는 계기가 되었다. 50대(1553~1557년)에는 소쇄원의 유지에 힘쓰나, 지병에 시달리며 지냈다.

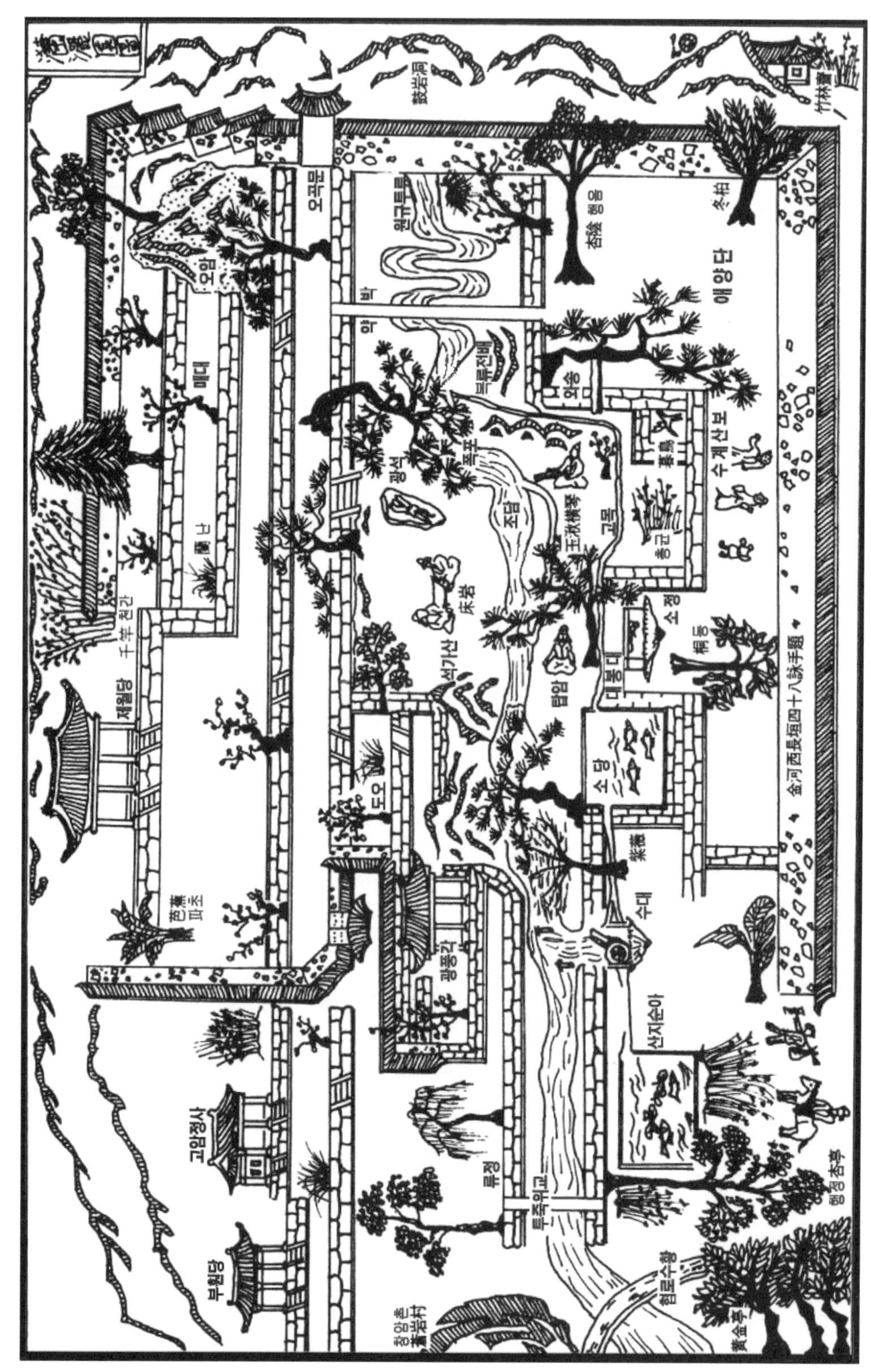

그림 234 목판에 새긴 소쇄원도(1755년 崇禎紀元後 三乙亥年淸和 下浣刊)

• 작정자의 자연관

소쇄원의 조영에서 한 가지 특이한 점은, 소쇄공이 "소쇄원의 언덕 하나, 골 하나에도 자신의 발자취가 닿지 않은 곳이 없으므로, 평천고사(平泉古事)를 따라서 소쇄원을 팔거나 어리석은 후손에게 물려주지 말라"라고 유언을 했던 사실이다. 이는 중국 당시대의 이덕유가 낙양성 동교에 평천장을 조영하면서 후손에게 남긴 『평천산거계자손기(平泉山居戒子孫記)』에서 "평천장을 팔거나, 평천장에 있는 일수일석(一樹一石)이라도 남에게 주는 자는 내 자손이 아니다"라고 했던 고사가 있었는데, 김인후가 한양 동교에 같은 이름의 평천장이라는 별서를 만들고, 역시 비슷한 당부를 『평천장기(平泉莊記)』에 남긴 사례를 본뜬 것이라 하겠다. 이것은 단순히 이덕유나 김인후의 사례를 따른 것이 아니라, 자연 속에 묻혀 혼연일체의 삶을 살다가 자연 속으로 사라지는 도교적 자연관보다는 자연을 구획지어 자신만의 세계를 구축했음을 알 수 있다. 또 사후에도 그의 정원을 자연으로 돌려보내지 않고 후손이 계속 가꾸기를 원했던 만큼 다분히 현세적인 자연관을 갖고 있었으며, 인공적인 정형성을 추구했던 것으로 보인다. 그의 유언 덕분인지는 모르나 양산보 사후에도 아

범 례 ① 광풍각 ② 제월당 ③ 대봉대 ④ 투죽위교 ⑤ 약박 ⑥ 산지순아 ⑦ 소당 ⑧ 오암 ⑨ 매대 ⑩ 도오

그림 235 소쇄원 공간구성

들 고암(鼓岩)과 손자 천운(千運)이 대를 이었으며, 이후 소쇄원 별서의 범위가 용소, 절등재, 고암동굴 등으로 확대한 것으로 보인다.

② 입지와 공간구성

정원은 북쪽 장원봉 계곡에서 흘러내리는 임천이 주된 경관자원이고, 계류가 원내에 커다란 암괴를 형성해 소리와 풍광 등 다양한 경관을 연출한다. 이를 중심으로 양안에 누석축대(累石築臺)하여 선물 부지와 뜰, 화계 등을 꾸며 정형성과 폐쇄성이 강한 공간을 창출했고, 부정형의 계류와 조화시켰다.

정원의 수목과 각종 경물은 전통정원에서 볼 수 있는 여러 요소가 골고루 나타나며, 그것의 배치나 경관구성의 원칙도 전통적 경관사상을 따르고 있다. 정원은 주택정원에서 볼 수 있는 앞뜰, 안뜰, 뒤뜰과 같은 명확한 구분이 보이지 않는다. 그러나 작정자가 이곳에서 일생의 대부분을 은둔으로 보냈기 때문에 건물과 정원을 중심으로 어떻게 공간과 장소를 이용했는가를 해석해 보면, 정원의 공간적, 개념적 구도를 파악하고, 정원의 원형을 이해하는 데 도움이 될 것이다. 소쇄원은 2008년 5월 2일 사적에서 명승으로 지정되었다.

③ 구성요소

소쇄원의 정원요소는 소쇄원 48영에 잘 나타나 있다. 소쇄원 48영은 하서 김인후가 명종 3년(1548년)에 소쇄원의 이모저모를 시제로 지은 오언절구(五言絕句)의 시로, 주요 건물, 구조물, 지형, 식생, 동물, 공간 등의 구성요소와 그 사용 모습을 그리고 있다. 아울러 날씨나 계절, 밤낮의 변화도 묘사하고 있다.

건물로는 광풍각과 제월당[1]이 있다. 진입은 폐쇄적인 좁고 긴 대나무 숲길(협로수황)로 하는데, 진입 후 개방된 정원을 만나게 된다. 정원은 돌이 많은 좁은 길이라는 의미로 48영에서는 석경(石逕)으로 표현하고 있는데 석경을 통해 정원을 감상하도록 되어 있다. 정원 입구에는 행정[2](살구나무가 정자 역할)이 있었지만 현재는 없다. 다리는 위험스러운 대나무다리(투죽위교)와 외나무다리(약박) 두 종류가 설치되어 있다.

경물은 순채를 키우던 방지(산지순아)와 작은 방지 소당(小塘)이 있다. 나무를 쪼개고 속을 파내어 비구(飛溝) 역할을 하던 고목(刳木), 물레방아인 수대, 담장 아래로 물이 흘러 들어오는 유수구(流水口)인 원규투류, 목욕이 가능했던 조담(槽潭), 자라바위인 오암, 석가산(石假山), 긴 담장(長垣 장원)이 조성되었다.

소쇄원의 수경(水景)은 48영에서 다양하게 표현되고 있다. 48영에 나타난 수경으로는 말 구유(槽) 모양으로 생긴 물웅덩이인 조담(槽潭), 몹시 세차게 흐르는 물인 격단(激湍), 살구나무 그늘 아래 다섯 번 굽이쳐 흐르는 오곡류(五曲流)[3], 담장 아래로 통과해서 흐르는

❶ 광풍제월(光風霽月)은 비가 갠 뒤의 바람과 달이란 뜻으로, 마음결이 명쾌하고 집착이 없으며 쇄락함을 의미한다. 유교의 주돈이와 관련 있다. 48영에서는 광풍각을 침계문방(枕溪文房)이라 하여 계류에 위치하여 마치 계류를 베고 있는 형상의 글방(문방)이라고 표현하였다.

❷ 행(杏)은 은행나무와 살구나무 두 가지로 해석 가능하다. 그래서 일부 학자들은 은행나무라는 주장을 하기도 하지만 소쇄원도에 그려진 나무는 은행나무가 아니라 살구나무로 표현되었기 때문에 여기서는 살구나무로 해석한다.

❸ 48영에서는 행음곡류(杏陰曲流)라 하였는데, 이것은 시제를 맞추기 위해 축약해서 쓴 것이고, 오언절구 시 내용을 보면 '오곡류'로 나타나 있다.

투류(透流), 위험해 보이는 바위를 타고 흐르는 물인 전류(展流)[4], 돌아 흐르는 물인 복류(洑流)[5], 나무홈통을 통해서 흐르는 통류(通流), 폭포의 또 다른 표현인 옥추(玉湫) 등을 묘사하고 있다.

식물은 대나무(수황, 총균, 천간), 살구나무(행정, 행음), 오동나무(桐 동), 매화(梅臺 매대), 복숭아(도오), 버드나무(유정), 배롱나무(자미), 등의 목본류와 순채(蓴 순), 파초(芭蕉), 부용(연꽃)과 같은 초본류가 등장하며, 동물은 새, 오리, 자라가 등장한다.

공간은 물가에 버드나무가 심겨진 류정(柳汀), 겨울철에 따뜻한 곳인 애양단(愛陽壇), 산보를 할 수 있는 긴 계단인 수계(脩階)[6], 달맞이 하던 매대(梅臺), 오동나무가 심겨진 동대(桐臺), 무릉계곡을 상징하는 복숭아꽃이 핀 언덕인 도오(桃塢)를 묘사하고 있다.

별서를 이용하는 행태로는 기대고, 눕고, 앉고, 산책하고, 바람 쏘이고, 달을 쳐다보고, 졸고, 목욕하고, 거문고를 연주하고, 유상곡수연의 술잔을 권하고, 장기를 두고, 손님을 맞는 모습들을 묘사했다.

(4) 담양 명옥헌 원림(명승 제 58호)

① 작정자의 신분과 자연관

조선 중기 명곡(明谷) 오희도(吳希道, 1583~1623년)가 어머니 순천 박씨의 친정인 이곳에 이사와 살기 시작한 것에서 유래된다. 그는 산천경관이 아름다운 이 마을이 마음에 들어 집 가까운 곳에 '망재(忘齋)'라는 조그마한 집을 짓고, 학문을 닦으며 자연과 벗 삼아 살았다. 그 아들 오이정이 선친의 뒤를 이어 이곳에 은둔하면서 자연경관이 좋은 도장곡에 정자를 짓고, 시냇물이 흘러 한 연못을 채우고 다시 그 물이 아래의 연못으로 흘러가는데 물 흐르는 소리가 옥이 부딪히는 것만 같다고 하여 연못 앞에 세워진 정자 이름을 명옥헌(鳴玉軒)이라 했다고 한다.

② 입지와 공간구성

정원은 전남 담양군 고서면 산덕리 후산마을의 고개 너머에 있으며, 정자 건물은 목맥산 북서쪽 기슭의 작은 계류 옆에 위치한다. 명옥헌은 정면 3칸, 측면 2칸의 팔각지붕형 북서향 정자 건물로, 중앙 뒤편에 방이 하나 있고 그 좌우 전면은 마루이다.

정자의 앞쪽 낮은 곳에는 20×40m의 장방형 못이 있고, 그 중앙에는 흙으로 쌓은 둥근 섬이 있어 일종의 방지중도형을 이룬다. 못 주변의 언덕 위에는 오래된 배롱나무들이 자연스럽게 열식되어 초여름에서 늦가을까지 분홍빛 꽃바다를 이룬다.

한편 못의 서남쪽 원로가에는 노송이 열식되어 있고 줄기 사이로 멀리 무등산이 보인다. 명옥헌의 동쪽 비탈면에 조성된 상지는 6×11m 규모의 방지로 계천에 인접해 있는

[4] 48영에서는 위암전류(危巖展流)로 표현하고 있다.

[5] 48영에서는 특이하게도 돌아 흐르는 복(洑)자를 사용해 복류라고 표현하고 있다. 시제는 복류전배(洑流傳盃)이며 시 내용은 유상곡수연의 내용을 담고 있다.

[6] 여기서 수(脩)는 '길다'라는 의미다. 따라서 협로수황에서의 수황은 긴 대나무이다. 마찬가지로 '수계산보'는 현지 지형과 맞추어 보면 산보를 할 만큼 단 차이가 별로 없는 긴 계단으로 해석하는 것이 옳다. 물론 계(階)는 일반적으로 섬돌이라고 많은 문헌에서 번역하고 있지만, 소쇄원도에서는 건물을 오르기 위한 섬돌로 그려져 있지 않다.

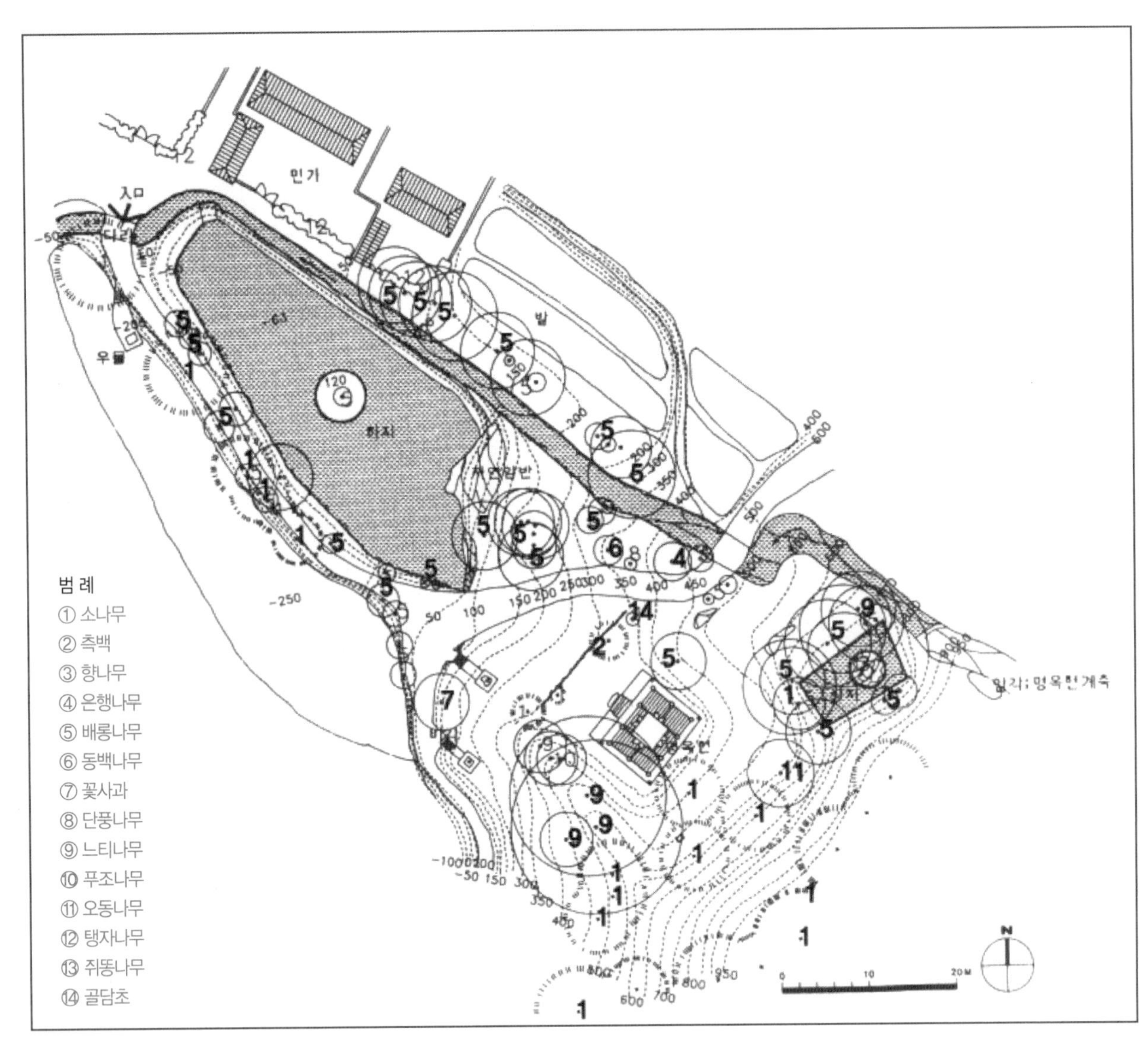

그림 236 **명옥헌 식생도**

데, 못 안에는 높이 1.3m, 지름 4.7m의 바위가 수중암도를 이루고 있다. 이 못의 북쪽과 서쪽 언덕의 배롱나무는 노령으로 많이 말라죽었으며 지금은 밑둥 둘레가 60~120㎝에 이르는 것이 10여 주가 남아 있을 뿐이다.

공간의 구성은 진입부–연못 주변–누각 주변 공간–상지 위의 공간 등으로 구분된다. 오희도와 그의 아들 오명중의 본제(本第)는 오씨들이 살았던 마을 안 대형 은행나무 위에 있었으며, 고개 하나를 두고 500여 미터 떨어져 있다(정동오, 1990, pp.382~383).

그림 237 **명옥헌 공간구성**

범 례 ① 명옥헌 ② 상지 ③ 하지 ④ 계류 ⑤ 배롱나무

③ 경관의 연출기법

명옥헌의 경관은 진입하면서 나타나는 경관, 보행하면서 감지되는 경관, 정자에 서서 느껴지는 경관으로 구분된다. 명옥헌 뒤편 제단부는 1825년에 창건했다가 1868년에 헐어 버린 도장사의 옛터로 이 지방 출신의 양산보(梁山甫), 오희도(吳希道), 김인후, 정철 등의 제현을 제사 지내던 곳이다. 또 위의 계류에는 우암 송시열이 쓴 것으로 전해지는 '명옥헌계축(鳴玉軒癸丑)'이라는 암각이 있다. 암각의 글자에서도 볼 수 있듯이 실제 이곳은 맑은 물소리가 귓전에 들리는 듯하다.

명옥헌 정원은 자연계류를 중심으로 정자와 전통적인 중도형의 상, 하 방지 그리고 송림과 배롱나무로 구성되어 도연명의 무릉도원처럼 불로장생의 신선세계를 연출하려고 했던 것으로 해석된다.

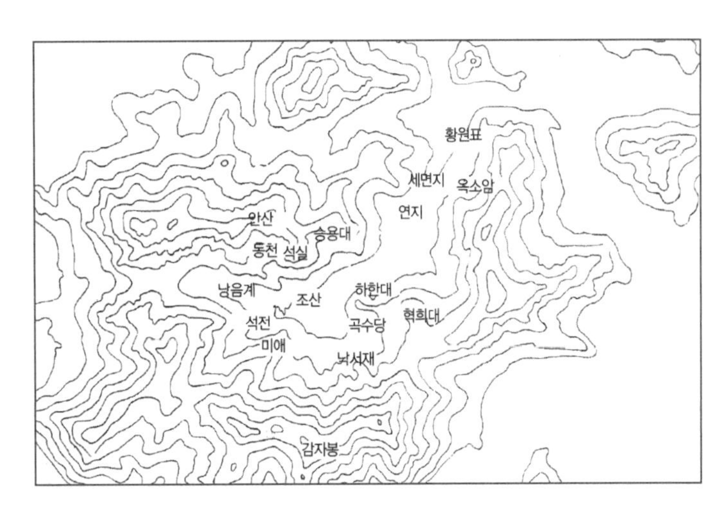

그림 238 부용동 정원 배치도

(5) 보길도 윤선도 원림(명승 제 34호)

① 작정자의 신분과 자연관도

윤선도(尹善道, 1587~1671년)는 좌참찬 윤의중(尹毅中)의 손자이며, 윤유심(尹惟深)의 둘째 아들로 1587년 6월 22일 한양에서 태어났다. 그의 호는 고산(孤山) 또는 어초은사(漁樵隱士)라 한다. 체격이 왜소하나 어려서부터 총명하고 글을 좋아했고 의학, 음양지리에도 정통했으며 특히 시조에 뛰어났다. 26세 때 진사시에 급제했으며 1628년(42세)에는 별시, 초시에 등과하고 예조참의 등 여러 관직을 역임했다. 그러나 집권파인 서인들의 압력으로 좌천되자 벼슬을 버리고 향리인 해남으로 돌아왔다.

1636년(인조 14년) 12월 병자호란이 일어났을 때 그의 나이 51세로, 강화도가 함락되고 인조가 청태종에게 항복했다는 비보를 듣자 세상에 뜻을 버리고 은둔생활을 결심한 후 1637년 배를 띄워 제주도로 향했다. 그러나 도중에 경관이 수려하고 내륙의 공간이 깊숙하여 은둔생활에 적지라 여긴 보길도에 정착했다.

고산은 84세(1671년)까지 사는 동안 14년의 귀양살이와 19년의 은둔생활로 강직한 성품을 지녔으며, 출세에 대한 미련 없이 별서를 경영했다. 보길도는 그의 높은 안목과 철학을 구현한 선경으로, 산수 간에 살면서 자연의 참된 아름다움을 찾아내고 그 변화를 시의 세계 속에 승화시킨 〈어부사시사(漁夫四時詞)〉의 산실이었다. 고산은 이 섬의 최고봉인 격자봉을 중심으로 낙서재에서 보면 마치 반쯤 핀 연꽃 같은 지세를 형성하고 있어 '부용동(芙蓉洞)'이라 하였다. 그는 격자봉의 북쪽 기슭에 낙서재를 세워 그의 생활 본거지로 삼았으며, 맞은편의 산중턱 위에 동천석실(洞天石室)을 꾸미고 연못을 조성해 휴식공간을 만들었다. 부용동 원림 입구에 계천이 흐르고 좋은 경치를 이루고 있으므로 정자를 세워 '세연정(洗然亭)'이라 이름 붙였다. 고산은 이곳 외에도 네 곳에 별서를 만들었는데, 전라남도 해남의 수정동, 문소동, 금쇄동과 경기도 양주의 고산이 있다.

보길도 윤선도 원림과 관련된 고문헌으로는 윤선도의 5대손 윤위(1725~1759)가 고산이 돌아가신 후 77년 만인 1748년에 방문한 것을 기록한 『보길도지(甫吉島識)』가 있다. 그 밖에 정조 15년(1798년)에 전라감사가 간행한 『고산연보(孤山年譜)』가 있다.

② 공간구성

보길도 윤선도 원림은 낙서재를 중심으로 한 정주공간 이외 자연경관을 감상하면서 산

그림 239 **낙서재 발굴 및 정비**

범 례 ① 낙서재 ② 동와 ③ 사당 ④ 전사청 ⑤ 소은병 ⑥ 귀암발굴지 ⑦ 돌담

책과 휴식을 즐기는 낭음계(郎吟溪)와 곡수당(曲水堂) 공간과, 부용동 전체를 한눈에 내려다볼 수 있는 동천석실 공간, 계류를 활용해 인공적으로 수경 처리한 세연정 공간으로 나눌 수 있다.

• 낙서재

낙서재는 그동안 전남문화재연구소에서 2003년, 2006년, 2009년 세 번에 걸쳐 발굴조사를 실시한 바 있다. 그 결과 건물지 10여 동과 방지 1개소가 발굴된 바 있다. 그리고 2011년 국립문화재연구소 자연문화재연구실에서 귀암(龜巖)을 발굴하였다.

낙서재의 남측으로는 격자봉, 맞은편에는 동천석실과 가운데 안산이 위치해 있으며, 동쪽에 곡수당 지역을 통과하여 흐르는 물줄기와 낙서재 서쪽을 감싸 흐르는 물길에 의해 둘러싸여 있다. 낙서재는 고산 윤선도가 기거했던 내침(內寢)에 해당되는 곳으로 『보길도지(甫吉島識)』에 의하면 "하한대(夏寒臺) 서쪽에 있고 두 언덕의 중간 지점으로 소쇄하고 아늑한 공간"이며, "혈맥이 격자봉에서 세 번 꺾어져 내려오면서 소은병(小隱屛)이 있고, 소은병 아래가 낙서재 터가 되었는데, 그 혈전은 꽤 높고 크다. 왼쪽은 양(陽), 오른쪽은 음(陰)에 속한다. 입술은 다소 끝이 뾰족하고 오른쪽에는 맑은 물이 감돌고 있다"라고 기록되어 있다. 당시에는 소은병, 세칸집(낙서재), 외침(무민당), 동와, 서와, 연못 등이 있었으나, 고산의 후손인 학관, 이관 등에 의해 증·개축되었다는 기록이 남아 있다(이원호, 2012, p.113).

범 례 ① 곡수당 ② 평대 ③ 작은문(小門) ④ 상지 ⑤ 하지 ⑥ 방대 ⑦ 유의교 ⑧ 일삼교 ⑨ 홍교 ⑩ 낭음계

그림 240 곡수당 일원 발굴 및 정비

범 례 ① 세연정 ② 동대 ③ 서대 ④ 판석보 ⑤ 원도 ⑥ 방도 ⑦ 칠암 ⑧ 비홍교 ⑨ 혹약암 ⑩ 사투암 ⑪ 옥소대 ⑫ 옥소암 ⑬ 둑(제방)

그림 241 세연정 공간구성

• 낭음계와 곡수당(曲水堂)

낭음계는 격자봉의 동쪽 골짜기를 흐르는 물소리를 옥구슬 구르는 소리에 비유하여 이름 붙였다. 곡수당은 세연정(1637년)보다 뒤에 건립하였다. 『보길도지』에 의하면 '방 한 칸에 사방에 퇴를 달았으며 남쪽 난간에는 취적(取適) 서쪽은 익청(益淸)이란 편액을 달았다. 이는 모두 학관의 글씨이다'라고 했다. 그런데 이 '곡수당은 세연정보다는 규모가 약간 작지만 섬돌과 주춧돌을 놓은 것은 정교하다'라고 기록하고 있다. 곡수당도 세연정처럼 한 칸4퇴(一間四退)라 한 것은 가운데 방 한 칸에 사방으로 마루를 설치한 정면 3칸, 측면 3칸의 집이었던 것으로 보인다. '곡수당 뒤에는 평대(平臺)를 만들고 평대의 삼면에 담장을 둘러 좌우에 작은 문을 두었으며 그 중간에는 꽃과 과일나무를 심었다.' 곡수당의 남쪽 취적헌에 연하여 조성된 장방형(길이4.5m×너비2.4m)의 못(上池)이 발굴되었다. 이 못의 깊이는 1.8m가 넘는데 바닥은 평평한 자연 암반으로 연을 심을 수 없어 연지(蓮池)는 아니다. 『보길도지』에서 연지라고 기록하지 않고 못(池)이라고만 기록하고 있다. 이 못의 서쪽 호안 높이는 수직으로 약 2m 정도인데 산석으로 면이 아주 고르게 쌓았는데, 석축의 뒷쪽은 강회를 30㎝ 정도 채워서 방수처리 하였다. 이 못에 대한 『보길도지』의 기록은 '취적헌의 아래 유의교(有意橋)의 위에 못을 파놓았는데 넓이는 대와 비슷하고 깊이는 두어 칸이며 석축 한 것이 꽤 높았다. 후면에는 두어

층의 작은 화계를 만들어 화초와 괴석을 열 지어 심었으며 동남쪽에 방대를 높이 축조하고 대(臺) 위에는 암석을 쌓아 가산(假山)을 만들었는데 높이가 한길 남짓하다…(중략)…허리 부분에는 구멍 하나를 뚫어 그 가운데에 석통(石筒)을 끼워 넣고 뒤에는 은통(隱筒)으로 물을 끌어들여 구멍을 통하여 못 속으로 물이 쏟아지게 하고 이를 비래폭(飛來瀑)이라 불렀다.

• 동천석실

낙서재로부터 정북쪽에 수평 거리 약 1㎞의 안산 중턱에 있으며, 해발고 약 100m의 위치에 있다. 주로 천연의 암괴로 이루졌으며, 암반 위에 한 칸짜리 석실(石函 석함)을 축조하고 수경한 특별한 공간이다. 『보길도지』에 의하면 석문(石門 돌문), 석제(石梯 돌계단), 석난(石欄 돌난간), 석정(石井 우물), 석천(石泉 샘), 석교(石橋), 석담(石潭) 들은 모두가 인공을 가하지 않은 자연 그대로의 것으로 모양 따라 이름을 붙였다. 석실은 고산의 인공구조물 유적으로는 제일 높은 곳에 위치하고 있으며 동천이란 신선이 산다는 뜻이다. 석실 공간의 서쪽에는 암대와 석벽 사이에 반자연적인 조그마한 부등변 삼각형의 석담(石潭)이 있고 수련이 자라고 있으며 그 남쪽에는 인접해서 석담(石潭)이 축조되어 있다. 동쪽의 암벽 가까이 폭 60㎝ 정도의 돌계단(석제)이 있어 공간을 서로 연결하고 있다. 동천석실의 면적은 약 2,300㎡ 정도로 부용동 유적 중 가장 절승의 경관이며, 자연에 잘 드러나지 않는 약간의 인공을 가해 조성하였다.

• 세연정

동천석실이 속세를 떠난 선인이 관조하는 공간이라면, 세연정은 자연 속에서 위락하는 공간이라고 볼 수 있다. 『보길도지』에 의하면 세연정 정자 건물은 방 1칸에 사방으로 툇마루(1칸 4퇴)를 두른 형식의 건물로 연못 가운데 위치한다. 사방으로 툇마루를 달았기 때문에 연못의 여러 경치를 감상하기 용이한 구조다.

세연정의 공간구성은 부용동 계곡에서 흘러내리는 물을 판석보라고 하는 특이한 형태의 구조물로 막아 연못을 조성한 다음, 부지 경계부에는 언덕 모양의 둑(제방 堤防)[1]을 쌓고 동백나무와 영산홍을 심었다.

연못은 세연정 정자 건물에 의해 7암이 있는 자연형 연못과 옥소암이 있는 방지(方池)로 나누어지는데, 자연형 연못이 있는 곳은 원도가 조성되어 있고, 방지에는 방도(方島)가 조성되어 있다.

낙서재 쪽에서 내려와 세연정을 오르기 위해서는 비홍교(飛虹橋)를 건너야 한다. 비홍교는 엎드린 거북 바위 위에 홍예교를 가로 걸친 다리(橫橋 횡교) 형식으로 조성해 놓은 것으

[1] 『보길도지』에서는 한 문장에 같은 의미를 나타내는 둑(堤防)을 혼용하고 있다. 현대적 조영기법으로는 마운딩에 해당한다.

로『보길도지』에는 기록되어 있다.

또한 이곳에는 동대와 서대를 조성하여 대 위에서 춤을 추게 하고, 연못에 작은 배(小舫)를 띄우기도 하고, 세연정에서 〈어부사시가〉를 관현악으로 연주하기도 하고, 옥소암(玉簫岩)에서 춤을 추기도 하였는데 그림자는 못 속에 떨어지고 너울너울 춤추는 것이 음절에 맞았던 것으로『보길도지』에는 기록되어 있다.

(6) 예천 초간정(草澗亭) 원림(명승 제 51호)

① 작정자의 신분과 자연관

초간정의 작정자 권문해(權文海, 1534~1591년)의 호는 초간(草澗)이며, 중종 29년(1534년)에 예천군 용문면 죽림에서 출생했고, 퇴계 선생의 문하에서 서애, 학봉, 동강 선생 등과 동문수학한, 동인에 속하는 인물이다. 성품이 어질어 도의를 숭상하고 정직, 청렴, 충직하고 신의가 있었으며 효성이 지극했다. 관직으로는 승정원 좌부승지, 관찰사를 거쳐 사간(司諫)을 지냈지만 자연을 즐기기 위해 고향으로 돌아와 초간정을 창건했다. 저술로는 조선시대 최초의 백과사전인『대동운부군옥(大東韻府群玉)』과『초간선생문집』이 있다.『대동운부군옥』은 우리나라의 지리, 국호, 성씨, 효자, 열녀, 산명, 화명, 금명 등을 수록한 책으로 초간 선생이 초간정에 머물며 집필한 것이다.

초간이라는 이름은 당시(唐詩)의 "시냇가에 자란 그윽한 풀포기가 홀로 애처롭다(獨憐幽草澗邊生)"라는 구절에서 두 글자를 따왔으며, 주렴계(周濂溪)는『초간정사사적기(草澗精舍史蹟記)』에서 "수면에 이는 잔잔한 물결의 흔들림"을 이곳에서 즐기려 했다고 말했다. 정자의 명칭은 처음에 정사로 불리었으므로 풍류를 즐기기 위한 별서정자라기보다 강학과 집필을 위한 장소로 이해해야 한다. 실제로 초간 선생은 향리인 죽림동 본제에 기거하면서 이곳을 찾아와 집필과 강학활동을 했으며, 그의 아들 권별(權鼈)도 이곳에서『해동잡록(海東雜錄)』을 집필했다.

그림 242 초간정의 수경과 절벽

② 입지와 공간구성

이 정원은 본가가 있는 죽림동에서 서북쪽으로 약 5리(약 1.9㎞) 떨어진 계류에 위치한다. 죽림동 종가의 사랑채는 보물 457호로 지정되어 있는 사적으로, 왼쪽에 백마산, 오른쪽에 아미산으로 둘러싸인 대표적인 풍수 길지로 알려져 있다. 초간 선생은 죽림동 향리에 머물면서 경승지를 찾아 매일 속칭 북두루미산의 산자락을 따라 오가며(죽림–가목이–남티–사시나무골–초간정사) 산책하고 명상에 잠겼던 것이다.

이 정원은 본시 정사였으므로 현재 살림집으로 쓰이고 있는 건물이 '광영대(光影臺)'라는 현판이 걸린 강학의 장소였고, 마루 끝에 하인이 기거하는 살림방이 있었으며, 정자 건물 바깥에 서고인 백승각이 있었다. 이 정원의 구성은 광영대의 벽체를 경계로 공적 공간과 사적 공간이 엄밀하게 구분되어 정자는 주인과 각별한 친분이 아니면 출입할 수 없는 곳이었고, 며칠씩 기거하거나 손님을 접대를 위해 하인채가 딸려 있었다.

③ 경관의 연출기법

초간정에 가기 위해서는 정침에서 고개를 넘고 산모퉁이를 돌아야 한다. 초간정의 경관은 본제에서 고개를 넘고 산모퉁이를 돌 때부터 시작한다. 멀리서 보이는 초간정은 전체 자연현상의 산수화 한 폭 중 1점에 해당되는데, 이는 우주의 삼라만상 중 하나의 위치를 정하는 셈이다.[1] 정자에 접근하기 위해서는 계류를 건너고 돌아서 다리를 건너가야 한다. 다리를 건너오면 관찰자는 정자의 뒷면을 보게 되고, 초간정이 가까워짐에 따라 조금 전까지 그림같이 느끼던 정자에 대한 인상은 곧바로 현세적 의미로 돌아오게 되며, 초간정의 대문과 마당을 연상하면서 멀리 이어진 시골길의 끝으로 시선이 끌린다.

관찰자는 산과 들, 시내, 논밭과 같은 하나의 보편적인 자연에서 출발해, 경관을 보는 시점과 대상이 변화함에 따라 순차적으로 시각적 체험을 함으로써, 같은 대상도 보는 상황에 따라 다양한 시각적 의미를 전달하게 된다. 그때마다 배경으로서의 자연과 건물, 정자의 주인과 방문자와의 인간 관계 등이 설정된 환경에서 그 의미가 교묘히 바뀌는 것이다. 보편적인 자연에서 속세와 절연된 순수한 자연으로 넘어가서 다시 현세적인 경관으로 돌아가다가 마지막으로 추상화된, 원초적인 자연으로 되돌아간다. 방문자는 이러한 시각적 체험의 경로를 통해 다양한 경관을 경험하게 된다.

[1] 『초간선생문집(草澗先生文集)』

(7) 영양 서석지(瑞石池)

① 작정자의 신분과 자연관

서석지는 경상북도 영양군 입암면 연당리에 위치하며, 정영방이 1610~1636년에 조영한 것으로 입구 쪽의 외부 영향권 원림까지 포함하면 그 규모는 45만여 평에 이른다. 정영방(1577~1650년)의 호는 석문(石門)이며, 처사 정식(鄭湜)의 둘째 아들로 경북 예천군 풍양면 에서 태어나 일생을 임천 속에서 살면서 자연경관을 시문학적으로 인문경관화한 사람이었다. 유년에 우복 정경세(鄭經世)의 문하생이 되어 수학했으며, 퇴계의 학통을 이어받았다.

그는 일생 동안 세 번이나 절개를 지키는 행동(節行)을 했는데, 첫 번째가 광해조 때 두문불출이고, 두 번째가 인조반정 후 벼슬길을 사양한 것이며, 세 번째가 계축옥사(癸丑獄

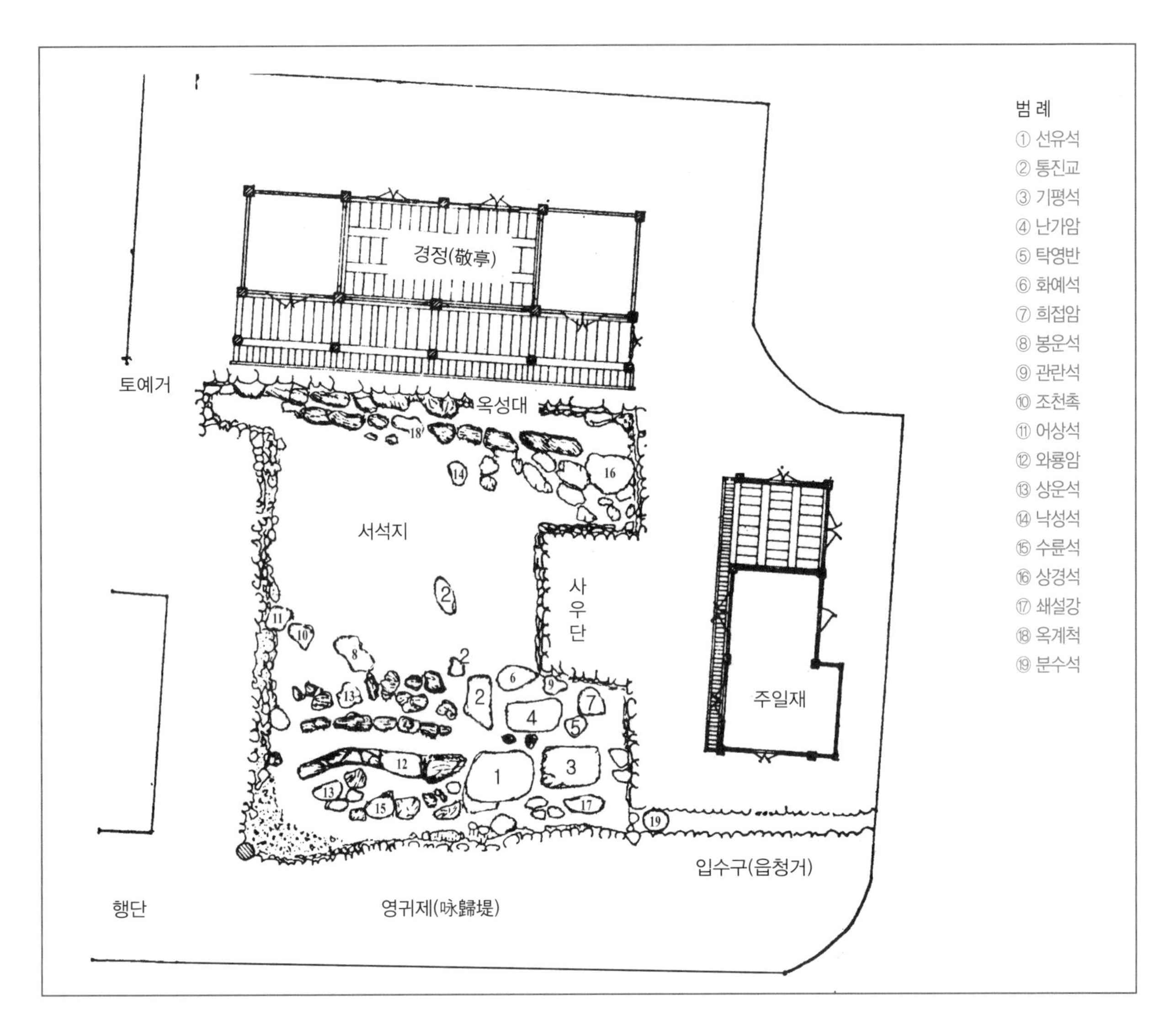

그림 243 서석지 평면도

事)를 전후해 현 연당동으로 들어와 임천생활을 실행한 것이다. 그는 1598~1600년 사이에 연당동 일대를 예비 답사해 거처로 내정한 후 1610년경 이곳에 초당을 짓고, 주변 임천경관과 환경 여건을 분석하면서 1620~1636년에 내원을 축조한 것으로 생각된다. 한편 풍수지리에도 능해 경정의 배산격인 자양산 주봉을 대박산(大朴山)이라 명명한 시문에서 주변의 산수를 풍수지리적으로 풀이해 인공축조물의 터를 잡았다.

② 입지와 공간구성

경정과 서석지가 자리 잡은 연당동은 일월산에서 뻗어 내린 대박산 줄기의 자양산록에 전개되는 폭포형 분지로, 남쪽 진보에서 북쪽 영양까지 이르며 안동 봉화 영덕 지방의 첩산으로 둘러싸여 있다.

해발 1,219m의 거산 일월산을 기점으로 동남으로 이어진 대박산(766m)과 작약봉을 거쳐 자양산(430m)에 이르는 배산이 있고, 진보에서 동으로 뻗은 영등산(570.2m)이 나월암으로 연하여 연당골을 서남쪽으로 감싸고 있다. 서석지는 석문 임천정원으로, 주생활공간인 내원과 가시권 내의 자연경승 및 전원공간으로의 외원, 밖의 외원을 둘러싼 영향권원으로 구성되어 있다. 주생활권인 내원은 독서, 사교, 회유, 관조, 영농 관리 등의 기능을 하며, 외원은 산책, 낚시, 영농과 차경원으로서의 다목적 기능을 갖는 권역으로 내원과는 불가분의 관계이다. 그 밖의 영향권인 반변천 옆 진입로변은 석문 임천정원의 선계로 들어서는 수경적 기능을 함께 한다.

③ 공간구성요소

정원시설물은 동서를 기축으로 서북 간에 경정을 세우고 서석지를 대경으로 배치했으며, 좌우 축에 주일재와 정문을 남북으로 대칭이 되게 배치하고 있다.

지당은 중도가 없는 방지로 동서가 남북보다 약간 길어 1.2 : 1의 비례이다. 이는 경정에서 바라다보이는 동안변의 서석군을 자연스럽게 차입하려는 동시에 임천외원의 주경관이 동쪽에 많기 때문에 동서축에 초점을 맞춘 것으로 풀이할 수 있다.

서석의 형상과 위치를 기술한 『석문집(石門集)』과 『임장세고(林庄世稿)』[1] 등에서 서석지에 대한 기록이 있다. 조영할 당시의 서석은 60개였던 것으로 추정된다.[2] 이 서석에 자연현상이나 경물 등의 이름을 붙여 소우주를 표현하고 있다. 네 친구의 단이라는 의미를 갖는 사우단에는 매, 송, 국, 죽을 심어 군자의 품위를 나타냈으며, 담 모퉁이에는 학자 성격을 갖는 은행나무 아래에 행단을 만들었다. 경정 난간 아래 흰색의 바위를 쌓아 마치 옥(玉)으로 만든 대와 같다 하여 옥성대(玉成臺)라고 불렀으며, 연못 주변으로 시를 읊조릴 만하다고 하여 영귀제(咏歸堤)라고 하였다.

서석지(瑞石池)라는 말은 하늘이 만든 아름다운 백옥(白玉)이 담긴 연못이라고 붙여진 이름이다.[3] 이 가운데 가장 큰 경석인 선유석(僊遊石) 주변에는 통진교(通眞橋)와 조천촉(調天燭), 기평석(碁枰石)과 분수석(分水石) 등의 경석이 배열해 있고, 와룡암을 중심으로 상운석(祥雲石), 봉운석(封雲石), 낙성석(落星石), 어상석(魚牀石)[4] 등 생물과 자연형상을 상징화한 서석들이 주경석을 에워싼 것과 같은 소우주를 형성하고 있다.

④ 경관의 연출기법

석문 임천정원은 산맥과 입암으로 둘러싸인 가운데, 두 줄기의 강물이 합수되고 가시권 내에 다양한 산수진경을 차경원으로 활용할 수 있다는 점에서 다른 임천정원에서는

[1] 『임장세고』는 동래정씨(東萊鄭氏) 집안 5대의 시문집이다. 후손인 정인목(鄭仁睦)과 그의 아들 탄관(歎寬) 등이 편집하고 익소(翼詔)가 간행하였으나 그 발행 연대는 알 수 없다.

[2] 물속에 잠긴 돌까지 합치면 90여 개라는 주장도 있다.

[3] 서석지(瑞石池)는 『석문집』에 나오는 용어다. 따라서 서석지를 방지, 방당지 등으로 부르는 것은 잘못된 것이다.

[4] 선유석(신선이 노니는 바위), 통진교(선유석에서부터 옥성대까지 신선이 건널만한 다리), 조천촉(촛대를 세울만한 돌), 기평석(바둑판돌), 분수석(물줄기를 갈라 놓는 돌), 와룡암(누운 용 바위), 상운석(상서로운 구름 모양의 돌), 봉운석(바다를 날고 있는 학과 일출 구름), 낙성석(별에서 떨어진 돌), 선행 서적이나 논문에서 물고기 모양의 돌이라고 '어상석(魚狀石)'이라고 표기한 것은 잘못된 것이다. 『석문집』과 『임장세고』에는 물고기의 집을 의미하는 '어상석(魚牀石)'이라고 기록되어 있다.

범 례 ① 경정 ② 주일재 ③ 사우단 ④ 영귀제 ⑤ 행단 ⑥ 입수구 ⑦ 옥성대 ⑧ 서석지

그림 244 서석지 공간구성

찾아볼 수 없는 천혜의 입지경관을 이룬다.

석문 임천정원은 주거 및 생산공간으로서의 외원과 환경보존녹지 등을 구심점으로 둘러싼 현상학적인 임천정원 공간을 형성했다. 또 정원식물의 선택과 배식을 종합해 보면 첫째, 대지 내 기존 식물을 최대한 활용했으며, 기존 식생과 조화되는 자연풍의 야생식물을 많이 사용하고 있다. 둘째, 사우단에 식재된 송, 죽, 매, 국의 단조로움을 보완하기 위한 수경 보식을 취했으며, 셋째, 동양북음(東陽北陰)의 원칙에 따라 식물의 생태적 특성에 맞는 배식을 했다. 넷째, 교목류의 중점적인 단목배식과 함께 자연스러운 산식법을 혼용하고 있으며, 관목류와 초화류는 군식법을 활용한다. 또 서석지의 수원은 서석 사이에서 솟아나는 석간수에 의존하며, 깊은 곳은 170㎝이고 평균 수심은 약 70㎝이다. 서남쪽에 있는 배수구는 53×50㎝ 크기의 석조가 지수면과 같은 높이에 묻혀 있으며 이를 토예거(吐穢渠)라 부른다.

9. 누(樓) · 정(亭) · 대(臺)

1) 개관

우리 민족은 원래부터 소박한 가운데 노래와 춤을 즐기고, 풍류를 멋으로 아는 민족이었다. 또 남에게 먹을 것을 베풀 줄 알고, 스스로를 자제할 줄 아는 민족이었다. 그래서 살림이 넉넉한 집안의 사랑채나 정자에는 언제나 외부에서 온 손님으로 북적거렸다. 이렇게 정신적으로 넉넉하고 인생을 여유롭게 살아갈 줄 아는 민족이었기에 도시에서 살기보다는 산 좋고 물 맑은 청산에 가서 살고 싶어 했다.

살어리 살어리랏다
청산에 살어리랏다
머루랑 다래랑 먹으며
청산에 살어리랏다
얄리얄리 얄라셩 얄라리 얄라
(〈청산별곡〉 中, 작가미상)

우리는 속세를 떠나 자연과 벗하면서 살아가는 삶을 즐겼던 민족이다. 그 대표적 인물이 조선시대 유명한 정원을 만들었던 고산 윤선도이다. 인간은 주관적으로 객관적인 자연을 판단한다. 자연은 우주의 법칙에 의해 진행되는데, 그 속에 들어가지 않으면 인간은 자연과 절대로 일치할 수 없다. 즉, 인간 중심적인 사고방식을 없애야만 자연과 일체될 수 있다. 이것을 주객일체(主客一體)의 경지라고 한다. 고산 윤선도는 〈어부사시사〉의 가사에서 "지국총 지국총 어사와/무심한 백구는 내 좇는가 제 좇는가"라고 했다. 백구가 나를 따르는가? 내가 백구를 따르는가? 주객이 일치되지 않고는 이러한 노래를 부를 수 없다.

물의 나라(水國)에 가을이 찾아오니 고기마다 살쪄 있다
닻 들어라 닻 들어라
푸른 바닷물결에 싫을 정도로 놀아보자
지국총 지국총 어사와 인간을 돌아보니 멀리 떨어질수록 더욱 좋다.
(〈어부사시사〉 가을 中, 윤선도)

그림 245 상주 경천대 파노라마 경관

인간을 돌아보니 멀리 떨어질수록 더욱 좋다고 하였다. 은둔적인 삶의 자세가 그대로 드러난 구절이다. 세속의 사람들이야 잘 모르겠지만 영원한 대자연에 묻혀 사는 것이야말로 진정한 삶이라고 생각한 것이다. 대자연이 곧 대정원이라는 진리를 우리의 선조들은 익히 깨닫고 있었다.

자연은 어머니의 품속과 같은 곳이다. 자연은 인간에게 아낌없이 주고, 감싸 주며, 의미 없는 투정도 말없이 받아 준다. 그래서 우리 옛 선조들은 세속을 떠나 누 · 정 · 대에 머무르면서 자연을 즐겼다. 누 · 정 · 대는 인간이 자연 속에서 잠시 머무르며, 자연을 즐길 수 있는 동시에 자연과 일치해 자연을 느낄 수 있는 공간이었다.

자연과 더불어 풍요로운 삶을 살았던 선조들은 경관이 좋은 곳에 많은 누정을 건립했다. 혹은 특징 있는 바위에 'ㅇㅇ대(臺)'라고 이름을 붙여 의미를 부여해 장소의 이미지를 느낄 수 있도록 했으며, 그곳의 경관적 특징을 잘 나타나게 했다.

예를 들어 신선대(神仙臺)라고 하면 신선이 살거나 노니는 곳이다. 따라서 인간세계와는 좀 동떨어진 절벽 위 높다란 곳의 이미지가 먼저 떠오른다. 또 절벽 위 높은 곳이기에 파노라마 경관이 펼쳐진다. 부산시에 있는 신선대는 넓은 바다에 섬들(오륙도와 조도)이 한눈에 보이고, 맑은 날에는 수평선 멀리 일본의 대마도까지 보인다. 영동 지방에 있는 가학루(駕鶴樓)는 학을 타고 있는 듯한 누각이라는 이름이다. 실제로 가학루에 오르면 마치 학을 타고 있는 듯한 착각을 느낄 수 있다. 또 누 · 정 · 대는 울타리 속에 가두어진 정원이 아니다. 자연인 듯 인공인 듯 쉽게 구분이 되지 않는 철학적이면서도 아름다운 공간이다. 물론 창덕궁과 같은 궁궐이나 소수서원과 같은 곳에도 누 · 정 · 대가 있어 울타리 속에 가두어진 정원일 거라는 생각을 할 수도 있지만, 관동팔경과 같은 명승지에 지정되어 있는 누 · 정 · 대를 떠올리면 그렇지 않음을 알 수 있다.

우리나라에서 살다 보면 사계절의 뚜렷한 변화 앞에서 누구라도 자연을 찾고 싶은 유혹을 느낀다. 또 사는 것이 답답하고 지칠 때면 자연을 찾고 싶은 생각이 든다. 이렇게 자연 그 자체를 즐기는 것이 '풍류(風流)'다. 우리나라는 자연이 너무나 좋기 때문에 이러한 풍류정원이 발달할 수밖에 없었다.

2) 한 · 중 · 일의 누 · 정 · 대 차이점

한국의 누 · 정 · 대는 중국이나 일본과 다르다. 경관적인 측면에서 비교한다면 한국은 외부지향적, 중국은 내외부를 모두 중요시하는 양면지향적, 일본은 내부지향적이라고 할 수 있다.

한국은 외부지향적이기 때문에 자연경관을 중요시한다. 독락당의 사례를 보면 사랑채

옆에 있는 담장 때문에 자연경관이 가려진다고 해서 살창을 만들어 자연이 정원 속으로 들어오게 하거나, 서원의 문루를 맨 앞쪽에 2층으로 만들어 서원 앞에 놓여 있는 자연을 마음껏 맞이하도록 한다. 한국의 정자도 외부지향적이기 때문에 주택의 구릉진 후원(뒷동산), 마을 주변 동산 등에 놓이며 자연경관을 받아들이기 쉽게 창호는 가능한 넓게, 고정된 벽은 가능한 작게 만든다. 한국의 대(臺)는 원래 사방을 잘 둘러볼 수 있는 자연에 있는 암반이기 때문에 외부지향적이다.

이에 반해 중국은 누정 건물이 밖에서 봤을 때 어떻게 보이는가 하는 측면과 안에서 밖을 내다볼 때 어떻게 보이도록 만들 것인가를 고려하기 때문에 내외부를 중요시하는 양면지향적이다. 중국의 민간정원을 대표하는 졸정원에 있는 여수동좌헌(與誰同坐軒)의 사례를 보면, 밖에서 본 건물의 모양도 부채꼴이고 창도 부채꼴이다. 따라서 건물 안에서 밖을 내다본 경관도 부채 속의 경관이 된다.그림 246

그림 246 중국 졸정원 여수동좌헌

일본은 한국만큼 누·정·대가 발달하지 않았기 때문에 자연히 내부지향적인 특징을 갖는다. 한국은 외부의 자연경관을 중요시하기 때문에 필요하다면 도산서원과 같이 담장의 중간 부분을 없애거나 아예 만들지 않거나 혹은 경관이 들어올 수 있도록 별도의 문을 만든다. 이에 비해 일본은 우선적으로 담장을 둘러 정원을 만든다. 마치 다실이라는 좁고 컴컴한 방 안에서 자신을 되돌아보듯이 인위적으로 만들어진 담장 안에다 이것저것을 만들어 놓고 즐기는 양식이다.

그림 247 일본 영보사의 정자

그림 247은 1313년 일본의 유명한 작정자 몽창국사(夢窓國師)의 초기 작품인 영보사(永保寺)정원이다. 절벽(梵音岩 범음암)에 떨어지는 폭포(飛瀑泉 비폭천)가 있는데, 촬영 당시 물줄기가 약해 그림에서는 잘 보이지 않는다. 앞에 보이는 연못의 이름은 와룡지(臥龍池)로 용이 누워 있는 형태의 연못이다. 절벽 위에는 정자가 세워져 있는데 이름은 알 수 없다. 한국 같으면 현판도 달고 많은 시인들이 방문해 글을 남기고, 그 글도 나무판에 새겨 달아놓았을 것이다. 또 건물의 기둥과 기둥 사이를 벽면으로 막지 않고 경관이 들어올 수 있도록 빈 공간으로 남겼을 것이다. 바로

그림 248 일본 은각사 향월대

그림 249 안동시 서후면에 있는 제월대❶

그림 250 통도사 단풍

이러한 점이 한국과 일본의 차이점이다. 몽창국사는 자신의 정원 작품에서 조망의 경치를 얻기 위해 노력했지만 큰 성공은 거두지 못했다. 영보사는 원경이 1㎞도 되지 않는다. 한국의 누정에서 바라다보이는 원경의 평균 거리가 8~10㎞인 것에 비하면 성공하지 못한 것이다. 그 원인은 일본의 정원이 원래 내부지향성을 갖기 때문이다.

그림 248은 일본 경도(京都)의 유명한 은각사 정원에 있는 향월대(向月臺)다. 이름이 향월대이기 때문에 달을 향하는 형태이거나 혹은 달을 향할 수 있는 인간 행태를 담는 것이어야 할 것 같다. 그러나 인공적으로 모래를 쌓아 만들어서 사람이 올라가서 달을 향할 수 있는 곳도 아니다. 한국 전통조경에서는 상상도 할 수 없다. 만약 한국에서 달과 관련이 있다면 이름부터 '향월(向月)'이 아니라 '광풍제월(光風霽月)'이 되어야 한다.

이것이 바로 한국과 일본의 차이점이다. 광풍제월이란 비가 갠 뒤의 바람과 달이란 뜻이다. 비가 개고 난 다음의 하늘은 공기 중에 있던 먼지가 없어져 하늘이 그렇게 맑을 수가 없다. 그런 하늘에 달이 떴기 때문에 달이 더더욱 맑고 밝고 깨끗하다. 게다가 바람까지 분다면 얼마나 더 선선하겠는가? 이러한 경관을 즐기는 것이 한국의 전통정원이다. 그림 248과 같이 인공적이며, 사람이 이용할 수도 없고 단지 바라보아야만 하는 것은 한국인의 입맛에 맞지 않는다. 그래서 한국을 대표하는 정원 가운데 하나인 소쇄원에는 광풍각(光風閣), 제월당(霽月堂)이 있고, 충북 괴산에는 제월대(霽月臺)가 있으며, 안동시 서후면에는 광풍정(光風亭)과 제월대가 짝으로 있다. 그림 249의 제월대는 마을 뒷동산 절벽 위에 동쪽을 향해 있어 밤에 달이 떠오르는 모습을 볼 수 있다. 이 아래에 광풍정이 있다. 그림 248과 그림 249를 보면 한국과 일본의 대의 차이점이 그대로 나타난다.

물론 중국, 일본 정원에서도 차경을 해 외부의 자연경관이 마치 정원의 일부인 것처럼 사용한다. 그러나 차경이란 말의 뜻은 '없을 때나 부족할 때 빌려오는 경치'이다. 부족하

❶ 마을 뒷동산에 있으며 이 제월대 아래에 광풍정이 있다.

그림 251 백제 조룡대❷

그림 252 고구려 왕대

지 않고 넉넉하면 빌려올 필요가 없다. 한국의 누 · 정 · 대에서는 자연경관이 주된 역할을 할 뿐 아니라 넉넉하기 때문에 구태여 차경이 필요 없다. 그림 250은 가을 단풍이 든 통도사의 모습이다. 담장 너머에 있는 단풍이니 이는 분명 차경이다. 그러나 한국의 전통적인 시각으로는 이것을 굳이 차경했다고 말하지 않는다. 왜냐하면 너무나 흔하고 자연스러운 장면이기 때문이다. 그래서 고대(古代)로부터 옛 문헌에 차경이라는 글자가 한 번도 쓰이지 않았다. 반면에 중국과 일본은 양면지향적이고 내부지향적이기 때문에 때에 따라서는 부족한 것을 채우기 위해 차경을 활용했다.

3) 누 · 정 · 대의 역사적 맥락

(1) 역사적 기록

한국에서 누 · 정 · 대가 어떻게 발달해 왔는지 파악하기 위해 일차적으로 역사서에 기록된 사실들을 검토하는 것이 필요하다. BC 1,000~BC 600년경, 주(周)나라 때의 『시경(詩經)』에는 영대(靈臺), 영유(靈囿), 영소(靈沼)가 있었다는 기록이 있다. 여기서 영(靈)은 신령하다는 뜻으로 붙는 접두사이고, 결국 대(臺), 유(囿, 목장과 같은 것), 소(沼, 못이나 연못)가 중국 조경에 고대부터 있어 온 것으로 볼 수 있다. 결국 누정(樓亭)보다도 먼저 나타난 것이 대(臺)❸라고 할 수 있다.

한국에서도 대에 관한 최초의 기록이 누정보다 약 500년이 앞선다. 정사(正史) 기록에서 대의 기록이 누정보다 500년이 앞선다는 것은 큰 의미를 갖는다. 『삼국사기』에 고구려 동명성왕(BC 28년) 때 "난새(鸞)가 왕대(王臺)에 모여들었다(鸞集於王臺)"라는 기록이 있다. 난

❷ 강에 살고 있던 용을 낚시하던 대(臺)다.
❸ 사람이 올라가 볼 수는 없지만 특출하게 높은 대이다.

새가 구체적으로 어떤 새인지는 알 수 없으나 좋은 징조인 조류로 보인다. 동명성왕이 고구려를 어렵게 개국해 주변 국가들을 복속시킨 것을 보면 좋은 의미로 기록된 것이다. 그런데 오녀산성의 그림 252를 보면 '장대'가 바로 『삼국사기』에 기록된 왕대(王臺)일 것이다. 이 왕대는 모자 모양으로, 주변 평야보다 약 600m나 높이 솟아 있어 사방을 관찰하고 나라를 다스리는 데 더 없이 좋은 전략적 요충지로 보인다.

개로왕(475년) 때 궁실 누각(樓閣), 대사(臺榭)를 화려하게 지었다는 기록을 보면 궁궐을 조영하면서 대도 함께 조영한 것으로 보인다. 이 밖에 삼국시대의 '대'에 관한 기록을 보면, 동양에서 제일 오래된 천문관측소인 첨성대(瞻星臺), 삼국을 통일한 문무대왕을 수중왕릉에 장례 지내고 용으로 바뀐 모습을 봤다는 이견대(利見臺), 백제 패망과 관련한 설화가 있는 조룡대(釣龍臺, 용을 낚던 바위), 백제 왕이 왕흥사에 예불을 드리러 가다 사비수 언덕 바위에 올라 부처님을 향해 절을 하자 바위가 저절로 따뜻해졌다는 자온대(自溫臺) 그리고 오대산(五臺山)의 다섯 봉우리(臺)인 동대, 서대, 남대, 북대, 중대(中臺)에 50,000 보살이 나타났다는 등의 내용이 『삼국유사』에 있다. 이를 통해서 삼국시대의 대에는 아직 유람(遊覽)이나 유상(遊賞)의 개념이 포함되지 않았음을 알 수 있다. 이것은 고려시대가 되면 나타나기 시작한다(김영숙, 안계복, 1995년, pp.127~128).

한국에서의 대는 이렇게 군사, 불교적인 목적으로 일찍부터 발달했다. 이보다 약 500년이 뒤진 누정의 기록은 470~480년대에 나타나지만 유상(遊賞)의 개념이 들어가 있다. 한국에서 정(亭)에 관한 가장 오래된 기록은 신라 소지왕 때로 천천정에 거동(幸)했다는 기록이다. 천천정은 서출지(書出池, 문서가 나온 못)와 관련이 있는 정자다. 왕이 천천정에 갔을 때 쥐와 까마귀에 의해 거문고를 넣어 두는 상자(射琴匣 사금갑)에 활을 쏘게 되었는데 궁주(宮主)와 간통하던 중을 발견해 왕이 목숨을 건지게 되었다는 내용이다. 임금이 천천정에 어떤 목적으로 갔는지 명확하지는 않지만 그곳에서 상당한 시간을 보냈음을 추측할 수 있다. 또 신라 진평왕(579~632년) 때 고석정(孤石亭)에서 유상했다는 기록이 있다.

누각에 대한 최초의 기록은 전술한 개로왕 때의 기록과, 백제 무왕(636년)이 바다가 바라다 보이는 망해루(望海樓)에서 신하들과 함께 연회를 열었다는 기록이다. 여기에도 역시 유상의 개념이 있다. 이렇게 삼국시대의 누정은 유상의 개념이 있었던 장소였음을 알 수 있다.

(2) 누 · 정 · 대의 정의

고려시대 문장가인 이규보(1168~1241년)는 『사륜정기』에서 누 · 정 · 대를 구분하고 있는데, 누각을 2층으로 된 집(重屋也)이라고 정의했다. 즉, '누'는 마루 밑으로 사람들이 다닐 수 있도록 2층으로 된 건물구조라는 것이다. 반면 '정'에 대해서는 건물구조가 아니라 공간특성으로 구분하고 있다. 정자는 개방되도록(作豁然) 만들어졌기 때문에 허창(虛敞)한 공간적 성격을 갖는 것(作豁然虛敞者)이라고 정의했다. 또 『설문해자』(98년)의 인간 행태에 의하면 정자를 백성들이 쉬는 곳으로 정의하고 있다. 실제로 정자를 형태적으로 조사한 결과(안계복, 1990년)에 정자는 누각보다 규모는 작지만 평면 유형은 다양하고 종고도 낮으며, 단청율도 낮고 팔경을 두는 경우가 많다.

또 이규보는 '대'란 판(板)을 대어 높이 쌓은 것(崇板築謂之臺)이라고 정의했다. 그러나 이것은 대의 3가지 유형 가운데 한 가지만 말하고 있기 때문에 설명이 부족하다. 『설문해자』에 나오듯이 사방을 볼 수 있는 높다란 곳(觀四方而高者也)도 대이고, 사람이 올라가 볼 수는 없지만 특출하게 높은 곳도 대이다.

누정과 대의 차이점은 건물과 비건물로 나뉜다. 누정은 건축물이고 대는 비건축물이다. 물론 판축을 쌓은 대 위에 건축물을 세우기도 하지만 읍지도(1871~1899년)를 분석한 결과(안계복, 1998년, p.216)를 보면 건축물이 없는 경우가 75%이다.

중국의 조경서적인 『원야(園冶)』와 비교해 보면 한국과 중국의 차이점을 발견할 수 있다. 『원야』(계성, 1634년, p.43)에 의하면 대는 돌로 높이 쌓되 위를 평평하게 한 것, 나무를 엮어 높이 만들어 평판을 깔되 지붕이 없는 것, 혹은 누각 앞에 일 보(一步) 나오게 해 시원하게 해 놓은 것이다.[1] 계성은 대에 대해서 세 가지 정의를 내리는데 공통점은 평탄하다는 것이다. 그러나 두 번째 정의처럼 나무 구조물 상부에 판재를 깔고 지붕이 없는 구조는 인위적인 대임을 알 수 있다. 한국의 대는 자연에 있는 상부가 평탄한 바위나 절벽 같은 것을 의미하는 데 반해 중국은 인위적인 평탄한 구조물을 의미한다. 이것이 바로 한국과 중국의 차이점이다.

[1] 園林之臺，或石而高上平者，或木架高而板無屋者，或樓閣前出一步而敞者俱爲臺

그림 253 경북 영양 석문

그림 254 영천 태고와❶

(3) 누 · 정 · 대의 분포

표 12는 1530년대 『신증동국여지승람』에 기록된 누 · 정 · 대를 도별로 집계 내어 분포적 특성을 파악하기 위해 만든 것이다. 누각이 317개소로 제일 많고 정자가 237개소, 대가 110개소로 누각의 1/3, 정자의 1/2 수준이다.

당시 지방행정구역인 군현 숫자가 330개소이기 때문에 각 군현별로 누 · 정 · 대가 2개소 정도 있었음을 알 수 있다. 이 가운데 제일 많은 경상도의 경우, 당시 군현 숫자가 66개소이므로 각 군현별로 누 · 정 · 대가 3개소 정도 있었던 것이 된다. 이것은 신숙주(1460년)의 "영남의 크고 작은 고을에 관청이 60여 개소가 되는데 유관(遊觀)하는 장소로서의 누 · 정 · 대가 없는 곳이 없다"라고 하는 숫자와 일치한다.

표 12 조선시대 누 · 정 · 대의 도별 분포(%)

	누각	정자	대	소계
경기도	21(6.6)	43(18.1)	8(7.3)	72(10.8)
충청도	33(10.4)	30(12.7)	15(13.6)	78(11.8)
경상도	108(34.1)	56(23.6)	20(18.2)	184(27.7)
전라도	71(22.4)	44(18.5)	20(18.2)	135(20.3)
황해도	19(6.0)	12(5.0)	5(4.5)	36(5.4)
강원도	30(9.5)	21(8.9)	23(20.9)	74(11.2)
함경도	16(5.0)	13(5.5)	7(6.4)	36(5.4)
평안도	19(6.0)	18(7.6)	12(10.9)	49(7.4)
소계	317(100.0)	237(100.0)	110(100.0)	664(100.0)

표 12의 누 · 정 · 대 도별 분포를 보면 현재의 대한민국에 해당하는 경상도, 전라도, 충청도, 강원도, 경기도에는 누 · 정 · 대가 10% 이상이다. 반면에 북한 지역인 평안도, 황해도, 함경도는 10% 미만이다. 또 다른 특징은 누각과 정자가 많은 도가 대도 많다는 것이다. 따라서 일부의 대가 군사적인 목적으로 만들어졌음에도 누 · 정 · 대의 전체 분포에는 큰 변화가 없다.

그런데 이러한 일반적 추세에 맞지 않는 곳이 강원도이다. 강원도는 누정의 구성비가 10% 미만임에도, 대의 구성비는 20.9%로 8개 도 중 제일 높다. 강원도에 대가 많은 이유는 강릉 경포대와 허이대(許李臺), 간성 무송대, 삼척 능파대, 양양 비선대, 의상대와 같이 동쪽으로 향한 해안에 절벽이 발달해 일출 절경을 보기 좋고, 금강산의 금강대, 백운대와

❶ 18세기 이후 지방 유교의 발달로 정자의 건립이 급격히 증가한다.

같이 산악경관이 뛰어난 곳이 많기 때문이다. 그래서 고려시대 안축(1330년)이 관동 지방의 경관을 노래한 〈관동별곡〉과 조선시대 정철(1580년)이 금강산과 동해의 절경을 유람하고 지은 〈관동별곡〉이 있다.

표 13 **조선시대 누 · 정 · 대의 변화(%)**

	누각	정자	대	소계
1530년	317(47.7)	237(35.7)	110(16.6)	664(100.0)
1871~1899년	715(24.6)	1,168(40.2)	1,023(35.2)	2,906(100.0)

조선시대 전후기 누 · 정 · 대의 변화는 표 13과 같다. 전기는 『신증동국여지승람』 자료이며, 후기는 읍지(邑誌) 자료다. 누각의 숫자는 317개소에서 715개소로 2배 이상 늘었지만 전체 구성비는 오히려 47.7%에서 24.6%로 낮아진다. 정자는 237개소에서 1,168개소로 5배 가량 폭발적으로 늘었다. 정자의 구성비는 큰 차이가 없지만 전체적인 숫자는 제일 많다. 이러한 변화의 원인은 유교가 한양 중심에서 지방 중심으로 바뀌면서, 지방 유교문화경관의 형성으로 정자의 숫자가 늘어난 것이다. 누각은 지방행정 부서나 서원에서 건립하는 경우가 대부분이기 때문에 수적 증가에 한계성을 가지고 있다. 조선 후기에 대가 많이 설치된 이유는 군사적인 용도의 봉대(烽臺), 장대(將臺), 연대(烟臺)가 349개소를 차지하기 때문이다. 전체적으로 볼 때, 조선시대 누 · 정 · 대는 664개소에서 2,906개소로 4배 이상 늘었지만 누각보다는 정자와 대의 숫자가 4~5배 늘어났다.

4) 누 · 정 · 대의 양식적 맥락

누 · 정 · 대는 독자적인 형태로 자연 속에 놓이기도 하지만 궁궐, 사찰, 서원, 별서, 주거공간(읍성이나 전통마을, 상류주택)과 관련성을 가지고 공간을 특성화하기도 한다.

궁궐은 누정과는 관련성이 높지만 대와는 관련성이 낮다. 궁궐공간은 성곽과 문, 정전, 편전, 침전, 부속건물군, 후원으로 나뉜다. 누각은 성곽의 문루, 경회루와 같은 형태로 존재하는 반면 정자는 후원 쪽에 많이 조성했다. 창덕궁에 정자 17개소와 누각(주합루) 1개소의 구성비는 궁궐과 누 · 정 · 대의 관계를 잘 나타낸다. 대는 연산군 때 창경궁에 조성한 서총대가 유일하다.

사찰은 누대(樓臺)와 관련성이 높다. 사찰의 공간구성은 자연 속에 일련의 공간을 통과하면서 여러 가지 공간을 체험하도록 되어 있는데, 마지막 대웅전과 마주 보는 곳에 누각이 위치한다. 누각은 문루 역할을 하는 동시에 종교적 행사공간이 되는 중요한 역할을

그림 255 영천 옥간정[1]

그림 256 소쇄원 대봉대

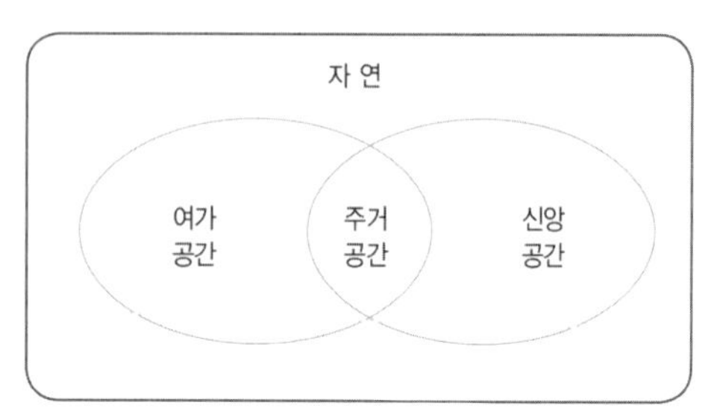

그림 257 전통적인 공간구성

한다. 조선시대 초기의 대표적 지리지인『신증동국여지승람』은 각 마을을 20여 편목(編目)으로 나누어 설명하고 있다. 그 가운데 대는 독자적인 편목은 아니지만 13개 편목에 걸쳐 나타난다. 이것은 대가 그만큼 폭넓게 여러 분야와 관련성이 높음을 나타내는 자료다. 또 누정조에 29개소 25%, 고적(古蹟)조에 25개소 21.5%, 산천(山川)조에 25개소 21.5%, 불우(佛宇)조에 19개소 16.3%가 기술되어 있다. 이 자료 역시 대와 사찰이 서로 관련성이 높음을 나타낸다. 경상도 진주목의 불우조에 있는 좌고대(坐高臺)처럼, 사찰 주변 지역에 암반이 절벽이면서 위가 평평하여 앉을 수 있는 곳을 대라고 명명한 사례도 있다. 이러한 장소는 참선을 하기에 좋다.

별서는 정대(亭臺)와 관련성이 높다. 별서와 누각의 관계가 먼 이유는 전술한 바와 같이 누각이 공공적인 성격을 가지기 때문에 은둔생활을 하는 별서와는 맞지 않다. 소쇄원에는 봉황새를 기다린다는 대봉대와 그 위에 지은 소정,그림 256 서석지에는 옥성대와 그 위에 세워진 경정(敬亭), 보길도에는 동대, 서대, 승룡대와 동천석실, 경남 양산 소한정에는 동대, 북대, 남대와 방화정이라는 정자가 있다.

한국의 전통적인 공간구성을 보면 그림 257과 같다. 주거공간도 자연과 직접적으로 접하는 부분이 있지만 자연을 더 깊이 즐기기 위해 여가공간에 누 · 정 · 대가 적당한 위치에 자리해 그 역할을 담당한다. 자연과 주거공간 사이에는 신앙공간이 존재하는데, 이곳에는 장승, 솟대, 성황당 등이 놓인다. 이 공간은 마을의 안녕과 풍요를 비는 성역화된 공동체 신앙공간이다.

물이 돌아서 흘러간다는 하회마을을 높이 약 70m 되는 절벽인 부용대(芙蓉臺)에 올라가 바라보면 파노라마가 펼쳐진다. 여기에 오르면 하회마을의 물줄기, 백사장, 백사장과

[1] 계류에 면한 쪽을 정자로 만들었다.

그림 258 부용대에서 본 하회마을 전경

그림 259 하회마을 부용대 줄불놀이

그림 260 줄불 불꽃

마을 사이에 조성된 소나무 숲(萬松亭 만송정), 마을, 멀리 보이는 푸른 산봉우리들이 모두 보인다. 부용대는 '파노라마 뷰'뿐 아니라 양반들의 줄불놀이로 유명하다. 한여름 밤에 줄불놀이를 하는데 요즘의 불꽃(폭죽)놀이와는 차원이 다르다. 불꽃놀이는 순간적으로 하늘에 번쩍이는 섬광에 불과하지만 하회 줄불놀이는 그림 259, 260에서 보는 바와 같이 천천히 타면서 줄에 매달려 강을 건너는 형상이다. 송진 타는 냄새 또한 기가 막힌다. 이때는 단순히 줄불놀이만 하는 것이 아니라 그와 더불어 배를 타고 시를 짓는다. 이러한 줄불 이외에도 사진 상에 물위에 점점이 떠서 흐르는 '달걀불'도 있고, 부용대 꼭대기에서 볏짚단에 불을 붙여 절벽 아래로 던지는 불꽃놀이도 함께 하기 때문에 다차원적인 놀이문화라고 할 수 있다. 일본의 향월대에서는 찾아볼 수 없는 놀이문화이다.

(1) 자연문화경관으로서 누 · 정 · 대

흔히들 '유교문화경관'이라고 하면 전통마을에 누정이나 서원이 들어간 마을경관을 일

❶ 신선이 내려온 대

컫는다. 그러나 누 · 정 · 대가 마을이나 도읍지에만 있는 것이 아니다. 즉, 문제는 누 · 정 · 대가 자연 속에 들어가 있는 경우이다. 이것을 유교문화경관이라고 말하기도 어렵고, 그렇다고 해서 '자연경관'이라고 말하기도 어렵다. 분명한 것은 둘 다 아니라는 것이다.

자연을 즐기고 자연과 일치되는 양식으로, 자연을 적절히 이용할 수 있는 지점에 누 · 정 · 대를 두는 한국의 전통정원양식을 '자연문화경관'이라고 한다. 자연경관도 아니요, 그렇다고 해서 문화경관도 아닌, 산수화 속에 작지만 핵심적으로 들어가 있는 누정과 같은 경관을 바로 '자연문화경관'이라고 정의하자는 것이다.

또 이 '자연문화경관'안에는 시간과 공간을 초월하는 보이지 않는 문이 있다. 예를 들면 강선대(降仙臺)와 같은 곳이다. 부산시에는 8경(景)과 같이 8대(臺)가 있는데, 그 가운데 하나가 매년 음력 11월 11일이면 신선이 내려와 쉬어간다는 강선대이다. 이뿐 아니라 충북 단양, 충북 영동, 충북 괴산 갈은구곡, 경남 거창, 전북 무주 등에도 강선대가 있다. 강선대는 마치 『해리포터』에 나오는 9와 3/4 플랫폼과 같은 곳이다. 단지 차이점은 대도시의 기차역이 아니라 자연이라는 것뿐이다. 우리의 옛 조상들은 깎아지른 듯한 절벽 경치는 곧 신선이 내려오는 곳이고, 그곳에서 놀고 있으면 자신도 신선이 된다고 생각했다. 현실과 이상과 상상이 바로 이 대에서 통하는 것이다. 이를 '자연문화경관'이라고 하자.

(2) 산수유람 거점으로서의 누 · 정 · 대

경관이 수려한 곳에 가면 누 · 정 · 대가 있기 마련이다. 누정은 드러나고 튀어나게 자리 잡은 것이 아니라, 조금 높은 언덕에 깊숙하고 그윽하게 있다. 그렇게 주변 환경과 조화를 이룬다. 주변에 있는 바위나 나무, 물과 자연스럽게 어우러져 하나가 된다. 비록 누정이 인공환경이지만 동화된 모습으로 존재하기 때문에 선조들은 거부감 없이 오를 수 있었다. 거부감보다는 오히려 "어떤 자연경관이 펼쳐질 것인가?"에 대한 기대감을 갖고 오를 수 있다.

그림 261 경남 거창 강선대(降仙臺)❶

이 기대감이 인간과 자연, 즉 주(主)와 객(客)의 상호일치를 위한 준비 단계인 것이다. 서거정, 정인지, 권근 등과 같은 선조들은 "한 고을의 뛰어난 경치들이 모두 이 누각에 모여 있다", "한 고을의 뛰어난 경치들을 독차지하고 있다", "멀리 있는 뛰어난 경치들이 모두 주렴과 책상 사이에 다 모였다"라고 했다. 즉, 이러한 경치를 갖고 있으니 그 경치를 보는 순간 자연과 일치하지 않을 수 없으며, 그러니 인간과 자연이 일치하고, 주와 객이 일치하는 것이다. 이렇게 누 · 정 · 대가 한 고을의 좋은 경치를 모두 갖고 있기 때문에 산수 유람의 거점이 된다. 다른 곳을 일일이 가 볼 필요가 없다. 한국 전통정원의 특징이 바로 여기에 있다.

『동문선』(서거정, 1473년)에서 신숙주(1460년)는 "유람하면서 보는(遊觀 유관) 장소로서의 누, 사, 대"를 말하고 있다. 여기서 사(榭)는 '정자 사'자로 '정(亭)'과 같은 글자이다. 다만 정자를 이용하는 목적이 좀 더 학문적일 때 이 '사(榭)'를 붙인다. 그러므로 신숙주의 기록은 누 · 정 · 대가 유관하는 장소라는 의미와 같은 말이다.

또 『동국여지승람』의 서문에 노사신(1427~1498년) 등은 편목의 순서를 '건치연혁'부터 마지막 '제영'까지 어떻게 나누어 기술했는지, 각 편목을 나누게 된 이유가 무엇인지를 밝히고 있다. 그 가운데 누대에 대한 편목은 다음과 같이 기술하고 있다. "누대는 사신이 왔을 때 대접(待)하기 위한 곳으로 시간이 있을 때 여유를 가지고 둘러보기(遊觀 유관) 위한 곳이다."[2]

그런데 여기서 생기는 의문은 왜 본문에는 거의 대부분 '누정(樓亭)'이라고 기록하면서 왜 서문에만 '누대(樓臺)'라고 했는가이다. 왕에게 머리를 조아리며 올리는 글인 데다가 노사신 혼자 작성한 것이 아니라 서거정 등 당시 쟁쟁한 선비들이 함께 한 글이므로 잘못 표기된 것은 아니다. 그렇다면 결론은 누대와 누정은 혼용해서 쓰더라도 큰 무리가 없는 유사한 개념이라는 것이다.

누 · 정 · 대가 산수 유람의 거점 역할을 한 것에 대해서는 다음의 두 논문 결과가 이를 증명한다. 이정화(1998년, pp.132~133)는 퇴계의 누 · 정 · 대에 대한 한시(漢詩)를 연구한 결과 "한시 작가들은 대체로 시를 읊는 풍류의 장소로 누정을 애용하다가 경치묘사 위주의 서정시를 창작했다. 그러나 퇴계의 누정한시(樓亭漢詩)는 단순한 경치묘사에 그치는 것이 아니라 인간과 자연에 대한 연속적 인식과 공존의 모습을 보여 주는 관조적 시를 이룬다"라고 했다. 또 박준규(1995년, pp.228~229)는 송강 정철(1536~1592년)의 문학에 대한

[2] 누대소소이시유관이대사신야(屢代燒所以視遊觀而待使臣也)

[3] 약 1,000년 전부터 낙동강을 따라 안동 영호루, 낙동 관수루, 밀양 영남루, 남강 촉석루가 유명한 4대 누각이었다.

그림 262 관수루[3]

그림 263 부소산 백화정

연구에서 송강이 주로 담양의 식영정(息影亭), 환벽당(環壁堂), 소쇄원(瀟灑園)에서 활동하였으므로, 이는 곧 송강이 담양의 누정문화와 밀접한 관계가 있었음을 나타내는 것이다. 송강의 문학에서 보이는 누정은 약 45개소이며, 누정 한시는 75제(114두)로, 큰 비중을 차지한다.

(3) 한국식 명승팔경과 누 · 정 · 대

한국의 자연문화경관을 잘 나타내고 있는 것 가운데 하나가 팔경이다. 팔경은 중국의 소상팔경(瀟湘八景)[1]에서 유래했는데, 우리나라로 전래된 것은 고려 19대 명종(明宗) 연간(1171~1197년)이라고 여겨진다. 고려 후반기에는 중국의 소상팔경을 모티브로 송도팔경(松都八景)[2]을 선정한다. 그런데 송도팔경 가운데 7경은 소상팔경식(장소+경관)으로 되어 있지만, 마지막 1경인 박연폭포는 '장소'만 선정한 한국식 팔경이다.

조선시대에 들어서면서 신도한양팔경(新都漢陽八景)[3]이 정해지는데, 이것은 중국식에서 벗어나 한국식으로 지정하고 있다. 장소만 선정하는 한국식 팔경은 '명승형'(강영조 · 김영란, 1991년, p.27)이라 한다.

조선시대부터 유명한 관동팔경[4]과 관서팔경[5]은 한국을 대표하는 명승팔경이다. 이 16경 가운데 정자 7개소, 누각 5개소, 대 2개소, 기타 2개소로 관동, 관서팔경 가운데 누 · 정 · 대가 차지하는 비율이 무려 87.5%다. 즉, 한국식 명승팔경은 곧 누 · 정 · 대라고 말해도 무리가 없다.

관동팔경의 누 · 정 · 대는 많은 사람들이 방문해 풍류를 즐기고, 빼어난 경치를 문학으로 읊고 그림으로 그려, 산수 유람의 거점이 되고 문학과 예술의 산실이 되었다. 대표적인 사례로 고려시대 안축의 〈관동별곡〉, 조선시대 정철이 읊은 〈관동별곡〉, 겸재 정선의 〈실경산수화〉가 있다.

① 청간정

이식(李埴, 1584~1647년)이 편찬한『수성지(水城誌)』에 다음과 같은 기록[6]이 있다.

> "청간정(淸澗亭)은 원래 역(驛)에 딸린 정자로 만경대(萬景臺) 남쪽 2리(약 785m)에 있었다. 계곡물(澗水)과 붙어 있기 때문에 정자의 이름을 그렇게 지었다. 만경루가 허물어지자 역의 정자를 대 옆으로 옮겨와 드디어 뛰어난 경치가 되었다. 정자가 바닷물과 떨어진 것이 겨우 5, 6보이지만, 만경대가 바닷물을 막아 주기 때문에 예부터 수해를 입지 않았다. 비록 큰 바람이 불어 큰 파도가 치더라도 계단을 넘지 않으니 오히려 기이한 경관이 된다. (중략) 지금 이 정자는 군수 최천(崔仟)이 1555

[1] 중국의 동정호(洞庭湖) 남쪽에 '소수(瀟水)'와 '상수(湘水)'가 합쳐지는 여덟 지점에서 계절과 기상에 따라 펼쳐지는 아름다운 경치를 일컫는다.

[2] 자동심승(紫洞尋僧), 청교송객(淸郊送客), 북산연우(北山煙雨), 서강풍운(西江風雲), 백악청운(白嶽晴雲), 황교만조(黃郊晩照), 장단석벽(長湍石壁), 박연폭포(朴淵瀑布)

[3] 기전산하(畿甸山河), 도성궁원(都城宮苑), 열서성공(列署星拱), 제방기포(諸坊碁布), 동문교장(東門敎場), 서강조박(西江漕泊), 남도행인(南渡行人), 북교목마(北郊牧馬)

[4] 간성의 청간정(淸澗亭), 강릉의 경포대(鏡浦臺), 고성의 삼일포(三日浦), 삼척의 죽서루(竹西樓), 양양의 의상대(義湘臺), 울진의 망양정(望洋亭), 통천의 총석정(叢石亭), 평해의 월송정(越松亭)

[5] 평양의 연광정(練光亭), 성천의 강선루(降仙樓), 안주의 백상루(百祥樓), 영변의 약산동대(藥山東臺), 선천의 동림폭포(東林瀑布), 의주의 통군정(統軍亭), 강계의 인풍루(仁風樓), 만포의 세검정(洗劍亭)

[6] 최완수(1993), 겸재 정선 진경산수화, 서울, 범우사. p.82.

년에 중수하였다."

여기서 역의 정자를 대 옆으로 옮겨와 뛰어난 경치가 된 것을 보면 자연경관에 적절한 누 · 정 · 대를 넣어 자연문화경관을 조성했음을 알 수 있다.

또한 "앞에 돌봉우리가 있는데 층층으로 솟아올라 축대와 같고, 위는 평평한 책상과 같으며 높이는 능히 수십 길이 됨직하다. 삼면이 바닷물에 둘러싸여 있지만, 바람이 없고 물이 맑으면 고기를 헤아릴 수 있다. 대 위 네 모퉁이에 고송(古松) 몇 그루가 서로 그림자를 엇갈리게 교차시키고 있는데, 옛날에 동쪽 모퉁이에 작은 누각이 있어 만경루(萬景樓)라고 불렀으나, 지금(1633년)은 대라고 이름을 바꾸어 부르고 있다"라는 기록도 있다. 이는 동일한 장소가 때로는 누로, 때로는 정으로, 때로는 대로 불렸던 좋은 사례로 누 · 정 · 대의 관계를 다시 한 번 생각하게 한다.

그림 264 거창 안음송대의 그림과 실제 사진

② 삼일포

삼일포(三日浦)는 천연의 호수로 동해안에 있다. 호수 둘레가 약 4.5㎞ 정도 되며, 주변에 금강산과 같은 백색 화강암 봉우리들이 온갖 형상으로 호수를 두르고 그 숫자가 36봉이다.

삼일포란 이름은 신라시대 영랑(永郎), 술랑(述郎), 안상(安祥), 남석행(南石行) 네 신선들이 이곳에 왔다가 경치에 홀려 3일 동안 돌아가는 것을 잊고 놀았다는 고사에서 유래했다. 또 호수 가운데 있는 섬이 사선도(四仙島)이며, 섬에 있는 정자의 이름이 사선정(四仙亭)인데 이 고사에서 유래했다.

정철은 〈관동별곡〉에서 삼일포를 이렇게 표현하고 있다.

> 고성은 저만큼 두고 삼일포를 찾아가니,
> 붉은 글씨는 뚜렷이 남아 있는데 네 신선은 어디로 갔는가?
> 여기서 사흘 동안 머무른 뒤에 또 어디 가서 머물렀던고?
> 선유담, 영랑호 거기나 가 있는가?
> 청간정, 만경대를 비롯하여 몇 군데서 앉아 놀았던고?

많은 사람들이 이곳을 찾아 산수 유람의 본보기인 신라시대 네 신선을 생각하며 시를 지었다. 정철 역시 호수 남쪽 봉우리 벼랑에 '영랑도 남석행'이라고 새긴 붉은 글씨는 금방 쓴 듯이 뚜렷한데, 신선은 어디로 갔는지, 몇 장소를 유람했는지 찾고 있다. 자신도 그러한 곳을 찾아보겠다는 의지이며, 실제 정철은 이러한 장소를 차례로 유람하면서 『관동팔경』을 지었다. 명승팔경의 누 · 정 · 대가 문학의 산실임을 보여 주는 사례이다.

한국식 명승팔경과 누 · 정 · 대는 매우 관련성이 높다고 했는데, 관동팔경 삼일포도 사선정과 관련이 있는 셈이다.

③ 의상대

다음은 〈관동별곡〉에 나오는 의상대의 내용이다.

배꽃은 벌써 지고 소쩍새 슬피 울 때
낙산사 동쪽 언덕인 의상대에 올라 앉아
해돋이를 보려고 한밤중쯤 일어나니
상서로운 구름이 뭉게뭉게 피어나는 듯
여섯 마리 용이 해를 떠받치는 듯
해가 바다에서 솟아오를 때는 온 세상이 흔들리는 듯
하늘에 치솟아 뜨니 가는 털도 헤아릴 만큼 밝다.
혹시나 지나가는 구름이 해를 가릴까 두렵구나(하략)

이 밖에도 의상대(義湘臺)에 관한 기록은 『삼국유사』 권3 낙산이대성조, 관암 홍경모(1774~1851년)의 『관암유사』 권13 낙산사기(洛山寺記), 조선 숙종의 『관동팔경시』 등에서 찾을 수 있다(최완수, 1993년, p.84).

그 내용들을 종합해 보면 다음과 같다. 낙산사 주변에 배나무와 송림이 둘러싸고 있었다. 낙산사 오른쪽 끝의 해안절벽 위에 일출을 즐기는 사람들이 앉았던 이화대(梨花臺)가 있다. 바닷물이 통하던 관음굴도 있었고, 관음굴 위에 신라 때 의상대사와 관계있는 의상대(義相臺) 건물이 있었다. 순암 이병성(1675~1735년)의 '밤에 낙산사를 찾아서'라는 시에 "낙산사에 들르는 많은 사람들 아침마다 오직 해뜨기만 기다린다."[1]라는 내용이 있다. 의상대의 일출이 유명했고 이를 보기 위해 많은 사람들이 유람했음을 알 수 있다.

관동팔경 가운데 청간정, 삼일포, 의상대만 보았지만 다른 곳도 마찬가지다. 이러한 결과를 종합해 볼 때 누 · 정 · 대는 많은 사람들이 방문해 일출, 월출, 풍류를 즐긴 곳이다.

[1] 多少洛山呵(?)導客朝朝但侯日輪昇

④ 경관처리기법

세계 각국의 특징 있는 정원양식을 살펴보면 모두 양식적 구분이 가능하다. 한 나라의 정원양식이 다른 나라와 구분되는 것은 경관처리기법(景觀處理技法)이 다르기 때문이다.

흔히 한국의 전통정원양식을 자연이 연출하는 경관 자체를 즐기는 양식이라고 하는데, 어떻게 그 방법이 가능했을까? 단순히 사계절이 뚜렷하기 때문이다? 또는 활엽수를 심었다는 사실만으로 설명하기에 부족함이 없는가? 단순히 자연경관만을 보는가? 아니면 어떤 개념의 적용을 통해 자연경관을 즐길 수 있도록 한 것인가? 이러한 물음에 대답하기 위해 '경관처리기법'이라는 개념을 사용해 설명하려고 한다. 경관처리기법이란 특정한 경관(자연)을 시각 대상물화하기 위한 방법이나 개념의 적용을 의미한다. 특징 있는 공간이란 대개 그 나름대로의 경관을 특성화한 곳이 대부분이다.

• 허(虛, 비어 있음)

누정에서 사용한 경관처리기법들 가운데 가장 기본은 '허(虛)'의 개념이다. 이것은 빈 곳에 의지하고 있는 누 즉, 빙허루(憑虛樓)라는 이름을 갖는 누의 기문을 쓴 손순효의 글에 잘 나타나고 있다. "누가 비어 있으면 능히 만 가지 경관을 끌어들일 수 있을 것이요, 마음이 비어 있으면 능히 선한 것을 많이 담을 것이다."

누정은 우선 허해야 한다. 만약에 누와 정자가 허하지 못하면 경관을 누정의 한 점에 모으거나(취경), 누정에서 많은 경관을 보이게 하거나(다경), 누정 주위에 자연경관을 감싸도록 하거나(환경) 또는 자연경관을 누정 속으로 들어오게 하는(읍경) 것은 불가능하다.

누정이 허하기 위해서는 입지조건이 중요하다. 우리는 주변에서 어떤 동산이 계류와 접해 절벽이 만들어진 곳을 어렵지 않게 찾아볼 수 있다. 이러한 절벽 위에 정자가 있어 마루 끝에 앉으면 멀리 푸른 산이 보이고 눈 아래로는 푸른 물이 보일 것이다. 이때의 느낌이 바로 '허'의 개념이다.

정자가 비어 있기 위해서는 건물구조가 일반 주거양식(당(堂), 헌(軒))과 달라야 한다. 방이 없거나, 혹시 거처를 위해 방을 만들었더라도 문을 분합문으로 만들어, 들어올려 처마 밑 걸쇠에 걸 수 있는 구조여야 한다. 중국의 정자와 같이 추녀가 하늘로 치켜 올라가지는 않더라도 처마는 올라가야 한다.

또 누정은 입지조건과 건물구조에 의해 허를 달성할 뿐 아니라 누정 주변의 물에 의해서도 이루어진다. 비어 있는 곳에 모든 것이 잠겨 있다는 뜻인 함허정(涵虛亭)의 기문을 쓴 김일손(金馹孫)은 "누, 성곽, 산봉우리, 구름, 수목 등이 물속에 거꾸로 잠기지 않은 것이 없다"라고 하여 물과 관련된 허의 개념을 표현하고 있다.

• 원경(遠景)

누정의 이름 가운데 '멀 원(遠)'자가 포함된 것이 상당수다. 이들은 먼 곳을 조망하는 누즉, 망원루(望遠樓)라는 이름같이 시원하게 트인 경관을 본다는 의미이다.

실제 조선시대 유명한 누는 멀리 있는 청산이 대개 누로부터 10㎞ 이상 떨어져 있어 넓고 긴 조망거리를 갖는다. 누정에서 보이는 청산은 전설이 깃들어 있는 산이며, 유명한 사찰이나 산성이 있어 역사적인 곳이다. 풍수지리설에 의해 지기(地氣)를 믿은 선조들은 청산의 지기가 이곳까지 와 닿음을 느낄 수 있었고, 또 산 아래에는 이 지역을 관할하는 분이 계시기도 하며, 비가 갠 후면 청산은 더욱 가까이 느껴지기도 하는 곳이다. 청산이 거느리고 있는 첩첩 산들의 흐름은 일몰, 일출, 월출에 의해 태고의 신비한 경관을 연출하였다.

서거정은 명원루(明遠樓) 기문에서 이 누를 명원루라고 이름 붙이게 된 이유를 설명하고 있다. "누에서 보이는 원경은 단순히 원경을 보는 데 그치지 않는다. 누에 오른 사람들은 원경을 봄으로써 맑고 시원함을 느끼게 되어 평소 갖고 있던 답답함과 막힌 뜻을 통하게

그림 265 청간정에서 본 서로 다른 경관축

되고 장래의 원대한 계획을 세울 수 있다"라고 하여 심리적인 효과를 줄 수 있음을 설명하고 있다.

• 취경(聚景)과 다경(多景)

취경기법은 먼 곳에 있는 여러 경관들을 한곳의 누정에 모은다는 개념이다. 이것은 많은 기문과 시문 그리고 서문에서 다음과 같이 표현하고 있다. 한 고을의 좋은 경관들이 모두 누각의 한 점에 모였다든지, 강산의 좋은 경관들이 모두 자리에 들어왔다든지, 풍경을 모두 거두어들였다든지, 멀리 있는 좋은 경관들이 발과 책상 사이에 다 모였다든지, 또는 좋은 경관을 독차지하고 있다는 식으로 다양하게 표현하고 있다. 여기서 나타나는 공통적인 개념은 자연경관을 누정의 한곳으로 모이게 한다는 적극적인 수렴방식을 사용하고 있다는 점이다. 취경이 되면 많은 경관이 모여지므로 자연히 다경이 이루어질 것이다.

현존하는 정자 가운데 이 개념을 잘 나타내는 곳은 관동팔경 가운데 하나인 청간정이다. 청간정은 설악산에서 흘러내리는 청간천이 바다와 합류하는 지점의 작은 구릉 위에 세워져 있다. 이 구릉의 바다 쪽에 접한 부분은 절벽이 발달해 천혜의 입지조건을 갖추었다. 기본적으로 구릉 위에 정자가 건립되었기에 넓은 조망범위를 가질 수 있는(취경을 할 수 있는) 기본 조건을 갖추었다. 게다가 완전히 다른 경관구조를 가진 조망축을 여러 방향으로 갖고 있다. 즉, 정자로부터 하천, 넓은 들판, 마을 먼 곳의 푸른 산으로 이어지는 경관구조(내륙 지방의 일반적인 정자에서 갖고 있는)를 가지고 있다. 그뿐 아니라 절벽 아래의 푸른 바닷물, 연속적인 원호를 그리며 수평선 쪽으로 멀리까지 발달한 백사장과 모래톱, 멀리 떨어진 곳에 있는 어촌마을 그리고 하늘과 바다가 맞닿는 곳까지 이어지는 일련의 경관구조를 갖는 조망축도 있다. 또 다른 바다 쪽을 보면 멀지 않은 곳에 돌섬도 보인다.

그림 266 봉생정 및 봉생정에서 내려다본 경관

청간정은 이와 같이 서로 다른 경관요소들을 가진 조망축이 발달했다. 그리고 이 정자는 절벽 위 구릉에 위치해 이 경관요소들을 모두 청간정으로 끌어모을 수가 있어 취경기법이 잘 드러나고 있다. 또 바다와 하천이 만나는 지점의 구릉 위라서 다경도 이룰 수 있다.

다른 예는 두 강이 만나 하나의 강으로 흘러가는 지점(삼강합류지점)의 언덕 위에 세워진 정자이다. 이곳 역시 서로 다른 조망축이 계곡을 따라 발달해 다경과 취경을 이룰 수 있다. 대표적인 사례가 경북 문경군에 있는 봉생정(鳳笙亭)이다.

• 읍경(挹景)

다음은 경관특징이나 자연경관 구성요소들을 누정 속으로 끌어들이는 읍경기법이다. 이것은 인공적인 어떤 조영행위도 하지 않고 자연의 좋은 경관을 그대로 누정 속으로 잡아당기거나 끌어들이는 경관처리기법이다.

이것을 차경과 동일하다고 판단할 수도 있으나 차경은 단순히 담 너머에 있는 자연경관을 빌려오는 것이지만, 읍경은 외적으로는 자연경관 속의 한 점(누 또는 정자)에 집중시켜 끌어들이는 적극적 수렴방식을 취하고, 내적으로는 누정에 오른 사람들에게 수렴된 경관을 통해 원경이 갖는 심리적인 효과를 살려 주는 것이다. 따라서 두 개념은 서로 다르다.

이렇게 자연경관을 읍경하면 아름다운 경관이 모이고 다양해진다. 대표적인 예가 평안도에 있는 납청정(納淸亭)으로 푸르름(다양한 자연경관 구성요소)을 정자 속으로 끌어들인다는 이름이다. 기문에 의하면 평평하고 질펀하게 흐르는 하천, 물결 흐르는 소리, 어부와 배, 고기, 아름다운 나무, 들꽃 향기, 나무하는 아이, 사슴, 학, 조각구름, 밝은 달, 은하수, 안개, 새벽, 닭, 기러기, 바람 등이 모두 정자 안으로 들어오는 것이다.

• 환경(環景)

마지막으로 환경하는 기법은 누정 주위에 있는 푸르름, 물, 산 등을 누정에 두르도록 입지시키는 것이다. 그런데 누정명에는 '두를 환(環)'자가 별로 없으나 많은 기문에 청산이 병풍처럼 두르고 있다거나 또는 읍(挹)하는 듯하다고 표현하고 있다. 이것은 인위적으로 조성한 것과는 규모나 자연성에서 비교할 수 없는 차이가 있다. 또 이렇게 경관을 두름으로써 전술한 취경, 다경, 읍경의 기법들이 가능해진다.

현존하는 정자 가운데 대표적인 예가 전라북도 순창읍에 있는 귀래정(歸來亭)이다. 귀래정이라는 이름은 벼슬을 버리고 낙향해 고향에서 은둔생활을 즐긴 중국 진나라 도연명의 〈귀거래사〉에서 따온 것이다. 귀래정은 순창읍의 남쪽에 위치한 남산(동봉)이라고 불리는 나지막한 언덕에 위치한 정자이다. 이것은 원래 신숙주의 막냇동생이 벼슬을 사양하고 낙향해 지은 정자이다. 이 정자의 이름과 기문은 서거정이 지었는데 이 정자가 갖고 있는 경관특성을 자세히 기록하고 있다. 이 글에서 환경과 취경, 다경에 관한 내용을 언급하고 있다. 요즘도 정자에서 바라다본 경관은 순창읍이 한눈에 보이고 순창읍을 둥그렇게 둘러싸고 있는 봉우리와 첩첩한 산줄기들이 '환경'을 이룬다.

10. 마을숲

1) 개관

(1) 마을숲의 개념

마을숲은 농촌이나 산촌, 어촌과 같은 시골마을에 조성된 숲이다. 마을숲은 대부분 고목나무로 이루어져 있으며, 마을의 앞들, 갯가, 뒷동산 같은 곳에 위치하고 있다. 또 숲 속에는 장승, 솟대, 돌탑, 제단과 같은 다양한 장식물들이 있다.

'숲정이'라고도 하는 마을숲은 한두 그루의 고목으로 되어 있기도 하고, 혹은 몇 그루의 노거수로 형성된 조그만 숲동산이기도 하며, 때로는 대규모의 숲이기도 하다. 마을숲은 이러한 숲을 총칭하는 용어로, 한국의 전통마을을 대표하는 경관요소이다.

그림 267 〈기성전도〉❶

마을숲은 당숲, 성황림, 서낭숲 등으로 불리며, 이는 토착신앙적 의미를 담고 있다. 즉, 마을숲은 마을의 운명을 주관하는 성스러운 숲이며, 마을 사람들의 섬김의 대상인 성림(聖林, sacred forest)이다. 인류의 문화가 숲에서 시작했듯이, 역사 이전의 원시공동체시대로부터 그 연원을 추측할 수 있는 마을숲은 자연림이 존재하고 있는 세계의 어느 문화권에서나 나타나고 있다. 특히 우리나라의 마을숲에는 우리의 고유한 토착신앙적 문화가 깊게 배어 있다.

마을숲은 마을 사람들의 행복과 불행을 좌우하는 성스러운 신앙적 대상으로 그들의 정서 안에 뿌리 깊게 존재해 온 신성한 곳이기도 하지만, 우리의 전통적 지리관인 풍수지리설과도 깊은 관련이 있다. 사람이 살기 좋은 장소와 환경을 선택해 조성하는 것에 목적을 두고 있는 풍수의 개념에서 마을숲은 마을의 지세가 과하거나 부족한 경우, 이러한 과부족의 요소를 조정, 보완해 풍수적 경관의 완성을 도모하는 풍수문화의 대표적 시설로 이용한다.

우리 고유의 토착적이고 전통문화적인 의미를 깊이 간직하고 있는 마을숲은 숲이 지니

❶ 기성은 평양의 옛 이름으로, 대동강변의 십리장림은 버드나무를 주종으로 조성된 마을숲의 전형이다.

❶ 강릉시 초당동에 조성된 마을숲으로, 율곡(栗谷)의 호송설(護松說)과 관련된 송림이다. 해안방풍의 기능을 가진 초당동 송림은 호송설의 의미에 걸맞게 소나무림이 잘 보존되어 있는 마을숲이다.
❷ 굽이쳐 흐르는 강물에 의해 퇴적된 사주에 조성된 마을숲으로, 부용대, 강변 모래사장과 함께 아름다운 경관을 형성하고 있다. 만송정숲은 마을의 경관요소로 중요하지만 실제로는 마을의 공원적 기능을 지닌 시설이기도 하다.
❸ 남해 물건리에 조성되어 있는 물건리 마을숲은 해안을 따라 조성된 전형적 해안 방풍의 기능을 가진 마을숲이다. 숲 내에는 전통문화를 상징하는 당산목과 제단이 있다.

그림 268 초당동숲❶

고 있는 무성한 녹음을 통해 마을 사람들에게 시원한 그늘을 제공함으로써, 마을 공동의 쉼터로 활용된 전통적 공원시설이다. 또 동제(洞祭), 굿과 같은 마을제사를 지내는 제의 장소나 지신밟기, 씨름, 그네 등과 같은 다양한 전통놀이를 수용하는 장소로 쓰인다.

마을숲은 마을에서 경관이 가장 돋보이고 아름다운 위치에 조성하며, 또 마을숲 자체가 수려한 모습을 갖추고 있기 때문에 연못과 정자 등의 공원시설을 설치한다. 마을숲의 빼어난 모습은 성리학적 기반을 토대로 하는 조선시대 사대부들에게 그들의 여가를 담는 장소나 시작(詩作) 및 경관 감상의 장소로 활용되었다.

마을숲은 이러한 다양한 문화적 배경을 지니고 있다. 마을숲은 우리의 고유한 생활, 문화, 역사가 온전히 녹아들어 있는 농촌마을의 문화시설로 대대로 이어져 내려온 우리 민족의 생활이 점철된 삶의 흔적이며, 고유한 문화를 간직한 전통문화적 시설이다.

그림 269 안동 하회마을에 조성된 만송정숲❷

그림 270 물건숲❸

신라시대 최치원에 의해 조성된 함양 상림과 같이 오랜 역사를 가진 마을숲은 고지도, 지리지 및 여러 가지 고문헌을 통해 나타나고 있으며, 이러한 마을숲은 대부분의 마을에 조성되었던 것으로 추정된다. 현재는 마을숲이 많이 없어진 상황이나 아직도 시골마을에는 상당수가 그 실체를 유지하고 있다.

오늘날 도시에는 도시민의 생활, 문화, 휴양, 위락 등의 기능을 하는 도시의 허파와도 같은 도시공원이 많이 조성되어 있다. 현대도시는 그 원형(archetype)이 마을이며, 현대도시에 자리 잡은 다양한 공원녹지의 시원적 유형은 곧 마을숲이다. 따라서 오늘날 도시공원이 지니고 있는 공공의 공원개념에서 마을숲은 공원의 한국적 원형(archetype)이고 전통마을의 공원시설이다.

(2) 마을숲의 현황

과거에는 거의 전국 대부분의 마을에 마을숲이 분포해 있었던 것으로 추정된다. 그러나 전란, 자연재해, 고사, 인위적 제거 등으로 인해 그 수효가 크게 감소하거나 소멸되어 전통적 취락형태인 마을에서조차도 극히 소수가 존재하며, 이와 같은 경향은 도시화가 진행된 지역일수록 더욱 가속화되고 있다.

1938년에 작성된 마을숲 자료(朝鮮の林藪)에 의하면 서울·경기도 11개소, 충청도 4개소, 강원도 20개소, 전라도 23개소, 경상도 80개소, 제주도 3개소 등이 전국에 분포하고 있는 것으로 나타난다. 이 자료는 당시 일본이 태평양전쟁을 위해 조선의 산림자원을 파악하는 데 목적이 있었기 때문에 노거수로 이루어진 대규모 숲을 주 대상으로 조사했다.

전국 마을숲 분포도는 1987년부터 2006년까지 전국의 마을숲을 조사한 것으로 약 991㎡(약 300평) 정도의 소규모 동산숲부터 그 이상에 이르는 대부분의 마을숲을 포함한다. 지금도 그 소재 여부가 밝혀지지 않은 숲이 있을 것으로 보여 이 자료가 완전하다고 할 수는 없다.

현재까지 조사된 바를 보면, 일정한 규모에 해당하는 마을숲은 약 600여 개소가 확인되었으며, 서울, 경기, 강원, 충남, 충북, 전남, 전북, 경남, 경북, 제주 등 전국적으로 분포하는 것으로 나타났다. 특히 강원과 경북의 영동 해안, 경북 북부와 동부 지역, 전남 남해안 지역, 소백산맥의 지리산 주변, 충청도 내륙 지역 등지에 집중적으로 분포하고 있다. 한

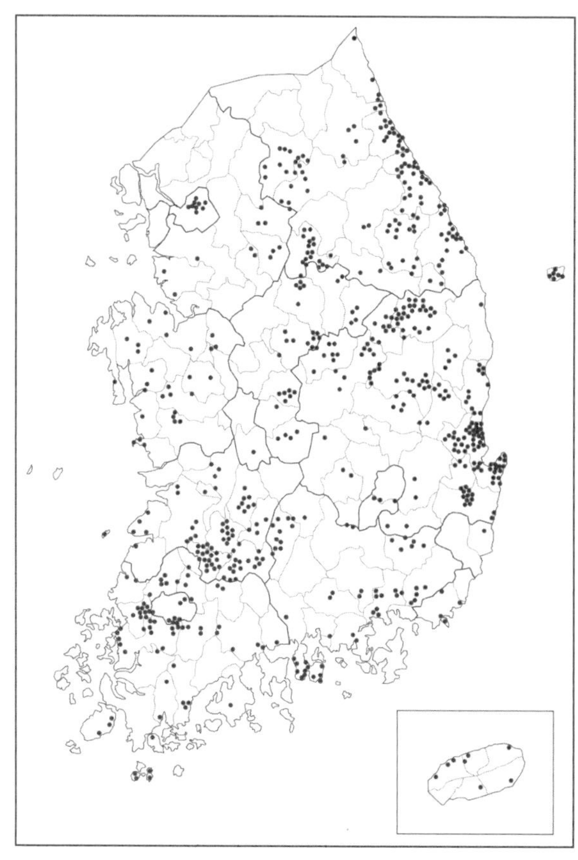

그림 271 전국 마을숲 분포도

편 1938년 조사된 자료와 지금 상황을 비교해 보면 상당한 수의 숲이 소실된 것을 알 수 있다. 이 기간 동안 소실된 숲들은 전국적으로 90개소에 이르며, 이것의 요인으로는 벌목, 숲 주변의 개발, 숲의 소유 변경, 자연 고사 및 후계림 조성 미흡, 무모한 관리와 숲의 방치 등을 들 수 있다.

마을숲은 0.03㏊의 작은 것부터 경남 함양군의 상림과 같이 18.8㏊에 이르는 대규모의 것까지 다양한데, 대체적으로 0.1㏊(약 300평)에서 3㏊(약 10,000평)에 이르는 정도이다. 규모가 큰 숲일수록 공공 소유의 형태이며, 운동시설, 놀이시설, 휴식시설 등을 다양하게 갖추고 있다.

마을숲은 소나무, 느티나무, 팽나무, 왕버들, 개서나무, 곰솔, 오리나무, 대나무 등 다양한 수종으로 구성되어 있다. 대표적 수종으로는 소나무와 느티나무를 들 수 있으며, 소나무로 조성된 마을숲은 단순림으로 구성되는 경우가 많다. 소나무는 한국의 문화를 상징하는 대표적 수종으로 마을숲의 주종을 이루며 사철 솔잎이 푸르고 줄기가 웅장하며 수피와 그루터기가 아름다운 나무다.

마을숲에는 정자나무의 역할을 하는 나무가 많이 있다. 정자나무는 수관이 우거지고 수형이 단정하며, 나무줄기는 위엄과 기품을 지니고 있어야 하는데 이에 적합한 나무는 느티나무와 팽나무다. 느티나무는 우리나라에 널리 분포하며 장수하는 나무로, 그늘을 제공하고 수관이 알맞은 높이로 넓게 형성되는 특징을 가지고 있다. 주로 토착신앙적 의미의 당산나무로 많이 활용하는 수종이다.

마을숲을 구성하는 수종은 대체로 숲과 인접한 지역에서 생장하는 것으로 해당 지역의 기후, 풍토에 순치된 것이며, 비슷한 수령의 나무들이 우점을 이루는 경향이 높다. 이는 마을숲이 대부분 인위적인 식재에 의해 조성된 인공림이라는 사실을 의미한다. 또 마을숲은 대부분 단층림의 형태인 경우가 많다. 이는 자연숲과는 달리 마을숲은 사람들이 자주 이용하는 공간으로 이용에 장애가 되는 하층이 제거되었기 때문이다. 또 마을숲은 공원 기능의 숲으로, 이용을 위주로 조성했기 때문이기도 하다.

2) 마을숲의 형성 배경

(1) 마을숲의 기원과 형성 배경

마을숲은 동서양을 막론하고 고대문명의 시작과 함께 거의 모든 문명에서 나타나고 있다. 서양의 마을숲에 관한 기록으로는 고대 이집트의 장제신전 주변에 조성된 성스러운 숲(神苑, shrine garden), 그리스의 성림(聖林, sacred grove), 로마의 디아나(Diana)숲 등을 들 수 있다.

프레이저(J. G. Frazer)의 종교인류학에 대한 고전적인 연구에서 보듯이 숲에 대한 인간의 경외적 사고는 대부분 수목숭배와 같은 현상으로 나타난다. 이것은 만물유신론(萬物有神論, animism)적 가치관이 생활을 지배했던 고대인들이 일반적으로 가진 토착신앙적 우주관에 기초를 두고 있다.

이러한 수직적 우주관은 어느 문화권을 막론하고 대부분의 원시종교에서 나타나는 종교적 구조물이며, 고대인들의 공통된 공간적 관념이다. 종교인류학자인 엘리아데(M. Eliade)는 천상과 지상을 연결하는 몽골인의 우주산을 성스러운 나무의 개념으로 보고 있다. 마을에서 성스러운 나무가 위치하는 곳은 그 지역의 중심이거나 경계가 되는 지점, 또는 높은 산 위다. 즉, 마을 어귀, 마을 뒷동산, 고갯마루 등은 마을의 성스러운 나무가 위치하는 장소이며, 이곳을 중심으로 하거나 경계로 해 설정된 영역은 마을이라는 집단사회와 그 외부를 구별 짓는 곳이다.

고대로부터 사람들의 수목숭배는 다양하게 나타나고 있기 때문에 오늘날 마을숲의 형성 배경은 이러한 종교적 측면이 가장 큰 요인으로 보인다. 단군신화에 나오는 신단수(神檀樹)는 고대국가적인 단위의 신목으로, 오늘날 마을 단위의 성황목과 유사한 나무로 보인다. 현존하는 마을숲 중에서 토착신 앙적 숲을 대표할 수 있는 것으로 사직을 들 수 있다. 사직은 민간종교적 차원에서 출현한 서낭의 국가종교적 시설로 주위에 숲을 조성해 엄격히 보호했다. 이러한 여러 가지 사례를 통해 신수, 생명의 나무, 우주목으로서의 나무, 지혜의 나무, 회생의 나무 등과 같은 관념에서 토착신앙적 마을숲이 출현했다고 볼 수 있다.

현존하는 한국의 마을숲은 대부분 조선시대에 조성된 것이다. 따라서 조선시대의 사회적, 정신적 배경이었던 풍수와 유교적 관념은 마을숲 조성에 크게 영향을 주었다. 마을숲에 대한 풍수지리설의 영향은 『택리지』 복거총론의 수구막이에서 잘 나타난다. 이 문헌에서는 마을의 지형이 모두 갖추어졌다고 해도 수구(水口)가 열려 있으면 마을이 위치할 곳으로 마땅하지 않은 장소이며, 이러한 경우 수구를 막는 장치를 함으로써 마을을 이상적인 장소로 완성할 수 있음을 강조하고 있다. 이때에 부족한 지형을 보완하는 시설이 수구막이이며, 수구를 막기 위한 대표적인 수단이 마을숲이다.

수구막이로 지형을 완성한다는 것은 풍수적으로 공결이 없이 둘러싸인 경관을 만드는 것을 의미하며, 이렇게 완성된 지형을 풍수적 관념상 길지로 본다. 이와 같이 둘러싸인 경관은 애플톤(J. Appleton)이 주장하는 은신처적 경관(refuge landscape)의 개념과 유사한 환경으로, 현대 과학적 관점에서 보아도 미기후를 잘 조절할 수 있고, 일조가 풍부한, 살 만한 마을터(可居地)이다.

수구막이로는 수목을 식재하는 방법 이외에도 조산(造山)과 제방축조 등을 들 수 있는데, 조산과 제방 축조는 지기를 모으는 방법이며, 수목식재는 주로 시각적 효과를 얻기 위한 방법이다. 식재, 조산, 제방 축조 등은 수구막이의 수단들이지만 조산이나 제방 위에도 수목을 심기 때문에 식재가 가장 보편적인 수단이다.중국의 고대국가인 주나라의 정치집회 장소에는 주관하는 왕이 앉아 있는 건축물이 있고, 그 앞으로 세 그루의 느티나무(槐, 회화나무)와 아홉 그루의 가시나무(棘)가 있으며, 이 나무 아래에 세 명의 정승(三公)과 아홉 명의 고급관리(九卿)를 앉도록 해 정사를 다루었다. 이러한 고사에서 유래해 삼괴구극(三槐九棘)은 삼공구경(三公九卿)과 같은 의미로 쓰였다. 괴위(槐位), 괴정(槐鼎), 괴좌(槐座) 등은 모두 정승 또는 정승의 위치를 나타내는 어휘인데, 이 용어의 유래도 위의 고사의 느티나무가 가진 의미로부터 연유된다.

한편 유교적 의미를 지니고 있는 대표적 숲으로는 종묘가 있다. 종묘는 조선 왕조의 신위를 모신 신궁으로, 국가적으로 높이 받들고 중시하던 시설이므로 그 주변에 숲을 조성해 보호했다.

『산림경제』에는 선비가 좋은 장소를 찾는 원리가 잘 나타난다. 조선시대 사림들은 택지를 함에 있어 지세를 잘 살펴 명당을 택하고, 우선 주변에 나무를 식재함으로써 그들의 원림생활을 시작했다. 이러한 나무들은 곧 마을숲을 이루는 바탕이 되었으며, 현재 전국의 마을에서 나타나는 마을숲은 대부분 유림들의 이러한 유교적 원림생활과 관련되었다.

(2) 마을숲의 지명

지명은 기본적으로 지역의 입지적 정보를 주기 때문에 그 지역의 환경을 보기 전에 미리 대상을 지각할 수 있게 한다. 즉, 처음으로 어떤 지역을 방문한 사람이 이 지명을 통해 정위감(定位感)을 획득하게 된다. 정위(定位)란 현재의 위치를 지각하고 앞으로 나아갈 방향을 설정하는 것으로, 새로운 환경, 사상, 관습 등에 대한 사람들의 적응 또는 순응을 의미하는 용어이다. 그러므로 숲의 지명을 통한 정위의 설정이란 사람들로 하여금 숲의 위치를 기억하게 하고, 숲의 주변을 지각하게 하는 포괄적이고 함축적인 의미다.

숲의 지명은 그 숲에 얽힌 설화, 속담 등을 함축하고 있어 그 숲이 있는 장소의 경관적, 이용행태적, 문화적인 상징을 의미한다. 이는 숲 지명이 갖는 다양한 성격과 의미가 지명을 통해 나타나는 것을 뜻한다.

숲은 보통 '수풀'이라고 불리며, 문헌이나 현지조사를 통해 나타난 숲의 지명들을 종합해 보면 보편적 용어와 방언적 용어로 구분할 수 있다. 우선 숲을 의미하는 일반적 용어는 숲, 쑤, 수(藪), 수(樹), 목(木), 림(林) 등이 있다. 쑤는 수(藪)의 발음상 나타난 용어이고, 수(樹)는 나무나 목(木)과 같이 단일수목을 나타내는 용어이다. 또 수(藪)와 수(樹)의 경우에는 임수(林藪) 혹은 임수(林樹)로 쓰이며, 이외에도 동수(洞藪), 읍수(邑藪)등이 고문헌에 나타난다.

또 막이, 쟁이, 정(亭), 정자(亭子), 정자나무 등의 용어들도 볼 수 있다. 막이와 쟁이는 숲을 의미하는 용어로 어느 지역의 지형을 보완하거나 시각을 차폐하는 기능으로 사용되어 풍수적 측면에서 명명되었음을 알 수 있다. 또 정(亭)이나 정자(亭子)는 사람들이 이용하는 공간적 성격을 갖는 숲의 명칭으로, 숲이 갖는 이용적 측면에서 명명된 사례라고 할 수 있다.

숲의 가장 일반적 명칭이자 마을숲을 의미하는 대표적 지명은 숲정이, 당숲, 수살막이, 수대, 수구막이, 숲마당 등이 있다. 숲정이는 '마을 근처에 있는 수풀'을 의미하는 것으로 마을 근처에 있기 때문에 보통의 자연숲과는 다른 기능을 하며, 주로 사람들이 이용하기 용이한 숲으로 볼 수 있다. 또 문화적 가치관의 표출이라는 측면에서 사용되고 있는 지명들을 보면, 토착신앙적 배경의 마을숲을 지칭하는 것으로 수살막이, 당숲, 당산숲, 성황림, 신림 등이 있으며, 풍수적 배경을 갖는 일반적 지명들로는 수대, 수구막이 등이 있다.

숲 지명의 유형으로는 장소적 유형, 역사 · 문화적 유형, 이용 · 기능적 유형, 경관적 유형 등으로 나누어진다. 여기서 장소적 유형은 숲 지명에 지역명, 장소명 또는 위치나 방향 요소가 나타난 경우이다. 이러한 지명으로는 장림숲, 금당실쑤, 석문수, 갈말숲, 풍덕걸숲, 걸마수, 법흥수, 진터수, 북천수, 화산숲, 필미숲, 오릉수, 안말숲, 사산숲, 원덕숲, 후동수, 옥대숲, 주실수, 사창수, 머리기숲, 동림, 서림, 상림, 하림 등을 들 수 있다. 역사 · 문화적 유형은 주로 구전설화, 토착신앙, 풍수 등과 관련된 경우로, 계림(鷄林), 백련동숲, 임무수, 성황림, 신수, 신림, 당숲, 신당숲, 당수, 당산숲, 할아버지당산, 할머니당산, 골맥이, 수살막이, 돌탑숲, 비보수, 수구막이, 숲맥이, 수대 등의 지명을 들 수 있다.

이용 · 기능적 유형의 숲 지명으로는 유당공원, 솔마당, 밤숲터, 추천나무, 송정, 괴정, 사장(射場)숲, 서림공원, 동네솔밭, 관방제림, 방하수, 풍숲, 후동약수 등을 들 수 있다. 또 경관적 유형은 숲의 규모, 숲 내 시설물, 나무 이름, 숲의 시각적 측면이 나타난 경우로, 오리수, 만송정, 만지송, 만년송, 백리숲, 화석정, 선몽대, 임정수, 나정숲, 빙옥정숲, 이인정숲, 삼풍대숲, 유림수, 동백숲, 밤숲, 율수, 포구나무숲, 천경림, 장제무림, 세평숲, 줄나무 등과 같은 지명을 들 수 있다.

3) 마을숲의 문화

(1) 토착신앙

괴(槐)라 함은 느티나무 혹은 회화나무를 뜻하는 한자이다. 괴(槐)는 '木'과 '鬼'가 결합하여 완성된 글자이다. 이 글자를 자형(字形) 그대로 풀이하면 '나무'와 '귀신'이 함께 있는 상

그림 272 성황림❶

그림 273 여수 안도리 당숲의 사례❷

그림 274 완도 해동리 당집❸

그림 275 장수 동촌리 돌탑❹

그림 276 군위 한밤마을 진동단❺

그림 277 영광 평금마을 입석❻

❶ 원주시 신림면 성남리에 조성된 마을숲으로, 마을숲의 명칭(성황림)과 지역의 명칭(神林, sacred grove)에서 토착신앙적 성격이 잘 나타나고 있는 마을숲의 사례다. 성황림 내에는 엄나무와 전나무가 여서낭, 남서낭을 상징하며, 당집은 이들 성황목의 사이에 위치해 토착신앙적 의미를 더해 주고 있다.

❷ 해안 도서 지방에는 토착신앙이 대체로 잘 보존되고 있다. 산마루 언덕에 동산형으로 조성되어 있다.

❸~❻ 마을숲에 조성된 토착신앙적 시설

태 또는 그러한 사물을 뜻하는 것으로, '나무귀신' 혹은 '귀신 붙은 나무'의 의미다. 즉, 괴라고 하는 나무는 토착신앙과 깊은 관련이 있는 성수(聖樹)임을 알 수 있다. 실제로 괴목(槐木) 또는 귀목(鬼木)으로 불리는 느티나무가 마을에서 대표적인 신목으로 조성되었음은 조사를 통해 확인되고 있다.

이처럼 토착신앙과 관련된 성스러운 나무 혹은 신성한 숲은 아주 오랜 상고시대로부터 인류의 정주공간에 존재했다. 이러한 인간 정주와 토착 신앙림의 관계를 의미하는 기록은 여러 고대문헌에 나타난다.

중국의 문헌인 『삼국지』 위지 동이전의 한(韓)조에는 "…여러 나라에 제 각기 별읍이 있고 이곳에 소도라고 일컫는 곳이 있으며, 큰 나무를 세워 놓고 방울을 매달아 귀신을 섬기고 있다"[7]라고 기록하고 있다. 이는 우리나라의 토착신앙적 마을숲과 관련된 내용이 이미 고대문헌 속에 나타났음을 증명하는 기록이다.

이 기록에서 이미 삼한시대부터 마을에 소도라고 하는 종교적 구조물을 두고, 이곳에 성수(聖樹), 신목(神木), 입간(立竿)과 같은 수직적 상징물을 조성해 성역화하고 있음을 확인할 수 있다. 이를 통해 고대의 마을에서 이미 성수나 신목으로 토착신앙과 관련한 마을숲을 조성했음을 알 수 있다.

단군신화에 나오는 '신단수'는 '신시'라는 마을의 신목으로, 여기에 등장하는 신단수 역시 토착신앙의 상징적 나무다. 이 신단수는 하늘에 있는 신이 이곳을 통해 강림하는 신의 강림처이자, 천상과 지상을 연결하는 수직적 매개체로의 역할을 하는 종교적으로 성스러운 신앙대상이다.

단군신화에서도 볼 수 있듯이, 고대의 한국인들은 샤머니즘적인 우주관을 가지고 있었다. 토착적 종교인 샤머니즘에서의 우주는 지하에서 지상을 통해 천상으로 연결되는 수직적 형태의 구조이다. 엘리아데에 의하면 이러한 수직적 우주관은 대부분의 원시종교에 존재했던 일반적 관념으로, 신성한 차원을 향하는 모든 종교적 구조물의 형태로부터 고대인들이 지니고 있었던 공통된 공간적 사고를 의미한다.

엘리아데는 이러한 종교적 수직구조물을 우주목(cosmic tree)이라는 개념으로 설명하고 있다. 우주목이란 지상을 지배하고 만물 위에 존재하며 하늘과 통할 수 있는 신성한 것으로, 세속의 평범한 속(俗, profane)의 평면 가운데, 우뚝하게 수직적으로 솟아 있는 성(聖, sacred)적 요소를 지칭하는 용어이다.

이와 같은 우주목의 실례는 동서양의 여러 문명권에서 발견된다. 중국의 고문헌에 의하면, 해가 뜨는 동쪽을 부상목(扶桑木)이라 불렀고 그 나라를 조선이라 하고 있다. 부상목의 신화에는 동쪽에 뜨는 해가 나무뿌리에서 나와서 가지를 타고 하늘로 오른다. 이것은 태양신숭배의 상징으로 나무가 하늘 또는 태양과 통하는 통로로서 신앙의 대상이 되

[7] 又諸國, 各有別邑, 各地僞蘇塗, 立大木, 懸迎鼓, 事鬼神

어온 것을 의미한다.

다른 예로는 몽골인의 관념적 우주의 상징으로, 수멜산 위에서 하늘을 떠받치고 있는 잠부(zambu)나무를 들 수 있다. 이것은 엘리아데가 주장하는 우주목의 상징이며, 이는 곧 재생을 되풀이하는 우주, 우주 생명의 원천, 성스러운 최고의 대상을 의미하는 종교적 신성물이다.

이외에도 토착신앙과 관련한 성스러운 나무나 신성한 숲에 관한 사례는 매우 다양하다. 고대 동이족의 하나인 옥저는 만주어로 숲을 의미하는 와지(森林)로 불렸고, 신라의 국호도 계림(鷄林)으로 표현되고 있으며, 이는 시림(始林)과 같은 용어로 사용된 것으로 고대국가나 도시의 명칭이 성스러운 숲과 밀접한 관계를 가지고 있음을 보여 준다.

성스러운 숲에 관한 서양의 예로는 앞서 언급한 바와 같이 고대 이집트의 신원, 그리스의 성림, 이탈리아 로마의 디아나 숲 등이 대표적이다.

BC 15세기에 이집트인들은 이미 그들의 종교관에 따라 바하리에 거대한 핫셉수트 여왕의 장제신전을 짓고, 신전 주변에 대량의 수목을 심어 성스러운 숲을 조성하고 있다. 또 그리스에서도 신전 주위에 수림을 조성해 성림으로 신성시하고 있다. 아폴로 신전 주위에는 너비 60m에서 100m에 이르는 공간이 있는데, 수림이 조성되었던 자리로 추정되며, 올림피아에 가까운 제우스 신전에도 조상(彫像)이나 청동제 장식분으로 장식된 성림이 존재했다. 이것은 고대 그리스 인의 수목에 대한 외경사상의 발로였으며, 이러한 수림은 신전 속에서 수행되는 제사보다도 더욱 중요시되어 나중에는 종교적 예배의 주 대상으로 경배될 정도로 성스러운 숲이 되었다.

이탈리아의 북부 지역에는 고대부터 네미 호수를 둘러싼 신성한 디아나 숲이 존재했다. 스웨덴의 옛 종교적 수도인 웁살라(Upsala)에도 하나의 성림이 존재해 이곳의 모든 나무는 신으로 간주되었으며, 리투아니아에서도 그리스도교로 개종하기 전에는 수목숭배사상이 깊어 마을이나 집 옆에 성림(떡갈나무숲)을 두고 그곳의 나무는 나뭇가지 하나조차도 꺾지 않았다고 한다. 이와 같이 토착신앙과 관련한 서양의 성스러운 숲들 역시 한국 고대의 신단수와 유사한 개념이었기 때문에 대부분 신전과 같은 종교적 시설 주위에 조성되거나 혹은 그 자체가 숭배의 대상이 되었다.

토착신앙의 숭배 대상인 성수(聖樹)는 전술한 바와 같이 우주목으로 설명되는데, 이러한 우주목은 우리의 토착신앙에서는 입간민속의 간(竿)으로 상징되며, 한국에서의 우주목은 솟대와 신목에 해당한다.

강원도의 장승굿, 경기도의 도당굿, 경상도의 하회별신굿 등은 모두 나무(신목 또는 솟대) 앞에서 무당이 강신제를 지내는 것으로부터 시작되는데, 이때 나무가 곧 천계의 중심인 우주목을 상징한다. 정령이 깃들어 있는 신목과, 신목을 위주로 조성된 마을숲들은 각기 신림, 성황림, 당숲, 당산숲 등의 이름으로 불리며, 토착신앙이 숲의 조성 및 유지의 배경이 된다.

숲이 갖는 영험, 신성함 등으로 마을숲은 마을 사람들에게 숭배와 경외의 대상이 되었으며, 이와 같은 숲의 의미는 숲을 현재까지 유지하는 힘이 되었다. 이러한 숲의 의미를 통해, 토착신앙은 풍수의 의미보다는 신앙적이고, 주술적이며, 기복적인 내용을 많이 포함하는 경향을 보인다. 풍수가 문자적이고 남성적인 문화의 표현방식이라면, 토착신앙은 구전적이고 여성적인 문화의 표현방식을 갖는다.

토착신앙은 전래적으로 마을 사람들이 갖고 있는 애니미즘적 사고관을 기초로 하며, 신성한 차원에 의해 형성되는 숲의 영험적 능력으로 표현되기도 한다. 이것은 모든 만물에 신이 있다는 만물유신론(animism)에 근거한 가치관으로, 숲의 나무들은 마을 내에서 바로 영험한 기운을 지니고 신성한 차원에 존재하고 있음을 의미한다. 따라서 숲은 절대로 훼손할 수 없는 성역으로 존재했기 때문에 그 원형을 그대로 보존하여 온 것이다.

마을숲이 지니고 있는 또 다른 토착신앙적 의미는 제례나 놀이 등의 활동적 표현행위이다. 이러한 것은 숲의 토착신앙적 의미를 활동을 통한 구체적 표현행위로 연결하는 매개체가 되고 있다.

숲 내에서 이루어지는 이용행태들은 매우 다양하지만 가장 대표적인 것으로는 동제나 굿과 같은 제례적인 이용이다. 동제나 굿은 크게 '마을제'의 범주에 포함되는 제의로, 마을제는 대부분의 마을에서 행해진 제의행사였다. 마을제는 마을을 지키는 수호신에게 바쳐지는 역수제의(曆數祭儀)이자 계절제의(季節祭儀)로 역수를 따르는 갱생, 신생과 새로운 절후에 따르는 질서, 번영 등을 기원하는 행사이다. 마을에서는 해가 바뀌면 제관을 새로 뽑아 마을 수호신을 맞이한다. 마을제를 통해 묵은해는 사라지고 희망에 찬 새해가 시작되는 것으로, 대부분 상원 즉, 음력 정월 대보름에 베풀어진다.

이러한 마을 공동체적 제의행사 이외에도 마을숲 내에서 이루어지는 토착신앙적 활동으로는 지신밟기, 씨름, 줄다리기 등과 같은 전통놀이가 있다. 전통놀이의 대부분은 토착신앙에 근원을 두고, 농경문화와 깊은 관계가 있으며, 지역 공동체 및 집단의 결속력을 강화하는 기능이 있다. 전통놀이는 필연적으로 놀이를 수용할 수 있는 장소를 필요로 하며, 마을숲은 이러한 전통놀이를 수용할 수 있는 가장 적합한 공간이다.

마을숲을 유지하는 데 중요한 역할을 한 토착신앙적 의미들은 오늘날 농촌사회의 구조적 변화와 함께 점차 약화되고 있다. 더욱이 이러한 제례나 전통놀이와 같은 토착신앙적 행위들은 기록적이기보다는 행위적이기 때문에 소실되기 쉽고, 소실된 후에는 다시 복원하기 어렵다. 실제로 제례나 놀이가 사라진 마을숲은 생기가 없을 뿐 아니라 숲에 얽힌 역사적, 문화적 의미까지 소멸되기도 한다. 따라서 전통문화와 관련된 토착신앙적 마을숲은 물리적 보존에 앞서, 숲의 내용을 구성하는 토착신앙적 의미의 보존이 선행되어야 한다.

그림 278 이천시 백사면 송말리에 조성되어 있는 내하숲❶

(2) 풍수

오늘날 과학의 개념으로 설명할 수 없다는 이유로 인간과 땅 사이의 '신령스러운 힘'을 의미하는 관념들이 미신으로 취급되거나 관심의 대상에서 제외되고 있다. 그러나 눈에 보이든 아니든, 모든 자연현상이 가진 힘의 존재를 인정하고, 그것과 인간이 조화되는 지점을 찾는 노력은 역사상 세계 모든 곳에서 행해졌다.

땅과 자연이 가진 신령스러운 힘과 현상에 대한 이해 그리고 그에 순응한 대지의 이용은, 우리 선인들에게 중요한 현안이었으며, 땅과 자연은 외경스러운 살아 있는 복합체로서 이를 잘못 사용하면 어떠한 형태로든 그 대가를 받는다고 믿었다. 특히 이러한 믿음은 지모사상(地母思想), 즉 땅이 가진 산출력 및 번식력에 관련된 사상과 계절의 순환 내용을 조화시켜 특수한 기술을 발전시킨 근원이다. 이러한 사고는 물의 이용 방법, 주거지의 설정, 경작지의 위치 선정 등과 같은 환경의 적지 선정에 관한 지리학적 사고로 발전했으며, 이 중에서 동양의 대표적 적지선정이론이 바로 풍수다.

앞에서 언급한 것처럼 수구막이는 풍수적 배경을 갖는 마을숲을 의미한다. 수구막이는 마을에서 보아 물이 흘러나가는 출구나 마을의 입구가 열려 있는 경우에 이곳을 차폐하여 가로막는 인공의 숲을 조성하는데 이를 지칭하는 마을숲의 풍수적 용어이다.

수구막이는 마을의 물이 빠져나가는 곳을 가로막아 설치하는 띠 모양(帶狀)의 입체시설이기는 하지만 댐과 같이 경직된 구조물은 아니다. 다만 허전하게 열려 있는 부위를 가로막음으로써 댐이 물을 담는 것과 같은 심리적 효과를 얻고자 하는 풍수적 의미의 구조물이다. 수구는 단지 물이 흘러 나가는 수로를 지칭하는 물리적 의미 이외에 마을의 풍수지리적 형국이 가지는 상징적 의미들 즉, 복락, 번영, 다산, 풍요 등 상서로운 기운이 함께 이곳을 통해 흘러 나간다고 믿는 심리적인 의미의 출구이다. 따라서 수구막이는 이러한 상징적 의미들이 밖으로 흘러 나가지 않고, 마을에 머무르도록 할 목적으로 조성한 시설이다.

수구막이는 거의 나무숲으로 조성하며, 배산임수의 전형적 마을에서 마을 뒤편의 주산으로부터 좌우 양측으로 뻗어 내린 산지형의 끝부분이 서로 마주 닿지 못하고 열려 있는 경우에 이러한 양측의 지형을 연결하기 위해 띠 모양의 수림으로 가로질러 조성한다. 이러한 수구막이를 조성하는 행위를 '수대(樹帶)친다'라고 하는데 이것은 수구막이가 띠

❶ '연화부수형'이라는 풍수형국을 완성하기 위해, 열려 있는 수구부분을 수구막이로 가로막아 조성한 비보적 마을숲의 사례이다.

그림 279 홍천군 남면 서은리에 조성되어 있는 서은숲[2]

그림 280 예천군 용문면에 위치한 금당실 마을[3]

나무로 조성되기 때문이다.

한국인의 전통적인 의식구조 속에는 이렇게 훤히 열려 있는 마을의 앞부분을 막아야 비로소 영화로운 기운이 저장되어 마을에 부귀영화를 가져온다는 믿음이 뿌리 깊게 간직되어 있다. 이러한 관념은 오랜 역사를 통해 우리의 문화와 함께 전해 오는 풍수지리설에 바탕을 둔 한국인의 자연관으로부터 연유하고 있다.

풍수적 의미의 마을숲은 장풍, 득수와 같은 풍수원리를 바탕으로 조성하고 있다. 수구를 막으면 물이 고이듯이 수구막이를 조성함으로써 땅속과 지표를 흐르는 기운이 저장되고, 이렇게 얻어진 기운을 획득하는 것이 수구막이가 담고 있는 풍수적 의미다.

수구막이의 구체적 활용 형식으로는 비보림(裨補林)과 엽승림(厭勝林)이 있다. 비보는 풍수상의 흠 즉, 부족한 점을 인위적으로 보완한다는 개념으로, 물리적, 심리적으로 플러스(+)의 형태를 이루는 것이다. 이것은 풍수지리설 이전의 고대 원시사회에도 있었던 개념으로, 어떤 영력(靈力)을 가진 물건을 지님으로써 약한 힘을 강하게 하려는 차력신앙이나 주부신앙(呪符信仰)으로부터 비롯되고 있다. 이러한 비보를 하기 위해서 풍수탑을 설치하거나 조산 혹은 숲을 조성하고, 국가적 차원에서 비보사찰을 설립하기도 한다.

문헌에서 비보적 마을숲이 출현하는 것은 조선시대로, 『경국대전』에 의하면 풍수적 길지를 유지하기 위해 "서울 부근의 산에서 목석을 훼손하거나 주산의 내맥(內脈)의 훼손을 금한다"라고 하였고, 『동경잡기(東京雜記)』에는 "경주의 남산과 명활산 사이의 언덕 지대에 나무를 심어 산수의 맥을 살렸다"라는 기록이 있다. 또 경상도 읍지에는 "상주의 지형은 풍수지리설로 보아 서쪽 산의 모양이 지네를 닮아 있어 마주 보는 동쪽에 밤나무 숲을 조성하여 지네의 독을 없애고 있다"[4]라는 기록이 있다. 이것은 모두 비보를 위하여 마을숲을 이용한 사례이다.

엽승(厭勝)은 풍수적으로 불길한 기운을 눌러서 제압한다는 의미의 풍수용어이다. 풍수

[2] '키형국'이라는 풍수형국을 완성하기 위해, 마을 앞의 열려 있는 부분을 수대(띠나무)로 가로막아 조성한 비보적 마을숲이다.
[3] 십승지지(十勝之地)의 하나이다. 금당실숲은 마을의 좌청룡을 보완하기 위해 조성된 비보숲의 사례이다.
[4] 栗藪舊說, 邑基, 西近, 山形如蜈蚣, 種栗於相望之地, 以制毒云

❶ 유교적 문화경관을 잘 보여주고 있는 마을숲으로서, 숲 내에는 선몽대라는 정자가 있고 정자에는 유림들의 경관시가 편액으로 남아 있다.
❷ 연못과 정자, 비각 등이 들어서 있다. 정자에는 아름다운 마을숲의 경치를 감상하고 이용하는 내용이 담긴 경관시가 전해지고 있다.

적으로 보아 지형 한 부분의 지세가 지나치게 상승되어 있는 마을도 있고, 마을에 해로운 영향을 미치는 요인들이 마을 주변에 존재하는 마을도 있다. 화기나 살기 등이 마을에 비친다거나, 해로운 바위가 보인다거나, 일어서려는 황소나 마을을 넘보는 기세등등한 백호 등의 형국이 마을 주변에 존재하는 경우이다. 이처럼 불길한 영향을 주는 요소가 마을 주변에 존재할 때 마을에서도 이에 대항하기 위해 어떤 시설이나 장치를 함으로써 상승되어 있는 기세를 눌러 감소시킨다. 즉, 엽승은 풍수상 바람직하지 않게 상승되어 있는 기운을 감소시키는 마이너스(−)적 풍수술법이다. 엽승직 풍수효과를 얻기 위한 장치로도 대부분 마을숲이 이용되는데, 불길한 요소가 있는 방향을 가로막아 불길한 기운이 마을에 미치지 못하도록 차단하는 수단으로 숲을 조성한다.

(3) 유교

현재까지 남아 있는 마을숲은 대부분 조선시대에 심은 나무들이 주종을 이루고 있다. 따라서 마을숲은 조선시대의 문화와 깊은 관계를 지니고 있다. 유교, 특히 성리학은 조선시대에 이르러 나라를 다스리는 이데올로기가 되었으며, 조선 후기에 이르러서는 생활문화로 토착화된 사상이다. 성리학은 사대부 계층을 중심으로 구현된 사상으로 이들은 성리학적 유교문화의 자연관에 따라 서주지를 택하고 마을을 구성해 유교적 문화경관을 형성했다.

조선 중기 이후의 사화와 당쟁은 사대부들로 하여금 노장사상에 기인하는 처사도를 근간으로 한 은일사상(隱逸思想)에 심취하게 해 관직을 멀리하고 향촌에 머무르며 자연 속에 유유자적하는 풍조를 만들었다.

우리나라의 지방 곳곳에 남아 있는 별서, 예를 들어 담양의 소쇄원, 보길도의 부용동 정원, 강진의 다산정원 등은 거의 모두가 산간벽지의 인적이 드문 곳에 자리 잡고 있는데,

그림 281 예천군 호명면 백송리의 내성천 강변에 조성된 선몽대숲❶

그림 282 함평군 나산면 나산리의 이인정숲❷

이는 은일사상의 영향이다.

또 향촌에 은거했던 조선시대 사림들은 대부분 도가(道家)적 은일의 태도를 견지했으며, 현실도피가 아닌 현 사회와 문화 즉, 예악이나 경세에 뜻이 없어 공리(公利)와 현달(顯達)에 눈을 돌리지 않는 것을 의미하기 때문에, 이런 시대 상황은 사류들이 저절로 자연을 즐기도록 유도했다. 그러므로 도가적 은일자는 자연 애호가가 되고, 산수와 강호의 풍류생활이 성행하게 되었다. 현재까지 남아 있는 유교문화의 다양한 자료 중에서 가장 보편적인 것은 한시(漢詩)로 대표되는 유교문학이다. 한시 중에서도 경관을 읊은 글들은 사대부의 자연관을 파악하는 데 중요한 자료가 되고 있다.

경관을 읊은 시나 가사는 주변의 자연경관을 소재로 작자와 경관의 교감을 표현하고 있다. 특히 경관을 읊은 시들을 구성하는 경(팔경(八景), 십경(十景) 등)은 작자와 자연과의 격의 없는 대화로 자연과 교감한 결과이고, 자연의 모습을 인간의 마음속에 비추어 표현했다.

마을숲은 마을에서 경관적으로 가장 우월한 위치에 조성되고, 또 가장 아름다운 경관을 형성하기 때문에 사림들이 가장 좋아하는 장소이며, 또 은일생활의 터전이기도 했다. 따라서 마을숲은 자연과 합일된 경지를 통해 미를 엿볼 수 있었던 대상이며, 이러한 시들은 마을숲 경관의 상징적 의미를 전달하고 있다.

낙락장송 늘어진 물가의 정자에서(落落松間近水椽)
나 또한 소나무의 절개와 같이 늙어 가겠노라(歲寒心事老林泉)
이 좋은 경승에 정자 하나 짓고자 품은 뜻을 이제야 이루었네(青山有地遂初服)
세월이 나와 더불어 흐르고 이곳은 편안히 지내기에 알맞구나(白日如年愜晏眠)

이 아름다운 숲이 나와 같이 늙어 있고(嘉樹與人同臭味)
이름난 정자가 주인을 얻었으니 그 또한 제격이 되었도다(名亭得主訂夤緣)
나 이곳에 살면서 무한한 뜻을 알고자 하니(慾識箇中無限意)
물고기와 새들이 자연을 즐기고 있구나(一般漁鳥樂雲川)

이것은 함양 도천리의 마을숲에 지어져 있는 세한정의 편액으로부터 채록한 시다. 이 시에는 향리의 숲 속에 은거하며 유유자적하는 조선시대 선비의 모습이 잘 묘사되어 있다.

조선조 유교사회는 경학(經學)보다 숭문(崇文)을 우선으로 하는 풍조와 함께 도가적 자연관의 영향으로 자연에 몰입하는 은일적 자세가 선비들 사이에 유행하면서, 향촌에 묻혀 명승의 경관을 노래하는 이가 많았다. 이것으로 아름다운 경승지에 정자 혹은 누대를 지어 자연을 감상하고 시작(詩作)을 하는 생활이 유행했다. 따라서 마을숲과 관련된 유교문화는 시적(詩的) 감상이나 회화 등 양반 계층의 상층문화로 표현되고 있으며, 사류들은 시작 및 경관 감상을 위해 마을숲에 정자, 누, 대 등의 건축물과 연못을 조영하기도 한다.

높은 언덕이 못 위에 둘러 서 있고(危壁洄澤上)
골짜기마다 넓은 수풀이 있구나(平林衆○深)
맑은 여울이 산골을 치고 도는데(淸湍搖姪嵽嵲)
숲은 우거져 더욱 음침하구나(白日避鄰陰森)
초목과 꽃이 무성한 언덕을 보며(草草看花件)
유유히 봉황의 뜻을 감탄하노라(悠悠嘆鳳心)
이렇듯 빼어난 경치를 부러워하여(羨君全勝絕)
우거진 이 숲에 집을 하나 지었도다(卜宅近雲林)

시화(詩畵)의 주 대상이 되는 것은 마을숲 주변의 경승지 및 자연환경 요소들 즉, 해, 달, 별, 강, 산, 계곡, 폭포, 나무, 숲, 샘 등의 아름다운 모습이다. 마을숲 내에 정자, 누각 등이 조영된 곳에서는 대부분 이러한 상류 계층의 경관시적 모습이 편액이나 문집, 화첩 등을 통해 나타난다.

사림들의 향촌생활은 우거진 수목과 산천초목의 자연미를 음미하며, 마을숲을 선경(仙境), 선계화(仙界化)하고 그들도 신선과 같이 초월자적 자세를 취하는데 마을숲 또한 이와 같은 의미를 담는 구체적 모습으로 표현하고 있다. 마을숲 내에서 이루어졌던 종중 집회나 경관시회와 같은 활동으로 마을숲은 유교문화적 경관으로 승화되고 있다.

유교적 전통공간으로의 마을숲에는 가묘(家廟), 재실(齋室), 정자 등과 단(壇), 비각(碑閣), 비(碑) 등 조상을 숭배하거나 조상들의 덕행을 기리는 건물이나 시설물들이 전해져 내려온다. 이러한 시설물들은 숲이 유교문화적 배경을 갖고 있음을 암시한다.

유교문화적 관점에서 마을숲을 파악해 보면, 유교적 숲은 주로 정원적 형태로 나타난다. 이것은 마을숲이 가진 정원이나 공원적 기능으로부터 연유한 결과다. 그러므로 마을숲은 그 출현 배경으로 볼 때 한국의 전통정원 혹은 전통공원을 대표할 만한 전통조경시설이다.

11. 명승

1) 개관

(1) 명승의 개념

명승은 '경치가 좋아서 이름이 높은 곳'이라는 사전적 의미를 지니고 있다. 또 문화재보호법에서는 '경승지로서 예술적, 경관적 가치가 큰 곳'이라고 정의하고 있다. 구체적 대상으로 보면, 명승은 지질 혹은 지형적으로 특별한 아름다움을 지닌 자연경관, 식물군락 및 동물서식지 등 특별한 생물에 의해 형성되는 생태경관, 또는 문화적 의미와 인공적 요소가 가미된 문화경관 등을 포함하고 있는 개념이다. 다시 말해 명승은 빼어나게 수려한 장소적 개념을 갖는 대상으로, 관상적 가치와 심미적, 예술적 혹은 문화적 가치를 가진 경

그림 283 거제 해금강(명승 제2호). 자연경승으로서의 명승

그림 284 백령도 두무진(명승 제8호). 자연경승으로서의 명승

그림 285 예천 회룡포(명승 제16호). 자연경승으로서의 명승

그림 286 남해 가천마을 다랑이논(명승 제15호)[1]

[1] 가천마을 다랑이논은 농경문화를 바탕으로 형성된 농업경관으로, 경사지에 조성된 다랑이논과 마을, 해안의 풍광이 어우러져 있는 문화경승이다.

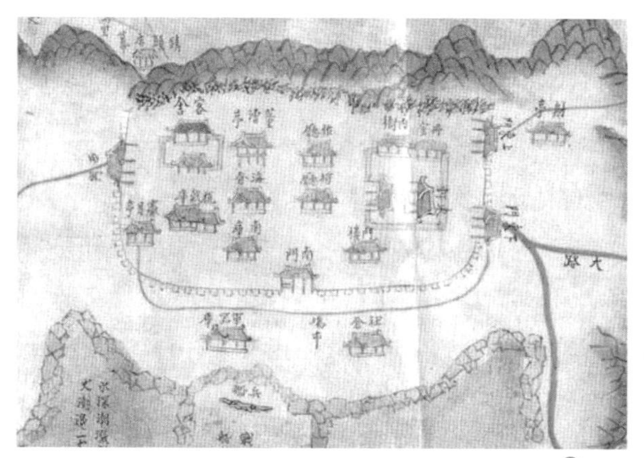

그림 287 법성진 지도에 등장하는 영광 법성진 숲쟁이(명승 제22호)❶

그림 288 고문헌에 나오는 법성진 숲쟁이 전경

그림 289 삼척 죽서루와 오십천(명승 제28호)❷

그림 290 『관동십경첩』(영인본)에 등장하는 죽서루와 오십천 전경

그림 291 광한루원(명승 제33호)❸

그림 292 보길도 윤선도원림(명승 제34호)❹

❶ 영광군의 법성진성 능선에 조성된 숲쟁이는 다양한 지역 문화를 간직하고 있는 문화경승의 사례이다.
❷ 죽서루와 오십천은 관동팔경의 하나로 절승의 문화경관이다.
❸~❹ 문화경관으로서의 고정원과 원림

승지를 의미하는 용어이다. 따라서 명승은 경관을 바탕으로 하는 자연유산으로, 조경학 분야에서 다루어야 할 중요한 대상이다.

자연문화재 또는 자연유산에 속하는 문화재는 국가지정문화재, 시 · 도지정문화재, 매장문화재 등으로 구분되며, 자연유산으로서 국가지정문화재는 천연기념물과 명승으로 분류하고 있다. 즉, 명승은 문화재 분류에 있어 천연기념물과 동일한 법적 위계를 지닌 자연유산이다. 명승은 현재 두 가지 형태의 문화재로 지정되고 있다. 하나는 경승지만을 대상으로 하는 명승(자연유산)이며, 다른 하나는 자연유산적 가치와 문화유산적 가치를 함께 지닌 역사문화명승(복합유산)이다.

명승의 개념 또는 범위는 국가마다 다양하다. 일본은 우리나라와는 달리 명승의 개념 및 범위를 정함에 있어 협곡, 계류, 습원, 산악 등의 자연경관으로 형성된 자연적 명승과 공원, 정원, 교량 등 인공경관으로 형성된 인문적 명승으로 구분해 다양한 대상을 포함하고 있다. 또 명승의 지정 구분에서도 자연적 경승지인 명승, 자연경관과 인문경관(사적)이 함께 있는 명승 · 사적, 자연경관과 천연기념물이 함께 있는 명승 · 천연기념물 등 세 가지 형식으로 나누어 폭넓게 지정하고 있다.

유네스코(UNESCO, 국제연합교육과학문화기구)에서는 세계유산을 문화유산(cultural heritage)과 자연유산(natural heritage)으로 구분하고 있으며, 1972년 개최된 제17차 정기총회에서 세계문화유산 및 세계자연유산 보호협약을 채택하고 세계유산의 보존에 앞장서고 있다.

한국의 세계유산은 총 12개소가 등록되어 있으며, 세계문화유산으로는 창덕궁, 수원화성, 고인돌 유적, 해인사 장경판전, 종묘, 불국사와 석굴암, 경주역사지구, 한국의 역사마을, 조선왕릉, 남한산성과 백제역사유적지구가 등재되었고, 세계자연유산은 제주도의 화산섬과 용암동굴이 등재되어 있는 상황이다. 제주 화산섬과 용암동굴은 지질, 동굴 등 지구과학적 가치도 크지만 특히 경관이 아름다운 자연유산으로 명승적 가치가 뛰어나며 제주 화산섬과 용암동굴의 세계자연유산 등재는 특별히 아름다운 우리나라의 명승적 가치를 세계적으로 인정받은 사례다.

(2) 명승의 현황

2015년 7월 현재 우리나라 국가문화재의 지정 현황을 보면 국보, 보물, 사적, 사적 및 명승, 명승, 천연기념물, 중요무형문화재, 중요민속자료 등을 모두 합한 전체 건수가 3,778건이며, 그중에서 자연문화재(천연기념물, 명승)는 547건으로 전체 국가문화재의 약 14%이다.표 14

표 14 **천연기념물 및 명승 지정 현황**

(2015년 7월 현재)

분야	천연기념물 (438)																	명승 (109)	계
	식물 (262)					동물 (82)							지질 (83)				천연보호구역 (11)		
지역	노거수	희귀식물	자생지	자생북한대	수림지	서식지	번식지	도래지	조류	포유류	어류	곤충기타	화석	암석	지형·지질일반	동굴			
서울	11										1							3	15
부산	3				2			1						1				2	9
대구			1												1				2
인천	6			1			2						1	1	3			1	15
대전	1																		1
광주	1														1			1	3
울산	1				2														3
경기	11					2	1	1					1	1	2			4	23
강원	15		1		1	1	2	1			1		1		8	7	3	25	66
충북	12	5	2			1	1									3		10	34
충남	8	1		1	1		1		1		1				2			3	19
전북	17	3		5	2	1							1	1	1	1		7	39
전남	24	2		3	17		4	1		1			5	2	1		1	17	78
경북	35	3	5		10	2				2			3	2	3	1	1	15	82
경남	21		4		4		3	1					9	1	2		1	12	58
제주	3	6	2	3	6	2	1			3			2	2	6	7	5	9	57
전국								1	26	7	3	6							43
합계	169	20	15	13	45	9	15	6	27	13	6	6	23	11	30	19	11	109	547

자연유산(자연문화재) 547건 중에는 천연기념물이 438건 지정되어 있고, 명승의 지정 건수도 최초 지정시기인 1970~2000년 사이 총 7건에 지나지 않았던 것이 2003년 이후 2015년 7월까지 102건이 더 지정되어 불과 10여 년 만에 지정건수가 급격히 늘어나 현재 109건에 달한다.표 15

표 15 **명승 지정 현황**

(2015년 7월 현재)

지정번호	지정명칭	소재지	지정일자
1	명주 청학동 소금강	강원 강릉시 연곡면 삼산리 산1-1 등	1970.11.23
2	거제 해금강	경남 거제시 동부면 갈곶리 산1 등	1971.03.23
3	완도 정도리 구계등	전남 완도군 완도읍 정도리 151 등	1972.07.24
6	울진 불영사계곡 일원	경북 울진군 근남면 수곡리 산121 등	1979.12.11
7	여수 상백도·하박도 일원	전남 여수시 삼산면 거문리 산30 등	1979.12.11
8	울진 백령도 두무진	인천 옹진군 백령면 연화리 255-1 등	1997.12.30
9	진도의 바닷길	전남 진도군 고군면, 의신면 일원 해역	2000.03.14
10	삼각산	경기 고양시 덕양구 북한동 산1-1 등	2003.10.31
11	청송 주왕산 주왕계곡 일원	경북 청송군 부동면 상의리 산24 등	2003.10.31
12	진안 마이산	전북 진안군 진안읍 단양리 산127-1 등	2003.10.31
13	부안 채석강·적벽강 일원	전북 부안군 변산면 격포리 301-1 등	2004.11.17
14	영월 어라연 일원	강원 영월군 영월읍 거운리 산40 등	2004.12.07
15	남해 가천마을 다랑이논	경남 남해군 남면 홍현리 777 등	2005.01.03
16	예천 화룡포	경북 예천군 용궁면 대은리 등	2005.08.23
17	부산 영도 태종대	부산시 영도구 동삼동 산29-1 등	2005.11.01
18	소매물도 등대섬	경남 통영시 한산면 매죽리 산65 등	2006.08.24
19	예천 선몽대 일원	경북 예천군 호명면 백송리 75번지 외	2006.11.16
20	제천 의림지와 제림	충북 제천시 모산동 241번지 외	2006.12.04
21	공주 고마나루	충남 공주시 웅진동 산22-1번지 외	2006.12.04
22	영광 법성진 숲쟁이	전남 영광군 법성면 법성리 821-1번지 등	2007.02.01
23	봉화 청량산	경북 봉화군 명호면 북곡리 산74번지 등	2007.03.13
24	부산 오륙도	부산시 남구 용호동 936번지 등	2007.10.01
25	순천 초연정 원림	전남 순천시 송광면 삼청리 766번지 등	2007.12.07
26	안동 백운정 및 개호송 숲 일원	경북 안동시 임하면 천전리 93-1번지 등	2007.12.07
27	양양 낙산사 의상대와 홍련암	강원 양양군 강현면 전진리 산5-2번지 등	2007.12.07
28	삼척 죽서루와 오십천	강원 삼척시 성내동 28번지 등	2007.12.07
29	구룡령 옛길	강원 양양군 서면 갈천리 산1-1번지	2007.12.17
30	죽령 옛길	경북 영주시 풍기읍 수철리 산86-2번지 등	2007.12.17
31	문경 토끼비리	경북 문경시 마성면 신현리 산41번지 등	2007.12.17
32	문경새재	경북 문경시 문경읍 상초리 산42-8번지 등	2007.12.17
33	광한루원	전북 남원시 천거동 78번지 등	2008.01.08
34	보길도 윤선도 원림	전남 완도군 보길면 부황리 200번지 등	2008.01.08
35	성락원	서울 성북구 성북동 2-22번지 등	2008.01.08
36	서울 부암동 백석동천	서울 종로구 부암동 115번지 등	2008.01.08
37	동해 무릉계곡	강원 동해시 삼화동 산267번지 등	2008.02.05

지정번호	지정명칭	소재지	지정일자
38	장성 백양사 백학봉	전남 장성군 북하면 약수리 산115-1번지 등	2008.02.05
39	남해 금산	경남 남해군 상주면 상주리 산257-3번지 등	2008.05.02
40	담양 소쇄원	전남 담양군 남면 지곡리 123번지 등	2008.05.02
41	순천만	전남 순천시 안풍동 1176번지 등	2008.06.16
42	충주 탄금대	충북 충주시 칠금동 산1-1번지 등	2008.07.09
43	제주 서귀포 정방폭포	제주특별자치도 서귀포시 서귀동 962번지 등	2008.08.08
44	단양 도담삼봉	충북 단양군 단양읍 도담리 195번지 등	2008.09.09
45	단양 석문	충북 단양군 매포읍 하괴리 산20-35번지 등	2008.09.09
46	단양 구담봉	충북 단양군 단성면 장회리 산32번지 등	2008.09.09
47	단양 사인암	충북 단양군 대강면 사인암리 산27번지	2008.09.09
48	제천 옥순봉	충북 제천시 수산면 괴곡리 산9번지 등	2008.09.09
49	충주 계립령로 하늘재	충북 충주시 수안보면 미륵리 산8번지 등	2008.12.26
50	영월 청령포	강원도 영월군 남면 광천리 산67-1번지 등	2008.12.26
51	예천 초간정 원림	경북 예천군 용문면 죽림리 350번지 등	2008.12.26
52	구미 채미정	경북 구미시 남통동 249번지 등	2008.12.26
53	거창 수승대	경남 거창군 위천면 황산리 890번지	2008.12.26
54	고창 선운산 도솔계곡 일원	전북 고창군 아산면 삼인리 618 등	2009.09.18
55	무수구천동 일사대 일원	전북 무주군 설천면 두길리 2109 등	2009.09.18
56	무주구천동 파회 · 수심대 일원	전북 무주군 설천면 심곡리 산13-2 등	2009.09.18
57	담양 식영정 일원	전남 담양군 남면 지곡리 산75-1 등	2009.09.18
58	담양 명옥헌 원림	전남 담양군 고서면 산덕리 511 등	2009.09.18
59	해남 달마산 미황사 일원	전남 해남군 송지면 서정리 247 등	2009.09.18
60	봉화 청암정과 석천계곡	경북 봉화군 봉화읍 유곡리 산131 등	2009.12.09
61	속리산 법주사 일원	충북 보은군 속리산면 사내리 산1-1 등	2009.12.09
62	가야산 해인사 일원	경남 합천군 가야면 치인리 산1-1 등	2009.12.09
63	부여 구드래 일원	충남 부여군 부여읍 쌍북리 산1 등	2009.12.09
64	지리산 화엄사 일원	전남 구례군 마산면 황전리 12 등	2009.12.09
65	조계산 송광사 · 선암사 일원	전남 순천시 승주읍 죽학리 산48, 송광면 산평리1 등	2009.12.09
66	대륜산 대흥사 일원	전남 해남군 삼산면 구림리 산8-1 등	2009.12.09
67	서울 백악산 일원	서울 종로구 청운동 산2-27, 성북구 성북동 산87-1 등	2009.12.09
68	양양 하조대	강원 양양군 현북면 하광정리 산3 일원	2009.12.09
69	안면도 꽃지 할미 할아비 바위	충남 태안군 안면읍 승언리 산27 등	2009.12.09
70	춘천 청평사 고려선원	강원 춘천시 북산면 청평리 산189-2 등	2010.02.05
71	남해 지족해협 죽방렴	경남 남해군 삼동 창선면 지족해협 일원	2010.08.18
72	지리산 한신계곡 일원	경남 함양군 마천면 강창리 산100	2010.08.18
73	태백 검룡소	강원 태백시 창죽동 산1-1 등	2010.08.18
74	대관령 옛길	강원 강릉시 성산면 어흘리 산2-1 등	2010.11.15

지정번호	지정명칭	소재지	지정일자
75	영월 한반도지형	강원 영월군 한반도면 옹정리 180	2011.06.10
76	영월 선돌	강원 영월군 영월읍 하송로 64	2011.06.10
77	제주 서귀포 산방산	제주 서귀포시 안덕면 사계리 산16	2011.06.30
78	제주 서귀포 쇠소깍	제주 서귀포시 쇠소깍로 128	2011.06.30
79	제주 서귀포 외돌개	제주 서귀포시 서홍동 791	2011.06.30
80	진도 운림산방	전남 진도군 의신면 운림산방로 315	2011.08.08
81	포항 용계정과 덕동숲	경북 포항시 북구 기북면 덕동문화길 26	2011.08.08
82	안동 만휴정원림	경북 안동시 길안면 묵계하리길 42	2011.08.08
83	사라오름	제주 서귀포시 남원읍 신례리 산2-1	2011.10.13
84	영실기암과 오백나한	제주 서귀포시 하원동 산1-4	2011.10.13
85	함양 심진동 용추폭포	경남 함양군 안의면 상원리 산 16-4	2012.02.08
86	함양 화림동 거연정 일원	경남 함양군 서하면 봉전리 877	2012.02.08
87	밀양 월연대 일원	경남 밀양시 용평동 2-1	2012.02.08
88	거창 용암정 일원	경남 거창군 북상면 농산리 63	2012.04.10
89	화순 임대정 원림	전남 화순군 남면 사평리 601	2012.04.10
90	한라산 백록담	제주 서귀포시 토평동 산 15-1	2012.11.23
91	한라산 선작지왓	제주 서귀포시 영남동 산 1	2012.12.17
92	제주 방선문	제주 제주시 거북새미길 48-26	2013.01.04
93	포천 화적연	경기 포천시 영북면 산 115	2013.01.04
94	포천 한탄강 멍우리 협곡	경기 포천시 관인면 574-1	2013.02.06
95	설악산 비룡폭포 계곡일원	강원 속초시 설악동 산 41	2013.03.11
96	설악산 토왕성폭포	강원 속초시 설악동 산 41	2013.03.11
97	설악산 대승폭포	강원 인제군 북면 한계리 산 1-67	2013.03.11
98	설악산 십이선녀탕 일원	강원 인제군 북면 남교리 산 12-21	2013.03.11
99	설악산수렴동·구곡담계곡일원	강원 인제군 북면 용대리 산 12-21	2013.03.11
100	설악산 울산바위	강원 속초시 설악동 / 고성군 토성면 원암리 산 40	2013.03.11
101	설악산 비선대와천불동계곡 일원	강원 속초시 설악동 산 41	2013.03.11
102	설악산 용아장성	강원 인제군 북면 용대리 산 12-21	2013.03.11
103	설악산 공룡능선	강원 인제군 북면 용대리	2013.03.11
104	설악산 내설악 만경대	강원 인제군 북면 용대리 산 12-21	2013.03.11
105	청송 주산지 일원	경북 청송군 부동면 이전리 산 41-1	2013.03.21
106	강릉 용연계곡 일원	강원 강릉시 사천면 사기막리 산 1	2013.03.21
107	광주 환벽당 일원	광주 북구 충효동 387	2013.11.06
108	강릉 경포대와 경포호	강원 강릉시 저동 94	2013.12.30
109	남양주 운길산수종사 일원	경기 남양주시 조안면 송촌리 1060	2014.03.12
110	괴산 화양구곡	충북 괴산군 청천면 화양리 456	2014.08.28
111	구례 오산 사성암 일원	전남 구례군 문척면 월전리 189	2014.08.28

현재 우리나라의 명승 지정은 매우 미흡한 상황이다. 일본의 명승은 2015년 현재 360건이 지정되어 있고, 중국은 국가명승과 지방명승을 합해 2,788건이 지정되어 있으며, 북한도 320여 건의 명승이 지정되어 있다고 한다.

명승의 지정기준은 한국, 중국, 일본 등 3국이 유사하지만 국가별 국토경관의 차이에 따라 지정 대상이 서로 다르고, 그 특징에 있어서도 약간의 차이를 보이고 있는 상황이다. 그중에서 한국의 명승 지정기준은 다음과 같다.

① 자연경관이 뛰어난 산악, 구릉, 고원, 평원, 화산, 하천, 해안, 하안, 도서 등
② 동·식물의 서식지로서 경관이 뛰어난 곳
  - 아름다운 식물의 저명한 군락지
  - 심미적 가치가 뛰어난 동물의 저명한 서식지
③ 저명한 경관의 전망지점
  - 일출, 낙조 및 해안, 산악, 하천 등의 경관 조망지점
  - 정자·루 등의 조형물 또는 자연물로 이룩된 조망지로서 마을, 도시, 전통유적 등을 조망할 수 있는 저명한 장소
④ 역사문화경관적 가치가 뛰어난 명산, 협곡, 해협, 곶, 급류, 심연, 폭포, 호소, 사구, 하천의 발원지, 동천, 대, 바위, 동굴 등
⑤ 저명한 건물 또는 정원 및 중요한 전설지 등으로서 종교, 교육, 생활, 위락 등과 관련된 경승지
  - 정원, 원림, 연못, 저수지, 경작지, 제방, 포구, 옛길 등
  - 역사, 문학, 구전 등으로 전해지는 저명한 전설지
⑥ 「세계문화 및 자연유산 보호에 관한 협약」제2조 규정에 의한 자연유산에 해당하는 곳 중에서 관상상 또는 자연의 미관상 현저한 가치를 갖는 것

북한은 우리나라의 명승 지정기준과 가장 유사하다. 그러나 명승의 지정 대상으로는 명산, 팔경, 대(臺), 구곡·계곡, 동천, 폭포, 유원지, 포구, 바닷가(해수욕장), 호수 등을 지정하고 있으며, 명산, 팔경, 구곡 등과 같이 규모가 큰 명승지는 이를 세분해 지정하고 있다. 일본의 명승 지정대상은 정원, 협곡·계류, 산악, 공원, 교량, 화수, 소나무 숲, 암석·동혈, 폭포, 호소, 용천, 해변, 도서, 모래톱, 하천, 구릉·고원, 전망지점 등을 대상으로 하며, 특징으로는 전체 지정 건수의 55.8%가 고정원이라는 점과 교량, 소나무 숲과 같은 인공경관과 마을숲도 명승으로 지정하고 있는 것이다. 중국은 산(55.6%), 호수, 강·하천, 동굴, 소수민족 풍경구, 바다·해빈, 협곡, 과수원, 폭포, 별장, 구덩이, 모택동 고향, 사

막, 죽림 등을 명승대상으로 지정하며, 특히 명승지를 3급(국가중점, 성, 시 · 현)으로 나누는데, 국가중점명승지는 대규모 지역(10㎢ 이상)을 대상으로 지정하고 있다.

2) 명승의 유형

명승의 경관 형성에 영향을 주는 요인으로 입지, 형태, 기능 등을 들 수 있다. 입지란 명승의 지리적, 시각적 맥락을 말하고, 형태란 주변 지역과 더불어 지각되는 명승의 유형을 의미한다. 명승은 입지적 측면에서 볼 때, 산악형, 화산형, 계곡 · 폭포형, 도서형, 해안형, 호수형, 온천, 냉 · 광천지형 등으로 구분된다.

(1) 자연경관으로서 명승

자연경관으로서의 명승은 산악경관, 화산경관, 계곡 · 폭포경관, 하천경관, 호수경관, 도서경관, 해안경관, 수계경관, 고원 · 평원경관, 암벽경관, 식생경관, 생태경관, 온천경관, 냉 · 광천지경관 등 다양한 형태의 경관유형으로 구분된다.

① 산악형은 심성암이나 성층암으로 구성된 것으로, 산지가 연봉, 군봉, 단봉 등의 형태이면서 융기준평원(隆起準平原), 습곡산지, 지묵(단층산지), 지구(단층대상요지), 카르스트지형 등과 같은 지형적 특징을 가진 빼어난 산지경관과 생태경관이 함께 있는 경승지다.

② 화산형은 원추화산, 종상화산, 순상화산, 대상화산, 탑상화산 등인데, 측화산이 연봉, 군봉, 단봉(단성화산) 등의 형태를 이룬 지형으로, 용암지형, 용암대지, 용암침식산지, 칼데라호 등과 같은 빼어난 지형경관과 생태경관이 어우러진 곳이다.

③ 계곡 · 폭포형은 심성암, 성층암, 분출암 등으로 구성되어 V자형곡, U자형곡, 협곡 등의 계곡 특징과, 차별침식에 의한 폭포의 형태와 규모 및 용소 그리고 암벽, 암봉, 암주, 암문, 계류 등의 구성특징에 의해 빼어난 지형경관과 생태경관이 함께 있는 곳이다.

④ 도서형은 내해다도형, 만요형, 열도형, 군도형, 고도형 등의 형태로 해식지형, 해성단구(海星段丘), 사빈, 사구, 삼각주, 갑각(岬角) 등과 같은 지형적 특징에 의한 빼어난 지형경관과 생태경관이 함께 있는 곳이다.

⑤ 해안형은 소도군(小島群)의 수적 배열에 의한 수지상해안형(樹枝狀海岸型), 거치상해안형, 해식해안형 및 퇴적해안에 의한 구간해안형(軀幹海岸型) 등의 형태로서, 해식애, 해식동, 해식붕(해식대지), 암초, 조취혈(潮吹穴), 사주(砂洲), 삼각석(三角石) 등과

같은 빼어난 지형경관과 주변의 생태경관이 어우러진 곳이다.

⑥ 호수형은 단층호, 해적호(海跡湖), 하적호(河跡湖), 화구호(火口湖) 등과 같은 지질학적 형성특징에 의한 빼어난 호소경관과 주변의 생태경관이 어우러진 곳이다.

⑦ 온천, 냉·광천지형은 지질구조 및 지형발달의 특징에 의해 특색 있는 온천지, 냉·광천지로 예술적, 경관적 가치가 있는 곳이다.

(2) 인문경관으로서 명승

인문경관으로서의 명승은 저명한 건물이 있는 경승지 또는 원지(園池)와 자연, 문화적 요소들이 결합되어 뛰어난 조망경관을 형성하는 곳과, 특별히 빼어난 자연미를 지닌 지형 또는 지역이나 그 안에 있는 조형물 등을 지칭한다. 인문경관으로서의 명승은 우리의 민속 문화나 역사문화에 바탕을 두고 있어 시각적으로 아름다운 대상일 뿐 아니라 역사적, 전통문화적으로 의미 있는 곳이 대상이 된다.

3) 명승과 문화

경관(Landscape)은 사전적 정의로'한 시점에서 한눈에 취해지는 자연내륙 경치의 전망 또는 조망'이라 하는데, 이 정의에 따르면 경관은 시각적으로 지시하는 주관적 개념이다. 또 일반적으로 경치를 뜻하거나 특색 있는 풍경형태를 가진 일정한 지역을 의미한다. 이러한 경관의 개념은 역사상 토지개념, 경치개념, 공공개념, 심리개념 등으로 발전, 정립되어 왔다. 그중에서 가장 보편적인 것이 경관을 경치로 보는 개념이다.

이는 16세기부터 17세기 유럽에서 풍경화를 그릴 때 공간적 깊이를 고려함으로써, 관찰자와 대상 간에 일정한 거리가 설정되고, 관찰자가 일정한 시각에서 일정한 방향으로 쳐다볼 때, 그 사람에게 보이는 경치라는 개념에서 시작했다. 최근에 와서 경관은 물리적 대상만이 아니라 관찰자가 느끼는 지각과 심리적인 인지작용의 과정을 거쳐 우리의 뇌리에 새겨진 영상까지도 포함하는 확장된 개념을 갖게 되었다.

따라서 경관적 차원에서 본다면 명승은 시·지각적 경치나 모습뿐 아니라 마을사람들의 여가활동을 담고 있는 장소로, 어떤 지역을 연상할 때 기억 속에서 가장 먼저 영상으로 떠오르는 지역의 대표적 이미지가 경관이라 할 수 있다.

경관은 크게 자연경관과 문화경관으로 나누어진다. 자연경관은 인간의 활동이 개입되기 이전의 경관으로, 일단의 지형적 특성을 위주로 나타나는 경관을 말하며 지형학의 주 대상이 되는 경관이다. 즉, 지질적, 기후적 요인들과 시간이라는 변수가 구조적으로 작용한 땅, 바다, 식생 등과 같은 형태들의 총합을 자연경관이라 할 수 있다. 문화경관은'인간

행위의 표현으로 자연경관에 나타난 경관'으로 정의할 수 있으며, 한 지역의 문화는 자연경관을 매개로 시간이라는 변수를 통해 주거, 구조, 생산, 교환 등의 문화적 형태들을 낳게 되며, 이 형태들이 문화경관을 구성한다. 따라서 자연경관은 중간매개체가 되는 경우가 많고, 문화경관은 그 결과물이 된다.

경관이란 실체를 갖고 있는 물리적 대상이지만, 문화적 의미가 그 안에 개재되어 다양한 상징으로 나타나는 대상이다. 이러한 현상은 문화의 지역적 고착성을 강하게 지녔던 과거일수록 더욱 강하게 나타난다.

경관 속에 나타나는 문화적 의미는 전설과 설화 등 구전적 요소로 전해지기도 하고, 또는 고문헌, 비석, 암각, 편액 등의 문자적 자료로 전해지기도 한다. 이와 같이 다양하게 표현되고 있는 경관의 문화적 의미요소들은, 경관이 지니고 있는 명승으로서의 의미와 가치를 한층 배가시키는 요인으로 작용한다. 명승은 기본적으로 경관 자체가 아름다운 경관적 가치에 중요도를 두는 문화재지만, 경우에 따라 문화적 요소가 특별한 의미를 갖는 명승도 있다.

명승과 관련된 문화는 대부분 조선시대의 정치적 이념인 유교문화가 가장 관련이 깊다. 이러한 유교문화와 관련된 대표적 문화경관으로는 구곡경관이 있다. 구곡은 주자의 '무이구곡(武夷九曲)'으로부터 유래된 유교문화경관의 대표적 사례이다.

무이산 아래 신선의 영기가 있으니(武夷山上有仙靈)
산 아래 차가운 흐름은 구비마다 맑다(山河寒流曲曲淸).
낱낱이 기특하여 빼어난 곳을 알고자 하여(慾識箇中奇絶處)
뱃노래 두어 자를 한가로이 들었다(櫂歌閑聽兩三聲).

주자의 무이도가(武夷櫂歌)는 무이산 계곡 주변의 아름다운 명승지인 승진동, 옥녀봉, 선기암, 금계암, 철적정, 선장봉, 석당사, 고루암, 신촌사 등 구곡의 절승처 경관을 묘사한다. 여기에서 유래된 구곡은 조선조 유교문화의 융성과 함께 우리나라 산하의 경관에 부여된 문화요소다. 화양구곡, 선유구곡, 죽계구곡, 벽계구곡, 봉래구곡 등 우리나라 지방 곳곳에 수없이 많은 구곡이 명명되어 있다.

이러한 구곡은 대부분 조선시대 유학자들이 명명했으며, 구곡은 절승의 장소로 하나하나의 경관점들이 연계되어 연계경관(sequence)을 이루는 대표적 명승지이다. 조선시대 유학자들은 구곡의 명명과 함께 구곡경관을 보고 느낀 감상을 문자로 전하고 있는데, 암각으로 각자하거나 경관시를 지어 편액과 고문헌 등으로 남겼다.

팔경 또한 대표적 문화경관이다. 관동팔경, 단양팔경 등 팔경은 넓은 지역의 절경을 설정해 명명했는데, 이 역시 대표적인 절승의 경관점이라 할 수 있다. 경의 설정은 팔경, 십경, 십이경 등이 있으나 우리나라에서는 팔경이 가장 많다. 팔경은 팔방, 팔덕목, 팔정도 등과 같은 숫자의 상징적 의미에서 유래된 것으로 보인다.

이렇듯 구곡, 팔경 이외에도 우리나라에는 문화적 요소를 다분히 가진 문화경승이 많다. 이러한 인문경관의 사례로는 고정원, 동천, 옛길, 마을숲 등을 들 수 있으며, 이들 경승지는 경관 자체의 아름다움 외에도 다양한 문화적 의미가 깊이 내재되어 있다.

4) 명승 지정 관련 국가유산

현재 우리나라에는 명승으로 분류되어야 할 문화재가 다른 문화재 종목으로 지정된 경우가 많다. 이러한 사례로는 마을숲, 고정원, 동천 등이 있으며, 또 다른 문화재로 지정되지는 않았지만 앞으로 명승의 범주로 지정되어야 할 문화재들이 있다.

(1) 마을숲(수림지)

현재 마을숲은 천연기념물로 약 15건 정도가 지정되어 있다. 지금까지 마을숲이 천연기념물로 지정된 사유는 마을숲이 지니고 있는 식물로서의 자연과학적 특성 때문이었다.

마을숲은 식물로서의 자연성도 중요하지만 그것이 지니는 문화재적 의미로 오히려 문화경관적 특성이 중요하다고도 할 수 있다. 마을숲은 그 안에 솟대, 장승, 오리, 돌탑과 같은 토착신앙을 상징하는 요소들이 존재하고, 마을과 관련한 풍수적 문화현상을 지니기도 하며, 유교문화를 비롯한 제의행위, 놀이, 휴식 등 다양한 이용적 기능을 담고 있는 대상으로, 우리 고유의 전통적 문화경관적 특징을 지닌 자연경관이라고 할 수 있다.

이러한 다양한 문화경관적 특징 때문에 과거부터 마을과 마을사람들 가까이에 인공적으로 조성해 숲의 이용을 전제로 유지, 관리해 온 공원적 특징을 지닌 자연유산이다. 따라서 마을숲은 다른 천연기념물과는 달리 마을사람들의 이용이 효율적이어야 하며, 특히 마을숲이 지닌 토착신앙적, 풍수적, 유교적 의미 등은 마을숲에서 행해지는 제의나 놀이와 함께 보존해야 하는 마을숲의 고유한 문화현상이다. 마을숲은 이처럼 문화유산적 특징과 자연유산적 가치를 함께 지닌 문화재이다.

(2) 원지

원지는 고정원 및 동천 등의 유적을 지칭하는 용어이다. 원지 관련 유적은 현재 21건이 지정되어 있다. 일본에서는 고정원 유적을 이미 오래전부터 국가적인 명승으로 지정하고 있다. 현재 일본의 고정원 관련 문화재의 명승 지정은 전체 명승의 55%에 달하고 있어,

명승의 주류가 고정원 관련 문화재라고 할 수 있다.

고정원은 정자와 같은 정원건축물을 포함하지만 유적을 구성하는 대부분의 요소가 수림, 연못 등과 같은 경승적 요소다. 또 동천(洞天)은 수려한 자연경승지의 일정한 지역을 동천의 영역으로 가꾸었던 유적으로, 자연경승적 요소가 더욱 큰 문화재라 할 수 있다. 따라서 고정원, 동천 등과 같은 원지 유적은 명승의 범주에 속하는 문화재이다.

(3) 천연보호구역 내의 경승지

천연보호구역은 문화재보호법에 의한 천연기념물의 한 종류로 특정한 넓이를 지닌 천연기념물의 하나이다. 천연보호구역은 대부분 희귀 동식물의 서식지, 번식지를 대상으로, 주로 자연경관의 적극적인 보호를 목적으로 지정, 관리되고 있는 천연기념물이다. 천연보호구역의 지정기준으로는'보호할 만한 천연기념물이 풍부하거나 다양한 생물적, 지구과학적, 문화적, 역사적, 경관적 특성을 가진 대표적인 일정한 구역, 또는 지구의 주요한 진화단계를 대표하는 일정한 구역, 중요한 지질학적 과정, 생물학적 진화 및 인간과 자연의 상호작용을 대표하는 일정한 구역'등을 제시하고 있다.

천연보호구역은 현재 10건이 지정되어 있으며, 비무장지대 접경지역 및 설악산, 한라산 등과 같은 대면적의 산림지, 홍도, 독도, 울릉도, 제주도의 부속도서와 같은 섬지역 등으로, 원생의 자연이 잘 보존되고 있는 야생지역이 그 대상이다. 특히 천연보호구역 내의 단위경관을 명승으로 지정하여 아름다운 국토경관의 가치를 높이고 보존과 활용의 활성화하는 것은 중요한 사안이다.

(4) 명승 지정관리의 개선점

현재 자연유산에 대한 관심은 우리사회의 성숙된 인식과 나날이 악화되는 환경문제로 매우 고조되고 있다. 또 유네스코의 세계유산 지정과 더불어 자연문화재에 대한 전문가 및 국민의 관심도 높아지고 있는 상황이다. 이러한 시대적 상황과 함께 이제 명승에 대한 지정관리도 시대적 요구에 부응해 적극적인 대응과 변화를 모색해야 한다. 명승의 개념은 보존 및 이용을 전제로 하는 문화재로 정립되어야 한다. 문화재의 지정관리는 이용과 보존을 명확히 구분해 두 가지의 상반된 가치가 조화를 이루도록 해야 하며, 주로 보존에 주력하는 자연문화재와는 달리 별도의 기준에 의해 지정 및 관리가 이루어져야 한다. 명승과 같이 이용을 전제로 하는 문화재는 이용을 하지 않으면 본래의 모습을 잃거나 변형을 초래해 오히려 문화재적 가치를 상실하는 경우도 있다.

우리나라 명승은 범위를 계속 확대하여 지정해야 한다. 현재 360건의 명승을 보유하고 있는 일본에서는 명승의 개념에 정원, 공원, 교량, 하천, 호소, 폭포, 섬, 해안, 협곡, 계류,

산악, 수림지, 꽃나무(花樹), 전망지점 등의 요소들을 분류하여 지정하고 있다. 우리나라에서도 이와 같이 지정에 대한 범위 확대가 필요하다. 정원이나 별서 등은 주변 경관과 더불어 명승으로 지정해야 할 대상이며, 특히 팔경, 구곡 등과 같이 하나의 아름다운 경관점은 단위경관을 중심으로 명승의 지정을 확대해야 한다.

천연기념물로 지정된 명승 관련 문화재도 명승으로의 지정전환이 필요하다. 명승으로의 지정전환은 특성에 맞추어 문화재를 정확하게 분류해야 하는 점 이외에도, 성격과 관리방법이 유사한 문화재를 같은 종목으로 통일함으로써, 문화재의 효과적인 보존과 이용을 함께 도모할 수 있는 관리방안이기 때문이다.

12. 서원

1) 개관

조선 왕조는 유학을 치국이념으로 표방하고 등장한 신흥 사대부 계층의 절대적인 지지를 기반으로 건국된 왕조이다. 사상과 이념면에서 불교국가였던 고려 왕조와 기반을 달리한 조선 왕조는 정치, 사회는 물론이고, 교육과 의례(儀禮)까지도 유학을 근본이념으로 삼았다(이상해, 1998, p.7). 가족, 사회, 국가 윤리로서 상하 수직적 지배개념의 윤리관을 확립하고, 그에 의해 영위될 수 있는 새로운 중세적 윤리질서를 정착시키려는 신왕조의 위정자들은 신유학(新儒學)인 성리학의 이념을 바탕으로 한 교화를 강조했다. 그뿐 아니라 정치적 목적을 구현하고자 충효를 중심으로 인륜을 내세워 그에 따른 교육을 강화하고 생활규범의 실천을 장려했다.

조선 사회 전반의 기본이념이었던 유학으로 조선 왕조는 정치, 사회는 물론 윤리에 이르기까지 유교국가로서의 기틀을 잡아갔다. 태조에서 태종에 이르는 동안 정치적 안정을 이루었고, 성종 대에는 문물제도가 확립되어 유교사상이 서민에까지 보급됨으로써 조선 왕조 500년의 유교적 기반이 마련되었다. 조선의 역사를 통해 유교는 생활 속에서의 행위규범, 사회제도, 도덕적 가치기준이자 신앙적 의식의 내면에 이르기까지 철저한 유교사회의 기반을 형성했다. 이렇듯 조선 왕조는 관제화(官制化) 성격의 유교적 체제로 사회조직을 정비해 나갔고, 제도적 안정을 기하기 위해 새로 학교를 설립하고, 주자가례(朱子家禮)에 따라 가묘(家廟)를 설치하는 등 다양한 유교적 시설물이 전국에 들어서기 시작했다(김지민, 2003년, p.262).

2) 유교건축과 교육기관

신왕조인 조선시대의 이데올로기로 채택된 유교와 유학의 진흥을 위해 설치된 유교 건축은 크게 3가지 유형으로 구분할 수 있다. 첫째, 유교의 종주(宗主)인 공자를 비롯 중국 및 우리나라 성현의 신위(神位)를 모신 문묘(文廟)를 중심으로 조성된 건축이다. 즉, 서울 성균관과 지방의 향교다. 두 유적은 규모나 교육 내용에 차이가 있었을 뿐 건축의 구성개념은 거의 같다. 이곳은 공자의 사상과 학문적 이념이 가장 충실하게 전달되었던 유교의 성전(聖殿)으로, 지방민에게 유교이념을 보급하는 교화의 중심지로 큰 역할을 했다. 둘째, 조상숭배 개념의 제례를 위해 조성된 건축이며, 여기에는 개인과 문중이 건립의 기초가 된다. 종류로는 종묘(宗廟), 가묘(家廟), 제각(祭閣), 사우(祠宇), 서원이 있다. 종묘는 조상숭배 개념도 있으나, 넓게 보면 왕조사회의 근간시설이라 할 수 있다. 셋째, 삼강(三綱)을 장려하고 유풍(儒風)을 바로 세우기 위해 국가에서 시행한 제도의 일환으로 생겨난 유형으로 정려(旌閭)가 있다.

삼강은 군위신강(君爲臣綱), 부위자강(父爲子綱), 부위부강(夫爲婦綱)으로 이러한 윤리의 보급은 조선 초기부터 말기까지 지속적으로 추진되었다. 그중 교육기관은 관학(官學)인 중앙의 성균관 및 사부학당(四部學堂)과 지방의 군현에 소재하는 향교가 있으며, 사학으로는 지방의 수려한 자연경관 속에 위치한 서당이나 정사, 서원이 있다.

성균관은 문묘라고도 불리며, 유교의 시조인 공자를 배향하고 유교 경전의 간행과 강학을 위해 태조 7년(1398년)에 창건된 조선시대 최고의 학문기관이다. 현재는 성균관대학교 경내에 있으며, 현존 건물은 임진왜란 때 소실된 이후 선조 때 중건된 것이나 배치나 기본 구조 등에서는 창건 당시의 모습을 그대로 재현하고 있다. 평탄한 지형에 전묘후학[1] 배치로 꾸며진 성균관은 대성전(大成殿), 동무(東廡), 서무(西) 등이 배치되며, 후면에는 강학공간으로 서명륜당(明倫堂), 동재(東齋), 서재(西齋) 등을 갖추고 있다.

전체 공간구성은 중앙 높은 기단 위에 서 있는 공자 묘인 대성전을 중심으로 하여 전면에 72제자와 선현의 신위(神位)를 안치한 동서양무(東西兩廡)가 있고, 그 앞쪽 대성전 중심축선 상에 남향해 중문이 서 있다. 좌우에는 담장이 연결되어 있어 대성전 앞에 큰 중정이 있고, 동무 앞에는 비각이 있다. 대성전 뒤에는 넓은 중정을 두고, 중심축선 상 좌우에 협실이 있는 명륜당이 있으며, 이 건물의 좌우에는 동재와 서재가 있어 수많은 개실(個室)과 랑(廊)으로 구성된다. 명륜당 뒤의 동쪽에는 존경각(尊經閣)이 있으며, 서북쪽에는 공자의 부친을 제사하는 계성사(啓成祠)가 있었으나 현재는 존재하지 않는다. 성균관의 전체 공간은 공자에게 제사를 하는 대성전과 강학을 하는 명륜당으로 구성된다.

[1] 앞쪽에 문묘 즉, 제향공간이 오고 후면에 강학공간이 들어서는 배치유형을 말한다. 반대가 되면 '전학후묘(前學後廟)'가 된다.

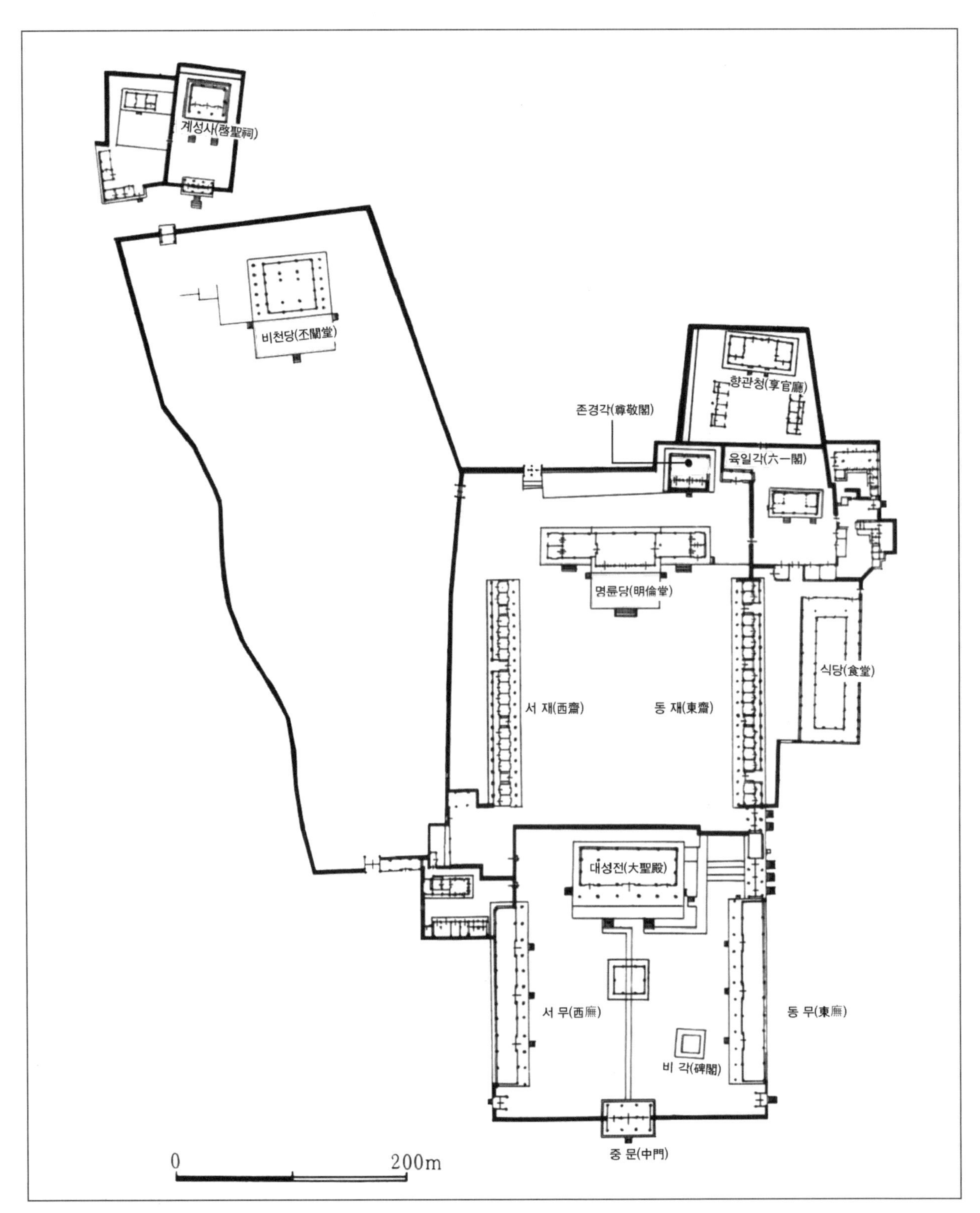

그림 293 **문묘 배치도** ▷출처: 윤장섭, 1996년, p.389

향교는 인재를 양성하고 유교이념을 보급해 민중을 교화하는 목적으로 전국의 크고 작은 고을에 세운 관학으로, 최초의 설립 시기는 12세기 중엽으로 본다. 조선 초 중앙집권 강화를 위한 지방관제의 개편과 함께 지방수령의 역할에는 향교의 설립과 학문의 진흥이 있었다. 조선 초 태조의 향교 진흥책으로 시작된 향교의 설립은 적어도『동국여지승람』이 나온 성종 17년(1488년)까지 전국에 '일읍일교(一邑一校)'의 체제를 갖추게 했다.『동국여지승람』에 의하면 8개 도에 모두 329개소의 향교가 존재했는데, 이는 지방관제와 비교해 볼 때 거의 모든 곳에 향교가 설립되었음을 알 수 있다.

그림 294 문묘의 대성전

향교의 건축구성은 성균관의 축소판으로 보면 된다. 이는 향교에도 반드시 문묘가 있었고, 아울러 교육기관이었기 때문이다. 배치구조는 전학후묘(前學後廟) 유형이 절대 다수를 차지한다. 구릉성 산지에 경사지형을 택하면 제향공간이 후면 높은 곳에 위치하므로 자연히 공간의 위계성도 형성된다.

현재 전국의 230여 향교 중 200여 곳이 이러한 배치유형이다. 반면에 나주, 전주, 경주, 함평, 영광, 정읍향교 등은 전묘후학 배치구조인데,❶ 이곳들은 모두 평지이다. 즉, 수평선상에서 '앞(前)'이 '뒤(後)'보다 상위라는 개념을 도입한 것 같다. 한편 좌우병렬로 제향과 강학공간을 배치한 특이한 향교도 몇 곳이 있다.

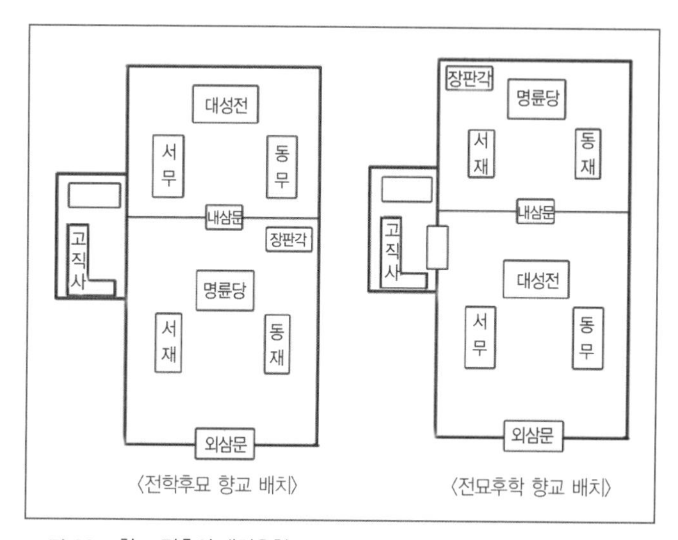

그림 295 향교 건축의 배치유형

❶ 향교의 배치형식은 큰 도시와 평탄한 곳에서는 전묘후학의 배치가, 중소 도시와 경사지에서는 전학후묘의 배치가 일반적인 특징이다.

3) 서원 건립의 역사

그림 296 **소수서원 전경** ▷출처: 이상해, 1998년

서원은 성리학적 고급 인재를 양성하기 위해 조선 중기에 주로 설립됐던 조선조 최고의 학교다. 서원에 따라 차이는 있었지만 오늘날의 대학에 해당하는 고등교육기관이다. 서원은 기본적으로 유생들이 모여 강당에서 학문하는 강학기능과, 사우에 선현의 위패를 모시고 제사 드리는 제향기능을 갖춘 곳이다. 하지만 이러한 기능에만 머문 것은 아니다. 향촌에 사회윤리를 보급하고 향촌질서를 재편성하며, 지역공동체를 이끌어 간 정신적 지주이기도 하였다. 즉, 서원은 성리학이 만들어 낸 가장 대표적인 조선시대의 산물이다(이상해, 1998년, p.7).

'존현강도(尊賢講道)', '존현양사(尊賢養士)'라는 명확한 이념으로 설립된 서원의 본격적인 출현은 이른바 사림파가 대두한 16세기 중엽 이후의 일이다(박양자, 1994년, p.8). 즉, 우리나라 서원의 효시는 신재(愼齋) 주세붕(周世鵬, 1495~1554년)이 1543년(중종 38년) 경상도 순흥에 건립한 백운동서원(白雲洞書院)이다. 주세붕은 1541년(중종 36년) 풍기군수로 부임해 이곳 출신의 고려 말 성리학자인 회헌(晦軒) 안향(安珦, 1243~1306년)을 모시는 문성공

표 16 **시대별 서원의 성격과 배치**

구분	초기(16세기)	중기(17~18세기)	후기(19세기)
성격	유학이나 성리이념을 탐구하기 위한 기능이 강조된 교학 중심의 공간 구성이 이루어짐	붕당과 사화가 계속되면서 교학과 상덕기능이 대등하게 인식되어 두 공간이 통합됨	대체로 상덕기능만이 강조된 가운데 사당과 강당의 단순한 형태로 구성됨
배치형식	신당 내삼문 강당 서재 동재 외삼문	신당 내삼문 서재 동재 강당 외삼문	신당 내삼문 강당 외삼문

묘(文成公廟)를 세웠다(1542년 8월).

1543년 8월에는 유생의 교육을 겸비한 백운동서원을 사당 동쪽에 설립해 유생을 교육하는 곳으로 삼았다. 선현(先賢)을 제향하기 위한 '사(祠)'와 유생들을 가르치고 인재를 기르기 위한 '재(齋)'를 한 영역에 둔 것은 백운동서원이 처음이었다.[1] 이후 퇴계 이황이 풍기군수로 부임해 백운동서원을 선현의 봉사와 유생들의 교육을 위한 곳으로 공식적으로 인정해 주기를 요청했고, 이에 명종은 1550년(명종 5년) 2월 21일 "백운동소수서원(白雲洞紹修書院)"이란 사액을 내렸다(이상해, 2001년, pp.500~511).

소수서원의 사액 이후 명종 대에 서원들이 영남을 중심으로 건립되는 경향을 보이다가 점차 전국적으로 확산되었다. 지방의 유학자들이 학문을 통해 학맥을 형성하고 학문적 뿌리를 같이 하는 학문 집단이 서원을 조영하면서, 학문적으로 훌륭한 선현을 사당에 모시게 되었다. 선조 대에 사림 계열이 정치의 주도권을 쥐면서 서원 역시 본격적인 발전을 하게 되는데, 이 시기의 서원은 강학 위주로 강당을 중심으로 서원공간이 형성되었다. 서원 성립 초기에 서원의 입지는 주로 산수가 아름답고 읍에서 멀리 떨어진 산간 계곡이나 배산임수의 경사지에 위치한다(손윤희, 2002년, p.10).

숙종 이후에는 전국적으로 설립되었으며, 주로 사당(祠堂)을 중심으로 하는 서원이 건축되었다. 학문적 스승이나 문중 차원에서 선조를 모시기 위해 선현의 연고지를 중심으로 마을 인근에 사당 위주로 조영했다. 따라서 서원과 사우의 제향 인물에 구별이 없어지고, 서원의 일차적인 기능인 강학보다는 사당의 기능이 더욱 강조되어 제향기능의 사우와 큰 차이가 없었으며, 그로 인해 사우로 불러야 할 것도 서원이라 불리게 되었다.

17~18세기 제향기능 위주의 이러한 서원은 충절서원(忠節書院)의 성격을 띠게 되었으며, 1868년(고종 5년)에 서원 철폐령이 내려져 전국적으로 47개의 서원만 남기고 나머지는 모두 철폐되었다(손윤희, 2002년, pp.10~13).

4) 서원의 입지와 배치

서원 위치는 대개 특별한 의미를 지닌 곳이다. 서원은 일반적으로 산수가 뛰어나고 조용한 산기슭이나 계곡 또는 향촌에 있으며, 성격에 따라 절터 또는 퇴락한 사찰을 이용한 경우, 선현의 연고지에 건립된 경우, 서원에 배향된 선현들이 살았을 때 세운 서당이 발전해 이룩된 경우로 구분할 수 있다(최완기, 1981년, pp.1~24).[2] 그러나 서원의 입지와 관련해 공통적인 특징은 대개 각 지역의 아름다운 경승을 자랑하는 곳에 위치하고 있다는 것이다(김동욱, 1999년, p.168).

[1] '사(祠)'와 '재(齋)'는 별개의 건축형식으로 이전부터 존재하고 있었다. 사는 이미 삼국시대부터 여러 종류의 사우(祠宇), 사묘(祠廟)의 건축형식으로 있었고, 재는 정사(精舍), 서재(書齋), 서당(書堂) 등의 건축형식으로 있었다. 그러나 사와 재를 한 영역에 갖춘 건축형식은 백운동서원이 처음이다(이상해, 2001년, p.510).

[2] 정치사회적 상황이나 마을과의 연관성이라는 측면에서 볼 때, 초창기의 서원이 구릉의 중턱에 자리해, 선현이 강도하던 곳과 인연이 깊은 곳에 위치하나, 후대로 내려올수록 서원의 입지가 마을 뒤나 마을 중앙에 선정되고 있다(이상윤, 김용기, 1995년, p.172). 이는 성립 초기 서원의 입지가 읍에서 떨어져 인적이 드물고 경치가 뛰어난 곳에 위치한 것에 비해, 17세기 후반에 이르면 서원이 선현들의 일정한 연고지나 마을 주변을 중심으로 제향기능이 강조된 공간이 되기 때문이다.

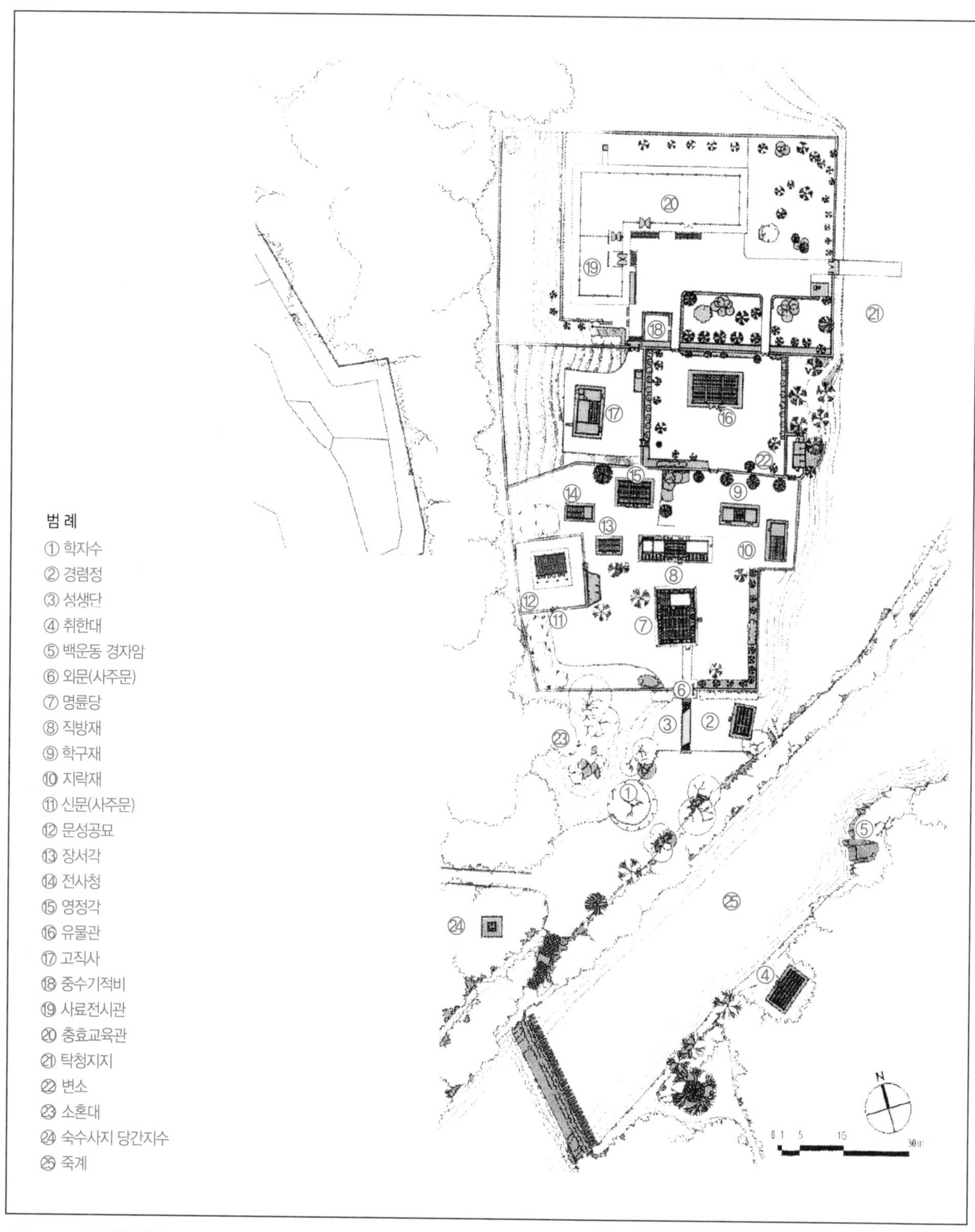

그림 297 **소수서원 배치도** ▷출처: 이상해, 1998년, p.22를 토대로 재작성

서원이 풍광이 좋은 곳에 자리를 잡게 되는 요인은 여러 가지가 있지만, 그 설립 배경이 관학인 성균관이나 향교와 달랐던 점도 중요한 요인이다. 성균관이나 향교가 조정과 직접적으로 연관된 반면, 서원은 사학으로서 조정으로부터 상당히 독립적이었고, 또 서원 제도 자체에 유가적 은둔사상이 결탁해 행정의 중심지로부터 격리되어 설치될 수 있었기 때문이다. 향교의 입지가 읍으로부터 약 10리(약 3.9㎞) 이내에 위치했던 데 반해, 서원은 읍으로부터 약 50~130리(약 19.6~51㎞) 정도 떨어진 곳에 자리 잡고 있다. 따라서 강학과 제향을 위해 건립된 서원은 주로 마을에서 떨어진, 골짜기가 깊숙하고 아늑한 곳에 자리를 잡았다(이상해, 1998년, p.23).

주변의 풍광이 아름다운 서원의 입지적 요구 조건은 단순히 산수를 즐기기 위한 것만은 아니었다. 이는 학문의 연장으로 고요히 우주의 이치를 궁리하며, 성정(性情)을 닦는 공부 방법이었으며, 자연의 이치에 대한 깨달음을 통해 학문을 이루기 위한 수단이었기 때문이다(박병오 외, 2003년, p.18). 조선시대 성리학자들에게 자연은 '거경궁리(居敬窮理)'의 공간이자, 자연의 질서 있는 변화를 보면서 천리의 묘용을 배울 수 있는 공간이었다.

자연은 거경궁리의 수양을 위한 가장 이상적인 도량(道場)인 셈이다. 이에 퇴계는 도산(陶山)에 거처하면서 주위의 자연으로부터 심오한 이치를 깨닫고 즐거움을 느꼈다(송재소, 2001년, p.348).❶ 또 퇴계는 은거하여 뜻을 구하는 선비와 도학을 강명(講明)하고, 업(業)을 익히는 무리가 노닐고 강독하는 장소로 삼을 만한 곳이 되기 위해서는 흔히 세상에서 시끄럽게 다투는 것을 멀리해야 한다고 했다. 또 한적한 들과 고요한 물가에 인접해 선왕의 도를 노래하고, 고요한 중에 천하의 의(義)를 두루 살펴서 그 덕을 쌓고 인(仁)을 익혀 그것으로 낙을 삼았기 때문이다(이상해, 1998년, p.23).

❶ 퇴계가 평생 추구한 것은 자신을 포함한 모든 사람들이 '도덕적 가치를 충분히 실천하는 인간'이 되도록 하는 것이었다. 도덕적 가치를 충분히 실천하는 인간이 되기 위해서는 부단한 노력이 필요한데, 이것이 퇴계의 수양론이다. 퇴계 수양론의 요체는 '거경'과 '궁리'이다. 거경, 궁리의 수양을 쌓아야만 인간이 절대선인 천리를 체득해 도덕적 가치를 실천할 수 있다는 것이 퇴계 철학의 요점이다(송재소, 2001년, p.348).

❷ 조선 후기의 문인 화가 강세황(1712~1791년)이 영조 27년(1751년)에 도산서원의 실경을 그린 것이다. 주변이 산으로 둘러싸여 있고 고요한 곳에 위치해 학문하기에 적합한 곳이다.

그림 298 〈도산서원도〉❷

5) 서원의 공간구성

(1) 강학과 제향

초창기 서원이 자리 잡는 과정에서 일정한 건축형식을 갖추려는 노력이 나타났다. 학문하는 장소와 선현에게 제향(祭享)하는 공간의 바람직한 형태는 무엇인가에 대한 물음을 제기했고, 그 해답은 고대경전에 대한 주자의 해석에서 찾았다. 그러나 실제 서원이 지어지는 과정에서는 고대경전을 그대로 수용하기보다는 조선의 건축 현실에 맞춰 지을 수밖에 없었고, 그 결과 조선의 서원은 고유한 건축형태를 갖추게 되었다(김동욱, 1999년, pp.157~158). 17세기에 이르면 서원건축을 통해 사묘와 강당의 건축형식이 정착되었으며, 이는 다시 주거와 향교건축에 이르기까지 광범위한 영향을 미친다(정기철, 2000년, p.393).

퇴계에 의해 정립된 강학(講學) 위주 서원의 공간구성은 기본적으로 선현의 향사를 위한 사묘가 필수적이고, 학문을 강론하는 강당이 있어야 하며, 학생들을 수용하는 재사(齋舍) 외에 제사를 준비하는 전사청(典祀廳), 서원을 지키고 관리하는 고직사(庫直司), 서책을 보관하는 창고류 등의 여러 건물이 필요했다. 이 가운데 서원의 건축형식을 결정하는 가장 중요한 대상은 물론 강당과 사묘였다. 강당을 중심으로 한 강학공간과, 사당을 중심으로 한 제향공간이 결합한 형식을 기본으로, 강학공간을 앞에 놓고 제향공간을 뒤에 놓는 건축형식이 성립되었다. 하나의 중심축선을 설정하고 그 위에 주요 건물인 강당과 사

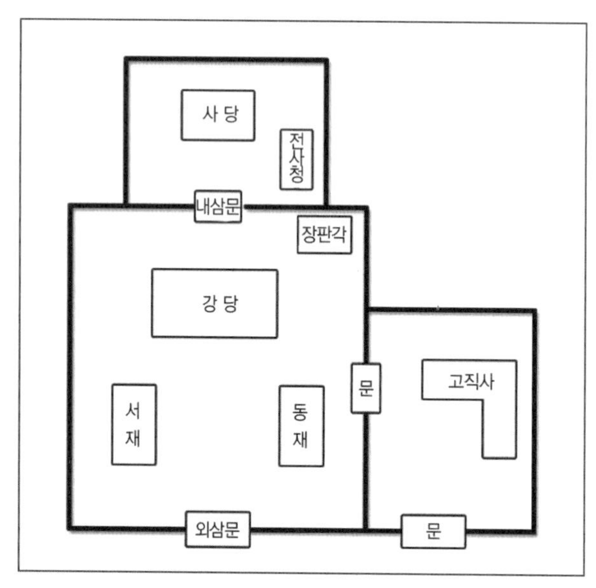

그림 299 서원의 전형적 시설과 배치

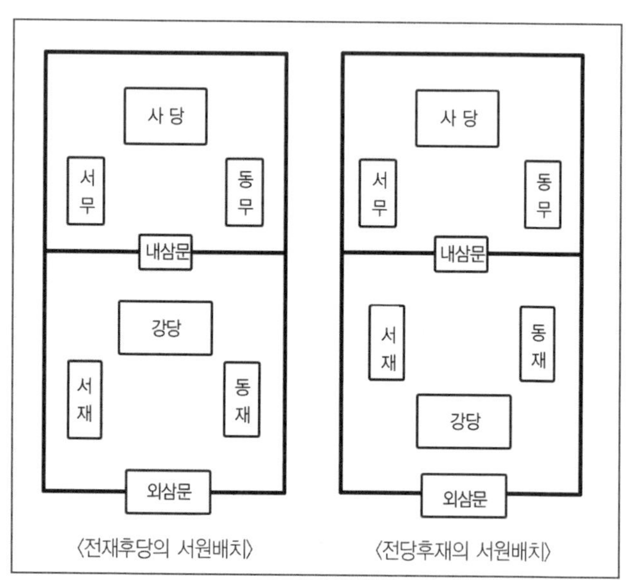

그림 300 재당배치에 따른 모식도

당을 앞뒤로 놓고, 좌우에 부속건물들을 대칭으로 배열하는 건축유형이 일반화되었다.

물론 서원에 따라 약간의 변형은 있지만 이러한 건축형식은 전국 대부분의 서원에 적용되었다. 서원건축의 이러한 유형은 향교건축과도 유사한 것이었다. 향교 역시 중심축선 상에 명륜당과 대성전을 일렬로 배열하고, 좌우대칭으로 부속건물들을 놓는 형식이었다. 향교의 경우 명륜당은 강학공간의 중심이고, 대성전은 제향공간의 중심이다. 그러므로 형식적인 면에서 서원과 향교는 거의 동일한 기능과 건축형식을 갖는다.

하나의 중심축선을 설정하고 앞에는 강학공간을, 뒤에는 제향공간을 두는 전학후묘의 서원 배치형식은 19세기에 들어서 정착되었다. 소수서원은 중심축이라든가 좌우대칭의 개념은 존재하지 않았고, 필요에 따라 임의로 건물을 배치해 무질서하게까지 보인다. 또 도산서원과 병산서원은 사당과 강당을 일렬로 배치하지 않고 사당이 강당 뒤 동쪽으로 치우치는 비대칭적 구성을 하기도 했다. 즉, 19세기 이전에 조성된 서원들은 전학후묘의 배치형식을 따르면서도 비교적 변화가 있고 다양하게 구성된 반면, 19세기 이후 20세기에 복원된 서원들은 거의 예외 없이 이러한 배치형식을 따르고 있다(김봉열,1998년, pp.31~33). 그리고 전학후묘의 형식 안에도 서로 다른 두 가지 배치 유형이 존재한다. 대개의 서원은 동서재가 강당 앞에 놓이는 전재후당(前齋後堂) 형식을 따르지만, 전당후재(前堂後齋)라 하여 동서 양재(兩齋)가 강당의 뒤에 놓이는 경우도 있는데그림 300 필암서원, 덕봉서원, 흥암서원 등이 대표적이다. 전당후재의 경우, 강당의 정면은 앞이 아니라 동서재가 놓이는 뒤가 된다. 강당과 동서재로 이루어진 뒤쪽 마당의 나머지 한 면에는 사당이 놓인다. 이러한 유형에는 사당이 가장 중요한 위치를 차지한다.

서원배치의 핵심은 명확한 직선축과 좌우대칭의 구성으로 설명된다. 정문에서 강당, 사묘가 일직선 상에 놓여 뚜렷한 중심축을 구성하고, 강당 앞의 동재와 서재가 거의 대칭으로 놓이며, 각 개별 건물 역시 엄격한 좌우대칭을 기본 조형으로 삼고 있다. 중심축을 살리고 좌우대칭을 이루며, 엄격한 위계질서를 통해 얻어지는 결과는 바로 팽팽한 긴장감이다. 이 긴장감이야말로 서원건축의 가장 중요한 핵심이다. 이런 긴장감을 만들어 내는 바탕은 서원의 각 구성건물들이 갖는 엄정한 규범에 있다. 사묘는 절제되고 정숙한 형태이며, 강당은 대칭 구성 속에서 높은 격식을 갖춘다. 또 재사는 소박하고 간소한 외관으로 전체 건물 간에 뚜렷한 위계질서를 조성한다(김동욱, 1999년, pp.163~166).

(2) 구성건물과 구성요소

① 강당 – 강학이 이루어지는 서원의 중심건물

서원의 공부법은 일방적인 강의 위주가 아니었다. 서원에 입교한 유생들은 각자의 능력에 따라 공부할 진도가 정해지고, 자습과 독서를 통해 뜻을 새기며 스스로 실력을 쌓아

그림 301 옥산서원의 강당

그림 302 옥산서원의 강당, 양재, 누대 전경

그림 303 병산서원의 누각인 만대루

간다. 보름에 한 번 정도 열리는 '강회(講會)' 때가 되면 모든 학생들은 강당의 대청에 올라 정연히 앉는다. 여러 명의 교수진 앞에 한 사람씩 불려 나와 그동안 공부한 내용을 보고하고, 문답을 통해 학습의 정확성을 검증 받는데, 이것이 '강(講)'이다. 이러한 강학이 벌어지는 공간이 강당이다. 강당의 구성은 가운데 대청을 두고 좌우에 온돌을 들이는데, 서원을 대표하는 건물로 규모도 가장 크다(김봉열, 2003년). 그림 301

② 재실 – 유생들이 기숙하는 동재와 서재

강당의 앞이나 뒤쪽 좌우에는 유생들의 기숙사에 해당하는 2개의 재실을 놓는다. 강당에서 볼 때 왼쪽을 동재, 오른쪽을 서재라 칭한다. 강당과 동서 양재는 서로 직각으로 놓여 강당 마당을 형성하며, 서원의 가장 중요한 장소이다. 강당과 양재의 구성에는 위계적 질서가 존재한다. 강당은 스승의 공간이므로 높고 크며, 양재는 제자의 공간이므로 강당보다는 낮고 작은 특징을 보인다(김봉열, 2003년). 그림 302

③ 누각 – 휴양 장소

공동 기숙 생활을 원칙으로 하며, 성리학적 예법을 준수해야 하는 서원 생활이란 매우 긴장된 것이었다. 아침저녁으로 원장에게 문안을 드려야 하고, 상하급생 간이나 동기 간에도 예를 갖추며 의관을 정제해야 하는 엄격한 수련이었다. 따라서 긴장을 풀고 휴식을 취할 수 있는 공간이 필요했다. 이 용도로 마련된 것이 강당의 전면에 놓이는 누각(樓閣)이다. 누각은 시회를 열거나 경치 감상, 또는 내왕하는 손님들을 맞는 접객의 기능을 수행했다(김봉열, 2003년). 그림 303

④ 장판각과 장서각 – 출판실과 도서실

장서각(藏書閣)은 서적을 보관하는 곳이며, 장판각

그림 304 청계서원의 장판각

그림 305 병산서원의 사당

(藏板閣)은 책을 인쇄하기 위한 목판(木板)을 보관하는 곳이다. 학문에 필수적인 것이 서적이며, 서적의 보관 역시 서원의 필수 기능이었다. 또 인쇄와 출판이 자유롭지 않았던 과거에는 자체적으로 목판본을 보관해 필요할 때마다 인쇄하여 출판했다.

서적과 목판을 보관하는 장판각과 장서각은 무엇보다도 습기와 화재로부터 안전한 구조와 장소가 중요했다. 그래서 일반적으로 다른 건물들과 어느 정도 떨어진 구석진 곳에 위치한다. 또 장서각은 원장실에서 잘 감시할 수 있도록 원장실의 뒤쪽 등에 위치하기도 한다(김봉열, 2003년).그림 304

⑤ 사당 – 선현 봉사의 중심건물

사당은 선현의 신위를 모신 곳이다. 사당은 서원의 가장 뒤편 그리고 가장 높은 곳에 위치하는 것이 일반적이다. 서원의 사당은 보통 한 명의 신위를 모시는데, 이를 주향(主享)이라 한다. 그 밖에 2~4명의 신위를 같이 봉안하기도 하는데, 이를 배향(配享)이라 한다. 주향은 사당의 가운데에 모시고, 배향자들은 주향과 가까울수록 그리고 좌측이 우측보다 상위다(김봉열, 2003년).그림 305

⑥ 전사청과 고직사 – 사당의 제사를 준비하고 마련하는 곳

전사청은 제사 전날 미리 제사상을 차려 놓는 건물로, 평소에는 제기와 제례용구를 보관한다. 따라서 사당영역에 인접하고 제수를 마련하는 고직사와도 연락이 잘되는 곳에 위치한다. 서원의 노비들이 기거하면서 제수를 마련하는 고직사는 교직사(校直舍), 주소(廚所), 주사(廚舍) 등 여러 이름으로 불린다(김봉열, 2003년).그림 306, 307

그림 306 도산서원의 전사청

그림 307 병산서원의 고직사

6) 서원의 조경

서원의 기능과 관련해 '장수(藏修)'와 '유식(遊息)'의 공간으로 나눌 수 있다. 장수, 유식이란 표현은 원래『예기(禮記)』학기편(學記篇)에 나온 것으로, 항상 학문을 마음속에 품고 이를 쉼 없이 닦아야 하며, 또 쉴 때나 소요할 때에도 항상 학문에 뜻을 두어야 한다는 의미로 해석된다. 후대의 용례에서는 이보다 좀 더 확장된 뜻이 된다. 즉, 장수는 학문을 닦는 과정으로, 유식은 학문을 닦으면 집중된 정신과 마음을 풀어 내는 과정으로 재해석된다. 공부할 때나 쉴 때나 항상 학문에 마음을 두어야 한다는 경전의 뜻이 '집중하고', '풀어주는' 두 가지의 학문 방법으로 설정된 것이다. 따라서 단순히 경전에 대한 공부가 아니라 성정(性情)까지 닦고 기르는 공부는 시위를 팽팽히 당기는 장수하는 과정뿐 아니라 시위

그림 308 도산서당의 정우당

그림 309 병산서원의 광영지

그림 310 남계서원의 쌍지(좌)

그림 311 남계서원의 쌍지(우)

를 풀어 내는 유식하는 과정 역시 포함한다(정기철, 2000년, p.414).

이는 서원이 기본적으로 장수하는 공간과 유식하는 공간으로 대별되고, 이것이 조화롭게 합일되어야 함을 함축한다. 장수의 공간은 강당과 사당으로 집약될 수 있다. 이곳은 '팽팽히 당겨진 활시위' 같이 몸가짐도 함부로 할 수 없는 긴장과 공경의 공간이며, 철저하게 예(禮)로 규정된 공간이어야 한다. 반면 정신과 성정을 풀어 내고 기르는 유식의 공간은 서원의 주변 절승(絕勝)이 될 수도 있고, 서원 마당 안의 연못을 비롯한 조경시설이 될 수도 있으며, 누각공간이 될 수도 있다. 서원의 조경적 특성은 이러한 유식의 공간과 관련된 주변의 자연경관과 자연경물, 서원 영역 내의 연못이나 수목, 기타 조경구성요소로 대별하여 그 특징을 살펴볼 수 있다.

(1) 성리학적 자연관과 서원조경

유식공간은 조경공간을 구성하는 지당, 수목, 자연경물, 자연경관 등으로 형성되며, 조영 논리는 조선시대 성리학자들의 자연관이 근간을 이룬다. 지당은 남계서원, 도산서원, 병산서원, 심곡서원(深谷書院), 죽림사(竹林祠) 등에만 한정적으로 나타난다. 또 그 형태에 있어서도 방지원도(方池圓島)가 주류를 이루며, 안에는 섬이 있는 것(병산서원 광영지와 죽림사의 타원형 연지 중 한 곳)과 없는 것이 있다. 서원에 지당을 조성함은 실용적으로는 집수지의 기능[1]도 갖지만, 궁극적으로는 도의(道義)를 기뻐하고 심성을 기르는 대상물로서의 역할이 강하다. 이러한 예로 퇴계가 도산서당의 연지를 '정우당(淨友塘)'이라 명명한 것은 주렴계의 '애련설(愛蓮說)'을 염두에 두고 연꽃과 같이 고아한 인품으로 청빈하게 사는 것을 나타냈다. 남계서원의 동재와 서재 앞에 나란히 조성된 지당에 홍백의 연꽃을 심은 것[2]도 같은 뜻이다. 또 병산서원의 지당인 운영지(雲影池)[3]는 주자의 『관서유감(觀書有感)』에

[1] 병산서원이나 남계서원의 경우, 지당은 사당과 강당영역으로부터 유출되는 우수를 일차적으로 집수해 서원영역 밖으로 내보내는 기능을 하는 것으로 파악된다.

[2] "1564년(명종 19년)에 김우홍이 군수가 되었는데, 동강 김선생의 형이다. …원우가 이미 완성되었으나 동서재가 오히려 영건되지 못하여 학생과 스승이 당을 하나로 하니, 예의가 엄격치 못하다고 여겼다. 이에 김군수와 상의하여 곧 동서재를 건립하고, 재사 아래 좌우에는 작은 연못을 파서 주변에 매화와 대나무를 차례로 심었으며, 연못 안에는 홍백, 연꽃을 심었다…"(정기철, 2000년, p.397 재인용)

[3] 『중용(中庸)』의 "…하늘빛과 구름 그림자가 함께 배회한다(天光雲影共徘徊)"라는 구절에서 따온 말이다.

그림 312 도산서원의 천연대와 천광운영대

그림 313 옥산서원의 세심대 각자

그림 314 〈도산서원도〉 ▷출처: 이선, 2006년

그림 315 경(敬)자 바위

그림 316 소수서원의 취한대 전경

그림 317 소수서원과 주변의 송림 ▷출처: 이선, 2006년

나타난 깊은 뜻을 체득하기 위한 것이다.

서원조경에서 성리학적 자연관과 관련된 것의 하나로 자연경물을 들 수 있다. 산이나 물, 바위 등의 자연물은 조영자가 명명(命名)해 서원이라는 소우주의 영역에 포함되고, 궁극적으로 조영자의 사상과 철학이 내재된 성리학적 자연의 일부로 승화한다. 도산서당의 천연대(天淵臺)와 천광운영대(天光雲影臺), 반타석(盤陀石), 탁영담(濯纓潭), 사산오대(四山五臺)로 유명한 옥산서원(玉山書院)의 자연암반에 명명된 관어대(觀漁臺), 영귀대(詠歸臺), 탁영대(濯纓臺), 징심대(澄心臺), 세심대(洗心臺) 그리고 소수서원의 '경(敬)'자의 각자와 취한대(翠寒臺)의 명명에서 보는 것처럼 대부분 성리학적 수양론, 심성론, 출처관을 나타내는 성리학적 자연관을 내포한다.그림 314, 315, 316

(2) 서원의 조경식재

서원에 식재된 수목은 매우 한정적이다. 바꾸어 말하면 서원에 식재된 수목은 서원이라는 공간의 성격에 적합한 수목만을 심었다는 것을 의미한다.

서원에 현존하는 노거수의 비율을 조사한 연구(노송호 외, 2005년)에 의하면 소나무, 배롱나무, 은행나무, 향나무, 느티나무, 매화나무, 회화나무 등을 가장 많이 식재한 것으로 나타나고 있다. 서원에 식재된 가장 대표적인 수목은 무엇보다도 행단(杏亶)과 관련한 은행나무를 들 수 있다. 소수서원(紹修書院), 도동서원(道東書院), 필암서원(筆巖書院), 자운서원(紫雲書院), 덕천서원(德川書院), 신안서원(新安書院) 등에는 외삼문 밖이나 강당영역 안에 은행나무를 식재했다. 서원에 식재된 은행나무는 성균관이나 향교의 '행단'으로 식재된 은행나무가 서원에도 일부 수용된 것으로 추정된다.[1] 그림 318, 319

[1] 성균관과 향교에 있어서의 '행단' 조성은 일반적이라고 할 수 있지만, 서원에서의 은행나무 식재에 대한 내용은 보다 명확한 규명이 있어야 할 것이다.

그림 318 덕천서원의 은행나무

그림 319 성균관의 은행나무

곧은 절개와 지조를 상징하는 소나무는 서원에 식재된 가장 일반적인 수목이다. 또 향나무는 서원은 물론 향교와 왕릉 등의 제향공간에 일반적으로 식재한 수종으로, 제례에 필요한 향을 위해 심었던 것으로 해석된다. 큰 벼슬에 나아가기를 희망하거나 선비의 꼿꼿함을 상징하는 괴목(느티나무, 회화나무)도 서원에 심었던 대표적인 수목이다. 배롱나무는 남부 지방의 지역적 풍토에도 가장 잘 어울리고, 오랜 시간 꽃을 감상할 수 있다는 이점 때문에 많은 서원에서 식재했다. 퇴계 이황이 제일 좋아했던 매화는 선비의 곧은 지조를 나타내는 상징적 의미로 많은 사대부들이 사랑했고 여러 서원에 식재되었다.

현재 서원에 나타나는 수목은 서원조영 당시에 식재된 것으로 보기에는 어려움이 있다. 사료를 통해 서원조영 당시에 식재된 것으로 확인되는 수종만을 살펴본다면, 남계서원에서는 매화(詠梅軒), 대나무, 연꽃(愛蓮軒)을 식재했다. 퇴계가 조성한 한서암 정원에는 소나무(松), 대나무(竹), 매화(梅), 국화(菊), 오이(瓜)를 심었고, 계상서당에서는 소나무(松), 대나무(竹), 매화(梅), 국화(菊), 연꽃(蓮)을 심어 퇴계 자신을 포함해 육우원(六友園)을 만들기도 했다. 또 도산서원에는 매화(梅), 대나무(竹), 소나무(松), 국화(菊)를 심어 절우사(節友社)라 명명했다. 소수서원에는 퇴계가 풍기군수로 부임한 이듬해 죽계 건너편에 송백(松柏)과 대나무(竹)를 심어 취한대(翠寒臺)라 이름 지었다는 기록이 있다. 이러한 식재사실(植栽史實)로 식재 의도를 살펴본다면, 대부분 지조와 곧은 절개, 고매함 등을 상징하며, 결국 성리학자로서의 출처관(出處觀)이나 자연경물을 통해 심성을 바르게 하는 심성론(心性論)과 관련 있다.

(3) 외부공간 구성요소

서원의 진입공간에는 기둥에 붉은 칠을 한 기둥에 살창을 가로로 끼운 홍살문(弘箭門

그림 320 하마비

그림 321 청계서원의 홍살문

또는 홍전문)을 세운다. 홍살문은 이곳부터 서원영역이라는 시각적 요소이자 엄숙한 공간임을 표시한다. 홍살문은 향교나 사묘(祀廟) 또는 왕릉에서도 공통적으로 나타나는 시설이다. 즉, 선현들의 위패를 봉안한 신성한 지역임을 의미하는 유교적 시설이다. 홍살문 옆에 누구나 이곳으로부터는 말에서 내려 걸어 들어오라는 뜻의 '하마비(下馬碑)'와 말에서 내릴 때 디디기 위한 하마석(下馬石, 노둣돌)이있다.그림 320, 321

한편 제례와 관련된 시설인 성생단(省牲壇), 관세대(盥洗臺), 망료위(望燎位) 등이 사당의 영역에 배치된다. 성생단은 제물로 쓸 희생물을 단 위에 올려놓고 상태를 감정하는 시설이다. 이때 제물인 '생(牲)'을 올려놓은 단이라 하여 '생단(牲壇)' 또는 '성생단'이라 하는데, 흙을 돋워 쌓은 흙단도 있고, 돌로 쌓는 석단도 있으며, 넓적한 큰 돌로 만든 것도 있다. 그림 322 관세대는 제사 초기에 제관들의 손을 씻기 위한 그릇을 올려놓는 석물이다. 망료위는 제사를 마친 뒤 제문을 쓴 종이를 태우기 위한 돌판이다. 현재 병산서원, 돈암서원, 남계서원에 각각 1기씩 남아 있는데 방형과 원형의 형태이다.그림 323 또 서원에 불을 밝히기 위한 조명시설로 강당 앞에 원형 또는 팔각 돌기둥에 돌받침대의 형태를 한 정료대를 설치했는데, 그 위에 광솔가지나 기름 등을 태워 장내를 밝혔다. 도동서원과 도산서원 등에서 그 형태를 찾아볼 수 있다.그림 324

그림 322 남계서원의 성생단

그림 323 남계서원의 관세대

그림 324 옥산서원의 정료대

참고 및 인용문헌

- 강영조·김영란, 1991, 韓國八景의 형식과 입지특성에 관한 연구, 한국정원학회지 10: 27-36.
- 강영환, 2004, 새로 쓴 한국 주거문화의 역사, 기문당.
- 강우방, 1982, 동궁지(東宮址) 출토 불상, 考古美術, 韓國美術史學會 153: 44-45.
  ——— 1993, 18세기 종교, 제례와 예술, 18세기의 한국미술, 국립중앙박물관.
- 강원도 춘성군, 1984, 청평사 실측조사보고서. 강원대 부설 산업기술연구소.
- 강태호, 2007, A Study on the Urban Structure Evolution of Historical City, Gyeongju, Journal of Korean Institute of Traditional Landscape Architecture, 5: 34-44.
- 계성, 1634, 園冶 영인본, 도서출판 조경.
- 고경희, 1989, 빛깔 있는 책들 28, 안압지, 대원사.
  ——— 1993, 新羅 月池 出土 在銘遺物에 대한 銘文 硏究, 동아대학교 석사학위논문.
- 고구려연구재단, 2005, 위성사진으로 보는 고구려 도성. 서울: 고구려연구재단.
- 고려도경, 한국고전번역원 고전번역서.
- 고려사, 국역원전 고려사 CD-ROM. 동방미디어주식회사.
- 고양시, 2000, 고양 벽제관 건축유적지 발굴조사보고서.
- 고유섭, 1966, 한국미술문화사논총, 문관.
- 고창군청, 1992, 고창군, 고창군지 편찬위원회
- 공우석, 2003, 한반도 식생사, 아카넷.
- 구미래, 1992, 한국인의 상징세계, 교보문고.
- 국립문화재연구소, 2006, 사진으로 보는 북한 국보유적.
  —————— 2008, 개성고려궁성 발굴조사보고서.
- 국립부여박물관, 1993, 국립부여박물관, 삼화출판사.
- 국립부여문화재연구소, 2013, 왕궁리 발굴조사보고서 9.
- 국립제주박물관, 2003, 한국인의 사상과 예술, 서경: 259-281.
- 국사편찬위원회, 1990, 국사, 대한교과서주식회사.
  ————— 1993, 한국사12 고려전기의 교육과 문화.
  ————— 1994, 한국사17 고려전기의 교육과 문화.
- 국조오례의, 1982, 법제처간.
- 권상로, 1994, 한국사찰사전, 이화문화출판사.
- 김광현, 1985, 이궁, 〈창덕궁〉의 형태분석, 공간.
- 김기호, 1971, 조선 왕조 궁궐건축의 배치계획에 관한 연구, 서울대학교 대학원 석사학위논문.
- 김동욱, 1990, 종묘와 사직, 대원사.
  ——— 1999, 조선시대 건축의 이해, 서울대학교출판부.
- 김동일, 1982, 한국 궁원의 수경연출기법에 관한 연구, 서울대학교 대학원 석사학위논문.
- 김동현, 1991, 경주황룡사지에 대한 유구내용과 문헌자료와의 비교검토, 불교미술 10, 동국대박물관, p.135.
- 김동현, 1984, 궁실건축의 변천과 특성, 궁실-민간, 한국의 미 14, 중앙일보사.
  ————— 종묘를 통해 본 한국 고전의 체계, 건축과 환경.
  ————— 한국의 궁궐건축, 건축사.
  ————— 창덕궁의 역사와 개요, 공간.

- 김리나 외, 2004, 세계문화유산 고구려고분벽화, COMOS 한국위원회.
- 김봉렬, 1983, 종묘-이씨 왕조의 종묘사직에 대한 고찰, 건축문화.
  ——— 1988, 한국의 건축, 공간사.
  ——— 1995. 11, 한국건축의 계획과정-부석사, 이상건축 39, 이상건축사.
  ——— 1998, 서원건축, 대원사.
  ——— 2003, 한국의 서원, 대원사.
- 김부식, 1145, 三國史記(李丙燾 譯註, 1983, 三國史記 上下, 乙酉文化社).
- 김성구, 1981, 雁鴨池 出土 古式瓦當의 形式的 考察, 미술자료 29: 12-34.
  ——— 1982, 안압지출토 와전(瓦塼)의 제문제, 考古美術, 韓國美術史學會 153: 45-46.
  ——— 1984, 통일신라시대의 瓦塼研究, 考古美術, 韓國美術史學會 162, 163: 162-197.
- 김연옥, 1994, 한국의 기후와 문화, 이화여대출판부.
- 김영모, 1998, 전통공간의 구성원리에 관한 연구, 서울시립대학교 대학원 박사학위논문.
  ——— 2005, 조선시대 서원의 조경, 한국전통조경학회 23(1): 132-138.
- 김영숙·안계복, 1995, 臺 양식의 역사적 발달과정 및 특징에 관한 연구, 한국조경학회지 23(2): 124-136.
- 김용기 외, 1996, 동양조경사, 문운당.
  ———— 1983, 한국의 미 13; 사원건축, 중앙일보사.
- 김용기·이재근, 1992, 조선시대 정자원림의 지역적 특성에 관한 연구, 한국정원학회지, 11: 15-31.
- 김원용·안휘준, 1993, 신판 한국미술사, 서울대학교출판부.
- 김은중·주남철, 1985, 조선시대 서원건축에 관한 연구, 대한건축학회 29(2): 19-24, 29(3): 5-9
- 김정기, 1991, 고구려 정릉사지 및 토성리사지 발굴보고 개요와 고찰, 불교미술, 동국대 박물관.
- 김종권 역, 1972, 삼국사기, 광조출판.
- 김종대, 2001, 우리문화의 상징세계, 다른세상.
- 김종영, 1988, 조선시대 관아건축에 관한 연구. 단국대학교 대학원 석사학위논문.
- 김종헌, 1997, 한국교통건축의 변천과 발달에 관한 연구. 고려대학교 대학원 박사학위논문.
- 김지민, 1991, 전남지방의 서원·사우건축에 관한 연구, 대한건축학회 7(2): 175-186.
- 김학범, 1991, 한국의 마을원림에 관한 연구, 고려대학교 대학원 박사학위논문.
- 김학범 외, 1993, 고문헌에 나타난 한국마을숲의 시원에 관한 연구, 한국정원학회지 11.
  ———— 1993, 지명 속에 나타난 한국마을숲의 의미적 유형에 관한 연구, 한국문화역사지리.
  ———— 1994, 마을숲-한국전통부락의 당숲과 수구막이, 열화당.
- 김혜란, 1994, 서울의 전통도시양식에 관한 연구, 서울학연구소, 서울학연구 3.
- 김희춘, 1979, 조선조 서원의 건축계획에 관한 연구, 대한건축학회 23(3): 3-13.
- 내무부, 1987, 한국의 명원 100선, (주)한국종합조경
- 노동성, 1989, 종묘의 건축원리에 관한 연구, 서울시립대 대학원 건축학과 석사학위논문.
- 노사신, 1531, 新增東國輿地勝覽 (盧思愼, 1981, 東國輿地勝覽, 明文堂).
- 노송호 외, 2005, 향교 및 서원 공간별 상징수목과 배식유형, 한국전통조경학회 24(1): 1-12.
- 노송호·심우경, 2006, 향교와 서원의 입지 및 외부 공간 분석을 통한 한국적 교육환경 모색, 한국전통조경학회 24(4): 25-37.
- 대한건축학회, 1994, 한국전통건축 창덕궁, 대한건축학회.

- 도용호·이재헌, 1995, 사림의 성향과 서원건축에 관한 연구, 대한건축학회 11(4): 121-133.
  ―――――― 1995, 유학사상의 사유체계에 의한 향교·서원건축의 공간구성에 관한 연구, 대한건축학회 11(8): 95-106.
- 동국이상국집, 한국고전번역원 고전번역서.
- 동명왕릉과 진주못 발굴보고서, 1975.
- 리인동, 2005, 고구려 금강사의 역사적 지위, 대성산 일대의 고구려유적을 통하여 본 24. 고구려의 강성, 평양, 과학백과사전출판사.
- 리화선, 1993, 조선건축사 I, 도서출판 발언.
  ――― 1993, 조선건축사, 도서출판 발언.
- 문화재관리국, 1967, 조선 왕조의 제사, 문화재관리국.
  ―――――― 1976, 불국사복원공사보고서.
  ―――――― 1978, 안압지 발굴조사보고서.
  ―――――― 1980, 한국의 고궁, 문화재관리국.
  ―――――― 1985, 보길도 윤고산 유적.
- 문화재청, 2001, 진남관 실측조사보고서.
  ―――― 2002, 세병관 실측조사보고서.
  ―――― 2003, 마을숲 문화재 연구조사보고서(Ⅰ).
  ―――― 2004, 마을숲 문화재 연구조사보고서(Ⅱ).
  ―――― 2005, 마을숲 문화재 연구조사보고서(Ⅲ).
  ―――― 2006, 마을숲 문화재 연구조사보고서(Ⅳ).
  ―――― 2006, 명승지정 학술조사보고서.
  ―――― 2006, 원지 문화재 지정종별 재분류 조사연구보고서.
  ―――― 2006, 조선왕릉 답사수첩.
  ―――― 2007, 문화재보호법.
  ―――― 2007, 전통명승 동천구곡 조사보고서.
  ―――― 2007, 조선왕릉 세계유산등재 추진종합 학술연구, ICOMOS한국위원회.
  ―――― 2007, 조선왕릉 세계유산등재 신청서, 문화재청.
- 민경현, 1982, 서석지를 중심으로 한 석문임천정원에 관한 연구, 한국정원학회지 1.
  ――― 1991, 한국의 정원문화: 시원과 변천론, 예경산업사.
  ――― 1991, 한국정원문화, 예경문화사.
- 민덕식, 1989, 신라왕경의 도시계획에 관한 시고(상), 역사학연구회 35: 31-44.
  ―――――― 신라왕경의 도시계획에 관한 시고(하), 역사학연구회 36: 1-57.
- 민족문화추진회 역, 1968, 국역 고려사절요.
  ――――――――― 1980-1981, 『동국이상국집』.
- 민족문화추진회 역(서긍 저), 2005, 고려도경, 서해문집.
- 박경자·양병이, 1998, 雁鴨池造營과 新羅王家의 風俗, 韓國造景學會誌 26(1): 22
- 박동희, 2004, 고지도로 본 조선시대의 전주, 지도로 찾아가는 도시의 역사, 전주역사박물관: 105-161.
- 박문호, 1983, 성락원(城樂園)을 찾아서, 선인들의 은일사상(隱逸思想)이 깔린 별서정원(別墅庭園), 환경과조경 3: 94-97.
- 박방룡, 1983, 영남의 성곽, 영남대학교 영남문화 17집.
- 박병오·양영이, 2003, 조선중기 영남사림의 조경 특성에 관한 연구, 한국정원학회지 21(4):14-26.
- 박승미, 1980, 한국고사발굴, 문홍출판.

- 박영민, 1975, 조선시대 궁궐건축의 내부공간에 관한 연구, 서울대학교 대학원 석사학위논문.
- 박영순 외, 1998, 우리 옛집 이야기, 열화당.
- 박용숙, 1985, 한국의 시원사상, 문예출판사.
- 박용재·전영일, 2000, 퇴계 이황의 '경(敬)' 사상으로 본 도산서원, 대한건축학회 20(1): 325-328.
- 박익수, 1994, 조선시대 영건의궤의 건축도 연구, 전남대학교 대학원 박사학위논문.
- 박준규, 1995, 송강 정철의 누정제영고(樓亭題詠攷), 고시가연구 2, 3: 191-230.
- 박찬용, 1984, 조선시대 읍성정주지의 경관구성연구, 한국조경학회지 12(1).
- 박찬용·김한배, 1987, 조선 왕조시대의 도읍경관체계연구(I), 한국조경학회지 15(2).
- 반영환, 1978, 한국의 성곽, 세종대왕 기념사업회.
- 백난영, 1994, 가야산 해인사의 입지성에 관한 연구, 동국대학교 대학원 석사학위논문.
- 법제처 간, 1988, 형법전서, 국립도서관 소장본.
- 법제처 역, 1981, 國朝五禮儀(법제처 영인본).
- 서경원 외, 2002, Landscape Architecture, 서울, 도서출판 담디.
- 서길수, 1998, 고구려 역사유적 답사, 서울, 사계절출판사.
- 서문당, 1986, 사진으로 보는 한국백년 上·下, 서문당.
- 서산군청, 1981, 해미읍성 내 건물지 발굴보고서.
- 서울시스템, 1997, 조선왕조실록, 증보판 CD 제3집, (주)한국데이터베이스연구소.
- 서울특별시, 1972, 서울通史 上·下, 서울특별시.

———— 1972, 서울특별시사, 古蹟編, 서울특별시.

———— 1977, 서울六百年史 1-5권, 서울특별시.

———— 1987, 서울六百年史, 文化古蹟編, 서울특별시.

———— 1997, 서울 600년사 1권, 서울특별시.

- 서울특별시사편찬위원회, 1965, 서울특별시사, 서울특별시.
- 서울학연구소, 1994, 궁궐지 1, 서울학번역총서 1, 서울학연구소.

———— 1996, 궁궐지 2, 서울학번역총서 2, 서울학연구소.

———— 1996, 조선왕조실록 중 서울관련기사색인, 서울시립대학교.

- 서울학연구소 편(까를로 조제티 저), 1996, 꼬레아 꼬레아니, 숲과 나무.
- 소년한국일보, 2005, 민족의 혼(고구려여행) 23회: 진파리 4호분.
- 손경석, 1986, 사진으로 보는 근대한국 下, 서문당.
- 손신영, 1995, 동궐도를 통해 본 창덕궁의 연구, 동국대학교 대학원 석사학위논문.
- 손영식, 1995, 전통과학건축, 대원사.
- 손윤희, 2002, 무성서원의 건립과 변천에 관한 연구, 고려대학교 건축공학과 석사학위논문.
- 송재소, 2001, 퇴계의 은거와 「도산잡영」, 퇴계학보, 제110호.
- 승주군, 1906, 낙안읍지, 국립중앙도서관.

——— 1979, 낙안성 민속보존마을 조사보고서.

——— 1983, 낙안읍성 개발계획 보고서.

- 신상섭, 1991, 전통주거의 외부경관 구성 체계에 관하여, 고려대학교 박사학위논문.

——— 1996, 주택조경 동양조경사, 문운당.

——— 2007, 한국의 전통마을과 문화경관 찾기, 도서출판 대가.

- 심우경·강훈, 1989, 한국고대사찰에 있어서 영지의 상징적 의미와 수경적 가치, 한국정원학회지 통권 제7호.

- 안계복, 1989, 누각 및 정자양식을 통한 한국 전통정원의 특성에 관한 연구, 서울대학교 박사학위논문.

  ——— 1989, 한국누정명 선정에 관한 연구, 한국전통문화연구 5.

  ——— 1991, 한국의 樓亭양식상 諸특성 및 계획이론에 관한 연구, 한국조경학회지 19(2): 1-11.

  ——— 1993, 「臺」 양식의 역사적 발달과정에 관한 연구, 건축역사연구 2(2): 26-36.

  ——— 1997, Types of Traditional Waterfront Landscape in Korea, The 5th International Symposium of Japan and Korea.: 55-56.

  ——— 1998, 邑誌圖 분석을 통한 「臺」의 原型에 관한 연구, 대구효성가톨릭대학교 연구논문집 57: 207-217.

  ——— 1998, 邑誌圖 分析을 통한 韓國 傳統의 Waterfront 景觀 特性에 관한 研究, 효가대 연구논문집 57: 197-206.

  ——— 1999, 안압지 경관조성의 배경원리에 관한 연구(1)-역사적 사실에 기초한 시대적 배경, 한국정원학회지 17(4): 57-71.

  ——— 2005, New Opinion about Landscape Design of Anapji, Journal of Korean Institute of Traditional Landscape Architecture 3: 23-30.

  ——— 2007, 「穿池造山 種花草 養珍禽奇獸」의 재해석에 관한 연구, 한국전통조경학회지 25(4): 131-142.
- 안계복, 2015, 신라 동궁과 월지의 경관변화 추정에 관한 고찰, 33(1): 12-20.
- 안계복·김영빈, 1985, 별서에 관한 연구, 효성여대논문집.
- 안대희 역(서유구 저), 2005, 산수간에 집을 짓고, 돌베개.
- 안영배, 1980, 한국건축의 외부공간, 보진제출판사.
- 안정복, 1783, 東史綱目(朝鮮古書刊行會 編, 1975, 景仁文化社).
- 안준호, 1998, 조선시대 관아의 건축양식학적 고찰, 대전대학교 대학원 석사학위논문.
- 안휘준, 1980, 한국회화사, 일지사.
- 양태진, 1995, 미리 가보는 북한의 문화유적 순례, 백산출판사.
- 여상진, 2005, 조선시대 객사의 영건과 성격변화, 서울대학교 대학원 박사학위논문.
- 여상진·심우갑, 2005, 기문을 통해 본 조선시대 객사의 성격 연구, 대한건축학회회지. 21(4): 129-138.
- 연변대학출판사, 1993, 발해사연구 I, 서울대학교출판부.
- 오정훈, 2003, 전라좌수영의 배치특성에 관한 연구, 순천대학교 대학원 석사학위논문.
- 오홍석, 1980, 취락지리학, 교학사.
- 우동선, 1991, 창덕궁의 변천에 관한 연구, 서울대학교 대학원 석사학위논문.
- 우성훈·이상해, 2006, 고려정궁 내부 배치의 복원연구, 건축역사연구 15(3).
- 원영환, 1988, 한양천도와 수도건설고, 향토서울 45.
- 유병림 외, 1989, 조선조 정원의 원형, 서울대학교 환경계획연구소.
- 유영수, 1989, 조선시대 객사건축에 관한 연구, 고려대학교 대학원 석사학위논문.
- 유준영, 1981, 구곡도의 발생과 기능에 대하여, 미술사학연구 151: 1-20.
- 윤국병, 1976, 신고 조경학, 일조각.

  ——— 1977, 조경사, 일조각.

  ——— 1978, 조경사, 일조각.

  ——— 1979, 조경사, 일조각.

  ——— 1982, 고려시대 정원 용어에 관한 연구, 한국 정원학회지 1(1).

  ——— 1998, 조경사, 일조각.

- 윤영활, 1985, 고려시대 정원에 관한 연구(1), 한국정원학회지 4(1).
  ——— 1986, 고려시대의 정원구조와 배식에 관한 연구, 강원대학교 대학원 박사학위논문.
- 윤장섭, 1973, 한국건축사, 동명사.
  ——— 1986, 한국건축사, 동명사.
  ——— 1996, 신판 한국의 건축, 서울대학교출판부.
  ——— 1996, 한국의 건축, 서울대학교출판부.
- 윤장섭 외, 1987, 경기도 향교·서원건축에 관한 조사연구, 대한건축학회 3(1): 53-60.
- 의상기념관편, 2001, 의상의 사상과 신앙 연구, 불교시대사.
- 이강근, 1993, 한국의 궁궐, 대원사.
- 이경미, 1990, 종묘건축에 관한 연구, 이화여자대학교 대학원 석사학위논문.
- 이광로, 1986, 한의 건축문화, 기문당.
- 이규헌, 1986, 사진으로 보는 근대한국 上, 서문당.
- 이기백, 1990, 한국사신론, 일조각.
- 이도원 외, 2004, 한국의 전통생태학, 사이언스북스.
- 이범직, 1997, 조선중세사상연구, 일조각.
- 이병훈 역(강희안 저), 1974, 양화소록, 을유문화사.
- 이상구, 1983, 조선중기 읍성에 관한 연구, 서울대학교 대학원 석사학위 논문.
- 이상윤, 1999, 조선시대 서원의 공간구성특성 및 변화과정에 관한 연구, 한국전통조경학회 17(2): 13-21.
- 이상윤·김용기, 1995, 조선시대 서원의 입지특성 및 변천과정에 관한 연구, 한국정원학회지 23(1): 157-173.
- 이상필, 2005, 韓國 傳統 園池 造營에 관한 硏究: 옛 그림 및 發掘調査된 園池를 中心으로 상명대 박사학위논문.
- 이상해, 1994, 조선조 초 한양도성의 풍수지리적 특성, 94 서울학세미나 I, 서울시립대 서울학연구소.
  ——— 1998, 서원, 열화랑.
  ——— 2001, 도산서당과 도산서원에 반영된 퇴계의 서원 건축관, 퇴계학보, 제110호: 509-565.
  ——— 2008, 화양계곡의 유가공간으로의 전환과 정착, 한국전통조경학회 2008 임시총회 및 추계학술논문발표집: 3-20.
- 이석래·이재근, 1986, 청도 운문 거연정에 관한 연구, 한국정원학회지 5(1): 39-51
- 이선, 2006, 우리와 함께 살아온 나무와 꽃, 수류산방중심.
  ———— 한국전통조경식재, 수류산방중심.
- 이연노·주남철, 2004, 조선초 객사건축에 관한 연구-문헌연구를 중심으로, 대한건축학회지, 20(12): 169-176.
- 이영노, 1982, 창덕궁 비원 식물상의 보존에 관한 연구, 자연보존연구보고서 4: 25-48.
- 이원교, 1993, 전통건축의 배치에 대한 지리체계적 해석에 관한 연구, 서울대학교 대학원 박사학위논문.
- 이원호, 2012, 보길도 윤선도원림(명승 제34호) 낙서재지역 원형복원과 귀암 발굴의 성과, 한국전통조경학회지 30(3): 111–120.
- 이윤기 역(M. Eliade 저), 1992, 샤머니즘, 까치.
- 이은창, 1983, 조선시대 별서 연구(우규동 소한정을 중심으로), 효성여대논문집.
- 이익성 역(이중환 저), 1971, 택리지, 을유문화사.
- 이재근, 1981, 민간신앙이 한국전통마을의 조경요소에 미친 영향에 관한 연구, 서울대학교 환경대학원 석사학위논문.
  ——— 1991, 조선시대 별서정원에 관한 연구, 성균관대학교 박사학위논문.

- 이재근·김지혜, 2006, 한국명승지정의 현황과 개선방안, 한국전통조경조경학회지 4: 65-75
- 이재호 역, 1975, 삼국유사, 명지대학교출판부.
- 이정수·윤장섭, 1987, 조선시대 향교·서원건축 구성형식의 비교연구, 대한건축학회 7(1): 59-62.
- 이정화, 1998, 퇴계시 연구-누정한시(樓亭漢詩)를 중심으로, 한국사상과 문화 2: 117-132.
- 이종묵, 2006, 조선의 문화공간, 휴머니스트.
- 이찬 편, 1995, 서울의 옛지도, 서울학연구소.
- 이창교, 1974, 동궐도, 문화재, 8.
- 이창환, 1998, 조선시대 능역의 입지와 공간구성에 관한 연구, 성균관대학교 박사학위논문.

——— 1999, 조선시대 능역의 공간구성에 관한 연구, 한국조경학회지 27(5).

——— 2001, 조선시대 능역의 재실입지와 공간구성에 관한 연구, 한국전통조경학회지 25(4).

——— 2007, 조선왕릉의 현황과 세계문화 유산적 가치, 문화재청.

- 이철원, 1954, 왕궁사, 구황실재산사무총국.
- 이태원 역(坪井俊映 저), 1992, 정토삼부경개설, 운주사.
- 이태호, 1995, 그림으로 본 옛 서울, 서울학연구소.
- 이혜은 외 4인, 1994, 서울의 경관변화, 서울학연구소.
- 일조각, 1998, 한국사 시민강좌 제23집, 일조각.
- 임동일, 1996, 조선시대 관아의 입지와 좌향을 통해본 도읍의 조영이론연구, 한양대학교 대학원 박사학위논문.
- 장병길 역(J. G. Frazer 저), 1990, 황금가지(Ⅰ), 삼성출판사.
- 장병현, 1999, 한국전통사찰에서 나타나는 화계의 형식에 관한 연구, 동국대학교 대학원 석사학위논문.
- 장상렬, 1992, 조선고적도보에 대하여, 『조선고고미술』.
- 장순용, 1990, 창덕궁, 대원사.
- 정각, 1991, 가람-절을 찾아서 I, 도서출판 산방.
- 정기철, 2000, 남계서원의 건축사적 의미, 한국동양예술학회지, 1.
- 정동오, 1974, 이조시대의 정원에 관한 연구, 한국조경학회지 2.

——— 1986, 한국의 정원(한국의 원림 연구) 민음사.

——— 1990, 동양조경문화사, 전남대학교출판부.

——— 1992, 동양조경문화사, 전남대학교출판부.

- 정명호, 1992, 석등, 대원사.
- 정무웅, 1984, 한국전통건축 외부공간의 계층적 질서에 관한 연구, 홍익대학교 대학원 박사학위논문.
- 정영선, 1979, 서양조경사, 명보문화사.

——— 1986, 서양조경사, 명보문화사.

- 정운헌, 1995, 서울시내 일제유산답사기, 제10부 고궁, 한율.
- 정재훈, 1975, 新羅 宮苑池인 雁鴨池에 對하여, 韓國造景學會誌 6: 21-27.

——— 1990, 전통가람조경에 관한 연구, 한양대학교 환경대학원 석사학위논문.

——— 1990, 한국의 옛 조경, 대원사.

——— 1991, 신라왕궁의 원림, 환경과 조경 42: 86-95.

——— 1996, 한국전통의 원, 도서출판 조경.

——— 2001, 한국의 전통정원, 도서출판 조경.

——— 2005, 한국전통조경, 도서출판 조경.

- 정재훈 외, 1981, 보길도 윤고산 유적 조사 보고서, 완도군.
- 제주도, 1980, 성읍민속마을보존 및 육성기본계획.
- 조선문화보존사, 2003, 조선의 절 안내, 평양, 외국문인쇄공장.
- 조선일보사, 1993, 집안(集安) 고구려 고분벽화, 조선일보사.

  ――――― 1994, 아! 고구려, 조선일보사.
- 조선총독부, 1938, 朝鮮の林藪.
- 조세환, 1998, 첨성대의 경관인식론적 해석, 한국조경학회지 26(3): 178-188.
- 조요한, 1999, 韓國美의 照明, 悅話堂.
- 조운연, 2002, 조선시대 궁원의 전통조경구조물 복원에 관한 연구, 한양대학교 석사학위논문.
- 조풍연, 1986, 사진으로 보는 조선시대-생활과 풍속, 서문당.
- 주남철, 1980, 한국주택건축, 일지사.

  ――― 1983, 한국건축미, 일지사.

  ――― 1986, 객사건축의 연구, 대한건축학회지 2(2): 79-87.

  ――― 1992, 비원, 대원사.

  ――― 2001, 한국건축의장, 일지사.

  ――― 2006, 한국건축사, 고려대학교출판부.
- 중앙일보사, 1989, 한국의 미①, 겸제 정선, (주)삼성인쇄.

  ――――― 1989, 한국의 미②, 산수화(상), (주)삼성인쇄.

  ――――― 1990, 한국의 미⑫, 산수화(하), (주)삼성인쇄.

  ――――― 1991, 한국의 미⑲, 풍속화, (주)삼성인쇄.
- 지두환, 1996, 조선전기 의례연구, 서울대학교출판부.
- 진상철, 1996, 조선시대의 궁궐조경양식 연구, 서울시립대 박사학위논문.
- 진성규, 1984, 고려후기의 원찰에 대하여, 역사교육 36.
- 진홍섭, 1984, 雁鴨池出土 金銅板佛, 考古美術, 韓國美術史學會 154·155: 1-16.
- 최기수, 1989, 곡과 경에 나타난 한국전통 경관구조의 해석에 관한 연구, 한양대학교 대학원 박사학위논문.

  ―――――― 현대 경관의미에서 조명해 본 한국의 전통경관, 한국조경학회지 17(2): 57-68.
- 최기수 외, 2007, 오늘 옛 경관을 다시 읽다, 도서출판 조경.
- 최완기, 1981, 조선조 서원성립의 제문제, 한국사론 8.
- 최완수, 1993, 겸제 정선 진경산수화, 범우사.
- 최준식 외, 2002, 유네스코가 보호하는 우리 문화유산 열두 가지, 시공사.
- 최창조, 1984, 한국의 풍수사상, 민음사.

  ――― 1998, 최창조의 북한 문화유적 답사기, 중앙M&B.
- 최창조·최철수, 문화공보부 문화재관리국 편, 1989, 풍수이론과 왕릉풍수, 한국민속종합조사보고서.
- 춘천시, 2005, 청평사선원학술조사보고서, p.66.
- 충남대박물관, 1987, 부여정림사지 연지유적발굴조사보고서.
- 하헌정·유인호, 2003, 병산서원의 배치형태와 공간구성에 관한 연구, 대한건축학회 19(1): 157-166.
- 한국도서관연구회, 1977, 韓國古地圖.
- 한국문화상징사전편찬위원회, 1992, 한국문화상징사전, 동아출판사.
- 한국법제사연구(고려편), 1975, 원광대학교 논문집 9, pp.307-364.

- 한국역사연구회, 2007, 고려 500년 서울 개경의 생활사, p.235.
- 한국조경학회, 1992, 동양조경사, 문운당.
  ―――――― 1996, 동양조경사, 문운당.
- 한동수, 1997, 중국고건축·원림감상입문, 세진사.
- 한병삼, 1982, 雁鴨池 名稱에 관하여, 考古美術, 韓國美術史學會 153: 40-41.
- 허경진(글)·김성철(사진), 2001, 한국의 읍성, 대원사.
- 허균, 1994, 서울의 고궁산책, 도서출판 효림.
  ―― 2001, 전통미술의 소재와 상징, 교보문고.
  ―― 2002, 한국의 정원, 다른세상.
- 호남문화재연구원, 2002, 나주 금성관 외삼문 주변 발굴조사보고서.
- 홍광표, 1992, 신라사찰의 공간형식변화에 관한 연구, 성균관대학교 대학원 박사학위논문.
  ――― 1992, 한국전통조경-한국의 사찰조경, 도서출판 조경.
- 홍광표·이상윤, 2001, 한국의 전통조경, 동국대출판부.
- 홍광표·허준, 1998, 서울지역에 조영된 조선시대 원찰의 문화경관적 특징에 관한 연구, 서울학연구 제9호, 서울학연구소.
- 홍만선, 1643-1715, 산림경제.
- 홍순민, 1994, 역사기행 서울궁궐, 서울학연구소.
  ――― 1996, 조선 왕조 궁궐경영과 양궐 체제의 변천, 서울대학교 박사학위논문.
- 황경환, 1967, 조선 왕조의 제사, 문화관리국.

- 健陵誌(朝鮮1910~1945), 南廷哲編, 한국정신문화연구원 장서각소장본.
- 健元陵誌, 韓後裕(朝鮮)等編, 寫年未詳, 한국정신문화연구원 장서각소장본.
- 經國大典(禮典3券), 한국정신문화원, 한국정신문화원 번역본.
- 敬陵山陵都監儀軌, 서울대학교 규장각소장본.
- 景陵山陵都監儀軌, 서울대학교 규장각소장본.
- 景福宮昌德宮增建都監儀軌, 광무 4(1900)(규 14230-14235).
- 高宗·純宗實錄, 국사편찬위원회 영인본.
- 高宗純宗實錄, 국사편찬위원회 영인본, 서울시스템. 국역 CD-ROM.
- 恭陵典錄, 趙漢弼編, 1925年以後寫, 한국정신문화연구원 장서각소장본.
- 光陵誌, 한국국립문화재연구소 소장본.
- 國朝續五禮儀.
- 國朝五禮序例, 한국정신문화연구원 장서각소장본.
- 宮闕志, 헌종 연간(1834, 1849)(규 3950)
  ――― 헌종 연간(규 11521), 서울학번역총서 1,2, 1994, 1995.
- 宮園儀.
- 東輿備考, 철종 8년 이후(1857)(규 고4790-10).
- 陵園墓解說, 李王職編, 1937(昭和12), 한국정신문화연구원 장서각소장본.
- 文獻備考, 1981, 국역증보문헌비고, 세종대왕기념사업회간.
- 小泉顯夫, 1941, 朝鮮古蹟調査の概要, 考古學雜誌 30(1).
- 順陵續攷, 編者未詳, 1897~1906寫, 한국정신문화연구원 장서각소장본.
- 元陵誌, 正祖(朝鮮王, 1910頃寫), 국립문화재연구소 소장본.
- 仁政殿重建都監儀軌, 1805(규 14334-14337).
- 仁政殿重修儀軌, 1857(규 14338-14343).
- 日省錄, 고종, 서울대학교 영인본.

- 朝鮮王朝實錄, 국사편찬위원회 영인본, 서울시스템, 국역 CD-ROM.
  ―――――― 태조·철종, 국사편찬위원회 영인본.
- 宗廟改修都監儀軌, 2책(규 14225).
- 宗廟改修謄錄, 7책(규 12907).
- 宗廟儀軌, (규 14220).
- 宗廟儀軌續錄, 2책(규 14221).
- 佐藤昌, 1987, 西洋墓地史 (1), (2), (사)日本公園綠地協會.
- 增補文獻備考, 융희 2(1908), 한국학진흥원 영인본.
- 昌德宮修理都監儀軌, 1647.
  ―――――――― 순조 33~34(1834)(규 14318-14321).
- 漢京識略, 순조 30(1830), 탐구신서, 1981.

- A. Rapport, 1969, House Form & Culture, Prentice Hall.
- Edward Ralph, 1976, Place and Placelessness, London ; Pion Ltd.
- G. A. Jellicoe, 1970, Studies in Landscape Design, Volume II, London, Oxford Press.
- ICOMOS-KOREA, 2006, 아시아 각국의 왕릉비교연구, 국제학술대회.
- IFLA 한국조직위원회, 1992, 한국전통조경, 도서출판 조경.
- Jay Appleton, 1972, The Experience of Landscape, University of Oregon Press.
- Lee, Chang-Hwan, 2007, Preservation and Maintenance for Cultural Landscape of Royal Tombs Area Pivoting on Seoul in the Joseon Dynasty, Heritage and Metropolis in Asia and the Pacific, ICOMOS-KOREA.
- M. Eliade, 1961, The Holly & The Profane, Haper & Row, New York.
- N. Schultz, 1971, Existence, Space & Architecture, Praeger Publisher, Inc.

사이트

- 강충세 사진갤러리 홈페이지(www.sajinbuja.com)
- 경상남도 합천군 홈페이지(www.hc.go.kr)
- 경상북도 예천군 홈페이지(www.ycg.kr)
- 규장각 한국학 연구원(e-kyujanggak.snu.ac.kr)
- 문화재청 홈페이지(http://www.cha.go.kr)
- 삼척 해암정(http://blog.daum.net/ymj0079/7713809)
- 초간정(http://cafe350.daum.net/_c21_)
- 한국역사정보통합시스템(http://kh2.koreanhistory.or.kr)
- 나주투데이(http://www.najutoday.co.kr/news/read.php?idxno=2962&rsec=MAIN)

제3부

중국의 조경문화

제1장

시대 개관

중국은 아시아 동북부에 위치하는데, 영토 면적 960만 ㎢에 이르며 토지는 비옥하고 풍부한 식생과 지형이 어우러진 아름다운 자연환경을 갖고 있다. 지형적으로 서북쪽이 높고 동남쪽이 낮으며, 수운(水運)과 관개에 이용되는 수많은 하천과 호수가 분포한다.

중국 문화의 시원을 이루는 황허강과 양쯔강(長江 창장) 유역은 기후가 온화하고 목재 및 점토가 풍부해 전통적으로 목조 가구의 건축이 발달했고, 진흙을 소성한 기와와 벽돌을 많이 활용한 건축이 발단했다. 중국을 대표하는 원림 유형으로는 황가원림(皇家園林)과 사가원림(私家園林)을 들 수 있다. 황가원림은 한(漢)과 당(唐)의 장안, 진(晋)의 낙양, 송(宋)의 동경과 임안, 명(明)과 청(淸)의 북경에 황가원림들이 집중되어 있다. 사가원림은 북경을 중심으로 한 북방원림, 양쯔강 하류를 중심으로 한 강남원림, 주강(珠江)을 중심으로 한 영남원림으로 나눌 수 있다.

한편, 종교와 사상적 측면에서 공자와 맹자에 의한 유가사상(儒家思想), 그리고 노자와 장자의 가르침이 민심 속으로 들어가 형성된 도가사상(道家思想)은 2천여 년 이상 중국은 물론 주변국의 생활문화와 사회상을 형성해 온 대표적인 사상이다. 북방계의 유가사상이 인(仁)과 예(禮)를 중점으로 규범적이고 현실주의적이라면 남방계의 도가사상은 도(道)와 자연을 중점으로 신비주의적이고 형이상학적이라는 차이점이 있다.

고대 중국의 원림은 주(周, BC 11세기~BC 249년)의 문왕 대에 영유(靈囿) 인에 연못을 파고 흙을 쌓아 영소(靈沼)·영대(靈臺)를 만들었으며, 혜왕 대에 포(圃)를 징발하여 유(囿)로 삼았고 무공 조에 녹유(鹿囿)를 두었다는 기록이 있다. 후한시대의 『설문해자』에는 과(果)를 심는 곳을 원(園), 채소를 심는 곳을 포(圃), 금수를 키우는 곳을 유(囿)라 했다. 중국을 최초로 통일한 진(秦, BC 249~207년)의 시황제는 수도 함양에 아방궁을 건설했으며, 난지궁(蘭池宮)과 장대한 못인 난지(蘭池)을 두어 선인이 산다는 봉래산과 거대한 고래 조각상을 만들었다.

한(BC 206~AD 220년) 무제 때는 건장궁에 태액지(太液池)를 파고, 못 속에 영주(瀛州), 봉래(蓬萊), 방장(方丈)섬을 축조했으며, 청동과 대리석으로 만든 조수(鳥獸)와 용어(龍漁) 조각을 배치했다. 진의 상림원을 다시 꾸며 70여 개의 이궁을 짓는 한편 각지에서 헌납한 화목 3,000여 종을 가꾸고 많은 짐승을 사육해 사냥터로 이용했다. 곤명호 등 여섯 개의 대호수를 원내에 만들었으며, 산 모양의 토단(土壇)을 쌓아 높이 지은 건물을 대(臺)라 했는데, 통천대와 신명대가 있었다. 신명대는 무제가 건장궁 안에 지은 것으로 천로(天露)를 받는 옥배(玉杯)인 승로반(承露盤)을 들고 있는, 동으로 만든 선인상(仙人像)이 있었다고 한다. 이것은 신선사상과 우주관을 표현한 것으로, 이상향적인 상상 세계를 재현하고 구체화했다. 한의 사가원림으로는 양효왕의 토원, 거상 원광한원, 대장군 양기의 원유 등이 있었다.

진(晉, AD 265~420년) 시대 원림조경 관련 인물로는 왕희지와 도연명 등이 있다. 동진

왕희지(307~365년)의 『난정집서(蘭亭集序)』에는 당시 난정에서 즐겼던 유상곡수연(流觴曲水宴) 풍류문화를 엿볼 수 있다. 도연명(365~427년)은 벼슬에서 물러나 안빈낙도(安貧樂道)의 전원생활과 자연미를 노래한 〈귀거래사(歸去來辭)〉로 유명한데 후대 동양의 조경문화에 많은 영향을 끼쳤다.

당(唐, 618~906년) 시대에는 항주의 서호(西湖) 같은 명승지가 많은 시인묵객들의 사랑을 받아 묘사되었는데 이백(701~762년)과 두보(712~770년), 왕유(701~761년)와 백거이(백낙천, 772~846년) 등의 활동이 두드러졌다. 백거이의 '백모란(白牡丹)'과 '동파종화(東坡種花)' 같은 시는 원림문화 발전에 기여했고, 낙양 교외에 이덕유(787~849년)의 평천장, 종남산 기슭에 왕유(699~759년)의 망천별업, 백거이의 여산초당 등은 대표적인 산수화풍 정원들이다. 이궁인 화청궁은 여산의 산기슭에 위치한 청유지인데 당태종의 명으로 염립덕이 개설한 후 고종 때 온천궁으로 불렸으나, 현종 때(747년) 화청궁으로 개칭되었다. 현종이 양귀비를 총애하면서 화청궁은 한층 호화로워졌고, 밤낮을 가리지 않고 환락을 즐겼음을 백거이의 〈장한가〉에서 알 수 있다.

송(宋, 960~1279년) 시대의 원림은 남방의 온화한 풍경이 주요 소재가 되었는데, 귀족들은 물론 일반 서민들의 민가에까지 확대되었다. 북송 말기에 저술된 이격비의 『낙양명원기』에는 사마공의 독락원, 백거이의 고택이었던 대자사원 등 약 19개의 명원이 소개되었다. 한편 호남성의 동정호 남쪽 소수(瀟水)와 상강(湘江)이 합류하는 뛰어난 경치(8개 처)를 소재로 1078년 북송의 송적(宋迪)이 그린 〈소상팔경도〉로부터 유래하는 팔경문화가 한국과 일본에 전승된다. 석양빛, 가을 달, 밤비, 저녁 무렵의 눈 등 승경을 읊은 산시청람(山市青嵐), 어촌석조(漁村夕照), 소상야우(瀟湘夜雨), 원포귀범(遠浦歸帆), 연사만종(烟寺晚鐘), 동정추월(洞庭秋月), 평사낙안(平沙落雁), 강천모설(江天暮雪) 등이 그것이다.

원림조경에 관심이 많았던 휘종은 산수화에 심취했고 수산의 간악을 건립했는데, 아름다운 전원 풍경과 계곡, 연못, 매화 등을 즐길 수 있도록 수많은 누정을 세웠다. 특히 강남의 기이한 돌(태호석)을 수집해 교량과 제방을 끊고 임금의 거소까지 배로 운반했는데, 이를 역사상 악명 높은 화석강(花石綱)이라 일컫는다. 북송의 주돈이(주렴계, 1017~1073년)가 지은 '애련설(愛蓮說)'은 동양의 많은 시인묵객들로부터 회자되며 조경문화에 지대한 영향을 끼쳤다. 휘종의 아들 강왕이 남경에서 즉위한 이후를 남송(南宋, 1127~1279년)이라 하는데, 양쯔강을 중심으로 남부 지역 일대는 태호, 동정호 등 경관이 수려한 명산이나 호수가 즐비해 차경(借景)효과를 극대화한 수경기법이 원림조경의 특징으로 나타난다. 주밀(周密)의 『오흥원림기』에는 30여 개소의 명원을 소개하는데, 유자청의 석가산원과 같이 가산(假山)이나 태호석(太湖石)의 도입이 일반화되었으며, 모란과 국화, 연 등을 애용했고, 과실수를 많이 심었다. 한편, 남송 때 성리학을 집대성한 주희(주자, 1130~1200년)가 복건성 무이산 계곡의 아홉 구비(九曲) 경치를 노래한 '무이구곡가'가 원림문화로 전해진다. 주자는 제5곡에 무이정사(武夷精舍)를 만들고 구곡가를 지었는데, 아름다운 산과 물의 경치를 묘사함은 물론 도학(道學, 성리학)을 연마하는 단계적 과정을 담았다.

명(明, 1368~1644년) 시대에는 강남 각지에 수많은 명원을 조성했는데, 오흥, 소주, 양주 지방 등이 대표적이다. 왕세정(1528~1593년)의 『유금릉제원기』, 계성(1582~1644년)의 『원야(園冶)』, 문진형(1585~1645년)의 『장물지(長物志)』 등은 당시 원림문화를 판단하는 데 중요한 저술서다. 『유금릉제원기』에는 산악이나 하천의 경관이 수려한 남경의 원림 36개소를 수록하였다.

『원야』는 흥조론(興造論)과 원설(園說)로 구성되어 있다. 흥조론에는 원림을 조성할 때 지형의 특성에 따라 융통성 있게 배치해야 한다는 논의를 중점적으로 다루었고, 원설❶에는 상지(相地), 입기(立基), 옥우(屋宇), 장절(裝折), 난간(欄杆), 문창(門窗), 장원(牆垣), 포지(鋪地), 철산(掇山), 선석(選石), 차경(借景) 등 원림조성법이 기술되었다. 『원야』에는 차경을 원차(遠借),❷ 인차(隣借),❸ 앙차(仰借),❹ 부차(俯借),❺ 응시이차(應視而借) 등으로 나눠 설명하고 있다. 한편 미만종(米萬鐘)이 북경 해정에 조영한 작원(勺園)은 물을 교묘히 잘 이용한 원림으로 이름 높았는데 『작원수계도』가 남아 있어 그 면모를 파악할 수 있다.

강남 지방에는 많은 사가원림이 조성되었는데 소주의 졸정원(拙政園)과 사자림(獅子林), 유원(留園), 창랑정(滄浪亭), 망사원(網師園), 무석의 기창원, 양주의 개원 등이 오늘날 명원으로 회자되고 있다. 세계문화유산인 졸정원은 1513년경 왕헌신이 대굉사 터에 조영했는데 면적의 3/5을 차지하는 수경기법이 돋보인다. 시정화의(詩情畵意)를 느낄 수 있고 심원(深遠)을 형성하며 경관의 대비, 차경미를 엿볼 수 있다. 연꽃이 어우러진 연못 곳곳에 북산정, 하풍사면정, 부채꼴 모양의 정자 여수동좌헌, 소비홍다리 등 아름다운 조경요소들이 즐비하다. 원시대 조영된 사자림은 천여선사가 절강성의 사자봉에 살고 있는 스승 중봉선사를 위해 세운 보리사가 시초이다. 원내에는 커다란 연못을 중심으로 사자를 연상시키는 수많은 태호석을 쌓아 올린 석가산이 미로처럼 연결되어 있으며, 호심정, 견산루, 진취정, 비폭정, 선자정 등의 누정이 있다. 창랑정은 오월(吳越) 광릉왕의 개인 원림이었는데 북송 때 시인 소순흠이 사들여 창랑정을 지은 데서 비롯했다. 창랑은 전국시대 굴원의 시 '창랑지수(滄浪之水)'에서 따온 글귀로 산과 물의 조화가 뛰어난 원림으로 유명하다. 축산으로 이루어진 봉우리 암석과 푸른 대숲 속에 정자를 두었으며, 담장 밖의 계류가 어우러져 독특한 산수경관을 품격 있게 표현하고 있다. 명 대의 관리 서태시가 처음 조영한 유원은 구성이 치밀하고 경관 변화가 풍부하며, 조경요소들이 조화로워 격조 높은 명원으로 평가되고 있다. 동서남북의 네 부분으로 나뉘는 공간구성은 중앙부는 연못과 가산이 주를 이루고, 동부는 건물이 중심을 이루고 있다. 원내의 누각은 긴 회랑으로 연결되었으며, 누창(漏窓)을 통해 바라보는 바깥 풍경은 그림을 보는 듯하다. 유원은 소주지방에서 가장 화려한 건물 배치, 허와 실, 명과 암 등 변화무쌍한 공간 처리와 유기적 연속성 등이

❶ 원림의 지형을 고찰하는 상지, 원림터를 조성하는 입기, 인간이 생활하는 주택(옥우), 장식과 수식 및 변화에 관한 장절, 난간, 문과 창문, 담장(단원), 바닥 포장(포지), 가산 조성(철산), 수석 선택(선석), 차경에 대한 기술적인 내용들이 수록되어 있음.
❷ 원경을 빌리는 것
❸ 가까운 곳의 경을 빌리는 것
❹ 눈 위에 전개되는 고악(高岳)의 경을 빌리는 것
❺ 눈 아래 전개되는 낮은 곳의 경을 빌리는 것

돋보인다.

청(淸, 1616~1912년)은 1644년에 북경을 함락하고 명나라 도성과 궁실을 수도로 삼았다. 청나라 전성기의 강희, 건륭 황제 대에는 사회가 안정되고 영토가 확장되면서 원림조경도 발전하는 시기였다. 강희제는 강남 지방의 원림에 매력을 느껴 원명원(圓明園)을 조성해 아들 윤진(옹정제, 제5대 황제)에게 하사하는 등 많은 관심을 기울였으며, 옹정제는 원명원을 확충, 원명원 28경을 명명했고, 옹정제의 뒤를 이은 건륭제는 이를 다시 원명원 40경으로 확장했다. 영국의 윌리암 쳄버는 원명원을 "우리의 눈과 마음을 즐겁게 하는 대자연의 아름다운 물건을 모두 수집해 가장 감동적인 결과물로 완성했다"라고 평했으며, 켄트 공작의 큐가든에 최초의 중국식 정원을 도입하는 계기가 되었다. 특히, 황가원림의 전성기를 이룩한 건륭제는 원명원에 해기취와 해안당 등 서양식 건물 앞에 분천과 같은 동양 최초의 프랑스식 정원을 꾸몄다. 이 시기 북경의 향산 정의원, 옥천산 정명원, 만수산(옹산), 청의원, 창춘원, 원명원은 명소 삼산오원(三山五園)으로 회자되었다.

황제의 여름 피서지인 승덕 열하의 피서산장(避暑山莊)은 560만㎡ 규모로 1703년부터 1790년에 걸쳐 조성되었는데, 강희제와 건륭제는 각기 아름다운 명승 36경을 명명했다. 궁정구, 호수구, 평원구, 산악구 등 4개 권역으로 나뉘는데, 전체 면적의 4/5는 기복이 있는 산과 총림으로 구성된 산악구에 해당된다. 동남쪽 권역은 평지인 평원구와 호수구가 펼쳐지는데, 이곳은 강남 지방의 아취를 모방한 연우루, 문원사자림, 금산정 등이 돋보이며, 북쪽의 산장 밖에는 금색으로 빛나는 티베트 불교사원 외팔묘(外八廟)가 아름다운 차경의 대상으로 펼쳐져 있다.

원명원 서쪽에는 만수산이궁 즉, 이화원(頤和園)이 자리한다. 이화원은 건륭제가 전각을 세우고 원림을 조성했는데 1860년 제2차 아편전쟁 때 화재를 입었으나, 서태후(慈禧皇太后, 1835~1908)가 재건했다. 290㏊ 규모로 인수전과 낙수당 같은 웅장한 건물군이 어우러진 궁전구와 풍치구로 구분된다. 곤명호에 떠 있는 듯한 석방(石舫)과 17공교(孔橋), 전통적인 채색화가 선명한 장랑(長廊) 등이 독특하게 펼쳐지는 이화원은 멀리 서산과 옥천산이 배경을 이루고 인접한 만수산, 곤명호 수경 등이 잘 어우러져 한층 변화있는 풍광을 보여 준다.

이 시기 과유량(戈裕良)의 작품으로 알려져 있는 소주의 환수산장은 청시대의 대표적인 사가원림으로 이곳의 가산은 중국 원림의 백미로 회자되고 있다. 또한 영남지역의 사가원림은 주로 청시대에 와서 그 진가를 발휘하는데, 영남의 4대 명원으로 알려진 동관의 가원(可園), 순덕의 청휘원(淸暉園), 판위의 여음산방(餘蔭山房), 불산의 양원(梁園) 등이 모두 청 대에 조성되었다. 광동성의 4대 명원이라고도 하며, 외래 문물을 수용한 흔적[6]들이 장식물이나 정원 구성요소들에서 나타나기도 한다.

⑥ 채색유리 및 도기 장식품 등

청시대의 주택양식으로는 북경의 사합원이 대표적인데, 내향적이고 폐쇄적인 건물이 남북을 중심축으로 위요되고 중심부에 전원과 내원이 정방형의 형태를 취한다. 규모가 큰 저택의 경우 좌우로 별원이나 뒤편에 화원을 조성하기도 했다.

역대 저명한 저술서로는 한시대 초기 사마상여의 『상림부』, 남북조 시기 사령운의 『산거부』, 북위 양현지의 『낙양가람기』, 당 시대 백거이의 『태호석기』, 북송 이격비의 『낙양명원기』, 명시대 왕세정의 『유금릉제원기』, 계성의 『원야』, 문진형의 『장물지』, 청시대 이격비의 『양주화방록』, 이어의 『한정우기(閑情偶寄)』 등이 대표적이다.

역대 저명한 원림 조경가로는 당의 엽립덕·백거이, 송의 주면, 원의 예운림, 명의 미만종, 문진향, 계성, 청의 석도, 이어 등을 들 수 있다. 특히 기이한 암석을 쌓아 산의 형태를 축소 재현한 석가산기법의 대가로 청 대의 과유량이 있고, 명시대의 장연(張漣)은 회화는 물론 석가산을 쌓아 올리는 기술에 능해 명사들의 원림을 많이 축조했으며, 그의 아들 장연(張然)은 청 초기 영대(瀛臺), 왕천(王泉), 창춘원 등 아름다운 금원을 계획했다(신상섭, 2008년).

중국 전통원림을 구성하는 요소는 크게 돌(石)을 이용한 축산(가산·첩산), 물을 이용한 이수(理水), 정원건축물, 화목 등으로 구분한다. 축산이나 가산은 주로 흙(토산)이나 태호석 같은 암석을 쌓아서 조성하는 것이고, 이수는 물을 이용하여 지당이나 못, 호수 등을 만드는 것이다. 이를 축산이수(築山理水)라고하며 전통원림기법의 가장 중요한 요소이다. 정원건축물은 정원 내에 설치되는 정자 같은 건축물 이외에도 원교(園橋), 원장(園牆), 원문(園門) 등이 있다. 원교는 정원 내에 설치되는 다리로 평교와 공교로 나뉘며, 원장은 담장으로 공창(空窓), 동문(洞門), 누창(漏窓) 등을 특색으로 볼 수 있다. 담장의 일곽은 조경요소를 돋보이게 백분장(白粉牆)을 주로 사용하기도 한다. 화목류는 사계절을 느낄 수 있는 수목을 많이 사용하고, 공창이나 누창을 통해 석봉(石峯)과 함께 대나무나 파초의 보여지는 분위기를 강조했다(김묘정, 1995년).

중국의 시대별 수도 변천을 보면, 주(周)는 수도 호경(서안의 옛 명칭)이 공격을 받자 낙양(洛陽)으로 천도를 하였다. 진(秦)은 효공 때 함양에 수도를 건설했고, 진시황 때 함양의 수도를 확장시켰다. 진에 이어 일어난 한(漢)은 서한 때 진의 옛 수도인 함양이 황폐화되어서 장안(長安)으로 수도를 정하였고, 동한(東漢)한 무제 때 다시 낙양(洛陽)으로 옮겨 갔다. 진(晉)은 동진(東晉) 때 낙양에 수도를 정하였다. 그 후, 수(隋)에 의해 진은 멸망하고, 수는 장안(長安)에 도성을 짓고 낙양(洛陽)에 동도를 건립하였다. 당(唐)은 수의 장안성을 그대로 계승하였다. 송은 북송 때 개봉(開封)인 변경에 수도를 두었고, 북송이 망하자, 남송 때 남경(南京)인 임안으로 천도하였다. 그 후 금·원·명·청시대에는 북경(연경)에 정주하면서 지금까지 지속되고 있다.

지금의 섬서성 서안은 호경, 함양, 장안을 다 포함하고 있으며, 하남성에는 낙양과 개봉이 위치하고 있다. 각 수도는 같은 지역이라도 위치는 각각 다른 곳에 건설되었다.

그림 1 중국의 시대별 수도 변천 ©이경은

제2장

은·주시대

은(殷 BC 1600~BC 1046)·주(周 BC 11세기~BC 249)

1. 개관

중국 상고(上古)시대의 역사는 중국의 시조인 황제(黃帝)시대를 거쳐 하(夏)·상(商)·은(殷)·주(周)·춘추전국시대로 변천해 갔다.

상(商)은 BC 1600년경에 황허 중하류에 세워진 최초의 왕조이며, 그 전에 하(夏)가 존재하였지만 고고학적으로 입증하지 못했다. 20세기에 상의 수도에 해당되는 은허의 발굴로 상이 실제 왕조였음이 드러났다. 즉, 은(殷)은 중국 최고의 역사적 왕조로 전기는 수도 이름을 상(商)이라 하였으며, 후기는 도읍을 은(殷)으로 바꾸었다. 하(夏)의 걸왕은 상(商)의 시조 황제의 후손인 탕왕에 의해 몰락되고 은(殷)이 성립되었다.

은(殷)은 주(周)에 의해 멸망하였고, 주는 수도 호경이 공격을 받자 BC 771년 유왕 때 서안(西安 시안)에서 낙양(洛陽 뤄양)으로 천도를 하였다. 이때를 기준으로 이전을 서주(西周) 혹은 전한(前漢), 이후를 동주(東周) 혹은 후한(後漢)라고 구분하며 이를 양주(兩周)라 하였다. 이후 주의 국력이 쇠약해지자 춘추전국시대가 시작되었다.

2. 은·주시대 원림의 특징

중국의 최초 원림형식에 대한 역사적 기록[1]은 '유(囿)'이며, 원림 속에 나타나는 주요 구조물은 '대(臺)'이다. 중국 전통원림은 '유'와 '대'의 결합으로 생겨났다고 볼 수 있으며, 이때가 BC 11세기 노예사회 후반기인 은시대 말 주시대 초에 해당된다.[2]

최초의 '유'는 금수(禽獸)를 기르는 장소로『시경(詩經)』에는 '囿(유), 所以域養禽獸也(소이역양금수야)' 즉 "유는 가축을 기르는 곳이다"라고 기록되어 있어 주로 황제의 수렵활동에 사용되었다. '대'는 사방에 흙을 쌓아서 높게 만든 것으로,『여씨춘추(呂氏春秋)』에는 '積土四方而高曰臺(적토사방이고왈대)' 즉 "사방에 높게 흙을 쌓았는데 이것을 대라고 하였다"라고 하며, 높은 곳에 올라가서 천상(天上)을 보거나 신과 교통하는 장소로 사용되었던 것으로 보인다.

중국 전통원림에서 가장 먼저 출현하는 유형은 황가원림으로, 역사상 제일 이른 것은 상의 말기 은의 주왕(紂王)이 축조한 '사구원대(沙丘苑臺)'와 주의 문왕(文王)에 의해 축조된 '영유(靈囿)·영대(靈臺)·영소(靈沼)'이다.

상의 말기 은주왕은 도읍을 확장시키고 대규모의 웅대한 이궁별관을 축조하고, 사구[3]에 대규모의 원유(苑囿)와 대사(臺榭)를 고쳐 지었다.『사기·은본기(史記·殷本紀)』에 기록된 "녹대(鹿臺)와 사구원대"란 두 장소도 금수 및 가축을 키우고, 수렵을 하는 장소로 사용되

[1] 중국 정사(正史)가 없던 시절 야사에 기록된 원(園)에 대한 가장 오래된 기록은 황제(黃帝)의 "원포(元圃)"또는"현포(懸圃)"이다.『산해경(山海經)』의 기록에 "槐江之間, 惟帝元圃."가 있고,『목천자전(穆天子傳)』 중에는 "春山之澤, 水淸出泉, 溫和無風, 飛鳥百獸之所飮, 先王之所謂懸圃."의 기록에서 그 내용을 확인할 수 있다. (출처; 凌德麟, 1985)

[2] 주유권(周維權), 1991, 중국고전원림사(中國古典園林史), 明文書局, p22-23.

[3] 현 하북성 평향 동북면

었을 것으로 보인다.

주의 문왕은 은을 멸망시키고, 호경(현 서안)에 수도를 정하고 도읍계획을 시행하였다. 이때 황가원림도 크게 조성하였는데, 이것이 영유 · 영대 · 영소이다. 『삼보황도』에 근거하면, 영대의 전체 크기는 "높이 2장(丈), 주위는 120보(步) 정도" 된다고 하며,❶ 은주왕의 녹대에 비하면 많이 작다고 한다. 원림의 위치를 보면, 영대는 장안 서북 40리, 영유는 장안 서쪽 42리, 영소는 장안 서쪽 30리쯤에 있었다고 하며, 현재 협서성 호현 동면 부근에는 큰 토대(土臺), 즉 영대의 유적이 남아 있다.

원림에 대해서는 『시경(詩經)』 대아(大雅) "영대편"에 구체적으로 묘사되어 있다.

經始靈臺　영대의 역사 일으키시어
經之營之　땅을 재고 푯말을 세우시니
庶民攻之　백성들이 몰려와 일하여
不日成之　며칠 안으로 완성하였도다.
經始勿亟　서두르지 말라고 이르셨건만
庶民子來　백성들은 자식처럼 절로 왔도다.
王在靈囿　왕께서 영유를 거닐으시니
麀鹿攸伏　사슴은 잠자듯 누워 있도다.
麀鹿濯濯　사슴은 토실토실 살이 찌고
白鳥翯翯　백조는 헌칠하니 나래를 치도다.
王在靈沼　왕께서 영소를 거닐으시니
於牣魚躍　못에 가득하게 고기가 뛰놀도다.

은 · 주시대의 영유는 진한시대에 이르러 흙을 쌓아서 산을 만들고 땅을 파서 못을 만드는 원유의 효시라고 할 수 있다. 은 · 주시대의 유는 자연 그대로의 형태이지만, 중국 역사상 휴식을 취하고 유(遊) 할 수 있는 생활영역의 최초 형식이라 할 수 있다.❷

또, 『춘추좌씨전』에는 주의 혜왕(BC 671~652년)이 신하의 포(圃)를 징발해 유(囿)로 삼았다는 기사가 있다. 후한시대의 『설문해자』에는 과수를 심는 곳을 원(園)이라 하고 채소를 심는 곳을 포(圃)라 했으며, 유(囿)는 금수를 키우는 곳을 가리킨다고 풀이해 놓았다. 『춘추좌씨전』의 희공(BC 590~573년) 항에는 제후(諸侯)와 채희가 유에서 뱃놀이를 하고 있을 때 부인이 장난삼아 배를 흔들어댔으며, 제후는 겁에 질려 중지할 것을 명했으나 듣지 않았으므로 부인을 채(蔡)나라로 되돌려 보냈다는 기사가 있고, 무공(BC 590~573년) 항을 보

❶ 중국 원림유적의 면적 및 크기 단위는 시대별로 동일하지 않으며, 그 수치도 각 역사서마다 다르다. 1장(丈)=약 3m, 1보(步)=6자(주척 20.7cm), 1무(畝)=약 660㎡
❷ 맹아남(孟亞男), 1993, 중국원림사(中國園林史), 文津出版, p.3.

면, 18년에 녹유(鹿囿)❸를 축조한 사실이 적혀 있다. 『한제고』에서는 "옛날 유(囿)라는 것은 한시대에서 말하는 원(苑)이다."❹라고 하여 원이 유를 계승한 것이며, 그보다 앞서 황실의 망루(望樓)를 그 속에 건설했음을 유추할 수 있다. 예를 들면 진의 신궁, 조궁이 그것들이다. 한무제의 상림원은 원(苑) 속에 원(苑)이 있고, 궁(宮)이 있고, 관(觀)이 있으며, 진귀한 짐승이나 기이한 물고기를 감상하거나, 진귀한 금수들이 뛰놀거나, 기이한 꽃이나 나무를 심는 곳이었다. 원(苑)에는 많은 못(池)이 있는데, 이를 통해 유는 후세의 원이나 이궁과 같고, 황제나 제후의 놀이터로 숲과 못이 갖추어진 동물을 사육하는 광대한 임원(林苑)이었음을 알 수 있다.❺

❸ 사슴을 기르기 위한 목장과 같은 곳
❹ "古謂之囿, 漢家謂之苑(고위지유, 한가위지원)"
❺ 윤국병, 1978, 조경사, p.147-148.

제3장

진 · 한시대

진(秦 BC 221~BC 206) · 한(漢 BC 206~AD 220)

1. 개관
2. 진 · 한 시대 원림의 특징

1. 개관

진(秦)의 선조들은 현 감숙성 천수시 일대에서 주로 활동하였고, 통일의 기초를 다진 효공(孝公, BC 381~338)대에 이르러 강대국에 들어섰다. 효공 12년에 위하(渭河)의 북쪽 함양에 도성과 궁원을 건설했다.

진시황은 BC 221년에 6국을 멸하고 중국을 통일하여 역사상 처음으로 중앙집권적 봉건국가를 건립했다. 그는 도성인 함양과 그 부근에 대규모의 토목공사를 시행하였고, 이궁 별관도 함께 건설했다. 기록에 의하면, 진은 불과 10여 년 동안 축조한 이궁만도 300여 곳이 넘었다고 했다.[1] 수도 함양이 인구는 많지만 궁정(宮廷)은 협소하여 확장이 필요했으며, 위하 북안은 지형상 넓게 확장할 수 없었기 때문에 진시황은 함양성의 중심축선을 남쪽으로 연장시켰고, 상림원도 크게 확장시켰다.[2] 또한, 만리장성을 쌓아 국방을 굳건히 하여 중국 대륙에 위용을 떨쳤다. 말년에 그는 방사서복(方士徐福)을 시켜 불로장생의 신약을 찾아오게 했으나 결국 얻지 못하자, 못 속에 삼신산의 하나인 봉래산을 축조하였다. 이것은 당시에 유행한 신선사상의 영향이라 볼 수 있다.

진에 이어 일어난 서한(BC 206~AD 8년)과 동한(25~220년)은 봉건제도를 더욱 발전시켰고, 서역의 중서(中西)를 통과하는 무역 왕래와 문화 교류의 길(비단길)을 열었다.

한(漢)의 도시 규모는 광대했고 궁전과 원유는 화려하고 아름다웠다. 장안성(현 협서성 서안) 안의 미앙궁과 장랑궁은 모두 주위가 10㎞ 정도의 대건축물이었다. 성안의 남북을 관통하는 큰 길은 길이가 5.5㎞에 달하고 너비가 50m 정도였으며, 양측에는 수목을 식재하였다. 한무제는 백가(百家)를 내쫓고 오직 유가(儒家)를 존경해 유가가 제창한 신종추원(愼終追遠)사상[3]은 상시대 이래의 후장제도를 강화시켰고, 능묘의 규모는 더욱 웅대해졌다.[4]

2. 진 · 한시대 원림의 특징

1) 진의 궁원과 황가원림

진시황의 함양(咸陽 셴양) 궁원은 함양 북쪽의 광활한 구역 내에 궁전건축물들이 산포되어 있었다. 대부분의 건축물은 1층 혹은 2층의 '복도(複道)'로 연결되었고, 남쪽은 남산, 북쪽은 함양성, 동쪽은 여산(驪山)에 이르렀다. 모두 건축물 내로 이동이 가능했다.그림 2

진의 상림원(上林苑 쌍린웬)은 장안의 서쪽, 위수의 남쪽에 위치하며, 여산과 위수의 천연환경을 이용하여 건립된 어화원으로, 가장 규모가 큰 궁원이다. 진의 아방궁, 난지궁과

[1] 중국 건축물 수량 및 치수에 대한 기록들은 역사서마다 차이가 있고, 정확하지가 않다.
[2] 『日下舊聞考』, 卷81.
[3] 조상을 생각하고 제사를 지냄
[4] (사)한국전통조경학회, 2009, 동양조경문화사, 대가, p.383.

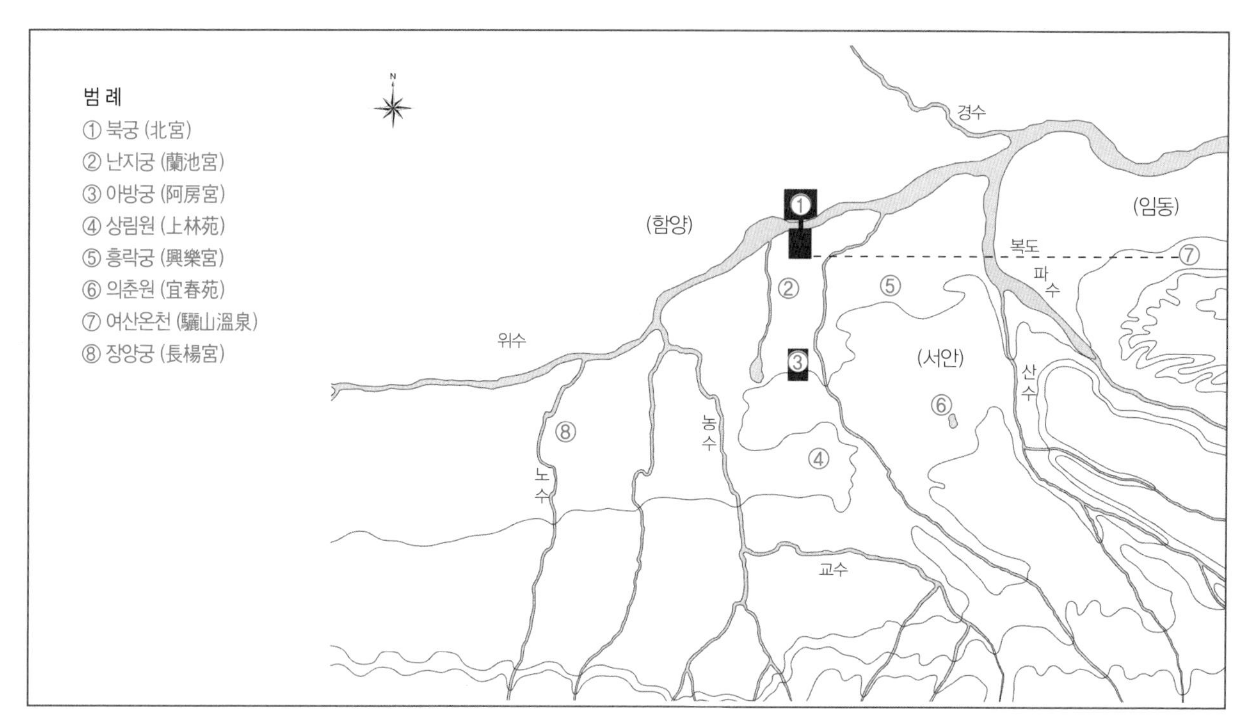

그림 2 진의 함양 주요 궁원 분포도 ⓒ이경은

난지 등이 여기에 속해 있다. 원 중에는 많은 정대루각(亭臺樓閣)들이 산을 의지하고 물을 옆에 두고 밀집하여 건립되었고, 그중 가장 주된 건축물은 아방궁이었다.

아방궁(阿房宮, 아팡꿍)은 진시황 말년에 주(周)의 옛 수도인 풍(豊)·호(鎬)에 더욱 큰 궁전을 건립할 계획으로 축조하였는데, 전전(前殿)만 축조되고 완성되지 못했다.

『진시황본기(秦始皇本紀)』에 근거하면, 70만여 명의 죄인을 징발해 방대하고 사치스러운 아방궁과 여산릉(진시황의 묘)을 만들었다.

또 수도 부근 200리(약 78.5㎞) 안에는 약 270곳의 이궁 별관을 지었다고 한다. 이것은 미산(彌山)을 넘고 골짜기를 건너서 축조되었고, 그 사이는 연도(輦道)❶로 이어졌고, 여산에 이르는 80여 리(약 31.4㎞)는 각도(閣道)❷로 연결되었다.

또한 그 기록에는 "위하의 남쪽 상림원 내에 조궁을 지은 후, 먼저 아방궁의 전전(前殿)을 축조하였는데, 동서 500보(步), 남북 50장(丈)의 대 건물로서, 누(樓) 위에는 만 인이 앉을 수 있고, 누 아래는 다섯 길이나 되는 깃발이 세워졌고, 주변은 각도로 연결되어 있었다."❸ 라고 하니 그 규모를 상상할 수 있다. 진시대의 화려하고 휘황찬란한 궁원은 전부 황폐되었지만, 아방궁 전전의 유지(遺址)는 지금의 협서성 서안시 근교에 남아 있다.

난지궁(蘭池宮 난츠꿍)과 난지(蘭池, 난츠)는 상림원 내에 있으며, 진시황 31년(BC 208년) 원림 속에 못을 파고 섬을 쌓아 바다 속 선산(仙山)의 형상을 모방하여 축조된 것이다.『삼

❶ 손수레가 다니는 길
❷ 누각(樓閣)으로 조성된 길
❸『乃營作朝宮渭南上林苑中, 先作前殿阿房, 東西五百步, 南北五十丈, 上可坐萬人, 下可建五丈箕, 周馳爲閣道. 自殿下直抵南山, 表南山之巓爲闕, 爲復道自阿房. 渡渭, 屬之咸陽, 以象天極. …. 作宮阿房故天下謂之阿房宮.』

진기』에는 "진의 난지궁은 함양 동쪽 25리 떨어진 곳에 있으며, 진시황은 위수(渭水)에서 물을 끌어들여 큰 못을 만들었는데 길이가 동서 200리(약 78.5㎞), 남북 20리(약 7.8㎞)나 되며, 그 속에 섬을 쌓아 봉래산으로 삼고, 돌을 다듬어 길이가 200장이나 되는 고래(鯨)를 만들어 놓았다."[4] 라고 기록되어 있으며, 모두 신선사상의 영향으로 볼 수 있다.

그림 3 진시황의 병마갱 ©김묘정

이는 일찍이 춘추전국시대 해상에 삼신산의 전설이 있었고, 제위왕(齊威王)과 연소왕(燕昭王) 등 모두가 이 섬을 찾기를 염원했었다. 기록에 의하면, 이 삼신산은 발해(渤海) 중에 있으며, 사람들이 장생의 약초를 구하기 위해 봉래 · 방장 · 영주를 찾으러 바다로 보내졌지만, 배가 풍랑에 이끌려 돌아오지 못했고, 이 약을 먹은 사람은 모두 신선이 되거나 영원히 죽지 않았다고 전해진다. 진시황도 이 장생불사의 약에 현옥되었고, 찾을 수가 없자 전설 중의 봉래선경을 황제의 궁원 안에 축조하게 했다. 그 후 이러한 신선사상의 영향은 명 · 청시대까지 이어졌고, 중국 황가원림을 조성하는 데 있어 중요한 경관요소로 작용했다.

진시황의 여산릉은 서안에서 약 3km 떨어진 임동현 동쪽에 위치하며, 남쪽은 여산, 북쪽은 위수와 접해 있다. 원래 능총의 높이는 50장(약 115m), 동서 길이는 약 485m, 남북의 너비는 약 515m이다. 2천여 년간 침식과 인위적인 파괴를 당했지만 오늘날까지 높이 약 76m, 너비 350m, 길이 345m라는 대규모의 구릉이 보존되어 있다. 여산릉은 약 40년에 걸쳐서 조성되었고, 능묘 조성에 동원된 이들은 유배형을 받은 사람과 장인 기술자들로 그 수는 수십만 명에 달했다. 진시황은 능읍(陵邑)과 원침제도(園寢制度)를 수립하였고, 관동 지역의 수많은 백성을 능원 부근에 거주하게 하여 능원을 재건 · 유지하도록 하였으며, 능원 관리를 전담하는 관직도 설치하였다.[5]

진시황의 병마용[6]은 1974년 한 농부에 의해 발견되었는데, 현재까지 3개의 갱(坑)이 발견되었고, 1호갱에 16,000여 명의 병마가 실물 크기로 정연하게 나열되어 있으며, 표정이 모두 다르다.그림 3

2) 한의 궁원과 황가원림

서한(西漢) 건립 초기에 진의 함양은 이미 황폐되었고, 서한은 함양의 동남쪽 장안에 새

[4] 삼진기(三秦記) · 원화군현도지(元和君縣圖志)의 기록 : 『蘭池宮在咸陽縣東二十五里. 初始皇引渭水爲池, 東西二百丈, 南北二十里, 築爲蓬萊山, 刻石爲鯨魚, 長二百丈.』

[5] 장펀텐 저 이재훈 역, 2011, 진시황평전, 글항아리.

[6] 병마용(兵馬俑)이란 흙으로 빚은 병사와 말. 진시황 사후에도 무덤을 지키는 상징성을 가지고 있음.

로운 수도를 건립하였다. 장안성 내 진의 이궁인 옛터에 '장락궁(長樂宮)', 서쪽 용수원(龍首原)에 '미앙궁(未央宮)'을 지었다.그림 4

서한의 황가원림은 장안성 내, 성 주변 혹은 멀리 떨어진 곳 등 각지에 조성되었는데, 대부분 한무제 시기(BC 140~BC 87년)에 축조되었다.

서한의 대표적인 궁원은 상림원 · 미앙궁 · 건장궁(建章宮) · 감천궁(甘泉宮) 등이 있으며, 이들은 이미 일정한 규모와 격식을 갖추고 있었다. 궁원 속에 조성된 못으로는 곤명지와 태액지 등이 있었다.그림 5

한의 상림원(上林苑 쌍린웬)은 한무제 3년에 진의 상림원을 크게 확장한 것으로,[1] 면적은 사방 300여 리, 주위 담장 길이는 400여 리[2] 정도였다고 한다. 『궐중기(闕中記)』에는 "상림원에는 문 12개, 원 36개, 궁 12개, 관(觀)이 25개 있다"라고 기록되어 있다. 상림원의 외곽부는 팔대 대하(大河)가 정원 내의 평원과 구릉을 관통하고 있으며, 인공적인 호박(湖泊)이 적지 않았고, 모두 호수를 파서 흙을 높게 쌓아 만든 대(臺)를 호수의 중앙이나 옆에 두었다고 한다. 원내에는 3천여 종의 화목과 백수(百獸)를 사육하였고, BC 119년에는 둘레가 20㎞를 넘는 곤명호를 비롯해 6개의 대호수를 원내에 만들었다고 한다.

곤명지(昆明池 쿤밍츠)는 장안성의 서남쪽에 위치하며, 현존하는 유적 면적은 대략 150ha 정도이다. 곤명지는 한무제 3년에 만들었고, 주위는 40리가 되며, 곤명지 내에는 예장대와 길이가 3장(丈) 정도 되는 석경[3]이 있었다고 한다. 또한 『관보고어(關輔古語)』에는 "못 안에는 돌로 만든 2명의 사람이 동서에 서 있는데 견우와 직녀를 상징하며, 못은 은하수에 비유하고 있다"라는 기록이 있다. 곤명지는 수군훈련과 수상유람, 양어 및 천계를 모방하는 등 여러 기능을 가졌으며, 물위에 대형의 동물 조각상을 안치하는 것은 진의 난지를 조성하는 기법을 모방했다고 할 수 있다.

태액지(太液池 타이예츠)는 상림원 내에 있는 건장궁의 후원으로, 건장궁의 북쪽에 위치한다. 태액지 내에는 동해 삼신산을 모방하여 영주 · 봉래 · 방장 3개의 섬을 축조하고, 곤명지와 같이 길이 3장이나 되는 돌로 고래를 조각해 놓았다. 못에서 나온 흙을 쌓아서 양풍대(凉風臺)를 만들고, 그 위에 건축물인 관(觀)을 세워 감상했다고 한다. 못 주변에는 각종 수목을 심고, 못 안에는 연화(蓮花) 등의 수생식물을 심었다. 물위에서는 각종 형식의 배를 만들어 놓았다. 못 안의 세 섬은 한무제가 진시황의 봉래산을 모방하여 만든 것으로, 황가원림 내 완전한 일지삼산(一池三山)의 전형으로, 이후 이 기법은 청시대까지 영향을 주었다.

감천원(甘泉苑 깐춰엔웬)은 상림원 내 감천궁의 궁원으로 『한궁직전(漢宮職典)』에 의하면 흙을 쌓아서 만든 고저 기복이 있는 인공 가산이 있고, 각지에서 가지고 온 동식물로 인해 동물원과 식물원의 형태를 이루고 있으며, 인공적으로 설치한 분수와 동(銅)으로 만든

[1] "廣長三百里"로 300리 정도 확장시켰다.
[2] 한대의 1리는 0.414㎞ 정도이며, 담장의 길이는 대략 130-160㎞ 정도.
[3] 석경(石鯨) : 돌을 다듬어 만든 고래.

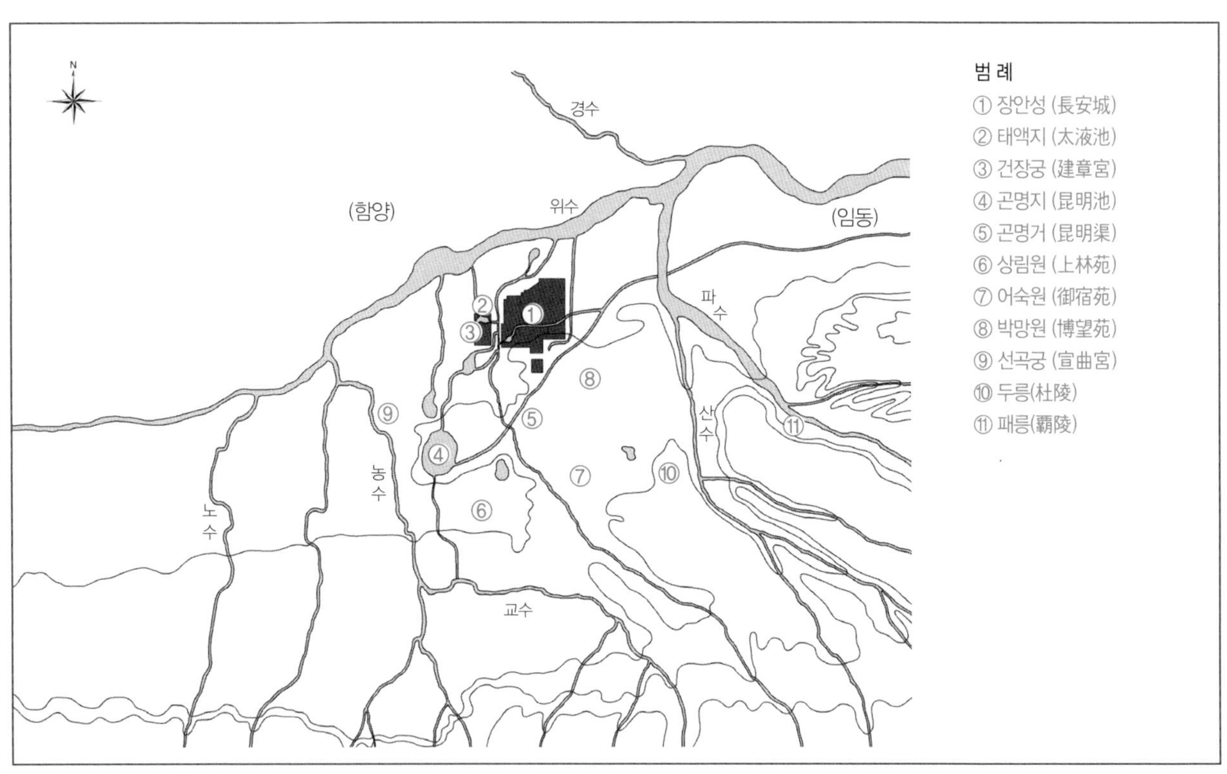

그림 4 서한 장안과 기타 주요 궁원 분포도 ©이경은

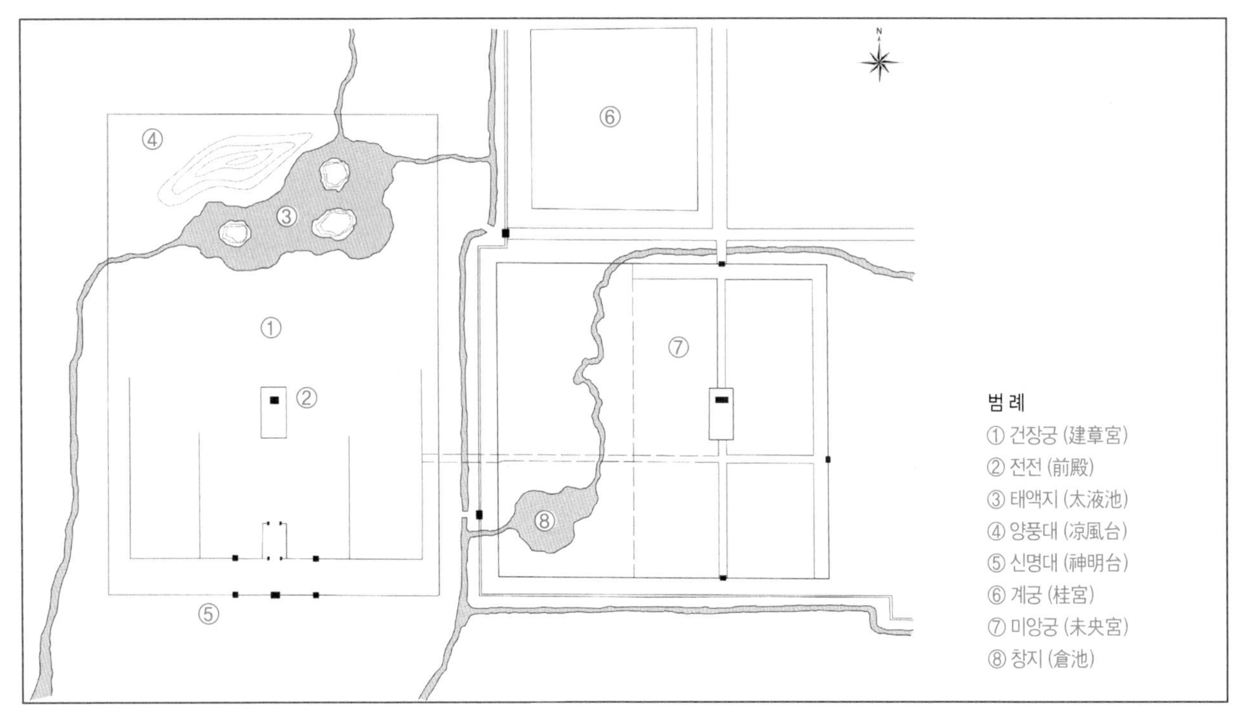

그림 5 서한 건장궁과 태액지 ©이경은

용형(龍形)과 인형(人形)의 조각품도 있었다고 한다.[1] 상림원 구역은 광활하고 지형이 복잡하며, 천연 수종들이 풍부하고, 외국에서 온 대량의 희귀 동물들이 있어 대형 동·식물원 같았다. 당시 무릉의 부상인 원광한이 죄를 범해 집의 재산을 몰수 당하여 그의 원림 속에 있던 진귀한 조수, 진금기수 등을 다 옮겨 놓았다고 한다. 진시황의 상림원이 한시대에 이르러 확장되면서 동식물의 수량도 더욱 증가하였고, 각종 동물을 관리하고 등기하는 전문적인 관직도 설치되었다고 한다.[2]

동한(東漢)은 수도를 주의 옛 도성인 낙양(洛陽)으로 천도하였다. 낙양의 지형은 북쪽이 망산(邙山), 남쪽이 낙수(洛水 황하)에 접해 있고, 곡수(穀水)와 낙수의 지류가 도성에서 합류된다. 낙양성은 방형의 형태이며, 크고 작은 많은 원유와 지소(池沼)도 조성되었다. 동한의 황제는 상업경제가 발달되면서 수렵활동이 적어지고, 황가원림에 대한 관심이 많이 줄어들어 상림원의 규모도 축소되었다. 대내어원과 행궁어원의 조성도 많지 않았다.

3) 한의 사가원림

한 이전에는 원유가 원림의 유일한 형태였고, 황제가 단독으로 소유하였다. 그러나 서한부터 부호(富豪)들이 나타나면서 제왕의 원유를 모방하여 사가원림을 짓기 시작하였다. 한의 대표적인 사가원림은 서한 시기에는 양효왕의 토원, 부상 원광한원, 동한 시기에는 대장군 양기의 원유를 들 수 있다.

토원(兎園)은 한문제의 아들 양효왕이 원림을 좋아하여, 하사 받은 땅인 봉지(封地)에 조성한 원이다. 『한서 · 양효왕전(漢書 · 梁孝王傳)』에서는 "효왕은 사방 3백여 리에 동원(東苑)을 축조하고, 수양성을 70여 리로 확장했다. 궁에서 평대까지 30여 리를 복도로 연결시켰는데, 그 속에 토원을 두었고, 양원(梁園)이라고도 불렸다"라고 전한다. 이 인공 산수원의 규모는 상당히 크며 원내의 축산은 흙뿐만 아니라 돌을 쌓아서 암석이나 산굴의 형태도 만들었다. 이것이 역사상 가장 먼저 기록된 흙과 돌을 병용하여 만든 가산(토석산)의 예라고 볼 수 있다.[3]

원광한원(袁廣漢園)은 한무제 때 원광한이 북망산 아래에 축조한 원으로, 그 면적이 약 3ha 정도 된다.[4] 원내에는 물을 이끌어 격류를 만드는 한편, 주서(洲嶼) 사이를 완만하게 흐르게 했으며, 암석을 쌓아 올려 높이 10여 장이나 되는 산을 수 리에 걸쳐 만들었다. 그 속에 많은 진조기수(珍鳥奇獸)와 기수이초를 심었고, 건축은 옥(屋)과 각(閣)을 즐비하게 지어 그 사이를 복도로 이어 놓았으며, 고루를 돌아보는 데에 수 시간이 걸렸다고 한다. 그러나 원광한이 죄를 범하여 정원은 몰수되어 궁원이 되어 버렸고, 진귀한 조수, 초목류는 모두 상림원으로 옮겨졌다. 원림의 규모는 크지만, 자연의 야취를 가지고 있어 대형 사가

❶ 『周可五百四十里, 宮殿臺閣百餘所 … 宮内苑聚土爲山, 十里九坡, 種奇樹, 育麋鹿…, 鳥獸百種, 激上河水, 銅龍吐水, 銅仙人銜杯受水下注 …』

❷ 『한구의(漢舊儀)』의 기록;『上林苑方三百里, 苑中養百獸, 群臣四方各獻各果異卉三千餘』·『上林苑有令有慰, 禽獸簿記其名數』

❸ 주유권(周維權), 1991, 중국고전원림사(中國古典園林史), 明文書局, p.41

❹ 『삼보황도(三輔黃圖)』에는 園의 규모가 『東西四里(약1600m), 南北五里(약2000m)』이며, 구조는 『激流水注其成洲嶼, 積水成波濤.』로 "격류는 섬을 만들고, 쌓이는 물은 파도를 만든다"라고 하였다.

원림의 시작이며, 자연풍경식정원으로 중요한 위치를 차지한다고 할 수 있다.

양기(梁冀)의 원유는 동한 말년에 조성한 것으로, 『낙양가람기』에는 "여황대(女皇臺)는 높이가 5장이고 한의 대장군 양기가 만들었고, 서북에 있는 흙으로 만든 산인 토산(土山)과 물고기를 기르는 연못(魚池)도 양기(冀)가 만들었다"라고 기록되어 있다. 『후한서』에는 "양기가 흙을 쌓아서 광대한 원유를 만들었는데, 십리구판의 효산을 닮았다"라고 하였다.[5]

이런 거대한 원림의 조성은 황실 귀족이나 가능하였고, 일반 사대부들은 상징수법으로 천하의 산해하류(山海河流)를 정원 안에 표현해 놓았다.

진·한시대의 원림은 황제의 이궁과 궁원을 위주로 만들었기 때문에 사가원림은 매우 적으며, 원림의 규모는 매우 웅장하고, 기능은 대부분 수렵과 놀이 위주로 천연지세를 이용하거나 혹은 자연의 미를 모방하는 부분에 있어서는 이미 많은 진보가 있었다.

⑤ 양기는 하남 서부의 명산인 효산(肴山)의 풍경을 모방하여 개인 정원에 가산을 만들어 "십리구판 이상이효(十里九坂, 以像二崤)라 하였다.

제4장

위 · 진 · 남북조시대

(魏 · 晉 · 南北朝 220~589)

1. 개관

동한(東漢) 말년은 군벌이 서로 싸우며 위 · 촉 · 오 삼국이 분열되는 때이다. 284년 서진(西晉)이 오(吳)를 멸하고 잠시 통일을 이루었고, 439년에 북위(北魏)는 북량 정권을 멸하고 비로소 중국 북방을 통일했다. 420년 송무제(유유)는 남방의 동진(東晋)정권을 취해 송 왕조를 건립하고, 남과 북이 대치한 남북조시대로 접어들었다. 이때 사분오열된 중국이 다시 정리 및 교체를 반복하다, 589년 수(隋)가 진(陳)을 멸하면서 남북조시대는 끝이 났다.

이 시기는 민생들에게는 가장 고난의 시대였지만, 중국 역사상 자유와 해방 등의 예술정신이 창조된 시기였다. 약 360년 동안 사회가 불안하자, 많은 문인들이 명산을 찾았고, 자연의 세계로 도취되어 갔다. 게다가 당시 현언문학(玄言文學)[1]이 성행하고 있어 사람들의 관심은 자연경물로 돌아갔고, 산수유람기(山水遊覽記)와 같은 문학양식에 흥미를 가지게 되었다.

이때 불교와 노장사상(老莊思想)도 함께 일어나면서 노장의 도가사상은 중국 정원의 발전에 큰 영향을 주었다. 당시 문인들은 자연사상에 심취하면서 현실을 피하여 은둔 생활에 관심을 가지기 시작했다. 도연명(陶淵明)의 『도화원기(桃花園記)』는 피세사상에 많은 영향을 주었고, 자연아취의 문인정원을 숭상하는 것이 이때부터 시작되었다. 동진 이후 산수화가 유행하면서 산수화중의 독립된 제재(題材) 부분을 원림 속에 표현하기 시작하였다.[2] 산수문학시가로 원림 발전에 가장 큰 영향을 준 도연명의 〈귀거래사〉와 서(書)로 유명한 왕희지의 〈난정집서(蘭亭集序)〉 및 〈난정(蘭亭)〉의 유상곡수(流觴曲水)는 원림생활의 전형으로 한국과 일본 등 문인들의 정원문화에 적지 않은 영향을 끼쳤다.

이 시기에는 정원을 조성하는 풍조가 성행하였다. 황제의 궁원은 도성과 근교 사방에 편중되었고, 사가원림 또한 폭넓게 조성되었다. 특히 동진시대에 경제 중심이 남쪽으로 이동되면서 남방의 조원활동은 발전을 이루었다. 문화와 기후의 영향에 의해 남방은 건강(현 남경) 위주로 강남원림풍경이 형성되었고, 강남원림은 많은 부분 산수화의 특징을 흡수하였다. 원림은 도연명의 시가(詩歌)와 양희지의 낙양가람기(洛陽伽藍記)를 통해서 널리 알려졌다.

이 시기의 분열 정국들은 각자 도성을 지었으며, 장안과 낙양의 범위에서 벗어나 신 도성인 업성 · 평성 · 건강 등지에 적지 않은 황가원림을 축조했는데, 대표적인 것으로 화림원이 있다.

위 · 진 · 남북조시대는 중국 고대사회 발전사 중의 주요한 전환점일 뿐만 아니라, 원림사에서도 일대 전환점이었다. 사가원림의 발전과 사찰원림의 흥기, 원림조성에 있어서도 자연의 한 부분을 잘라서 인위적으로 표현하는 것을 한정된 공간 속에 의미를 함축하여

❶ 기존 유교적 경향에 실증을 느끼고 철학적 깊이가 더해진 노자나 장자에 대한 관심과 연구가 깊어짐.
❷ 맹아남(孟亞男), 1993. 『중국원림사(中國園林史)』, 文津出版, p.24

자연산수의 경치를 재현하였다. 이 모두 원림 창조사상의 변화이며, 많은 자연산수원의 개발 원인이 되었다.

2. 위 · 진 · 남북조시대 원림의 특징

1) 도성과 황가원림

황가원림은 진 · 한시대의 화려하고 웅장한 형식의 원림이 계승되었고, 정치 중심이 남쪽으로 이동되면서 강남산수풍경의 영향도 받았다. 삼국 · 양진 · 16국 · 남북조시대 각 나라들은 각 수도에 맞게 궁원을 건립하였다. 각 수도 중에서 황가원림이 비교적 많이 건립된 곳은 북방에서는 업성과 낙양이며, 남방에서는 건강(현 남경)이었다. 이 세 도시들은 번성이 계승되어 왔던 곳으로, 도성계획 및 궁원조성에 비교적 높은 수준과 일정한 전형을 가지고 있었다.

업성(鄴城)은 현 하북성 임장현 부근에 위치하며, 삼국시대 조위(曹魏)의 수도였다. 황가원림은 16국의 후조(後趙) 때 번영의 국면에 접어들었고, 조위의 옛 성에 도성과 어원을 재건하였는데, 가장 저명한 곳이 '화림원(華林園)'이다. 『업중기(鄴中記)』의 기록에는 화림원 내에 "천천지(天泉池)"라는 큰 못을 팠으며, 장수(漳水)의 물을 끌어와서 수원으로 사용했다고 하며, 가산에 대한 기록은 없지만, 흙을 이용하여 방형으로 쌓은 토산이 있었다.[1] 북제 때는 화림원을 확장하여 '선도원(仙都苑)'이라 하였는데, 그 규모가 웅장하고 클 뿐만 아니라 전체 구성은 진한의 신선사상을 상징하는 수법에서 발전되었다.

낙양(洛陽)은 동한의 옛 수도이며, 조위 때 업성에서 낙양으로 천도한 후, 궁원을 중건 확장하였다. 그중, 방림원(芳林園)에는 각각 다른 색깔의 돌로 쌓은 경양산(景陽山)[2]이 있으며, 동한의 천연지(天淵池)를 확장시켜 뱃놀이를 할 수 있도록 대자연의 수경관을 옮겨와 축소시켜 놓았다. 방림원은 후에 '화림원(華林園)'으로 개명되었다. 서진 역시 낙양에 수도를 건립하고 주요 어원을 화림원으로 하였고, 북위도 대규모의 도성계획을 시행하고 화림원을 재건하였다. 이렇듯, 낙양은 서진과 북위의 수도이며, 제왕과 귀족은 서로 다투어 나라를 세우고 권세와 재력을 과시하였다. 원림도 화려함이 극에 달했는데, 화림원이 대표적이다.

『낙양가람기』의 기록을 보면,[3] 화림원 안에는 대형 못이 있었고, 이 처리수법은 한무제로부터 계승된 것임을 알 수 있다. 또한 경양산 남쪽에는 백과원(百果園)이 있었고, 황제는 화림원에서 말을 타고 활 쏘는 연습도 하였다.

❶ 주유권(周維權), 1991, 『중국고전원림사(中國古典園林史)』, 明文書局, p.57.
❷ 토석산(土石山)
❸ 『華林園中有大海, 卽漢天淵池, 池中猶有文帝九華臺, 高祖於大上造清涼殿, 世宗在海內作蓬萊山.』 즉 "화림원 중에 대해가 있는데, 한의 천연지와 비슷하고, 못 안에는 한문제(文帝)의 구화대처럼 생긴 것이 있으며, 고조는 청량전을 만들었고, 세종은 봉래산을 만들었다."

건강(建康, 현 남경)은 동진과 남조의 수도였다.그림 6 동진은 성 북쪽 교외의 천연 호수와 현무호(玄武湖)를 어원 구역으로 조성하였다. 남조 때의 황가원림은 대부분 자연조건이 우월한 현무호 주변으로 집중되어 있었다. 현무호는 당시 수군훈련장소이며, 호수 안에는 봉래 · 방장 · 영주 등 세 개의 섬이 있었다. 건강은 양(梁)무제 때 번영의 극치를 이루었고, 진(陳)시대에 재건했지만 수문제에 의해 다시 파괴되었다.

건강의 황가원림 중 비교적 유명한 것은 '화림원(華林園)'과 '낙유원(樂遊園)'이다.

화림원은 대내어원으로 궁성 북쪽, 현무호의 남안에 위치하며 각국들이 끊임없이 경영해 온 곳으로, 남방의 남조와의 역사를 시종일관 같이 해 온 황가원림이다. 낙유원은 화림원의 동쪽, 현무호의 남쪽에 접해 있으며 '북원'이라고도 불렸다. 유송(劉宋) 대 건립되었고, 유락과 음계(飮契)활동의 장소로 이용되었다.

2) 사가원림의 발달

위진남북조시대 사가원림으로, 도성 안에는 도시형의 택원(宅園)을 지었고, 교외에는 장원(莊園)과 결합된 별서(別墅)를 지었다. 관료나 귀족의 정원은 내용과 격조상에서 문인들의 정원과 별 차이가 없었다. 북방과 남방의 원림도 자연조건과 문화배경의 차이가 조금 반영되었을 뿐이었다. 이 시기 관료와 문인들은 정원을 만들었고, 권세가들은 장원을 조성했다. 사가원림의 조성이 흥성하면서 민간에서도 정원을 만드는 풍조가 나타났다.

도시형 사가원림은 북방에서는 북위가 수도를 낙양으로 옮기고, 남조문화를 받아들이기 시작하면서 본격적으로 조성되었다. 낙양의 경제와 문화가 번성하면서 원림도 대량으로 조성되었다. 대표적 원림은 대관료 장륜(張倫)의 택원이 있다. 큰 가산인 경양산을 원림의 주경(主景)으로 삼고, 천연 산악의 형상을 주요 특징으로 정밀하게 표현해 놓았다. 택원의 구조는 상당히 복잡하고 토석산(土石山)을 쌓는 기법에 의해 만들어졌다.

남방의 도시형 사가원림 역시 북방과 유사하였다. 많은 귀족과 관료가 경영하였고, 사치와 부의 상징으로 산과 못, 누각들이 화려하면서 격조 있게 만들어졌다. 대표적 원림으로 상동원(湘東苑)이 있다. 남조시대 양무제의 동생인 상동왕이 만든 것으로, 원의 건축물 형상이 매우 다양했으며, 일정한 주제성을 가지고 점경(點景)이나 관경(觀景)작용을 하였다. 가산 석동(石洞)은 길이가 200여 보로 첩산 기술이 일정한 수준에 도달했다.[4]

교외 별서(郊外 別墅)는 대부분 장원과 결합되는 형태의 장원별서 혹은 독립적인 형태의 별서로 조성되었다. 북방과 남방의 장원경제는 주도적 위치를 차지했으며, 문벌사족들은 다량의 장원을 가지고 있었고, 관료 · 명사 · 문인들도 장원을 소유하였다. 서진(西晉)의 대관료인 석숭(石崇)의 '금곡원(金谷園)'은 당시 북방의 저명한 장원별서이다. 석숭의『금곡시』

[4] 주유권(周維權), 1991.『중국고전원림사(中國古典園林史)』, 明文書局, p.51

에는 “하남현 경계의 금곡계곡 중에는 맑은 샘물, 무성한 숲, 대나무와 잣나무, 많은 과일과 약초가 있고, 또 수확(水碓), 어지(漁池), 토굴(土窟)등이 있다”라고 표현하였다.

동진 이후 강남 일대는 북방의 문화예술이 남방의 산수풍경과 조화를 이루어 발전하였고, 문인과 명사들이 경영하는 별서에도 나타났다. 별서 장소는 교외의 야산이나 자연이 우월한 곳을 선정하여 경영하였다. 동진의 문벌세족 사령운가(謝靈運家)의 장원별서가 이러한 모습이었다. 사령운의 『산거부(山居賦)』는 산수시문의 대표작으로, 대자연 산천풍모

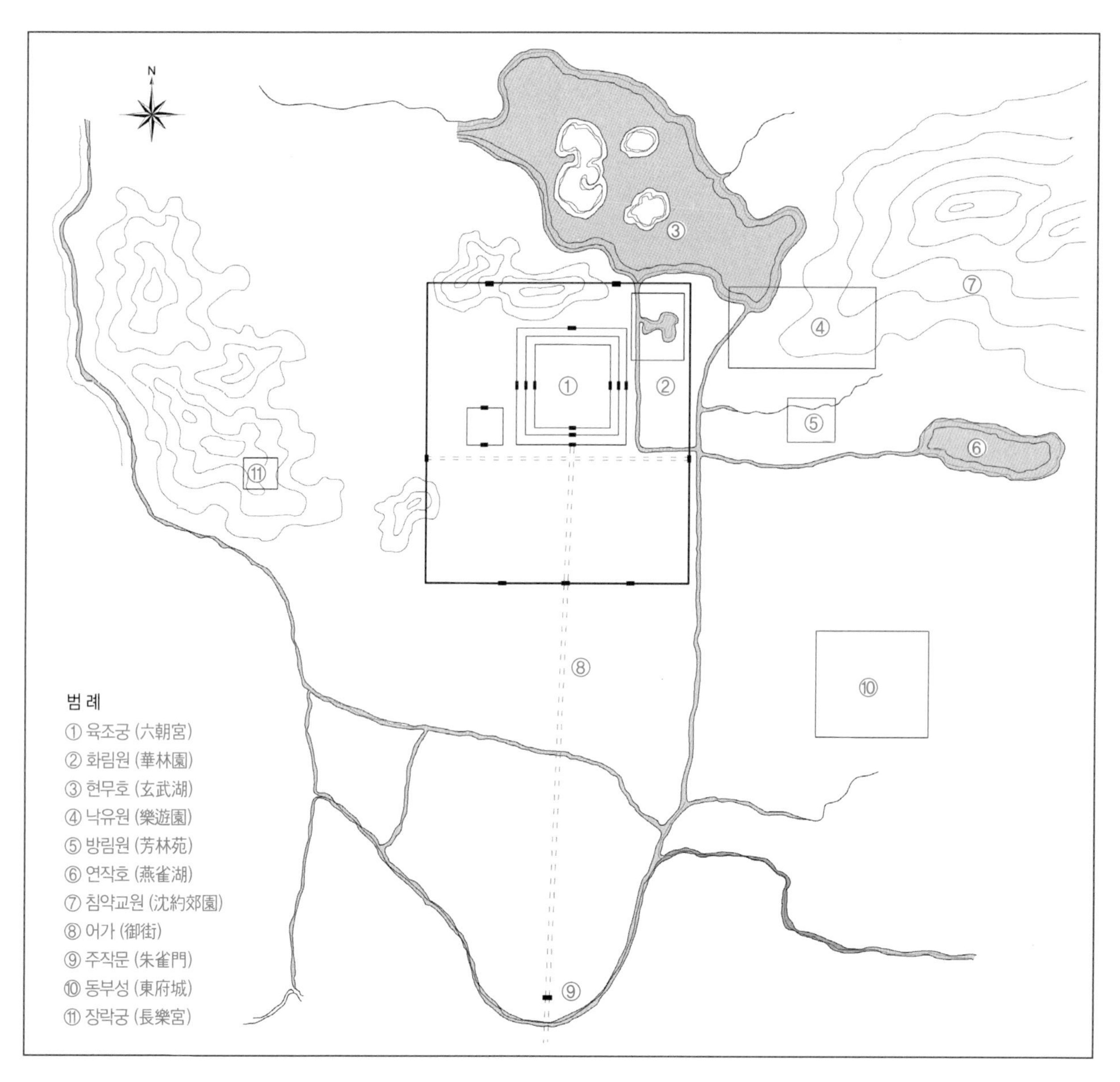

그림 6 동진과 남조 수도 건강의 평면도 ©이경은

에 대하여 세밀하게 묘사해 놓았고, 복택상지 · 기지선택 · 도로포설 · 경관구성의 정황까지 설명해 놓았다. 그 당시의 택원의 규모는 매우 컸다.

별서는 완전히 독립적 형태나 장원 부근에 위치한 것으로, 규모도 대부분 작고 정교하였다. 남방의 것은 소박하고 아치가 있어 자연 속의 작은 원으로 조성되었다.

사관원림은 동한시대 전래된 불교와 이 시기 형성된 도교의 성행으로, 불사와 도관(道觀)들이 도시 및 부근 그리고 멀리 떨어진 산야 지대에도 두루 많이 지어졌다. 북위의 통치구역 내에는 절이 3만 개가 넘었고, 수도 낙양에는 1,300여 개소가 있었다고 한다. 『낙양가람기』에는 당시 66개의 불사원림에 대해 상세하게 기록되어 있다.

3) 문인정원의 대두

분쟁과 분열로 인해 사회가 불안하자 많은 문인아사들이 명산대천을 찾아 자연으로 은거하였고, 자연경물에 대한 관심이 커지면서 자연야취의 문인정원을 숭상하기 시작했다.

대표적인 문인으로 동진시대 서(書)의 왕희지와 시(詩)의 도연명을 들 수 있다. 동진의 '난정'은 당시 대표적인 문인정원으로, 왕희지의 『난정집서』 중에 서술된 난정의 자연환경과 유상곡수에 대한 묘사를 보면, "이곳에는 높은 산과 높은 재와 무성한 수림과 아름다운 대나무가 있고, 또 맑게 흐르는 냇물은 살여울이 좌우로 흘러 아름답게 비치고 있다"라고 하였고, "그 물을 끌어서 술잔이 흘러 도는 물줄기를 만들고 거기에 둘러앉으니, 비록 관현의 성대함은 없어도, 한 잔 술에 한 가락의 시를 읊음으로 그윽한 정을 화창하게 펼 수 있다."[1]라고 하였다. 이 문장은 후세 정원조성에 영향을 미쳐 원정(園亭)에 곡수(曲水)를 조성하는 수법으로 활용되고 있다.

도연명은 현령으로 부임한 지 80여 일 만에 "다섯 말의 녹봉 때문에 향리의 일개 관리에게 허리를 굽힐 수 없다"라고 하며 벼슬을 버리고 고향인 여산(驪山)에 내려갔는데 이때 지은 작품은 『귀거래사』와 자연을 벗 삼으며 전원생활의 즐거움을 읊은 『귀원전거(歸園田居)』 등이 유명하다. 『귀원전거』에는 "10여 무(畝)의 네모난 택지에 초옥이 89칸이며, 처마 뒤편에는 느릅나무와 버드나무 그늘, 집 앞으로는 복숭아나무와 자두나무가 넓게 펼쳐져 있구나."[2]라고 하며 전원으로 돌아가서 가택의 정경을 묘사하고 있다. 또한 그는 국화꽃을 좋아하여, 전원에서 유유자적하는 심회를 국화꽃에 담은 시를 많이 지었다. 음주(飮酒)시의 "채국동리하(采菊東籬下 ; 동쪽 울타리 아래에서 국화를 꺾노라니), 유연견남산(悠然見南山 ; 유연히 남산이 눈에 비쳐 오는구나)"는 세속적인 욕망을 다 버리고 자연과 더불어 살아가려는 은자의 심정을 비유하는 말로, 피세사상을 대표하는 『도화원기』와 더불어 조선 후기 문인들의 사상에 큰 영향을 주었다.

❶ 『此地有崇山峻嶺，茂林脩竹，又有淸流激湍，映帶左右.』，『引以爲流觴曲水，列坐其次，雖無絲竹管弦之盛，一觴一詠，亦足以暢敘幽情.』
❷ 『方宅十餘畝，草屋八十九間，榆柳蔭後簷，桃李羅前堂』.

왕희지와 도연명의 문장 안에서 당시의 문인원림은 이미 황제궁원의 호화롭고 사치스러운 경색과는 다른, 자연과의 조화와 병존을 추구했다. 이 시대의 은거문인은 숭박상간❶의 생활과 결합하였고, 정신적으로 자유와 해방에 도달하고자 했다. 이런 사상과 원림은 후세 영남 사가원림의 발전을 이끌어 갔다.

3. 대표 원림

1) 난정(蘭亭 난팅)

동진(東晋)의 난정은 절강성 소흥시 난저산(蘭渚山) 기슭에 위치하는데, 춘추시대 월왕이 여기에 난을 식재했다고 하여 붙여진 이름이다. 353년 음력 3월 3일 왕희지와 문인명사들이 모여, 회계산 아래 계곡에서 수계활동 후, 난정의 유상곡수에서 시 한 수를 읊고 술 한 잔을 마시는 곡수연을 행하였고, 이때 쓴 시를 모은 것이 『난정집서』이다. 송시대의 난정은 현 위치에서 약간 서측인 난저산 기슭에 위치했으며, 지금의 난정은 명시대 1548년에 재건한 것으로, 절강성 문물보호지로 지정되어 있다.

난정의 정원건축물은 어비정(御碑亭), 아자비정(鵝字碑亭), 유상정(流觴亭), 난정비정(蘭亭碑亭) 등이 있으며, 지당은 아지(鵝池)와 곡수유상(曲水流觴)❷이 대표적이고, 그 외 왕희지의 사당인 왕우군사(王右軍祠)가 있다.

난정의 배치구성을 보면, 대나무 숲으로 우거진 입구부를 지나면 왕희지가 거위를 좋아해서 키웠던 지당인 '아지'와 아자를 새긴 비석이 있는 삼각형 정자 '아자비정'이 나타난다. 아지는 자연 형태의 못으로 중간에 다리가 놓여 있다. 이곳을 지나면 곡수연을 행한 유상곡수가 펼쳐져 있으며, 그 끝부분에 '소난정'이라 새겨진 '난정비정'이 있다. 그 옆으로 유상정과 마주하여 강희제가 직접 쓴 『난정집서』의 비(碑)가 있는 '어비정'이 위치하고 있는데 그 규모가 매우 커서 문인정원의 분위기를 압도하고 있다. 어비정의 오른편으로 방형의 연못 가운데 사당인 왕우군사가 위치해 있다. 난정의 서쪽 편으로는 수계활동을 한 하천이 펼쳐져 있다.

❶ 숭박상간(崇樸尙簡) : 소박한 것을 숭상하고 간소한 것을 높이 보는 것
❷ 난정 내의 명칭은 곡수유상으로 되어 있음

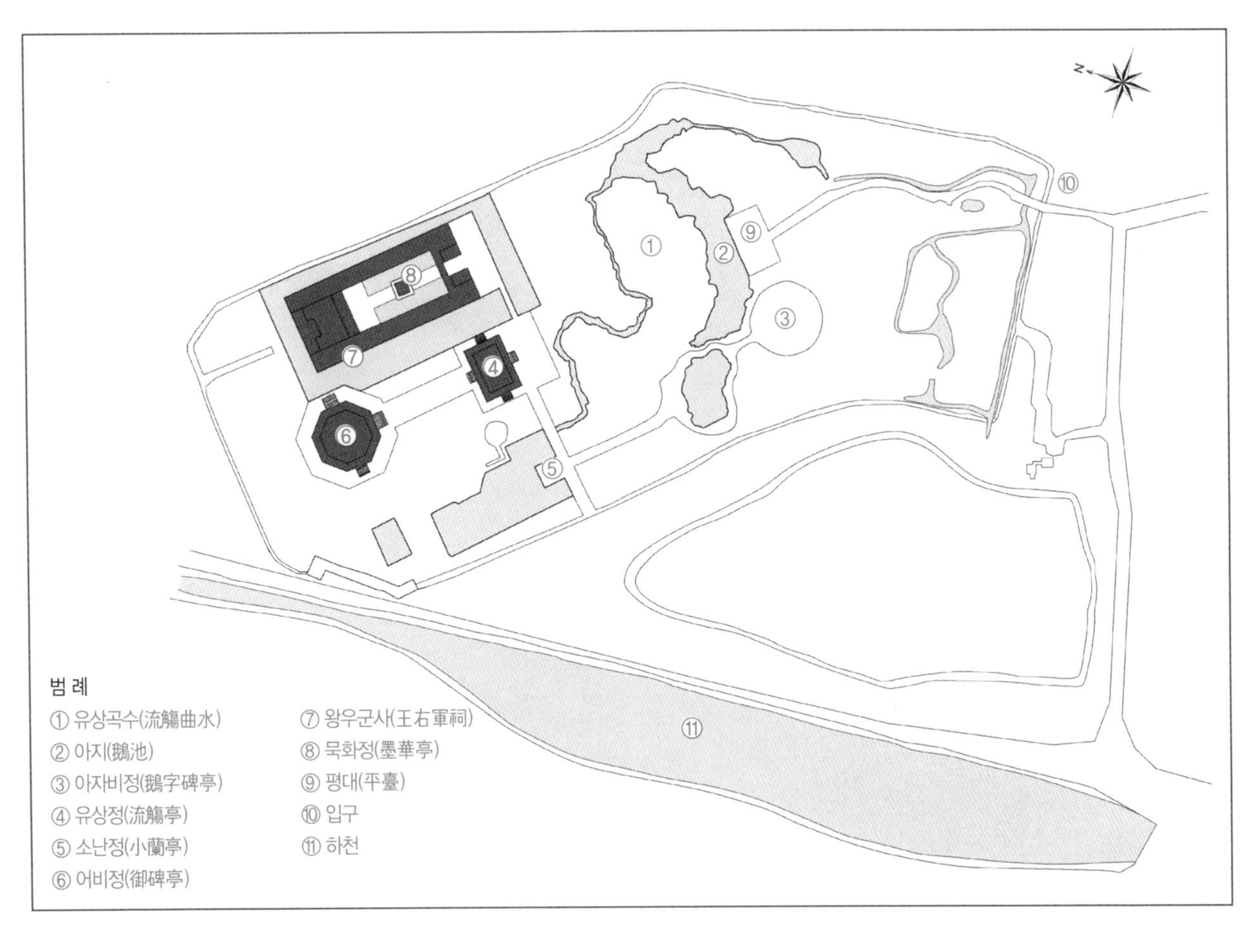

그림 7 **난정 배치도** ©이경은

그림 8 **난정 입구 죽림** ©김묘정

그림 9 **아자비정** ©김묘정

그림 10 자연형의 아지 ©김묘정

그림 11 난정의 유상곡수 ©김묘정

그림 12 난정비정 ©김묘정

그림 13 어비정 ©김묘정

그림 14 왕희지의 사당 왕우군사 ©김묘정

그림 15 회계산 주변 하천 ©김묘정

제5장

수 · 당시대

(隋 581~617 · 唐 618~907)

1. 개관

❶ 장안성은 장소가 협소하고 궁전과 궁서(宮署) 등의 분포가 혼잡하여 낙양을 동도(東都)로 정했다.

❷ (사)한국전통조경학회. 2009. 『동양조경문화사』. 대가. p.387.

❸ 시의 정서와 그림의 의미를 사실적으로 표현

수(隋)(581~617년)는 양진남북조를 통일하고 왕조를 건립했지만, 37년의 짧은 기간 동안만 집권하였다. 수문제(隋文帝)는 수도 장안을 도읍으로 삼는 한편, 낙양을 동도(東都)❶로 정했다. 당시 장안성은 세계 최대 도시로 약 8,000㏊의 토지를 계획하여 궁전, 관청, 마을, 시장, 사당, 녹화(綠化), 수로(水路) 등의 건축물과 시설을 두었다.

2대 수양제는 605년 즉위하면서 동도를 건설하였다. 『대업잡기』에 의하면, 예주로부터 경사에 이르는 800여 리(약 314.2㎞) 사이에 14개의 궁전을 지었으며, 동도로부터 강도에 이르는 2,000여 리(약 785.5㎞) 사이에는 나무 그늘(樹陰)이 서로 이어지고 역마다 궁이 놓였다. 또 경사와 강도 사이에는 40여 개소의 이궁이 있었다는 기록이 있고, 남쪽 항주에서 북쪽 탁군에 이르는 남북을 관통하는 길이 1,790㎞의 대운하를 건설했다고 한다❷

수 왕조는 통일된 대제국의 제도 형성과 사회질서 회복으로, 문학과 예술은 공전의 발전을 이루었고, 원림의 발전 역시 하나의 정원체계를 이루며 독특한 풍격도 형성되었다.

당(唐)(618~907년)은 수백 년을 통하여 비교적 안정된 정치 국면과 풍요로운 생활로 문학예술의 번영을 촉진시켰고, 원림의 발전 또한 상당한 성숙기에 접어들었다.

당시대는 산수화가 정원에 영향을 주기 시작했으며, 시인 · 화가들이 직접 정원활동에 참여했고, 시문 · 회화 · 조원 등 세 분야가 서로 영향을 주면서 원림 속에 시정(詩情)과 화의(畵意)를 표현하기 시작했다. 당의 관료 사대부들의 제택(第宅), 별업(別業), 공관(廨署 해서)안에는 많은 원림이 조성되었다. 당현종은 이궁인 온천궁을 화청궁으로 개명하였고, 화청궁은 여산(驪山) 북쪽 기슭에 위치하며 여산 산기슭에서 용출되는 온천은 정원을 짓기에 유리한 조건으로 작용하였다.

당시대의 자연산수원림도 크게 발전했다. 왕유(王維)가 남전(藍田)에 축조한 '망천별업(輞川別業)', 백거이가 여산에 축조한 '여산초당(廬山草堂)', 이덕유(李德裕)의 '평천장(平泉莊)' 등 모두 자연풍경구 중의 상지(相地)에 조성되었다.

또한 사의산수화(寫意山水畵)의 발전에 의하여, 시정화의사(詩情畵意寫)❸가 정원에 도입되기 시작하였다.

당의 불교도 진일보적인 발전을 가져왔다. 대량의 절과 탑 그리고 석굴이 새로 지워졌고, 불교의 '사대명산'이 출현하였다. 사대명산으로는 사천의 아미산, 산서의 오대산, 절강의 보타산과 안휘의 구화산 등이 있다. 이런 명산대천의 출현은 당시대의 건축물 축조의 중심이 이미 자연풍경구로 전환되었다고 볼 수 있다.

2. 수 · 당시대 원림의 특징

1) 도성과 황가원림

수 왕조는 한의 옛 수도 장안에 도읍을 정하고, 한의 장안성 남측면에 도성을 짓고, 대흥성(大興城)이라 개명하였다. 또한 북위의 옛 수도 낙양에 동도(東都)를 건립했다.

대흥성의 북쪽에는 대흥원이 있고, 서쪽은 한의 아방궁과 곤명지의 유지를 포함하고 있다.

수의 장안성은 당시대에 이르러 완성되었다. 당은 도시녹화를 중시해서 도로 녹지의 침범을 엄격히 금했다.[4] 수는 대흥성을 건설하면서 도시와 그 주변의 수계도 정리하였는데, 당시대에 이르러 완전히 정리되어 도성의 홍수, 궁원의 용수, 수로 운송 등의 문제를 해결했다. 수양제(605년)가 동도에 건립한 낙양성의 규모는 장안성과 비슷하였다.

수 · 당의 황가원림은 장안과 낙양의 성 내, 근교, 외곽에 집중적으로 조성되었다. 황가

[4] 顧炎武〈歷代宅京記〉; "種城内六街樹, 禁侵街築垣舍者"

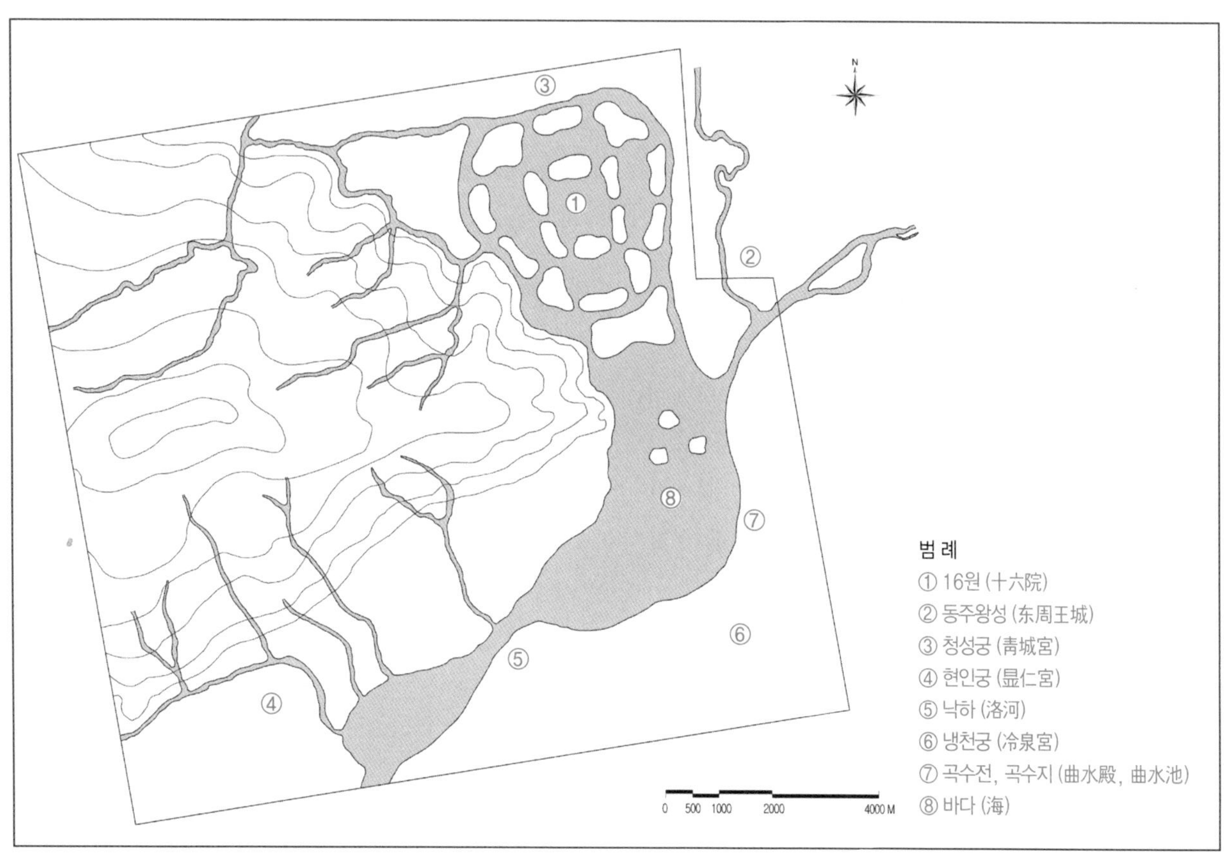

그림 16 수시대의 서원 모식도 재작성 ©이경은

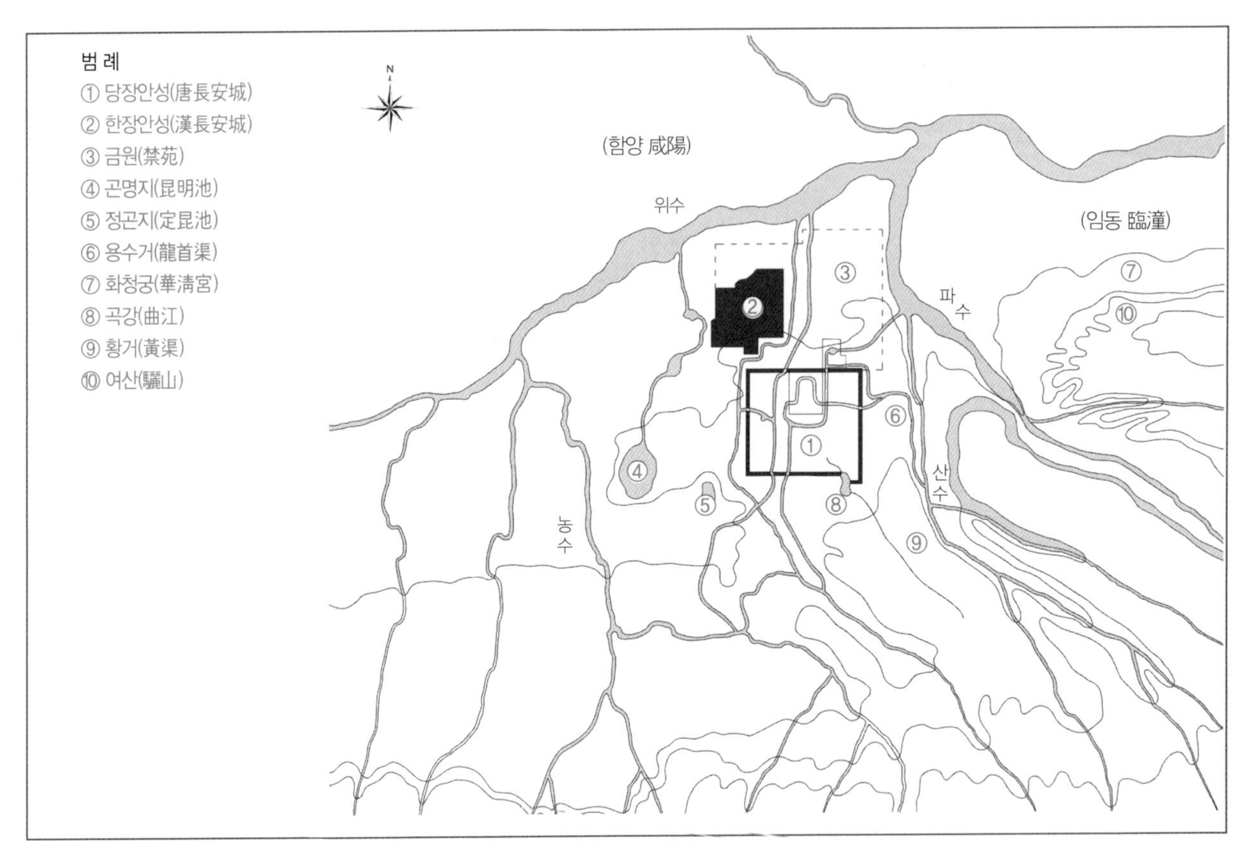

그림 17 당의 장안 부근 배치도 ⓒ이경은

원림의 유형은 대내어원으로 서원(西苑)·금원(禁苑)·대명궁(大明宮) 등, 이궁어원으로 화청궁, 행궁어원으로 구성궁(九成宮)과 곡강지(曲江池) 등이 있다.

대내어원인 서원(西苑 시왠)은 수양제가 낙양에 건립한 것으로, 가장 웅장하고 아름답다.『대업잡기』에는 "원의 주위는 200리가 되었고, 원 안에는 바다가 있으며, 그 바다 주위가 10여 리나 되며, 그 속에 봉래·영주·방장 3개의 섬을 축조하였다. 물의 깊이는 수 장(數丈)이나 되었다. 또 정원 내는 16개의 원(院)을 만들었고, 바다의 북쪽에 용린거(龍鱗渠)라는 수로를 만들고, 물을 굴곡시켜 그 정원으로 들어가 바다로 흘러나가게 하였다"라고 기록되어 있다.[1]

서원은 큰 호수를 중심으로 이루어졌으며, 호수 중에는 한시대 해상의 신산을 그대로 답습하였고, 호수의 북쪽에는 굴절한 물도랑이 둘러싸여 있다. 서원은 각각 특색 있는 16개 소원(小院)으로 구분되어 있어 원(苑) 중의 원(園)이라고 할 수 있다.[2] 서원은 수시대의 가장 큰 황가원림으로 남방원림에 큰 영향을 받았으며, 진·한시대의 건축물 위주의 궁원에서 송시대의 산수 위주의 궁원으로 변환되는 중요한 전환기라 할 수 있다.

❶『周二百里, 苑內造山爲海, 周十餘里, 水深數丈, 上有通眞觀 '習靈臺' 總仙宮, 分在諸山. 風亭月觀, 皆以機成, 或起或滅, 若有神變, 海北有龍鱗. 屈曲周繞十六院入海.』

❷ 풍종평(馮鐘平), 1989,『중국원림건축(中國園林建築)』, 明文書局, p.10.

금원(禁苑 진웬)은 삼원(三苑)이라고도 하며, 장안성의 북쪽에 위치하고, 수의 대흥원을 당시대에 금원으로 개명한 것이다. 실제적으로는 금원·서내원·동내원을 포함하여 삼원이라 부른다. 금원의 범위는 동쪽은 산수(滻水), 북쪽은 위수, 서쪽은 한의 장안성을 포함하고, 남쪽은 도성에 접해 있다.

그림 18 화청궁과 화청지

대명궁(大明宮 타밍꿍)은 금원의 동남쪽 높은 고지대에 위치하며, 독립적인 궁성이다. 장안성의 태극궁에 비해 군사적 방어능력이 뛰어나다. 궁원 중앙에 면적 1.6ha의 태액지가 있고, 그 속에 봉래산을 만들었고, 봉래산 위에 건축물을 축조하고 주변에 화목들을 식재해 놓았다.

이궁어원인 화청궁(華淸宮 화칭꿍)은 서안성의 동쪽 임동현에 있다. 여산은 태령산맥의 한 줄기로 산세가 수려하고 수림이 아름다우며 검은 준마와 같아서 붙여진 이름이다. 두 산맥 사이에 한 줄기의 산곡(山谷)이 있고, 서쪽 산기슭에 천연온천이 솟아나고 있는 그 곳에 화청궁을 지었다. 『장안지』에는 진시황이 온천궁실을 건설하고, '여산탕'이라 명했고, 644년에 '온천궁'으로 개명하였다. 그 후, 747년에 확장하여 지으면서 '화청궁'으로 개명하였는데 당현종이 거처하면서 정치적 중심지가 되었다. 이 궁은 완전한 궁정(宮廷)이 배치되어 있으며, 여산 북록의 원림구역과 서로 연결되어 있다. 화청궁에는 16곳의 온천욕지가 있으며, 화려함은 백거이의 〈장한가〉에도 잘 표현되어 있다.그림 18

곡강지(曲江池 취장츠)는 장안성의 동남쪽에 위치한 공공 유람지이다. 황제도 자주 유람하였던 곳으로, 다량의 전각들이 축조되어 있다. 곡강지는 한시대에는 상림원에 속해 있었고, 수시대에는 연화(蓮花)를 재배하여, 부용원이라고 칭했다. 당 개원년에 황거(黃渠)를 파고, 남산의 대욕수를 정원 안으로 끌어들인 장안 최대의 호수였다.

2) 사가원림의 발달

당시대의 사가원림은 위·진·남북조시대보다 더욱 흥성하였다. 면적도 넓어지고 예술수준도 높아졌는데, 이는 수 왕조가 대운하를 구축하여 남북 경제가 자유로이 왕래하게 되었기 때문이다. 당이 태평성대를 이루면서 원림에서 향유의 즐거움을 추구했고, 중원·강남·사천 등지에서 사가원림의 조원활동이 활발하였다.

중원 지역은 서경인 장안과 동경인 낙양이 있어 전국의 정치·경제·문화 중심지였고, 민간에는 정원을 만드는 풍조가 더욱 왕성하게 일어났다. 남북조 이후 장원경제가 억제

당하고 토족세력이 쇠퇴되어 관료들은 은퇴 후의 생활을 위해 별서를 경영하기도 했다. 원림이 사교 장소로 사용되면서 문인의 취향과 애호에 영향을 많이 받게 되었다. 당 중기에는 문인이 직접 정원을 만들었고, 시정화의의 문인정취가 고스란히 스며들게 되었다.

강남 지역의 원림은 더욱 성행하였고, 사천의 성도는 서남 지구의 경제문화 중심도시로 시인 두보(杜甫)의 완화계초당과 같은 많은 사가원림이 조성되었다. 문인들은 명산대천을 유람하고, 장소를 택하여 복거(卜居)하거나 별서원림을 경영하였다.

당시대 도시의 사가원림으로, 장안성 내 대부분의 거주지에는 택원이 있었고, 주로 황실의 친척이나 대관료들이 조성했다. 백거이의 이도방택원(履道坊宅園)이 대표적이며, 그가 생을 마칠 때까지 거처한 곳으로, 정신수양과 심성도야의 장소로 이용되었다. 그의 운문 『지상편(池上篇)』에는 "원(園)과 택(宅)이 합쳐 19무(畝)이며, 그중 건물이 1/3이며, 지당이 1/5, 대나무가 1/9 이다"라고 서술하고 있다. 그가 항주자사를 거쳐 낙양으로 돌아올 때 천축석(天竺石) 한 개와 화정학(華亭鶴) 두 마리를 얻어 왔고, 소주자사를 사직했을 때는 태호석과 백연(白蓮) 등을 얻어 왔다. 그는 얻어 온 태호석을 택원에 진설(陳設)해 놓았다고 한다.

당시대의 교외 별서는 도시 지역을 벗어난 매우 한적한 곳에 위치하고 있다. 별서는 산장(山莊) · 별업(別業) · 산정(山亭) · 수정(水亭) · 지정(池亭) · 전거(田居) · 초당(草堂) 등으로 불리었다. 별서는 건축배치 형식상 세 종류의 특색으로 분류해 볼 수 있다. 망천별업은 장원 가까이 조성된 별서이고, 평천장과 완화계초당은 독립적으로 조성된 것이며, 여산초당은 산악풍경명승지 안에 조성된 것이다.[1]

망천별업(輞川別業 왕츄안삐에이예)은 왕유(701~761년)의 별서로, 장안성 근교의 남전현(藍田縣)에 위치하며 시인인 송지문의 장원인데, 왕유가 구입한 것이다. 물이 바퀴 모양으로 흐른다고 붙여진 이름이다. 천연산수 지형에 식재만 약간 더해 원림을 조성하였다. 『망천집』에는 20개의 경관구역이 있고 구역마다 이름을 붙였다. 망천별업은 전체적으로는 천연풍경의 아름다움을 취하고, 부분적으로는 각종 화훼와 성목 및 총림들이 경관을 이루고 있다. 건축물은 많지 않고 소박한 형태이며 확 트이게 배치되어 있었다.

평천장(平泉莊 핑췐좡)은 관료 출신인 이덕유(787~849년)가 조성한 것으로, 낙양성 남쪽 용문 가까이 있다. 전국 각지의 다양한 수목과 화훼류를 식재하고 진기한 모양의 괴석을 진열해 놓았다. 그는 후대에 이것을 지키기가 어려울 것을 경계하여 『평천산거계자손기(平泉山居戒子孫記)』에 "이것을 파는 자는 나의 자손이 아니며, 꽃 하나 돌 하나라도 남에게 주는 자도 훌륭한 자손이 아니다"라고 하였지만 멀지 않아 훼손되었다.

완화계초당(浣花溪草堂, 환화시챠오탕)은 두보(712~770년)가 성의 서쪽 완화계에 조성한 초당으로, 두보초당이라고도 한다. 이곳에 머물면서 240여 편의 시를 지은 곳으로, 경치

[1] 주유권(周維權), 1991, 『중국고전원림사(中國古典園林史)』, 明文書局, p.93.

아름다운 호숫가에 천연의 수경관을 충분히 이용해 지은 초당이다. 현재 유지(遺地)는 보존되어 있고, 그 주변에 초당이 복원되어 있으며, 무성한 죽림이 인상적이다.

여산초당(廬山草堂 리산차오탕)은 백거이(772~846년)가 여산에 살았던 도연명을 연모하여 여산에 은거할 곳을 정했고, 동림사 부근 향로봉 아래 산수가 수려하고 경관이 뛰어난 곳에 터를 잡고 지은 초당이다. 기록에 보면 "키 큰 삼나무 수십 그루, 대나무 천여 그루, 담장 위의 담쟁이덩굴, 다리 위의 흰 돌, 집 아래로 흐르는 물, 폭포는 서까래 사이로 떨어지고, 붉은 석류와 흰 연꽃"[2] 등 초당에 대한 정경이 정교하게 표현되어 별서배치의 전형이 되고 있다.

(3) 문인정원의 맹아

당시대는 산수문학이 왕성하게 발달하였고, 문인들은 항상 산수시문을 짓고 산수풍경을 감상하였다. 문인 출신의 관료들이 풍경을 개발하고 환경의 녹화와 미화에 힘쓰고, 개인정원을 조성하는 데 참여하기 시작했다. 인생 철학을 원림예술 속에 넣기 시작하여 문인의 색채가 가미된 문인원림[3]이 생성되었다. 문인원림은 양진 · 남북조시대에서 당시대에 이르러 이미 맹아 상태를 이루었고, 망천별업 · 여산초당 · 완화계초당 등이 전형적인 예이다.

백거이는 문인 관료로 항주자사 때 서호 일대의 풍경을 조성하였고, 실질적 활동을 통해 원림관을 형성한 사람으로, 치석(置石)에 대한 긍정적인 미학을 가졌다. 그가 지은 '백모란'이나 '동파종화(東坡種花 : 동쪽 언덕에 꽃을 심다)'와 같은 시는 당 대의 정원을 잘 묘사한 것으로 중국 원림사 연구의 귀중한 자료이다. 그가 항주자사를 마치고 낙양으로 귀향할 때, 정원석으로 쓸 천축석과 학을 가지고 돌아왔으며, 말 두 필을 판 돈을 보태 집을 장만하고 스스로 감독해 정원을 꾸몄다. 천축석 · 수목 · 화훼를 배치하고 학을 키워 여생을 즐겼다. 그는 정원축조의 흥미뿐 아니라 정원석으로 쓸 진귀한 돌을 골라 스스로 정원에 배치할 정도의 원림관을 가지고 있었다.

❷『高杉十數, 脩竹千餘竿, 靑蘿爲牆垣, 白石爲橋道, 流水周於舍下, 飛泉落於簷間, 紅榴白蓮, 羅生池砌.』
❸ 중국문헌에는 문인정원으로 소개하지만 개념의 통일을 위해 '문인원림'으로 한다.

제6장

송시대

(북송 960~1126, 남송 1127~1279)

1. 개관
2. 송시대 원림의 특징
3. 대표 원림

1. 개관

906년 당이 멸망하고, 중국은 다시 5대 10국의 분열 상태에 들어갔다. 그 후, 960년경 송은 중원과 남방 지역을 통일하였고, 북방은 요 · 서하 · 금 · 원의 4개 왕조시대를 거치게 된다. 송 왕조는 979년 마지막으로 북한(北漢)을 멸한 후, 동경(東京)인 변경(汴京 : 현 개봉)에 수도를 건립하였다. 이를 북송이라 한다. 중국은 새로운 수도(京師)를 변경에 두게 되어 수륙의 교통이 편리해지고, 수공업과 상업이 발전해 인구가 상대적으로 집중되었고, 도시의 규모도 확대되었다. 당시 동경인 변경과 서경인 낙양은 크게 번성한 도시였다. 고위 관리와 귀족, 부유한 상인들은 도시 속에서 시정(市政)의 편리함을 누리고 산림의 흥취를 위해 정원을 만드는 풍을 보존하고 발전시켰는데, 이것이 '도시산림'을 형성하게끔 했다.

1127년 북송은 금에 의해 멸망하고, 북송 휘종의 아들 강왕(康王)이 남경에서 즉위하고 임안을 도읍으로 삼았으며, 그 이후를 남송이라 하였다. 남송이 강남으로 내려오자, 송의 왕실도 이동하였고, 북방의 관료 · 지주들도 절강 일대로 옮겨 왔으며, 이때 중원(中原)의 문화와 생산기술도 같이 따라왔다. 임안은 남송 150년의 통치 중심지가 되었고, 오흥과 평강(平江 현 소주) 등은 귀족과 관료의 집결지로 변했다.

송시대는 문인의 사회 지위가 어느 시대보다 높았고, 부유한 상인들과 농민들 중에는 문화적 지식이 높은 사람이 많았다. 문관의 정치집권이 송시대의 특색이며 이는 문화예술이 발전할 수 있는 계기를 주었고, 송시대가 약해지는 원인이기도 하였다.

송시대의 황가원림은 동경(변경)과 서경(낙양), 임안(남경)에 집중되어 있었다. 원림의 규모나 진취적인 정신은 수 · 당과 같지 않지만, 규획에서는 상세하면서 면밀해졌고, 내용면에서도 사가원림에 많이 근접하고, 규모도 비교적 작아졌다.

원림의 특색은 특히 산수화와 밀접한 관계를 가졌는데, 산수화의 발전이 원림조성에 영향을 주었고, 시정화의(詩情畵意)[1]가 원림 속에 묘사되어 들어가(寫入), 사의산수원(寫意山水園)의 형식이 형성되었다.[2]

원림에 대한 기록들이 당시대부터 출현하였는데, 백거이의 『초당기(草堂記)』 · 『지상편서(池上篇序)』, 이덕유의 『평천장초목기』 등이 있고, 송시대에 이르러 각종 유형의 정원 기록들이 대량으로 나왔는데, 소순흠의 『창랑정기』, 사마광의 『독락원기』, 여러 원림을 한꺼번에 실은 이격비(李格非)의 『낙양명원기』와 주밀(周密)의 『오흥원림기』 등이 있다.

송시대의 원림건축은 당시대만큼 광대하면서 강건한 풍격은 없었지만 수려함과 정교함은 더해졌고, 변화는 풍부했다. 건축유형은 더욱 다양해져 궁 · 전 · 루 · 각 · 관 · 헌 · 재 · 실 · 대 · 사 · 정 · 랑 등이 지어졌다. 송시대의 대표적인 황가원림으로 간악과 경림원,

[1] 시와 그림이 함께 있는 유형무형의 공간을 의미한다. 시정화의라는 말은 문학과 회화가 결합하여 이루어 내는 경지를 가리킨다.

[2] 맹아남(孟亞男), 1993, 『중국원림사(中國園林史)』, 文津出版, p.76.

❶ 빙종평(憑種平), 1989, 중국원림건축(中國園林建築), 明文書局, p.10.

금명지, 서호십경 등을 들 수 있고, 사가원림으로는 독락원, 창랑정 등을 들 수 있다. 차관주류(茶館酒樓)의 부속정원 및 사묘원림들의 수도 적지 않았다.❶

2. 송시대 원림의 특징

1) 도성과 황가원림

(1) 북송의 도성과 황가원림

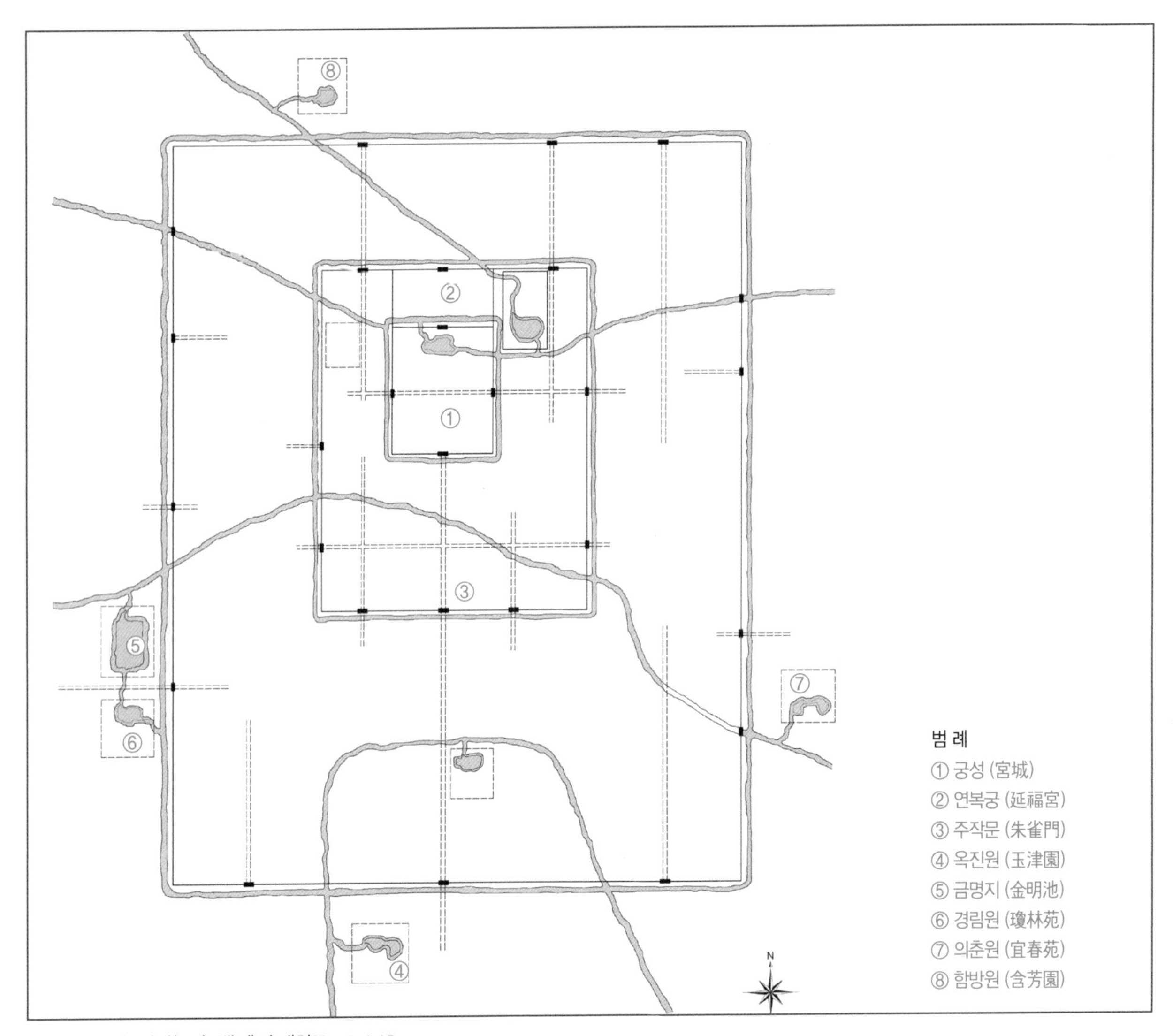

그림 19 북송 변경(汴京 볜징)의 배치도 ⓒ이경은

동경(東京 똥징)은 변경(볜징)에 위치하며, 동경성은 궁성 · 내성 · 외성 등 삼중의 성담으로 둘러져 있고, 방형에 가까웠다. 궁성의 정남문에서 내성의 정남문은 도시 중심축선 상의 주요 간선도로로 천가(天街)라고 했으며, 남쪽으로 계속 연장되어 외성의 남쪽 정문에 도달하였다. 동경의 도시녹화는 특출하였는데, 천가를 따라 어도(御道)와 행도(行道) 사이의 양측 어구(御溝) 및 성을 보호하는 하천과 성내 네 개의 하도(河道) 양안에도 녹화를 하였다.❷

동경의 황가원림은 대내어원과 행궁어원으로 구분된다. 대내어원은 휘종 때 건립한 간악(艮岳)이 대표적이며, 행궁어원으로는 경림원(瓊林苑)과 금명지(金明池) · 옥진원(玉津園) · 의춘원(宜春園) · 함방원(含芳園) 등이 있다.

간악(艮岳 간웨)은 1117년 휘종이 도성 안에 축산(築山)을 해야 왕자를 많이 낳을 수 있다는 도사의 말을 믿고 궁성 내에 여항의 봉황산을 닮은 산을 쌓고, '만세산(萬歲山)'이라 불렀다가 '간악'으로 개명하였다. 주산을 '수산(壽山)'이라고 불렀고, 수산의 둘레는 10여 리(약 3.9㎞), 주 봉우리 높이 90보 정도이며, 양측 봉우리는 동서로 분리되어 있다. 전부 인공으로 산을 쌓고 못을 팠으며, 평지에 기복을 만들었다. 산간 수반에는 많은 경관과 점경 건축물들이 나열되어 있었고, 주된 봉우리 정상에는 '개정(介亭)'을 지어 전 원의 경점을 통제하는 작용을 했다. 수산 서쪽 봉우리에 '소운정(巢雲亭)'을 지어 개정과 대경을 이루게 하였다.❸ 수산은 먼저 흙으로 산을 만들고, 다시 그 위에 돌로 산을 쌓았기 때문에 토석산(土石山)이다. 간악은 휘종이 직접 지휘했으며, 강남의 석재와 화목을 화석강(花石綱)❹으로 실어 오는 등 너무 많은 재력과 인력, 물력을 소비하여 북송 왕조가 멸망하는 원인 중의 하나가 되었다.

간악은 봉황산을 모방한 축산기법과 주 봉우리와 그 양측에 작은 봉우리를 배치함으로써 주(主)와 부(副)를 분명히 하였고,❺ 완전한 수계를 형성하였다. 또한, 여러 종의 식물 배치로 인공산수원을 만들었다. 간악의 출현은 당시 황실정원에서 인공적 산수경관의 비중이 높아진 것과 가산을 쌓는 기술이 크게 진보했음을 보여 주었다.

동경의 행궁어원으로 동경사원(東京四苑), 즉 경림원 · 옥진원 · 의춘원 · 함방원은 모두 북송 초기에 건립한 것으로 외성의 동서남북에 위치하며, 대표적인 것이 경림원과 그 부속정원 금명지이다.

경림원(瓊林苑 총린웬)은 외성 서쪽에 위치하며 964년 조성하였고, 976년 다시 경림원의 북쪽에 못을 파고, 변하(汴河)의 물을 끌어와서 부속정원인 금명지를 조성하였다. 경림원의 동남쪽에는 높이 10장(丈)의 화취강(華觜岡)이란 축산이 있으며, 지당과 홍교, 건축물 및 각종 화목류도 식재되어 있었다. 황제는 매년 여기서 진사(進士)들에게 연회를 베풀었다.

❷ 주유권(周維權), 1991, 『중국고전원림사(中國古典園林史)』, 明文書局, pp.115~116.

❸ 두여검(杜汝儉), 이사산(李思山), 유관평(劉管平), 1987, 『원림건축설계』, 明文書局, p.8.

❹ 꽃나무와 기이한 돌(太湖石)을 운반하는 배

❺ 이를 주차(主次)라고 하기도 한다.

금명지(金明池 진밍츠)는 외성 정문(鄭門) 밖에 위치하고, 형태는 방형이며 주변 길이가 9리 30보이다. 『동경몽화록(東京夢華錄)』에는 "못의 남안 정중앙에 높은 대가 있고, 그 위에 누를 지었고, 누의 남쪽에 연회를 위한 전각(殿閣)이 있고, 전각 동쪽에는 사전(射殿)과 임수전이 있다"라고 하였다. 못의 북안 정중앙에는 오실(奧室)❶이 있다. 환지(環池)는 녹화를 위한 지역으로 아무것도 설치하지 않았다. 금명지는 원래 송 태종의 수군연습 장소이기 때문에 일반 원림과는 배치계획이 다르며, 궁정과 유사하였다. 이후 이곳은 용주(龍舟; 배) 경주 장소로 변했다. 〈금명지탈표도(金明池奪標圖)〉에 근거하면, 지안에 접해서 전각·선오(船塢; 항구)·마두(碼頭; 선착장) 등을 만들었고, 못의 중앙에는 섬이 있고, 섬 위에는 원형의 회랑과 전각을 지어 다리로 지안과 연결시켰다. 황제는 못 안에서 배들이 경주하는 것을 관람하였다. 이런 형태의 금명지 배치는 천연산수와는 큰 차이가 있었다.❷

(2) 남송의 도성과 황가원림

남송은 소흥 8년(1138년)에 임안(臨安, 현 항주)을 정식 도성으로 정했고, 강왕은 남송 제1대 고종황제가 되었다. 임안성은 오월과 북송 옛 성의 기초 위에 내성과 외성을 증축했으며, 황성 내의 궁성 즉 대내는 남송 말년에 완성했다.

남송의 대내어원은 궁원의 후원으로 봉황산의 서북쪽에 위치한 풍경이 우수한 원림지역이며, 행궁어원은 덕수궁(德壽宮)과 앵도원(櫻桃園)으로 외성에 있다.

고종은 임안 주변 호산의 경치를 애호하여 덕수궁에 큰 못을 파서 서호(西湖)처럼 조성했다. 그리고 석가산을 쌓아 정상부를 비래봉과 흡사하게 만들고, 취원루를 중심으로 많은 누정을 조영했다. 강남의 자연환경은 자연 그대로의 산수가 매우 아름다워 조원의 주안점을 태호석과 같은 기암을 알맞게 배치하는 데 두었고, 여기에 송림, 죽총, 매림, 도림, 연지, 모란대 등 각종 초목을 곁들이는 수법을 쓰는 데 두었다.

임안성 서쪽에 위치한 서호(西湖 시후)는 당시대의 이밀(李密)이 관개와 물을 저장하기 위해 조성했고, 백거이가 항주지사로 있을 때 호수를 보호하는 제방을 쌓았다. 저수와 관개를 위한 공사와 대량의 수목을 조림하고, 정자와 누각을 조성하여 점경물 역할을 하게 했다. 서호 주변은 황제의 어화원이 분포되어 있었고, 왕과 대신들의 사원도 있었다. 유명한 '서호십경(西湖十景)'도 이때 조성되었다.

소주·양주 모두 장강 하류에 위치하여 태호와 근접하며, 지척에 동정서산(洞庭西山)의 태호석이 생산되고 있어 채석과 운반이 매우 편리하였다. 태호석(太湖石)의 성질은 곳곳이 움푹 파인 형상·구멍이 뚫린 형상·동글동글한 형상·가파르고 괴기한 형상이며, 재질은 결이 가로세로 사방으로 뻗어 있고, 표면은 전체적으로 구멍이 많고 요철을 이루고 있다.

❶ 용선을 정박하기 위한 선박장
❷ 두여검(杜汝儉), 이사산(李思山), 유관평(劉管平), 1987, 『원림건축설계』, 明文書局, p.12.

수당시대에 소주 교외는 이미 모두 풍경유람구로 개발되었고, 송시대에 정원을 만드는 풍이 성행하면서 대량의 태호석을 이용하여 가산을 만들었다. 소순흠의 창랑정(滄浪亭), 장희로의 은포(隱圃) 등에는 적지 않은 호석을 운용하였고, 첩산(疊山)를 다루는 기술의 발달로 전문 첩산가와 관련 저술이 나올 만큼 성과를 이루었다.

또한, 동정호(洞庭湖) 남쪽에 위치한 '소상(瀟湘)'은 소수(瀟水)와 상수(湘水)가 합류하는 곳으로, '소상팔경(瀟湘八景)'이 유명하다. 옛 문인이나 화가들이 자연의 이상향으로 생각할 정도로 명승지이다. 북송 때의 문인 화가 송적(宋迪)이 주변의 뛰어난 경치 8곳을 그려 〈소상팔경도〉라고 이름 지으면서 널리 알려졌다. 소상팔경은 한국과 중국의 팔경문화에 큰 영향을 주었다.

2) 사가원림의 발달

(1) 북송의 사가원림

낙양은 역대 명원의 집결지이며, 고관 귀족들에 의해 많은 수의 택저와 원림이 조성되었고, 중원 일대의 사가원림을 대표하고 있는 곳이다.

송의 이격비(李格非)가 쓴 『낙양명원기(洛陽名園記)』에 서술된 비중 있는 원림 19곳의 내용을 보면, 대다수가 당(唐)의 버려진 정원을 이용하였고, 그중 18곳이 사가원림으로 택원(宅園) 및 휴식 위주의 원(園), 화훼를 전문적으로 재배하는 화원(花園) 등이다. 『낙양명원기』는 송시대 사가원림과 관련 있는 중요한 문헌으로, 전체 배치 · 산지(山池) · 화목 · 건축에 의해 구성된 원림경관을 구체적이고 상세하게 묘사해 놓았다. 또한, "정원의 흥폐는 낙양의 흥폐 상황이다. 더욱이 천하의 다스림과 혼란은 낙양의 성쇠로 알 수 있고, 낙양의 성쇠는 원림의 흥폐와 일치한다"라고 논할 정도이다.

대표적인 것으로, 사마공의 독락원, 백거이의 고택이었던 대사자원, 노송으로 이름 높았던 오씨원(吳氏園), 모란으로 알려진 천왕원화원 및 매화가 아름다운 대은원 등을 비롯해 호원(湖園), 부정공원(富鄭公園), 환계(環溪), 동씨(董氏)서원과 동원, 귀인원 등이 있다.

이러한 정원들은 모두가 은퇴한 관료나 부호의 소유물로, 제후의 그것과는 성격을 크게 달리한, 소위 아취를 중히 여기는 사대부의 정원이다. 대체로 낙양성 내에 영위된 것으로, 수량은 많았지만 면적은 크지 않았다. 그리고 『천왕원화원자』나 『귀인원』 등에는 모란, 작약, 기타 화목이 왕성하게 재배되었고, 부정공원 역시 화목 중심으로 구성된 원이다. 이는 당시대로부터 점차 성행한 화목재배가 낙양에서 극치를 이룬 것으로 볼 수 있다.

또 『낙양명원기』에서 축산(築山)이란 문자는 찾아볼 수 없다. 이는 사가원림에서는 산석이나 태호석 등을 치(置), 즉 놓고 감상하는 것으로 이용했으며, 쌓아서(築) 가산을 만드는 경지까지는 도달하지 않았던 것으로 보인다.

송시대 사가원림의 사례로 독락원을 보면, 독락원(獨樂園, 두러웬)은 사마광(司馬光)의 정원으로, 규모가 크지 않고 매우 소박하다. 『독락원기』의 기록에는 원림은 대략 20무[1]이며, 중앙부에는 독서당을 짓고 5천 권의 책을 저장했다고 한다. 독서당 남쪽에 농수헌(弄水軒)이 있고, 실내에는 작은 못이 있다. 물은 헌의 남쪽 암거로 들어와서, 5곳으로 나누어 못 안으로 주입되는데, 이를 '호조천(虎爪泉)'이라 칭했다. 독서당의 북쪽에는 큰 못이 있고, 중앙에는 섬이 있다. 섬 위의 한 구역에 대나무를 심었는데, 주위의 길이가 3장(약 9m) 정도 되었다. 못의 동쪽에는 약초를 심었고, 못의 서쪽에는 토산(土山)이 있으며, 산정에는 대를 쌓았다. 원내 각처 건축물의 명칭은 고대의 철인, 명사, 은일과 관계가 있고, 원의 명칭과 원내의 각 경관의 제명은 모두 원림의 내용과 격조에 맞추어 지었다고 한다. 당시 중원 일대 사가원림의 축산은 주로 토산 위주였다고 한다.

(2) 남송의 사가원림

임안에 이어 태호를 둘러싸고 있는 강소 · 절강 특히 오흥과 소주에는 많은 명원이 있었다. 이 두 고장은 물이 풍부한 도시로 태호가 가깝기 때문에 태호석을 이용한 석가산 위주의 원림을 주로 조성하였으며, 그 가운데에는 한 길이 넘는 태호석을 수십 개 세워 그 웅장함을 과시하기도 했다.

『오흥원림기』에는 30여 개소의 명원을 소개했는데, 그 가운데에서도 유자청의 정원은 주인이 회화에 능하고 석가산 경영도 뛰어났다고 한다. 그 석가산에는 크고 작은 100여 기봉이 있고 중봉사이에 곡절된 계곡을 만들어 오색의 자갈을 깔아 총죽, 밀수 사이로 물이 흐르게 했다.

또, 유씨원의 가산은 기이함이 천하의 갑(甲)이라 할 만했으며, 한씨원의 태호삼봉은 수십 척이고 천백(千百)명의 장정을 동원해 이곳으로 옮겨 놓았다고 한다. 이것은 가산이나 태호석의 일반 보급을 나타내는 것으로, 남송시대에 들어와 태호를 둘러싼 남방원림에서 처음으로 그 발흥을 보았다.

화목은 조씨난택원의 모란과 조씨국파원의 국화가 유명했으며, 남침상서원이나 가림원의 과수는 과원이 임천에 이어지는 장경을 볼 수 있다고 한다.

이렇게 태호를 둘러싼 경색 가운데 산과 물의 혜택을 받은 경승이 많아, 태호석을 애완하고 원림의 아름다움을 다투기 위해 임목천석(林木泉石) 사이에 당정대사(堂亭臺榭) 또는 암헌, 독서당 등을 영위했었다. 『낙양명원기』와 비교할 때 도성이 인공의 미를 다분히 닮아간 것으로 보이지만, 이것은 남송에 들어와 남방 태호 지방에서 발달한 원림의 특성을 나타낸다고 보아야 한다.

[1] 1畝=200평, 4천 평 정도.

이때에는 조경식물에 관한 관심도 높아져 송의 시목(12세기 말)이 편찬한 『사문유취』에는 화훼로는 매화, 계수(桂樹), 목서화, 난, 국화, 구기, 모란, 작약, 도화, 행화, 이화, 자미화, 해당, 훤화, 하화(연꽃), 석류화, 부용화, 수선화 등 34종을 기록하고, 그 밖에 증단백의 화십우, 장민숙의 화십이객과 같이 화목에 아칭을 붙이는 풍도 유행했다.

소주에도 오대의 전씨광릉왕의 구원이었던 남원이나 범성대의 우호구은, 주문장의 낙포, 소순흠의 창랑정 등 북송시대부터 이어져 내려오는 정원이 남아 있었을 뿐 아니라, 새로 원림을 축조하는 자가 많아 소주의 정원은 명성이 높았으며, 오늘날까지 잘 유지되어 오고 있다.

또 남송시대에는 복건이나 광동 등 남방 명지가 이미 강남 지방과 같이 경계적인 면에서 활발했기 때문에 경승지에는 수많은 누각이나 정관(亭館) 등이 세워졌다. 일반인의 저택도 저명한 정원이 수십 개에 달했는데, 작은 정원이라도 한두 개의 태호석에 소나무나 파초를 곁들이기만 하면 바로 아취 있는 소원(小園)으로 변모시킬 수 있어서 사람들은 정원꾸미기를 낙으로 삼았다.

도성 내에는 많은 사람들이 봄의 매화나 도화부터 시작해 해당, 모란, 꽃창포, 연화, 가을에는 국화, 싸리꽃에 이르기까지 상화행락(賞花行樂)에 푹 빠져 있었다.

남송시대 광동 지방을 중심으로 조성된 정원들을 영남원림이라 부른다. 영남원림은 황실원림의 웅장함을 표현한 북방원림이나 장강 일대의 강남원림과는 달리 정교함이 더해지며, 기후와 재료에 의한 차이도 나타났다. 영남원림은 명 · 청시대에 이르러 본격적으로 유명한 사가원림들이 조성되었으며, 정원요소들은 외래 문화의 영향을 많이 받아들였다. 대표적인 4대 영남원림은 대부분 명 · 청시대에 축조된 것으로, 동관의 가원(可園), 판우의 여음산방(餘蔭山房), 순덕의 청휘원(淸暉園), 불산의 양원(梁園) 등을 들 수 있다.

3. 대표 원림

1) 창랑정(滄浪亭 창량팅)

창랑정(滄浪亭 창량팅)은 북송 1045년 건립된 것으로, 소주에서 가장 오래된 원림이다. 졸정원, 유원, 사자림과 더불어 소주의 4대 정원이다. 2000년 유네스코 세계문화유산에 등록되었고, 2006년 전국중점문물보호단위[2]로 지정되었다.

원래는 오대(五代)시대 오월국 광릉왕의 개인 정원이었으나 북송의 시인 소순흠이 사들여 물가에 창랑정이라는 정자를 짓고 별장으로 사용했다. 면적은 1만m²로 크지는 않지만

[2] 문물보호단위(문화재 보호)는 국가급, 성급, 현급의 세 단계가 있고, 국가급을 「전국중점문물보호단위」라고 한다.

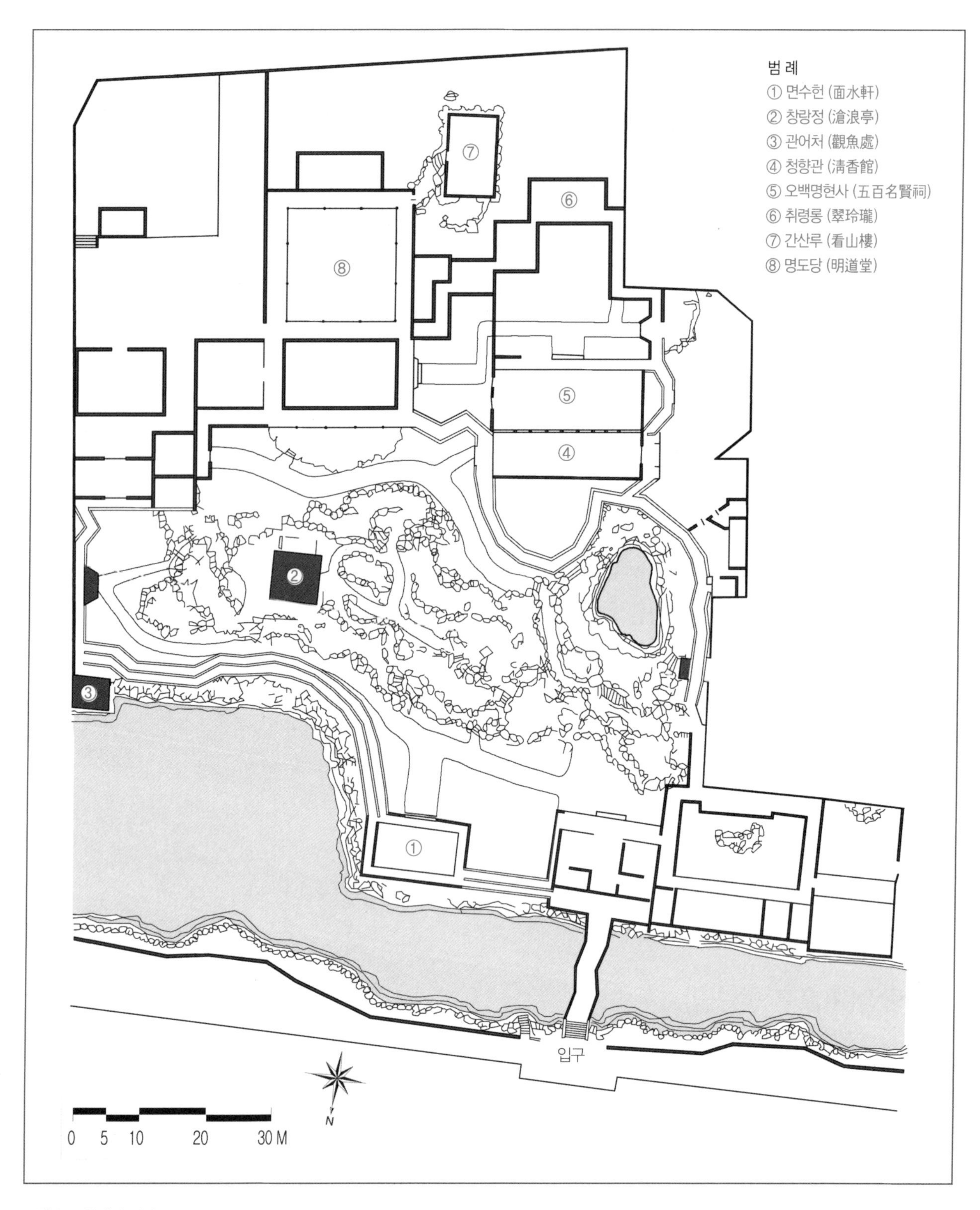

그림 20 창랑정 배치도 ©이경은

그림 21 관어처와 면수헌이 있는 일대 ©김묘정

그림 22 입구부의 곡절교와 정문 ©김해경

그림 23 산정의 창랑정 ©안계복

그림 24 내부 굴곡진 회랑과 누창 ©김해경

간결한 양식에 고풍스런 분위기로 독특한 정취를 느낄 수 있다.

한시대 『초사(楚辭)』 어부(漁父) 중에 "창랑의 물이 맑으면 갓끈을 씻고, 창랑의 물이 더러우면 내발을 씻을 만하네"라는 창랑지가를 인용하여 굴원(屈原) 자신을 세상일에 초연하여 은둔하는 창랑어부에 견주었다는 내용으로 그 이름을 취했다. 창랑정은 문인정원에 큰 영향을 주었고, '졸정'·'망사'·'퇴사' 등의 이름으로 원을 조성하고, 원 속에 창랑과 관련된 이름을 인용하였다.

원·명시대에 사찰 소유가 되어 문인정원의 면모가 훼손되었다가, 명시대 승려 문영이 창랑정을 중건하였고, 청시대 송락이 창랑정을 산으로 옮겨 배치 중심이 깨어졌다.

창랑정의 배치구성을 보면, 외부 경계를 흐르는 물가에는 면수헌(面水軒)과 관어처(觀魚處)가 있고, 입구부의 물을 가로지르는 곡절교(曲折橋)를 지나면 오른쪽 산 위에 창랑정이 있다. 원래 물가에 있었던 정자가 옮겨진 것이다. 그곳을 지나 내부로 들어가면 청향관 · 오백명현사 · 간산루 · 명도당 등의 건물군이 배치되어 있다. 외부는 경계가 확 트인 반면, 내부는 심하게 굴곡진 폐쇄된 회랑으로 대비를 이룬다. 특히 창랑정은 108종의 다양한 누창양식으로 유명하다.

창랑정은 원림의 일부가 공도(公道)와 공유되고, 공도 사이에 못이 있으며, 공공수로와 연결되어 길게 펼쳐진다. 원의 중심부에 높은 산을 만들어 전 구역의 주체가 되게 했고, 산의 남쪽에 건물군을 두어 산을 조망할 수 있게 했다.

제7장

금 · 원시대

(金 1115~ 1234, 元 1206~1367)

1. 개관
2. 금 · 원시대 원림의 특징
3. 원의 대표 원림

1. 개관

중국 동북쪽의 거란족은 916년 국호를 요(遼)로 바꾸고, 당의 유주성(幽州城)에 가수도를 건립해 연경(燕京)이라 하고, 북송과 막상막하의 국면을 형성했다. 그 후, 동북쪽에 있는 여진족이 점차 세력을 키워 남북조 이래 요와 북송을 멸망시키고, 국호를 금(金)이라 하고 수도를 연경(燕京, 현 북경)에 정하고 중도(中都)라 하였다.

금은 도성의 규율, 궁전의 제도 등 모두 북송의 변량[1]형식을 가져왔으며, 원림의 규모는 송시대보다 작지 않았다. 금의 궁원인 대녕궁은 북경 북해공원의 전신으로, 그 속의 경화도에는 태호석으로 된 많은 가산이 있으며, 서북부의 향산 및 옥천산 일대도 많이 개발하였고, 사찰과 사묘원림도 건립하였다. 이는 명·청시대 북경 서북부 야외 풍경구 발전의 기초를 세웠다.

요·금의 통치자는 문화 수준이 비교적 높은 중원 지역으로 진입했으나, 원림조성은 모방 단계에 머물러 있었고, 300년의 치열한 전쟁 속에서 원림조성은 주목 받을 수 없어 중국 원림 역사에서 명확한 위치를 차지하지 못했다.

원의 통치정권도 역사가 길지 않았다. 1271년 칭기즈칸은 금과 남송을 멸망시키고 중도를 차지하여 전국을 통일하였다. 나라를 원(元)이라 하고, 수도를 연경으로 옮긴 후 이름을 대도(大都)로 바꾸었다. 당시 금의 중도성은 파괴되었지만, 대녕궁은 운 좋게 보존되었다. 원은 대도성을 건설하면서 이 대녕궁을 중심으로 새로운 수도를 건립하였다.[2] 대도는 북경성의 전신이 되는 곳으로, 경화도와 그 주변 호수를 다시 합쳐 개발하여 '태액지'라 명했고, 대도의 황성을 포함하여 어원의 주체가 되었다.[3]

원은 송·요·금의 문화를 계승했지만 단기간에 멸망했기 때문에 충분한 발전을 할 수 없었다. 그런 중에도 서화와 시문에 능한 조자앙과 같은 문호가 배출되었다.

원은 강남으로부터 배로 다량의 좋은 돌(佳石)들을 대도로 운반했고, 근교의 서산 등지에서 생산되는 양석 등으로 금원(禁苑) 각지에 가산·동굴 등을 조영했다. 또 원은 각종 종교를 발전시켰는데, 유교·불교는 물론 라마교·회교·기독교가 유포되었고, 도시에 새로운 종교양식의 건축기술과 장식 재료를 전해주었다.

원이 남송을 멸한 후, 중국은 이민족의 통치 하에 들어가 민족과 계급 간의 갈등이 격렬해지고 경제가 침체하여 원림조성이 더 이상 발전하지 못했다. 다른 지역에도 소수의 사가원림이 있었지만 침체된 상태로 원림조성도 부진해, 실천과 이론 모두 발전하지 못했다.

❶ 변량은 변경(汴京, 개봉성)이라고도 부르며, 현 개봉을 말한다.
❷ 원은 금의 수도 중도의 면적이 작아서, 도성을 개평에 건립했지만, 다시 중도의 영토를 확장시켜 새로운 도성을 건립하고 대도라 불렀다. 현재 북경이 원의 수도 대도임.
❸ 주유권(周維權), 1991, 『중국고전원림사(中國古典園林史)』, 明文書局, pp.132~133.

2. 금 · 원시대 원림의 특징

1) 도성과 황가원림

(1) 금의 도성과 황가원림

금의 중도성은 현 북경 외성의 서쪽에 위치하며, 도성 건립 당시 약 20곳의 어원도 같이 조성했다. 요의 원유 일대에 서원(西苑)을 조성하고, 이후 동원 · 남원 · 북원(금원) · 경림원(瓊林苑) · 조어대 등을 조성하였다. 궁성 서쪽은 강물과 천 · 못을 이용해 아름다운 풍경구를 개발하고(서원), 동원은 서화담 또는 어조지(魚藻池)라 불렀고, 성의 동북 밖에 있는 천연호수도 같이 이용하였다.

금의 원림은 대부분 북송의 변경(汴京)을 모방하여 만들어졌고, 변경원림의 시설 재료를 사용하였다. 그 대표적인 것이 대녕궁과 옥천산 행궁어원이다. 두 곳은 황제가 자주 유람하던 곳이며, 북경의 역대 황가원림 건설에서 중요한 역할을 하게 된다.

대녕궁(大寧宮 따링꿍)은 요의 행궁으로 궁 안에 아름다운 호수가 있었다. 이곳을 대호수로 바꾸고, 그 속에 경화도(瓊華島 칭화따오)를 넣고, 그 위에 광한전(廣寒殿)을 축조했다. 『금오퇴식필기(金鰲退食筆記)』에 근거하면, 경화도는 요 · 금 · 원의 유람과 연회의 장소로, 북송 간악(艮岳)의 돌을 가지고 와서 쌓았으며, 경화도의 형상은 간악의 수산을 모방했다고 한다. 옥천산행궁(玉泉山行宮 위췌안산씽꿍)은 요시대에 지어졌고, 금시대에는 부용전을 축조하여 피서와 수렵의 장소로 이용되었다. 이 행궁은 연경팔경의 하나로, '옥천수홍(玉泉水虹)'의 장소이다. 금의 원림은 송의 원림을 모방하는 수준에 머물러 있어 독자적인 형식의 사가원림은 거의 없었다.

(2) 원의 도성과 황가원림

대도성은 방형으로, 외성 · 황성 · 궁성으로 나누어져 있다. 황성 중앙부에 태액지가 있고, 못 동쪽에 궁성이 위치하고 있었다. 원의 궁성은 금의 대녕궁을 중심으로 하였고, 원유의 조성도 태액지와 만세산에 집중되어 있었다.

대도성의 도성계획은 당 · 송의 도성계획인 중앙축을 따라 좌우대칭의 방법을 따랐지만, 『주례고공기』의 '좌조우사, 전조후시(左祖右社, 前朝後市)'의 규정을 따르지 않았다. 이는 도시와 궁원에 물을 공급하기 위해 성의 서북쪽에서 물을 끌어왔기 때문이다. 도성 내는 방형의 구획으로 계획되었다.

태액지(太液池, 타이예츠)에는 세 개의 섬이 있으며, 이는 황가원림에서 주로 사용되어 온 '일지삼산(一池三山)'의 전통형식이다. 제일 큰 섬이 금시대에 축조된 경화도이다. 경화도 중앙에 있는 산을 '만세산(萬歲山)'이라 하고, 지금 대백탑이 서 있는 정상에 광한전을 재건했고, 만세산의 일부는 간악에서 이송해 온 돌로 쌓았다. 그 외, 두 개의 섬은 원지(圓坻)와 서산(犀山)이라 불렀다. 북쪽은 석교와 만세산을 연결시켰고, 동서쪽은 목교와 지안(池岸)을 연결시켜 배가 통행할 수 있도록 하였다. 태액지 연안에는 전각을 짓지 않고 무성한 수림으로 자연풍경을 조성했다.

이 금원은 명 · 청시대를 거쳐 현재는 북해공원이 되었으나 그 규모는 금 · 원시대와 같다.

3) 사가원림의 발달

(1) 원의 사가원림

원의 사가원림은 풍대(豐臺)[1] 일대에 많았으며 기록에 보면, "풍대는 석안문 밖 18리에 있으며, 거주민은 꽃을 주업으로 삼았다. 초교하(草橋河)는 풍대 일대에 연접해 있고, 경사(수도)의 꽃을 키우는 장소로서, 원대의 원정(園亭)은 모두 여기에 있다"라고 하였다. 이곳은 주로 모종 재배지인데, 목단 · 작약 등도 많이 재배되었다.[2] 이런 작은 원(園)들을 정(亭)이라고 불렀다. 대도의 원정(園亭)으로, 만류당 · 포과정 · 님이정 · 완방정 · 오경정 등이 사서에 전해져 오고 있다. 그중 만류당(萬柳堂)은 후세에서도 유명하다. 물이 풍부하여 금시대에는 조어대가 만들어졌고, 원시대에는 수백 주의 수양버들을 심고 못가에 당을 만들어 만류당이라 했다.

원시대 강남 지역의 사가원림은 소주의 사자림, 조맹부의 귀안연장(歸安蓮莊), 예찬의 무석청비각(無錫淸閟閣) 등이 있다. 사자림은 원말에 예찬(倪贊, 예운림)에 의해 조성되었다. 그는 당시 조원가로 산수화에 능했으며, 정원에 대한 조예가 지극히 높았다. 소주의 환수산장도 그가 손수 만든 것이다. 사자림에 태호석을 사용하여 가산을 쌓았고, 지당도 조성하였다. 그가 만든 가산의 솜씨는 신기(神技)를 보는 것 같다고 전해지며, 실제로 후세 정원을 만드는 전형이 되었다.[3]

3. 원의 대표 원림

1) 사자림(獅子林 스쯔린)

사자림은 강소성 소주시에 위치하며 소주 4대 명원 중의 하나로, 원시대 1342년 승려

❶ 북경 우안문(右安門) 밖 완평현(宛平縣)에 있는 대의 이름
❷ 맹아남(孟亞男), 1993, 『중국원림사(中國園林史)』, 文津出版, p.144.
❸ 임진익(林進益), 1978, 『조원학(造園學)』, 台北 : 中華, p.30.

천여선사(天如禪師) 유칙이 스승인 보응국사 중봉을 기념하기 위해 지은 것이다. 불교의 사자좌(獅子座)를 상징하는 의미에서 사자림(獅子林)이라 불렀으며, 선종사묘원림이라고도 한다. 사찰의 유래는 처음에는 사림사(獅林寺)라 불렀다가 뒤에 보리정종사(菩提正宗寺)로 고쳤다. 원래 사찰 수도처의 정원으로 절의 북쪽에 위치하고 있었다. 건축물이 많지 않고, 비교적 간결하고 소박하며, 석봉이 기교하고 대나무가 무성하기로 유명하였다.

사자림은 원의 사대가(四大家) 중의 한명인 화가 예찬과 화가 주덕윤 등이 설계했으며, 그곳에 포치된 태호석의 복잡한 형태가 사자와 비슷하여 명명했다는 설도 있다. 1373년에 예찬이 〈사자림도(獅子林圖)〉를 그렸으며, 시화집으로 『사자림기승집(獅子林纪胜集)』이 있다. 청의 강희 · 건륭황제가 몇 차례 다녀갔고, 승덕 피서산장 안에 사자림을 모방한 정원을 만들기도 하였다.

사자림은 한때 개인 소유로 되었다가 다시 성은사로 바뀌었고, 청의 건륭황제가 지붕을 더하고 담을 쌓아 불사와 분리시켰다. 청시대 중엽 정원의 가산수법은 초기보다 발전하였고, 원내 건축물은 전부 중건하였고 일부 서양식 수법이 혼용되었다. 1949년 이후 정비와 수리를 통해 2000년에 세계문화유산으로 지정되었다.

사자림에서 가장 유명한 것은 태호석을 사용해 만든 가산이다. 기묘한 돌을 쌓아 산의 형상을 연출한 첩석가산(疊石假山)은 중국에 현존하는 고대 가산군(假山群) 중에서 최대이다. 영롱함이 중복되어 있으며, 사자가 일어나 춤을 추는 형상과 유사하다. 가산은 위아래로 세 갈래 길이 이어져 있고, 수십 개의 동굴을 통과하도록 되어 있다. 한편으로는 태호석을 너무 과도하게 사용한 면도 있다.

사자림의 배치구성을 보면, 동남쪽 입구를 통해 건물 내로 들어가면 부지 서남쪽에 정원이 위치하고, 정원의 중심부에는 지당이 위치하고 있다. 지당 내는 방형의 섬과 두 개의 다리가 가로질러 놓여 있고, 지당 주변은 가산에 의해 둘러싸여 있다. 정원의 면적은 약 8,800㎡ 정도 된다.

지당 동쪽에 입설당(立雪堂) · 연예당(燕譽堂) · 와운실(臥云室) · 소방정(小方亭) · 견산루(見山樓) 및 수죽각(修竹閣) 등이 있으며, 지당 북쪽에 고오송원(古五松園), 지백헌(指柏軒) 등이 있다. 소방정 북쪽 원은 닫힌 형식의 원 중의 원으로 중앙에는 9마리의 사자를 상징하는 구사봉이 있다.그림 25 지당을 가로지르는 곡절교 위에 호심정(湖心亭)이란 정자가 자리잡고 있고, 지당의 북쪽에는 돌로 만든 배인 석방(石舫)이 있다. 원의 가장자리를 둘러싸며 비폭정, 선자정, 시비정, 어비정 등의 정원건축물이 배치되어 놓여있다. 가산은 지당의 동쪽 편에 가장 많이 조성되어 있으며, 가장 높은 봉우리는 사자봉이다.

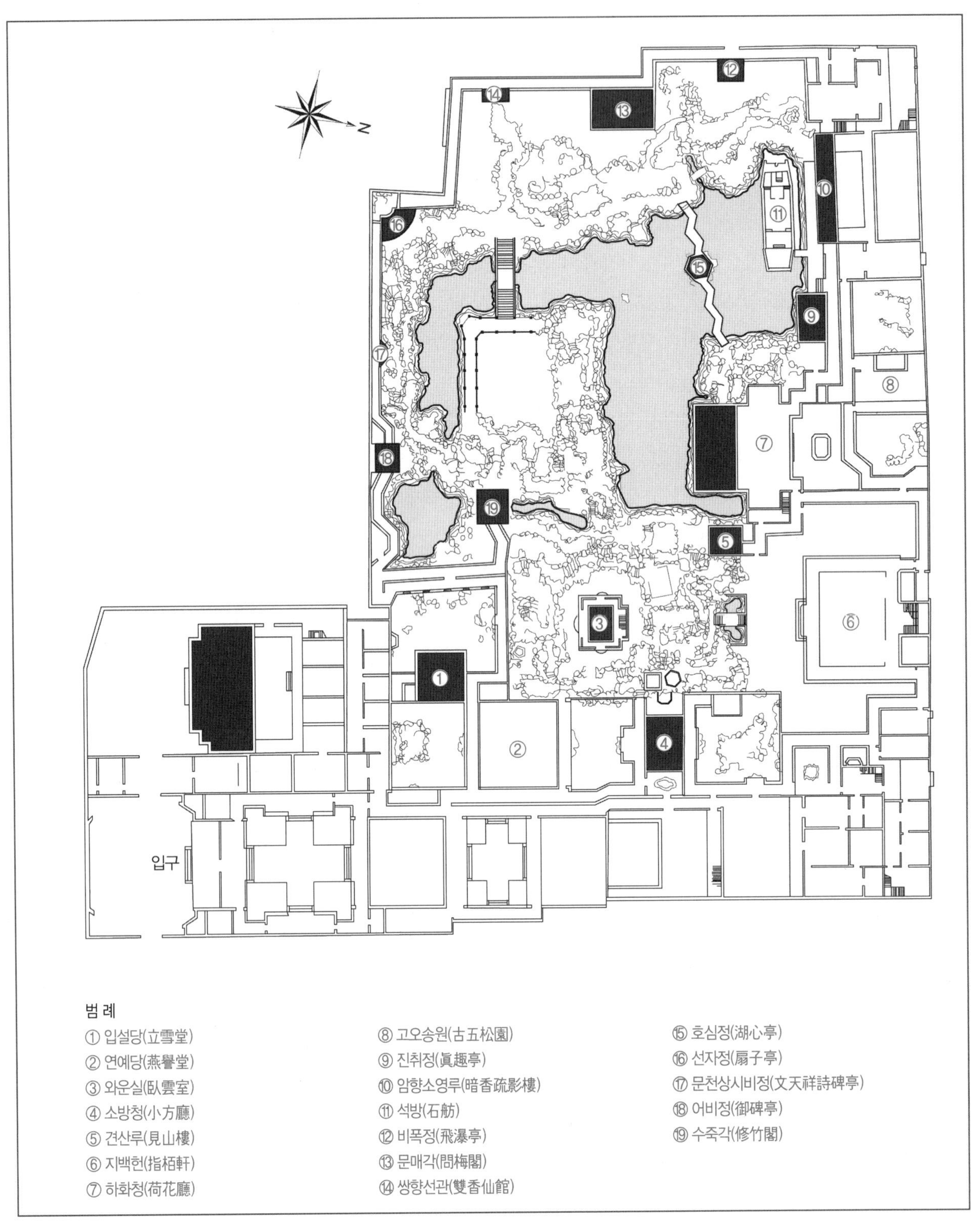

그림 25 사자림 배치도 ©안계복

그림 26 견산루 ©안계복

그림 27 9마리 사자를 상징하는 구사봉 ©김묘정

그림 28 곡절교 중간의 호심정 ©김묘정

그림 29 정자지붕이 부채 형태인 선자정 ©김묘정

그림 30 지당 동쪽편의 가산군과 사자봉 ©김묘정

그림 31 사자림의 공창(空窓) ©김해경

제8장

명시대

(明, 1368~1644)

1. 개관
2. 명시대 원림의 특징
3. 대표 원림

1. 개관

1) 명 시대상

100년 가까이 몽골의 지배를 받던 한족은 14세기 중엽 원의 내부 분열이 심해져 통제력이 약화된 틈을 타 저항하기 시작했다. 그들은 한족의 옛 왕조인 송을 부흥한다는 기치로 화북(華北) 일대에서 봉기했는데, 머리에 붉은 수건을 둘러 표시를 해서 홍건적(紅巾賊)이라 불렸다. 주원장(朱元璋)은 홍건적의 한 반란 단체에 속한 일개 병사에 지나지 않았지만 점차 두각을 나타내 1356년에는 양쯔강을 건너 집경(集慶, 지금의 남경)을 본거지로 세력을 넓혔으며, 1367년에는 화중(華中) 일대를 제압하여 양쯔강 중하류의 경제적 거점들을 모두 차지했다. 주원장은 1368년 1월 송나라의 수도였던 남경에서 군신들의 추대를 받아 황제로 즉위하고 국호를 대명(大明), 연호를 홍무(洪武)라 했다.

명의 태조(太祖) 홍무제(洪武帝)는 통일제국의 완성을 위해 전제군주체제를 강화했다. 주자학을 관학으로 정치와 교육의 근본으로 삼았으며, 문물은 당과 송의 것을 모범으로 율령을 정비해 대명률(大明律)과 대명령(大明令)을 반포했다. 제3대 성조(成祖) 영락제(永樂帝, 1402~1424년 재위)는 내정을 정비함과 동시에 적극적인 대외정책을 펴, 괄목할 만한 성장을 이룩했다. 그는 몽골 지방으로 후퇴한 원군의 위협에 대항하기 위해 대도(大都)에 새로운 도성과 자금성(紫禁城)이라는 궁성을 14년간 건설한 다음, 영락 18년(1420년)에 이곳으로 천도하고 그 이름을 북경이라 했다. 그는 직접 몽골 원정에 나서는 한편, 중국 동북부의 여진족을 정복하고 남쪽으로는 베트남까지 영토를 넓혔다. 이 시대에 정화(鄭和)는 1405년부터 1433년까지 7회의 대원정을 통해 동남아시아와 인도를 거쳐 멀리 페르시아만과 아프리카 동부 해안에 이르기까지 교류를 확장했다.

명은 영락 연간 중반부터 수십 년간 경제 · 사회적으로 큰 발전을 이룩했다. 수리시설을 흥건하고 개간을 장려해 농업생산이 증진되었다. 명시대 중기 이후에는 수공업과 상업을 바탕으로 상품경제가 발전했다. 목화의 재배와 면방직이 발달했으며, 견직업도 양쯔강 하류 지역을 중심으로 상당히 발전했다. 생산된 상품은 전국적인 유통의 발전을 가져왔으며, 이는 상업자본의 등장으로 이어졌다. 국내외 시장의 확대와 은본위제의 확립, 독립적인 수공업자와 자유상인의 증대, 인구의 도시 유입 등은 산업 발전과 도시 번영을 가져왔다. 남북 대운하의 개통은 경제적 교류와 발전을 더욱 가속화시켰으며, 소주(蘇州)는 명시대 중기 이후부터 더욱 번영했다. 경제적인 번영은 상층 계급은 물론 하층 계급까지 여유롭게 했으며, 교육의 확대는 문맹률의 감소를 낳았고 부유한 상인이나 그 자제들도 관료가 될 수 있었다.

명은 초기 태조와 영락제의 치적으로 안정을 이루었으나, 정통제(正統帝, 영종(英宗)) 이후 잦은 북로남왜(北虜南倭)의 침입으로 큰 피해를 입었으며, 환관들의 권세가 날로 높아져 정치적인 혼란이 심해졌다. 만력제(萬曆帝, 신종(神宗))는 장거정(張居正)을 등용해 폐정을 개혁하고 중흥책을 시도했으나, 장거정이 죽은 후 정치는 다시 혼란에 빠졌다. 격렬한 당쟁과 조선에 대한 지원군 파견, 파주(播州)의 난, 여진족과의 싸움 등으로 인한 군비의 부담으로 재정난에 빠졌으며, 각지에서 일어난 농민의 반란은 나라를 더욱 어렵게 만들었다. 결국 이자성(李自成)이 이끄는 농민군이 1644년 3월 북경에 입성함으로써 명 왕조는 건국한 지 277년 만에 멸망했으며, 뒤이어 만주족이 세운 청(淸)나라가 북경을 정복했다.

2) 문화와 예술

명의 건국은 한족문화의 회복을 의미했다. 영락제는 『오경대전(五經大全)』, 『사서대전(四書大全)』, 『성리대전』 등을 편찬, 간행하여 과거의 표준으로 삼았으며 『영락대전(永樂大典)』을 편찬해 유교주의를 강조했다. 하지만 주자학 이외의 학문에 대한 통제가 심했으며, 과거의 형식 또한 팔고문(八股文)으로 고정됨으로써 지식인들의 지적 활동은 크게 제한을 받았다. 명시대 중기 이후에는 지행합일(知行合一)을 주장하는 왕수인(王守仁)의 양명학실이 대두해 새로운 분위기를 이루었으며, 말기에는 경세치용(經世致用)의 학문이 발흥해 청시대 고증학 발전의 밑바탕이 되었다.

『영락대전』은 2천 명의 학자들이 4년에 걸쳐 완성한 것으로 천문, 지리, 역사, 사상, 정치제도, 의학, 연극 등 모든 분야를 망라한 11,095권 분량의 저술이다. 분량이 너무 많아 두 질만이 필사되었는데, 대부분 소실되고 현재는 370권 정도만이 세계 도처의 도서관에 보존되어 있다.

연극이나 소설과 같은 통속문화는 명시대 초기에 억압 받았으나 중기 이후 도시 경제가 발전하고 시민 계층이 팽창하면서 유행하게 되었다. 소설로는 4대 기서(奇書)라고 불리는 『삼국지연의』, 『수호전』, 『서유기』, 『금병매』 등이 완성되었다. 명 대의 회화는 송·원 이래 화원(畵院)의 전통을 이은 절파(浙派), 사의적(寫意的) 문인화풍을 이은 오파(吳派), 직업화와 문인화의 양식을 절충한 원파(院派)로 나뉘는데, 북송화의 대진(戴進), 남종화의 심주(沈周), 문징명(文徵明), 동기창(董其昌) 그리고 미인화로 유명한 구영(仇英) 등이 이 시대의 대표적 화가들이었다.

명시대는 국제 교류에 있어 폐쇄적이었다. 조공무역 중심의 제한적인 무역으로 유럽의 상인들은 중국을 자유롭게 출입할 수 없었다. 그렇지만 명시대 후기에 이르면 서양의 학문이 유입된다. 선교사들을 통해 받아들인 서양의 지식과 과학은 중국을 계몽하고, 과학과 기술에 관심을 가지게 하는 데 큰 공헌을 했다. 이탈리아 출신의 마테오 리치(Matteo Ricci)는 수학, 천문학, 수리학 등에 관한 책들을 중국어로 번역했으며, 그가 전래한 〈곤여만국전도〉는 중국인의 세계관을 변화시켰다. 서광계(徐光啓)는 천주교의 세례를 받고 천문, 역법, 수학, 병기, 군사, 경제, 수리 등 다양한 서양의 학문에 관심을 가졌으며, 마테오 리치와 함께 『기하원본(幾何原本)』을 번역해 간행하였으며 『농정전서』 등도 간행했다.

명시대에는 남경과 북경의 도성이 건설되었고, 자금성을 비롯해 태묘(太廟), 천단(天壇)[1] 등 큰 규모와 화려한 양식의 건축이 많이 이루어졌다. 아울러 만리장성의 수축도 오랫동안 시행되었는데(1450~1566년), 성벽과 관문 및 망루 등 현재까지 원상태를 유지하고 있는 것은 주로 이 시대에 건설되었다. 만리장성은 발해만에 면한 산해관(山海關)에서 시작되어 서쪽으로 감숙성의 가곡관(嘉谷關)에 이르기까지 그 길이가 6,700㎞ 정도 되는데, 분지로 되어 있는 성의 길이까지 합하면 10,000㎞에 이르는 거대한 규모이다.

도시는 성벽과 호성하(護城河)로 둘러싸였는데, 벽돌 제작 수공업의 발전으로 성벽은 대부분 벽돌로 조성했다. 성문은 두 겹 이상의 성벽이 있어 옹성을 이루며, 옹성의 외곽에 나성이나 익성 등을 짓기도 했다. 도시의 주요 가로는 대부분 십자형이나 정자형이 기본을 이루며 하천이나 구릉지의 도시들은 지형에 적응하여 가로를 형성했다. 대형 건축물과 주요한 시설들은 도시의 중심과 주요한 지점에 위치했으며, 서비스 성격의 건축물은 대부분 큰 길을 따라 배치했다. 주택은 작은 가로와 골목길 안에 자리 잡았다.

명시대에는 남부 지역의 민간 건축기술과 기법을 기록한 『영조법식(營造法式, 魯班經)』이 저술되었으며, 계성(計成)은 명 대 원림의 조원기술을 종합적으로 정리한 『원야(園冶)』를 1634년에 간행했다. 이 밖에도 『삼재도회(三才圖繪)』(1609년) 등은 이 시대 대표적인 저작들이다.

[1] 중국에서 천자(天子)가 하늘나라의 황제인 천제(天帝)에게 제사를 지내는 데 사용한 제단(祭壇).

2. 명시대 원림의 특징

1) 북경(北京 베이징)의 궁궐과 궁원

북경은 주시대 이래로 주요한 변경 도시의 하나였다. 12세기 초 북방에서 침입한 금(金)은 연경(燕京)이라 불리던 이곳에 궁전과 수많은 건축물들을 지은 후, 1153년 그 이름을 중도(中都)라 바꾸고 수도로 삼았다. 이와 함께 성의 동북쪽, 오늘날의 북해(北海)와 중남해(中南海) 일대에 이궁들을 조성했다. 그러나 1215년 칭기즈칸이 이끄는 몽고족이 쳐들어와 이 도시를 점령하고 크게 파괴해 버렸다. 1271년 원(元)의 세조로 즉위한 쿠빌라이는 파괴된 중도 동편, 이궁들이 조성된 지역을 중심으로 좌조우사(左祖右社), 전조후시(前朝後市)의 중국 전통도성 조성원리를 좇아 새로운 궁궐을 짓고 도성을 만들었다. 그리고 이곳을 수도로 삼고 이름을 대도(大都)로 바꾸었다. 대도성은 종횡으로 이루어진 여러 간선도로와 작은 길에 의해 방형의 구역들로 나뉘었는데, 이 작은 길을 골목이라는 뜻의 후퉁(胡同)이라고 불렀다. 그리고 각각의 구역에는 중국 전통의 원락식(院落式) 주택을 도입했는데, 이런 배경에 의해 오늘날 북경의 후퉁과 사합원(四合院 스허웬)주택이 생겨났다.

명의 주원장은 1368년 개국을 하고 처음에는 도성을 남경(南京)으로 정했다. 이때 대도는 북평(北平)으로 이름이 바뀌었는데, 영락 원년(1403년)에 도성을 다시 북평으로 옮기기로 결정하고 그 이름도 북경으로 바꾸었다. 영락 5년(1407년)에 착공한 궁성건설이 13년 뒤인 영락 18년(1420년)에 완료되자 정식으로 북경으로 천도했다. 북경성의 크기는 동서 6,650m, 남북 5,350m이고, 성벽 남면에 3개의 대문과 동, 북, 서에 각각 2개의 대문을 두었으며, 모든 대문에 옹성(甕城)을 설치했다. 그리고 도성의 중앙에 동서 약 2,500m, 남북 2,750m 크기의 황성을 만들고, 황성의 가운데에 다시금 자금성이라는 궁성을 만들었다.

그 이후 황성 주위의 도성을 정비하고 태묘와 사직단을 황성의 정문인 천안문과 궁성의 정문인 오문(午門) 사이에 이동 배치했으며, 성 바깥 교외 남쪽에 천단(天壇), 북쪽에 지단(地壇), 동쪽에 일단(日壇), 서쪽에 월단(月壇)을 세워 도성의 모습을 갖추었다. 세월이 흐르면서 성의 동남쪽이 상업의 중심지로 번성하자 도성을 남쪽으로 더 확장하고, 1553년에 외성을 쌓음으로써 북경성은 현재와 같은 '凸'자 모양의 구조를 이루었다. 동서 7,950m, 남북 3,100m의 크기의 외성은 남쪽에 3개, 동서에 각각 하나의 문을 설치했다. 그리고 북쪽 면에는 내성으로 통하는 3개의 문 이외에 동, 서 양쪽의 모서리에 성 밖으로 통하는 2개의 문을 별도로 만들었다. 외성은 수공업 구역과 상업 구역으로 이루어지며, 거대한 규모의 선농단과 천단이 성 남단의 중앙에 위치하고 있다. 북경성은 자금성을 중심으로, 외성 남쪽 정문인 영정문(永定門)에서 내성의 정문인 정양문(正陽門)을 지나 자금성과 내성 북쪽의 종루 및 고루에 이르기까지 8㎞ 가량의 중심선을 따라 주요 건물들이 배치되어 있어 도시경관의 축을 이루고 있다.그림 32

자금성(紫禁城 쯔진청)은 남북의 길이가 990m, 동서의 폭이 760m의 규모인데, 역대 황궁의 기본 배치인 전조후침(前朝後寢)의 구조이다. 크게 보면 천안문, 작게 보면 자금성의 정문인 오문(午門)에서부터 강력한 중심축선을 따라 태화전(太和殿), 중화전(中和殿), 보화전(保和殿)이 전조 부분을 구성하며, 그 뒤에 건청궁(乾淸宮), 교태전(交泰殿), 곤녕궁(坤寧宮) 등이 후침의 주요 공간을 이룬다. 태화전은 황제의 즉위식이나 주요 국가 행사를 거행하던 정전이며, 건청궁과 곤녕궁은 각각 황제와 황후가 거처하던 침전이었다. 그리고 그 북쪽으로 황제의 휴식과 유락을 위해 정교하고 우아하게 꾸며진 어화원(御花園)이 있다. 전

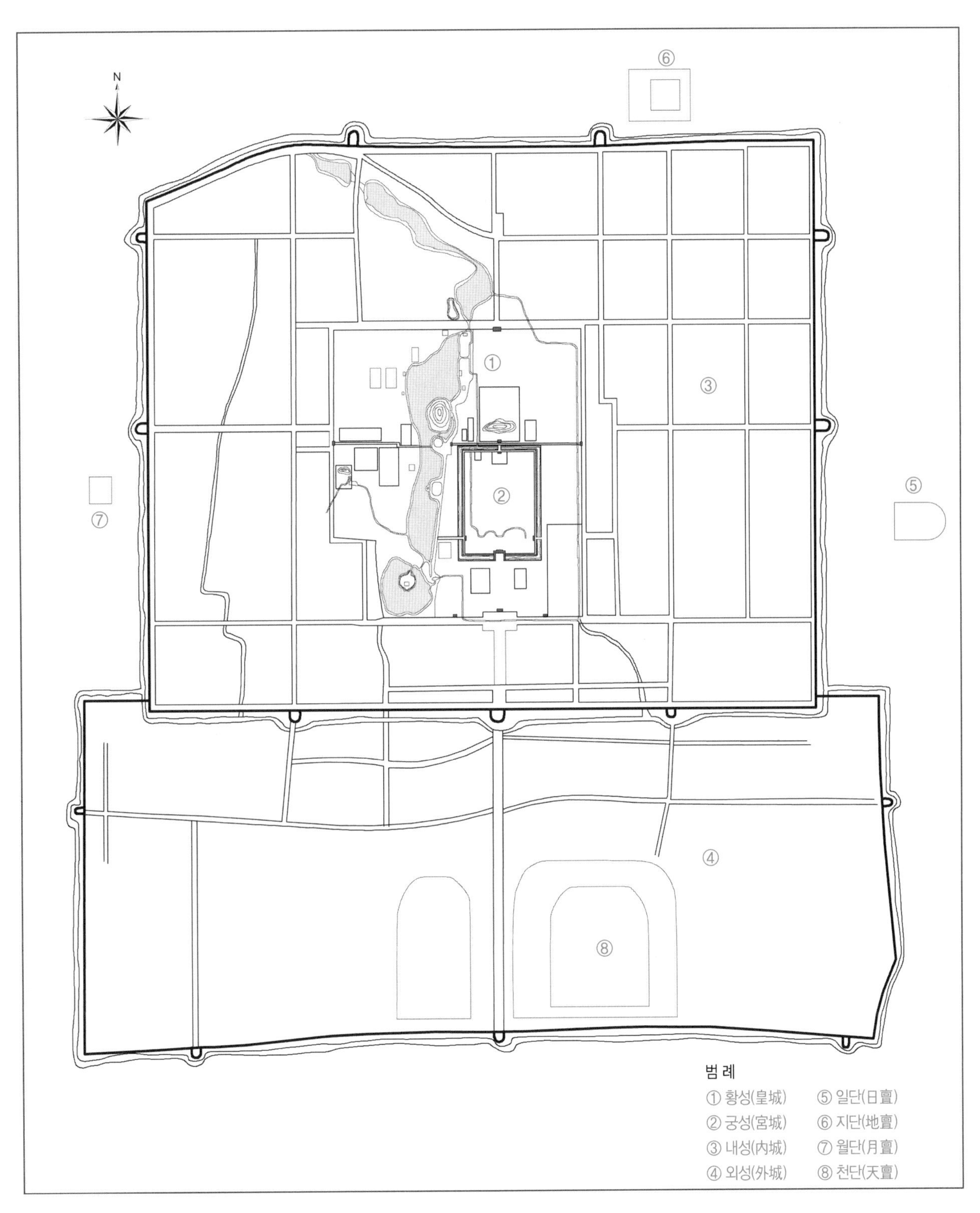

그림 32 명 · 청시대의 북경도 1 ©안계복

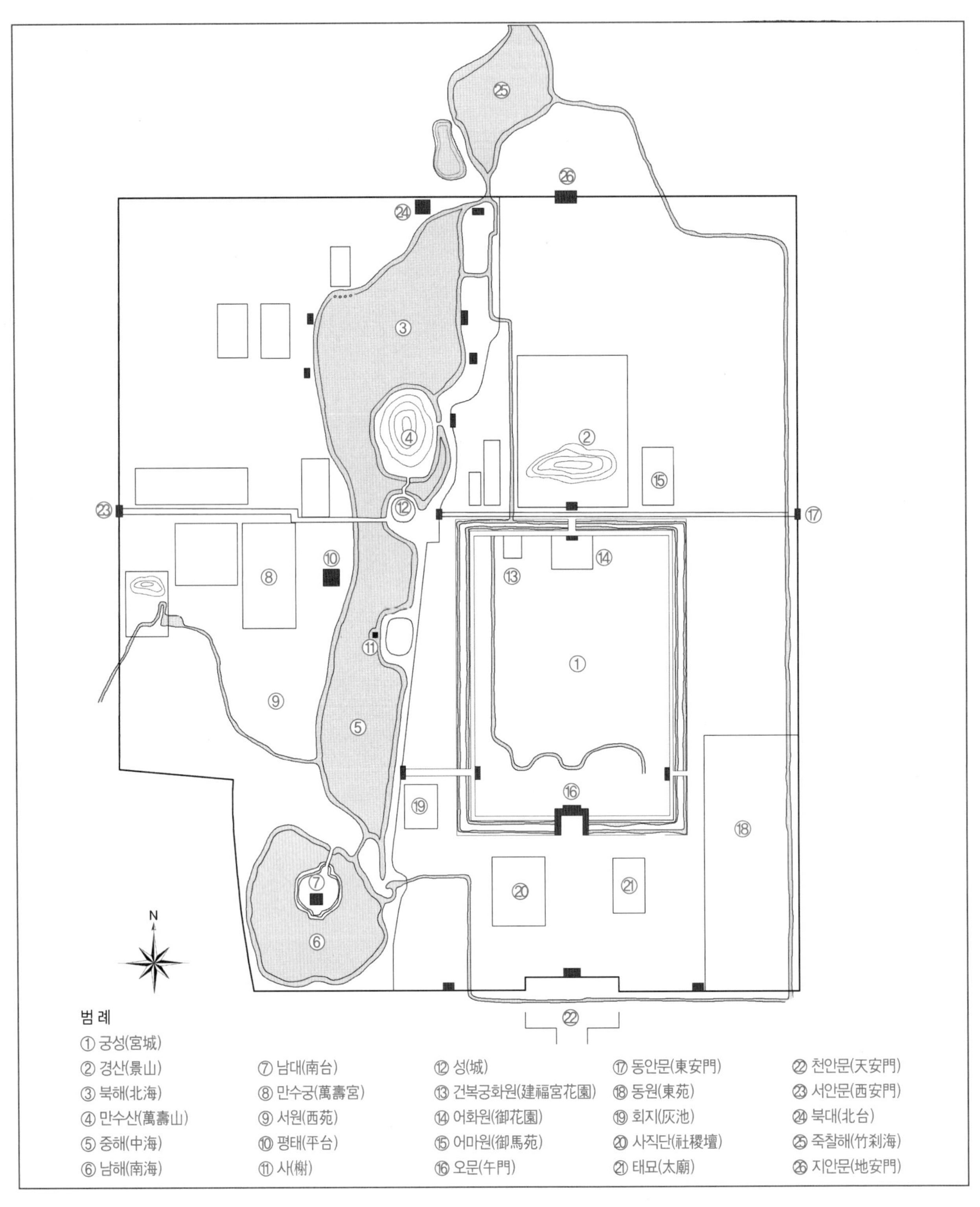

그림 33 명 · 청시대의 북경 궁성도 ⓒ안계복

체 궁성은 폭 50m의 해자로 둘러싸여 있으며, 사방으로 나 있는 4개의 문과 다리에 의해 외부와 연결되어 있다. 자금성 북쪽의 경산(景山)은 성벽 주위의 해자를 만들 때, 굴착한 흙을 쌓아 조성한 것으로 알려져 있다.

서원(西苑 시웬)은 자금성 서쪽에 위치한 황실의 원유로서 원시대의 태액지(太液池)를 기본으로 발전시켰다. 원시대의 태액지는 북해와 중해 두 부분만 있었으나, 명시대에 그 남쪽에 못을 파고 남해를 조성해 세 개의 호수를 이루었는데, 그중에서 북해의 면적이 가장 크다. 북해 안에는 인공섬인 경화도(瓊華島 충화따오)가 있으며 청시대에는 세 호수 주위에 많은 건물들이 세워져 황제의 생활, 휴식, 정무 및 외교 사신 접견과 연회공간으로 이용되었다. 섬 중앙의 산꼭대기에는 흰색의 거대한 라마탑이 1651년에 건립되어 호수와 함께 독특한 경관을 연출하고 있다.

2) 사가원림의 발달

명시대의 원림은 북경과 남경을 비롯해 소주와 양주 일대를 중심으로 발달했다. 북경은 도성으로서 황제의 황가원림들과 귀족 관료들의 원림이 있는데, 이위(李偉)의 청화원(淸華園), 미만종(米萬鍾)의 작원(勺園), 이어(李漁)의 반무원(半畝園)과 양원(梁園), 조원(槽園) 등이 유명하다. 남경과 여러 강남 도시들 그리고 강북의 양주(揚州) 등지에는 빼어난 원림이 많이 조성되어 중국 원림의 새로운 풍격을 이루었다. 강남 지역에는 이미 유명한 원림들이 많이 있었으며, 특히 소주는 농업과 수공업의 발달로 경제적으로 부유할 뿐 아니라 자연적인 조건이 빼어나 많은 원림이 만들어졌다. 오(吳), 월(越) 때 조성되기 시작한 창랑정(滄浪亭)을 비롯 환수산장, 사자림 등 많은 명원이 있었으며, 명시대에는 졸정원(拙政園), 유원(留園), 예포(藝圃)를 비롯한 많은 사가원림이 건립되었다.

원림은 이 시대 문화와 예술활동의 장이자 예술작품의 배경이 되었다. 또 원림은 사대부들의 미의식과 정취를 담는 공간이었다. 원림은 중국 회화와 문학이 추구한 경계와 맞닿아 있어 시화적인 정감을 구현해 낸 시정화의(詩情畵意)의 경지를 추구했다. 원림의 설계와 배치는 회화와 비슷한 예술로 간주되어 많은 문인과 화가들이 조원에 재능을 발휘했다. 미만종(米萬鍾), 임유린(林有麟), 육첩산(陸疊山), 계성(計成), 장연(張漣) 등은 유명한 조원가였지만 회화에도 뛰어났다. 특히 명시대 대표적인 문인이자 화가인 문징명은 〈졸정원도〉 31장을 남겼다.

명시대에는 원림에 관련된 저술도 여러 편 나왔는데, 계성의 『원야』, 이어의 『한정우기』, 문진형의 『장물지』 등이 대표적이다. 특히 『원야』는 중국의 원림을 체계적으로 정리한 가장 대표적인 저술로, 계성이 말한 “비록 인간이 만들었으나 마치 자연이 이루어 낸 것 같은(雖由人作, 宛自天開)" 경지는 중국 원림의 궁극적인 목표이다. 이러한 명시대 원림의 사상적, 기술적, 예술적 발전은 청시대 원림의 발전으로 이어졌다.

3) 『원야(園冶 웬이예)』의 출간

『원야』는 계성이 1631년 저술해 1634년에 간행한 원림조영 이론서이다. 계성은 시와 그림에도 뛰어난 소양을 갖춘 조원가로 강소성 일대에서 활동했다. 그는 상주(常州)의 동제원(東第園), 의징(儀徵)의 오원(寤園), 양주(揚州)의 영원(影園) 등을 조영했는데, 모두 대단한 호평을 받았다. 그는 사대부 문인들의 화의(畫意)를 원림 속에 구현하려고 노력했으며 이런 점은 『원야』에 잘 나타나 있다.

『원야』는 총 3권으로 전체 내용은 흥조론(興造論)과 원설(園說)로 구성되며, 원설은 다시 상지(相地 지형의 이해), 입기(立基 원림 건축물의 터 조성), 옥우(屋宇 원림건축물)[1], 장절(裝折 장식), 문창(門窓), 장원(牆垣 담장), 포지(鋪地 포장), 철산(掇山 가산), 선석(選石 경석 고르기), 차경(借景)의 10개 절로 이루어진다. 그리고 옥우, 장절, 문창, 장원, 포지와 관련해서는 총 235개의 그림이 함께 실려 있다.

『원야』에 나타난 계성의 원림조영 이론의 핵심은 조원을 주관하는 주지(主者)에 관한 이론과 주자의 흥조(興造) 행위에 관한 이론 즉, 인지(因地)와 차경(借景)에 대한 이론으로 요약된다. 원림조영을 주관하는 주자는 자연환경을 파악해 그 질서에 부합되는 원림의 기반을 확보하고, 그 위에 산수자연 경관에 내재된 본질을 원림 속에 갖추어 낼 수 있는 인물을 말한다. 그리고 이러한 주자는 인지와 차경을 통해 원림을 흥조하는데, 비록 사람의 손으로 만들었으나 마치 자연이 이루어 낸 것 같은 원림을 궁극적으로 추구한다.

3. 대표 원림

1) 졸정원(拙庭園 주오팅웬)

소주시 동북가(東北街)에 위치한 졸정원은 정덕(正德) 4년(1509년) 어사 왕헌신(王獻臣)이 관직에서 추방되자 고향에 돌아와 당시대의 육구몽(陸龜蒙) 주택과 원시대의 대굉사(大宏寺) 폐허 위에 조성한 52,000㎡ 규모의 원림이다. 졸정원이라는 이름은 진(晉)시대의 은사인 반악(潘岳)의 『한거부(閑居賦)』에 나오는 "이 또한 못난 사람이 다스리는 일이랄 수밖에(拙者之爲政)"라는 구절에서 따왔다.

[1] 문루(門樓), 당(堂), 재(齋), 실(室), 방(房), 관(館), 누(樓), 대(臺), 각(閣), 정(亭), 사(榭), 헌(軒), 낭(廊) 등

졸정원은 남쪽에 주택들이 있고 그 북쪽에 원림이 위치하는 구성이다. 원림은 동원, 중원, 서원으로 이루어지는데, 원림은 '졸정원'이라는 편액이 걸린 요문(腰門)에서부터 시작된다. 원림의 주경관은 중원 가운데 위치한 연못이다. 연못 속에는 자유곡선형의 섬 두 개가 다리로 연결되어 있다. 원림의 가장 중심이 되는 건물은 원향당(遠香堂)으로 연못 속의 섬과 마주해 사방의 경치를 볼 수 있도록 배치했다. 원향당 앞에는 넓은 평대가 있으며, 호안은 직선으로 처리되어 있다. 이곳에서 바라보는 경치는 연못의 물과 함께 어우러져 아름다우며 반대편에서 원향당을 바라보는 경치 역시 뛰어나 서로 대경(對景)을 이룬다. 원향당은 연회를 개최하던 건물이며 사방이 창인데, 창틀이 마치 액자처럼 주위 경치를 담아내 광경(框景)을 이룬다.그림 34

원향당 옆 의옥헌(倚玉軒)을 돌아 다리를 건너 섬으로 들어서면 자그마한 하풍사면정(荷風四面亭)이 있다. 하풍사면정 옆에는 산을 쌓고 그 위에 설향운울정(雪香雲蔚亭)을 두어 원향당과 대경을 이룬다. 이곳은 원내에서 가장 높아 주위의 경치와 호수를 내려다보며 즐길 수 있다. 섬은 호안이 황석으로 이루어졌다. 원향당의 서쪽은 연못의 물길을 끌고 와 긴 수로를 이루는데, 그 주변으로 의옥헌, 향주(香州), 옥란당(玉蘭堂), 득진정(得眞亭), 소창랑(小滄浪), 소비홍(小飛虹) 등 다양한 형식의 건물과 구조물들이 배치되어 아기자기한 공간을 이룬다. 의옥헌 건너편에는 호수를 향해 배 모양으로 돌출된 대 위에 복합건물이 놓여 있는데, 1층을 향주(香洲), 2층을 징관루(澂觀樓)라 한다. 향주의 편액은 문징명이 썼다.

원향당의 동쪽에는 석가산이 있고, 그 위에 수기정(琇綺亭)이 자리 잡고 있다. 이 정자의 남쪽에는 담으로 둘러싸인 비파원(枇杷園)이 있다. 내부는 자갈로 포장을 했으며, 주변의 해당춘오(海棠春塢) 마당과 함께 무늬가 대단히 아름답다. 해당춘오의 북쪽, 동원과 경계를 이루는 벽을 등지고 오죽유거(梧竹幽居)가 물가에 자리 잡고 있다. 이 건물은 사면에 둥근 문이 나 있어 형태가 독특한데, 이곳에서는 설향운울정과 하풍사면정 그리고 원향당과 의옥헌으로 둘러싸인 졸정원 연못의 대표적인 수경을 즐길 수 있다.

별유동천(別有洞天)이라는 둥근 문을 지나 서쪽으로 들어가면 서원에 이른다. 서원은 보원(補園)이라고도 불리는데, 청나라 말엽 장이겸(張履謙)에 의해 분할되어 장씨의 보원으로 불렸다. 이곳 역시 연못이 주경관을 이룬다. 보원의 중심이 되는 건물은 삼십육원앙관(三十六鴛鴦館)이며 그 건너편에는 가산이 있다. 이곳에는 서로 다른 형식의 세 개의 작은 정자가 놓여 있는데, 가장 높은 건물은 부취각(浮翠閣)으로 2층짜리 누각이며, 그 옆의 입정(笠亭)과 함께 대조를 이룬다. 그 옆 물가에는 부채꼴 모양의 여수동좌헌(與誰同坐軒)이 있다. 이곳을 중심으로 물길은 남북으로 긴 수로를 이루며 북쪽 수로의 끝에는 도영각(倒影閣), 남쪽 수로의 끝에는 탑영정(塔影亭)이 있다. 건물과 건물을 연결하고 연못 주변과 가산 사이를 끊임없이 이어 주는 회랑은 졸정원의 또 다른 특징인데, 대부분 지붕으로 덮여 있어 비가 와도 원림을 산책할 수 있게 한다.

해당춘오의 동쪽에는 동원이 있다. 이곳은 숭정(崇禎) 4년(1631년) 시랑(侍郎) 왕심일(王心一)에게 귀속되어 귀전원거(歸田園居)라는 이름으로 바뀌었던 곳으로 1955년에 재건되었다. 평평한 언덕 위에 부용사(芙蓉榭), 천천정(天泉亭) 등이 산재해 있으며 연못가에 주 건물인 난설당(蘭雪堂)이 있다. 1997년 유네스코 세계문화유산으로 지정된 졸정원은 중국의 대표적 원림이며 명시대의 저명한 문인 문징명의 『왕씨졸정원기(王氏拙政園記)』와 그가 그린 〈졸정원도〉가 함께 전해지고 있다.

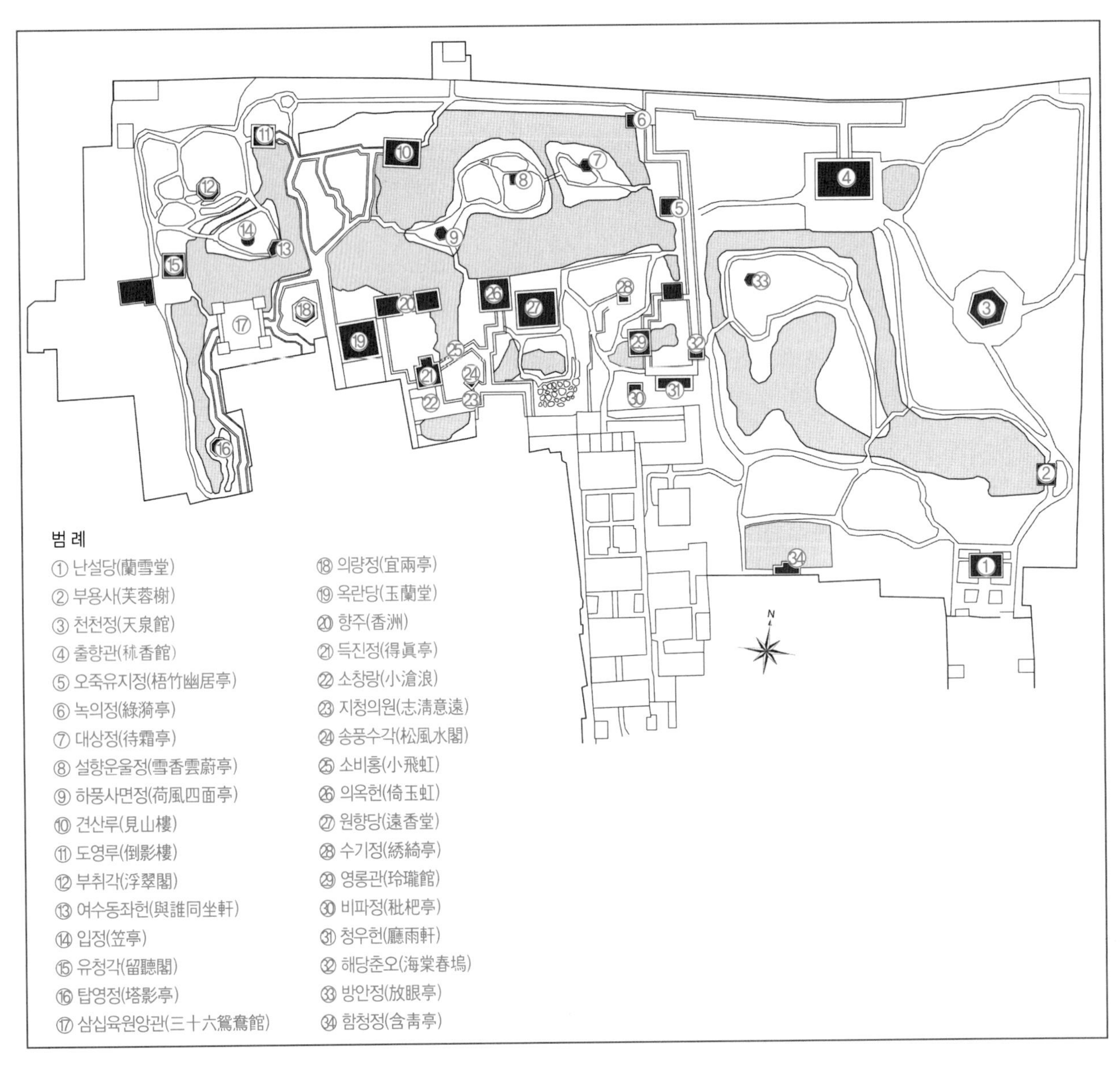

그림 34 졸정원 배치도 ©이경은

그림 35 졸정원 오죽유거에서 바라본 원향당과 의옥헌 경관 ©이유직

그림 36 졸정원 연못 가운데 섬과 정자. 오른편이 설향운울정, 왼편이 하풍사면정 ©이유직

그림 37 졸정원 문을 통한 광경(框景)의 연출 ©이유직

그림 38 졸정원 중원과 서원 사이의 만월문(동문, 洞門) ©이유직

2) 유원(留園 리우웬)

졸정원, 창랑정, 사자림과 더불어 중국 4대 명원인 유원은 명나라 만력 연간(1573~1619년)에 서태시(徐泰時)가 1522년부터 1566년 사이에 최초로 조영해 동서 측에 원림을 만들었다. 현재의 유원은 이때 이루어진 동원이 바탕이며, 서원은 계당율사(戒幢律寺)로 바뀌었다가 현재의 서원이 되었다. 원림은 명시대에 조영된 이후 청시대에 들어 두 번의 큰 수리를 하였다. 청나라 가경 3년(1798년) 관료인 유서(劉恕)가 이 원림을 인수해 동원을 크게 새로 고쳐 지었는데, 주인 유서의 성을 따 '유원(劉園)'이라 불렀다. 그 뒤 청나라 말기인 광서(光緒) 2년(1876년) 성강(盛康)이 이 원림을 소유하면서 원림을 동, 서, 북부로 확장하고 그 이름을 발음이 같은 '유원(留園)'이라고 고쳤다.그림 39

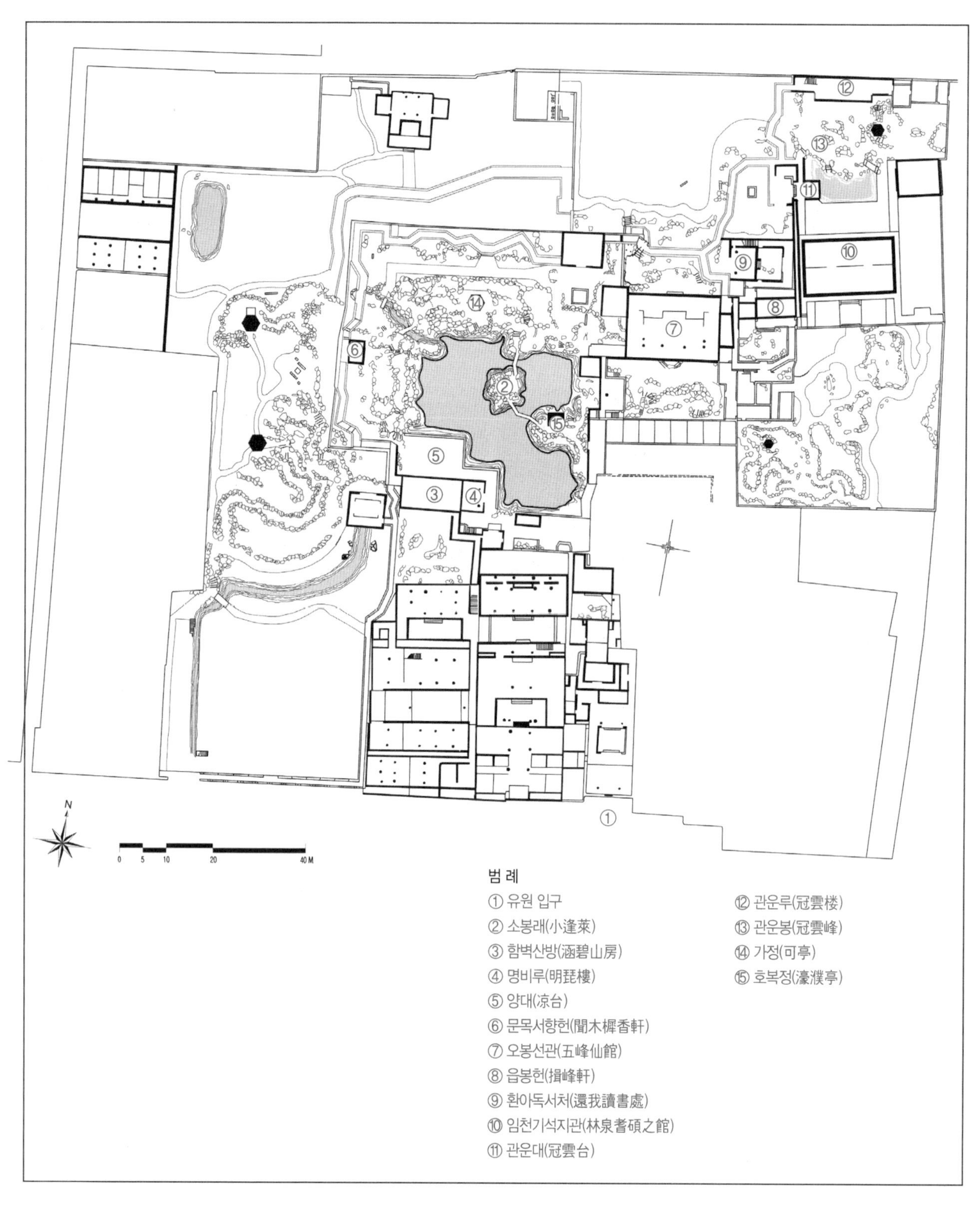

그림 39 **유원 평면도** ©이경은

그림 40 유원 함벽산방과 양대(평대)

그림 41 유원의 연못과 호복정

그림 42 유원의 곡랑

그림 43 유원 관운봉

유원은 중원, 동원, 서원, 북원의 4부분으로 구성된다. 중원은 연못을 중심으로 하는 공간이며 동쪽은 건물들이, 북쪽은 전원의 풍경이, 서쪽은 자연스런 산림경관이 중심을 이룬다. 유원 입구를 들어서 좁고 구불구불한 통로를 지나면 원림에 이른다. 중앙에 커다란 연못이 있고 연못 주위로 남쪽과 동쪽은 건물들이, 북쪽과 서쪽은 나무가 울창한 동산이 둘러싸고 있다. 연못 속에는 소봉래(小蓬萊)라 불리는 섬이 있고 섬으로 두 개의 다리가 나 있는데, 이 다리에는 등나무 시렁이 있다. 호안은 황석을 이용해 곡선형으로 되어 있지만 주 건물인 함벽산방(涵碧山房)과 명비루(明琵樓)[1]가 있는 곳은 직선적인 테라스로 되어 있는데 이곳을 양대(凉臺)[2]라고 한다. 담을 따라 곡절이 많은 회랑이 있어 건물들과 공간은 서로 연결되며, 곡랑에 난 화창(花窓)을 통해 건너편의 경관을 사이사이 볼 수 있다. 연못의 서쪽 가산 위에는 문목서향헌(聞木樨香軒)[3]이라는 건물이 있으며, 이곳에 오르면 원림 전체의 경관을 볼 수 있다.

❶ 비(琵): 동양의 현악기 가운데 하나인 비파(琵琶)를 의미한다.
❷ 양대(凉臺)는 '시원한 대'라는 의미인데 다른 문헌에서는 형태적인 특징에 따라서 평대(平臺)라고도 한다.
❸ 서(樨) : 목서

중원의 동쪽에는 오봉선관(五峯仙館), 읍봉헌(揖峯軒), 환아독서처(環我讀書處) 등 크고 작은 건물들이 모여 있다. 그중에서 오봉선관은 건물이나 실내장식품이 모두 녹나무로 만들어져 남목청(楠木廳)이라고도 불린다. 이곳을 지나 더 동쪽으로 가면 임천기석지관(林泉耆碩之館), 관운대(冠雲臺), 관운루(冠雲樓) 등으로 구성된 정원이 있다. 임천기석지관은 독특한 구조와 장식으로 유원 3대 건축의 하나로 꼽힌다. 작은 연못 옆의 관운봉(冠雲峯)은 높이가 6.5m, 무게가 약 6t 정도로 소주에서 가장 큰 태호석으로 알려져 있다. 이곳의 마당은 크고 작은 돌들이 나열되어 있어 먼저 보았던 중원과는 대조적이다. 중원은 연못 중심인데 비해 이곳 동원은 장대한 태호석과 가산이 중심적이다.

유원은 다양한 양식의 건축과 다채로운 경관구역이 조화로운 원림이다. 길게 이어지는 회랑과 공간을 분절하는 담은 원림공간을 더욱 크고 다양한 경험을 하도록 만든다. 원림 동쪽의 다양한 기암괴석들은 당시 이름난 화가이자 조원가인 주병충(周秉忠)이 조성한 것으로 알려져 있다.

제9장

청시대

(淸 1616~1911)

1. 개관
2. 청시대 원림의 특징
3. 대표 원림

1. 개관

1) 청시대의 시대상

중국의 동북 지방 일대에 거주하던 여진족의 한 부족인 만주족은 누르하치의 지도 아래 흥경(興京)에 도읍을 정하고 1616년 후금(後金)을 세웠다. 후금은 주변을 계속 정복해 중국 동북부의 만주 전체와 내몽골을 차지한 뒤 1636년에는 국호를 청으로 바꾸었다. 끊임없이 남쪽 지역을 위협하던 청은 명 숭정(崇禎) 17년(1644년)에 북경을 점령한 후 중국을 통일했다.

북경으로 천도한 청은 그들 고유의 전통과 제도 위에 명의 제도와 체제를 계승해 절충하는 유연성을 보임으로써 안정을 도모하는 한편, 고위 관료의 절반 이상을 만주족이 차지하고 8기제도(八旗制度)라는 독특한 군사 및 행정조직을 시행해 지배를 강화했다. 복종을 위해 변발과 만주복 착용을 강요했지만 항복한 명 조의 신하와 장수를 등용했고 전통적인 유가사상으로 그들의 문화를 통제했다. 또 사회규범을 바로잡고 유교 가치관을 강화하기 위해 수도에 태학(太學)이라는 국자감(國子監)을 두고, 각 성마다 관학을 두었으며 각시에 서원을 두어 번창시켰다.

1680년대 초부터 1770년대 말까지 즉, 강희제(康熙帝, 1661~1722년) 재위 후반부터 옹정제(雍正帝, 1722~1735년)를 거쳐 건륭제(乾隆帝, 1735~1796년)의 시기 동안 청은 전성기를 맞이하는데, 전례 없는 인구의 증가와 영토의 확창, 도시화, 상업화 등이 일어났다. 중국 역사상 가장 위대한 군주로 평가받는 강희제는 순치제의 뒤를 이어 7세에 제위에 올라 61년간 중국을 다스렸다. 그는 러시아와 조약을 맺어 만주의 북쪽 국경을 확정하는 한편, 정벌을 계속해 외몽골, 티베트, 준가얼, 투르키스탄, 네팔 지역까지 영토를 확장했다. 또 해외 무역을 장려했으며 서양 선교사의 활동을 받아들였다. 강희제는 학문이 깊고 문교를 중시해, 『강희자전(康熙字典)』, 『고금도서집성(古今圖書集成)』 등 수천 권의 도서 편찬을 후원했다. 옹정제는 엄격한 원칙주의로 외척과 관료들을 철저하게 견제하고 감시하며 군주제를 구축했다. 그는 붕당과 관료주의 폐단을 심각하게 인식하고 개혁정책을 펴나갔다. 옹정제의 넷째 아들인 건륭제는 훌륭한 황제이자 재능이 뛰어난 학자이기도 했다. 그는 신강 지역을 차지함으로써 중국 역사상 가장 광활한 영토를 소유했다.

그러나 그 뒤를 이은 황제들은 내치와 서구의 문물을 받아들여 근대화하는 데 실패했다. 특히 19세기에 아편의 수입과 은의 유출은 청의 경제를 피폐하게 만들었다. 제1차 아편전쟁(1839~1842년)과 제2차 아편전쟁(1856~1858년)의 결과로 홍콩과 구룡(九龍)이 영국에 할양되었으며, 심한 홍수와 기근으로 민중 소요는 태평천국운동(1850~1864년)과 염군

(捻軍)의 난(1853~1868년)으로 발전했다. 그러나 나라가 기울어 가는 중에도 서양의 발전된 문물을 배워 사회변혁과 사상계몽을 도모하기도 했다. 그러나 어느 정도의 성과는 있었지만 1884년 청불전쟁과 1894년 청일전쟁의 패배로 실패로 돌아갔으며, 청은 서구 제국주의 열강의 반식민지와 같은 상태로 전락했다. 그 뒤 1911년 신해혁명으로 선통제(宣統帝, 溥儀)가 퇴위하고 권력은 위안스카이(袁世凱)의 임시정부에 이양되었다.

2) 문화와 예술

청은 주자학을 정통 관학으로 삼는 등 한족의 문화와 융합하는 정책을 폈다. 특히 강희제의 『강희자전』, 강희제·옹정제의 『고금도서집성』, 건륭제의 『사고전서(四庫全書)』 등의 대규모 서적 편찬사업은 청 시대의 대표적인 문화사업이었다.

강희제는 예수회 선교사들에게 상당한 호의를 베풀었으며, 그들의 공학적, 예술적, 천문학적 기량을 높이 평가해 자신이 추진하는 사업에도 참여시켰다. 그러나 옹정제를 지나 건륭제시대에 이르러서는 관계가 악화되었다. 이로 인해 서양 학문의 중국 반입은 중단되었으며, 그 결과 중국은 서양의 산업혁명과 시민혁명 등이 가져온 정치·경제적 발전을 빠르게 받아들일 수 없었다.

청의 문학은 원, 명에 이어 희곡과 소설이 발달했는데, 소설에서는 『부생육기(浮生六記)』, 조설근(曹雪芹)의 『홍루몽(紅樓夢)』 등의 장편이 저술되었다. 특히 『홍루몽』은 청 사회의 각 방면을 두루 표현하고 있어 그 사회를 이해하는 대표작이라 할 수 있다. 소설 주인공의 활동 배경이 되는 대관원(大觀園) 의장은 당시의 원림건축을 반영하고 있는데, 이후의 중국 원림은 대관원을 표준으로 삼았다 해도 과언이 아니다.

미술에서는 회화와 공예가 특히 발달했으며, 청의 건축은 명의 건축문화를 계승했다. 상업과 수공업을 비롯한 산업의 발전, 인구의 급속한 증가, 도시의 발달은 건축의 발전을 촉진시켰다. 아울러 영토의 확장으로 인한 다양한 민족들의 활동은 건축의 내용을 풍부하게 했다. 특히 라마교가 몽고족과 여진족에게 많이 보급되어 라마교 건축이 성행했는데, 열하의 승덕 교외에 건설한 라마교 사찰이 그 대표적인 예다. 아울러 18세기 후반에는 티베트 건축양식에 영향을 받기도 해, 1645년부터 50년간 개축하고 증축한 티베트 라싸시의 포탈라 궁은 티베트 건축의 백미로 평가된다.

2. 청시대 원림의 특징

청은 중국 동북 지구 산악 지방인 흥경(興京)에 도읍을 정한 이후 1621년에 요양성(遼陽城)으로, 1625년에 심양(瀋陽)으로 천도했으며, 1644년 북경을 함락하고 수도로 삼았다. 일반적으로 왕조가 개국할 때 궁전과 도성의 건설에 온 힘을 쏟았던 것과는 달리, 청은 북경의 명의 도성과 궁실을 계승함으로써 황궁의 건축에 집중할 필요가 없었다. 청 초의 황제들은 성실하고 근면한 군주였을 뿐 아니라 원림문화에 대한 관심과 소양이 컸으며, 안정된 재정수입을 바탕으로 황가원림 건설에 주력해 황가원림의 전성시대를 이루었다.

1) 이궁과 황가원림의 발달

북경 주변의 지형은 북서쪽이 높고 남동쪽이 낮은 지세로 되어 있다. 북서쪽 교외에 있는 향산(서산 西山), 옥천산(玉泉山), 만수산 (옹산 甕山) 등을 중심으로 산과 호수가 어우러져 아름다운 경치를 이루고 있기 때문에 이들을 3산이라고 한다. 그래서 일찍부터 이곳에는 원림들이 조성되었는데, 대표적인 사례는 명시대 이위(李偉)의 청화원(淸華園 칭화웬)과 미만종(米萬鍾)의 작원(勺園 샤워웬) 등을 들 수 있다. 청시대에는 이 지역을 모두 조정에 귀속시키고 이궁과 황실의 원림을 집중적으로 조성했다.

청의 최전성기인 강희, 건륭시대는 원림건설에 있어서도 최전성기였다. 향산(香山) 정의원(靜宜園 칭이웬), 옥천산 정명원(靜明園 칭밍웬), 만수산(萬壽山 원래 이름은 옹산) 청의원(淸漪園 칭이웬)과 창춘원(暢春園 창춘웬), 원명원(圓明園 웬밍웬)을 합해 3산 5원이라 부르는데, 이들 원림과 열하행궁은 모두 강희제의 계획으로 시작되어 건륭제에 이르러 완성되었다.그림 44

강희제는 정국이 안정되고 경제도 발전하자 북경 자금성 안에 있던 어화원(御花園 위화웬) 이외에 건복궁(建福宮) 화원과 자녕궁(慈寧宮) 화원 등을 새로 조성했으며, 자금성 서쪽의 북해, 중해, 남해를 보수해 황가원림을 발전시켰다. 또 북경 북서부 교외 지역에 원림조성을 시작해 1677년(강희 16년)에는 향산에 행궁을 건설하기 시작했으며, 1680년에는 옥천산 남쪽 기슭에 있던 행궁을 고쳐 징심원(澄心園)을 조성했다. 이곳은 1692년에 정명원으로 바뀌었다. 1684년 강남 지역을 순방하고 돌아온 강희제는 명시대의 관리 이위의 청화원 옛터에 강남의 풍경을 모방한 창춘원을 조성했다. 더위를 피해 이궁으로 조성된 창춘원은 남북이 약 1,000m, 동서가 약 600m 정도의 규모로, 강남 원림의 명장인 장연(張然)을 초빙해 첩산(疊山)과 이수(理水)를 했는데, 강희제는 1년의 반을 이곳에서 보내 자금성과 함께 정치의 중심 공간이 되었다. 이 밖에도 강희제는 1703년에 북경의 북동쪽 교외인 승덕(承德)에 대규모의 원림을 조성했다. 강희 48년(1709년)에 강희제는 창춘원 북쪽에 원명원을 조성해, 후에 옹정제에 오른 넷째 아들 윤진(胤禛)에게 주었는데, 옹정제는 옹정 3년(1725년) 원명원을 동서 약 1.6㎞, 남북 약 1.3㎞ 크기로 확충 개조하고 '원명원 28경'을 명명하는 등 창춘원보다 더 아름답게 꾸몄다.

옹정제를 뒤이어 왕이 된 건륭제는 재위 60년 동안 수많은 원림을 조성해 황가원림의 전성기를 이루었다. 6차례나 강남 지역을 순행해 각지의 아름다운 풍광을 체험했으며, 북경으로 돌아온 후에는 이를 바탕으로 대규모 토목공사를 벌여 대형 이궁원림을 조성했다. 1737년 건륭은 '원명원 28경'을 40경으로 확장했으며, 1745년 원명원의 동쪽에 사방

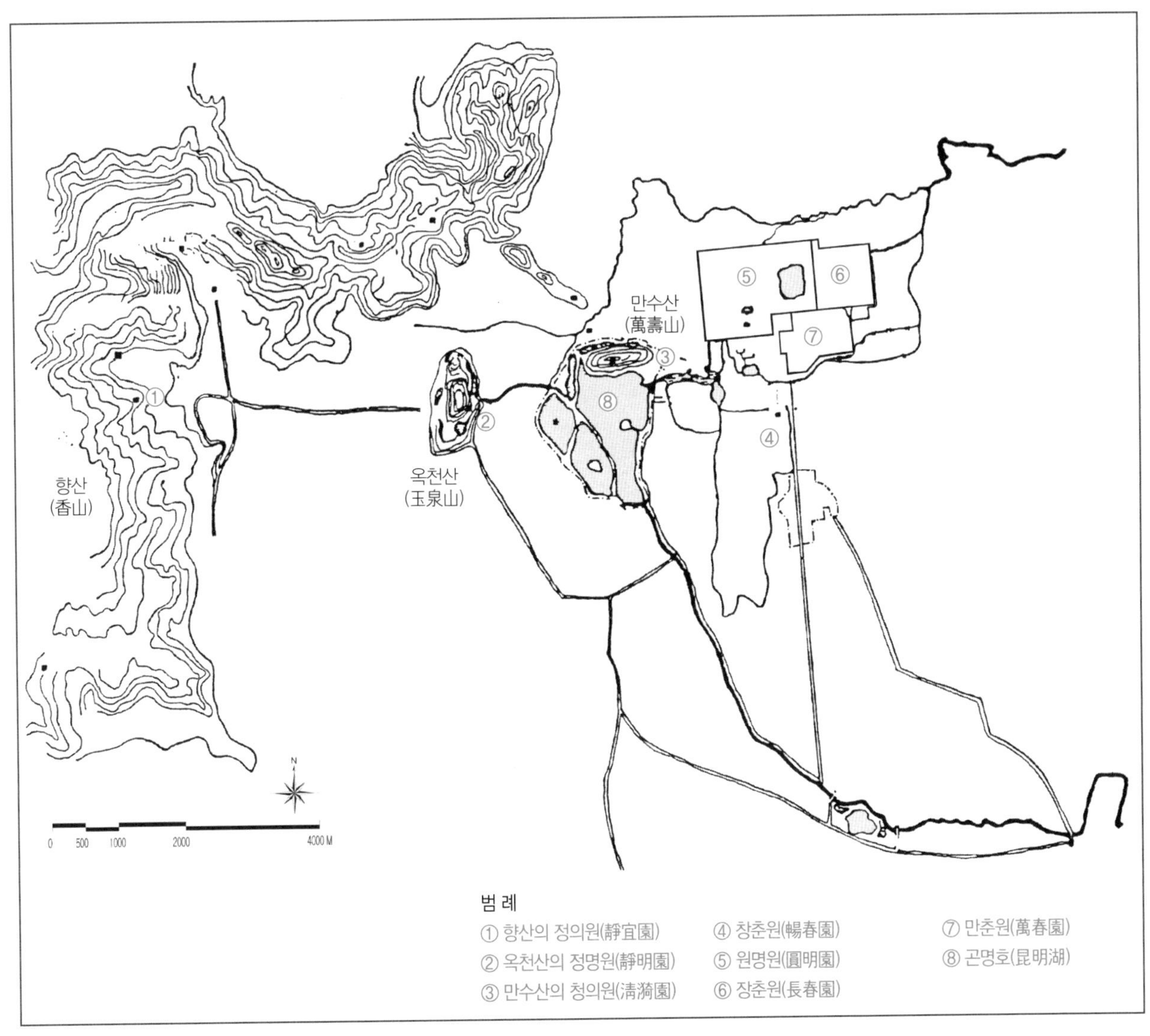

그림 44 북경 서북쪽 교외의 3산 5원 분포도 ⓒ안계복

표 1 3산5원 및 피서산장의 조성

구분	강희제 (1661~1722 재위)	옹정제 (1722~1735 재위)	건륭제 (1735~1796 재위)	비고
향산 정의원	1677(강희 16) 행궁 조성		1745(건륭 10) 확장	
옥천산 정명원	1680(강희 19) 징심원 조성		1750(건륭 15)~1759 확장	
만수산 청의원	1702(강희 41) 행궁 조성		1749(건륭 14)~1764 청의원 조성	1888(광서 14) 이화원으로 개명
창춘원	1684(강희 23) 조성		1760년대 개수	
원명원	1709(강희 48) 조성	1725(옹정 3) 확충	1737(건륭 2) 확장	
장춘원			1745(건륭 10) 건설 1760(건륭 25) 서양루 완공	
기춘원(만춘원)			1769(건륭 34) 건설	
피서산장	1703(강희 42) 공사 시작		1790(건륭 55) 확장	

약 800m의 장춘원(長春園)을 건설하고 향산의 정의원을 고쳐 확대했다. 내원, 외원, 별원으로 이루어진 정의원은 면적이 158㏊로, 수려한 자연경관 속에 크고 작은 경관구역들로 이루어진 '정의원 28경'을 두었다.

1749년부터 1764년 사이에는 어머니의 장수를 축하하기 위해 옥천산과 원명원 사이에 옹산과 그 앞 호수를 이용한 청의원(淸漪園)을 조성했다. 이곳은 자연산수와 인공건조물의 절묘한 결합을 보여 준다. 그 밖에도 창춘원을 크게 고치고 그 서쪽에 서화원(西花園)을 두어 황세자가 책을 읽고 거주하는 공간으로 꾸몄다. 1750년부터 1759년까지 옥천산 정명원을 확장해 옥천산 전체를 아우르게 하고 '정명원 16경'을 두었으며, 1760년에는 장춘원 북부에 서양루를 완공했다. 1769년에는 원명원의 동남쪽에 기춘원(綺春園 나중에 만춘원(萬春園)으로 바뀐다)을 건설함으로써 3산 5원을 완성했다.표 1

가경제 이후 청은 쇠락해지기 시작해 새로운 원림의 건설은 이루어지지 않았으며 8대 도광제 때에는 여러 원림들이 훼손되기도 했다. 그러다가 1860년 제2차 아편전쟁 때 영불 연합군에 의해 5원의 대부분이 소실되고 파괴되었다. 다만 청의원의 일부분만은 광서제가 어머니 서태후의 천수를 축원하는 의미에서 1888년 복원하고 이화원(頤和園)으로 개명했다.

강희제 때 개시되어 건륭시대에 최고조에 달했던 청시대 황가원림은 웅대한 규모를 바탕으로 자연경관과 인공경관이 결합된 산수원림을 재현했다. 대규모의 원림은 집금식(集錦式)의 배치와 구성을 추구해 큰 원림 속에 작은 원림들이 포함되는 원중원(園中園) 방식으로 조성되었다. 또 강남의 조원수법을 흡수해 이를 응용 발전시켰다. 한편 원림 속에 사(寺), 관(觀), 사묘(祠廟)를 비롯 다양한 종교건축들이 도입되어 풍경을 다채롭게 했다. 청대의 황가원림은 단순한 휴식과 관상을 위한 공간에 그치는 것이 아니었다. 원림형식의 공간이었지만 황제들은 대부분 이곳에서 기거하며 정무를 펼쳤던 이궁이자 행정과 정치의 중심공간이었다.

2) 주택과 사가원림

청시대의 주택은 사합원(四合院 스허웬)이 대표적이다. 일반적으로 1동의 건물은 3칸으로 구성되는데, 중앙의 가장 넓은 칸은 거실, 양옆은 침실과 주방이다. 이런 건물이 마당을 중심으로 모여 주택을 구성한다. 중심이 되는 정방(正房)과 동서 상방(廂房)이 마당을 중심으로 배치되는 형태를 삼합원이라 하며, 정방 맞은편에 하방(下房)을 추가로 배치한 것을 사합원이라 한다. 주택의 규모가 커지면 이런 사합원 구조가 종축선이나 횡축선을 따라 반복되며, 반복되는 수에 따라 양진식(兩進式), 3진식, 4진식 등으로 불린다.그림 45

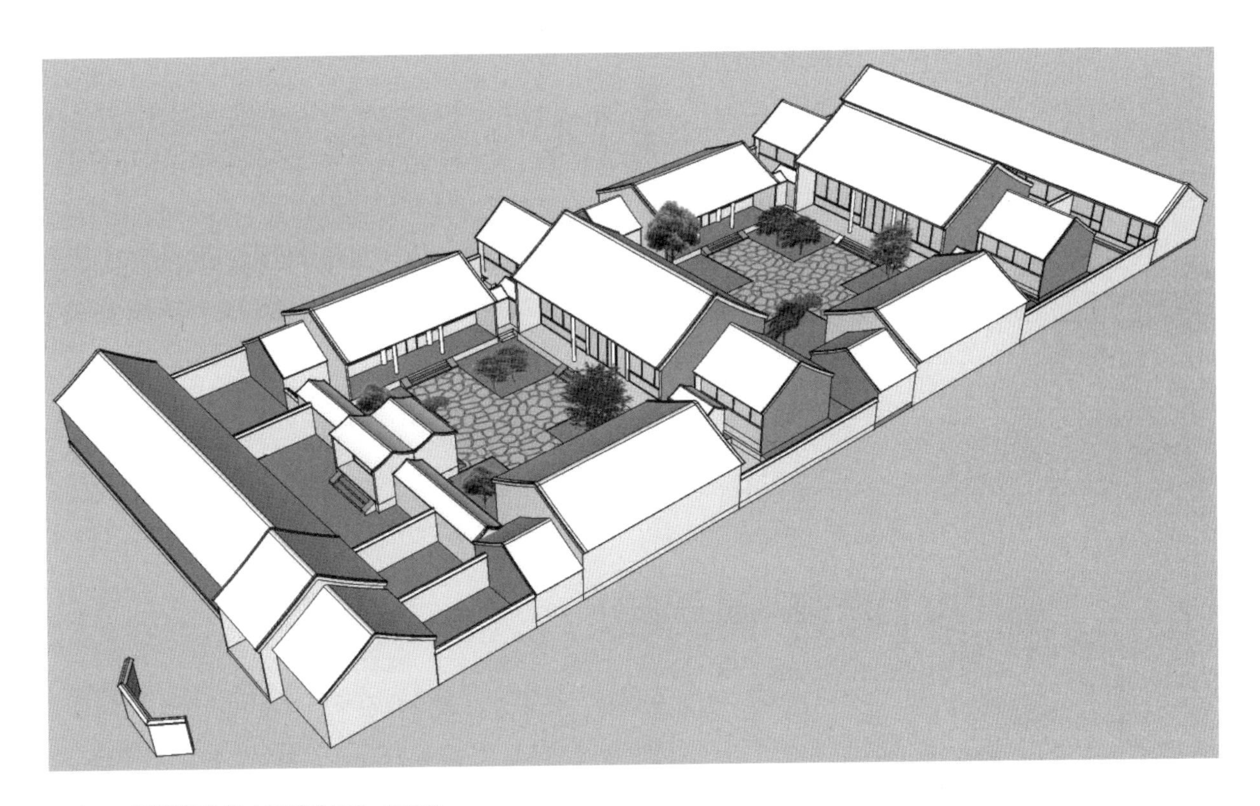

그림 45 사합원(四合院 스허웬)의 구조 ⓒ이경은

북경의 사합원 주택은 일반적으로 남북으로 중심축을 두고, 대문은 동남쪽 모서리에 위치한다. 문 안에는 주택 외부에서 내부가 보이지 않도록 영벽(影壁)이 있고 이곳을 돌아 들어가면 앞마당 즉, 전원(前院)에 이른다. 전원에는 통상 객방(客房), 하인방, 창고 등이 있다. 이곳에서 다시 문을 지나 안으로 들어가면 내원(內院)에 이르는데, 내원의 중심건물은 정방(正房)이며 주인이 거처한다. 정방 좌우로 상방이 대칭적으로 배치하고 자녀들이 거주한다. 그리고 이들 건물은 서로 주랑으로 연결된다. 주택은 벽과 담으로 둘러싸여 내향적이고 폐쇄적인 구조이며, 마당은 자갈 등을 이용해 여러 가지 무늬로 포장을 하고, 화목을 심거나 분재로 장식을 한다. 대형의 주택은 이런 사합원이 주축을 따라 연접해서 배치되고 규모가 큰 경우에는 좌우로 별원이나 뒤편에 화원을 조성한다.

강남 지역에는 관료와 귀족 그리고 큰 상인들의 저택이 많이 건축되었다. 이들의 건물은 단일한 축선보다는 두세 개의 축선을 따라 건물들이 복합적으로 배치됨으로써 커다란 건물군을 이루었다. 중축선 위에 문청(門廳)과 교청(轎廳), 대청(大廳) 및 주방(住房)이 위치하고, 좌우의 종축선 위에는 객청(客廳)이나 서방(書房), 기타 주방(廚房)이나 잡방(雜房) 등이 배치되어 중, 좌, 우 3조의 건물군이 되었다. 그리고 각각의 건물군 사이에는 비농(備弄)이라 불리는 좁은 길을 조성했다. 경우에 따라서 객청과 서방 앞에 연못을 파고 돌을 쌓은 뒤 나무를 심어 정원을 조성했으며, 더 규모가 큰 주택의 경우에는 좌우 혹은 뒤에 원림을 조성하기도 했다.

강남의 유명 원림은 명나라 때의 기초 위에서 확충되었으며 원림을 중시하는 풍조는 계속되었다. 과유량(戈裕良)이 만든 소주의 환수산장(環秀山莊, 환슈산쭈앙)은 이 시대 대표적인 원림으로 이곳의 가산은 중국 원림 중에서 백미로 꼽힌다. 일반적으로 원림은 거대한 규모와 풍부한 지형의 변화를 갖추었다. 그러면서 몇 개의 구역으로 나뉘어 서로 다른 내용과 경물로 경구를 구성하고 상호 연계되면서도 대비되는 효과를 가져와 내용과 의미가 풍부했다.

3. 대표 원림

1) 원명원(圓明園 웬밍웬)

북경 서북 교외에 위치한 원명원은 큰 규모와 화려한 장식을 갖춘 원림으로 그 서쪽에 있는 이화원과 함께 중국 황가원림의 대표로 꼽힌다. 1709년 강희제가 후일 옹정제로 즉위한 넷째 아들에게 지어 준 별장이었던 곳을, 황제로 즉위한 옹정제가 1725년 대대적으로 확장해 이궁으로 조성했다. 뒤를 이은 건륭제는 원명원의 동쪽에 장춘원을, 남쪽에 기춘원을 조성했다. 일반적으로 원명원이라 함은 원명원, 장춘원, 기춘원 세 원림을 전부 아우르는 명칭이다. 150여 년 동안 다섯 명의 황제들은 겨울철과 특별한 경우에만 궁궐로 돌아가고 나머지 대부분의 시간은 이곳에 거주하며 정무를 보았는데, 세 개의 원림은 궁궐의 기능을 하는 공간과 원림공간이 결합된 구성을 취한다. 담으로 둘러싸인 원명원은 350㏊ 면적의 규모로 수면이 35%를 차지한다. 가장 큰 호수인 복해(福海)는 너비가 600m 정도이며, 그 밖에 전호(前湖)와 후호(後湖)를 비롯한 크고 작은 연못과 호수들이 서로 연결되어 하나의 수계를 이루고 있다. 원림의 남쪽으로는 궁궐이, 그 뒤로 후원이 위치한다. 남쪽에 있는 정대광명전(正大光明殿)은 황제가 정무를 보는 공간이며, 같은 축선 상에 있는 침전건물인 구주청안전(九洲清晏殿)과 함께 이궁의 중심을 이룬다. 이 밖에 다양한 양식의 크고 작은 건물들이 섬 위에 자리 잡고 있다. 28㏊ 면적의 복해 한가운데에 신선이

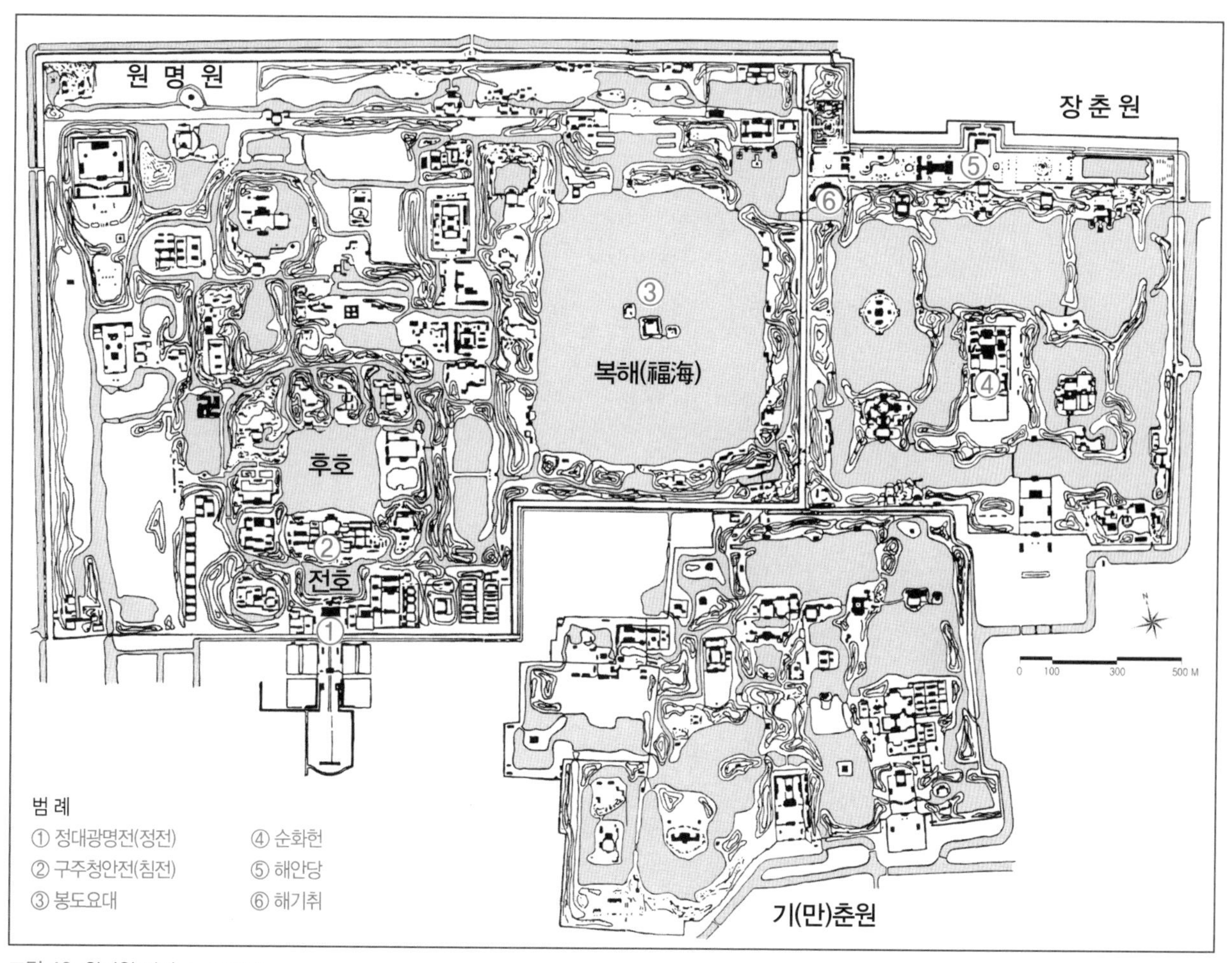

그림 46 원명원 평면도 ⓒ이경은

그림 47 장춘원의 대수법(大水法)과 원영관(遠瀛觀) ▷출처: 국립문화재연구소

그림 48 원명원 종정교에서 바라본 후호 ▷출처: 국립문화재연구소

산다는 봉래(蓬萊), 영주(瀛州), 방장(方丈)을 상징하는 작은 섬 3개를 조성하고 아름답게 꾸몄는데, 가장 큰 중앙의 섬 위에는 신선의 누각을 상징하는 봉도요대(蓬島瑤臺)가 있다.

건륭제는 강남의 풍광에 대단히 흥미를 느껴 원명원 곳곳에 강남의 명원과 수려한 자연을 모방한 경관을 조성했다. 원명원 속에 소주 수로의 상점가를 모방하기도 하고, 서호 10경에서 유래된 유랑문앵(柳浪聞鶯), 평호추월(平湖秋月), 삼담인월(三潭印月) 등의 경관을 조성했다.

1949년에 증설된 원명원 동쪽의 장춘원은 중앙의 큰 섬 위에 세워진 순화헌(淳化軒)이 중심이며 넓은 호수와 섬들로 이루어진다. 특히 장춘원의 북쪽에는 4㏊ 크기의 서구식 정원이 있는데, 해안당(海晏堂), 해기취(諧奇趣), 서양루 등을 중심으로 한 이곳은 유럽풍으로 조성된 최초의 황가원림이었다. 1769년에는 기춘원을 조성했는데 1800년대 들어 만춘원으로 이름이 바뀌었다.그림 49

서양식 정원과 분수에 관심이 컸던 황제는 이탈리아의 선교사이자 화가인 주세페 카스틸리오네(F. Giuseppe Castiglione, 중국명 낭세녕(郎世寧))에게 서양루 건물을 그리게 하고, 프랑스 인 미셸 브느와(Michel Benoist)에게 정원의 분수를 만들게 했는데, 이 계획은 1760년에 완성되었다.

이들 원림은 북방원림의 전통에 남방 사가원림의 양식까지 보태 조성한 것이다. 원림에서 가장 중요한 것은 경관이었으며 각각의 경관은 보다 작은 경구(景區)로 구성되어 전형적인 원중유원(園中有園)❶의 형식을 따랐다. 그러나 함풍 6년(1856년) 10월에 일어난 제2차 아편전쟁으로 영국과 프랑스의 군대가 1860년 북경에 입성했을 때 원명원 3원을 비롯한 창춘원, 청의원, 정명원, 정의원 등의 여러 원림들이 영불연합군에 의해 파괴되고 약탈되었으며 건축물들이 불에 탔다. 동치제(1861~1874년) 때 원명원 개수가 시도되었으나 재정 부족으로 실패했으며, 1900년 의화단(義和團) 사건으로 다시 한 번 참화를 겪은 뒤 미복구 상태로 남아 있다.

원명원은 궁궐일 뿐 아니라 강남의 유명한 정원과 풍경을 모으고 서양의 바로크 양식까지 더해 원림의 형식과 내용면에서 최고였기 때문에 원림 중의 원림(萬園之園)으로 불렸다. 궁정화가인 심원(沈源)과 당대(唐岱)가 1744년에 공동으로 그린 〈원명원사십경도〉와 심원과 손우(孫祐)의 각판인 목판본 〈원명원사십경도〉, 그리고 궁정화가 이란태(伊蘭泰)가 제작한 〈해안당〉 등 서양루 동판화에 그 모습이 전해진다.

2) 이화원(頤和園 이화웬)

이화원은 북경의 서북쪽 10㎞에 위치한 3.4㎢ 규모의 황가원림으로 물이 중심인 원명

❶ 원림 속에 또 다른 정원이 있다는 의미

원과는 달리 물과 산이 어우러진 원림이다. 원래 이곳에는 옹산과 저수지로 이용되던 서호(西湖)가 있었는데, 강희 41년(1702년) 행궁을 건설하면서 원림조성이 시작되었다. 건륭제는 황태후의 60세 생일을 축하하고 이곳의 물길을 보완하기 위해 건륭 14년(1749년)에 원림을 조성하기 시작했고, 연수사(延壽寺) 등의 건물과 황제의 정무용 궁궐, 주거 및 불강용 전당, 유락용 누각과 정자 등을 옹산 일대에 건립했다. 아울러 호수와 산의 이름도 곤명호(昆明湖)와 만수산(萬壽山)으로 바꾸었다. 건륭 29년(1764년)에 원림공사를 완료하고 청의원이라 했다.

이화원은 크게 만수산 공간과 곤명호를 중심으로 하는 공간으로 나뉘며, 만수산 공간은 다시 만수산 동측의 궁궐공간과 곤명호를 마주하는 만수산 남사면 지역, 만수산 북사면 지역으로 나눌 수 있다. 궁궐의 입구인 동궁문(東宮門)을 지나 안으로 들어가면 황제가 정무를 보던 인수전을 비롯해 황제의 침궁인 옥란당(玉蘭堂), 황후의 침궁인 의운관(宜蕓館) 그리고 자희태후(서태후)의 침궁인 낙수당(樂壽堂)과 각종 건물들이 사합원 형식으로 위치해 있다. 건축물의 배치는 전조후침(前朝後寢)이며, 궁궐로서 격식을 갖추었으나 유리기와를 사용하지 않고 전체적으로 주택과 같은 분위기다. 석가루(夕佳樓)는 호수의 경관을 즐길 수 있도록 배치되었다. 외부 공간의 바닥은 일반적으로 포장이 되어 있으며 나무는 제한적으로 식재되었고 동으로 만든 기물과 조각들이 사이사이에 배치되었다.

곤명호를 마주하는 만수산 남측 공간의 중심은 동일한 축선상에 배치된 배운전(排雲殿)과 불향각(佛香閣) 건물군이다. 이들 건물을 중심으로 전륜장(轉輪藏)과 오방각(五方閣)이 좌우대칭으로 배치되고, 그 밖에 청려관(聽鸝館), 화중유(畵中游), 경복각(景福閣) 등의 주요 건물들이 위치한다. 특히 호수에 면해 동서 720m가 넘는 길이의 회랑은 곤명호 주변을 따라 경관을 감상하기에 적합할 뿐 아니라, 273칸인 회랑의 보에는 산수풍경과 신화, 고사 등을 소재로 한 다양한 그림이 있어 운치를 더한다.

이와는 대조적으로 만수산 북쪽은 좁고 긴 호수와 울창한 수목이 그윽하고 심오한 경관을 이룬다. 이곳의 중심건물은 종교건축인 사대부주(四大部洲) 건물군이다. 티베트 불교양식으로 지어진 이곳은 후면의 불향각과 배운전과는 다른 경관을 이룬다. 수계는 담을 따라 이어지는데, 사대부주 건물군과 북궁문 사이에는 소주의 수로와 거리를 본뜬 300여m 길이의 공간을 조성했으며, 동쪽 끝에는 무석의 기창원(寄暢園)을 모방한 해취원(諧趣園)을 조성했다.

곤명호는 중간에 제방이 있어 3개의 수면으로 나뉜다. 각 호수에는 용왕묘(龍王廟), 치경각(治鏡閣), 조감당(藻鑒堂) 등의 건물이 있는 섬이 하나씩 있는데, 이는 각각 봉래, 방장, 영주산을 상징한다. 서쪽 제방에는 항주 서호의 소제(蘇堤) 6교(六橋)를 모방한 6개의 다리가 조성되었으며, 서로 다른 형식의 다리와 제방은 강남 지역의 경치를 연상하게 한다. 이곳에서 보는 넓은 호수와 만수산의 원경 그리고 반대편 만수산에서 호수와 제방을 바라보는 광대한 원경은 서로 대경을 이룬다.

1860년에는 청의원도 모두 파괴되었다. 그러나 광서 14년(1888년) 만수산 남쪽 지역을 중심으로 청의원의 주요 부분을 개수하고 이름을 이화원(頤和園)으로 바꾸었다. 그러나

그림 49 곤명호에서 바라본 만수산 권역 ▷출처: 국립문화재연구소

그림 50 만수산에서 바라본 곤명호 ▷출처: 국립문화재연구소

1900년 의화단 사건으로 진주한 8개국 연합군에 의해 다시 파괴되었다. 자희황후는 광서 29년(1903년)에 이화원을 개수했으나 만수산 북부의 건축은 원상태를 회복하지 못했다.

3) 승덕 피서산장(承德 避暑山莊 청드 삐슈산쭈앙)

피서산장은 북경에서 동북쪽으로 약 170㎞ 떨어진 하북성 승덕에 위치한다. 이곳은 서늘한 기후와 아름다운 경치, 풍부한 물로 피서와 휴식, 수렵을 위한 좋은 환경을 갖추었다. 강희 42년(1703년)에 시작된 이궁 공사는 8년에 걸쳐 이루어졌으며 건륭기에 다시 한 번 확장을 해 1790년에 560여 ㏊의 규모로 완공되었다. 피서산장은 주위에 있는 8곳의 사묘(寺廟)와 함께 신강(新疆), 서장(西藏), 몽고 등지에 있는 소수민족의 종교건축 형식을 도입함으로써 다민족을 포용하려는 정치적이고 군사적인 상징성도 함께 갖고 있다.

담으로 둘러싸인 원림의 북서쪽 지역에는 높고 낮은 산과 구릉이 있으며, 남동쪽에는 평탄한 들판이, 동쪽으로는 무열하(武烈河)가 흘러간다. 원림은 크게 궁궐구역, 호수구역, 평원구역, 산악구역으로 구성된다. 궁궐구역은 정궁, 송학재(松鶴齋), 만학송풍(萬壑松風), 동궁(東宮) 등으로 이루어진 궁전건축군으로, 앞에는 궁궐이 있고 그 뒤로 침전이 위치하는 전통적인 구성을 따랐다. 그 뒤로 위치하는 호수구역은 섬과 제방, 다리에 의해 몇 개의 수역으로 나뉘며, 섬과 제방 위에는 다양한 양식의 건물들이 자리 잡고 있다. 강희제가 머물렀던 여의주(如意洲), 황제가 글을 읽던 월색강성(月色江聲), 가흥(嘉興)의 연우루(煙雨樓)를 연상시키는 연우루, 진강의 금산사를 모방한 금산과 상제각(上帝閣), 소주의 사자림(獅子林)을 참고해 세운 문원사자림(文園獅子林), 호수의 갑문 역할을 하는 수심사(水心榭), 항주 서호의 풍경을 모방한 지경운제(芝徑雲堤) 등이 주요 경관요소들이다. 이곳의 수경과 축산, 식재와 건축은 강남 지역의 유명한 원림을 모방했다. 호수구역 위로는 삼각형 모양의 평원구역이 있다. 동쪽의 만수원(萬樹園) 숲속에서는 사슴을 길렀고, 서쪽의 시마태(試馬埭)라는 초지에서 건륭제는 몽고의 귀족들과 연회를 벌이거나 채등, 씨름, 기마술 등을 관람했다. 궁궐구역, 호수구역, 평원구역 서편으로 산악구역이 위치한다. 소나무가 울창한 송운협(松雲峽)을 비롯해 이수욕(梨樹峪), 진자욕(榛子峪), 서욕(西峪) 등의 빼어난 계곡이 주요 경관을 이룬다.

피서산장 또한 전체 원림이 여러 개의 경관구역으로 되어 있는 집금식 구성을 취하고 있다. 강희제는 원림 속에 대표적인 36개의 경관구역을 만들었으며, 건륭제는 거기에 새롭게 36곳을 더해 풍부한 경관을 조성했다. 이 밖에도 원림 담장 밖에 위치하는 사묘(寺廟) 풍경 등이 적절히 내부로 차경되도록 해 한층 풍부한 경관을 이루었다.

그림 51 피서산장 호수구역의 수심사(水心榭) 전경 ©김묘정

그림 52 피서산장 호수구역 내 원교(園橋) ©김묘정

그림 53 피서산장 36경중 제27경 방저임류(芳渚臨流) ©김묘정

그림 54 피서산장 산정구역에서 본 소포탈라궁 전경 ©김묘정

참고 및 인용문헌

- 강영매 역(중국사학회 저), 2005, 중국역사박물관 10, 범우사.
- 강태호 역 · 팽일강 저, 1999, 중국전통원림의 분석, 시공출판사.
- 고오헌출판사 출판부, 2004, 세계문화유산 졸정원, 고호헌출판사.
- 김묘정(金妙貞), 1995, 중국과 한국의 전통조경 경관구성요소의 비교(中國與韓國傳統庭園景觀構成要素之比較), 국립 대만대학교 석사논문.
- 김원중, 2001, 중국문화사, 을유문화사.
- 능덕린(凌德麟), 1985, 중국조원예술의 특성(中國造園藝術的特質), 조원계간 제1기(造園開刊第一期).
- 두순보(杜順寶), 1988, 중국원림, 대북(臺北) ; 숙형출판사.
- 두여금(杜汝儉) · 이사산(李思山) · 유관평(劉管平), 1987, 원림건축설계, 대북(臺北) ; 명문서국.
- 맹아남(孟亞男), 1993, 중국원림사, 대북(臺北) ; 문진출판.
- 빙종평(憑種平), 1989, 중국원림건축, 대북(臺北) ; 명문서국.
- (사)한국전통조경학회, 2009, 동양조경문화사, 도서출판 대가.
- 심규호 · 유소영 역(웨난, 진취엔 저), 2005, 열화의 피서산장 1, 2, 도서출판 일빛.
- 심우경 · 이창호 · 심현남 역(장지아지 저), 2008, 중국의 전통조경문화, 문운당.
- 유돈정 저, 정옥근 · 한동수 · 양호영 역, 2003, 중국고대건축사, 도서출판 세진사.
- 윤국병, 1978, 조경사, 일조각.
- 윤장섭, 1999, 중국의 건축, 서울대학교출판부.
- 이상해 · 한동수 · 이주행 · 조인숙 역(리원허 저), 2000, 중국 고전건축의 원리, 시공사.
- 이유직, 1997, 계성의 〈원야〉 연구 – 원림조영이론의 중심으로, 서울대학교 대학원 박사학위논문.
- 이주노 역(러우칭씨 저), 2002, 중국 고건축기행, 컬처라인.
- 임진익(林進益), 1978, 조원학, 대북(臺北) ; 중화.
- 왕국연(汪菊淵), 2012, 중국고대원림사(상권), 중국건축공업출판사.
- 왕국연(汪菊淵), 2012, 중국고대원림사(하권), 중국건축공업출판사.
- 장가기(張家驥), 1985, 중국조원사, 대북(臺北) ; 박원출판유한공사.
- 장펀톈 저, 이재훈 역, 2011, 진시황평전, 글항아리.
- 주유권(周維權), 1991, 중국고대원림사, 대북(臺北) ; 명문서국.
- 풍종평(馮種平), 1988, 중국원림건축, 북경 : 청화대학출판사.
- 한국조경학회, 1996, 동양조경사, 문운당.
- 한민영 · 이재근 · 신상섭 · 안계복 · 홍형순 · 이원호 역, 2008, 원림, 도서출판 대가.
- 황도붕 · 황종준, 1985, 원명원, 홍콩(香港) ; 삼련서점

제4부

일본의 조경문화

제1장 시대 개관

제2장 상고시대

제3장 평안시대

제4장 겸창시대

제5장 실정 · 전국시대

제6장 도산시대

제7장 강호시대

제8장 명치 · 대정시대

제1장

시대 개관

일본은 부족국가 형태를 갖춘 상고시대(彌生 미생, 古墳期 고분기)에 사회적 영향 속에서 조경문화가 싹텄다. 3개의 부족국가가 형성되는 고대(飛鳥, 白鳳, 奈良)에는 AD 538년 백제로부터 불교와 상류문화의 전래, 백제와 중국과의 교역 확대가 조경문화에 크게 영향을 미쳤다. BC 300년 시기까지 거슬러 올라가는 상고시대에는 자연환경에 충실하면서 조상신의 제례를 목적으로 하는 신지(神池)와 암좌(岩座)가 있었다고 추정된다. 신지는 지천정(池泉庭)의 원형이고, 암좌는 석조조경의 원형으로 종교적 상징물로부터 출발해 관상을 겸한 뜰의 요소로 발전하는 양상을 보인다. 『일본서기』 비조(飛鳥 아스카, AD 503~707년)[1] 시대에 주목할 만한 기록으로 추고천황 20년(612년) 백제에서 도래한 노자공(路子工)이 궁궐 남정에 수미산과 오교(吳橋)를 만들었다고 한다. 수미산은 불교적 성산을 나타내는 상징적 석조물이다. 한편 626년에는 소아마자(蘇我馬子, 소가노 우마코)의 뜰에 연못을 파고 섬을 쌓았다는 기록이 있는데, 소아(蘇我, 소가노) 가문은 백제계 후손으로 전해지고 있다. 천무천황 10년(682년) 황태자의 저택(귤도궁)에 주변국에서 헌상한 붉은거북을 놓아주었다는 기록이 있는데, 폭포와 바위, 돌이 어우러진 바닷가의 모습으로 꾸몄다는 것을 『만엽집』을 통해 알 수 있다.

나양(奈良 나라, 708~781년)시대에 새롭게 만들어진 수도 평성경의 궁전지구는 평성궁이다. 평성궁에는 남원(南苑)에 연못이 꾸며졌으며, 성무천황 5년(728년) 도지(島池)에서 곡수연을 행했다는 기록이 있다. 대표적 사례로는 연못 중심의 동원정원이 있고, 곡수연을 목적으로 조영되었다고 추정하는 좌경 삼조동이방육평의 곡수유구가 있다.

긴 세월 동안 정치, 문화의 중심지였던 교토를 중심으로 귀족계급의 안정을 이루었던 평안(平安 헤이안, 782~1184년)시대에는 일본 전통조경의 정체성을 발견한다. 금원 역할을 했던 신천원은 연못과 섬, 여러 개의 정원석 등 자연적인 경관과 입석의 조화로 후기 침전조정원의 원류인 주유(舟遊) 지천(池泉)식 정원의 특성을 잘 나타낸다. 이 시기 차아천황의 이궁으로 조성된 차아원은 대택지(大澤池)에 국도(菊島)와 천신도(天神島)를 두었고 바닥에 심은 정호석 등 입석과 경석이 특징적이다. 평안시대 중기 이후 순화미의 침전조 건물이 완성되고 이것은 침전조정원문화가 뿌리를 내리는 계기가 되었다. 침전조정원은 겸창시대까지 이어졌는데 침전을 중앙에 두고 남쪽에 정원을 조영했다. 이곳에는 연못을 두고 섬을 만들었으며 남북으로 다리를 두고 남쪽에 동서 방향으로 축산을 축조하고, 동쪽에 폭포가 떨어지게 했다. 대표적 사례인 동삼조전은 중앙에 자리 잡은 침전조 건물 앞에 아름다운 남정이 펼쳐진다. 평안시대 후기에는 수미산과 정토계를 구현하려는 불교사상의 영향으로 극락정토풍의 정원이 많이 조영되었다. 금당과 아미타당을 중심으로 앞에 연못을 두어 연꽃을 심고 화원을 꾸몄는데, 평등원, 정유리사, 칭명사, 모월사 등이 대표적이다. 모월사 대천지(大泉池)는 정토신앙과 주유지정(舟遊池庭)이 융합된 전형으로 당시 정

❶ 일본의 시대 구분은 서적마다 몇 년씩 조금의 차이가 있다. 森蘊(1996)의 『庭園』, 이현종(1986)의 동양연표, 정동오(1992)의 『동양조경문화사』, 한국전통조경학회(2011)의 『동양조경문화사』를 참조하여 시대를 구분하였지만 차이가 있을 수 있음을 미리밝힌다. 구분의 기준은 연호(年號)를 기준으로 하였다.

원술을 판단하는 좋은 사례가 된다. 의장적 특색은 귤준강(1028~1094년)의 『작정기』와 잘 부합된다. 『작정기』는 침전조정원의 형태와 의장 관련 기술서로 땅 가름, 연못과 섬, 입석, 작천(作泉) 등을 상세히 기록하고 있다.

겸창(鎌倉 가마쿠라, 1185~1392년)시대 초기에는 평안시대와 같은 정토식 지천(池泉) 정원을 계승했는데, 지천주유식이 점차 회유식으로 바뀌었다. 중기에 정토신앙이 약해지면서 인간성 회복을 위한 이상주의가 선종과 조화되어, 서민적이며 사색적인 분위기의 조경이 실정시대까지 이어졌다. 가람 배치도 총문, 산문, 불전, 법당, 침당이 일직선 상에 배치되는 형식을 보인다. 사원 앞뜰은 좁고 길며, 정형적인 평면구성을 보이는데 연못이 본당 안쪽에 자리해 사적인 정원의 성격이 강화되었다. 선종사찰은 배후의 구릉지형에 자리 잡았는데, 평지에 정원을 꾸몄던 전 시대와 달리 입체감과 음영요소를 곁들여 조원술의 발달을 촉진시켰다. 정토정원은 종교적인 이상향을 지상에 구현하려는 의도로 전체와 경관이 관련을 맺고 있으나, 선원(禪院)은 일상의 종교생활과 밀접한 관계를 갖는 장소로 계획되었다. 겸창시대에는 석조조경이 발달했는데 각도와 선이 강한 돌 짜임이 풍미했다. 후기는 몽창소석(夢窓疎石, 1275~1351년)의 눈부신 작정활동으로부터 시작된다. 그는 평안시대에 발전했던 정토사상의 토대 위에 선종의 자연관을 덧붙여 수많은 정원을 작정했는데, 서방사나 천룡사 등에는 헤이안 풍의 곡선미는 물론 요소요소에 긴장감 있는 석조기법을 보인다. 서방사는 상원, 하원으로 나뉘는데 아래쪽에는 해안풍경의 지선(池線)을 꾸민 심(心)자형 황금지를 두어 배를 띄울 수 있는 지천주유식으로 꾸몄다. 위쪽의 고산수식(枯山水式) 정원은 입체감 있게 짜인 석조 사이로 역동감이 흐르며 독특하게 선(禪)사상이 표현되었다. 서방사의 이러한 특징은 녹원사(금각사)와 자조사(은각사) 등에도 나타난다.

실정(室町 무로마치, 1392~1575년)시대는 선종의 융성과 함께 선원식 고산수정원이 확립된 시기다. 고산수식은 자연석이나 모래 등으로 산수자연을 상징적으로 표현한 축경형 기법을 의미하는데, 축산(築山)고산수식과 평정(平庭)고산수식으로 분류된다. 전자가 자연석을 쌓아 폭포나 산을 형상화했다면, 후자는 평지에 모래와 경관석으로 초감각적인 무(無)의 경지를 표현했다. 고산수식은 선사상을 보여 주는 일본의 대표적인 정원양식으로 자연경관의 상징화 또는 추상화를 표현하고 있다. 암석으로 폭포나 섬을 형상화하거나 동물의 움직임을 나타냈고, 모래무늬로 물의 흐름 또는 바다를 형상화했다. 경도(京都, 교토)의 대덕사 대선원 석정(石庭)과 용원원, 용안사의 방장(方丈)정원 등이 고산수식의 대표적인 사례이다. 대선원 석정은 폭포를 중심으로 심산유곡의 대풍경을 100여㎡ 공간에 석조와 모래, 소나무 등으로 원근감 있게 표현했는데, 폭포를 표현한 입석 주변에 관음석, 부동석 등의 명칭을 붙였다. 하단부에는 보물선으로 불리는 경석이 흰모래 가운데에 있어 출범하는 모습을 연상한다. 수묵산수화의 풍경화를 묘사한 고산수식의 진수 대선원의 표현 의도는 정토세계와 영겁의 번영을 희원하는 신선경의 추구다. 용원원은 이끼와 석조의 짜임이 특징인데, 사각형 모래판 중앙에 경사진 자연석을 두고 좌우에 작은 돌들을 배치해 바라보는 위치, 각도 등에 따라 다양한 해석이 나오도록 함축적으로 표현했다. 용안사의 방장정원은 평정고산수식의 완성형으로 동서 약 25m, 남북 약 10m의 크기를 갖춘 장방형이다. 전면과 좌우가 흙벽으로 둘러싸여 있고, 수목군을 차경하고 있다. 이곳에는 식물 소재를 사용하지 않고 흰모래를 깔아 물결 모양으로 손질했으며 15개의 경석을 5군(5, 2, 3, 2, 3)으로 배치해 강렬한 상상력과 선의 이상세계를 초감각적으로 표현했다. 실정시대의 고산수식 정원은 대선원 석정의 꾸밈새로부터 용안사 방장정원의 석정 형태에 도달함으로써 집대성되었다.

도산(桃山 모모야마, 1576~1615년)시대에는 집권 무인들을 중심으로 대저택의 건립과 함께 호화로운 정원이 나타나기 시작했는데 땅 가름이나 석조기법이 호방하고 화려한 양상을 보였다. 풍신수길(도요토미 히데요시 1536~1598년)이 직접 관여해 현정 등 정원사의 활약으로 완성된 삼보원은 연못의 확장과 개 · 보수, 700여 개의 정원석과 수천 그루의 식물이 과도하게 사용되어, 자연에 순응하지 못한 디자인의 과잉이라는 평가를 받고 있다. 덕천가강이 조영한 이조성의 이지환 정원은 어전에 위치한 지천회유식정원인데, 못의 형태가 복잡하고 폭포를 중심으로 모양과 색채가 화려한 크고 작은 석조의 조합으로 권위를 과시하였다. 또 도산시대에는 이러한 화려한 정원과는 달리 '와비'[1]와 '사비(寂)'[2]의 이념으로 초암을 둔 자연풍의 다정(茶庭)을 완성한다. 다도를 즐기는 다실과 그곳에 이르는 길과 좁은 뜰에 꾸며진 정원인 다정은 자연의 단편을 취해 교묘하게 대자연의 운치를 연상시키고자 하였다. 로지(露地)기법은 디딤돌이나 준거(蹲踞, 쓰쿠바이), 석등 등 소재도 발전시켰으며, 식물재료로는 다도의 와비와 사비를 느끼게 하는 상록수를 애용했다. 이러한 기법은 강호시대에 접어들면서 더욱 발달했다.

강호(江戸 에도, 1615~1867년)시대에는 도산(모모야마)시대의 호화롭고 화려했던 정원수법이 이어졌고 평정고산수식, 다정과 같은 간결하고 소박한 형태의 정원양식 확립, 의도적인 차경법(借景法), 회유식정원의 완성 등 다양한 형태의 정원이 풍미했다. 강호시대 전기에는 교토를 중심으로 정원문화가 발달했다. 중반 이후부터는 가강 막부가 지배권을 강화하기 위해 지방의 유력한 영주(大名 다이묘)들을 강호(에도) 지방에 머물도록 하는 정책을 썼다. 강호 지방으로 간 다이묘들은 호화로운 정원을 꾸미기 위해 많은 비용을 투자했다. 강호(에도)시대에는 지천회유식정원이 독자적으로 경관을 형성하는 것과 건축에 종속되어 보조적인 역할을 하는 것으로 대별된다. 회유식정원은 뜰에는 독립된 연못과 섬, 산을 만들고 다리와 원로를 통해 동선을 연결시켰으며, 다정을 배치해 몇 개의 로지가 연결되도록 했다. 계리궁(가쓰라리큐), 선동어소, 수학원이궁(슈가쿠인리큐), 동본원사, 섭성원,

❶ 와비 : 가난함이나 부족함 속에서도 아름다움을 찾아 내어 검소하고 한적하게 삶.
❷ 사비 : 이끼 낀 정원석에서 고담(古淡)과 한아(閑雅)를 느낌

소석천 후락원(고이시카와 코라쿠엔), 강산의 후락원, 성취원, 현궁원 등이 대표적이다. 지인친왕이 1620년부터 정원을 조성했고, 지충친왕이 1642년 재정비한 경도(교토) 계리궁은 소굴원주 취향이 많이 나타난 회유식정원이다. 연못 호안을 따라 조영된 축산, 수류(水流), 모래언덕, 석조와 신선도, 봄의 상화정, 여름의 소의헌, 가을의 월파루, 겨울의 송금정 등 세부적인 의장이 돋보이며 변화무쌍한 경관을 즐길 수 있다. 한편, 주 건물에 종속된 형태의 정원은 실내에서 관상하기 알맞도록 회화식으로 꾸몄는데 지천관상식 또는 평정원(平庭園)으로 불린다. 평정원은 지천을 만들지 않고 평탄한 땅에 입석해 배치한 정원을 말하는데, 이조성, 삼천원, 대덕사 고봉암, 남선사, 금지원 등이 있다. 정원의 꾸밈새는 신선사상의 계승으로 봉래 · 방장 · 영주의 삼신선도를 뜻하는 '삼도일연(三島一連)의 정원'이 축조되었다. 이와 함께 신선도의 영겁성은 동적인 학을 양으로 보고 정적인 거북을 음

그림 1 시대별 도읍 변천도 ©이경은

으로 보아, 금지원의 사례와 같이 음양화합의 짜임새를 나타내는 학도(鶴島)와 귀도(龜島) 등 음양석을 두는 수법으로 거듭나게 되었다.

강호(에도)시대에는 다정이 정원구성에 중요하게 작용했고 차경법이 발달했다. 다정은 관상 위주의 고산수식 그리고 지천회유식이나 국부 처리에 큰 변화를 주었다. 석등이나 준거(쓰쿠바이) 등이 정원 속에 놓이기 시작했는데, 석등은 야간 조명 이외에 정원의 풍치를 돋우는 목적으로 이용했다. 차경법은 아름다운 자연풍광을 뜰에서 바라보는 경관구성의 일부로 이용하는 수법을 말하는데 대표적인 예는 원통사가 있다. 이 시기에 조영된 수호(水戶)의 계락원, 금택의 겸육원, 강산의 후락원은 일본의 3대 공원으로 일컬어지고 있다. 한편 인쇄술의 발달로 많은 정원서가 보급되었다.

1867년 명치(明治 메이지, 1868~1912년)시대로 접어들면 서구적인 건축물과 정원수법이 적용되는데, 초기에는 프랑스 정형식과 영국 자연풍경식의 영향을 받아 화단이나 암석원 등이 도시공원에 도입되었다. 한편 전통성을 기조로 사실적 자연풍경을 묘사한 정원이 나타났는데, 교토의 무린암이 대표적이다. 산현유붕(山縣有朋)의 지휘를 받아 식치(植治)가 시공한 무린암은 냇물에 인접한 부지를 교묘히 활용해 동산을 차경했고, 3단 폭포와 넓은 잔디밭, 좁거나 넓은 시냇물 등으로 밝은 분위기를 고조시켰다. 나라에 위치한 의수원은 약초산과 동대사의 남문을 정원의 일부로 받아들인 대표적 차경원으로 평가된다. 한편, 명치 말기를 거쳐 대정(大正, 1912~1926년) 초기에 이르면 인습적인 대정원이나 서구 모방시대는 지나가고, 보다 실용적인 현대 정원이 나타난다.

제2장

상고시대

1. 개관
2. 원시시대
3. 비조(飛鳥 아스카, AD 592~707)시대
4. 나양(奈良 나라, 708~781)시대

1. 개관

일본에 정원이 언제부터 있었는지는 확실히 알 수 없다. 그렇지만 상고시대에 신지(神池), 원지(園池)로서의 정원이 있었던 것으로 추정된다. 인위적으로 못을 파고 섬을 만든 것이 아니라 자연에서 솟아나는 물인 용수(湧水)가 있는 못의 경관을 그대로 숭배의 대상으로 하여 신을 모심으로써 신지(神池)로 한 것이다.

일본에서 건축에 대응하는 것으로 자연을 형상화한 외부공간인 정원이 성립된 것은 불교와 함께 한반도를 경유해 중국 대륙으로부터 전해진 7세기 이후의 일이라고 생각된다.

고대의 정원은 정치의 중심이었던 조정(朝廷)으로부터 발달했고, 그 중심지는 나양(奈良, 나라)이라고 할 수 있다. 『일본서기(日本書紀)』에 의하면 이중천황(履中天皇 리츄우텐노우 402년)은 양지선(兩枝船)을 만들어 왕비들과 놀았다고 쓰여 있다. 현종(顯宗 켄소우 485년)천왕은 매년 삼월상사(三月上巳)에 곡수연을 행했다고 쓰여 있다. 또 무열(武烈 무레쓰 501년)천왕은 궁성(皇居)에 못을 파고 정원을 만들어 동물을 키웠다고도 되어 있다. 이들 기록을 통해 일본 정원의 조영법은 불분명하지만 정원에서의 뱃놀이(船遊 선유), 곡수연, 동물 기르기 등이 있었음을 알 수 있다.

또 귀족들의 여흥과는 별도로 신앙의 대상으로 자연의 거암 또는 거목에 경건한 마음으로 새끼를 두르거나 그 일대를 정비해 귀인의 분묘를 아름다운 산의 형태로 만들고 주변에는 호(濠)를 둘러 산정(山頂), 물가, 바닥에 옥석을 깔아서 장식했다.

일본 정원사에서 가장 일찍 나오는 작자의 이름은 노자공이다. 『일본서기(日本書紀)』에 의하면, 추고(推古 스이코)천황 20년(612년), 백제국 사람 노자공(路子工 미치코노타쿠미) 또는 지기마려(芝耆摩呂 시키마로)는 궁궐 남쪽 정원에 오교(吳橋)와 수미산(須彌山)을 만들었다. 또한 추고천황 34년(626년)에는 비조천(飛鳥川 아스카가와) 옆의 저택에 연못을 파고 섬을 만들어 섬대신 즉, 도대신(嶋大臣 시마노오오미)이라 불렀다는 기록도 있다. 전자는 정원을 만드는 장인의 출현이며, 후자는 의뢰자로서의 소아마자(蘇我馬子 소가노우마코)에 관한 기록이다. 그 후 나라시대 초기가 되면 초벽황자(草壁皇子)가 귤도궁(橘島宮)을 축조한 사실이 『일본서기(日本書紀)』와 『만엽집(万葉集)』에 보인다. 1940년 법륭사(法隆寺) 동원(東園)의 지하에서 반구궁(班鳩宮) 터의 견수(遣水) 정원과 같은 유구가 발굴되었다.

2. 원시시대

원시시대는 석기시대의 채집생활에서 정주생활에 이르는 승문(繩文 죠몬)시대, 벼의 재배로 농경문화가 본격적으로 시작된 시대인 미생(彌生 야요이)시대, 대화(大和 야마토) 왕권이 확립되어 국가가 성립해 가는 시기인 고분(古墳 고훈)시대를 포함한다.

1) 승문(繩文 죠몬)시대

승문(죠몬)시대는 승문식 토기로 특징 지어지는 약 1만 년 전부터 BC 3세기경까지의 석기시대이다. 수렵, 채집, 물고기 잡이 등으로 식량을 얻었던 것으로 생각되며, 차차 정주생활에 접어들던 시기이다.

복정(福井 후쿠이)현의 조빈(鳥浜 도리하마) 유적에는 승문시대 중기의 표주박, 녹두 등의 재배식물이 있어 저밀도이기는 하지만 농사가 있었다고 짐작할 수 있다. 또 건축에서는 주로 수혈(竪穴 견혈)주거로 대규모 건축물의 존재를 확인할 수 있는 유구가 부산(富山 도야마)현 유적 등에서 나타나고 있다. 승문인(繩文人)들의 문화는 흙과 돌 그리고 나무로 유지되었는데, 그중에서도 특히 돌이 문화의 중심이었다. 승문시대 유구에는 석재가 많이 사용되었는데, 묘인 것으로 확실시 된다. 또 태양의 운행이나 방위도 의식하고 있었다고 생각되는 추전(秋田 아키타)현의 대탕(大湯 오오유) 환상열석(環狀列石)의 입석군이 있다. 산이(山梨 야마나시)현의 금생(金生 긴세이) 유적은 석봉(石棒)을 세운 묘군의 한 단 높은 곳에 돌을 깐 주거의 생활터로 확인되었다. 석봉이나 돌을 깐 주거는 회목(栃木 도치기)현 소산(小山 고야마)시(市) 사야동(寺野東 테라노히가시) 유적에서 구릉의 기슭 용수지(湧水池)에 돌을 뿌려서 깐 유구가 확인되었다. 단, 돌을 뿌린 이유가 물가의 정화(淨化)를 위한 것인지는 분명치 않다.

2) 미생(彌生 야요이)시대

미생(야요이)시대는 BC 3세기경부터 AD 3세기경까지 미생식 토기로 특징 지어진 시기이다. 이때는 농경, 특히 벼의 재배가 본격적으로 시작되었다. BC 473년 벼 재배 발상지의 중심지였던 오국(吳國)이 월국(越國)에 의해 멸망했는데 이것이 그때까지 서서히 침투해 가던 벼농사를 널리 전파시켜 일본에 미생문화가 전개되는 하나의 계기를 마련한 것으로 생각된다. 대판(大阪 오사카)의 지상증근(池上根 이케가미소네) 유적에서 출토된 목재의 연륜연대법(年輪年代法)[1]에 의한 감정 결과, 이 유적의 절대연대는 미생시대 중기로부터 100년 이상 거슬러 올라가 미생시대의 시작과 그 시기 설정이 논의되고 있다.

논 면적은 소규모이나 벼농사의 본격적인 전개로 생산량이 증대하고, 지역의 경제력도 대폭 향상된 것으로 생각된다. 그 결과 『위지(魏志)』 '왜인전(倭人傳)'에 보이는 것과 같이 지

[1] 수목의 연륜 변동 패턴을 단서로 수목의 성장이 정지된(고사, 벌채) 연대를 결정하는 방법

역사회는 많은 나라로 뭉쳐서 서로 다투게 되었다. 좌하(佐賀 사가)현 길야가리(吉野ケ里, 요시노가리) 유적은 그러한 나라의 하나로 생각되고 있다.

미생시대의 건물은 수혈주거와 고상식(高床式) 건물이 대부분이며, 그 외에 요시노가리 유적에 복원된 노상(櫓状) 건물이나 토기에 그려져 복원된 누각상(樓閣状) 건축물, 지상증근(池上曾根) 유적 출토 토기에 그려진 장식이 있는 건물 등 상당히 훌륭한 것이 다수 있다. 이러한 건물은 환호(環濠)라는 도랑으로 둘러싸인 구역 안에 있는데, 지금까지는 정원과 관련 있는 유구는 발견되지 않았다. 그러나 벼농사로 인해 물을 관리하는 기술이 발달해 수책(水柵) 등 나무나 대나무를 사용해 보를 막거나 수로를 확보하는 유구 등이 확인되었다.

3) 고분(古墳 고훈)시대

고분시대는 3세기부터 시작되었다고 추정되며 고총식(高塚式)의 분묘와 함께 하는 시기로, 이 시대에는 석실의 조영이나 석관의 제작, 고분의 즙석(葺石)[1] 등에 대량의 석재를 사용하는 것, 커다란 석재를 조합하고 단단한 돌을 가공하는 등의 발전된 기술을 갖고 있었다. 또 봉분의 조성에 판축공법(板築工法)[2]을 사용하거나 못을 파고 제방을 쌓는 등, 대규모의 토목공사가 전국 각지에서 시행되었다. 또 나라의 통합이나 정치적 연합을 보였으며, 대화 왕권이 확립되어 국가가 성립해 가는 시기가 되었다.

이 시대의 유적으로 각지에 호족의 거관(居館)터가 다수 발굴되었는데, 이를 통해 점유된 주택공간이 있었다는 것을 알 수 있으나 현재까지는 정원에 관계된 유구가 검출된 것은 없다. 불교와 함께 정원을 만드는 문화가 전래한 6~7세기 이전의 조경적인 조형활동은 제사 관련의 유구를 통해 볼 수 있다.

(1) 삼사 유적

고분시대에는 지역을 지배하기 시작한 호족(豪族)층이 제사 행위를 점유해 그들의 거관에서 행해지는 공적 의례에 포함시켰다. 삼사(三寺 미쓰데라) 유적에서 발견된 한 변이 85m인 방형의 가옥터는 5세기 후반부터 6세기 초에 하천 유역을 정치적으로 통합했던 호족의 거관터로 추정된다. 대규모의 호에 둘러싸인 거관은 정전(正殿), 광장, 우물, 도랑 등으로 구성된 공적인 의례공간과 일상적인 생활공간으로 나뉘어 있다. 특히 육각형을 이루는 돌이 깔린 수변 제사 장소의 조경적인 의장이 주목되는데, 이는 7세기 말부터 8세기에 걸쳐 나라 지방을 중심으로 등장하는 주빈(洲浜 스하마)[3]에 조약돌을 까는 의장과 서로 통하는 측면이 있다.

❶ 고분의 사면 등에 전면적으로 깐 자갈로 일반적으로 냇돌을 사용해 봉토(封土)의 유실을 막았다.
❷ 건축물의 기단, 토벽 등의 축조법으로 흙을 얇은 층상으로 굳혀 쌓는 공법
❸ 못의 수변에 완만한 구배를 주어 작은 돌을 깔아 경치를 겸한 호안구성 수법

(2) 성지월(城之越 죠노코시) 유적

성지월(죠노코시) 유적은 삼중(三重 미에)현 상야(上野 우에노)시에서 발견된 제사와 관련된 유적이다. 이는 후대의 정원수경의식과 기술에 관련된 유구를 갖고 있으며, 현재 일본의 명승 및 사적으로 지정 보호되고 있다. 이 유적은 고분시대 전기인 4세기 후반부터 5세기 중반에 속한 것으로 추정된다. 세 곳의 솟아나는 물인 용수(湧水)로부터 굽이쳐 흐르는 도랑이 합류해 큰 도랑을 이루어 취락 부근으로 흐르는데, 용수점 근처에는 석조나 가공목재로 샘을 정돈하고 호안에는 첩석을 깔았다. 합류지점의 돌출부(岬部)에는 큰 돌을 배치하고 몇몇의 큰 돌을 세운 입석군을 볼 수 있다.그림 2 이것은 후세에 유수의 굴곡점에 돌을 앉히는 수법과 연결되는 수변부의 의장방식이다. 유구에서 볼 수 있는 방형의 토단

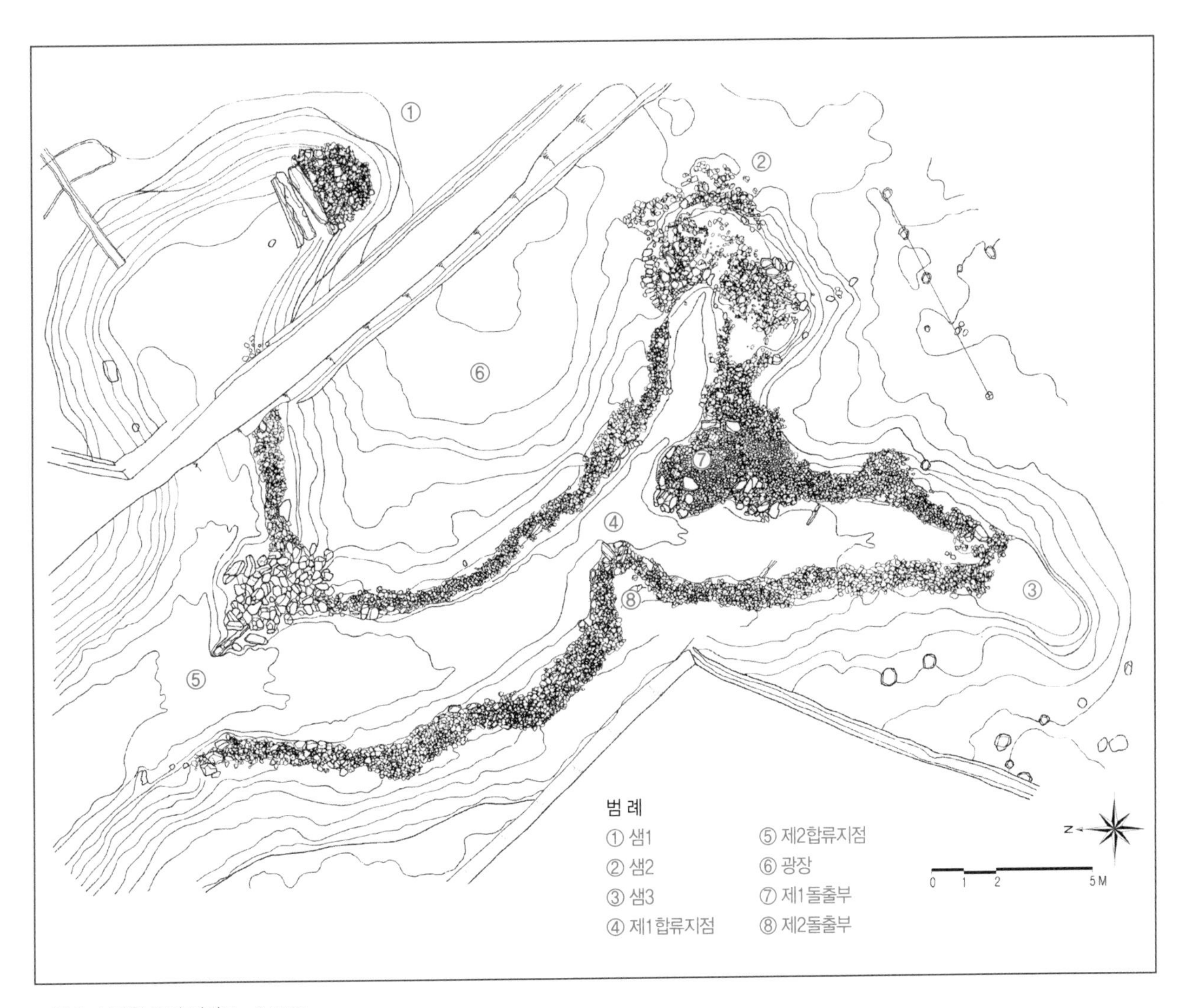

그림 2 성지월 유적 평면도 ⓒ이경은

❶ 육지가 바다나 강 등의 물과 접하는 곳

❷ 추고천황 20년, 잉령구수미산형급오교어남정(仍令構須彌山形及吳橋於南庭). 시인호기인왈로자공역명지기마려(時人號其人曰路子工亦名芝耆摩呂).

상(土壇狀) 유구나 빈터는 제사를 올리는 광장으로 추측되며, 합류점에 설치된 계단 상의 시설은 광장에서 수변으로 연결되는 제사행위를 생각하게 한다. 입석으로 둘러싸인 삼각상의 테라스는 성역의 결계(結界)를 표시하는 시설로 이해할 수 있다. 또 합류 부분 및 갑부의 돌출 부분이 제사행위의 장으로 특히 중시되었음을 알 수 있다.

흐르는 맑은 물에 몸을 씻는 계(禊)의 장소는 승문시대 이후 일상생활에 필요한 맑은 물의 확보와 식품의 저장, 가공의 장소로도 쓰였다. 그곳에는 솟아나는 물(湧水)의 주변이나 흐르는 물(流水)을 따라 미적 및 기능적으로 돌을 세우거나 깔았으며, 나무를 이용해 저수시설을 만들었다. 또 정수(淨水)를 목적으로 나무통인 나무통(木樋 목통)으로 물을 끌어왔다.

3. 비조(飛鳥 아스카, AD 592~707년)시대

비조(아스카)시대는 여러 문물과 함께 중국, 한반도로부터 정원 만드는 법과 정원문화가 일본에 전해진 시대이다. 이 시대의 정원은 수입품이며, 때로는 각국의 공인들에 의해 직접 만들어지기도 했다. 7세기에 들어오면 『일본서기(日本書紀)』에서 구체적으로 정원에 관한 기술을 볼 수 있고, 최근의 발굴조사에 의해서도 정원유구가 확인되어 본격적으로 정원이 조성된 시대였음을 알 수 있다.

귀인을 장사지내는 분묘를 아름다운 산 모양으로 만들어 주변에 해자를 두르고, 산꼭대기나 수제(水際)❶로부터 수저(水底)에 걸쳐 조약돌을 줄 맞추어 깐 것 등이 고분의 발굴이나 연못터의 준설조사결과 확인되고 있다.

아스카시대 정원유구는 원지의 평면형이 방형이며, 호안이 돌을 쌓아 조성한 석적(石積)으로 되어 있고, 연못 바닥에 작은 자갈 또는 조약돌을 깔아 놓은 극히 인공적인 방지를 다수 볼 수 있다. 이들 유구의 대부분은 아스카 지역이라는 한정된 공간에서 나타나고 있다. 또 다른 특징은 돌을 사용해 작은 원지를 만들고, 이 원지에 수로를 연결해 흐르는 물을 받아들이는 형태의 정원을 만들고 있다는 점이다.

1) 노자공(路子工)

아스카시대에 들어오면 귀족들이 정원에 더욱 흥미를 갖기 시작했다는 것을 역사서에도 볼 수 있으며, 유적의 발굴조사 결과에서도 알 수 있다. 추고(推古 스이코) 천황 20년(612년)조의 『일본서기』 기사❷는 일본 정원의 시작으로 잘 알려져 있다.

백제로부터 도래한 노자공(路子工)이 그 특기를 인정받아 궁성(皇居) 조정(朝廷)의 남정(南庭)에 수미산(須彌山)과 오교(吳橋)를 만들었다. 수미산은 불교의 우주관을 상징적으로 표현한 것으로 향로 등의 공예품에도 나타나며, 오교는 후의 반교(反橋)와 같은 것이었다고 추측된다. 이것은 당시의 일본 정원이 중국 풍 또는 한반도 풍의 형상을 나타내기 시작했음을 입증하는 중요한 기록이다.

2) 도장 유적(島の庄 시마노쇼우)

도장(시마노쇼우)의 정원은 명일향촌(明日香村 아스카무라) 도장의 석무대(石舞臺) 남쪽 아래에서 발굴조사되었다(1971~1973년). 약간 평평한 강돌(川石)을 바닥에 깔고, 측벽에도 같은 계통의 조약돌을 쌓은 방형의 못이 확인되었다.

이 정원유구가 『일본서기』에 쓰여 있는 도장(시마노쇼우)의 정원이며, 이것이 소아마자의 정원인지 아닌지는 명백하지 않다. 그러나 소아마자(蘇我馬子 소가노우마코)가 비조천(飛鳥川 아스카가와) 곁의 저택에 살며, 작은 섬이 있는 못을 조성하고 있어 당시의 사람들이 그 사람을 '섬대신(島の大臣 시마노오오미)'이라고 불렀다는 기록을 『일본서기』 추고천황 34년(626년) 5월조에서 볼 수 있다.

3) 석무대(石舞臺 이시부타이) 고분

석무대(이시부타이)는 소아마자의 묘라고 하는 설이 많은데, 일본에서도 최대급의 거석을 사용한 횡혈식 석실의 고분이다.그림 3 원래는 거석을 덮는 성토, 지붕돌이 있었지만 언제 성토가 유실되었는지는 알 수 없다. 또 거석을 운반하고 쌓아 올린 기술을 갖고 있던 집단이 누구인지도 알 수 없다.

그림 3 석무대 고분 ©안계복

일본인은 돌이나 물에 대한 생각이 깊어서 오랫동안 특별한 감정을 갖고 있었던 것으로 추정된다. 그것도 대개가 인공적으로 가공하지 않은 자연석의 석무대와 같은 것이며, 연못, 호수, 유수, 폭포 등과 같은 자연수이다.

4) 수미산석조물

1981년 말 명일향촌(아스카)에서 석신유적(石神遺跡)이 발굴되었다. 이 석신유적에서는 이미 메이지 연간(1868~1912년)에 수미산석조물(須彌山石像)**그림 4**이 발견되었는데, 이 발굴 조사 결과 수미산석조물이 가까운 곳으로부터 옮겨져 일시적으로 이곳에 놓였다는 것을 나타내는 돌의 흔적이 확인되었다.

수미산석조물은 향연의 장식 장치이었을 것으로 추측되는데, 모두 3단으로 구성되어 있다. 수미산석조물은 가운데가 비어 있어 물을 일시적으로 받아 놓았다가, 맨 아랫단 석조물에 구멍이 사방으로 뚫려 있어, 분수처럼 낙차를 이용하여 물을 밖으로 분출시킬 수 있는 구조로 되어 있다.

수미산이란 불교 우주관의 중심에 위치하는 산으로, 개념적 구조는 다음과 같다. 수미산석조물이 3단으로 되어 있듯이 수미산도 3단으로 된 구조(풍륜–수륜–금륜)를 가지고 있다. 허공에 바람의 바퀴인 풍륜(風輪)이 떠 있고, 풍륜 위에 수륜(水輪)이 있으며, 수륜 위에 금륜(金輪)이 있다고 생각한다. 이 금륜의 표면에 산과 바다 그리고 섬이 있다. 금륜은 원형으로 가장 비깥 측이 철위산(鐵圍山)이고, 중심에 솟아 있는 것이 수미산이다. 그 수미산과 철위산 사이에 일곱 개의 산이 있으며, 그 사이는 바다로 되어 있는데, 이것이 구산팔해(九山八海)를 이룬다고 생각하였다. 수미산의 정상에는 제석천(帝釋天)이 사는 수승전(殊勝殿)을 중심으로 한 도시가 있다. 수미산석조물은 이러한 불교의 우주관을 상징적으로 표현한 것이다. 따라서 수미산석조물은 각 단마다 다른 문양으로 새겨져 있다.

그림 4 수미산석조물 ©김진성

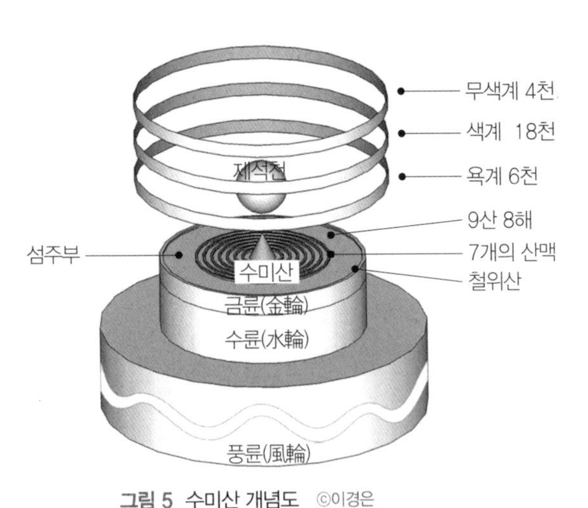

그림 5 수미산 개념도 ©이경은

이외에 아스카시대의 특징적인 거석문화로 주선석(酒船石 사카부네이시)가 있다. 주선석은 '술 배 바위'란 뜻으로 술을 빚는 데 사용된 것으로 추정되는 큰 화강암이다. 또한 주선석은 정원 관련 시설로, 흘러가는 물의 모습이나 소리를 즐겼을 것으로 추측되기도 한다. 현재 하나는 아스카에 남아 있고,그림 6 또 다른 하나는 교토시 동산(東山) 기슭의 야촌(野村 노무라) 별저(別邸) 정원 내에 옮겨져 있다.

5) 귀형석조물(龜型石造物)

발굴조사(2000년 1월) 결과, 아스카의 주선석 유물 북측에서 거북 모양을 하고 있는 귀형석조물과 그와 관련된 석조물, 도수 및 배수시설 등이 발견되었다.그림 7

즉, 화강암으로 만들어진 귀형석조물을 비롯한 일련의 석조물과 이들 석조물에 물을 끌어들이기 위한 시설 등이 발견되었다. 그리고 이들 시설을 중심으로 주변 일대에는 돌이 깔려 있고 동측에는 계단 상의 시설, 서측에는 돌담이 있다. 중앙에는 12m 사방에 돌이 깔려 있다. 그 중앙에 거북 모양 수조의 꼬리 부분에서 남북 방향으로 폭 50㎝, 깊이 40~50㎝의 배수구가 있다.용수시설은 산록에 위치해 사암절석(砂巖切石)을 북쪽을 향해서 펼치듯이 쌓았는데 동서 약 1.8m, 남북 약 2.4m이며 높이는 약 1.3m이다. 용수시설의 중앙에는 사암절석을 방형의 통상(筒狀)으로 쌓아 올린 취수구가 있다. 취수구에서 소판형석조물까지는 아마도 나무통으로 도수한 것으로 추측된다.

모가 둥근 장방형으로서 마치 수조 모양으로 생긴 석조물은 길이 1.65m, 폭 1m, 남측 상면의 높이 15㎝, 폭 9㎝로 반원형의 한 단 높은 시설이 있으며 반대쪽은 귀형석조물과 연결하기 위한 돌기가 있다. 수조 모양의 부분은 길이 93㎝, 폭 60㎝, 깊이 20㎝로 가공되어 있으며 바닥에는 지름 4㎝의 구멍

그림 6 주선석(酒船石, 사카부네이시) ©안계복

그림 7 귀형석조물 ©안계복

이 있다. 물은 이 구멍을 통해서 귀형석조물의 거북이 입과 연결된다.

귀형석조물은 이 지역의 화강암을 거북이 형태로 가공한 것인데 전장 2.4m, 폭 약 2m의 크기이며, 얼굴은 남측에 있는 소판형석조물을 향하고 좌우에는 다리가 조각되어 있다. 거북의 등에 해당하는 부분에는 폭이 약 19㎝의 원형 둘레가 있고 중앙은 직경 1.25m, 깊이 약 20㎝의 수조 모양으로 되어 있다. 거북의 코에 있는 구멍을 통해 물이 들어오며 꼬리 부분에 파인 V자형 단면의 구멍을 통해 배수구로 흘러 나간다. 이러한 시설물은 누가 어떤 목적으로 만들었으며, 어떻게 사용되었는지 지금은 알 수 없지만 아스카(飛鳥)시대의 조경유적으로 매우 중요한 것으로 생각된다.

석조물의 재료는 물론 그 지방산(地方産)의 석재인 것은 틀림없지만, 그 가공법이나 사용법에는 신라 경주 월지 입수구와 유사한 형태를 띄고 있다. 또 물이 흘러 내리는(流水) 방법이 신라 경주 월지와 공통점이 있다고 생각되는 것은 정원조성법을 전해 준 기술자의 영향 때문인 것으로 판단된다.

4. 나양(奈良 나라, 708~781년)시대

1) 평성경(平城京 헤이죠우쿄우)

원명(元明 겐메이)천황은 710년 등원경(藤原京 후지와라쿄우)으로부터 평성경(헤이죠우쿄우)으로 천도했다. 평성경은 동서 약 5.9㎞, 남북 약 4.8㎞의 규모로 나라 분지의 북쪽에 위치하며, 중앙의 주작대로(朱雀大路)를 기준으로 동쪽에 좌경(左京), 서쪽에 우경(右京)을 두고, 좌경의 동쪽에 외경(外京)을 배치했다. 경내(京內)에는 1조(條)부터 9조까지의 대로(大路)가 동서로 배치되고, 남북으로는 1방(坊)부터 4방까지의 대로가 주작대로와 평행으로 배치된 바둑판 모양의 정방형으로 가로를 조성한 조방제(條坊制)를 도입했다. 나성문(羅城門)을 정문으로 한 주작대로는 그 북쪽 끝에 주작문을 정문으로 하는 평성궁을 만나도록 배치하였다.그림 8

평성궁은 나라시대에 새롭게 만들어진 수도의 궁전지구이다. 평성궁은 평성경의 북쪽 중앙에 위치하며, 천황이 거주하는 곳인 어재소(御在所), 국가의 정치나 의식을 행하는 궁전이나 관공서(役所) 등이 있다. 길이는 동서 약 1.3㎞, 남북 약 1㎞이며, 특별사적으로 지정되어 있다. 평성궁의 발굴은 1959년에 본격적으로 시작되어 현재에 이르고 있다. 이 조사에서 평성궁 내에 4개소의 원지 또는 가능성이 있는 못이 발견되었다. 그중 하나인 동원(東院)정원은 평성궁이 동쪽으로 뻗어 나온 부분인 동남 귀퉁이에 조영된 시설이다.

2) 평성경의 곡수연 유구로 추정하는 곡지(曲池)

1975년부터 나라국립문화재연구소는 평성궁의 동남쪽인 평성경 삼조동이방육평에서 S자 모양으로 생긴 곡지를 발굴한 후 정비하였다. 이 정원은 동서 약 60m, 남북 약 70m로, 대규모 원지가 아니라 남북으로 좁고 길게 굽이쳐 흐르는 수로(水路)와 같은 형태의

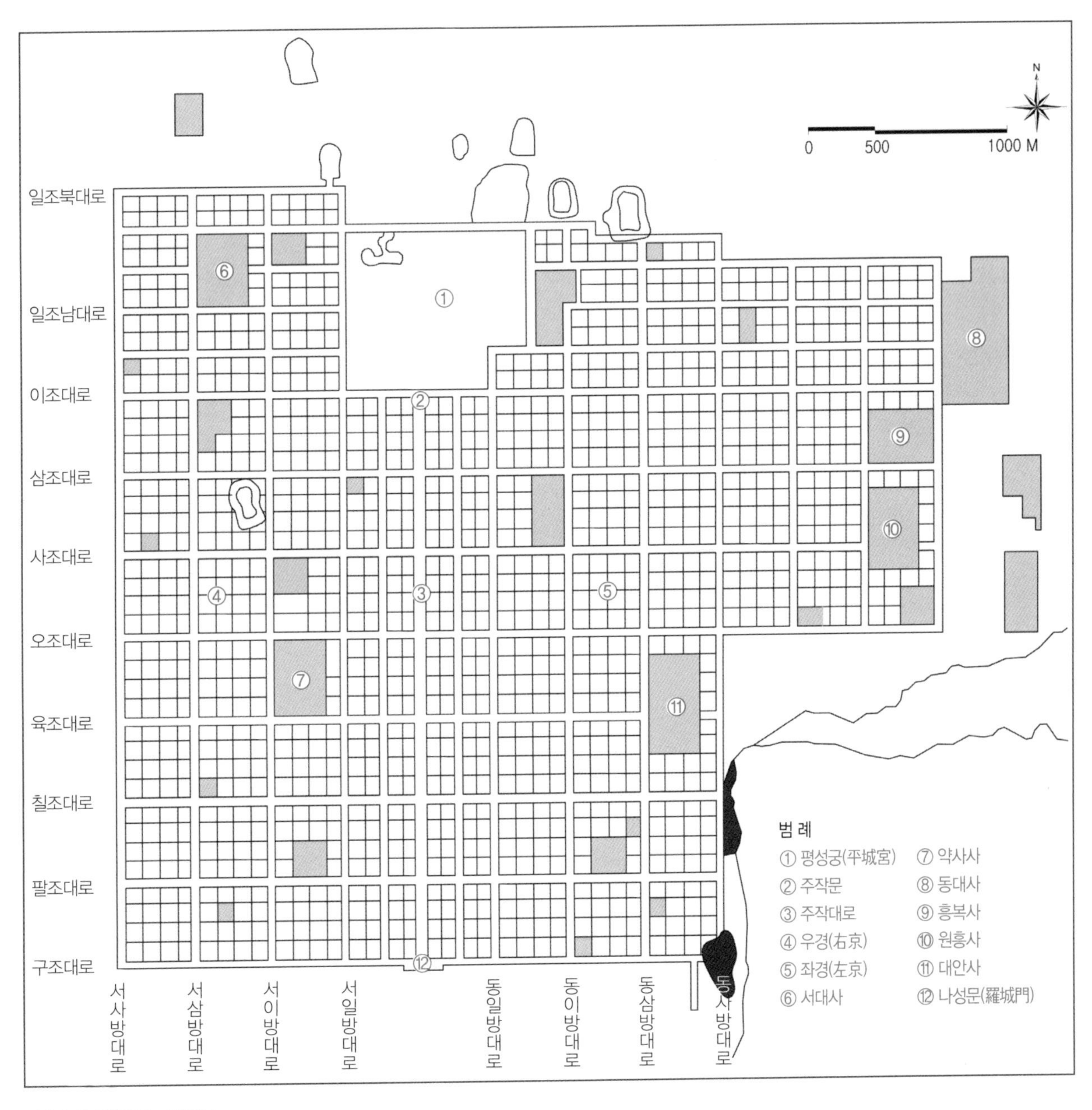

그림 8 평성경 조방 ⓒ안계복

곡지(曲池)를 갖는 정원이다. 남북으로 길게 구성된 곡지에 면한 건물은 곡지와 동쪽의 배경이 되는 동산(東山)의 산줄기를 감상할 수 있도록 배치되어 있다.그림 9

곡지(曲池)는 원래 굽이쳐 흐르던 계류의 지형을 이용해 만든 연못이다. 곡지의 길이는 55m, 폭은 평균 3m, 깊이는 20~35㎝ 정도이다. 곡지의 입수구그림 10는 북쪽인데, 물이 고인 곳으로부터 폭 13㎝, 길이 5m의 나무통(木樋 목통)으로 암거로 만들어 물을 도입시킨 것으로 나타났다. 곡지의 입수구는 20㎝ 정도의 돌을 거의 수직에 가깝게 일렬로 세우고, 가운데 바닥에는 그보다 작은 크기의 돌들을 수평에 가깝게 깔았다.그림 11 5~6°의 완만하게 경사진 곡지의 양쪽 호안에는 조약돌을 깔았고, 곡지의 돌출부에는 형태가 좋은 경석을 놓았으며, 수중에는 경석을 배치하는 등 돌을 쓰는 수법에 있어 상당한 조형성을

그림 9 평성궁 곡수유구 복원 정비 ©안계복

그림 10 곡지의 입수구 ©안계복

그림 11 입수구 형태 ©안계복

그림 12 곡지 전경 ©안계복

보인다.그림 12 곡지(曲池) 안에는 바닥에 나무상자(木箱 목상)❶을 묻고 계절 수초를 심어 꽃을 감상하게 하였다. 조영 시기는 나라시대 중기로 추정된다.

발굴조사보고서에서는 곡지의 형상이나 경사도로 미루어 조정(朝廷)이나 귀족 사이에 유행하고 있던 곡수연을 위한 정원으로 생각한다. 곡수연은 우리나라나 중국에서 풍류로 즐기던 것인데, 중국의 왕희지 난정은 자연석 수로, 신라 포석정은 가공 석재인 다듬은 돌,❷ 평성경의 곡수유구(曲水遺構)는 자연석을 활용한 수로로 볼 수 있다. 하지만 이 유구를 곡수연을 위한 유배거로 보기에는 한계성을 가지고 있다. 왕희지의 난정은 수로 옆에 사람이 앉을 수가 있지만 이 곡수유구는 설계면에서 사람이 들어가 앉을 수 있는 어떠한 배려도 하지 않았는다는 점에서 한계성을 지니고 있다고 생각된다.

❶ 신라 동궁 월지에 연을 심은 2m 내외의 귀틀과 비교해 볼 만하다.
❷ 가공석재는 가공된 정도에 따라서 다듬은 돌과 절석(切石)으로 등으로 구분된다.

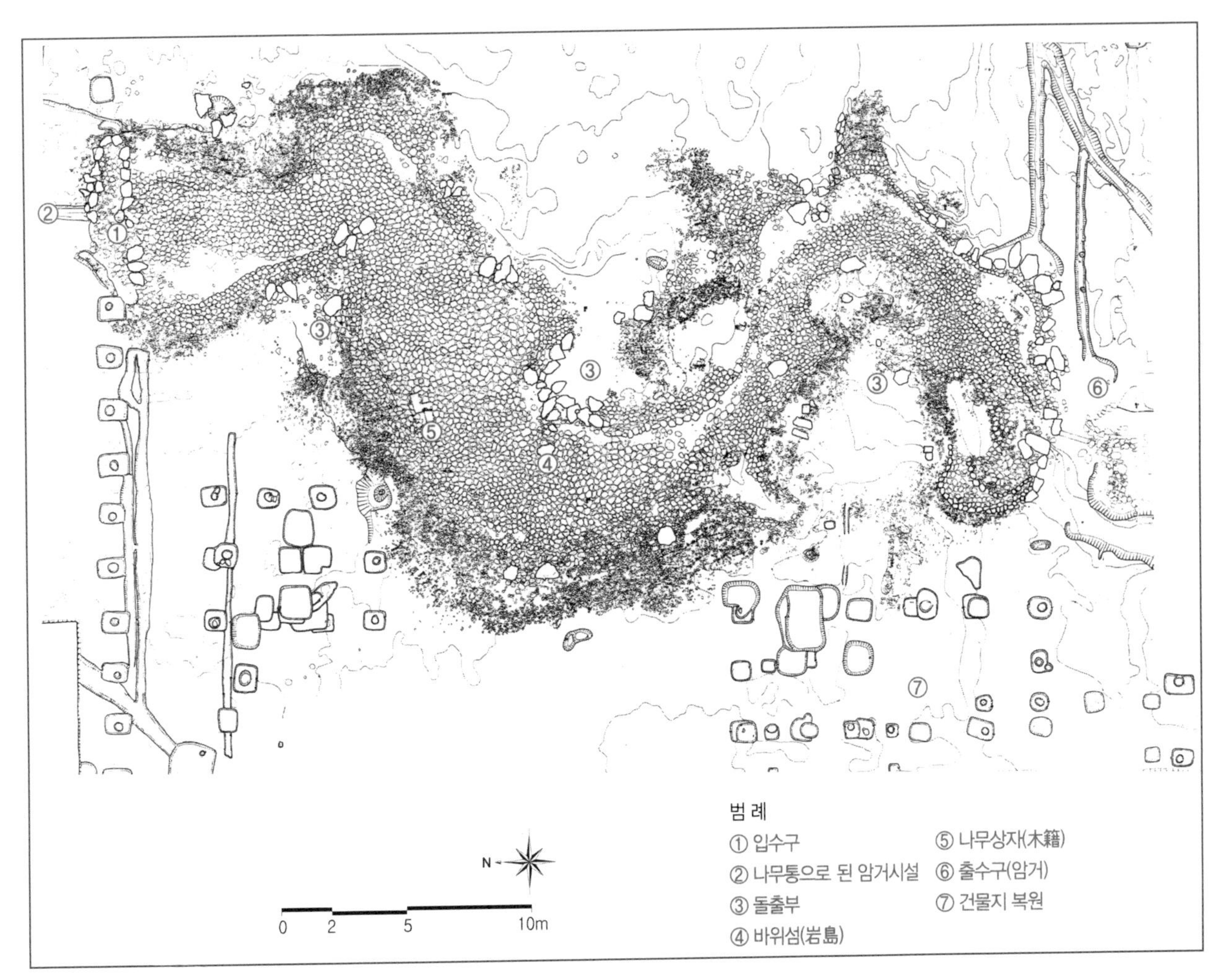

그림 13 평성경의 곡지(曲池) 평면도 ⓒ이경은

3) 동원(東院 토우인)정원

동원(토우인)정원의 발굴조사는 총 7회에 걸쳐 진행되었는데, 주변을 포함해 발굴한 면적은 약 13,000㎡이다. 정원의 동쪽과 남쪽은 평성궁(平城宮) 궁궐의 바깥쪽을 둘러싼 담장이며, 서쪽과 북쪽은 땅을 파서 기둥을 세우고(掘立柱 굴립주) 목재로 담장을 만든 판장(板塀)으로 구획되어 있다. 동서 약 70m, 남북 약 100m 구획의 중앙부에 큰 못을 파고 주위에 건물을 배치했다.그림 14

동원정원은 나라시대 전기(748~749년)에 조영되어 평안시대 초에 없어진 것으로 추정되는데, 나라시대 중기에 원지와 주위의 건물이 대대적으로 개수가 있었다. 원지의 조영은 전기, 후기로 구별이 되는데 특히 후기의 원지는 전기의 원지를 메우고 그 위에 다시 만들었다. 이 시기에 원지와 관련된 건물은 4동으로, 서안과 남안에는 원지로 돌출한 건물이 있었고 원지에서 조금 떨어진 북쪽에 2동의 부속건물이 있었다.

전기의 정원은 원지의 못 바닥에 20~50㎝의 편평한 안산암을 깔고, 연못 수면과 지면이 만나는 경계선(汀線 정선)에는 직경 20~30㎝의 하천석을 세웠으며, 원지의 입수구와 배수구, 호안 돌출부(岬部)에는 경석을 집중적으로 배치했다. 원지의 입수는 동북쪽 모퉁이에서 시작했고, 배수는 서남쪽의 모퉁이로 흘려보냈으며, 수로는 폭이 40㎝, 깊이는 20~30㎝ 정도이다. 서남쪽 모퉁이의 배수로는 전기에 조약돌이 깔린 굴곡진 배수로 모양이었는데 곡수연의 유배거로 사용된 것이 아닌가 추정하기도 한다.

후기 정원은 기본적으로 전기의 원지 형태를 답습하면서 동북부를 동쪽으로 10m 정도 확장해 연못 경계선(호안선)의 출입을 크게 만들어 전체적으로 복잡하게 꾸몄다. 못 바닥에는 확장된 부분을 제외하고는 전면에 5~10㎝의 자갈을 깔았으며, 호안에도 5~20°의 완만한 구배의 자갈을 깔아 모래톱 모양으로 경석(景石)을 앉혀서 마무리했는데, 경석은 돌출 부분에 많이 놓였다.

원지 북안의 중앙부에는 석조(石組)의 축산이 있는데, 이 축산은 정원의 주경을 이룬다. 최상부에 세운 1.2m의 편마암을 중심으로 1m 내외의 경석을 산형으로 배치한 것으로, 나라시대의 석조를 보여 준다.

건물은 남쪽에 1동, 동남쪽 모퉁이에 누각 형태의 건물이 있고, 서쪽에 건물이 있다. 서쪽의 건물로부터 연못 동쪽 호안으로 평교(平橋)가 설치되어 있으며, 동쪽 호안에서 북쪽 호안으로 반교(反橋)가 걸쳐 있다. 원지의 깊이는 30㎝ 정도다.

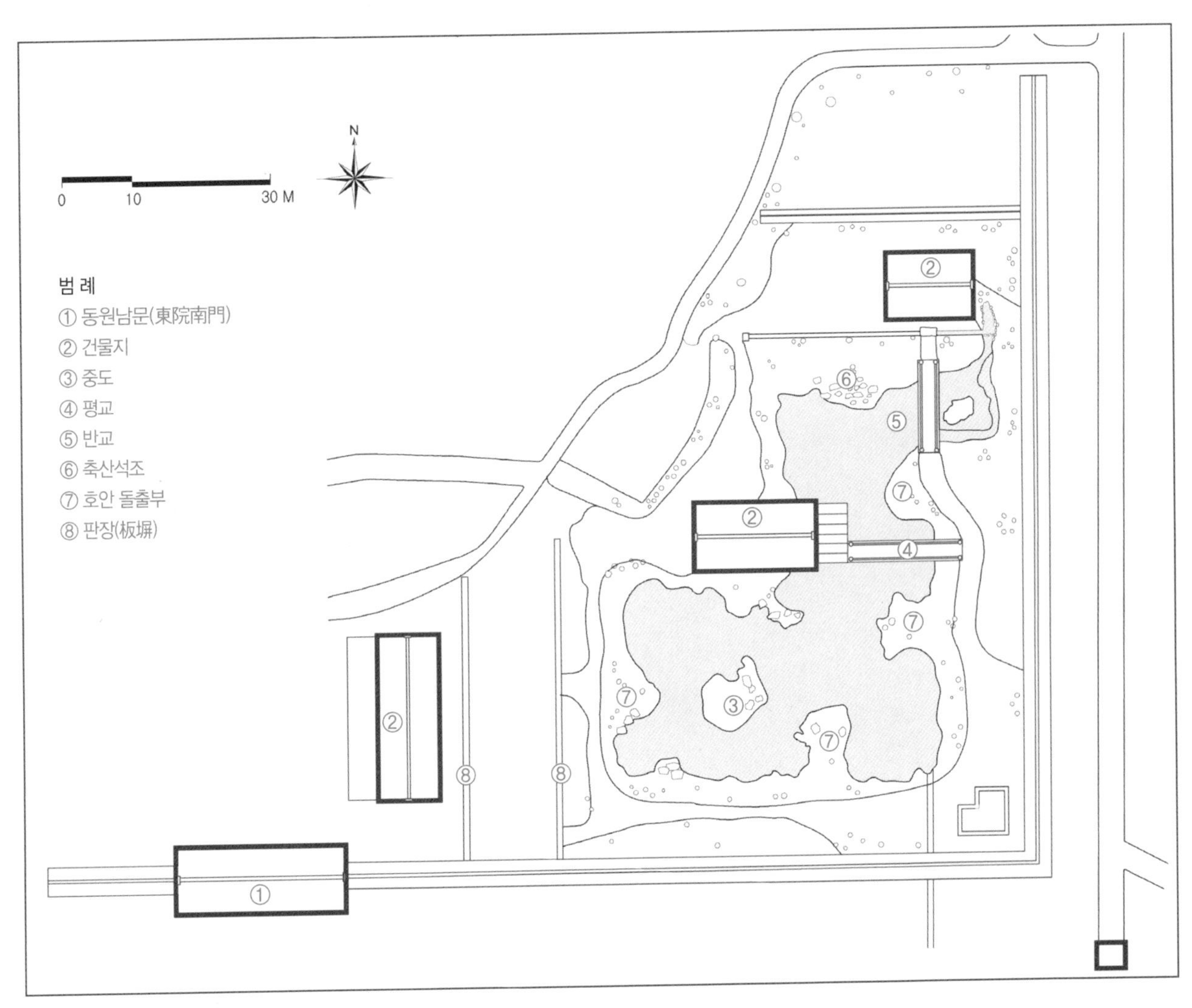

그림 14 동원정원 배치도 ©안계복

그림 15 동원정원 ©안계복

그림 16 수중경석 ©안계복

제3장

평안시대

(平安 헤이안, 782~1184)

1. 개관
2. 평안(헤이안)시대 초기
3. 평안(헤이안)시대 중기
4. 평안(헤이안)시대 말기

1. 개관

나양(奈良 나라)은 물이 풍부하지 못하였으나 수도를 변경한 교토(京都)는 지형과 수원이 풍부해 정원 발달에 좋은 조건을 구비하고 있었다.

평안시대 초기 조정에 있는 건물을 침전조(寢殿造)라고 부른다. 이 명칭이 일본에서 사용된 최초의 예는『일본서기』의 평성궁(西宮) 침전으로, 그곳에 정원이 있었는지는 알 수 없다. 침전의 동쪽 또는 서쪽에 서로 마주 보는 건물인 대옥(對屋 다이노야)이 세워진다. 침전조가 완성 단계에 가까워지면서 침전 앞에 연못이 있는 정원 형태로 발전한다.

당시 조정의 정원에 관한 기록은『삼대실록(三代實錄 산다이지쓰로쿠)』에서 볼 수 있는데, 884년 인수전(仁壽殿 닌쥬덴) 정원에 수초(樹草)나 대나무를 심고 모래를 깔고 계류(細流)를 흐르게 하였다는 기록이 있다.

평안(헤이안)시대 후기에 이르면 귀족저택에 침전조형식이 갖추어지는데 주요 건축물의 배치방법과 정원의 모습을, 당시 최고의 격식을 차린 저택 동삼조전에서 볼 수 있다.

평안(헤이안) 말기에 이르면 교토 시내에 오랜 전란과 화재 그리고 시내외의 과도한 개발로 인해 수맥이 고갈되어 유서 깊은 임천(林泉)이 쇠퇴하기 시작한다. 그래서 황실이나 귀족들의 저택들이 자연풍경을 찾아서 옮겨가기 시작한다. 그중에는 궁전과 불당(佛堂)이 같이 있는 대규모의 건축물을 축조하거나 자연의 큰 호수를 그대로 지정(池庭)으로 하여 섬에 건물을 짓는 특이한 예도 있다.

당시의 순수한 저택정원으로 완전한 것은 남아 있지 않다. 그러나 같은 계통으로 생각할 수 있는 저택 또는 별장에 부속된 불당(佛堂)과 원지(園池) 그리고 귀족 출신의 고승(高僧)이 살던 집(住房)이나 정원유적이 남아 있다. 평등원(平等院), 법금강원(法金剛院), 대승원(大乘院), 원성사(円成寺), 정유리사(淨瑠璃寺), 모월사(毛越寺) 등이 그 예이다. 이들의 의장 특색은 등원(藤原 후지와라) 가문에 전승된 비전서『작정기(作庭記)』와 부합한다.

2. 평안(헤이안)시대 초기

평안(헤이안)시대 초기에는 나라시대에 이어서 당풍문화(唐風文化)가 유행했다. 당(唐)의 광대한 원지를 모방한 정원이 만들어졌는데, 대부분이 자연의 지형을 이용해 큰 면적의 원지를 조성하고, 그곳에서 뱃놀이(船遊)를 비롯한 연회를 개최했다.

1) 신천원(神泉苑 신센엔)

신천원(신센엔)은 처음에는 '신천(神泉)'이라고 불렸으나 평안경(平安京)을 만든 환무(桓武 칸무)천황이 이곳에 들러 뱃놀이를 했던 800년부터 '신천원(신센엔)'이라고 불릴 정도로 건축이나 정원의 설비가 잘 갖추어진 것으로 보인다. 신천원은 못에 남면(南面)하는 2층의 건임각(乾臨閣)이 중심건축이며, 그 양편으로 익랑(翼廊)이 있고, 도중에 직각으로 굽은 부분에 좌우각(左右閣)을 세웠고, 그 끝에는 연못을 바라보는 동서조전(東西釣殿)이 있다. 못은 동서 약 100m, 남북 약 150m의 크기로 중앙에 직경 약 50m의 섬이 있다. 못의 동북

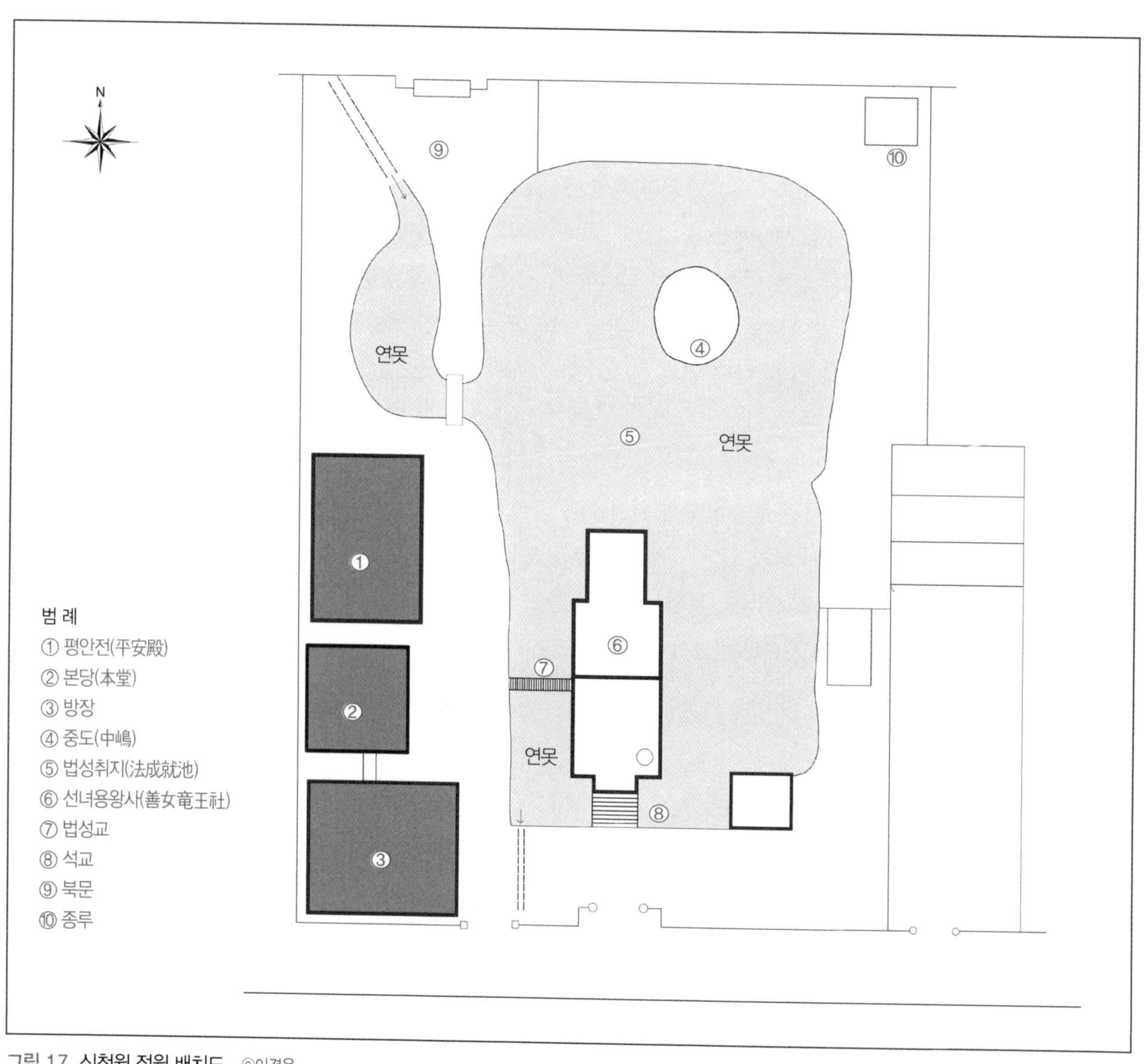

그림 17 신천원 정원 배치도 ©이경은

쪽 높은 지점에서 '신천(神泉)'으로 불리는 맑은 샘(清泉)이 솟아나 계류가 되어 못으로 흘러든다.그림 17 이 신천원은 평안시대 후기까지 놀이하는 장소(園遊場 원유장)로 이용되었다.

신천원은 건축물과 천(泉), 지(池) 등의 위치 관계가 침전조양식의 전형적인 배열을 보이는 오래된 유구로 유명하다. 그뿐 아니라 작정 시기인 천도 직후 평안경 건축과 정원의 축조법을 짐작할 수 있는 것에서도 의미가 있다.

그 외에 평안(헤이안)시대 초기의 궁원으로 순화원(淳和院 쥰나인)이 알려져 있다. 같은 모양의 정원이 주작원(朱雀院 스자쿠인)에도 조성되어 있었는데, 이 유적은 발견되지 않았다. 다만 주작원에 관해서는『겐지 이야기(源氏物語 겐지모노가타리)[1]』에 등장한다.

[1] 『겐지 이야기(源氏物語 겐지모노가타리)』는 일본 헤이안시대 중기(11세기)에 지어진 소설이다. 54첩에 달하는 장편으로 800여 수의 시(和歌)가 들어 있다. 헤이안시대를 배경으로 궁궐 이야기를 그리고 있는데 등장인물은 500명에 가깝고 4대의 임금 70여 년에 걸친 장편이다.

2) 대각사 차아원(大覺寺 嵯峨院 다이가쿠지 사가인)

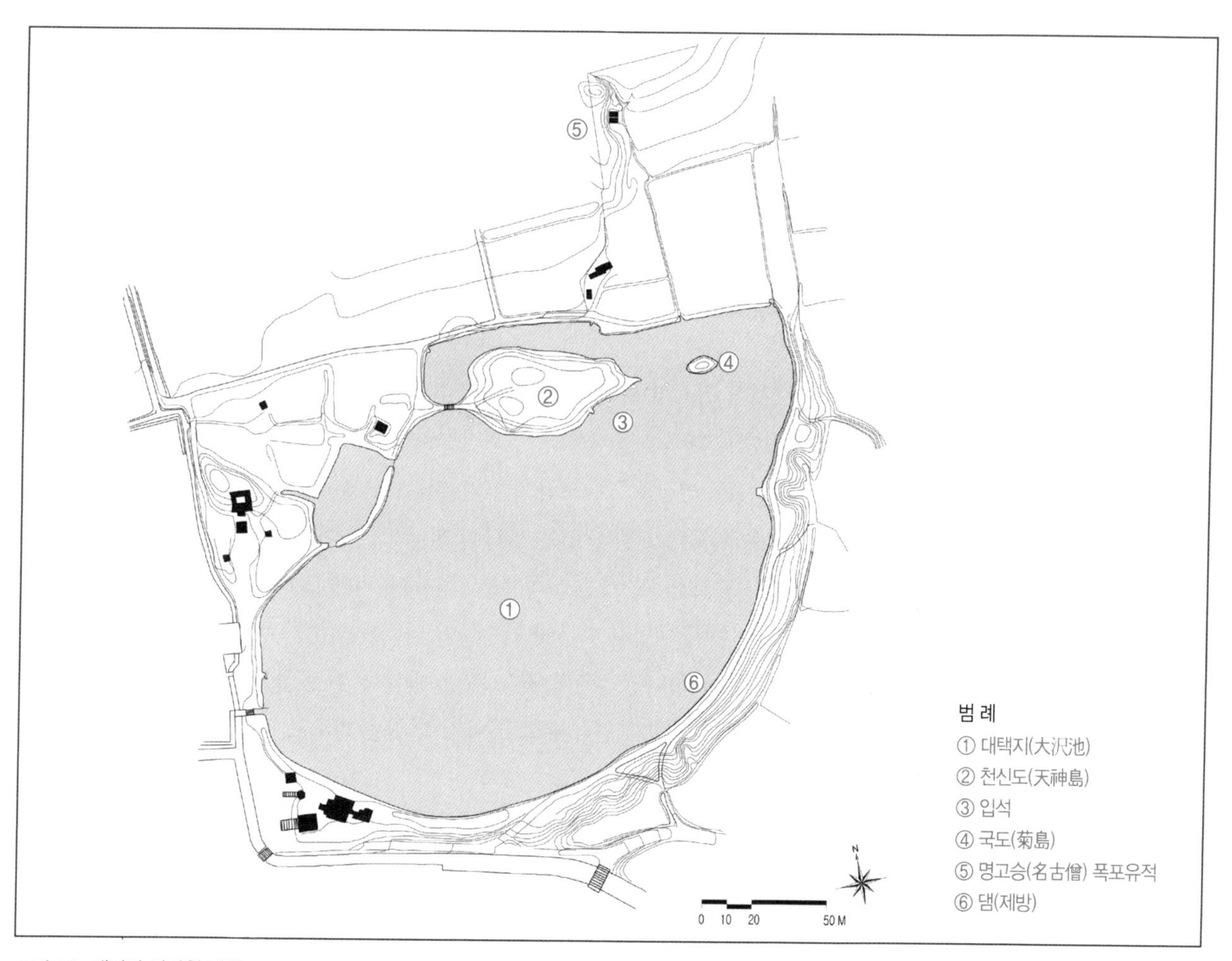

그림 18 대각사 차아원 배치도 ©안계복

❶ 외부로부터 물을 끌어 들여 침전조정원에 만든 계류

평안(헤이안)시대의 정원으로 오늘날까지 잔존하는 것은 대각사(다이가쿠지)의 대택지(大澤池)와 명고증(名古曾)폭포 터 등이 있다.그림 18 대각사는 876년에 차아천황의 이궁이었던 차아원(사가인)이 천황이 죽고 난 다음 절로 바뀐 것이다. 차아천황의 재위 중 궁궐에 인접한 신천원(신센엔)이 있었음에도 가끔 이곳에 놀러 왔던 사실에서 당시에도 풍치가 뛰어났던 것으로 보인다. 대택지와 명고증폭포는 1922년에 명승으로 지정되었다.

대택지는 북쪽 산골짜기에서 흐르는 계류를 막아서 만든 것으로 언뜻 보기에는 관개용 저수지로 오인할 수 있지만 아직도 몇 개의 입석이 산재해 있다. 못의 크기는 동서 약 265m, 남북 약 185m이며, 수심은 약 2.5m이다. 북쪽에는 천신도(天神島)와 국도(菊島)라는 크고 작은 섬이 있는데, 매년 중추절에는 배를 띄워 달맞이를 하였다.

대택지와 못 가운데 있는 입석(立石), 폭포의 입석은 일찍부터 평안(헤이안)시대 귀족들이 주목해 많은 시(和歌)에 등장한다. 차아원은 조영했다기보다는 사방의 경관을 울타리로 하여, 조망에 들어오는 전체의 경관을 정원에 넣는 구상으로 평안(헤이안)시대의 이상형이라고 할 수 있다.

3. 평안(헤이안)시대 중기

1) 침전조(寢殿造 신덴즈쿠리)

평안(헤이안)시대 귀족의 주택형식을 침전조(신덴즈쿠리)라고 한다. 이는 주거에 해당하는 침전(寢殿 신덴)과 대옥(對屋 다이노야), 조전(釣殿 쓰리도노)이라는 부속시설을 통로인 복도(渡廊 와타리로우)로 연결해 "∩" 모양으로 연결하는 구조이다.

침전의 남쪽은 흰모래가 깔려 있는 마당이 있고, 그 앞에 연못이 있는데, 연못에는 두세 개의 섬이 있으며, 물은 주로 동북쪽에서 견수(遣水 야리미즈)❶에 의해 끌어들인다.

교토는 원래 여름이 무덥기 때문에 귀족들이 더위를 피하기 위해 여러 방법을 취했는데, 침전조의 특징 중 하나인 조전(釣殿)도 그런 예이다. 이는 물고기를 낚는 장소가 아니라 복도(渡廊)를 못까지 길게 연장해 그 끝에서 더위를 피하고, 연회를 위해서 벽이 없는 바람이 통하는 건물을 마련했다.

침전조정원에서의 연못은 침전 전면에 펼쳐지는 전정(前庭)에 위치하며, 하나 또는 둘 이상의 중도를 두고, 중도는 다리로 연결된다.

작정기(사쿠테이키)에서 말하는 사신상응(四神相應)이란 동쪽에 흐르는 물인 유수(流水), 서쪽에 큰 길인 대도(大道), 남쪽에 연못(池), 북쪽에 언덕(岡 강)으로 둘러싸인 지세를 말한다. 침전조양식은 이러한 사신상응의 원칙에 맞추어 건물과 정원을 배치하였다. 그런데 사신상응(四神相應)이란 원래 사방신이 서로 통하고 잘 어울린다는 말이다. 즉 풍수지리에서 동쪽의 청룡, 서쪽의 백호, 남쪽의 주작, 북쪽의 현무가 서로 통하고 잘 어울리는 땅의 형국을 의미한다. 한국의 궁궐 풍수지리에서는 유수(流水)가 서쪽에 위치하는 것에 비해 일본에서는 동쪽에 위치하는 것이 서로 다른 점이다.

2) 동삼조전(東三條殿 도우산죠우덴)

동삼조전(도우산죠우덴)은 평안(헤이안)시대 침전조계 정원의 대표적인 예로서, 당시의

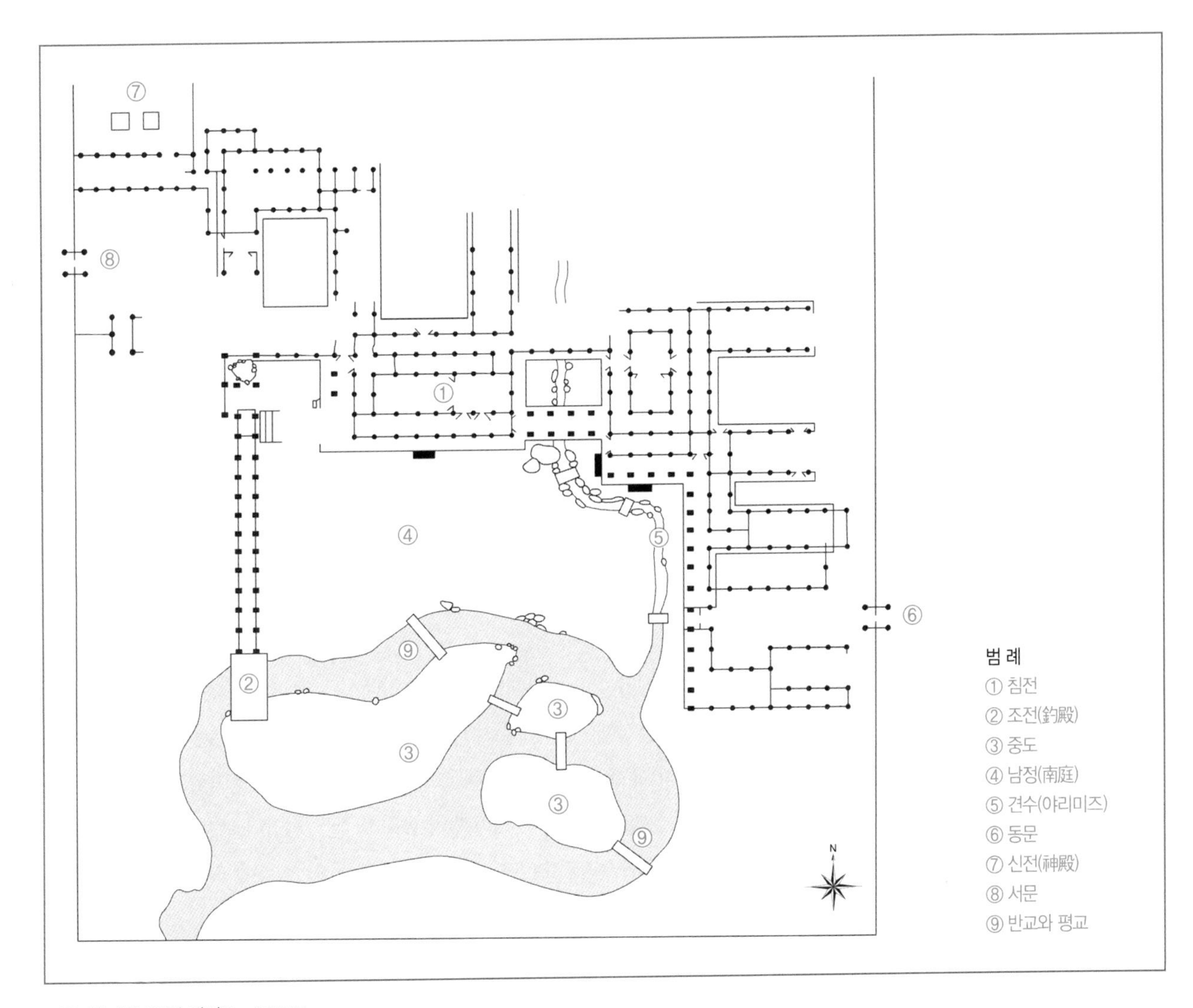

그림 19 동삼조전 배치도 ©안계복

실권을 잡은 등원(藤原 후지와라) 가문의 저택이다. 그림 19 그러나 이는 현존하지 않기 때문에 복원도에 의해 당시의 모습을 그려 볼 수밖에 없다. 침전조정원의 대부분은 교토를 중심으로 만들어졌는데, 이는 교토가 황족을 중심으로 한 귀족의 수도였고 무엇보다도 하천 등의 수리(水利)가 용이했기 때문이다.

부지는 동서 약 100m, 남북 약 200m이고, 중심부에 있는 침전 앞에 정원이 전개된다. 연못에는 섬이 세 개 있는데, 이 연못에는 동북쪽 모퉁이로부터 견수(야리미즈)가 흘러 들어오며, 연못 서쪽 호안에는 숲이 있다. 또 서쪽의 복도 끝에는 조전(釣殿)이 연못에 닿아 있다. 맑은 샘은 침전 서쪽의 중정(中庭)에서 용출한다. 연목 호안과 섬, 그리고 대안(對岸)은 각각 붉은 칠을 한 난간이 있는 반교(反橋)와 평교(平橋)로 연결하고 있다. 수변과 섬에는 계절을 알리는 여러 식재가 있으며, 견수(야리미즈)의 내측, 마운딩(野筋 야근, 노스지)[1]에는 전재(前栽 센자이)[2]와 같은 작은 관목을 심었다. 또 서쪽 복도의 안쪽에는 화원이 있다.

3) 고양원(高陽院 가야인)

고양원(가야인) 정원은 동삼조전과 함께 평안(헤이안)시대 중기의 침전조정원 중에서 유명한 정원 중의 하나이다. 본래 환무(桓武)천황의 아들 하양(賀陽 가요우) 친왕(親王)의 저택으로, 1019년에 대규모의 건축과 정원을 만들기 시작해 2년 8개월에 걸쳐 완성했다. 원지(園池)의 물가에 주먹만 한 냇돌을 빈틈없이 깔아 점토로 다졌다. 못 바닥에도 자갈을 밀집해 깔아 누수를 방지하면서 못의 경관도 아름답게 꾸몄던 것으로 생각된다. 수심은 약 40㎝ 정도이다.

4) 굴하원(堀河院 호리카와인)

굴하원(호리카와인)은 평안(헤이안)시대 초기에 태정대신(太政大臣)의 저택이었으나 주인이 여러 번 바뀌어 1032년경에 정원을 수리했다는 기록이 있으며, 1983년 발굴조사를 시작했다. 그 결과 원지의 유구는 완만한 구배를 갖는 수심이 얕은 못이었고, 동북쪽에서 남서쪽으로 흘러 못에 유입되는 견수(야리미즈)의 유구도 발견되었다. 원지유구의 동북 귀퉁이에는 폭포석조가 있었으며, 견수(야리미즈) 유구에도 물의 흐름에 따라 경석이 배치되어 있다.

[1] 야근(野筋 노스지)는 한국에 없는 말이다. 낮은 조산(造山)이나 축산(築山)으로 번역이 가능하며, 영어로는 마운딩에 해당한다.
[2] 초화류와 작은 소나무

4. 평안(헤이안)시대 말기

1) 정토정원

불교가 일본에 전래된 것은 538년의 일이지만 사상이 퍼지기 시작한 것은 나라시대부터이다. 정토(淨土)는 부처가 있는 사후의 세계로, 극락(極樂)도 그중 하나인데 사람들이 동경하는 장소다. 이 극락정토를 재현한 것이 정토정원이다.

정토정원은 양식적으로는 침전조정원에 속하지만 조영의 목적이 신앙과 매우 밀접한 관계를 맺고 있으며, 사상(思想)의 조형화(造形化)라는 측면에서 정토정원 공간구성의 발달과정을 알아볼 수 있다.

정토정원에서 가장 오래된 사례는 759년 나라에 조영된 아미타정토원(阿彌陀淨土院)으로, 당내(堂內)에는 아미타삼존불이 있었으며, 내부와 외부의 장식이 극락정토 모양으로 전면에 연지(蓮池)가 있었다는 기록이 있다.

평안(헤이안)시대에 귀족의 주택형식인 침전조에 정토정원의 불당을 세워 원지를 연지로 한 과도기적 형식이 유행했다. 그 대표적인 예가 1053년 등원뢰통(藤原賴通)에 의한 평등원이다. 이후 정토정원은 점차 완성기에 접어들어 본채 건물(中堂) 양쪽에 익랑(翼廊)을 설치한 것, 구체(九體)의 아미타여래상을 횡일렬로 나란히 세운 것, 보형(寶形)지붕의 작은 집(小堂) 등 3종류의 아미타당을 중심으로 하고, 당(堂)이 중도(中島)에 있는 것, 동향이어야 할 당(堂)이 남면으로 되어 있는 것 등 여러 종류의 정토정원이 만들어졌다.

2) 평등원(平等院 뵤우도우인)

평등원(뵤우도우인)은 등원도장(藤原道長)의 아들 등원뢰통(藤原賴通 후지와라노 요리미치)이 1052년 별장을 절로 바꾸고 '평등원(平等院)'이라는 이름을 붙였다.

평등원(뵤우도우인)의 본채 이름은 아미타여래상을 모신 집이었기 때문에 아미타당이었으나, 건물의 평면배치가 마치 봉황새와 같다 하여 봉황당이라고 바뀌었다. 본채(中堂) 좌우에 대칭으로 배치된 익랑(翼廊)은 봉황새가 날개를 펼친 모습에 해당하며, 본채 뒤쪽으로 붙은 미랑(尾廊)은 봉황새의 꼬리 부분에 해당한다.

아미타당(봉황당) 건물은 연못의 큰 섬 위에 축조하였는데, 건물 내에 안치한 아미타여래상은 정동쪽으로 향하도록 안치하였으며, 불상의 배경에는 화려한 보상화 문양[3]을 넣었다. 만약에 평등원 본채의 연못 건너편에 만들어진 대합실(小御所 코고쇼)[4]에 앉아서 정서쪽을 바라다본다면, 서방정토 세계 방향에 있는 아미타여래상을 볼 수 있다. 대합실(小

[3] 불교 조각에서 덩굴무늬의 주제(主題)로 사용된 화려함을 표현하는 문양.

[4] 발굴 당시 대합실 근처에서 석조가 발굴되었으나 현재 복원되지 않고 있다.

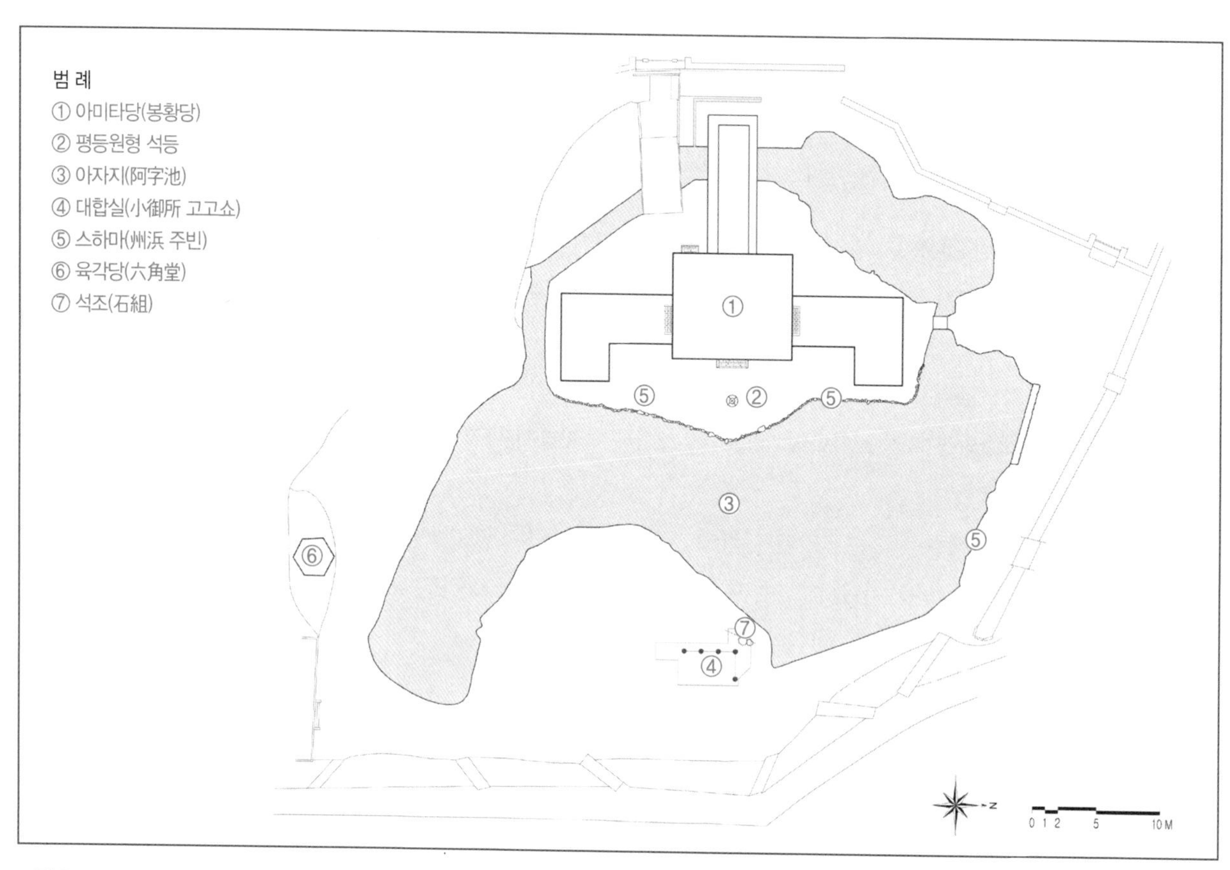

그림 20 평등원 배치도 ©안계복

그림 21 아미타당-석등-대합실이 정토정원을 표현하기 위해 서쪽을 향해 일직선으로 배치 ©안계복

御所 코고쇼)에 앉아 아미타당을 볼 때 아미타여래상 쪽으로 시선을 유도하기 위해 석등을 놓았는데 이 석등은 완전히 한국 전통의 양식미를 갖춘 석등이다.그림 21

연못의 형태는 아미타불 할 때 '아(阿)'자 형태를 하고 있다고 하여 아자지(阿字池)라고 부른다. 그러나 '阿'라는 글자를 회전시켜 보더라도 연못의 형태와 비슷하지는 않다.

평등원(뵤우도우인) 연못의 물은 법화수(法華水)와 아미타수(阿彌陀水)라는 샘물을 병용하고 있다. 평안(헤이안)시대에는 평등원의 건축과 정원의 배치가 이상적인 모습으로 생각되어 각지에 평등원을 모방한 정원이 만들어졌다.

3) 정유리사(淨瑠璃寺 죠루리지)

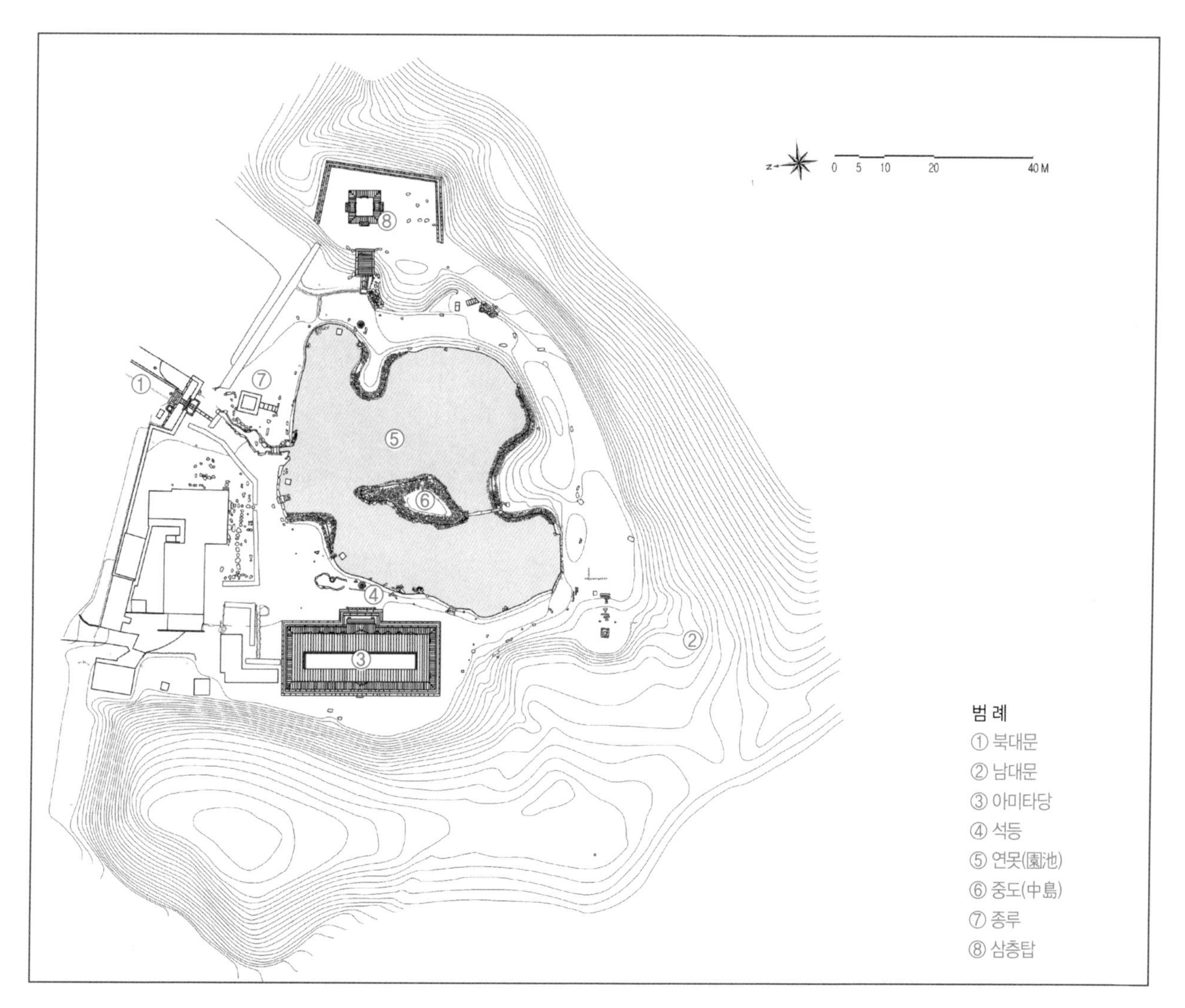

그림 22 정유리사 배치도 ©안계복

정유리사(죠루리지)는 서쪽에 아미타당을 세우고, 전면에 원지를 중심으로 정원이 펼쳐져 있어 정토정원의 모습을 보여 준다.

기록에 의하면 1107년 아미타를 봉안한 서당(西堂)이 못의 서쪽에 건립되었으며, 1150년에 못을 넓혀 연지를 만들고 돌을 놓았으며 삼층탑을 세웠다. 1165년경에는 구체아미타당(九體阿彌陀堂)으로 불렸으며, 10세기 초에는 아미타당과 정원의 유기적인 관계가 완성되었던 것으로 추측된다. 연못의 물은 남쪽의 산으로부터 용출하는 두 개의 계류를 모아 이용했다. 못의 남쪽에는 만곡(彎曲)한 호안이 있는데, 선단부가 잘려져 나간 형태의 중도가 있다. 중도에는 자갈이 깔려 있으며, 북쪽 선단부의 스하마(洲浜 주빈)에는 입석의 석조가 수면과 접해 있다. 연못 호안에는 돌출부가 3개소 있으며, 이들 모두가 자갈이 깔린 돌출부 형태로 되어 있다.그림 22 그 외에 정원의 석조로는 남측의 삼층탑 석조, 용천측(湧泉側) 입석(立石), 종루 주변의 고산수(枯山水) 석조가 있다. 서방의 아마타당이 원지에 투영되어 정토세계를 보는 듯한 아름다운 정원이다.

그림 23 정유리사 정원(아미타당 정면 한가운데 석등이 놓여 있다) ©김진성

4) 모월사(毛越寺 모쓰지)

모월사(모쓰지)는 등원(藤原 후지와라)의 명복을 비는 사찰로 1117년 등원기형(藤原基衡 후지와라 모토히라)이 세웠다. 그 후 1226년 전란에 의해 황폐화되어 현재는 대천지(大泉池)라는 원지와 다수의 건물 초석만이 남아 있다. 모월사 정원은 순수한 정토식정원이 아니라 고산수식 석조와 침전조정원의 원지 배치요소가 포함되어 있다.그림 24

모월사의 건물배치는 침전조양식을 따르고 있다. 즉 중심건축물은 금당(金堂)이지만 침전의 위치에 자리 잡고 있다. 금당 건물로부터 좌우로 익랑이 앞쪽으로 뻗어 나와 배치되어 있는데 동쪽에는 종루(鐘樓)가, 서쪽에는 불경을 보관하던 집인 경장(經藏)이 원지 가까이에 배치되어 있다. 경장(經藏)은 침전조양식에 의하면 조전(釣殿)에 대응한다고 보면 된다.

금당의 정면에는 동서 약 180m, 남북 약 90m 규모의 대천지(大泉池)가 있으며, 자갈을 깐 중도(中島)가 있다. 또 원지의 주변에도 자갈이 깔려 있다.

기록에 의하면 창건 시에는 남대문에서 금당을 향한 축선 상에, 남대문 앞에서부터 중

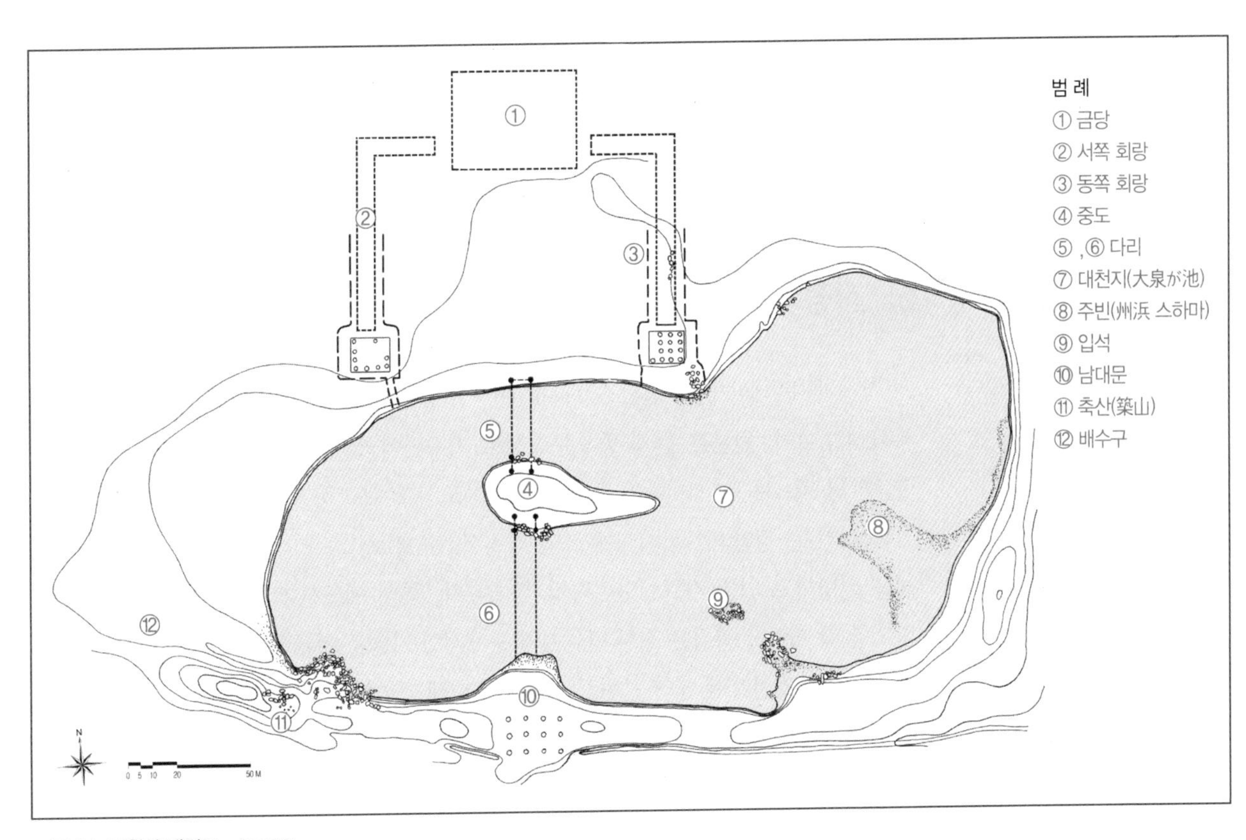

그림 24 모월사 배치도 ©이경은

그림 25 모월사 석조(이시구미) ©신상섭

그림 26 모월사 견수(야리미즈) ©신상섭

도의 남쪽에 반교(反橋)가 걸려 있었으며, 금당 앞에서 중도의 북쪽으로 평교(平橋)가 있었다고 한다. 다리의 네 모퉁이에 놓인 교협석(橋挾石 하시바사미이시)[1]은 지금도 남아 있다. 원지의 동남쪽에는 못가에서 수중으로 자갈을 깔고, 수중에는 입석을 세운 석조와 주빈(스하마)을 구성하고 있다. 또 서남쪽에는 축산(築山)이 있으며, 그곳에는 고산수(枯山水)의 석조를 놓았다.

원지의 북쪽 종루의 호안부에는 견수(야리미즈) 석조가 있으며, 견수(야리미즈)의 상류도 발견되어 원지의 수원이었을 것으로 추정되고 있다.

5) 『작정기(作庭記 사쿠테이키)』

『작정기(사쿠테이키)』는 침전조정원에 관한 조성법을 기록한 가장 신뢰할 수 있는 비전서(秘傳書)이며, 원본은 현재 중요문화재로 지정되어 있다. 겸창(鎌倉 가마쿠라)시대에는 『전재비초(前栽秘抄 젠사이히쇼)』로 불렸으나 에도시대에 『작정기』로 명칭이 바뀌었다.

『작정기』는 평안(헤이안)시대에 쓰인 작정서(作庭書)로, 그 시대에 유행한 침전조정원양식을 설명하고 있는 자료이다. 『작정기』가 후세, 특히 에도시대의 『작정전서(作庭傳書)』와 비교할 때 빼어난 특징은 정원 만들기의 구체적인 기술을 언급하는 데 그치지 않고, '정원 만들기는 무엇인가'에 대한 근원적인 자세에 대해 기술하고 있다는 점이다.

내용은 침전조정원 건축과의 관계, 원지를 만드는 법과 그 외 지형의 취급 방법, 입석의 의장 등이 중심이다. 또 내용으로부터 추리하면 편저자는 등원뢰통(藤原頼通 후지와라노 요리미치)의 삼남인 귤준강(橘俊綱 다치바나노 토시쓰나 1028~1094년)인 것으로 보인다.

[1] 일본 정원에서 다리를 놓을 때 다리 상판이 끝나는 지점의 네 모퉁이에 입석을 세우는 석조 방식을 취한다. 이 네 모퉁이의 돌을 교협석(하시바사미이시)이라고 부른다.

『작정기』에서 말하는 정원 만드는 방법은 먼저 자연의 지형을 잘 파악하는 것, 전국의 명승을 돌아보고 그 정취를 취하여 반영하는 것, 그리고 옛 명인들이 만들어 남긴 정원을 본보기로 하여 자신의 취향을 반영하여 조성하여야 한다고 기술하고 있다.

돌을 세우는 방법(立石)에 대하여는 대해(大海)·대하(大河)·산하(山河)·소지(沼地)·노수(蘆手) 양식 등을 구분하여 설명하고 있으며, 섬의 모양에 대해서도 산도(山島)·야도(野島)·목도(牡島)·기도(磯島)·운형(雲形)·하형(霞形)·주빈형(洲浜形)·편류(片流)·간석(干潟)·송피(松皮) 등으로 나누어 설명하고 있다.

또 폭포의 물 떨어지는 모양에 따라 향락(向落- 두 줄기 폭포)·편락(片落- 한쪽으로 치우쳐진 폭포)·전락(転落- 타고 내려오는 폭포)·이락(離落- 이격된 폭포)·능락(稜落- 모서리 폭포)·포락(布落- 천처럼 보이는 폭포)·사락(糸落)·중락(重落- 이단 폭포)·좌우락(左右落- 좌우 폭포)·횡락(横落- 가로 폭포)❷등을 열거하고 있다.

물의 흐름에 대해서는 동쪽에서 남쪽으로 그리고 서쪽으로 향하여 흐르는 것을 순류(順流)라고 하며, 서쪽에서 동쪽으로 흐르는 것을 역류(逆流)라고 하여, 동쪽에서 끌어와 남서쪽으로 내보내는 것이 가장 길한 것으로, 이는 청룡의 물을 사용하여 모든 악기를 백호의 대도로 씻어 내버리면 집 주인은 전염병과 질병이 없어서 심신이 안락하여 장수한다고 한다.

식재에 대해서는 주택의 사방에 나무를 심어 사신(四神)이 잘 갖추어지도록 해야 한다고 한다. 또한 샘의 시공법, 물을 퍼 올리는 방법 등에 대하여 기록하고 있다.

한편, 건축과 돌과의 관계, 명소를 모방할 때, 돌·산·물을 이용할 때 등의 금지사항에 대해서도 적고 있다. 예를 들면, 세워져 있던 돌을 눕히거나 원래 누워 있던 돌을 세우는 등의 일을 하면 그 돌이 반드시 영석(霊石)이 되어 재앙을 부른다고 하며, 못은 얕은 것이 좋은데 이는 못이 깊으면 물고기가 크게 되고 물고기가 크면 악충(悪虫)이 되어 사람을 해치기 때문이라고 한다.

❷ 일본의 폭포는 수락석이 세로로 세워져 있음에 비해 횡락은 수락석이 가로로 누워 있는 폭포를 의미하는 것으로 파악된다.

제4장

겸창시대

(鎌倉 가마쿠라, 1185~1392)

1. 개관
2. 침전조정원의 계속
3. 막부와 무사들의 정원
4. 선종사찰의 정원
5. 몽창소석(夢窓漱石 무소 소세키)의 조경

1. 개관

겸창(가마쿠라)시대는 겸창이라는 도읍지에 막부(幕府)가 위치한 시대를 말한다. 그러나 국가의 지배자는 조정(朝廷)이었으며, 무사(武家)들은 그 아래에서 나라를 지키는 업무를 담당하였다. 정치 형태는 변하지 않았지만 가마쿠라 막부의 성립에 따라 무사들의 지위가 안정되고 강화되었다. 가마쿠라에 막부가 개설되어도 문화의 중심은 여전히 조정이 있는 교토(京都)였다. 고급스러운 저택은 전 시대로부터 생활의 답습인 침전조(寢殿造)의 건축이 중심이 되었고, 정원의장도 그 연장선상에서 발전했다.

전 시대부터 대두된 무사의 정원을 주목할 필요가 있다. 특히 막부가 있던 가마쿠라는 무장의 거관(居官)이 늘어서 있었다. 이에 대한 도면은 없으나 기록에 의하면 뢰조(賴朝 요리토모)저택에는 남문(南門), 이동옥(二棟屋), 침전(寢殿), 대옥(對屋), 중문과 복도(中門廊), 대합실(小御所 코고쇼), 지불당(持佛堂) 등이 있었다. 기록에는 정원에 대한 내용이 보이지 않지만 정원이 없었다고는 말하기 어렵다. 중기가 되면『오처경(吾妻鏡)』에 의하면 1199년에 대강광원(大江廣元)이 정자 뒤편의 산록에 새로운 집을 짓고 산수입석(山水立石)을 했다고 한다. 또 1250년에 북조시뢰(北條時賴)가 가마쿠라 막부의 북쪽에 있는 작은 뜰(小庭)에 돌을 세우기를 희망해 가하법인(加河法印)을 초청해 조성했다는 기록도 있다. 이러한 정치형태였기 때문에 가마쿠라시대의 황실의 이궁이나 귀족의 별서는 변함없이 침전조정원이 많이 조성되었다. 그러나 공가의 세력이 쇠퇴해 건축이나 정원의 규모가 간소화된 것은 부정할 수 없다.

겸창(가마쿠라)시대를 대표하는 침전조정토정원의 사례는 가마쿠라에 창건한 영복사(永福寺), 칭명사(稱名寺) 등이 있다. 이 시대는 중국의 문화가 다시 도래하기 시작했는데, 정원에서의 주유식(周遊式) 십경(十境)❶이나 심자지(心字池),❷ 조원지(曹源池)는 중국 사상이나 작정법에 입각했다고 볼 수 있다. 또한 이 시대에는 두루마리 그림, 즉 회권물(繪卷物 에마끼모노)이 많이 그려져 당시의 생활풍속을 묘사하고 있다. 선종(禪宗)은 무사 계급과 밀접한 관계를 갖고 있었는데 그 세계관, 자연관은 정원에도 큰 변화를 주었다.

2. 침전조정원의 계속

가마쿠라시대의 황실과 귀족의 이궁, 별서에는 여전히 침전조(신덴즈쿠리)정원이 다수 조성되었다. 그러나 일반적으로는 공가세력의 쇠퇴로 건축이나 정원의 규모가 간소화된 것이 사실이다. 귀족들의 침전조 주택에는 여러 가지 변화가 나타나는데, 좌우 비대칭 형

❶ 정원을 걸으면서 조망하는 경역 내에 있는 조망요소
❷ 정원의 못을 복잡하게 하기 위해 호안을 곡절시켜 변화가 많아 '심(心)'자와 같은 형태의 못

식이 일반적이었다. 귀족의 재정 궁핍이 주택의 시설 및 규모의 축소와 간략화를 가져왔다고 볼 수 있지만, 그보다도 시설의 조성과 생활방식에 있어서 청(晴 하레)과 설(褻 게)이라는 이면대조(二面對照) 생활개념의 기준이 강하게 작용했기 때문이라고 생각할 수 있다. 청(晴)은 공식적, 의례적, 정장적(正裝的) 의미를 표현하며, 설(褻)은 청(晴)의 반대로 사적(私的), 일상적, 약장적(略裝的) 의미를 표현한다. 헤이안시대 말기부터 가마쿠라시대에 걸쳐 주택의 동서 방향에 청(晴)과 설(褻)의 구별이 설정된 것으로 생각된다. 동서 어느 쪽이나 청(晴)과 설(褻)이 구별되어 설정되면 정문이 한쪽에 결정되고, 저택의 출입에 필요한 시설이 청(晴) 쪽으로 집중된다.

이러한 형식에서 침전조정원은 침전의 남쪽에 넓은 정원이 주정(主庭)이 되고, 이곳이 의식(儀式)의 장소로 이용되었다. 또 정원공간의 구성에 보이는 변화는 침전의 사용법 및 그에 따른 건물 내부공간의 구성 변화에 대응하는 것이었다.

1) 수무뢰전(水無瀨殿 미나세덴) 정원터

수무뢰전(미나세덴)은 후조우(後鳥羽 고토바)상황(上皇)이 조영한 정원이다. 그는 헤이안시대 말기의 궁원을 복구, 수리했고, 한편으로 공직에 나간 사람들(公家)의 저택을 몰수하고 정원을 정비해서 선동어소(仙洞御所 센토우고쇼)로 이용했다.

초기 수무뢰전(미나세덴)[1]은 1199년에 조영된 것으로, 그 위치는 현재의 수무뢰신궁을 중심으로 한 일대, 즉 수무뢰천(水無瀨川)과 정천(淀川)의 합류점에서 가까웠던 것으로 추정된다. 그러나 수무뢰천과 정천의 물을 직접 끌어오는 데는 실패하여 주요 부분은 가끔 수해를 입었다.

초기 이궁(離宮)인 하어소(下御所)는 1216년의 수해로 치명적인 파손을 입었으며, 이듬해 서쪽 500m 정도 떨어진 백산(百山)(산정을 포함) 및 동남 산기슭 방향으로 이궁을 옮긴 기록이 있다. 상어소(上御所) 구역은 확실하지 않으나 다수의 건물이 있었다고 전해진다.

2) 귀산(龜山 가메야마) 이궁터

귀산(가메야마)천황은 정원을 선호해 교토 주변의 각처에 별서를 다수 갖고 있었다. 동산(東山) 기슭에 있던 산장의 터는 현재 남선사(南禪寺 난젠지)의 탑두(塔頭) 남선원(南禪院, 난젠인)이다.

정원은 산기슭에 원지를 조성했으며, 천석(泉石)을 배치하고 폭포를 조성했다. 또 네 귀퉁이에는 소나무, 남쪽에는 버드나무를 식재하는 등 침전조 풍의 모습이었다고 한다. 원

❶ 후에 상어소(上御所)는 하어소(下御所)로 불린다.

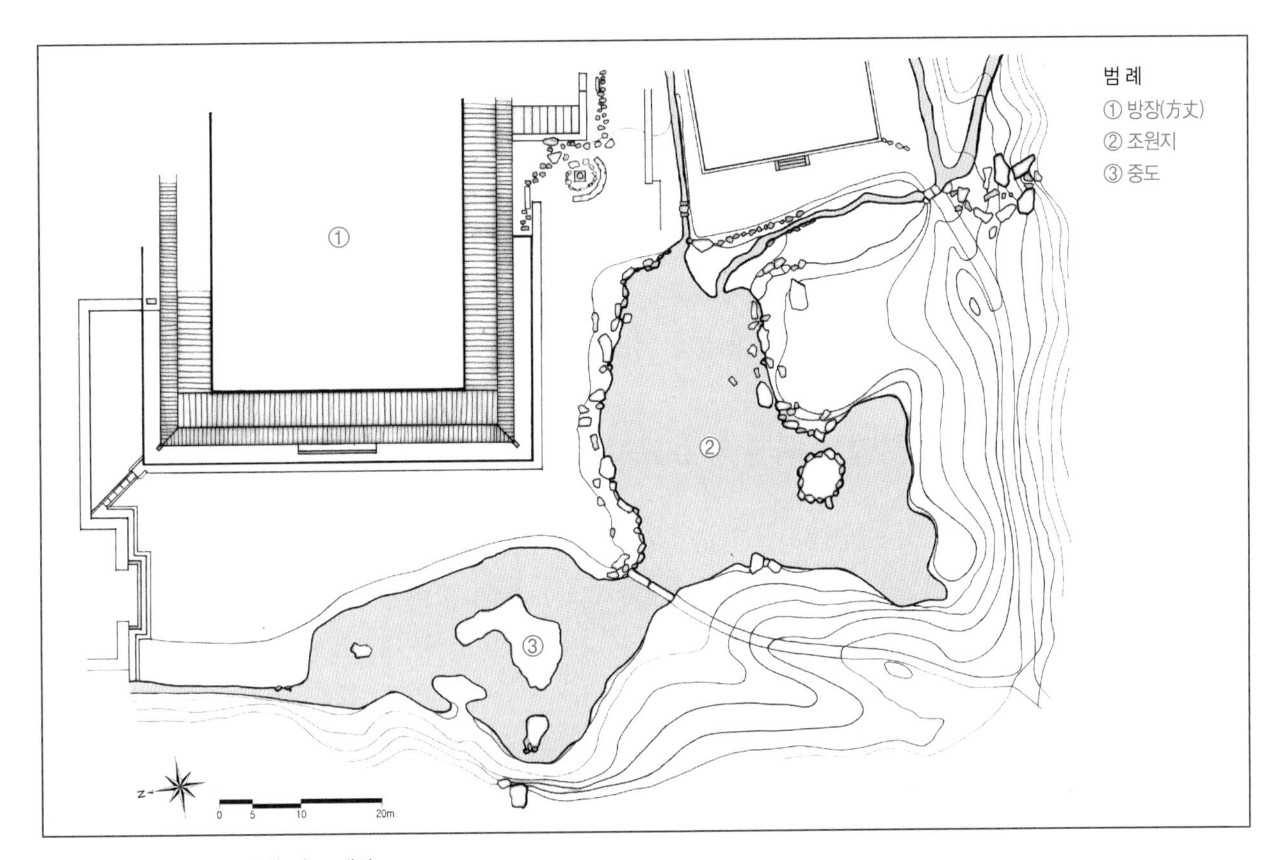

그림 27 귀산(龜山 가메야마) 이궁 배치도 ©이경은

지는 조원천(曹源泉 소우겐센)을 머리로 용의 형태를 하고 있어서 '조원지(曹源池 소우겐찌)' 라고 명명했다. 중도는 노출된 암반을 이용해 만들어졌으며, 못가에는 정사(亭舍)를 세웠다.그림 27

3. 막부와 무사들의 정원

가마쿠라시대의 무사는 주택건축의 기본을 평안시대 귀족의 침전조에 두었다. 그러나 그들의 생활과 활동이 공가(公家)❷, 전상인(殿上人)❸과는 다르기 때문에 주택도 그에 상응해 변혁이 있었던 것은 당연한 결과이다.

예를 들어 18칸의 장대한 건축인 가마쿠라 장군의 저택(將軍邸)의 대기소(待所)는 하급 무사 후가인(後家人)❹들이 모여 의식이나 향연을 행하던 장소이며, 때로는 장군과 마주 앉던 곳이다. 이는 무가사회의 고유한 의례이며 건축이었다. 주택건축에 대응하는 외부공

❷ 조정에 임명된 귀족이나 상급관리를 총칭하는 말
❸ 일본의 관제에 있어서 5위 이상의 관리 중에서, 천황의 일상생활의 장소인 청량전(淸凉殿) 남쪽 차양 밑에 오르는 것을 허가 받은 사람.
❹ 장군 직속의 하급 무사

간인 정원도 당연히 무가(武家) 특유의 배치와 구조로 나타난다.

소규모의 가옥은 정원공간도 적은 면적이며, 침전조의 넓은 정원 대신에 내정(內庭)이 분화해 감상 본위로 되었다. 이 기본적인 구성은 무로마치(室町)시대에도 답습된 것으로 보인다.

당시 막부가 있었던 겸창(가마쿠라)에 조영된 무사 주택정원의 실태는 잘 알려져 있지 않으나, 칭명사(稱名寺 쇼묘지), 영복사(永福寺 에이후쿠지) 등의 사찰정원에는 유구가 남아 있어서 발굴조사를 통해 밝혀지고 있다.

1) 칭명사(稱名寺 쇼묘지)

칭명사(쇼묘지)는 1264~1274년에 요코하마(橫浜)시 금택(金澤 가나자와)에 별장을 갖고 있었던 북조실시(北條實時 호죠 기네토키)가 아들 현시(顯時 아키토키)의 협력으로 1321~1323년에 이 절을 세웠다. 그 당시에는 금택산(金澤山) 미륵사(彌勒寺 미로쿠지)라고 했는데 그 당시 건물과 정원의 형태를 보여 주는 〈칭명사결계도(稱名寺結界図)〉가 전해지고 있다. 창건 당시의 사찰배치나 정원의 모습, 그리고 제한 지역(結界 결계) 표시도 상세하게 기입되어 있어, 복원 연구에 있어 귀중한 자료이다. 정원은 성일법사(性一法師 쇼이쓰뽀우시)가 가까운 곳(近國)에서 돌과 모래를 가져와 축조했다고 기록되어 있다.

1971년부터 시작된 발굴조사 결과, 못의 서북쪽에 견수(야리미즈) 있었으며, 이 작은 하천에 보를 막아 못에 물을 대었던 것이 밝혀졌다. 1978년에는 동지(東池)를 준설하여 남쪽 호안(南岸)과 동쪽 호안(東岸)을 발굴조사하여 옛날 못의 범위를 확인하였다. 중도에서는 동쪽 끝부분이 확인되었다. 또한 창건 당시의 북쪽 다리의 북쪽 한계선과 남쪽 다리의 남쪽 한계선이 추정되었다. 중도의 크기는 동서 약 22m, 남북 11m로 추정되었다. 또 다리에 있는 기둥의 위치와 중도의 크기로 볼 때 북교의 길이가 17m 전후였던 것으로 추정되었다.

2) 지방 무사 주택

지방의 무사는 막부로부터 임명되어 임지로 가서 살면서 주변 지역에 지배력을 행사하며 농민으로부터 세를 징수해 장원 영주나 조정에서 지방으로 파견한 관리(國司 국사)에게 납부했다. 즉, 무사는 농촌에 살면서 농민을 직접 지배했다. 무사는 막부의 권위를 배경으로 점차 토지 지배권을 요구, 침략했는데, 이것은 승구의 난(承久亂 1221년) 이후에 강하게 대두된다.

무사의 주택은 주로 두루마리에 그려져서 전해지는데, 어느 정도로 충실히 그렸는지는 의문이다. 그 반면에 『남금삼랑회사(男衾三郎繪詞)』에 그려져 있는 길견이랑(吉見二郎, 요시미지로)의 주택은 매우 훌륭하다. 큰 주택 내에는 연못이 있고 그 위에 배가 떠 있으며, 연못에 면해 조전(釣殿)이 세워져 있다. 정원에는 홍매, 벚나무, 소나무 등의 정원수가 있다. 건물의 배치나 양식은 침전조를 답습하고 있는 것으로 볼 수 있다. 그러나 문과 담 등에는 방어를 위한 엄중한 조치가 되어 있다. 즉, 이러한 방어를 위한 시설이 있기 때문에 저택 내의 화려한 생활이 보증되었던 당시의 사회상을 엿볼 수 있다.

이는 당시의 무가가 지닌 두 가지 측면을 나타낸다. 사회의 지배 계급으로서 공가의 생활양식을 지향한 측면과 전투 집단으로서의 측면이다. 지방의 무사들은 전투를 염두에 두고 정원을 평정(平庭)으로 할 수밖에 없었다. 그러나 이러한 실용적인 공간구성을 바탕으로 하면서도 감상의 대상으로 정원을 배치하고 있다.

4. 선종사찰의 정원

무사의 주택에서 정원의 발달을 촉진시킨 요인 중 하나는 선종(禪宗)의 부흥이다. 1191년 중국의 송(宋)으로부터 귀국한 영서(榮西 에이사이)선사(禪師)에 의해 선종이 전해져 경도(교토)의 건인사(建仁寺 겐닌지), 겸창(가마쿠라)의 수복사(壽福寺 쥬후쿠지)가 건립되었다. 또 송으로부터 난계도륭(蘭溪道隆 란케이 도류)이 귀화해서 가마쿠라에 건장사(建長寺 겐쵸지)를 1253년에 창건하였다. 건장사 가람은 그 후 선종사찰 배치의 기준이 되었다.

나라시대 이래로 불교사찰의 터는 남면(南面)하는 것이 원칙이었는데, 선종에서는 산을 배후로 산록의 완만한 경사지를 선택해 지형에 따라서는 남면하지 않는 곳도 있다. 여기서 중요한 것은 배후에 산이 존재하는 것으로, 그 때문에 선종사찰은 자연경관과 밀접한 관계가 있다. 선종에서는 '경치(境致)'나 '십경(十境)'과 같이 뛰어난 풍경을 중요시하여 건물 외에 산이나 하천, 다리 등의 풍물을 여기에 맞추어 늘어놓는다.

선종은 무사 계급과 밀접한 관계를 맺었는데, 그들의 세계관, 자연관은 정원의 표현에도 큰 변화를 주었다. 이 변화에는 겸창(가마쿠라)시대에 활약한 몽창소석(무소 소세키) 국사(國師)의 작정활동이 큰 의의를 가지고 있다.

1) 건장사(建長寺 겐쵸지)

건장사(겐쵸지)는 집권 북조시뢰(北條時賴 호조 토키요리, 1227~1263년)가 남송의 명승(名

僧) 난계도륭(蘭溪道隆)을 초청하여 겸창(가마쿠라)에 개창한 사찰이다. 정원은 총문(總門)에서 불전(佛殿)에 이르는 직선 도로 양쪽에 정연히 줄서 있는 선원건축물을 식재로 수경한 전정(前庭)과 방장(方丈)에 부속하는 중정(中庭), 내정(內庭)으로 성립되어 있다. 전정에는 참배 도로를 따라 측백나무가 식재되어 있다.

내정은 초벽지(醮碧池)를 중심으로 한 공간으로 수차례에 걸쳐 개수되었는데, 낮은 구릉을 배경으로 산기슭의 용수를 이용한 곡지(曲池)와 작은 섬은 옛날의 모습을 보여 준다.

특히 정원적인 공간의 성립에 관해서는 〈건장사가람고도(建長寺伽藍古圖, 1331년)〉를 참고로 할 수 있는데, 그림에는 산기슭에 큰 연못이 있고 연못에 면해 조전(釣殿)이 있어서 이것이 내정에 해당하는 것으로 보인다. 또 산문으로부터의 회랑이 불전에 연결되어 중정이 형성되어 있으며, 선종사찰의 중정은 행사를 시행하지 않는 공간으로 측백나무가 열식되어 있다. 현재에도 건장사 외에 대덕사(大德寺), 묘심사(妙心寺), 동복사(東福寺) 등에서 측백나무의 식재를 볼 수 있다. 측백나무는 선사(禪寺)의 정원에 식재되었던 수목으로 송나라 풍의 전정양식을 답습한 것이라고 한다.

5. 몽창소석(夢窓漱石 무소 소세키)의 조경

1) 몽창국사(國師)의 조경사상과 영향

몽창소석(무소소세키 1275~1351년)은 선승(禪僧)으로, 후제호(고다이고)천황을 비롯해 많은 사람들에게 참선의 스승으로 존경 받았다. 또 그는 일본 정원사에 있어 지대한 역할을 한 인물이다. 일본 전국의 산야를 돌며 경승지를 찾아 선종사찰을 조영하고, 그곳에 정원을 조성해 선(禪)사상을 깨닫기 위한 사유와 수행의 장으로 활용했다. 그는 "정원조영은 마음의 깨끗함과 청결함을 갈고 닦기 위한 것이며, 정원은 깨달음 그 자체"라고 말했다. 또 족리직의의 물음에 답한 참선 지침서인 『몽중문답(夢中問答)』에서 "산수 즉, 정원에는 이해 득실이 없고, 득실은 오직 사람의 마음에 있다[1]"라는 말을 남겼다. 이 시대에 그가 조영한 대표적인 정원으로는 영보사, 서방사, 천룡사 등의 정원이 있다.

몽창소석에 의한 선종의 영향은 선종사찰에 고산수(枯山水 가래산수이)라는 새로운 형식의 정원을 만들어 냈다. 선종은 경전에 의해 깨달음을 얻는 교종과는 달리 문자에 의지하거나 경전의 복잡한 교리에 의거하지 않고 오로지 심성(心性)을 닦는 데 치중했다. 즉, 인간의 타고난 본성 그 자체가 불성(佛性)임을 알면 그것이 곧 불교의 도리를 깨닫는 것이라는 견성성불(見性成佛)에 있었다. 이러한 견성성불의 방법은 좌선(坐禪) 즉, 마음을 한곳에

[1] 西村惠信(2012), 夢窓国師の『夢中問答』をよむ, 上, NHK出版, pp.16~18.

모아 고요한 경지에 들어가는 것으로, 좌선을 통해 각자의 마음속에 태어날 때부터 가지고 있는 불성을 깨달을 수 있다는 것이었다. 이러한 선종의 이념 덕분에 경치가 좋은 곳이 좌선의 장으로 선택되었고, 또 그곳에 정원을 꾸미게 되었다.

또한 남송화(南宋畵)의 잔산잉수(殘山剩水)라고 하는 수법을 활용한 것으로도 설명한다. 남송화란 남송시대에 그려진 산수화 구도법을 말하며, 잔산잉수(殘山剩水)란 '남아 있는 산과 물이라는 뜻'이다. 즉 그림을 그릴 때 대각선 구도를 사용하면서 화면의 아래쪽 한쪽에 경물(景物)을 그림으로써, 그림의 중앙 윗부분에 상당한 여백을 만드는 기법을 의미한다. 그래서 부드러운 연못가보다는 굴곡진 연못가를 조성하여 시각 차가 큰 감상 위주의 연못을 만들고, 입석보다는 기교적인 석조를 택하고, 자연수형을 존중한 식재보다는 다듬은 모양의 식재가 정원에 도입되는 특징으로 나타난다.

2) 영보사(永保寺 에이호우지)

영보사(永保寺 에이호우지)는 가마쿠라시대 초기의 선종사찰로 1314년 몽창국사가 기후현(岐阜県) 다지미(多治見)시에 창건했다. 본당(本堂)인 관음전(觀音殿)을 세우고, 당 앞의 원지(園池)도 동시에 구축한 것으로 보인다. 지정(池庭)은 원래 토기천(土岐川)의 하상(河床) 지

그림 28 영보사(에이호우지)의 무제교(무사이쿄)

❶ 선(禪)의 수행에 귀중한 지침서가 되는 불경. 중국 송나라 때 선사(禪師)인 원오극근(圓悟克勤, 1063~1135년) 선사가 엮은 10권으로 된 책.

그림 29 영보사 범음암 ©안계복

형을 이용한 것 같다. 연못은 와룡지(臥龍池)로 명명되었다. 원래 연못은 남쪽으로 넓었으며, 중앙의 소도(小島)에 남북으로 목교가 걸쳐 있었던 것으로 추측되나 지금은 남안(南岸)이 메워지고, 그 일부에 소지(小池)가 남아 있을 뿐이다. 다만 중앙부에 무제교(無際橋, 무사이쿄)라는 맞배집형식(切妻)의 소정(小亭)을 얹은 누교(樓橋)형식인데 반교(反橋)식으로 배가 많이 불러 있는 것이 흥미롭다.

현재 본당 건물인 관음전 내에 남아 있는 묵서(墨書)에 의하면, 문명연간(文明年間, 1469~1487년)에 다리가 수복(修復)되었으며, 다리와 연못의 창건이 가마쿠라시대 말경까지 거슬러 올라감을 알 수 있다. 또 목교의 존재로 지정(池庭)의 경관이 긴장되어 보이는 것은 침전조정원이나 정토사찰의 경우와 같다고 볼 수 있다. 본당의 서쪽에는 자연 암반이 솟아 있어 범음암(梵音巖)이라는 이름을 붙였는데, 그 위에 정자를 앉혀 차경을 취할 수 있게 조성하였다. 범음암 중심부에 있는 암맥을 따라서 폭포수가 낙하하기도 하는데 갈수기에는 물의 양이 많지 않아 잘 보이지 않는다. 초기의 선종사찰의 정원은 어딘지 모르게 정토적인 분위기가 감돈다.

3) 서방사(西芳寺 사이호지) 정원

그림 30 이끼의 정원 서방사 ©김진성

서방사(사이호지)는 나라시대에 행기(行基 668~749년)가 건립한 49 사찰 중의 하나로 731년에 개창하였다. 사찰은 원래 정토종에 속한 것이었으나 몽창국사에 의해 선종사찰로 바뀌었다. 1339년 몽창국사가 부흥(復興)해서 서방사라 개명하고, 『벽암록(碧巖錄)❶』에 표현된 선종의 이상향(理想鄕)을 구현했다. 그는 기존의 정토식정원에 선(禪)정원의 요소를 더하고, 고산수를 축조했다. 서방사는 아름다운 이끼가 가득한 곳으로 '태사(苔寺 고케데라)', 즉 '이끼의 절'이라고도 부른다.그림 30

서방사 정원의 공간은 크게 상하 두 구역으로 분리되는데, 상단은 고산수(枯山水)정원이고, 하단은 황금지(黃金池)를 중심으로 한 지천회유식(池泉廻遊式) 정원으로 면적은 약 17,000㎡이다.그림 31

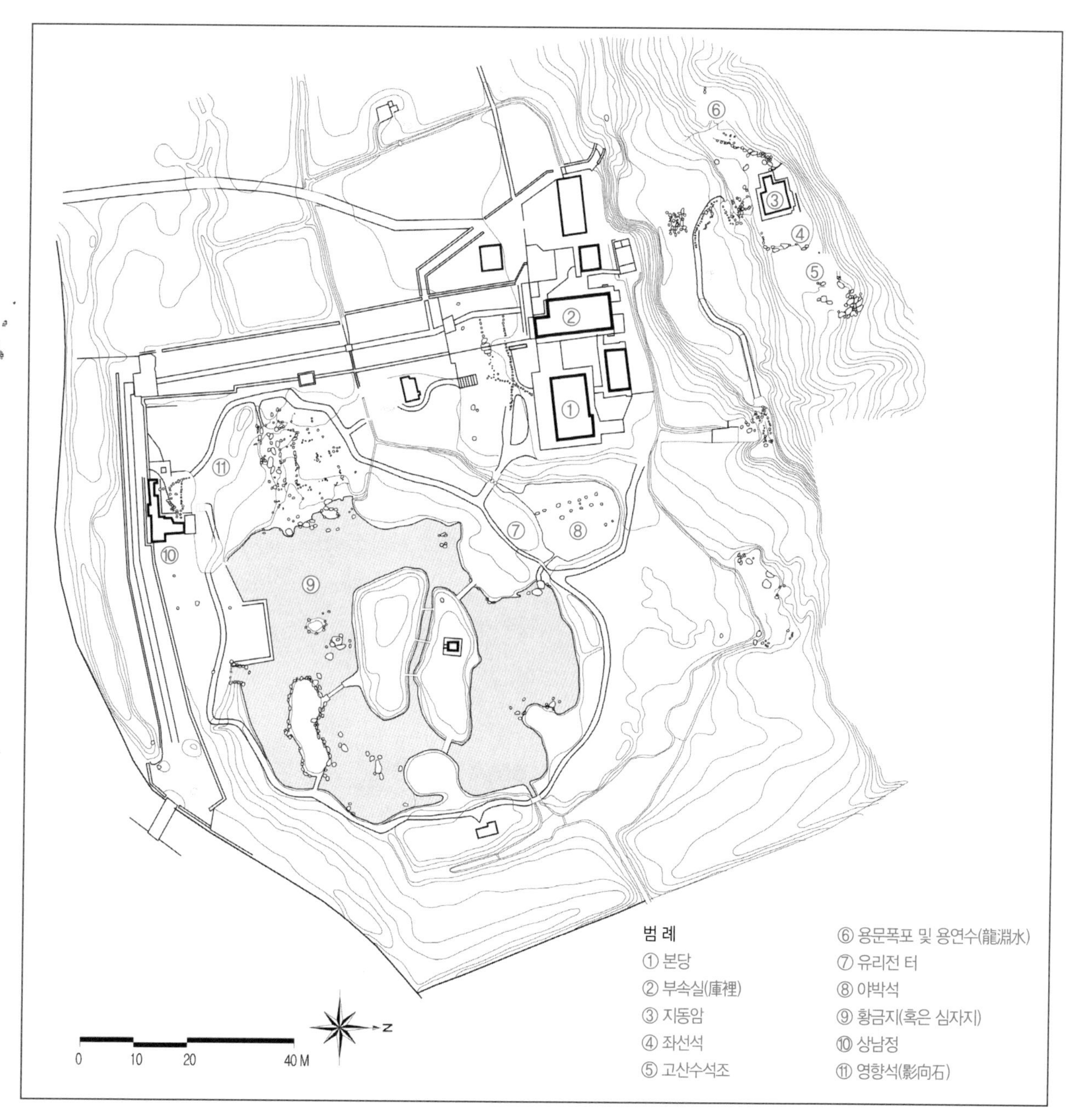

그림 31 서방사(사이호지) 정원 배치도 ©안계복

상단의 고산수정원은 몽창국사가 이상적으로 생각하는 좌선수행의 장으로 조영한 곳으로 홍은산(洪隱山), 용문폭포, 지동암(指東庵) 등이 있다. 홍은산은 중국의 고승 양좌주(亮座主)가 홍주(洪州)의 서산(西山) 취엄사(翠嚴寺)에 은거한 것에 연유해, 홍주에 은거한 산이라는 의미로 명명된 것이다. 용문폭포는 중국 황허 상류에 있는 급한 여울목인 용문을 뛰어넘은 잉어는 하늘에 올라 용이 된다고 하는 등용문(登龍門) 고사에서 연유한다. 선(禪) 세계에서 이 고사는 수행하여 깨달음을 얻고 부처가 되는 것에 비유되었고, 몽창국사는 이를 정원의 중심주제로 하여 서방사와 천룡사의 정원을 조성했다. 용문폭포의 특징은 폭포를 거슬러 올라가는 잉어를 나타내는 잉어돌이 폭포에 배치된 것이 일반 폭포와 다르다. 용문폭포 앞의 지동암(指東庵)과 좌선석도 양좌주의 고사에서 비롯되었다.

하단은 황금지를 중심으로 한 지천회유식정원으로, 원래부터 있던 못을 정비해 '황금지'라 명명하고,그림 32 상남정(湘南亭)의 중도(中島)를 만들었으며, 주위에 불전인 서래당(西來堂), 사리전인 유리전(瑠璃殿), 담북정(潭北亭) 그리고 연지(蓮池)그림 33 등을 배치하였다. 황금지는 마음 심(心)자 모양으로 생겼다고해서 심자지(心字池)라고도 한다.

황금지와 본당(방장) 사이에 작은 못이 있는데 여기에 야박석(夜泊石)을 놓았다. 야박석이란 밤에 배를 정박시키기 위해 놓어진 돌이라는 뜻인데 비슷한 형태와 비슷한 크기의 돌을 몇 개 나란히 물위로 드러나게 배치한다. 이것 역시 정토사상의 배경으로 해석할 수 있으며, 야박석은 금각사에도 설치한 사례를 찾을 수 있다.

이 정원은 복견전(伏見殿), 북산전(北山殿), 동산전(東山殿)을 비롯해 후세의 많은 정원에 큰 영향을 주었으며, 조선시대 조선통신사(朝鮮通信使)들의 기록에도 나타난다. 현재 서방사는 사적 특별명승(特別名勝)으로 지정되어 있다.

그림 32 서방사의 황금지 ©김진성

그림 33 서방사의 연지 ©김진성

4) 천룡사(天龍寺 텐류지) 정원

천룡사(텐류지)는 길야(吉野 요시노)에서 타계한 후제호(고다이고)천황의 명복을 빌기 위해 1339년에 몽창국사가 조영한 사찰로, 교토 대언천(大堰川)의 좌안 · 귀산(龜山)산록 일대에 위치한다.

천룡사 정원은 몽창국사 만년에 조성한 정원으로 그가 조영한 지금까지의 정원과는 다른 특색을 지닌다.그림 34 선정원으로서 목적 즉, 엄한 수행을 행하는 장소로서의 역할뿐만 아니라 경관을 즐기는 정원으로서의 역할도 강조되고 있다. 천룡사 정원은 방장(方丈)의 서쪽에 못을 파고 조원지(曹源池)를 구성한 것으로, 조원지라는 이름은 몽창국사가 못을 팠을 때, 참된 선을 의미하는 '조원일적(曹源一適)'이라는 문구가 기록된 돌이 발견된 것에서 연유한다. 선종의 근본진리, 본질을 '조원일적수(曹源一適水)'라고 하는데, 이는 한 방울의 물에도 부처의 생명이 깃들어 있다는 의미로 선(禪) 수행의 경계(警戒)를 나타내고 있다.

방장 건물의 정면 못 건너편에 위치한 귀산산록에서 샘솟는 샘물을 끌어들여 폭포를 만들고, 그 전면에 돌다리를 놓았다. 폭포는 용문폭포그림 35이며, 잉어석이 폭포의 중단까지 거슬러 올라온 형태를 보인다.

천룡사 정원의 구성은 넓은 수면과 못 주변의 원로 그리고 좌선석의 배치가 특징을 이룬다. 이는 못의 중심에 섬(봉래산을 상징)을 배치하는 지금까지의 일본 정원수법과는 다른 모습이다.

그림 34 천룡사 전경(폭포-조원지-방장) ©안계복

그림 35 천룡사 2단 용문폭포와 돌다리 ©김진성

제5장

실정 · 전국시대

(室町 무로마치 · 戰國 센고쿠)

1. 개관
2. 초기 서원조정원
3. 고산수정원

1. 개관

족리존씨(足利尊氏 아시카가 타카우지, 1305~1358년)는 후제호(後醍醐 고다이고)천황과의 전쟁에서 승리함으로써 족리(足利 아시카가) 막부를 성립시켰다. 지금까지 겸창(가마쿠라)에 있었던 막부의 거점을 다시 경도(교토)에 있는 실정(무로마치) 지역으로 옮기게 되어 실정시대(무로마치 1392~1575년)라고 부른다.

이 시대는 일본 정원사의 황금기로, 족리의만(아시카가 요시미츠)의 금각사(킨카쿠지), 족리의정(아시카가 요시마사)의 은각사(긴카쿠지) 등이 대표적으로 조영되었다.

또한 이 시대는 선종과 함께 선원식 고산수정원이 확립된 시기다. 고산수정원은 축산(築山)고산수식과 평정(平庭)고산수식으로 분류할 수 있다. 고산수식은 선(禪)사상을 보여주는 일본의 대표적인 정원양식으로 자연경관을 상징적으로 혹은 추상적으로 표현하고 있다. 암석으로 폭포나 섬을 형상화하거나, 모래무늬(砂紋 사몬)로 물의 흐름 또는 바다를 형상화했다. 축산고산수식인 대덕사 대선원과, 평정고산수식인 용안사의 방장(方丈)정원과 용원원 등이 대표적인 사례이다.

경도(교토)에 막부를 연 족리(足利 아시카가)는 평안(헤이안)시대에 대한 동경이 있었던 듯 저택은 침전조양식을 답습한 경향을 보이며, 정원양식은 선대의 전통을 계승한 지천(池泉)양식을 나타내고 있다. 그러나 연중행사를 하기 위한 공간으로서의 역할을 한 침전조정원과는 달리, 실정(무로마치)시대는 연못 형태가 복잡해지고, 경석을 다수 배치하는 등 감상 본위의 정원이 조성되었다. 이는 침전조에서 초기 서원조(書院造)로 변화하는 건축양식과 관계가 깊은 것으로, 초기 서원조정원의 형성을 들 수 있다.

실정(무로마치)시대 후기를 전국(戰國 센고쿠)시대라고도 부르는데, 이때는 중앙 국가권력이 쇠퇴함으로써 군웅이 할거하는 즉, 많은 영웅들인 전국의 영주(大名 다이묘)[1]들이 웅거하여 영지 다툼을 벌이는 하극상의 시대였으며, 장원체제에서 농촌에서 거주하며 스스로 농민을 지배하는 영주체제로 변화해 가는 시기였다.

❶ 넓은 영지를 가진 무사로 제후나 영주에 해당한다.

❷ 한국에서 서원(書院)은 교육기관으로서 강당, 동 · 서재, 사당 건물이 있는 구조다. 이에 반해 일본에서 서원(書院)은 실정(무로마치)시대에 발생하여 도산(모모야마)시대에 발달한 주택양식으로, 상류주택에 현관, 손님방(자시키), 도코노마, 장식 선반(치가이다나) 등이 있는 집 구조를 의미한다.

2. 초기 서원조정원

1) 초기 서원조정원(書院造庭園)의 형성 배경과 특징

실정(무로마치)시대 후기에 나타난 건물양식인 서원조건축[2]에 조영된 정원을 서원조정원이라고 하는데, 이 시대는 초기적 단계이므로 초기 서원조정원이라고 한다.

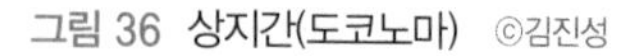

그림 36 상지간(도코노마) ©김진성

그림 37 장식 선반 위붕(치가이다나) ©김진성

침전조에서는 주 건물(主屋)의 남쪽 정원을 의식의 공간으로 사용했던 것과는 달리, 서원조건축에서는 건물 안에서 접대하는 손님과 서로 얼굴을 마주 보고 대하는 장소로 활용했다. 따라서 건물의 내부공간구성에 있어서도 다다미(疊)가 전면에 깔린 손님방(座敷 좌부, 자시키)이 성립되고, 이 방에는 방바닥을 한 단 높게 만들어 장식을 위한 공간으로 활용한 상지간(床之間 도코노마), 장식 선반인 위붕(違棚 치가이다나) 등이 부설된다.

서원조정원은 이러한 건물구조로 된 서원의 주된 방 안에서 정원을 감상하는 데 주안을 둔 정원으로, 정원의 형식은 제한 없이 지천(池泉)정원, 고산수정원 등 다양한 형태로 구성된다.

2) 금각사(金閣寺 킨카쿠지) – 녹원사

금각사(킨카쿠지) 정원은 족리(아시카가) 가문의 3대 장군 의만(義滿 요시미츠, 1358~1408년)이 별장으로 조영한 북산전(北山殿 기타야마도노)을 그가 죽고 난 다음 선종사찰로 개조한 것이다. 의만(요시미츠)의 법명이 녹원원(鹿苑院)이었기 때문에 '녹원사(鹿苑寺)'라고 하였다. 이 정원이 '금각사(킨카쿠지)'가 된 것은 사리전 건물이 금박을 입힌 금각에서 유래한 것이다.

금각사(킨카쿠지) 정원의 입지적 특성을 보면, 북쪽은 평안(헤이안)시대부터 수렵, 사찰지역으로서 유명한 북산(北山)이 있는 곳으로, 특히 설경이 유명한 경승지다. 서남쪽의 의립산(衣笠山)은 이 정원의 차경을 이루며, 동쪽에는 지옥천(紙屋川)이 흐르고, 남쪽에는 평야가 펼쳐지는 등 아름다운 자연환경을 지니고 있다. 이곳은 겸창(가마쿠라)시대에 남송과의 무역으로 거대한 부를 축적한 서원사공경(西園寺公卿)이라는 사람이 '북산제(北山第 기타야마다이)'를 지었는데, 그 아름다움이 세상에 널리 알려졌다. 현재 북산제의 유구로 남아 있는 것은 '안민택(安民澤)'이라는 못과 그 북쪽의 추정 건물지뿐이나, 그림 38 당시 북산제 정원은 본당 서원사(西園寺)를 비롯한 다수의 건물이 배치되고, 자유곡선형의 거대한 못과 못 안의 중도(中島), 높이 45척 규모의 폭포가 조성되는 등 그 아름다움에 필적할 만한 정원이 없었다.

이 북산제의 부지를 의만(요시미츠)이 1397년에 양도를 받아 그 규모를 확대해 북산전(北山殿)을 조영하고, 이 정원을 외국 사절단을 위한 접대 장소나 천황 나들이 장소 등 공식적인 행사 장소로 활용했다.

금각은 3층 건물인데, 1층은 침전조, 2층은 서원조(관음전), 최상층인 3층은 사리를 안치한 사리전이다. 그림 39 사리전 거의 정면으로는 중도를 만들고 삼존석조[1]와 석등 등을

[1] 삼존석조방식은 『작정기』에 나올 정도로 오래된 석조방식이며, 석조의 가장 대표적인 방식으로 불교의 삼존불을 상징한다. 중앙에 놓인 돌을 중존석(中尊石), 좌우에 크기가 다른 두 돌을 협시석(脇侍石)이라고 말하기도 한다.

그림 38 북산제 유구인 안민택(安民澤) ©김진성

그림 39 금각과 경호지(鏡湖池) ©김진성

그림 40 야박석-구산팔해석-학도 ©안계복

그림 41 용문폭포와 잉어석 ©김진성

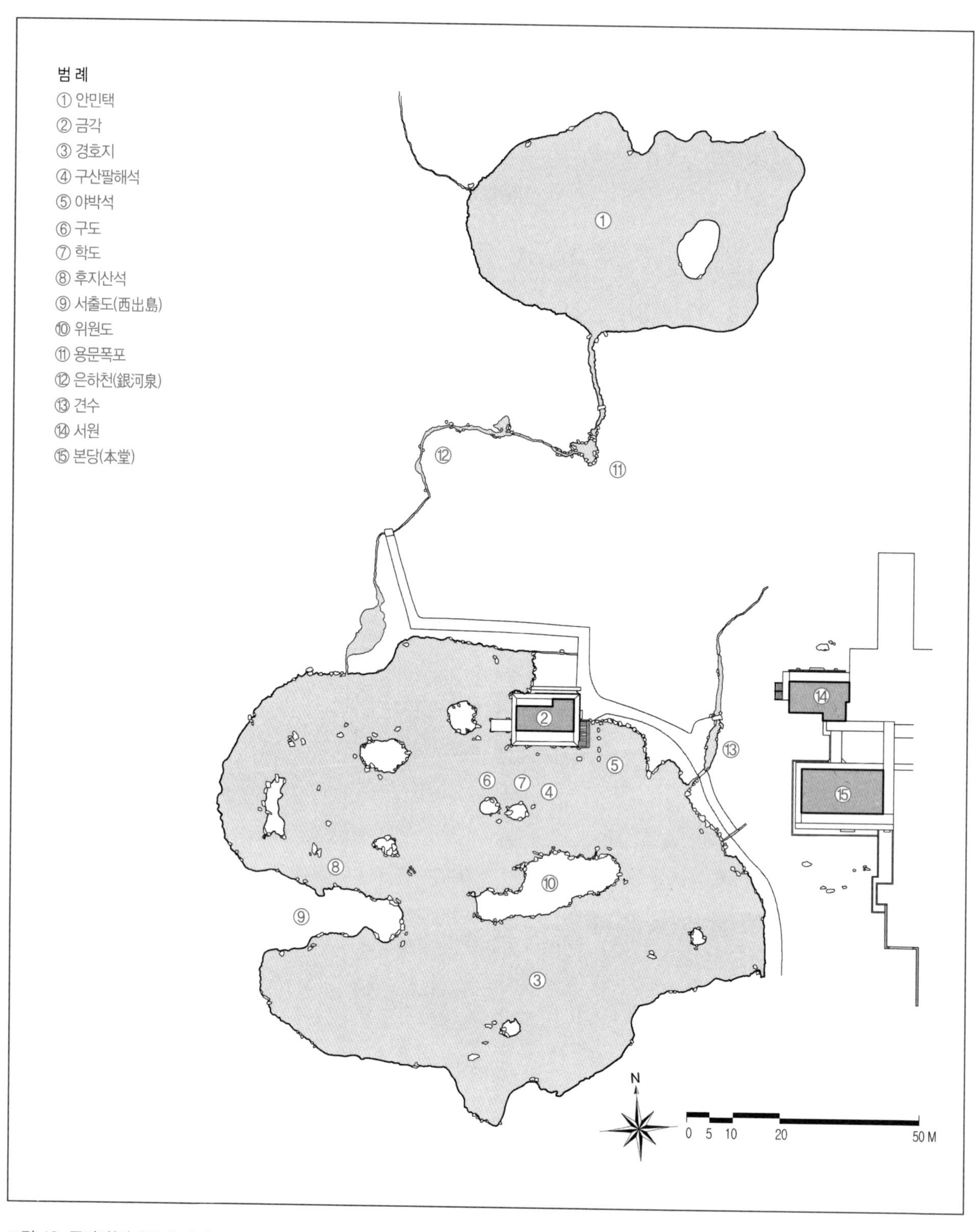

그림 42 금각사(킨카쿠지) 배치도 ©안계복

배치하고 호원도(芦原島 아시하라지마)라고 불렀다. 금각 전면에 있는 경호지(鏡湖池)는 극락정토의 칠보지(七寶池)로 평등원(뵤우도우인)의 봉황당(鳳凰堂)과 못의 관계와 같이 불교세계에서 이르는 정토세계를 의미한다. 즉, 북산전을 서방극락(西方極樂)에 비유하고 있다. 금각 앞의 못 안에 '구산팔해석(九山八海石)'이라 명명된 돌이 배치된 것도 이를 강조하는 의미다. 경호지(鏡湖池)는 겸창(가마꾸라)시대부터 있었던 것을 보수한 것이지만, 구산팔해석은 족리(아시카가)시대에 배치한 것이다. 금각 건물 옆에는 야박석(夜泊石)을 표현하기 위해서 비슷한 크기의 돌 2~3개를 나란히 물위로 드러나게 배치해 놓았다. 이것 역시 정토사상의 배경으로 해석할 수 있으며, 야박석은 서방사에도 설치한 사례를 찾을 수 있다.

이외에도 구도, 학도, 후지산석(富山石), 못 안에는 위원도(葦原島)를 비롯한 대소의 섬들, 바위섬 등이 배치되어 있어 서방사에 뒤지지 않는 경관이다. 또한 금각사에는 대나무로 만든 '금각사 담장(킨가쿠지가키)'이라는 낮은 담장이 있다. 일본 정원에서는 쓰쿠바이도 여러 가지 형태로 만들어 배치하는데 금각사에는 8대 장군인 족리의정(아시카가 요시마사)이 애용하던 후지산형 수세본(초즈바치)이 있다.

현재 수원은 경호지 북쪽 언덕 위에 있는 안민택(安民澤)으로부터 용문폭포그림 41를 거쳐서 경호지로 들어오도록 되어 있다.

의만(요시미츠)의 사후에 선사(禪寺)가 되기는 하였으나, 건물은 옮겨졌으며 정원은 파괴되고 방치되었다. 이후 강호(에도)시대에 이르러 금각을 수리하고 정원을 복원해 현재의 금각사 정원의 모습을 이루었다. 의만(요시미츠)시대의 유일한 건물인 금각은 1950년에 소실되었고, 현재의 모습은 1955년에 재건되었다.

3) 은각사(銀閣寺 긴카쿠지) – 자조사

자조사(慈照寺 지쇼지)정원은 8대 장군인 족리의정(足利義政 아시카가 요시마사, 1449~1473년)이 별장으로 조영한 것인데, 의만(요시미츠)이 재건한 북산전(기타야마도노)을 본보기로 동산전(東山殿 히가시야마도노)을 건립하였다. 그러나 그가 죽고 난 다음 선종사찰로 개조해 의정(요시마사)의 법명이 자조원(慈照院)이었기 때문에 '자조사(慈照寺)'라고 하였다. 자조사의 별칭인 '은각사(銀閣寺 긴카쿠지)'는 관음전을 통칭 '은각(銀閣)'이라 한 데서 유래한 것으로, 관음전을 포함한 사원 전체를 은각사라고 하며, 이곳의 정원을 '은각사 정원'이라 부른다. 자조사 은각은 실정(무로마치)시대 중기의 문화를 이르는 동산문화(東山文化)의 대표적 유구이다.

의정(요시마사)[1]은 건축과 정원에 특별한 관심을 가졌을 뿐만 아니라 꽃꽂이와 분재, 미술, 서예, 다도 등 다양한 방면에 흥미를 가졌다. 그는 서방사를 비롯한 녹원사, 천룡

[1] http://search.yahoo.co.jp/

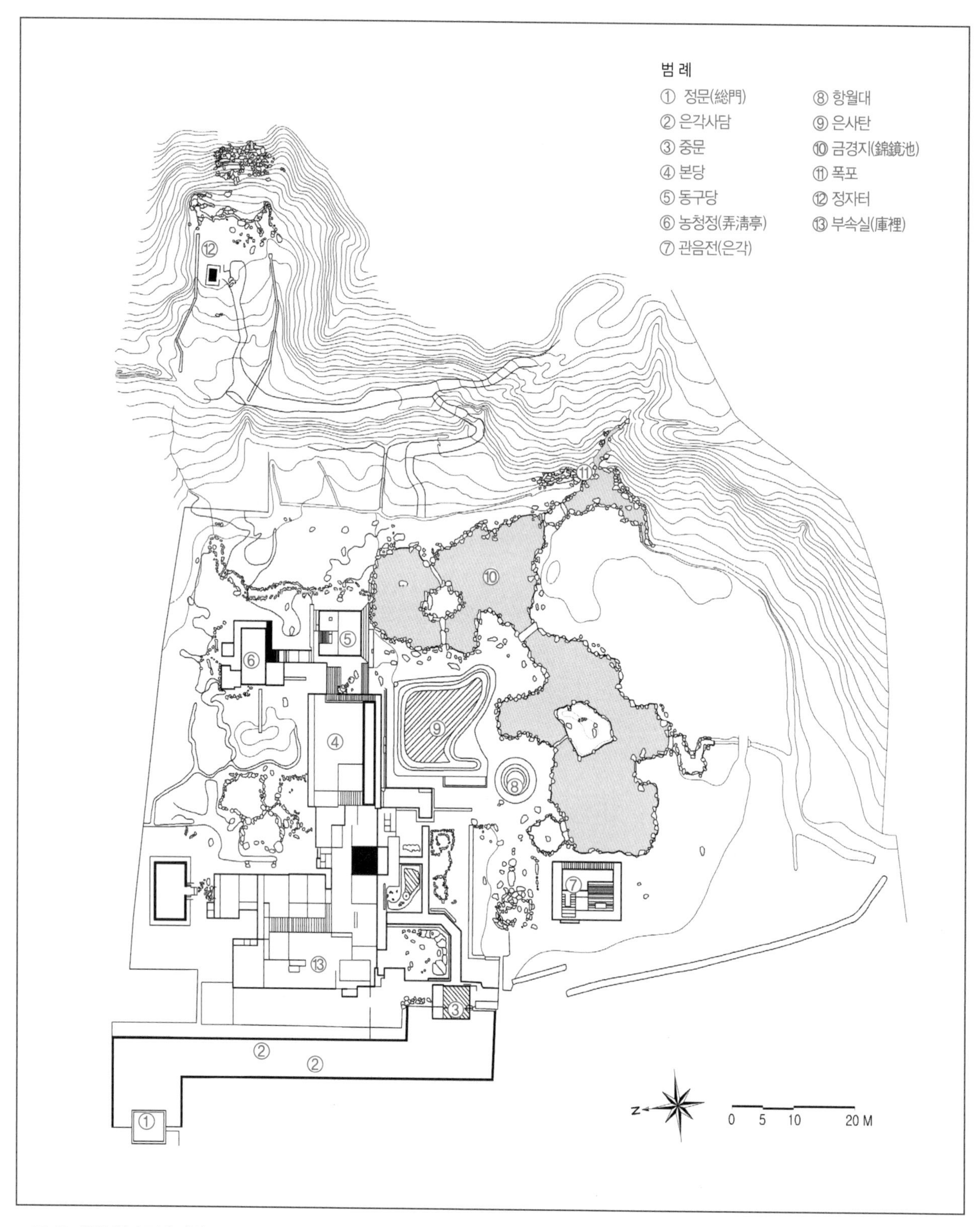

그림 43 은각사(자조사) 배치도 ©안계복

사, 그 밖의 사찰들과 귀족들의 저택 등을 관상하기를 좋아했다. 특히 그가 존경하는 몽창국사(무소소세키)의 서방사 정원에 대한 관심은 맹목적이어서 서방사를 본보기로 한 정원을 조영하기 위해 그에 적합한 토지를 얻는 데 17년의 세월을 보냈으며, 결국 차경이 좋고 물이 풍부한 교토 동산(東山)의 정토사산(淨土寺山)을 선택했다. 이곳은 북쪽에 백천(白川)이 흐르며, 서산(西山)과 북산(北山)을 한눈에 조망할 수 있는 경승지로 그의 은거지를 조영하기에 적합한 곳이었다. 당시에는 옛 정토사(淨土寺)의 지형을 이용하고, 서방사의 지형을 모사했다. 또 그는 정원조영을 위해 금각사의 조경석을 가져왔으며, 나라에서 명석명목(名石名木)을 징수하는 등 혼신을 다해 정원을 조성했다.

정원은 산록의 평지에 원지와 주요 건물을 배치하고, 산정에 작은 건물들을 배치하는 구성이다. 평탄지에 조성된 못인 금경지(錦鏡池)를 중심으로 하는 임천회유식정원은 그 지안(池岸)에 서방사의 서래당과 유리전에 대응하는 동구당(東求堂)과 관음전(觀音殿 銀閣 은각)을 배치했다.그림 45

동구당과 관음전은 조영 당초의 건물로서 현재 국보로 지정되어 있다. 은각 관음전은 중층의 건물로 1층은 주택풍이며, 2층은 일본의 전통사찰 건축양식인 불당으로 되어 있다.그림 46

동구당(東求堂)은 지불당(持佛堂)에 걸린 편액명으로 "동방인은 염불하여 서방에 태어나기를 구한다"라는 서방 극락왕생(西方極樂往生)을 염원하는 마음이 담겨 있다. 그리고 동북쪽의 대지 위에는 서방사의 지동암에 대응하는 서지암(西指庵)을 배치하고, 동방산중에는 축원정(縮遠亭)에 대응하는 산상정(山上亭)을 배치했다. 서지암은 의정(요시마사)이 가장 유념해 조영한 것으로 사후에 이곳에 안치되기를 원했다.

자조사가 처음 만들어질 때에는 현재의 은각사와 같

그림 44 은각사(자조사) 평지 부분 ©김진성

그림 45 관음전과 금경지(錦鏡池) ©김진성

그림 46 향월대와 은사탄 ©김진성

은 모습은 아니었다. 모래를 쌓아 후지산(富士山)과 같은 형태로 조성한 향월대(向月台)와 넓은 바다를 연상시키는 은사탄(銀砂灘)은 모두 강호(에도)시대 후기에 들어 변형된 것이다. 그림 47

3. 고산수정원

1) 고산수(枯山水 가래산스이)정원의 형성 배경과 특징

실정(무로마치)시대 중기의 선종사찰에 조영된 많은 정원은 고산수라는 양식으로 조성되었다. 고산수(가래산스이)는 물을 사용하지 않고, 돌과 모래를 사용해 물을 상징적으로 표현한 정원으로, 매우 추상적인 조영수법이라 할 수 있다. 고산수에 관한 기록은 평안(헤이안)시대의 『작정기』에 "못(池)도 없고 견수(遣水 야리미즈)도 없는 곳에 돌(石)을 세우는 것"이라고 기록된 것으로 보아 평안(헤이안)시대부터 시작된 것으로 추정할 수 있다.

고산수정원은 선종의 영향을 강하게 받았으며, 고산수의 구성은 수묵산수화(水墨山水畵)와 분재를 대상으로 하였다. 따라서 고산수는 다른 정원과는 다른, 헤아리기 어려운 심오하고 미묘한 아름다움과 공백의 아름다움을 형성한다. 분재는 작은 화분 안에 대자연과 우주를 구상하는 원예기술로, 좁은 공간에 대자연을 축소하여 표현하는 정원조성 기법에 영향을 미쳐 석정(石庭)과 고산수라는 형식을 이루는 배경이 되었다. 고산수는 평안(헤이안)시대부터 이어져 온 큰 면적의 형식을 초월한 작은 정원(小庭)이라 할 수 있다.

이 시대의 대표적인 고산수는 용안사(龍安寺), 대덕사(大德寺) 대선원(大仙院), 진주암(眞珠庵) 등을 들 수 있다. 이 고산수수법은 이후의 도산(모모야마)시대와 강호(에도)시대를 이어 현대에까지 계승되고 있다. 도산(모모야마)시대의 진여원(真如院), 본법사(本法寺), 대덕사탑두(大德寺塔頭), 취광원(聚光院) 등이 대표적이며, 강호(에도)시대의 대덕사방장(大德寺方丈), 고봉암(孤蓬庵), 남선사(南禪寺), 금지원(金地院), 시선당(詩仙堂), 인화사(仁和寺), 만수원(曼殊院) 등이 있다.

2) 용안사(龍安寺 료안지) 방장정원

경도(교토) 서북쪽 의립산(衣笠山) 기슭에 자리한 선종사찰 용안사(료안지)의 방장(方丈) 앞에는 석정(石庭)이 있는데, 이것이 용안사 방장정원으로 사적 및 명승으로 지정되어 있다. 1499년 세천정원(細川政元 호소가와 마사모토)은 어머니의 3주기 추모식을 위해 방장을

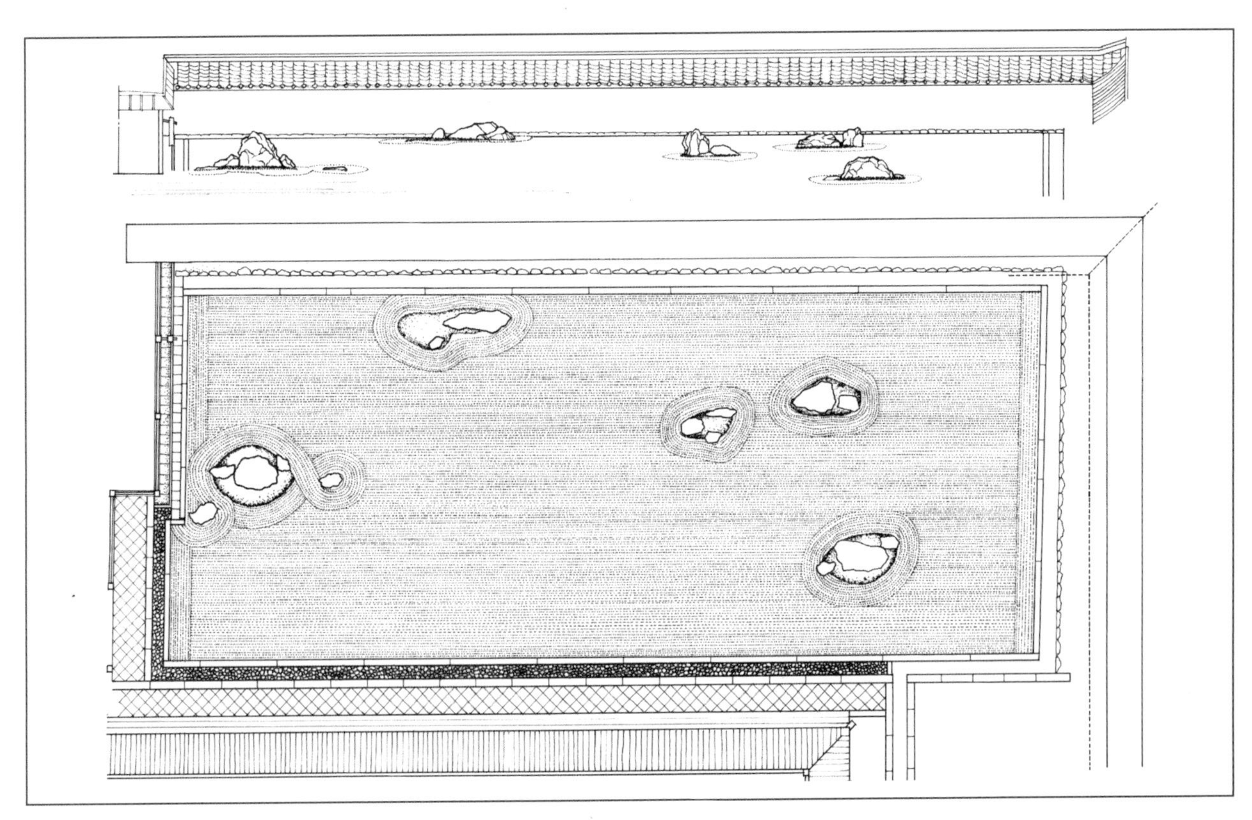

그림 47 용안사(료안지) 7 · 5 · 3 석조와 모래문양(砂紋 사몬) ©이경은

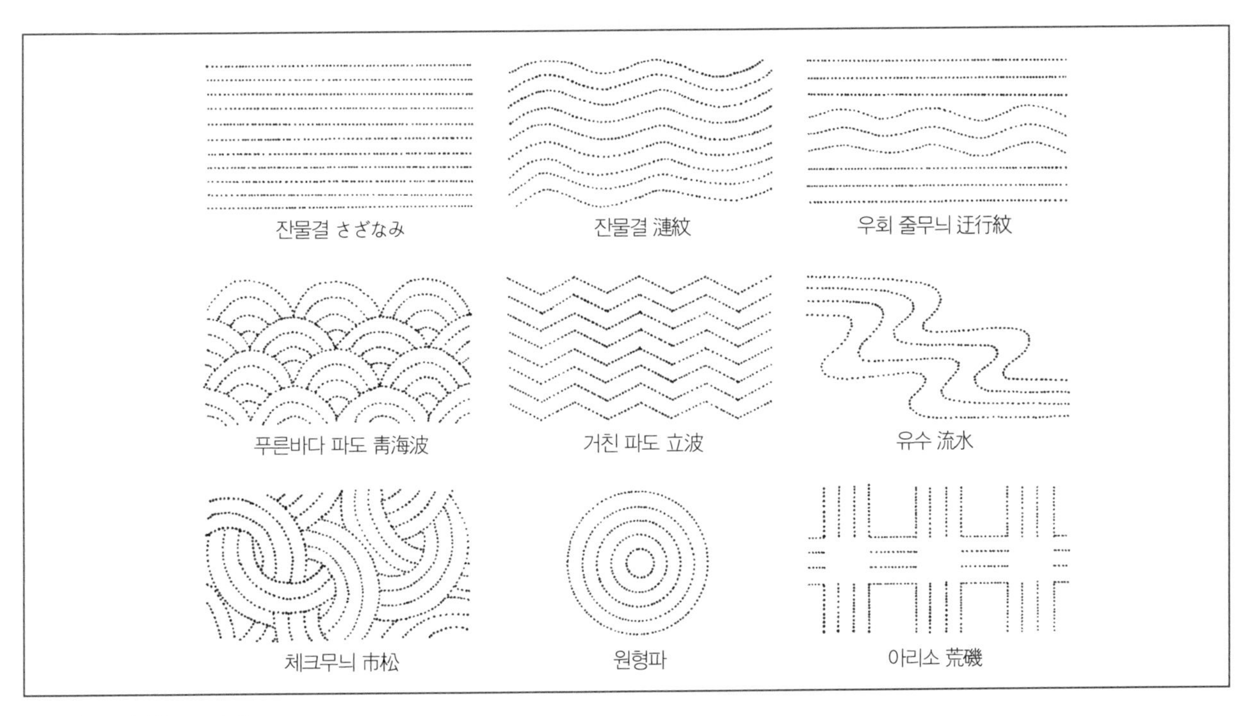

그림 48 모래문양 ©이경은

새로이 만들었으며, 이때 석정(石庭)을 축조하였다.

본당 건물인 방장 앞의 토담으로 둘러싸인 250㎡(동서 25m, 남북 10m)의 평지에 흰모래를 깔고, 그 위에 크고 작은 15개의 정원석을 배치하고 있다. 고산수정원이 한눈에 보이지만 경석 15개의 돌은 한눈에 보이지 않도록 배치하였다는 점이 특징이다.

석조방식은 7·5·3 석조로 되어 있다. 7·5·3과 같은 기수(홀수)는 소위 양의 수로서, 만물을 생성시킨다고 생각해서 선호하는 숫자이다. 실정(무로마치) 후기의 고산수정원에서 7·5·3 석조방식이 응용되었다. 용안사(료안지) 정원에서는 평탄한 정원에 석조가 5개 그룹으로 나누어 있지만 이들은 각각 5·2(=7), 3·2(=5), 3개의 바위로 그룹 지어져 있다. 이밖에 7·5·3 석조의 실례는 그다지 많지 않지만, 대덕사 진주암(眞珠庵) 7·5·3정원이 그 대표적이다. 강호(에도)시대에 이르면 디딤돌(飛石)의 수법에도 7·5·3이 나타나고 있다.

일본 정원에 있어서 모래를 포설하는 기술을 부사술(敷砂術)이라고 한다. 재료는 흰모래(시라카와즈나)나 자갈(고로타이시)를 사용하여 여러 가지 모래문양(砂紋, 사몬)을 나타낸다. 모래문양의 종류는 잔물결(사자나미), 잔물결 연문(漣紋), 우회줄무늬(우행문), 푸른바다 파도(청해파), 거친파도(입파), 유수(流水), 원형파, 거친물결 황기(荒磯 아리소) 등이 있다. 이 가운데 용안사(료안지)에서는 원형파와 잔물결(사자나미)을 사용하여 고요한 바다를 상징적으로 표현하고 있다. 이와 동시에 모래문양은 7·5·3 석조의 그룹을 나누어 주는 역할도 하고 있다.그림 48

흙을 쌓아 축조한 남쪽과 서쪽의 토담(築地 쓰이지)은 이 정원의 틀을 이루며, 동쪽에는 중국 당나라 풍의 현관이 있다. 이 정원에는 정원석 주위에 자연스럽게 생겨난 이끼 이외에는 나무와 풀이 식재되어 있지 않고 돌과 모래만으로 구성된 매우 간결한 배치를 볼 수 있다.

3) 대덕사(大德寺 다이토쿠지)의 대선원(大仙院 다이센인) 정원

대덕사(다이토쿠지)의 대선원(다이센인)은 무로마치시대 후기인 1509년 주지승 고악종긍(古岳宗亘 코가쿠 소우코우) 대성국사(大聖國師)에 의해 만들어진 서원정원이다. 면적은 작지만 국가지정 특별사적 명승으로 지정되어 있다.

강호(에도)시대의 정원서인 『축산정조전(築山庭造傳)[1]』에는 대덕사(다이토쿠지) 대선원(다이센인) 정원의 정원석의 배치와 모양, 그리고 이름을 명시한 그림이 남아 있다. 이 그림에는 부동석(不動石), 관음석(觀音石), 달마석(達磨石), 불반석(佛盤石), 안마석(鞍馬石), 선모석(仙帽石), 명경석(明鏡石), 침향석(沈香石), 호두석(虎頭石), 구갑석(龜甲石), 와우석(臥牛石), 장

[1] 상원경이(上原敬二) 편(1965), 『築山庭造傳(前編)』 解說, 加島書店, p.101.

그림 49 대선원(다이센인) 평면도 ©이경은

그림 50 대선원 정원의 남쪽 정원 ©김진성

그림 51 대선원 정원의 북쪽 정원 ©김진성

선석(長船石) 등 12개 바위 이름을 소개하고 있다.

그러나 현대에 들어서 대선원(다이센인)을 소개하는 책자나 팸플릿에서는 작은 구도(小龜島, 구도(龜島), 학도(鶴島)와 같은 학구사상에 의한 섬의 해석 확대와 봉래산, 용두석(龍頭石), 백운석(白雲石), 진주석(眞珠石)과 같은 바위의 추가 해석이 이루어지고 있다.

70㎡ 정도의 좁은 평지에 평정고산수정원인 대선원(다이센인) 정원은 북송산수화의 풍

경을 재현했다고도 해석하기도 하고, 남쪽은 넓은 호수의 경치를, 북쪽은 심산유곡의 경치를 표현하고 있다고 해석하기도 한다.

대선원(다이센인) 정원의 주석은 한국인의 눈으로 보면 이 정원에서 제일 큰 부동석으로 보이지만, 일본의 오행석 이론으로 보면 관음석이 주석에 가깝다. 관음석과 부동석의 뒤쪽으로 신선설에 나오는 봉래산이 수목에 가려져 있는 것으로 해석하고, 봉래산으로부터 마치 고산수 폭포에 의해 물이 내려와 석교를 지나 강으로 흘러가는 경관을 표현하고 있는 것으로 해석한다. 고산수정원이므로 물의 흐름을 모래로 표현하였고, 장선석(보물선)과 장수를 상징하는 거북 등껍질 돌인 구갑석을 조합하여 배치하고 있어 신선사상과 서방정토를 기초로 한 정원양식으로 볼 수 있다. 불교에서 향로를 놓는 돌이라는 의미로 불교행사에 관계된 침향석(沈香石)도 있다.

제6장

도산시대

(桃山 모모야마, 1576~1615)

1. 개관

도산(모모야마)시대는 직전신장(織田信長 오다 노부나가, 1534~1582년)에서 시작해 풍신수길(豊臣秀吉 도요토미 히데요시, 1536~1598년)이 천하를 통일하고 일본을 통치하던 시대로, 도산(桃山 모모야마)문화를 이루었다. 도산문화[1]는 자유롭고 활달한 인간 중심의 문화로, 건축에서는 웅대한 성곽과 사찰조영이 이루어지고, 회화에서는 건축 내부를 장식하는 화려한 병풍화와 민중 생활을 주제로 한 풍속화가 새로운 장르로 등장한다. 정원문화에 있어서는 화려한 건축에 대응하는 화려한 지정(池庭)과 고산수가 조영되며, 서원조정원이 완성을 이루고, 다도가 유행하여 다정(茶庭)이 성립된다.

2. 서원조정원

1) 서원조정원의 특징

서원조(書院造)정원[2]은 앞 장에서 설명한 것처럼, 서원의 주 건물(主屋) 남반부를 접대하는 손님과 서로 얼굴을 마주 보고 대하는 장소로 활용함으로써 생겨난 정원으로, 도산(모모야마)시대에 완성된다. 실정(무로마치)시대 장군저택에서 행해졌던 대면(對面)은 신년 인사와 축하 행사 등 사교적인 의식이었으나, 새로운 사회질서를 구축하고자 했던 도산(모모야마)시대의 장군들 즉, 직전신장(오다 노부나가)과 풍신수길(도요토미 히데요시) 등은 여기에 주종 관계를 확인하는 정치적 의의를 부여하고자 하였다. 이와 같은 사례는 풍신수길(도요토미 히데요시)의 저택인 취락제(聚樂第) 주전공간을 대규모로 확대해, 많은 사람들이 모일 수 있도록 넓은 실내공간인 대광간(大廣間)을 조성하게 한 점에서 알 수 있다. 이와 같이 확대 조성된 건물 내의 공간에 상하의 개념이 명확하게 규정되었다. 주실(主室) 즉, 방의 특정 장소에 장식공간을 마련하고, 여기에 바닥(床)을 한 단 높게 만든 상지간(도코노마), 장식 선반인 위붕(치가이다나), 밖으로 튀어 나간 창(出窓)과 같은 모양으로 생긴 부서원(付書院 츠케쇼인) 등을 배치한다. 이와 같은 배치를 통해 방 내부의 공간이 정형화되고 질서가 형성되어 공간에 서열이 생긴다. 장식된 공간에 가까운 곳이 상석(上席)이 되고, 상석에서 조망이 최고가 될 수 있도록 정원을 구성한다. 이에 따라 주전의 외부공간인 정원의 구성에도 상하의 개념이 도입된다. 따라서 정원공간에 상하의 개념이 생기고, 전경(前景)과 원경(遠景)이 생긴다. 수목과 조경석의 배치에도 안팎을 명확하게 하지 않으면 안 된다.

[1] https://ja.wikipedia.org/

[2] 浅野二郎 · 仲　隆祐 · 藤井英二郎, 1988, '書院庭園に関する研究ーその 1 : 初期書院造庭園と会所 · 泉殿の庭園' 千葉大学園芸学部学術報告(41), pp.75~83.

대표적인 서원조정원은 소굴원주(小堀遠州 고보리엔슈, 1579~1647년)[3]가 조성한 이조성(니죠죠)의 이지환(니노마루) 정원, 1598년에 풍신수길이 조영하기 시작한 제호사(다이고지) 삼보원(三寶院) 정원, 그리고 서본원사(西本願寺) 대서원(大書院) 정원을 들 수 있다. 이들 정원은 지배자의 권력을 과시하려는 목적으로 조영된 것으로, 화려한 색채와 광택을 갖는 재료를 선택하며, 이름난 돌(名石)과 이름난 나무(名木)을 전시하고, 종려와 소철 같은 이국적인 식물을 사용하는 등 매우 화려한 모습을 보인다. 이러한 정원구 성은 호화로운 서원조건축 내부에서의 감상을 위주로 조성된 것이다.

[3] 동경농업대학 조원과학과 편, 2003, 조원용어사전, 창국사, p.186.

2) 이조성(二条城 니죠죠) 이지환(二之丸 니노마루) 정원

경도(교토)의 이조성(니죠죠) 이지환(니노마루) 정원은, 서원조의 전형적인 유구로 알려진 이지환(니노마루)의 대광간(大廣間)과 소광간(小廣間)의 서쪽과 남쪽에 조영된 정원이다.그림 52 이는 1603년 덕천가강(도쿠가와 이에야스)이 정이대장군(征夷大將軍)에 취임했을

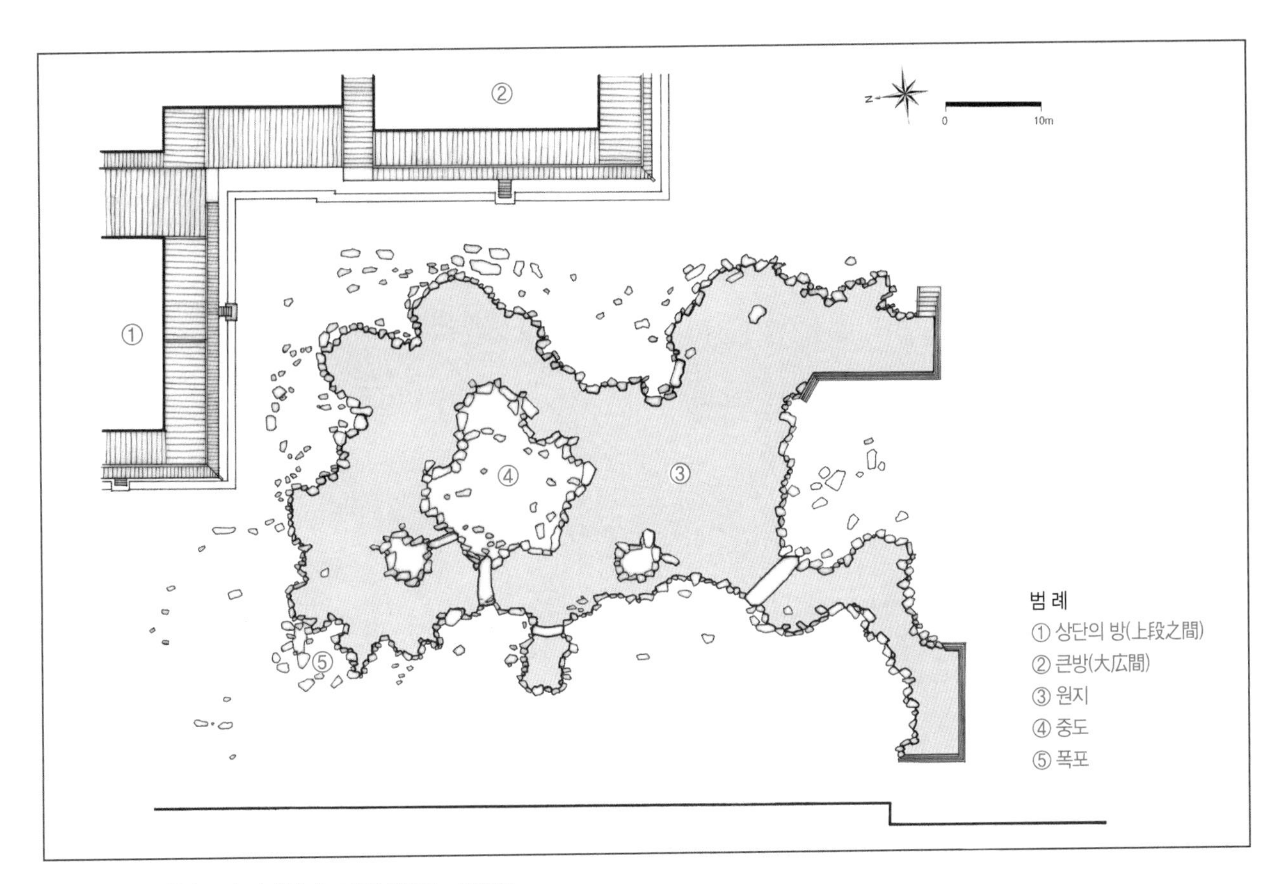

그림 52 이조성(니죠죠) 이지환(니노마루) 배치도 ©안계복

때 축조한 이조성의 어전과 함께 조성한 것으로, 소굴원주(고보리엔슈)가 관계했다.

정원구성은 큰 방인 대광간에서의 감상을 위해 조영한 것으로, 최상위 공간인 장군이 앉는 '상단의 방(上段之間)'에서의 시점에 주안을 두고 있다. 이 방으로부터의 시선이 머무는 서에서 서남 방향으로 정원공간을 구획하고, 못에 중도(봉래도)와 구도(거북섬) 그리고 학섬을 배치하고, 주 시선이 머무는 못의 북서쪽에 2단 폭포를 배치해 원근을 주었다. 또 그 전면 중도의 호안에 모양과 색상이 기괴한 다양한 정원석을 사용해 축산석조(築山石組)하고, 이들의 연장선상에 이조성의 천수각(天守閣)이 조망될 수 있도록 배치했다. 이러한 배치는 주인의 시점을, 앉는 자리의 장식공간 전면에 두는 서원조정원에서 볼 수 있는 공간구성 수법이다.

이 정원에 사용한 정원석은 크기가 크고, 색채가 다양한 것을 사용하는 것이 특징이다. 이는 장군과 그 밖의 영주(다이묘)가 대면하는 장소인 큰 방(대광간)과 호화로운 실내장식에 어울리는 장식적인 정원을 조성해 영주(다이묘)들을 압도하려는 의도가 담겨 있다. 폭포를 표현하는 데 사용하는 돌, 예를 들면 통첨석도 거석으로 바뀐다.

상단의 방에서 보는 경관을 고려하여 중도(봉래도)와 서쪽 연못 호안을 연결하는 석교(石橋)를 얇고 높게 만들어 원경이 되도록 하였다. 그 반면에 중도(봉래도)와 구도(거북섬)를 연결하는 석교는 두꺼우면서도 낮고 작게 만들어 근경이 되도록 처리하였다.

그림 53 이조성(니죠죠) 이지환(니노마루) 정원

3) 제호사(醍醐寺 다이고지) 삼보원(三寶院 산보인) 정원

제호사(다이고지) 삼보원(산보인) 정원은 풍신수길(도요토미 히데요시)이 1598년에 개최한 '제호의 꽃구경'으로 유명한 곳으로, 이 행사 이후 곧바로 정원과 건물의 축조에 착수했으나 풍신수길은 정원의 완성을 보지 못하고 사망했다. 그 후 제호사(다이고지) 승려 의연준후(義演准后)의 지도로 정원사 현정(賢庭 켄테이)이 시공하여 1626년[1]에 완성하였다.

[1] 문헌마다 약간의 차이가 있음. 1623년, 1624년이라는 주장도 있음.

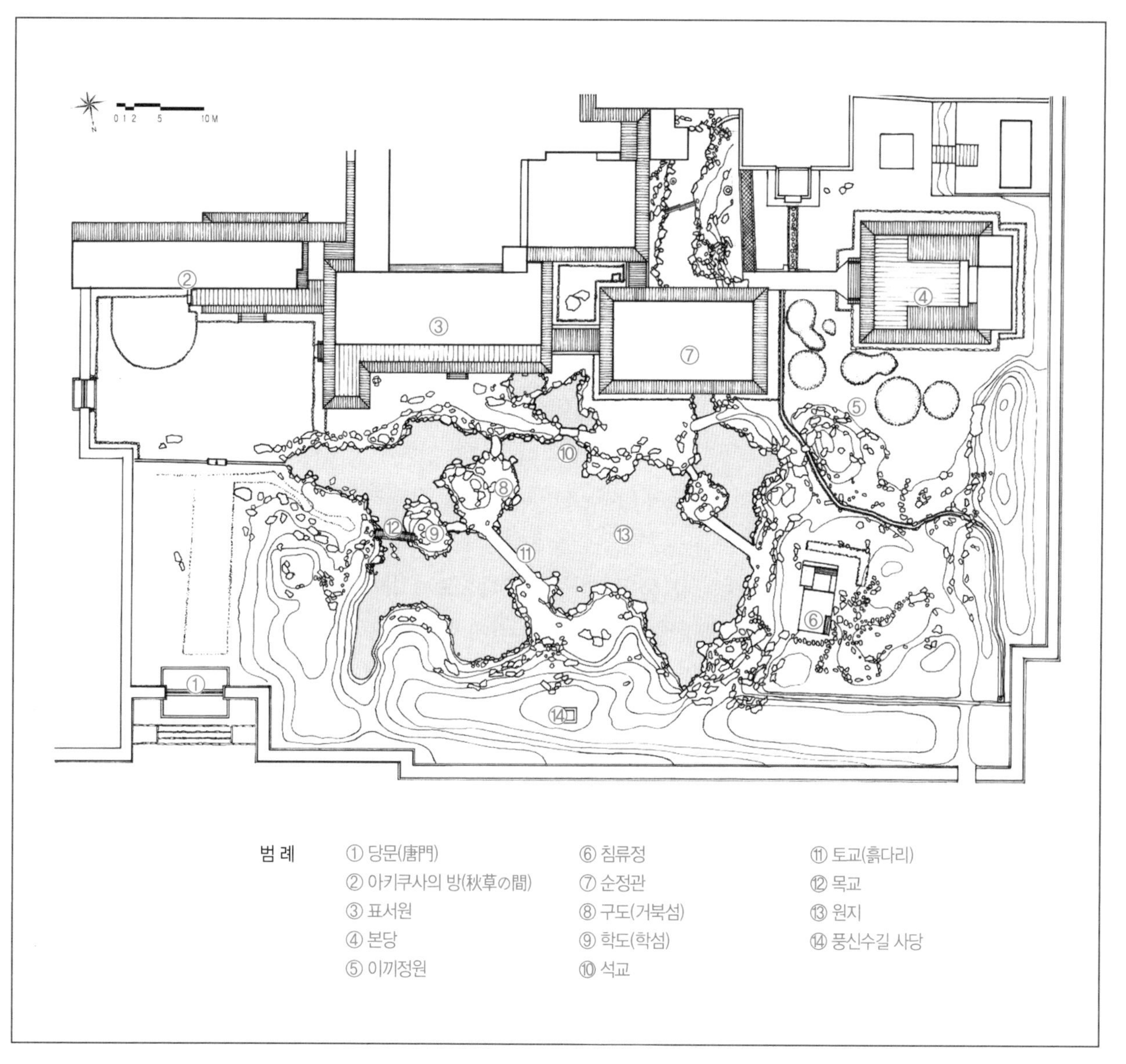

그림 54 삼보원 배치도 ©안계복

그림 55 삼보원 정원의 순정관 전면 ©김진성

그림 56 제호사 삼보원 정원의 등호석 ©김진성

삼보원 정원은 하나의 연못을 다수의 서원조 건물 즉, 본당(護摩堂), 표서원(表書院), 아키쿠사의 방(秋草の間)에서 감상하도록 조성된 정원이다.그림 54 이러한 정원조영 방법은 회유식정원의 성립에 영향을 미친다. 서원 건물의 전면 남쪽에 배치된 정원은 각각의 건물에서 행해지는 접대를 위해 각각의 건물에 대응하는 중심경관을 조성하고 있다. 다실 침류정(沈流亭)과 본당 사이에 고산수정원과 이끼정원(苔庭)이 배치되며, 침류정의 전면에 3단 폭포를 배치하고, 순정관(純淨觀)그림 55은 전면의 못에서 끌어온 물을 건물의 마루 밑으로 흐르도록 하였다. 이 연못의 남쪽 호안 안쪽에 명석(名石)으로 알려진 등호석(藤戸石 후지도이시)이 배치되어 있다.그림 56 이 바위는 '천석(千石)'의 가치가 있다고 알려진 명석으로, 실정(무로마치)시대부터 무장들에게 전해져 내려오던 바위다. 이 바위는 아미타삼존(阿弥陀三尊)을 상징적으로 표현하는 삼존석조로 배치하였다.

표서원(表書院)에서는 지정(池庭) 안에 배치한 거북섬(亀島)과 학섬(鶴島)이 조망 대상이 된다. 거북섬에는 천하의 명목(名木)인 소나무가 식재되어 있으며, 학섬의 배후를 이루는 맞은편 호안에는 산을 연결하는 형식의 수미산석조가 구성되어 학섬과 조화를 이룬다. 이러한 배치는 서원의 각 건물 내에서 감상할 수 있도록 배치한 것으로, 회유식정원의 형성에 영향을 미친다.

조정에서 보낸 사자를 맞이할 때에만 열었다고 하는 화려한 도산(모모야마)양식의 당문(唐門)이 있고, 풍신수길(도요토미 히데요시) 사당도 있는 정원이다.

4) 서본원사(西本願寺) 대서원(大書院) 정원

서본원사의 서원은 대면소(對面所)와 백서원(白書院)을 중심으로, 화려하고 장엄한 도산(모모야마)양식이 잘 반영된 곳으로, 대면소의 동쪽에 고산수정원이 조성되어 있다. 일명 '호계의 정원(虎溪之庭)'이라고 하는 정원명은 중국의 강서성(江西省)의 여산(廬山)에 동림정사(東林精舍)를 짓고 은거한 진대(晉代) 혜원(慧遠)법사의 일화가 담긴 '호계삼소(虎溪三笑)'의 고사에서 연유한 것으로, 정사의 하부에 있는 계곡 이름인 '호계(虎溪)'에서 따온 것이다. 정원은 거석으로 조성한 폭포와 옥석(玉石)으로 표현한 계류가 호계를 상징하고, 그 배후에 배치된 어영당(御影堂)이 여산의 동림사(東林寺)에 비유되고 있다. 이 경관은 대면소의 상석에서 소나무 가지와 잎 사이로 조망되며, 배후의 식재와 조화를 이루어 산속 즉, 여산의 깊숙한 계곡에 있는 호계의 분위기를 연출한다. 『도림천명승도회(都林泉名勝圖會 1799년)』의 〈서본원사 대서원정원(西本願寺 大書院庭園)〉에 잘 표현되어 있다. 이 그림에는 3개의 다리가 있으나, 현재 폭포 바로 아래의 계류를 건너는 돌다리는 없다. 폭포에서 흐르는 계류는 중도(中島) 즉, 거북섬과 대안에 소철이 식재된 호안 사이에 놓인 다리를 지나 남쪽으로 흐르며, 또 하나의 중도인 학섬을 돌아 동서로 분리되어 남쪽으로 흐른다. 험준한 산과 폭포를 구성하는 부분이 주경관을 이루며, 수면을 표현하는 흰모래와 중도가 부경관이 되어 주경관을 강조하는 역할을 한다. 경관에 주와 부가 명확하며, 화려하고 강함을 표현하는 석조와 소철과 같은 수목을 식재함으로써 전체적으로 강한 힘을 느낄 수 있는 정원을 조성한다.

감상 본위의 서원조정원은 시간의 경과와 함께 정원공간을 걸으면서 감상하는 형태를 가져온다. 이러한 전개는 로지(露地) 즉, 다정의 발전과 깊은 관계가 있다.

3. 다정

1) 다정의 특징

다정(茶庭)[1]은 다실과 함께 다탕(茶湯 차노유) 즉, 손님을 초대해 말차(抹茶)[2]를 마시며 즐기는 다도를 구성하는 중요한 공간이다.

다도는 실정(무로마치)시대부터 귀족들을 중심으로 유행하기 시작하여 말기에 그 체계가 수립되었으며, 초기에는 중국에서 들여온 값비싼 도구류 즉, 명품들을 서원식 다실에 장식했다. 다도를 위한 독자적인 공간을 구성한 사람은 무야소구(武野紹鷗, 다케노죠

그림 57 대덕사 서봉원 디딤돌(도비이시) ©김진성

❶ 淺野二郎, 1992、講義錄 造園史, ワールドグリーン出版、pp.93~114.
❷ 일본식 가루차

그림 58 용안사 준거(쓰쿠바이) ©김진성

그림 59 금각사 후지형 초즈바치 ©안계복

오)이며, 천리휴(千利休 센노리큐)에 이르러 차(侘 와비)를 주제로 한 초암차(草庵茶)가 확립되어 다정의 형성을 가져왔다.

다정은 로지라고 불리며 일본어 동음인 로지(露地), 로지(路地), 로차(路次), 로차(露次) 등으로 표기하였으나, 일반적으로 로지(露地)가 사용되고 있다. 다실에 이르는 통로공간인 로지는 다실과 일체된 공간으로 구성되며, 도시에 있으면서 마치 산중에 있는 것 같은 분위기(市中山居 시중산거)를 조성한다.

로지는 다도를 행하는 장으로서 실용적인 공간이라는 점에 특징이 있다. 로지는 차를 마시는 데 필요한 실용적인 행위가 행해지는 장소의 역할도 해야 한다. 이를 위해 다실로 들어가기 전에 심신을 정화시키는 장치로서의 준거[1](蹲踞 쓰쿠바이)와 불교에서 어두움을 밝히는 석등이 도입되고, 보행로로서의 디딤돌(飛石 도비이시)그림 57이 배치되는 등 로지조영의 기본적인 배치가 성립되었으며, 점차 형식화(形式化)되어 갔다.

수수발(手水鉢 초즈바치)의 유형은 크게 보면 용안사(료안지) 오유족지(吾唯足知)그림 58형처럼 돌을 완전히 가공해서 새로운 형태로 만들거나 혹은 금각사(킨카쿠지) 후지(富士)그림 59형처럼 자연석을 활용하여 만드는 두 가지 유형이 있다. 오유족지(吾唯足知)란 스스로 만족함을 안다는 뜻인데 이 문자를 도안하여 만든 수수발(手水鉢 초즈바치)이기 때문에 유명하다. 금각사(킨카쿠지) 후지형 초즈바치는 족리의정(足利義政 아시카가 요시마사)이 애용했던 것으로 유명하다.

2) 와비차의 완성, 천리휴(千利休 센노리큐)

천리휴(센노리큐 1522~1591년)는 세상의 번잡한 일상 속에서도 깊은 산속에 있는 듯한 풍정을 다실에 담고자 차다(侘茶 와비차)❷를 완성했다. 그는 극도로 긴박한 실내공간을 갖춘 다다미(畳)❸ 2장의 2첩 다실인 '대암(待庵 타이안)'과 이에 대응하는 로지를 구성했다.

천리휴(센노리큐)❹는 선(禪)의 수행에도 진력을 다해 와비차(侘び茶)❺의 진수를 추구했다. 그는 직전신장(오다 노부나가)과 풍신수길(도요토미 히데요시)의 다도 선생이 되었으며, 대규모 다도 모임을 연출하는 등 다도의 황금시대를 열었다. 그의 다실과 로지에 관한 사고와 조영방식은 다정의 기반을 이루었다. 그러나 1591년 경도(교토) 대덕사(大徳寺)에 본인의 목상(木像)을 안치한 것과 다기(茶器)의 매매에서 부정을 저질렀다는 이유로 풍신수길(도요토미 히데요시)에게 할복을 명 받았다.

천리휴(센노리큐)가 극한의 와비차를 표현한 로지 대암이 경도(교토)의 묘희암(妙喜庵)에 유구로 남아 있으며, 그의 와비차는 현재까지 이어지고 있다. 또 그의 제자인 고전직부(古田織部), 소굴원주(小堀遠州) 등에 의해 다양한 공간의 전개를 가져왔으며, 특히 고전직부와 소굴원주는 무인차(武人茶)를 만들었다.

(1) 묘희암(妙喜庵) 대암(待庵)의 로지

묘희암은 1583년경 천리휴(센노리큐)가 조영한 다실로, 2첩 규모의 극도로 작은 다실이며, 풍신수길과 천리휴(센노리큐)가 이곳에서 차를 마셨다. 이와 같이 천리휴(센노리큐)가 좁은 다실을 지향한 것은 주인과 손님이 '한결같은 마음으로 사귀는 것'을 즐기는 극도의 와비차를 이상으로 생각했기 때문이다.

이 다실은 툇마루를 없애고 대신에 토벽을 설치한 점과 다실의 입구인 '약구(躙口 니지리구치)'❻를 계획한 점이 특징이다. 또 디딤돌을 다실 출입문의 바로 정면까지 놓았으며, 그 끝에 다른 돌보다 한 단 높은 '답탈석(沓脱石 구쯔누기이시)'을 배치했다. 다실에 툇마루를 없애고 다실을 직접 외부공간과 연결함으로써, 속세로부터 청정한 장소인 다실로의 이동을 보다 더 강하게 나타내고 있다.

(2) 천삼가(千三家)의 로지

천씨 가문(千家)은 천리휴(센노리큐)의 할복으로 다도가 단절된 것을 부흥시켰다. 천리휴(센노리큐)의 양자인 소암(少庵 1546~1614년)이 천씨 가문의 2대가 되어 불심암(不審庵)을 조영했다. 소암의 아들인 원백종단(元伯宗旦)과 그의 4남인 선수(仙叟)가 금일암(今日庵)을 세웠다. 이 금일암이 불심암의 북쪽 뒤(裏)에 위치해 있기 때문에 '리천가(裏千家 우라센케)'

❶ 손을 씻을 때 몸을 웅크려 앉는 것에서 명명된 것. 원래 준거(쓰쿠바이)는 수수발(手水鉢 초즈바치)에서 유래되었다는 설이 있음. 일반적으로 촛대를 놓는 수촉석(手燭石), 따뜻한 물을 담아 올려놓는 탕통석(湯桶石), 앞에 놓이는 전석(前石)이 한 조를 이루어 배치된다.

❷ 浅野二郎 · 安蒜俊比古 · 藤井英二郎 · 仲隆裕, 1985-1997, わび茶と路地(茶庭)の変遷に関する史的考察-その1~10, 千葉大学園芸学部学術報告.

❸ 일본의 전통적인 방에 사용되는 바닥재료. 크기는 다양하나 기본적으로 3척×6척(91㎝×182㎝). 방 규모의 기준이 됨.

❹ 村井康彦, 千利休, 1991, NHKブックス281, p.291.

❺ 다도의 한 양식으로, 간소하고 간략한 경지 즉, 와비 정신을 중요하게 여김.

❻ 고개 숙여 들어가야 할 정도로 좁은 다실의 출입구로서, 와비를 중요시한 센노리큐가 고안하였다고 한다.

라고 부르며, 본래 살던 집인 불심암을 '표천가(表千家 오모테센케)'라고 부른다. 그리고 일옹종수(一翁宗守)가 창시한 '무자소로천가(武者小路千家 무샤노고지센케)'를 더해 천삼가(千三家, 센산케) 즉, 천씨의 세 집이라고 한다.

표천가(오모테센케)의 구성은 '불심암(不審庵)'과 광간(廣間)인 '잔월정(殘月亭)', 센노리큐의 상을 안치한 '점설당(点雪堂)' 등 3개의 다실과 이들 사이에 놓인 디딤돌, 연단(延段 노베단) 등으로 구성된 다중로지(多重露地)를 이룬다.

리천가(裏千家)는 원백종단이 건설한 일첩대목(一疊台目)의 다실인 '금일암'이 주를 이루며, 이후에 조성한 '우은(又隱)'과 '한운정(寒雲亭)', 그리고 종단의 4남인 선수종실(仙叟宗室)이 지은 '리휴당(利休堂)'이 더해져 현재의 모습을 갖추었다. 이들 다실과 외부공간인 다정으로 구성된 리천가의 로지는 요괘대합(腰掛待合 고시카케마치아이)❶에서 중문까지의 외로지(外露地)와 중문에서 우은까지의 내로지(內露地)로 이루어진 이중로지(二重露地)가 주를 이루며, 리휴당의 로지가 더해져 시중산거(市中山居)를 이룬다.

무자소로천가(武者小路)의 다실인 관휴암(官休庵)은 주 건물에 부속된 일첩대목반(一疊台目半)의 건물이다. 다다미 1장인 1첩(一疊)과 보통 다다미의 4분의 3에 해당하는 크기인 대목(台目)의 규모로, 천리휴(센노리큐)의 다다미 2첩(二疊) 다실인 대암보다 작은 공간이다. 이곳에는 반보암(半寶庵)과 조당(祖堂), 환취원(環翠園) 등의 다실이 있으며, 이들 다실 사이에 로지가 조성되어 있다. 로지에는 일옹종수가 귀중하게 여겼던 사방불(四方佛)의 수수발❷(手水鉢 초즈바치)과 곳곳에 붉은빛이 도는 천석을 사용한 역석을 배치해, 한적하면서도 약간의 화려함까지 느낄 수 있다.

3) 고전직부(古田織部)의 로지 연암(燕庵)

고전직부(후루타오리베 1544~1615년)는 스승 천리휴(센노리큐)의 다도를 계승하는 한편, 무가사회에서 행해지는 다도인 무인차(武人茶)를 확립했다. 일찍이 천리휴(센노리큐)에게서 다도를 배운 그는 직전신장(오다노부나가)과 풍신수길(토요토미 히데요시) 밑에서 무장(武將)으로 활약했다. 그의 특유한 감각으로 석등인 직부등롱(織部燈籠 오리베도로), 그림 60 원로인 연단(延段, 노베단) 그림 61 그리고 차를 마시는 그릇인 직부소(織部燒, 오리베야끼) 등을 창안하였다.

고전직부(후루타오리베)는 새로운 무인 다도를 만들었는데 풍성한 경물(景物)을 도입해 화려하고 아름다운 로지를 구성했다. 이는 한적하고 와비를 중시하여 불필요한 경물(景物)을 극도로 배제한 천리휴(센노리큐)의 다도와 다른 것이었다. 고전직부(후루타오리베)가 고안한 것이 직부등롱(오리베도로), 즉 직부형 석등이다. 물론 사찰과 신사에서 사용하

❶ 로지에 마련된 대합실을 요괘(腰掛 고시카케) 혹은 요괘대합(腰掛待合)이라고도 함.
❷ 손과 심신을 정화하기위한 물을 담는 데 사용된 용기로, 원래 신전, 혹은 불전에서 사용되었던 것을 다도에 도입하여 로지에 배치하였다.
❸ 삼온(森蘊), 1990, 『소굴원주(小堀遠州)』, 吉川弘文館, p.377.
❹ 예스럽고 아취가 있는 가운데 부드러움과 화려함이 있는 밝은 풍정

던 석등을 처음 로지에 도입한 이는 천리휴(센노리큐)라고 전해지고 있다. 그러나 고전직부(후루타오리베)는 석등의 지대석과 하대석 부분을 생략하고, 간주석 부분을 직접 땅에 묻는 형식인 직부형 석등을 고안했고, 이를 준거(쓰쿠바이)와 함께 배치해 느낌 있는 경관을 연출하고자 했다. 그는 수목에도 관심이 많아 로지에 심어도 좋은 수목을 17종 이상 열거하고 있다. 여기에는 종려와 소철, 단풍 등 현재의 로지에서는 통상적으로 심지 않는 수종이 열거되고 있어 주목된다.

경도(교토)에 있는 연암(燕庵)은 고전직부(후루타오리베)가 조영한 다실이다. 연암은 외로지(外露地)와 내로지(內露地), 그리고 다실 수미장(須彌藏)의 내로지(內露地)로 구성된 삼중로지(三重露地)이다. 연암의 내로지에는 L자형의 요괘대합(腰掛待合)과 고전직부(후루타오리베)의 연단, 준거(쓰쿠바이)가 로지의 분위기를 더하고 있다. 연단은 고전직부(후루타오리베)가 디딤돌(飛石)의 단점을 보완해 고안한 것으로, 발밑을 보지 않고도 걸을 수 있게 함으로써 걸으면서도 정원을 조망할 수 있게 하였다.

그림 60 대덕사 서봉원 직부등롱(오리베도로) ©김진성

4) 소굴원주(小堀遠州)의 로지 고봉암(孤蓬庵)

소굴원주[3](고보리엔슈 1579~1647년)는 천리휴(센노리큐)와 고전직부(후루타오리베)의 다도를 계승하고, 독창적인 다도인 '기려적(綺麗寂 기레이사비)[4]'을 만들었다.

그는 선동어소(仙洞御所), 이조성의 이지환(二條城二之丸), 복견봉행옥부수기옥로지(伏見奉行屋敷數寄屋露地), 품천(品川)의 어전과 다정 등 수많은 정원을 조영하였다.

그림 61 용안사 연단(延段 노베단) ©김진성

고봉암(孤蓬庵 코호안)은 그의 대표적인 다정으로, 장식이 풍부하고 세련된 미의식이 발휘된 기레이사비(綺麗寂)를 볼 수 있는 곳이다. 소굴원주(고보리엔슈)가 1612년에 보제사(菩提寺)[1]로 건립한 것으로, 대덕사(大德寺)의 용광원(龍光院) 경내에 세운 것을 1643년 용광원이 좁다는 이유로 현재의 장소로 이전했다. 1790년의 화재로 인해 소실되었던 것을 소굴원주(고보리엔슈)의 다도를 계승한 송평불미(松平不昧 마쯔다이라 후마이)가 창건기의 모습으로 복원했다.

고봉암의 방장 북쪽 안쪽에 있는 다실 망전(忘筌)과 로지는 소굴원주의 걸작으로, 헌로지(軒露地) 즉, 추녀 밑에 구성된 로지에는 징검돌과 그에 일직선으로 연결되는 원통형의 수수발(초즈바치)이 배치되어 있다. 배경을 이루는 곳에 수평선을 의미하는 이중의 식재를 조성하여 당시 조망되었다고 하는 배 모양의 '선강산(船岡山)'이 파도에 떠 있는 '고봉(孤蓬)'을 표현했다. 다실 망전(忘筌)의 상지간(床之間)에 앉아 보면, 다실의 창이 액자가 되어 한 폭의 그림 같은 경치를 감상할 수 있다. 잔물결을 상징하는 빛나는 까만 자갈, '로결(露結)'의 수수발과 석등, 그리고 석등의 배후에 떠오르는 근강의 부사(富士 후지) 등 고봉암의 로지에는 고향을 그리는 소굴원주의 마음이 잘 표현되어 있다.

[1] 선조 대대의 위폐를 모신 절

제7장

강호시대

(江戸 에도, 1615~1867)

1. 개관
2. 회유식정원
3. 평정(坪庭 쓰보니와)
4. 이도헌추리(離島軒秋里 리토켄 아키사토)

1. 개관

강호(에도)시대(1615~1867년)는 덕천(德川 도쿠가와) 막부(幕府 바크후)가 성립되어 현재의 동경인 에도(江戸)를 중심으로 막번(幕藩)체제가 성립되었다. 이는 장군을 정점으로 각 방면에 영주(다이묘)[1]를 배치해 그들로 하여금 지방을 통치하도록 한 제도이다. 막부(바크후)로부터 지방통치를 위임받은 영주(다이묘)들은 지방의 중심적인 지위를 차지하며 넓은 저택(大名屋敷)을 소유하고 이곳에 정원을 꾸몄다. 이 정원을 영주정원[2](大名庭園 다이묘데이엔)이라 하며, 이 정원의 구성방법은 회유식정원이다. 이 시대의 말기에는 서민주택에도 정원이 조영되기 시작했고, 『축산정조전(築山庭造傳)』과 같은 정원조영 기법을 다룬 서적과 명소 안내 책자가 다수 출판되기 시작했다.

2. 회유식정원

회유식(回遊式)정원은 지방영주(다이묘)들의 저택에 조영한 대규모의 정원을 조성하는 양식으로, 부지 내에 몇 개의 로지를 만들고, 이들 사이에 작은 산과 계곡, 수로 등을 배치해 이를 보고 돌아다니며 정원을 감상할 수 있도록 했다. 이는 주 건축물에서 정원 전체를 조망할 수 있도록 계획된 것이 아니라, 정원 전체를 감상하려면 원로를 따라 회유하는 수밖에 없다. 이 정원양식에는 정토정원이라고 불리는 평안시대의 지정(池庭)과 선종사찰에서 발달한 고산수, 로지에서 시작해 서원조정원에 영향을 미친 다정 등 지금까지의 모든 양식이 집대성되었다.

회유식정원은 계리궁(桂離宮)에서 시작되었다고 전해지며, 수학원이궁(修學院離宮)에서도 볼 수 있다. 그리고 각 지방영주(다이묘)들의 저택에 꾸며진 정원 즉, 고송(高松, 다카마츠)의 율림공원(栗林公園), 강산(오카야마)의 후락원(後樂園), 동경(도쿄)의 소석천후락원(小石川後樂園), 육의원(六義園), 『빈리궁(浜離宮)』 등 많은 정원이 남아 있다. 현존하는 회유식정원은 못을 중심으로 그 주변을 돌거나 못을 건넜다가 되돌아오는 방법으로 정원을 즐기는 형태가 대부분이다.

1) 계리궁(桂離宮 가쯔라리큐)

계리궁(가쯔라리큐)[3]은 황실의 이궁으로 경도(교토)분지의 서남쪽에 위치한다. 궁의 동북쪽에는 비예산(比叡山)과 동산(東山), 북쪽에는 의립산(衣笠山), 서북쪽에는 송미산(松尾

❶ 막부로부터 1만석 이상의 영지를 녹봉으로 받은 제후(諸侯)나 영주
❷ 다이묘데이엔을 한자 그대로 읽어 대명정원이라고도 할 수 있지만 의미가 전달되지 않는다.
❸ (재)전통문화보존협회, 『계리궁』, 대일본주식회사, p.48.

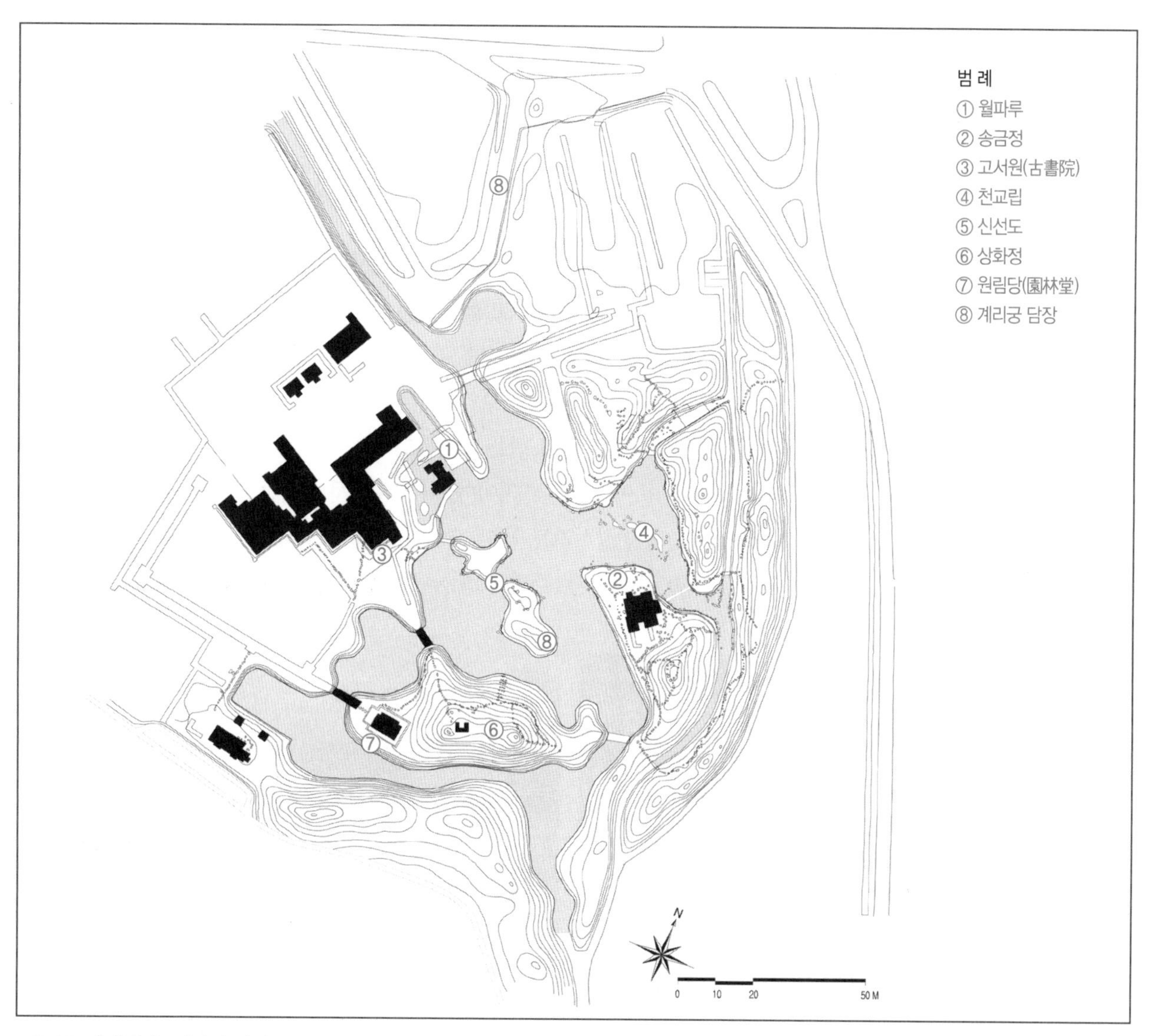

그림 62 계리궁(가쯔라리큐) 배치도 ©안계복

山) 등이 있어 사방의 뛰어난 풍경을 조망할 수 있다.

계리궁(가쯔라리큐)은 팔조궁(八條宮) 지인친왕(智仁親王)이 1620년에 시작해 2대에 걸쳐 완성했다. 초대 지인친왕은 풍신수길(도요토미 히데요시)의 양자로서 팔조궁의 칭호를 하사받은 인물이다. 지인친왕은 문학과 회화, 다도, 기마술 등 폭넓은 분야에서 타고난 재능과 교양을 몸에 익혀, 이를 바탕으로 저택과 별장을 조영했다.

어전(御殿)인 고서원(古書院)의 전면에 계천(桂川)에서 물을 끌어들여 큰 못을 만들고 못 안에 신선도(神仙島)를 배치했으며, 못 주변을 회유하는 원로를 로지 형태로 조영했다.그림 62

또 원로의 요소에 월파루(月波樓), 송금정(松琴亭) 등 다실과 대합실(腰掛, 고시카케), 준거

❶ 헤이안시대에 쓰여진 장편소설

❷ 경도(교토) 궁진시(宮津市)의 궁진만과 아소해(阿蘇海)를 남북으로 가로막고 있는 사주(砂州)

(쓰쿠바이) 등 다도 모임에 필요한 로지시설을 배치하고, 이들이 정원의 경치를 이루도록 했다.

정원의 구성은 백낙천(白樂天)이 꿈꾸었던 이상향을 형상화하고, 친왕이 방문했던 명승과 『겐지 이야기(源氏物語 겐지모노가타리)』❶에 등장하는 가침(歌枕), 즉 명소와 유적을 배경으로 조영했다.

고서원(古書院)은 지인친왕이 조영했으며, 고서원의 앞쪽에 있는 동쪽 호안(東岸)에서 뻗어 나온 돌출부(岬 갑)는 친왕부인의 고향에 있는 일본의 삼경(三景) 중 하나인 천교립(天橋立)❷을 본보기로 만들었다. 정원의 정문인 표문(表門)의 동남쪽, 못의 동쪽 호안에는 '소철의 로지(露地)'가 있는데, 이곳은 다도 모임에 온 사람들의 휴식처로 마련한 대합실과 소철이 군식된 로지이다. 거대한 돌로 만든 징검돌인 비석과 직선의 연단, 수수발(초즈바치)과 석등이 조화를 이루는 아름다운 로지이다. 이 로지에서 디딤돌을 따라 걸으며, 오른쪽에 있는 천교립(天橋立)을 연상시키는 곶(岬)과 섬을 조망하며 송금정(松琴亭)에 이른다. 송금정에서 휴식을 취한 뒤 다시 못 주변을 회유하는 원로를 따라 정원을 감상하며, 다실에서

그림 63 계리궁(가쯔라리큐) 담장 ©안계복

그림 64 월파루와 직부등롱(오리베토로) ©안계복

그림 65 천교립(天橋立)과 송금정 ©안계복

그림 66 되형(枡型 승형) 초즈바치 ©안계복

쉬고 다시 옮겨 가며 정원 전체를 감상할 수 있도록 꾸몄다.

계리궁(가쯔라리큐)은 살아 있는 대나무를 엮어서 만든 생울타리 담장이 유명하다. 이 담장은 '가쯔라가키(桂垣 계원)'로 불리는데 인접한 하천에 홍수가 났을 때 범람하는 물을 막아 정원을 지켰다고 해서 더 유명해졌으며, 정원 진입로 상에 250m에 걸쳐 조성되어 있다. 또 다른 특징적인 시설물은 되형(枡型 승형) 초즈바치인데, 쌀이 담긴 '되'를 상징하는 형태다.

2) 수학원이궁(修學院離宮 슈가쿠인리큐)

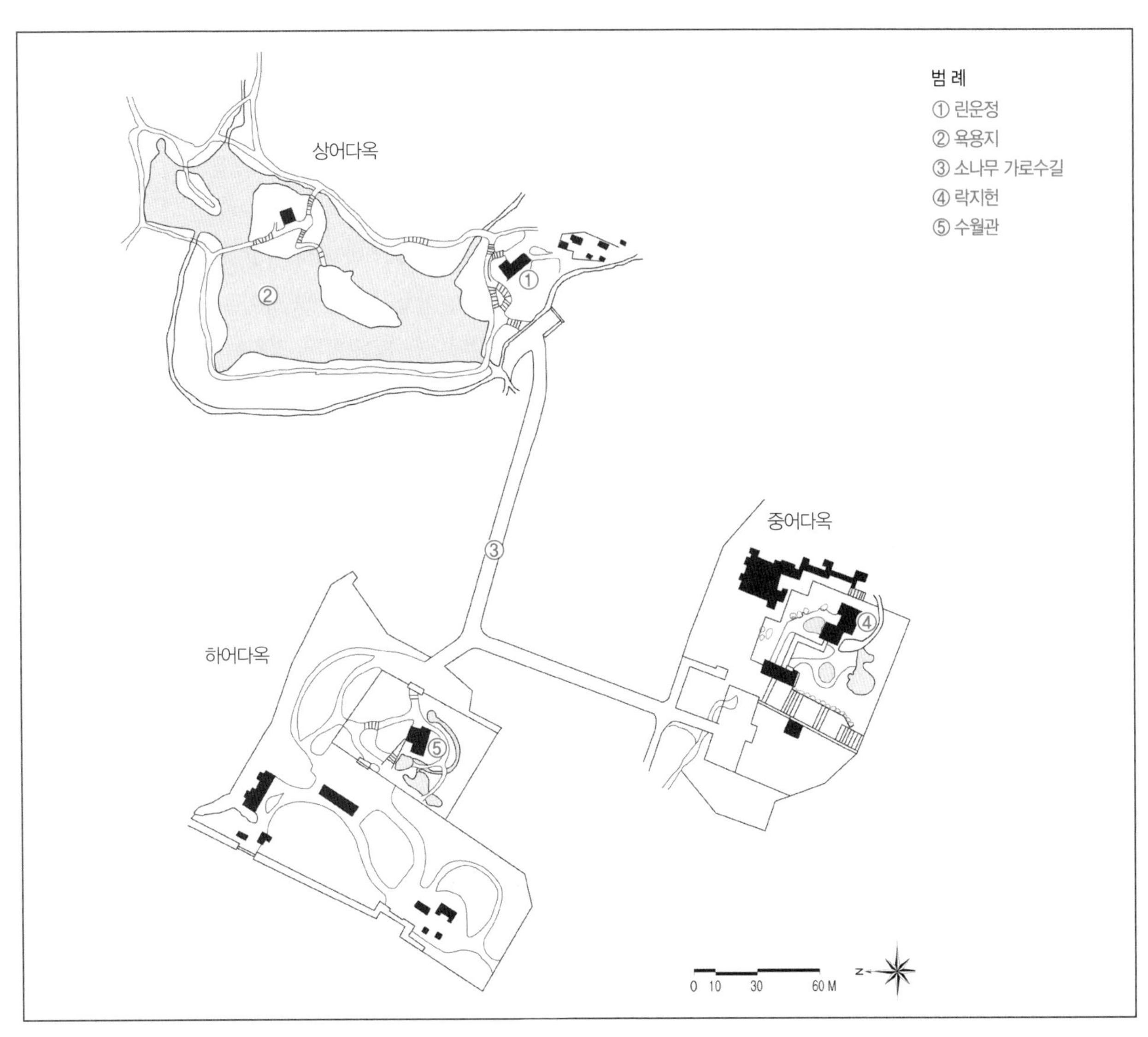

그림 67 수학원이궁 평면도 ©안계복

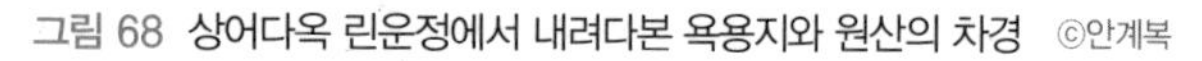

그림 68 상어다옥 린운정에서 내려다본 욕용지와 원산의 차경 ©안계복

그림 69 욕용지에서 바라본 상어다옥 ©안계복

수학원이궁(슈가쿠인리큐)[1]은 관영문화(寬永文化)를 주도한 후수미(後水尾, 고미즈노오 1596-1680년)천황이 조영한 이궁이다. 그는 다방면에 취미가 있던 문화인으로 정원조영에 관한 정열이 매우 강했다. 수학원이궁(슈가쿠인리큐)은 자연지형을 충분히 활용한 정원이다.

수학원이궁(슈가쿠인리큐)은 비예산의 기슭에 위치한 경사지 상, 중, 하 3개소에 다실(御茶屋)을 독립적으로 배치해 조성한 곳으로, 이들 다실은 밭 사이로 난 좁은 원로로 연결되고 있다.그림 67 가장 중심을 이루는 상어다옥(上御茶屋)의 정원은 200m에 이르는 흙벽의 제방을 쌓고, 음우천(音羽川) 등의 크고 작은 계류를 막아 큰 못(大池)인 욕용지(浴龍池)를 만들어 뱃놀이를 위한 공간으로 이용했으며, 수면에 돌출한 천연의 능선을 그대로 이용해 3개의 섬을 조성했다. 그리고 가장 높은 곳에 린운정(隣雲亭)을 배치해 정원과 주변의 경관을 조망할 수 있게 한다. 또 산록 밑에 하어다옥(下御茶屋)을 배치하고, 그 중간에 중어다옥(中御茶屋)을 배치했다. 하어다옥 정원은 후수미(고미즈노오)천황의 거실인 수월관(壽月觀)을 중심으로 한적한 분위기로 조영했다. 남동쪽에 조성된 중어다옥은 명치(메이지)에 들어 더해진 곳으로, 락지헌(樂只軒) 앞의 원지, 객전(客殿) 앞의 작은 폭포와 물이 정원을 구성한다.

3) 영주(다이묘)정원

1590년에 에도(현재의 동경)로 옮겨온 덕천가강(德川家康 도쿠가와 이에야스)은 강호(에도)성을 축성하고 그 주변에 마을을 조성했으며, 간척사업과 매립으로 택지를 넓혀 갔다. 그가 1600년의 전쟁에서 이김으로써 강호(에도)는 정치의 중심이 되었다. 그는 강호(에도)의 도시계획에 착수하고, 물이 부족한 강호(에도)의 물 공급을 위한 공사를 대대적으로 실시

❶ (재)전통문화보존협회, 『수학원이궁』, 대일본주식회사, p.36.

그림 70 봉래도와 덕대사석(德大寺石)을 배치하여, 비와코(琵琶湖)를 표현한 경치 ©김진성

그림 71 대언천(오이가와)은 경도의 하천 이름에서 유래 ©김진성

그림 72 소석천후락원의 소려산 ©김진성

했다. 한편으로 대명들에게 토지를 분배해 대명저택이 급속하게 증가하고, 넓은 저택에 대정원인 대명정원이 조영되었다.

현재 에도에 남아 있는 대표적인 영주(다이묘)정원으로는 덕천 3가 중 하나인 수호(水戶 미토)가의 소석천후락원(小石川後樂園), 덕천가의 이궁으로 조영된 빈리궁(浜離宮) 정원, 유택길보(柳吉保)의 은거지인 육의원(六義園) 등을 들 수 있다.

(1) 소석천후락원(小石川後樂園 고이시카와 코라쿠엔)

소석천후락원(고이시카와 코라쿠엔)[1]은 신전(神田 간다) 상수를 끌어다가 큰 못(大泉水 대천수 다이센스이)을 만들고, 이를 중심으로 꾸민 정원으로, 이 못의 물은 강호(에도)성 대수전(大手前 오테마에)의 상수로 배분되었다. 소석천후락원(고이시카와 코라쿠엔)의 물은 즐기는 정원으로서의 역할뿐 아니라 상수로서의 역할도 했다는 점이 특징적이다.[2] 초대 덕천뢰방(德川賴房 도쿠가와 요리후사, 1603~1661년)이 교토에서 정원사인 덕대사좌병위(德大寺左兵衛)를 초대해 조성한 정원으로, 2대 덕천광국(德川光圀, 도쿠가와 미츠쿠니, 1628~1701

❶ 吉川需, 高橋康夫, 『小石川後樂園』(東京公園文庫28), 公益財團法人 東京都公園協會, p.166.
❷ 五島聖子 · 藤井英二郎 · 白井彦衛, 1999, 小石川後楽園の水景の変遷に関する史的考察, ランドスケープ研究62(3), pp.272~279.

❶ 藤井英二郎 · 浅野二郎 · 金眞成 · 張美娥 · 宮内泰之、2003.3, 家宣期の浜御殿の庭園構成技術に関する史的考察、日本庭園学会10周年記念論文集、pp.40~45.

년)에 이르러 완성을 보았다.그림 70

덕천광국(도쿠가와 미츠쿠니)은 경도(교토)에 있는 계천(桂川) 상류인 대언천(大堰川 오이가와)과 청수당(清水堂) 등을 모델로 한 경관을 원내에 도입해 조성했다.그림 71 그의 스승이었던 명나라의 유학자 주순수(朱舜水)의 생각을 받아들여 서호(西湖)와 원월교(円月橋) 등을 조성했으며, 백이숙제(伯夷叔齊) 상을 안치한 득인당(得仁堂)과 중국의 여산을 본보기로 한 소려산(小廬山)그림 72을 조영하는 등 유학사상에 기초한 정원을 만들었다. 또 그는 이덕유(李德幽)의 훈계(訓戒)를 바탕으로 정원의 풀 한 포기, 돌 하나도 잘 보존하라는 유언을 남겼다.

(2) 빈리궁은사(浜離宮恩賜 하마리큐온시) 정원

빈리궁은사(하마리큐온시) 정원❶은 덕천(도쿠가와) 장군 가문의 별저인 빈어전(浜御殿)에 조성된 정원으로, 동경만의 조수 간만의 차를 이용한 못(潮入池)과 오리 수렵을 위해 조성한 두 개의 오리 사냥터(鴨場 압장 카모바)로 구성되었다. 이곳은 원래 갈대밭으로 장군 가문의 매 수렵장이었던 곳을 매립해 별장을 꾸미고 정원을 조성한 것으로, 11대 장군 가제(家齊 이에나리, 1773~1841년)에 이르러 현재의 모습이 완성되었다. 이 정원은 명치(메이지) 시대에 황실의 이궁이 되어 빈리궁이라고 불리게 되었다.

바닷물의 조수 간만의 차에 의해 변화하는 경관을 즐기는 정원은 구지리궁(舊芝離宮), 청징정원(靑澄庭園), 구안전정원(舊安田庭園) 등에서 사례를 찾아볼 수 있다.

빈리궁은사(하마리큐온시) 정원에서는 넓은 못 안의 중도에 배치한 다실을 긴 다리와 연결하여 이용하게 했다.그림 73 섬 안의 다실은 장군을 비롯한 귀족들이 정원을 조망하면서 차를 마시던 시설이었다. 또 다른 특징적인 공간은 신전좌압장(新錢座鴨場)과 경신당압장(庚申堂鴨場)을 들 수 있다. 오리 사냥터(鴨場 압장)는 못의 호안에 3m 정도의 흙 제방을 만들고, 그 제방 위에 상록수와 대나무 등을 심어서 오리가 안심하고 휴식할 수 있도록 만

그림 73 중도의 다실 ©김진성

그림 74 오리 사냥터(압장) ©김진성

든 장소다. 이 정원의 오리 사냥터(鴨場 압장)는 좁은 수로처럼 생긴 시설이다.그림 74 제방 뒤에 숨어서 오리의 활동 상태를 보아 가면서 훈련된 오리와 먹이를 이용해 오리를 유인하고 포획하던 수렵인데, 이러한 수렵은 1944년까지 행해졌다. 이 정원은 강호(에도)시대를 대표하는 영주(다이묘)정원 가운데 하나이다.

(3) 육의원(六義園 리쿠기엔)

육의원(리쿠기엔)은 1702년에 류택길보(柳澤吉保, 야나기사와 요시야스, 1658~1714년)가 조영한 곳으로, 정원의 중앙에 못을 파고 축산을 만들었으며, 천천상수(千川上水)에서 물을 끌어다 못을 채웠다.그림 75 육의원(리쿠기엔)은 류택길보의 문학적 취향을 반영해 조영되었는데, 정원의 이름이 된 '육의(六義)'는 『시경(詩經)』의 시를 분류하는 여섯 가지 즉, 풍(風), 아(雅), 송(頌), 부(賦), 비(比), 흥(興)을 이르며, 정원의 주제는 일본의 시(和歌)의 세계이다. 즉, 정원은 기주(紀州, 기슈)의 화가지포(和歌之浦, 와카노우라)에 있는 경승지와 『만엽집(万葉集)』, 『고금집(古今集)』에 보이는 명승을 택하여 원내에 88경(景)을 모사했다.

이 정원은 중심건물인 육의관(六義館)에서 조망하도록 조성되었으며, 육의관의 정면에 보이는 못과 섬은 화가지포와 그곳에 떠 있는 옥진도(玉津島)를 의미한다. 화가지포는 화가산(和歌山, 와카야마) 시의 서남부에 있는 명승지로, 일본 전통 노래인 시(和歌)의 주 소재가 되는 곳이며, 옥진도는 주길신사(住吉神社), 인마려신사(人麻呂神社), 옥진도신사(玉津島神社)를 상징하는 등 정원의 각 요소에 의미를 부여했다.

시(和歌)의 세계를 전개하는 옥진도 즉, 중도(中島)에 조성된 축산 매배산(妹背山)은 부부애를 나타내며, 심천(心泉)과 수향강(水香江) 등은 고전을 중시하는 류택길보의 마음이 표현되어 있다. 또 이 정원은 류택길보의 은거지로, 극락정토를 상징하는 아미타당(阿陀堂)을 만들어 감로미당(甘露味堂)이라 했으며, 별천지인 호중천(壺中天)을 표현했다. 기천상(紀

그림 75 육의원의 못 ©김진성

川上)의 상류에 전개하는 공간을 극락정토와 신선세계로 보고 별천지로서 구체화했다.

그 밖에 각지의 영주저택에는 서원조정원이 조성되었으며, 광대한 원지를 갖는 회유식 정원양식이 반영되었다. 강산의 후락원(後樂園), 고송(高松)시의 율림공원(栗林公園), 웅본(熊本)시의 수전사(水前寺) 성취원(成趣園), 금택(金澤)의 겸육원(兼六園) 등을 들 수 있다. 유구왕(琉球王)의 별저이며 책봉사(册封使)를 접대하는 장소로 사용한 충승(沖繩, 오키나와)현 나패(那覇 나하)시의 직명원(識名園)은 유구왕궁의 특징이 잘 반영된 회유식정원이다.

(4) 율림공원(栗林公園 리쓰린공원)

율림공원(栗林公園)은 고송(高松 다카마츠) 영주인 생구고준(生駒高俊 이코마 타카토시, 1611~1659년)이 1625년에 별저를 축조하기 시작해, 그 후 5대 100여 년 동안 역대 영주들이 완성한 정원이다. 약 75만㎡ 넓이의 이 정원은 자운산(紫雲山)을 차경했으며, 6개의 못과 13개의 축산을 기묘하게 배치했다. 또 소굴원주류라는 회유식정원인 남정(南庭)과 명치시대의 분위기를 나타내는 근대적인 북정(北庭)으로 구성되었다. 남정은 일본 미의식의 하나인 소박하고 고요한 와비 · 사비(侘 · 寂)의 풍정이 넘치는 일모정(日暮亭)과 신일모정(新日暮亭)이 있으며, 서호(西湖)에 복원된 통통폭포(桶樋滝), 남호(南湖)의 언월교(偃月橋)가 경관의 초점을 이룬다. 언월교는 당나라 시인 우양사(于良史)의 시에서 명명한 것으로 달맞이의 명소다.

(5) 수전사(水前寺 스이젠지) 성취원(成趣園 죠쥬엔)

수전사 성취원(죠쥬엔)은 웅본(熊本 구마모토)시에 있는 영주(다이묘)정원으로, 여기의 초대 영주 세천충리(細川忠利 호소카와타다키)가 1636년경부터 축조한 '수전사어다옥(水前寺御茶屋)'에서 시작된다. 차 애호가인 그는 차를 통해 미를 구하고자 했다. 정원명인 '성취원(成趣園)'은 중국 당시대 도연명의 시 〈귀거래사(帰去来辞)〉의 한 구절인 '원일섭이성취(園日涉以成趣 : 정원은 날마다 거닐어도 언제나 정취가 있다)'에서 취한 것이다.

정원은 일본의 3대 명원 중 하나로, 동해도(東海道) 53차를 모사했다고 전해진다. 아소(阿蘇)의 복류수(伏流水)가 용출한 물을 이용해 동서 방향으로 못을 만들고, 못의 북부에 배치된 고금전수지간(古今授之間)에서 못을 사이에 두고 맞은편 남부에 조성된 축산을 조망하도록 되어 있다.그림 76 남부에 조성된 축산은 부사(富士, 후지)형의 축산을 중심으로 좌우에 그보다 낮고 작은 축산군을 만들었으며, 식재를 최소화해 절제된 공간을 구성하고 있다. 이들 축산 배후에는 원로를 만들어 회유할 수 있으며, 이 원로는 맞은편 건물에서는 보이지 않는다. 또 동쪽에 마장(馬場)이 있다.

그림 76 수전사 성취원의 고금전수지간에서 축산을 바라본 경관 ©김진성

(6) 겸육원(兼六園 겐로쿠엔)

겸육원(겐로쿠엔)은 석천(石川 이시카와)현 금택시에 있는 지천회유식정원으로, 1676년 5대 영주 전전강기(前田綱紀 마에다 쯔나노리)가 연지정(蓮池亭)을 중심으로 연지정(蓮池庭)을 조성한 것이 시작이며, 당시에는 금택성(金澤城)의 외곽에 속해 있었다. 13대 번주 전전제태(前田齊泰)는 1837년에 하지(霞ヶ池)를 파고 봉래도(蓬島)를 배치하는 등 정원을 확장하여 현재와 비슷한 모습을 조성하고, '겸육원(겐로쿠엔)'이라 불렀다. 이는 송시대의 시인 이격비(李格非)의 『낙양명원기(洛陽名園記)』에서 유래한 것으로 '광대(宏大), 유수(幽邃), 인력(人力), 창고(蒼古), 수천(水泉), 조망(眺望)의 여섯 가지를 겸한 명원(名園)'이라는 의미이다.

이 정원은 소립야대지(小立野台地)의 선단부에 위치한 지형적인 특색을 이용해 높은 곳에는 웅대한 하지를 배치하고, 원내에서 성하마을(城下町)을 조망할 수 있도록 하는 등 지형의 고저 차를 최대한 활용한 공간구성을 보이고 있다. 하지는 겸육원의 중심공간으로 못 안에 신선도인 봉래도를 배치했으며, 못을 팔 때 나온 흙을 이용해 축산한 영라산과 내교정(内橋亭), 미진석등(徽軫籠), 홍교(虹橋), 당기송(唐崎松) 등의 명승을 배치해, 회유하면서 정원을 즐길 수 있도록 했다. 또 이 정원은 겨울 풍경이 특히 유명한 곳으로 눈 피해를 방지하기 위해 나무에 설치하는 설적(雪吊, 유키즈리)은 겨울의 풍물이다. 못을 건너는 석교를 거문고라 하는데, 거문고 줄 굄목을 이르는 미진(徽軫)에 비유된 미진석등은 겸육원을 대표하는 경관이다.

(7) 강산(岡山 오카야마) 후락원(後樂園 고라쿠엔)

강산(오카야마)의 후락원(고라쿠엔)[1]은 강산(오카야마)의 영주 지전강정(池田綱政, 이케다 쯔나마사)이 진전영충(津田永忠)에게 명하여 조영한 것으로, 1687년에 착공해 1700년에 완성했다. 강산(오카야마) 시내를 흐르는 욱천(旭川)을 끼고, 강산성(岡山城) 대안(對岸)에 위치하고 있는 이 정원은 성을 방비하는 수단으로 조영한 것이다. 영주가 손님을 접대하는 건물인 연양정(延養亭)을 중심으로 한 임천회유식정원이다.

약 12㏊의 넓은 정원부지 서쪽에 연양정을 배치하고, 그 전면에 유심산(唯心山)과 못을 중심으로 넓은 잔디밭을 조영했다. 그리고 서남쪽과 동남쪽에는 다양한 수목을 식재해 식재대를 조성했다. 정원 면적의 5분의 1에 해당하는 부분은 잔디로 식재되어 있다. 또 풍부한 물을 이용한 곡수(曲水)도 이 정원의 특징적인 요소로, 정원 북쪽의 관기정(觀騎亭) 근처에서 지하수를 끌어올려 원내를 일주하도록 했다. 한취정(寒翠亭), 연양정, 염지헌(廉池軒)을 통과하고 원내의 중심경관을 구성하는 유심산(唯心山) 산록을 지난 곡수는 유점(流店)에 이른다. 유점은 정자 내에서 곡수연을 하도록 조성한 곳으로 특징적인 유상곡수연을 구성한다. 그 밖에 다양한 종류의 다리와 석등, 폭포, 음양석(陰陽石) 등이 경관을 형성한다.

3. 평정(坪庭 쓰보니와)

평정[2](쓰보니와)은 건물에 둘러싸여 형성된 작은 정원으로, 평안시대의 침전조에서는 호정(壺庭 쓰보니와)이라 하여 이곳에 식물을 심고 즐기며 중요시했다. 에도시대 중기 이후가 되면 서민주택에도 정원조영이 활발하게 이루어져, 평정의 조성이 활발하게 이루어진다. 평정은 실정(무로마치)시대의 선종사찰에서는 고산수정원으로 확립되며, 도산(모모야마)시대에는 다실에 부속된 평지내(坪之內)라는 공간이 형성되고, 이 평(坪, 쓰보)이라는 공간은 로지로 발전한다.

도산(모모야마)시대에 도시계획이 이루어지고, 이에 따라 입구가 좁고 장방형으로 긴 독특한 공간구조를 지닌 일본 특유의 도시형 상가주택인 정가(町家 마치야)가 형성된다. 이 정가(마치야)의 앞쪽 상점과 뒤쪽의 주거 사이에 평(坪)이라는 공간이 형성된다. 이곳은 채광과 통풍을 위한 기능적인 공간으로 활용되었으며, 이 공간에 평정(쓰보니와)이라는 정원이 조영되었다.

풍부한 경제력과 문화적 기반을 갖춘 에도의 서민들에게 자연의 정취를 불어넣은 정원을 꾸미고 즐기는 일은 자랑이기도 했다. 이러한 생각은 정가(마치야)의 평정(쓰보니와)을

[1] 山本利幸, 1996,『後樂園』, 山陽新聞社, p.95.
[2] 水野克比古, 2001,『京の坪庭』, SUIKO BOOKS.

발전시키는 원동력이 되었으며, 다양한 구성의 평정(쓰보니와)을 조성했다. 예를 들면 초목만을 도입한 것, 선종사찰을 연상시키는 고산수, 쓰쿠바이를 중심으로 비석과 석등 등을 배치한 다정의 구성 등 다양한 형태를 보인다.

4. 이도헌추리(離島軒秋里 리토켄 아키사토)

강호(에도)시대에 정원조성이 성행하면서 정원조영에 관한 전문서적의 출판이 활발했다. 평안(헤이안)시대에 평등원의 창립자인 등원뢰통(藤原頼通 후지하라노 요리미치)의 아들인 귤준강(橘俊綱, 다치바나노 토시쓰나 1028~1094년)이 쓴 정원서인 『작정기(作庭記)』가 소개되어 일반에게 알려지게 되었다. 그 이외에 『여경작정도(余景作庭圖 1691년)』, 『제국다정명적도회(諸國茶亭名蹟圖會 1693년)』, 『축산정조전(築山庭造傳)』 등이 편찬되었다.

『축산정조전』은 1735년에 북촌수금(北村授琴 기타무라 쥬킨)이 에도시대까지 내려온 비전서의 내용과 자신의 경험을 내용으로 쓴 책이지만, 후대에 동일한 이름을 가진 책이 출판되었기 때문에 구분하기 위해서 이 책을 『축산정조전(전편)』이라고 부른다.

그 이후 1829년[3]에 이도헌추리(離島軒秋里 리토켄 아키사토)는 상, 중, 하 세 권으로 된 『축산정조전 후편』을 발간하게 된다. 이 책의 특징은 정원의 종류를 축산(築山), 평정(平庭), 로지(路地) 세 가지로 분류하였다. 그리고 이것을 다시 진(眞), 행(行), 초(草) 유형으로 나누어 상세한 그림과 함께 저술하였다.

또 이도헌추리(離島軒秋里 리토켄 아키사토)는 상, 하 두 권으로 된 『석조원생팔중원전(石組園生八重垣傳 1827년)』을 집필하였다. 이 책은 여러 가지 울타리(담장), 다리, 문, 디딤돌, 석등, 수수발(초즈바치) 등을 그림으로 설명하고 있다. 또한 이 책에서는 돌을 조합시켜 놓는 방법 즉 '석조(石組 이시구미)'에 대해서 상세히 설명하고 있다.

일본 정원에서 돌을 조합할 때 기본형으로 사용되는 오행석(五行石 고교세키)이 있는데 영상석, 체동석, 심체석, 지형석, 기각석이 그것이다.그림 77

① 영상석(靈象石)은 글자 그대로 하면 '신령한 형태의 돌'이란 뜻이다. 이렇게 생긴 돌을 신령한 돌로 인식한 것은 애니미즘의 영향으로 보인다. 일본 정원에서 주석(主石)이 되는 돌이다. 주석 옆에 놓여지는 돌들은 첨석(添石: 첨가된 돌)이 된다. 대개 영상석은 그 정원에서 가장 좋은 자리에 놓이는 경향이 있다. 나머지 돌들은 이 돌의 수족과 같은 역할을 해야 한다.

② 체동석(体胴石)은 큰창자 · 동(胴)이라는 글자를 넣어 이름을 지었는지 알 수 없다. 돌이 울퉁불퉁하면서도 길게 생겼으니 사람의 큰창자의 일부분 같기도 하다. 영상석보다도

[3] 문헌에 따라서는 1828년으로도 나타나고 있다.

크지만 영상석을 못 따라가는 돌이다.

③ 심체석(心体石)은 심장과 같은 모양으로 생긴 돌인데 흔히 배례석으로 놓이는 돌이다.

④ 지형석(枝形石)은 글자 그대로 해석하면 나뭇가지 모양의 돌이다. 돌의 좌우상하 어디엔가 가지가 돋은 돌이다. 사선 방향으로 시선을 잡아 주는 돌이다.

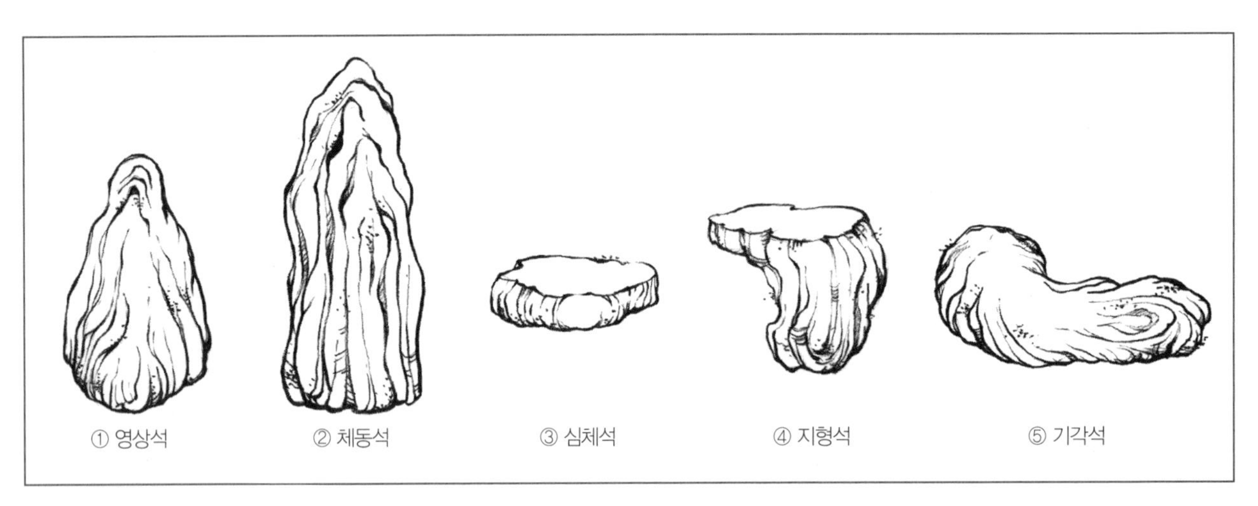

그림 77 일본 정원에서의 오행석(고교세키) ©이경은

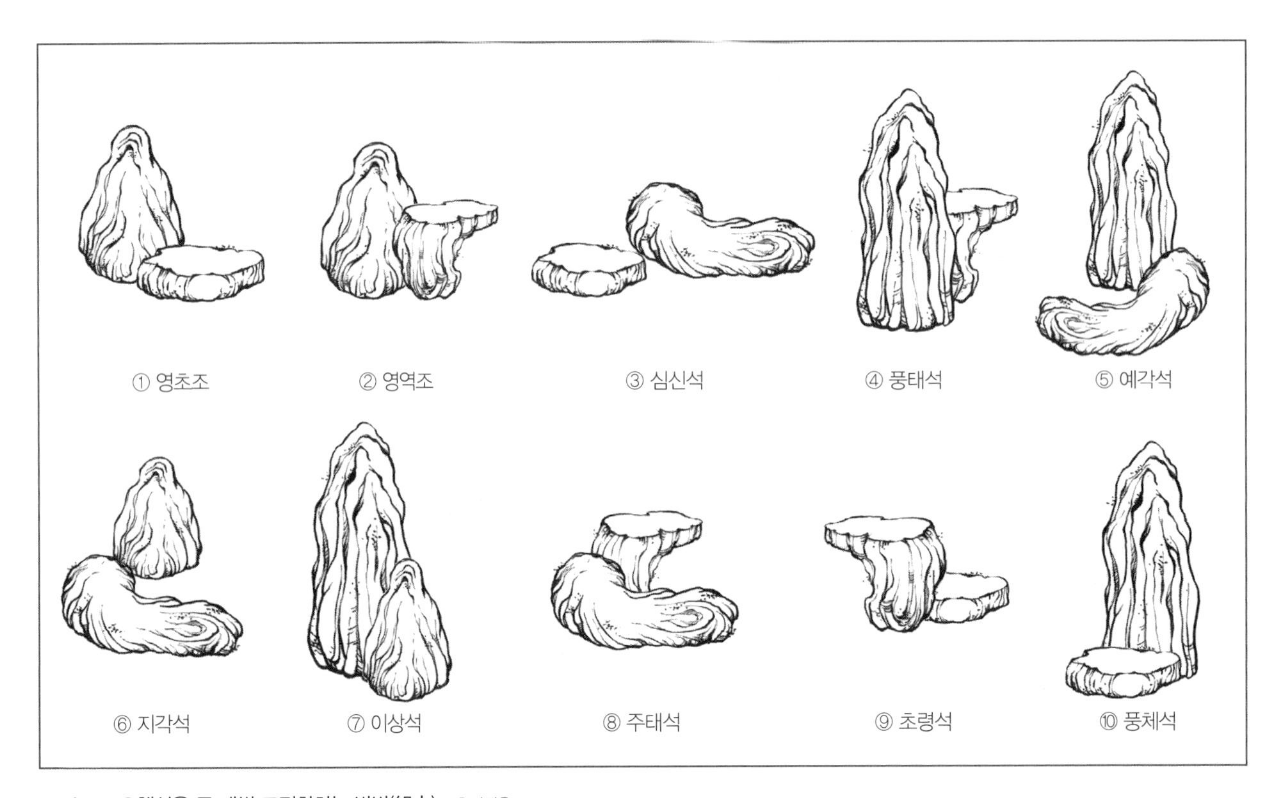

그림 78 오행석을 두 개씩 조직화하는 방법(組方) ©이경은

⑤ 기각석(寄脚石)은 글자 그대로 해석하면 기이한 다리 모양을 한 돌이다. 항상 아래쪽에 놓이는 돌이다.

일본 정원에서는 이 오행석을 기본으로 하여 조직화하게 된다. 조직화하는 방법을 한자로는 조방(組方), 혹은 접방(接方)이라고 쓴다. 이를 풀이해 보면 조방은 이끼나 모래문양과 같은 것으로 엮어서 하나의 그룹으로 보이도록 하는 방법이다. 접방은 돌들을 접근시키는 방법으로, 두 개, 세 개, 다섯 개의 돌들을 적당히 접근시켜 하나의 그룹이 되도록 하는 방법이다. 그런데 이 때 동일한 모양의 돌들은 같은 그룹으로 넣지 않는다. 따라서 두 개의 돌로 석조(이시구미) 할 때에는 1-1, 2-2, 3-3, 4-4, 4-5의 조합은 자동적으로 배제된다. 따라서 1번 영상석은 1-2, 1-3, 1-4, 1-5의 돌로 조합하는 방법이 있다. 2번 체동석의 경우는 2-3, 2-4, 2-5의 방법이 있으며, 3번 심체석의 경우는 3-4, 3-5, 4번 지형석의 경우는 4-5이다. 그래서 두 가지의 돌로 돌을 놓는 방법은 모두 10가지가 된다. 그림 78 여기에다 1 영초조(靈初組), 2 영역조(靈易組), 3 심신석(心信石), 4 풍태석(風胎石), 5 예각석(礼脚石), 6 지각석(枝脚石), 7 이상석(二相石), 8 주태석(主胎石), 9 초령석(初靈石), 10 풍체석(風体石) 등과 같은 이름을 모두 붙였지만, 이름이 의미하는 뜻은 잘 전달되지 않는 것들이 많다.

또 이도헌추리(리토켄 아키사토)는 정원조영법을 기록한 『석조원생팔중원전(石組園生八重垣傳 1827년)』과 교토의 명소를 소개한 『도림천명승도회(都林泉名勝圖會 1799년)』를 저술했다. 『도림천명승도회』는 정원 묘사가 매우 사실적이어서, 현재 강호(에도)시대의 정원 조사와 복원에 중요한 자료로 이용되고 있다.

제8장

명치 · 대정시대

(明治 메이지 1868~1912 · 大正 다이쇼 1912~1926)

1. 개관
2. 서양식 정원의 영향, 구고하(旧古河 큐후루카와) 정원
3. 소천치병위(小川治兵衛 오가와지헤이 1860~1933)의 정원

1. 개관

명치(메이지)시대에서부터 대정(다이쇼)시대에는 에도막부를 중심으로 한 봉건적 지배가 끝나고, 근대적 의미의 통일국가가 성립되면서 서구문명이 급속히 도입된 시대로, 개혁과 문명개화 속에서 전통적인 문화가 잊혀져 갔다. 이에 따라 무가 계급이 없어지고 에도성을 비롯한 영주(다이묘)저택이 몰수되어 많은 정원이 손실되었다. 이러한 손실을 안타깝게 여긴 소택규차랑(小澤圭次郎 오자와 케이지로, 1842~1932년)[1]은 이들 정원과 그에 관련된 자료를 수집, 보존하며 그 중요성을 주장했다. 그가 저술한 『명치정원기(明治庭園記)』[2]에 상세한 내용이 기록되어 있다.

메이지 중기에 이르면 일본의 전통문화에 대한 재인식이 이루어져 소천치병위(小川治兵衛 오가와지헤이)와 같은 조경가가 출현하여 일본 근대정원의 확립을 가져왔다. 더불어 박람회를 통해 일본 정원이 세계에 소개되었다.

2. 서양식 정원의 영향, 구고하(旧古河 큐후루카와) 정원

메이지시대 초기에 외국인이 이용하는 시설은 서양식의 건축과 잔디를 깐 완만한 경사의 축산과 그 사이를 지나는 곡선의 원로가 보이는 정원이었다. 재벌들의 주택에도 서구식 건축과 정원이 조영되기 시작했다. 현재 동경(도쿄)의 공원으로 공개되고 있는 삼맥(三菱 미쯔비시) 재벌의 암기(岩琦 이와사키)가 대표적인 예이다. 이러한 서양식 건축과 정원조영에 큰 역할을 한 사람이 영국인 건축가 조시아 콘도르(Josiah Conder, 1852~1920년)이다. 그가 조영한 대표적 정원인 구고하(큐후루카와) 정원이 동경(도쿄)에 남아 있다.

구고하(큐후루카와) 정원[3]은 1917년에 고하(古河 후루카와) 3대인 고하호지조(古河虎之助 후루카와 토라노스케)에 의해 현재의 모습으로 완성되었으며, 1956년에 일반에 공개되었다. 2006년에는 대정(다이쇼)시대 초기 형식을 잘 간직한 정원으로 평가되어 국가명승으로 지정되었다.

정원은 무장야(武蔵野 무사시노) 대지의 사면을 이용해 대지 상부에 서양식 건물을, 사면부에 서양식 정원을 조성하며,그림 79 대지의 하부에 일본식 정원을 배치했다.그림 80 전체적인 구성은 조시아 콘도르(Josiah Conder)가 맡았다. 그는 메이지(명치)시대에서부터 다이쇼(대정)시대에 이르기까지 많은 양식건축을 조성했으며, 이 정원의 서양식 건물과 서양

그림 79 구고하 상부정원(서양식 정원) ©김진성

그림 80 구고하 하부정원(일본식 정원) ©김진성

식 정원조영에 직접 참여했다. 건물은 영국 풍의 2층 구조이며, 건물 전면의 사면은 계단식으로 처리해 좌우대칭으로 기하학적인 모양의 화단을 조성했다. 건물에서는 전면에 펼쳐진 서양식 정원과 대지 하부에 조성된 일본식 정원을 조망할 수 있다. 대지 하부의 일본 정원은 일본 근대정원의 선구자인 소천치병위(小川治兵衛 오가와지헤이)가 조성한 것으로, 심자형의 못(心字池)을 중심으로 큰 폭포(大滝), 고산수(枯山水), 다실(茶室) 등을 배치하고 있다. 대형 설견(雪見 유키미)형 석등을 비롯한 대형 석등의 배치는 당시 유행한 풍조의 단면을 말해준다.

3. 소천치병위(小川治兵衛 오가와지헤이 1860~1933년)의 정원

소천치병위(오가와지헤이)[1]는 메이지 중기에서 소화(昭和 쇼와) 초기까지 활약한 정원가로, 일본 근대 조경양식을 확립했다. 그는 조경업을 하는 소천(小川 오가와) 집안의 데릴사위로 들어가 조경을 했는데, 그가 조영한 산현유붕(山縣有朋 야마가타 아리토모)의 무린암(無鄰菴)은 일본 근대정원의 표본이 되었다. 그 밖에도 경도의 평안신궁 신원(平安神宮 神苑),그림 81, 82 원산공원(円山公園), 대룡산장 정원(対龍山荘庭園), 교토국립박물관 정원(京都國立博物館庭園), 오사카 주우(住友 스미토모)가의 정원인 경택원(慶沢園)그림 83, 시가현(滋賀)의 경운관(慶雲館) 정원, 요코하마시의 삼계원(三溪園), 도쿄의 구고하 정원 등을 조영했다.[2] 그가 만든 정원의 특징은 지금까지의 고전적인 일본 정원과는 다르게 밝고 개방적

❶ https://ja.wikipedia.org/wiki/
❷ 동경농업대학 조원과학과편, 『조원용어사전 제2판』, 창국사, p.68.

그림 81 평안신궁 신원(오가와지헤이) ⓒ김진성

그림 82 평안신궁 진평각(泰平閣) ⓒ안계복

그림 83 오사카 경택원 ⓒ안계복

그림 84 무린암 ⓒ김진성

이며, 자연을 중요하게 여기는 점이다. 그의 정원양식은 일본 전역에 퍼져 지금까지 전해지고 있다.

무린암(無鄰菴 무린안)은 메이지 29년(1896년)에 산현유붕의 교토 별장으로 꾸며진 정원이다.그림 84 완만한 경사의 부지에 동산(東山)의 자연경관을 원내에 끌어들이는 차경수법을 도입했으며, 비파호(琵琶湖 비와코)의 호수 물을 교토 시내에 끌어들이기 위한 수로인 비파호소수(琵琶湖疏水)의 물을 이용해 폭포를 만들고, 그 물을 정원에 돌리고 있다. 즉, 정원 깊숙한 곳에 삼보원(三宝院)을 모사한 3단 폭포를 만든 후, 그 물을 수원으로 하는 얕은 흐름을 만들고, 정원의 중간쯤에 2~3㎝ 수심의 못이 되어 머물게 했다. 이 물은 다시 흘러 사행(蛇行)하며 본류와 반대 방향으로 흐르다가 중앙부에서 합류하는 등 잔디 사이를 조용히 흐르면서 주 건물에 근접할수록 얕은 계류가 되어 물소리를 들을 수 있게 해 시선을 집중시킨다. 이는 산현유붕의 요구를 충실히 이행해 조영한 결과로, 이후의 정원들은 이 정원을 모델로 하고 있다. 오가와지헤이의 정원에는 동산을 조망하는 공간구성

❶ https://ja.wikipedia.org/wiki/
❷ 국립국회도서관(国立国会図書館) 소장
❸ 北村信正, 『旧古河庭園』(東京公園文庫29), 공익재단법인 동경도공원협회, p.93.

즉, 차경수법이 도입되며, 못을 중심으로 경쾌한 흐름을 도입하고 있으며, 밝고 개방적인 잔디광장을 배치하고, 수풀 사이에 나타났다 숨었다 하는 다실을 배치하는 등 메이지시대 이전의 일본 정원에서는 볼 수 없었던 요소들이 도입되었다. 이는 당시 정 · 재계의 사람들이 추구했던 독자적인 문화를 반영한 것으로, 그들은 서구의 양식을 동경하면서도 일본의 전통문화에도 이끌리고 있었다.

대룡산장 정원의 로지는 작은 천(小川)의 흐름이 울타리를 대신하며, 준거는 정원 내의 흐름 가운데 놓인 류지준거(流之蹲踞 나가래 쓰쿠바이)이다. 이 류지준거는 그의 특기 중 하나로 물이 펑펑 솟는 수수발(초즈바치)이 물의 흐름 속에서 씻기고 있다. 또 다실 입구인 약구에는 가람석(伽藍石)이라는 사원건축의 초석과 비슷한 승석(乘石)을 사용했다. 이는 사람 손이 닿은 가람석을 중요한 정원 소재로 사용했던 당시의 풍조를 반영한 것으로, 자연스러움 속에 인공물을 첨가하는 디자인 수법은 또 다른 특징 중 하나이다. 자연경승지의 해안을 모사했던 지금까지의 일본 정원과는 달리, 그는 우리들 가까이에서 흔히 볼 수 있는 자연을 모델로 한 정원을 조성했다.

참고 및 인용문헌

- 加藤允彦外, 1998, 庭園史をあるく, 昭和堂.
- 高瀬要一, 1998, 飛鳥時代, 奈良時代の庭園遺構, 日本造園學會誌, ランドスケープ研究61(3).
  ———— 1998, 平城宮東院庭園の修復と文化的意義, 季刊[ランドスケープデザイン] 13.
- 堀口捨己, 利休の茶室.
- 宮元健次, 1998, 日本庭園のみかた, 學藝出版社.
- 吉川需, 1968, 古庭園のみかた, 第一法規出版株式會社.
  ——— 1971, 枯山水の庭, 日本の美術61号, 至文堂.
- 吉河功監修, 2000, 日本庭園研究会編, 庭園·植栽用語辞典, 井上書院.
- 奈良文化財研究所, 1985, 平城京再現.
  ———————— 2001, 古代庭園に關する研究(平成13年度), 報告書.
- 大橋治三, 1992, 庭の歴史を歩く, 三交社.
- 稲次敏郎, 1995, 庭園倶樂部, 有限會社イッシプレス.
- 東京都建設局公園緑地部, 1993, 都市公園ガイド, 先川印刷株式会社.
- 明日香村教育委員會, 2001, 亀形石造物.
- 武居二郎, 1998, 庭園史をあるく.
- 本中真, 1998, 飛鳥·奈良時代以前の庭園關聯遺構, 日本造園學會誌, ランドスケープ研究 61(3).
- 飛田範夫, 1999, 日本庭園と風景, 株式會社 學藝出版社.
- 山本利幸·難波由城雄, 1996, 後樂園, 山陽新聞社.
- 山折哲雄, 1995, 日本人と浄土, 講談社.
- 森蘊, 1981, 日本庭園史話, NHKブックス.
  —— 1984, 庭園, 日本史小百科 19, 近藤出版社.
- 上原敬二編, 1965, 築山庭造傳(後篇)解說, 加島書店.
  ————— 1970, 築山庭造傳(前篇)解說, 加島書店.
- 西尾實校注, 1957, 日本古典文学大系30-方丈記　徒然草, 岩波書店 : 5-51.
- 西澤文隆, 1976, 庭園論[II], 上模書房.
- 水野克比古, 2001, 京の坪庭, SUIKO BOOKS.
  ————— 2002, 京都　茶の庭, SUIKO BOOKS.
- 五島聖子·藤井英二郎·白井彦衛, 1999, 小石川後楽園の水景の変遷に関する史的考察, ランドスケープ研究 62(3): 272-279.
- 龍居竹之介外, 1995, 琉球王朝の庭識名園, 庭103号, 大日本印刷株式会社.
- 日本庭園をゆく27, 2006, 茶庭, 小学館.
  ——————28, 2006, 夢窓國師の庭, 小学館.
  ——————29, 2006, 小堀遠州の庭, 小学館.
- 前久夫, 2002, 茶室の見かた, 東京美術.
- (財)伝統文化保存協会, 1989, 仙洞御所, 大日本株式会社.
  ————————— 1991, 桂離宮, 大日本株式会社.
  ————————— 1992, 修学院離宮, 大日本株式会社.

- 斉藤忠一, 1999, 図解　日本の庭-石組に見る日本庭園史, 東京堂出版.
- 中根金作, 1991, 京都の庭と風土, 加島書店.
- 仲隆裕, 1995, 露地の成立と展開: 21-26, 茶室と露地, 京都造形芸術大学.
- 重森三玲, 1937, 日本庭園史図鑑, 有光社.
- 重森三玲・完途, 1972, 日本庭園史体系15, 社会思想社: 139-147.
- 重森三玲と重森完途, 1974, 日本庭園史大系, 社会思想社.
- 重森完途, 1980, 枯山水の庭, 日本の庭園 3, 講談社.
  ――――― 1987, 庭園歴史散歩, 平凡社.
- 浅野二郎, 1988, 講義録造園史, ワールドグリーン出版.
- 浅野二郎・仲隆祐・藤井英二郎, 1988, 書院庭園に関する研究ーその1-初期書院造庭園と会所・泉殿の庭園, 千葉大学園芸学部学術報告(41): 75-83.
- 浅野二郎・安蒜俊比古・藤井英二廊・仲隆裕, 1985-1997, わび茶と路地(茶庭)の変遷に関する史的考察ーその1~10, 千葉大学園芸学部学術報告.

기타

한글

ㄱ

ㄴ

ㄹ

ㅁ

ㅂ

ㅅ

ㅇ

ㅈ

ㅊ

ㅌ

最新 동양조경문화사

초판 1쇄 인쇄 2016년 8월 25일
초판 1쇄 발행 2016년 8월 31일
초판 2쇄 발행 2022년 8월 31일

편　저 (사)한국전통조경학회

펴낸이 김호석
펴낸곳 도서출판 대가
편집부 주옥경, 곽유찬
마케팅 오중환
관　리 김경혜

주　소 경기도 고양시 일산동구 무궁화로 32-21 로데오메탈릭타워 405호
전　화 02) 305-0210
팩　스 031) 905-0221
전자우편 dga1023@hanmail.net
홈페이지 www.bookdaega.com

ISBN 978-89-6285-160-1 93610

- 이 도서의 국립중앙도서관 출판예정도서목록(CIP)은 서지정보유통지원시스템 홈페이지(http://seoji.nl.go.kr)와 국가자료공동목록시스템(http://www.nl.go.kr/kolisnet)에서 이용하실 수 있습니다. (CIP제어번호 : CIP2016020346)